国家哲学社会科学成果文库

NATIONAL ACHIEVEMENTS LIBRARY
OF PHILOSOPHY AND SOCIAL SCIENCES

国家哲学社会科学成果文库概要
(2012)

全国哲学社会科学规划办公室　编

中国人民大学出版社

《国家哲学社会科学成果文库概要》
出版说明

为充分发挥哲学社会科学研究优秀成果和优秀人才的示范带动作用，促进我国哲学社会科学繁荣发展，全国哲学社会科学规划领导小组决定自 2010 年始，设立《国家哲学社会科学成果文库》，每年评审一次。全国哲学社会科学规划办公室同时编辑出版《国家哲学社会科学成果文库概要》，由入选成果作者撰写，重点介绍入选成果内容。

全国哲学社会科学规划办公室
2011 年 3 月

目 录

《经典作家东方学说的当代发展》概要

俞良早[*]

马克思主义经典作家即马克思、恩格斯和列宁，在科学研究和革命实践过程中，阐述了科学的东方学说——经济文化比较落后的俄国、中国、印度等东方国家社会发展的学说。譬如，马克思在《给维·伊·查苏利奇的复信》中，恩格斯在《〈论俄国的社会问题〉跋》中，预见和评估了俄国通过新途径走向社会主义制度的可能性。马克思在《中国革命和欧洲革命》中提出了中国革命与欧洲革命"两极相联"[①]的思想，还在《不列颠在印度统治的未来结果》中提出了只有通过社会革命，殖民地人民才能收获西方列强在他们中间播下的"新的社会因素所结的果实"[②]的思想。列宁在《中国的民主主义和民粹主义》中评价中国以孙中山为代表的资产阶级是"真诚的、战斗的、彻底的民主派的资产阶级"[③]，他们在民主主义运动高涨的时候能够带领中国人民摆脱奴隶的地位；同时提出，中国无产阶级日益成长起来，他们将建立自己的政党，批判地吸收资产阶级革命纲领中的合理内核，真正完成革命的任务。苏俄新经济政策时期，列宁在一系列著作中阐述了俄国通过"中间环节"向社会主义过渡的理论。他在《宁肯少些，但要好些》中提出，西方国家的革命已经被推延下去，斗争的结局取决于俄国、印度、中国等构成世界人口的绝大多数，由于这些国家的人民已经投入了革命斗争，"在这

---

[*] 俞良早，南京师范大学特聘教授，博士生导师。
[①] 《马克思恩格斯选集》第 1 卷，人民出版社 1995 年版，第 690 页。
[②] 《马克思恩格斯全集》第 9 卷，人民出版社 1961 年版，第 251 页。
[③] 《列宁全集》第 21 卷，人民出版社 1990 年版，第 428 页。

个意义上说，社会主义的最终胜利是完全和绝对有保证的。"① 经典作家的东方学说，是东方各国人民开展革命运动和社会主义运动的行动指南。

在中国，以毛泽东为代表的中国共产党人把经典作家的东方学说同本国的实践相结合，开辟了革命和建设的新道路，赢得了伟大胜利，创新了经典作家的东方学说。在当代中国，在改革开放和建设中国特色社会主义的新征程中，邓小平、江泽民、胡锦涛等中国共产党人进一步把马克思主义与中国的实际相结合，尤其是把马克思主义经典作家关于东方社会发展的理论同中国的实际相结合，探索并创建了中国特色社会主义的道路，成就了辉煌的事业，进一步发展了马克思主义尤其是发展了马克思主义经典作家的东方学说。

经典作家的东方学说是一个值得深入发掘的学术领域。把经典作家的东方学说与当代中国共产党人的理论融合在一起，阐述它们之间一脉相承的关系，发现和阐明后者对前者的创新和超越，更是理论界的重要任务之一。《经典作家东方学说的当代发展》是作者在学术界率先致力于此项任务的一个尝试。

本成果分为三篇。第一篇：关于东方社会发展的基本理论。本篇研究和阐述经典作家关于东方社会发展宏观性的起基础性作用的理论及其在当代中国的发展。主要内容包括东方社会发展途径特殊性的理论及其当代发展，东方社会曲折前进的理论及其当代发展，解决民生问题的思想及其当代发展，"渐进发展"的理论及其当代发展，等等。

——关于东方社会发展途径特殊性的理论及其当代发展。俄国某革命家在《祖国纪事》杂志上发表文章，断言马克思否定赫尔岑关于俄国"农村公社"作用的观点，曲解马克思关于资本主义起源的理论，认为这一理论在世界各国的社会发展中都起作用。马克思明确指出，他没有否定过赫尔岑关于"农村公社"作用的观点，《资本论》中关于资本主义起源的理论也只是论证了西欧的情况。意思是说，他没有就资本主义的起源提出一个在西欧和东方的俄国都起作用的理论，俄国社会发展的情况可能不同于西方。列宁在俄共（布）十大上所作的报告中说，在一个小农生产者占人口大多数的国家里，

---

① 《列宁全集》第43卷，人民出版社1987年版，第391页。

实行社会主义革命"必须通过一系列特殊的过渡办法",这些办法在工人占大多数的发达资本主义国家里,"是完全不需要采用的"①。当代中国共产党人主张社会主义建设"走中国自己的道路"②,从而深刻地表达了中国社会主义道路具有特殊性的理论。而且他们提出,中国社会主义建设走自己的道路,其原因和必然性一是在于中国的事情必须按照中国的情况来办,二是在于历史经验的昭示。当代中国共产党人的理论,以其无比的明确性、深刻性和逻辑性发展了经典作家相关的思想和理论。

——关于东方社会曲折前进的理论及其当代发展。恩格斯 1894 年在《〈论俄国的社会问题〉跋》中写道:"这种公社是否还能得到挽救,以致在一定的时刻,像马克思和我在 1882 年所希望的那样,它能够同西欧的转变相配合而成为共产主义发展的起点,这个问题我不能予以回答。"③ 这里他说不能予以回答,即认为不能肯定地说明农村公社的生命力和作用,不能肯定地说明未来俄国社会前进方式的特点。这意味着恩格斯认识到:俄国农村公社以及俄国社会的前进道路将是不平坦的,是曲折的。列宁正视革命过程中的曲折。他在有关文章中指出:"历史活动并不是涅瓦大街的人行道。谁认为无产阶级革命必须一帆风顺,革命的道路必须宽阔、畅通、笔直,在走向胜利的途中根本不必承受极其重大的牺牲,谁就不是革命者,谁就没有摆脱资产阶级知识分子的迂腐气。"④ 当代中国共产党人提出,从世界社会主义一个半世纪的历史看,曲折前进是不可避免的;中国的社会主义建设与改革开放经历了曲折前进的过程;中国社会主义进程出现曲折,一个原因是没有搞清楚什么是社会主义,另一个原因是管理制度问题。当代中国共产党人形成了克服和战胜曲折的理论框架:不畏惧曲折,勇敢前行;坚持社会主义,坚持改革开放;党的工作避免大的失误;提倡马克思主义的思维方式。当代中国共产党人着眼于新的形势和任务,以新的思想和理论观点丰富和发展了经典作家的理论。

——关于解决民生问题的思想及其当代发展。生活在资本主义制度下的

① 《列宁全集》第 41 卷,人民出版社 1986 年版,第 50 页。
② 《邓小平文选》第 3 卷,人民出版社 1993 年版,第 135 页。
③ 《马克思恩格斯选集》第 4 卷,人民出版社 1995 年版,第 450 页。
④ 《列宁全集》第 35 卷,人民出版社 1985 年版,第 55 页。

马克思、恩格斯，对资本主义社会十分恶劣的民生状况，进行了深刻的揭露和批评，体现出他们对民生问题的重视和关心。列宁于 1921 年 3 月俄共（布）十大期间，在起草的有关决议草案中指出，由于几年的帝国主义战争和国内战争，工人群众已经精疲力竭，生活十分艰难，党的代表大会要求全党特别注意这个问题，并且立即采取一系列的措施，"改善工人的生活状况，减轻他们的困苦"①。随后，他在《论粮食税、贸易自由、租让制》中指出："必须立刻采取迅速的、最坚决的、最紧急的办法来改善农民的生活状况和提高他们的生产力"。苏维埃政权要增加粮食的生产和收成，增加燃料的收购和运输，非得"改善农民的生活状况，提高他们的生产力不可"②。中国进入改革开放新时期以来，邓小平在这个问题上的理论发展，体现于把改善人民生活条件的问题与社会主义优越性问题密切地联系起来，将人民的生活条件有没有得到改善提升到社会主义优越性有没有得以发挥的高度上来认识。以江泽民为核心的党的第三代中央领导集体在实践过程中提出了"三个代表"重要思想。这个重要思想包含着执政党必须不断改善人民生活条件的内容，或者说以江泽民为核心的党的第三代中央领导集体已经将改善人民的生活寓于"三个代表"重要思想之中，推进了理论的发展。以胡锦涛为总书记的党中央提出了科学发展观，即以人为本、全面、协调、可持续的发展观。科学发展观是一个主题，它包含的思想内容十分丰富，改善民生就是其中重要的内容之一。如胡锦涛在 2010 年提出，中国已经确立了今后五年发展的总体方向和战略任务，我们将坚持"以科学发展为主题"，以加快转变经济发展方式为主线，深化改革开放，"保障和改善民生"，促进经济长期平稳较快发展和社会和谐稳定。显然，以科学发展为主题的改善民生的理论体系，实现了理论的创新和发展。

本成果第二篇：关于东方发展社会主义经济、文化和政治的理论。本篇从经济、文化和政治等方面研究和阐述了经典作家关于东方社会发展的理论及其当代发展，或者说分别研究和阐述了经典作家关于东方发展社会主义经济、文化和政治的理论，以及这些理论在当代中国的发展。主要内容包括经典作家关于落后国家发展社会生产力的理论及其当代发展，关于无产阶级国

---

① ② 《列宁全集》第 41 卷，人民出版社 1986 年版，第 76、207 页。

家利用市场的思想及其当代发展，关于增强国家经济管理能力的理论及其当代发展，关于落后国家发展先进文化的理论及其当代发展，关于社会主义民主建设的理论及其当代发展，关于无产阶级联合其他政治力量的理论及其当代发展，关于东西方社会发展相互关系的理论及其当代发展，等等。

　　——关于落后国家发展社会生产力的理论及其当代发展。马克思、恩格斯和列宁在不同的时期，指明了中国、俄国等东方落后国家生产力十分落后的事实，以及生产力发展过程中面临的种种问题。当代中国共产党人不仅肯定了旧中国生产力落后的事实，而且指明了它落后的原因是旧的社会制度束缚了生产力的发展，指明了闭关自守在这个过程中的消极作用，从而丰富了经典作家的思想。1918 年春，列宁立足于转变党和国家的工作重心，提出了发展社会生产力的任务。他说，无产阶级在夺取政权和巩固政权的任务已经基本完成以后，必然要把一个根本的任务提到首位，这个根本的任务就是提高劳动生产率和发展社会生产力。1920 年底即俄国国内战争结束时，列宁从增强苏维埃国家的实力以及反对敌对势力颠覆活动的角度，论述了发展社会生产力的必要性。他说："国内敌人是靠小经济来维持的，要铲除它，只有一种办法，那就是把我国经济，包括农业在内，转到新的技术基础上，转到现代大生产的技术基础上。"[①] 1921 年春，俄国进入新经济政策时期。这以后，列宁从恢复和发展国民经济的新形势和新任务出发，进一步论述了发展社会生产力的必要性。他说，实行新经济政策，首要任务是"恢复生产力"[②]，发展农业、工业和运输业。当代中国共产党人实现了理论的发展和创新。他们提出，社会主义制度优越性的根本表现，是它能够使生产力以旧社会所没有的速度迅速地发展；判断改革的政策和措施是否正确的标准，是看这些政策和措施是否有利于发展社会主义社会的生产力。正如胡锦涛2004 年所指出的，邓小平同志始终相信人民、依靠人民，总是把是否有利于发展社会主义社会的生产力、是否有利于增强社会主义国家的综合国力、是否有利于提高人民的生活水平作为判断一切工作是非得失的标准。列宁发展社会生产力的理论针对的是过渡时期的问题或者说"前社会主义"的问题，当代中国共产党人发展社会生产力的理论针对的是社会主义进程中的问

---

① 《列宁全集》第 40 卷，人民出版社 1986 年版，第 156 页。
② 《列宁全集》第 41 卷，人民出版社 1986 年版，第 259 页。

题。前者是较低阶段和较低层次的问题，后者是较高层次的问题。如关于社会主义制度的优越性体现于它比旧制度更能适应和促进生产力发展的观点，评判是非得失的标准是看它是否有利于发展社会主义社会的生产力的观点，体现出理论的高层次性。这说明，经典作家的理论在当代中国得到了丰富和发展。

——关于增强国家经济管理能力的理论及其当代发展。马克思、恩格斯在《共产党宣言》里提出，无产阶级建立国家政权以后，应该采取如下措施：剥夺地产，把地租用于国家支出；征收高额累进税；废除继承权；没收一切流亡分子和叛乱分子的财产；通过拥有国家资本和独享垄断权的国家银行，把信贷集中在国家手里；等等。可以看出，在他们的思想中，无产阶级国家政权机构是具有较强管理能力的机构，是不断地对社会进行有力和有效管理的机构。列宁在领导苏俄经济建设的实践中提出，要增强国家管理经济的能力，必须充分发挥国家财政职能的作用，如要增加各种税收，"通过税收保证工农国家得到一切国家机关进行正常工作所必需的经费"①。他还提出，要增强国家管理经济的能力，必须充分利用国家经济法规的力量，要让人民法院"严格监督私营工商业者的活动"，不允许对他们的活动作不必要的限制，但必须使他们"始终不渝地遵守共和国的法律"，有偏离时要严加惩处。要让人民法院加倍注意"对官僚主义、拖拉作风和经济工作上的指挥失当进行司法追究"②。当代中国共产党人对上述经典作家理论的发展之一，是明确地提出必须进行国家宏观调控。江泽民1992年12月在有关会议上的讲话中提出：社会主义市场经济是在国家宏观指导下发展的，是以公有制为主体的。在建立健全市场机制、放开经营的过程中，必须加强宏观调控。认为搞社会主义市场经济就是一切自由放任，想干什么就干什么，毫无制约，这种看法是一种误解，是不正确的。理论发展之二，是构建了实施国家宏观调控的方针和方法的体系。如既要求加强和改善国家的宏观调控，又要求加强和改善经济的微观基础，使二者紧密地结合起来；坚持发挥中央和地方两个积极性的方针；强调必须坚持科学发展的方针。胡锦涛要求"统筹城乡发展、统筹区域发展、统筹经济社会发展、统筹人与自然和谐发展、统筹国内

---

① 《列宁全集》第43卷，人民出版社1987年版，第229页。
② 《列宁全集》第42卷，人民出版社1987年版，第361-362页。

发展和对外开放"，就是指由国家对经济发展进行宏观调控，理顺各个方面发展的关系，以恰当的比例推进发展，做到可持续发展。当代中国共产党人在提出实施国家宏观调控的方针的基础上，提出了实施国家宏观调控的方法，如进行计划管理、健全和完善法制、实行积极的财政政策和稳健的货币政策等。中国共产党人关于国家宏观调控经济的方针和方法，产生于 20 世纪 90 年代至 21 世纪初改革开放深入发展的条件下，产生于中国建立社会主义市场经济的实践中，相对于经典作家如列宁的理论，体现了相关理论的成熟和重大发展。

　　——关于落后国家发展先进文化的理论及其当代发展。马克思、恩格斯认为，俄、中等国在工农革命前具有因循守旧的文化传统和愚忠皇权的文化传统。同时，他们阐述和肯定了中国人民生活节俭、勤劳勇敢的文化传统，阐述和肯定了俄国人民在生产过程中进行劳动组合的文化传统。列宁在革命胜利后领导人民展开了建设无产阶级文化的实践，形成和提出了建设无产阶级文化的理论。他说，无产阶级文化是人类在旧社会"创造出来的全部知识合乎规律的发展"[①]。马克思主义之所以是科学，之所以是先进文化，是因为马克思以人类在资本主义制度下创造的全部知识为基础，研究了人类社会发展的规律，认识到资本主义的发展必然会导致共产主义。凡是人类社会所创造的文化知识，马克思都批判地进行了探讨，在工人运动中进行检验，得出新的结论。列宁还提出，苏维埃制度有利于先进文化的发展，发展先进文化有利于建成社会主义。当代中国共产党人丰富和发展了上述经典作家的理论。江泽民 2001 年在庆祝中国共产党成立 80 周年大会上的讲话中说："发展社会主义文化，必须继承和发扬一切优秀的文化，必须充分体现时代精神和创造精神，……中华民族的优秀文化传统，党和人民从五四运动以来形成的革命文化传统，人类社会创造的一切先进文明成果，我们都要积极继承和发扬。我国几千年历史留下了丰富的文化遗产，我们应该取其精华、去其糟粕，结合时代精神加以继承和发展，做到古为今用。"[②] 当代中国共产党人说明了社会主义与先进文化的关系。江泽民指出：在当代中国，发展先进文化，就是发展面向现代化、面向世界、面向未来的，民族的科学的大众的社

[①] 《列宁全集》第 39 卷，人民出版社 1986 年版，第 299 页。
[②] 《江泽民文选》第 3 卷，人民出版社 2006 年版，第 278 页。

会主义文化，以不断丰富人们的精神世界，增强人们的精神力量。他还说，在当代中国，发展先进文化，就是发展有中国特色社会主义的文化，就是建设社会主义精神文明。党的第三代中央领导集体提出了"三个代表"重要思想。这个重要思想的内容之一，是我们党始终代表中国先进文化的前进方向。党的十六大报告指出，必须坚持马克思列宁主义、毛泽东思想和邓小平理论在意识形态领域的指导地位，用"三个代表"重要思想统领社会主义文化建设。以胡锦涛为总书记的党中央提出了社会主义核心价值体系建设的任务，强调社会主义核心价值体系建设与先进文化建设的目标是一致的，前者的建设有利于后者的展开。显然，当代中国共产党人根据新的形势和任务，立足于新的实践，丰富和发展了经典作家发展先进文化的理论。

　　——关于无产阶级联合其他政治力量的理论及其当代发展。马克思、恩格斯在《共产党宣言》中提出，在法国，共产党人应该联合以赖德律-洛兰、路易·勃朗为代表的小资产阶级民主派，反对保守的和激进的资产阶级。在波兰，共产党人应该支持和联合主张进行土地革命和民族解放的政治派别，因为这个政治派别曾于1846年2月在克拉科夫举行武装起义，建立了国民政府，发表了废除封建义务的宣言。在德国，只要资产阶级采取革命的行动，共产党就同它一起去反对专制君主制和封建土地所有制，因为当时德国面临着资产阶级革命的任务，资产阶级是革命的动力，所以联合革命的资产阶级政治派别是必要的。十月革命胜利后，特别是在1918年夏俄国国内战争爆发后，列宁形成和提出了无产阶级联合中农的理论。他说，无产阶级的目的是使社会向社会主义过渡，然而仅仅无产阶级一个阶级的努力不能达到这一目的，必须团结中农和其他劳动者阶级，使他们跟着工人阶级走社会主义道路，但是不能完全寄希望于用鼓动性演说使中农接受社会主义，一定要实行妥协，即必须通过有效的办法使中农的利益在社会实践过程中得到不断满足。1918年11月，俄国小资产阶级民主派（即孟什维克和社会革命党）中的一部分人鉴于政治形势的变化，开始转变政治立场，倾向于布尔什维克，列宁提出了接纳和利用小资产阶级民主派政治立场转变的理论。这个理论的内容包括必须善于看到并接纳小资产阶级民主派政治立场的转变；必须善于利用小资产阶级民主派政治立场的转变，即必须团结他们一起工作，发挥他们的作用以促进无产阶级的事业。上述经典作家的理论在当代中国的发展之一，是让可以联合的政治力量更广泛。邓小平在改革开放之初明确提出，必须团结和联合一切可以团结和联合的力量，调动一切积极因素，建设社会主义。在新旧世纪之交，江泽民提出了"团结的人越多越好"、"团结的面越宽越好"①的理论观点。他要求无产阶级及其政党最大范围地团结台湾各族、各界、各阶层一切拥护祖国统一的爱国力量，要求最大范围地团结宗教界的广大群众。以胡锦涛为总书记的党中央提出了"加强同各国工人阶级和劳动人民的联系和合作"的理论观点。2010 年 4 月他在有关会议上的讲话中指出："我们要始终高举和平、发展、合作旗帜，加强同世界各国工人阶级和广大劳动群众的联系合作，扩大交往，增进友谊，为维护工人阶级和劳动群众权益，推动建设持久和平、共同繁荣的和谐世界作出应有的贡献。"理论的发展之二，是使"联合"的制度更完备。在当代中国，无产阶级及其政党联合其他政治力量的制度是"统一战线"和人民政协制度。当代中国共产党人就这个制度的性质、作用、任务以及工作原则，作了明确的、具体的规定，进行了深刻的理论阐述。

本成果第三篇：关于东方无产阶级政党建设的理论。主要内容包括经典作家关于无产阶级政党密切联系群众的理论及其当代发展，关于无产阶级政党的政治路线建设的理论及其当代发展，关于工人阶级执政党意识形态建设的理论及其当代发展，关于工人阶级执政党组织建设的理论及其当代发展，关于工人阶级执政党克服"危险"的理论及其当代发展。

——关于工人阶级执政党意识形态建设的理论及其当代发展。马克思、恩格斯在《共产党宣言》1872 年德文版序言中写道："这些基本原理的实际运用，……随时随地都要以现存历史条件为转移，所以第二章末尾提出的那些革命措施并没有什么独立的意义。现在这一段在许多方面都应该有不同的写法了。"②这足以说明，他们主张推动理论的发展。之后恩格斯在强调这个问题时还说："我们的理论是发展的理论，而不是必须背得烂熟并机械地加以重复的教条。"③苏俄新经济政策时期，列宁反对对于马克思主义理论的迂腐态度，主张以"自己来找出路"的精神发展马克思主义。如在经济建

①　《江泽民文选》第 2 卷，人民出版社 2006 年版，第 415 页。
②　《马克思恩格斯全集》第 18 卷，人民出版社 1964 年版，第 104 页。
③　《马克思恩格斯全集》第 36 卷，人民出版社 1975 年版，第 584 页。

设过程中实施"国家资本主义"的措施，对于列宁和俄共（布）来说，这是一个新的问题。列宁 1922 年在谈到这一问题时说，国家资本主义是以前的社会主义者没有遇到过的新事物，"连马克思也没有想到要就这个问题写下片言只语，他没有留下任何明确的可供引用的文字和无可反驳的指示就去世了。因此现在我们必须自己来找出路。"① 所谓"自己来找出路"，就是指不要受本本的束缚，到现实生活中去开创前进的道路。当代中国共产党人发展了经典作家的理论。他们提出，必须解放思想，发展马克思主义，否则就会亡党亡国；必须探索新问题和解决新问题，"马克思主义具有强大生命力的奥秘，就在于它具有与时俱进的理论品质"②；必须推进马克思主义中国化、时代化、大众化，从而发展马克思主义。列宁在俄共（布）执政的过程中，明确地表达了自己坚信马克思主义的态度，并且要求全体党员和人民群众坚持马克思主义信念。他 1920 年 4 月在《共产主义运动中的"左派"幼稚病》中提出：俄国在半个世纪里，经受了闻所未闻的痛苦和牺牲，表现了空前未有的革命英雄气概，以难以置信的毅力和舍身忘我的精神去探索、学习和实验，"真是**饱经苦难才找到了**马克思主义这个唯一正确的革命理论"③。必须学习、宣传和捍卫马克思主义，青年团员尤其应该这样做。当代中国共产党人丰富和发展了上述经典作家的思想和理论。邓小平在 1992 年春说过："我坚信，世界上赞成马克思主义的人会多起来的，因为马克思主义是科学。它运用历史唯物主义揭示了人类社会发展的规律。"④ 党的第三代中央领导集体提出，必须唱响主旋律，坚持马克思主义的指导地位。以胡锦涛为总书记的党中央指出，在当代中国，坚持中国特色社会主义理论体系，就是真正坚持马克思主义。胡锦涛在纪念党的十一届三中全会召开 30 周年大会上的讲话中说，我们要始终坚持用中国特色社会主义理论体系武装全党、教育人民，"不断提高全党的马克思主义理论水平"，使中国特色社会主义理论体系更加深入人心、更好发挥指导作用。

　　——关于工人阶级执政党组织建设的理论及其当代发展。马克思、恩格

---

① 《列宁全集》第 43 卷，人民出版社 1987 年版，第 83 页。
② 《江泽民文选》第 3 卷，人民出版社 2006 年版，第 87 页。
③ 《列宁全集》第 39 卷，人民出版社 1986 年版，第 6 页。
④ 《邓小平文选》第 3 卷，人民出版社 1993 年版，第 382 页。

斯在论述和评价西方国家无产阶级政党的组织形式和活动方式时，是反对密谋活动的，如他们明确地反对布朗基派的密谋和巴枯宁派的密谋。可是，他们在论及俄、中等国家革命组织的形式及活动方式时，采取了不同的态度。如恩格斯在《波斯和中国》一文中评价中国南方一些省份的民众以密谋的方式打击外国侵略者的行为时说："我们不要像道貌岸然的英国报刊那样从道德方面指责中国人的可怕暴行，最好承认这是保卫社稷和家园的战争，这是保存中华民族的人民战争"①。十月革命以后，列宁就俄国工人阶级执政党的组织建设阐述了重要的理论。他提出，工人阶级执政党必须反对党内的派别活动，保持组织上高度的统一。邓小平在改革开放新时期发展了列宁的理论。他明确地提出，只有反对派性，坚持党组织上的统一，"党才能有战斗力"②，否则"也就没有资格当先锋队"③。江泽民将党的组织统一和思想上政治上的统一结合起来，将坚持党的统一和实现党的中心任务结合起来，实现了理论的创新和发展。胡锦涛从建设社会主义和谐社会的任务出发，把党的团结和统一与党同全体人民的团结结合在一起，实现了理论的创新和发展。马克思、恩格斯在《共产党宣言》中指出：在实践方面，共产党人是世界各国工人政党中"最坚决的、始终鼓舞大家前进的一部分"；在理论方面，他们胜过其余无产阶级群众的地方在于他们"更善于了解无产阶级运动的条件、进程和一般结果"④。这里所说的，是共产党人的先进性。俄共（布）执政以后，列宁提出了执政党必须由工人阶级队伍中的优秀分子所组成的理论。他说，世界上只有我们这样的执政党，即革命工人阶级的党，才不追求党员数量的增加，"而注意党员质量的提高"⑤。当代中国共产党人发展了经典作家的理论。邓小平在改革初期提出，现在"有一个党员要合格的问题"⑥；合不合乎党员的资格，合不合乎党员的条件，这个问题不只是提到新党员面前，也提到一部分老党员面前了。江泽民提出，必须加强对党员的教育和管理，不断提高全体党员的素质；要加强对党的干部的培养，使他们成为政治家。胡锦涛提出，要通过对党员的"先进性教育"活动，加强党的

---

① 《马克思恩格斯选集》第 1 卷，人民出版社 1995 年版，第 710 页。

②③⑥ 《邓小平文选》第 2 卷，人民出版社 1994 年版，第 268、271、269 页。

④ 《马克思恩格斯全集》第 4 卷，人民出版社 1958 年版，第 479 页。

⑤ 《列宁全集》第 37 卷，人民出版社 1986 年版，第 215 页。

先进性建设。他说，党员是党的肌体的细胞和党的活动的主体，党员队伍的先进性是党的先进性的重要基础。加强党的先进性建设，"必须始终抓好保持和发展党员队伍的先进性这个基础工程"，"必须始终抓住党员队伍这个主体"。

——关于工人阶级执政党克服"危险"的理论及其当代发展。十月革命后，特别是在苏俄新经济政策时期，列宁认识到俄共（布）前进道路上的种种危险，要求党克服和战胜它。他指出，俄共（布）必须克服的第一种危险，是过去的战争、战时共产主义以及经济破坏带来的危险。当时人民群众因为生活困难而对俄共（布）产生了不满情绪，旧制度的残余分子趁机进行煽动，力图恢复旧的制度。列宁要求党加强内部团结，严格纪律，提高战斗力，并且及时改变经济政策，扭转困难的局面，克服和战胜危险。他指出，俄共（布）必须克服的第二种危险，是新经济政策实施后资本主义因素的增长而形成的危险。实行新经济政策，说明共产党需要利用资本主义的作用。但是如果共产党人不善于领导经济，不能够驾驭发展起来的资本主义经济因素，不能够使资本主义经济因素服务于无产阶级国家的利益，则会导致严重的后果。列宁说，这里将进行最后的斗争，没有任何道路可以绕行，因为这是同私人资本进行竞赛的考试。或者我们能在考试中及格，或者我们失败。他指出，俄共（布）必须克服的第三种危险，是帝国主义国家的存在带来的危险。他要求将国内的事情办好，发展经济，增强国家的实力，防止帝国主义发动侵略战争。当代中国共产党人丰富和发展了列宁的理论。邓小平在改革开放初期着重强调，党必须战胜思想僵化和教条主义的危险。他说，一个党，一个国家，一个民族，如果一切从本本出发，思想僵化，迷信盛行，那它就不能前进，它的生机就停止了，就要亡党亡国。只有解放思想，实事求是，一切从实际出发，理论联系实际，党的事业才能得以发展，党才能保持强大的生命力。走过 30 年改革开放的路程，党的事业取得了辉煌的成就，党自身更加成熟，力量更为坚强。同时，党对于前进道路上的障碍和危险认识得更为清楚。胡锦涛在庆祝中国共产党成立 90 周年大会上的讲话中提出：加强党的执政能力建设和先进性建设，面临许多前所未有的新情况新问题新挑战，"执政考验、改革开放考验、市场经济考验、外部环境考验"是长期的、复杂的、严峻的。"精神懈怠的危险，能力不足的危险，脱离群众的危险，消极腐败的危险"，更加尖锐地摆在全党面前。上述四个"考验"和四种"危险"的观点，极大地丰富和发展了列宁关于执政党克服"危险"的理论。

　　本成果的核心内容，已经先期形成学术论文，发表在国内有影响的学术刊物上。如《经典作家无产阶级联合其他政治力量的理论及其当代发展》，发表于《当代世界与社会主义》2012年第2期；《马克思主义经典作家东方社会发展途径特殊性的理论及其当代发展》，发表于《当代世界与社会主义》2011年第8期；《经典作家关于利用资本主义的理论及其当代发展》，发表于《江汉论坛》2011年第12期；《经典作家的"渐进发展"理论及其当代发展》，发表于《社会科学》2012年第8期；《经典作家党的政治路线建设的理论及其在当代中国的发展》，发表于《贵州社会科学》2010年第8期。

《全球化视域下的社会主义与资本主义》概要

陈海燕[*]

《全球化视域下的社会主义与资本主义》是国家社科基金项目"全球化视域下社会主义与资本主义'两制关系'发展规律研究"（项目批准号07BKS034）的最终成果。该成果于 2012 年 1 月通过专家鉴定，等级为优秀。2012 年 9 月入选《国家哲学社会科学成果文库》。该成果的主要内容、重要观点、学术创新及社会影响概述如下。

一、研究的目的、意义及所使用的研究方法

1. 研究的目的和意义

该研究以全球化为视角、以金融危机引发的全球系列问题的思考为切入点，在厘清社会主义与资本主义两种制度关系（以下简称"两制关系"）内涵的基础上，通过对全球化进程中资本主义和社会主义"两制关系"的发展进程、发展态势、发展趋势的考察分析和探讨，揭示其发展规律。其目的就是从科学社会主义创始人及其继承、捍卫和发展者关于"两制关系"的一系列思想观点的"实事"中，从十月革命后第一个社会主义国家诞生以来、特别是战后一系列社会主义国家诞生后，认识和处理与资本主义关系正反两方面历史经验的基本"实事"中，从全球化进程中资本主义的新变化和社会主义的新发展的基本"实事"中，从科学社会主义和各社会主义流派的区别与联系的"实事"中，去求社会主义与资本主义并存条件下如何处理两者之间

---

* 陈海燕，齐鲁师范学院马克思主义研究中心主任，教授（二级）。

的关系以及最终实现社会主义取代资本主义这个"是"。

这样研究的意义在于：一方面，从理论发展的角度来看，通过厘清社会主义与资本主义"两制关系"的内涵，揭示全球化进程与资本主义、社会主义发展变化的"因""果"互动关系，系统总结社会主义与资本主义"两制关系"的经验与教训，深刻揭示社会主义与资本主义"两制关系"的发展规律，有利于促进理论研究的深化和系统化，为马克思主义"两制关系"理论宝库增添新的内容。另一方面，从实践来看，在全球化进程不断加深、世界格局急剧变化、多极化趋势日趋明显的时代条件下，加强对全球化视域下社会主义与资本主义"两制关系"发展规律进行全面系统的研究，可以为准确把握全球化的性质与发展趋势、完整系统地认识马克思主义关于"两制关系"理论的时代内涵及其当代价值、深刻总结社会主义国家在处理"两制关系"问题上的历史经验与教训、科学把握"两制关系"发展规律等问题上为人们提供方法指导，从而推动社会主义建设事业健康发展，为在世界范围内实现社会主义对资本主义的替代创造条件。

2. 所使用的研究方法

（1）历史研究法。按照历史唯物主义的观点，资本主义与社会主义作为人类社会前后相继的两种社会形态，其产生和发展都有着历史必然性和现实基础。但经济文化较落后国家先于发达资本主义国家走上社会主义道路的事实，则使历史的发展呈现了跳跃性的特征，使资本主义与社会主义的关系由理论逻辑上前后相继的两种社会形态变成了同时并存于一个世界的复杂局面。正确认识和处理现实中的"两制关系"，不仅要厘清关系双方的现实发展方位，而且还需要与特定的历史条件相联系，依据对大量历史事实和史料的分析辨别，从历史的因果关系中，把握其现状，认识其本质，揭示其发展规律。

（2）纵横比较法。通过对两种不同社会制度国家行为主体异同点的纵横比较，以发现其不同表现形式的一般发展规律。纵向角度，就是着重对全球化进程中原苏联东欧国家和中国特色社会主义发展进程中处理与资本主义关系的经验和教训的比较；横向角度，主要是通过对中（国）、越（南）、老（挝）、朝（鲜）、古（巴）等现实社会主义国家处理同资本主义国家的关系以及与各社会主义流派和思潮之间相互关系的方式、方法和态势的比较，揭示其基本规律和特点。同时还通过对美、日、法、德等资本主义国家不同发展模式的比较研究，探讨其所孕育的共同的社会主义因素及其发展趋势。

（3）理论联系实际、实事求是研究法。在全球化进程中，无论是社会主义还是资本主义的发展都出现了一些不同于传统观念的特征或特点。在研究、分析这些新情况、新问题时，必须坚持理论联系实际，实事求是地进行定性和定位。例如：对全球化与反全球化性质的分析，对资本主义金融危机的性质及影响的分析，对不同社会主义模式、社会主义流派关于社会主义发展道路的探索等问题的分析和论述，坚持的是"应然"与"实然"相统一、价值判断与事实判断相统一的研究法，从而使分析问题"更深"，揭示问题"更实"。

二、成果的主要内容和重要观点

该成果由导论、全球化视域下社会主义与资本主义"两制关系"的内涵界定、全球化视域下社会主义与资本主义"两制关系"的历史考察、全球化视域下社会主义与资本主义"两制关系"的理论反思、全球化视域下社会主义与资本主义"两制关系"的发展态势及趋势探析、全球化视域下社会主义与资本主义"两制关系"的发展规律总结六大方面的内容构成。其主要内容、观点包括：

1. 社会主义与资本主义"两制关系"研究现状评述

该部分内容着重从三个方面对目前国内外有关社会主义与资本主义"两制关系"问题的研究成果进行了评述。一是概述了近年来，特别是金融危机以来国内外学术界关于全球化进程与性质、金融危机的根源与影响、资本主义的调整、社会主义的改革以及"两制关系"发展变化等问题的研究现状；二是阐述了上述研究成果的理论突破及其影响，指出这些研究成果在为我们的研究提供知识基础和思想启发的同时，也为我们深化研究提供了理论创新空间；三是从学术价值、理论创新和现实需求三个方面阐述了加强对该问题研究的意义。强调在当今全球化进程不断深化、世界格局急剧变化、多极化趋势日趋明显的时代条件下，加强对该问题的研究，不仅有着重要的理论意义和学术价值，而且还有着迫切的现实需要。

2. 全球化视域下社会主义与资本主义"两制关系"的内涵界定

该部分内容着重从三个层面阐述了"两制关系"的内涵，强调社会主义与资本主义"两制关系"的内涵，既包括两种不同的思想价值体系之间的关系，也包括两种前后相继的社会形态或社会制度之间的关系，还包括两种不同性质国家即社会主义国家与资本主义国家之间的关系，忽视任何一个方面都不可能准确把握和正确处理"两制关系"。

（1）社会主义与资本主义两种制度的关系首先是两种对立的思想价值体系之间的关系。就资本主义来说，它是以资本为核心、以赚取利润为目的、维护少数人利益的思想价值体系；而社会主义从广义上来说，是指一种追求社会平等的社会政治思想、理论、学说。恩格斯曾明确指出："现代社会主义，就其内容来说，首先是对现代社会中普遍存在的有财产者和无财产者之间、资本家和雇佣工人之间的阶级对立以及生产中普遍存在的无政府状态这两个方面进行考察的结果。但是，就其理论形式来说，它起初表现为 18 世纪法国伟大的启蒙学者们所提出的各种原则的进一步的、似乎更彻底的发展。"[①]"它是人和自然界之间、人和人之间的矛盾的**真正**解决，是存在和本质、对象化和自我确证、自由和必然、个体和类之间的斗争的真正解决"[②]，其目标是实现每个人的自由发展是一切人的自由发展的条件的联合体。这种联合体无疑是对以财富作为唯一追求目标的社会畸形发展和个人片面发展的资本主义文明的否定，是一个消除阶级对立的真正公正、民主、自由、平等的社会。

（2）现实中的资本主义与社会主义"两制关系"属于前后相继而又同时并存的两种社会形态或社会制度之间的关系。按照马克思主义关于人类社会形态的理论，社会主义是高于资本主义的社会形态，两者是继承与扬弃的关系；但由于历史发展的跳跃性，社会主义首先诞生在经济文化较落后国家的现实远远超出了马克思、恩格斯的理论设想，这样两者的关系就由理论上前后相继的两种社会形态的关系，变成了现实中两种社会制度同时并存的关系，并由此呈现出了合作与对抗、竞争与博弈相互交织的复杂局面。

（3）当今社会主义与资本主义"两制关系"更多的是表现为两种不同性

---

① 《马克思恩格斯选集》第 3 卷，人民出版社 1995 年版，第 719 页。

② 《马克思恩格斯全集》第 42 卷，人民出版社 1979 年版，第 120 页。

质国家之间及其各自内部两种社会因素之间的关系。一方面，从国际行为主体的角度来看，社会主义国家与资本主义国家都是国际法的主体，拥有国家主权以及由此引申而来的多种权利，包括独立权、平等权、自卫权和管辖权等。从这个意义说，"两制关系"首先体现为两类国家之间的一般国家关系，国家利益是其考虑对外关系的最高原则。另一方面，从国家的性质来看，社会主义国家与资本主义国家的关系又是一种特殊的国家关系，具有不同于一般国家关系的特殊性：第一，两类国家之间存在着比一般国家关系间更大的排斥性，并且在社会主义国家诞生之际或资本主义制度灭亡之时表现得尤为激烈和突出。第二，两类国家之间的对立具有相对性，这种相对性是指两类不同性质国家所代表的阶级利益最终都要从属于国家利益，而国家利益的维护与获得又是复杂的、具体的，既受一些不同因素的影响，也受一些相同因素的影响，这就决定了其相互关系既有对立的一面也有合作的一面。第三，两类国家之间的关系具有过渡性，这是由社会主义首先诞生在经济文化较落后国家的特殊性以及在世界范围内代替资本主义的长期性和复杂性所决定的。在过渡期内，不仅世界范围内的社会主义与资本主义将长期并存，而且在两类国家内部都还存在多种经济因素，即存在着社会主义与资本主义因素的"互植"现象。但其最终趋向必定是顺应生产力的不断发展而引发生产关系的变革，直至在世界范围内结束过渡期，实现社会主义对资本主义的替代。

3. 全球化视域下社会主义与资本主义"两制关系"的历史考察

该部分内容在纵向分析阐述全球化进程中资本主义与社会主义发展变化的基础上，着重揭示了在"热战"和"冷战"时期资本主义与社会主义"两制关系"的"围剿"与反"围剿"、遏制与反遏制、合作与对抗、和平演变与反和平演变的历史进程。其主要内容、观点包括：

（1）着重阐述了全球化与资本主义共生共长的关系，强调资本主义"成也全球化，败也全球化"，相伴全球化进程的是资本主义的周期性危机与不断的调整。第一，资本主义"成也全球化"。站在21世纪第二个十年的起点回顾历史，全球化进程的激荡充分展示了资本主义发展的历史进程。可以说，如果没有全球化的推动，就没有资本主义世界体系的形成和发展；而没有资本主义的推动，也不会有全球化浪潮的汹涌。第二，资本主义"败也全球化"。发轫于西方发达资本主义国家的全球化发展到现在，对其自身亦非完全如鱼得水、收益满贯。全球化在给发达资本主义国家带来巨大收益的同时，也在加深着资本主义固有的矛盾和危机，并进而引发全球性新危机和新矛盾。由美国次贷危机引发的全球金融风暴无不说明了这一点。第三，相伴全球化进程的是资本主义的周期性危机与不断的调整。迄今为止，全球化进程无论是盛还是衰，都是由资本主义所主导。此次金融危机从表面上看是美国经济中虚拟经济泡沫崩溃所致，实际上其根源依然是资本主义不可克服的内在矛盾，并且它随着全球性金融危机的频繁爆发而愈加严重。需要注意的是资本主义矛盾的每一次激化又都孕育着新的经济和社会变革。

（2）阐述了社会主义与全球化进程的关系。在揭示现实社会主义对全球化进程的排斥、融入、契合、转型、重新审视等艰难历程的基础上，着重阐述了当今社会主义国家以及各社会主义流派在探索适合本国国情发展道路进程中所取得的成就和面临的问题。主要观点是：第一，全球化进程的开启为社会主义由空想变为科学创造了客观条件，并促使经济文化较落后国家为了生存，先于发达国家走上了社会主义道路，使社会主义由理论变成了现实。第二，在全球化进程推动下走上社会主义道路的国家，曾一度徘徊在全球化的边缘，后来苏联、东欧国家在改革的进程中又一度由排斥全球化转向盲目融入全球化，致使改革失败，社会主义运动陷入低潮。第三，从徘徊于全球化进程之外转为有效契合全球化，中国、古巴、越南等现实社会主义国家在冷战后全球化进程加剧的条件下，不畏艰险、排除万难、探索前进，各具特色的社会主义生机勃发。第四，西方发达国家各社会主义流派以及原苏东地区共产党组织，在冷战结束后重新审视全球化过程，着力探索通往社会主义的新道路，呈现出一派新景象。

（3）回顾了社会主义由理论变为现实以来"两制关系"的发展轨迹。强调从历史发展序列看，一方面，全球化是资本主义发展的"果"，是社会主义诞生的"因"；另一方面，现实社会主义的发展一定程度上又是反资本主义主导的全球化的"果"，是资本主义自我调整和变革的"因"。回顾历史，资本主义世界市场的开拓和世界体系的建立，既推动了全球化进程的开启，也为社会主义由空想发展为科学创造了客观条件，并促使经济文化较落后国家为了生存先于发达国家走上社会主义道路，使社会主义由理论变成了现实。但在由资本主义国家主导的全球化进程中，走上社会主义道路的国家曾一度徘徊在全球化的边缘，"两制关系"一度充满刀光剑影，突出的表现形式是"围剿"与反"围剿"、经济封锁与反封锁、外交孤立与反孤立。而伴随全球化进程的深化和社会主义国家改革的深入，以及资本主义周期性危机的不断加深，"两制关系"逐渐由"遏制—对抗"为主转变为"接触—合作"为主，既对立又合作成为当今社会主义与资本主义相互关系的基本态势。

4. 全球化视域下社会主义与资本主义"两制关系"的理论反思

该部分内容着重以不同时代马克思主义者认识和处理"两制关系"的理论和实践为线索，通过对马克思、恩格斯的"革命论"与"代替论"、列宁的"共处论"与"交往论"、斯大林的"两个平行的世界市场"理论、毛泽东的"学习借鉴论"与"东风压倒西风论"、邓小平的"对外开放论"、江泽民的"共同发展论"、胡锦涛的"和谐世界论"等思想观点及其实践的梳理，在总结其成败得失经验教训的基础上，进行理论升华和思想智慧的挖掘。主要观点包括：

（1）阐述了"代替论"与"革命论"的思想内涵与时代价值。认为"代替论"与"革命论"作为马克思、恩格斯认识和处理"两制关系"的基本思想，揭示的是社会主义与资本主义两种社会形态前后相继的必然替代关系，以及如何实现替代的方法途径问题。我们既不能简单地以具体的"结论"掩盖得出这一结论的"方法"和"依据"，也不能以今天"资本主义垂而不死"的现状否定这一"结论"的"必然性"和"科学性"，而是应坚持与时俱进的思维方法，不断对其予以发展创新。至于"何时代替"以及"如何代替"，既需要与"两个决不会"思想联系起来去考察，更需要根据具体的时代条件去创新和探索。

（2）阐述了列宁的"共处论"与"交往论"的辩证思想及其指导意义。指出在社会主义与资本主义从理论上的纵向关系变为实践中的横向关系的情况下，即在"两制并存"条件下，列宁从时代和国情的实际出发，提出了不同社会制度国家间要和平共处、和平解决国际争端、积极发展对资本主义国家经济贸易关系等思想，并且对明显处于弱势的社会主义苏联如何与强势的资本主义国家共处和交往等问题作了深刻阐述，在理论与实践的结合上丰富和发展了马克思主义"两制关系"理论，为我们正确认识和处理社会主义与资本主义的相互关系提供了具体的方法指导。

（3）揭示了斯大林从"合作并不需要各国人民具有同样的制度"① 转向"两个平行的也是互相对立的世界市场"② 理论与实践的悖误。指出战后东西方的冷战是促使斯大林思想发生转变的客观原因；而其主观上对苏联一国能够建成社会主义的判断，以及对社会主义从一国胜利走向多国胜利的坚信则是支撑其提出"两个平行的世界市场"理论的精神动力。用历史的研究方法分析，斯大林的上述理论诞生于第二次世界大战后东西方"冷战"的时代条件下，在很大程度上反映了当时世界经济与政治关系中资本主义与社会主义两种不同社会制度和力量对比的基本格局。强调对此不能简单地予以肯定或否定，需要具体问题具体分析。

（4）阐述了中国共产党人认识和处理"两制关系"的思维创新和历史跨越，强调从"一边倒"到"和平共处"、从"对外开放"到实行"一国两制"、从"一切国家的长处都要学"到构建"和谐世界"新理念的形成，充分展示了中国共产党人认识和处理"两制关系"的思维创新，体现了当代中国共产党人从谋求自身生存到谋求自我发展，再到实现共同和谐发展的全球意识和世界胸怀，有效回应了当今时代发展的呼唤和要求，规划了当代中国处理"两制关系"的新图景。

5. 全球化视域下社会主义与资本主义"两制关系"的发展态势及趋势探析

在全球化视域下审视冷战后的"两制关系"，其最大的变化就是资本主义与社会主义两大阵营对立的消融，两制关系由"遏制—对抗"为主转变为"接触—合作"为主，既对抗又合作成为当今资本主义和社会主义相互关系的基本态势。主要观点是：第一，随着全球化进程的加剧，社会主义与资本主义两种不同制度国家间的经济交往与竞争同时增强。第二，伴随全球化进程的政治民主化，社会主义与资本主义两制国家间在政治对话与协商增多的同时，双方的政治冲突与博弈的复杂程度也在加剧。第三，当今世界文化的多样化，呈现了不同制度文明相互融合与冲突共存的态势。第四，在全球化大潮中，社会主义国家与资本主义国家之间的科技交流与竞争博弈同时加

---

① 《斯大林文集（1934—1952 年）》，人民出版社 1985 年版，第 525 页。

② 《斯大林选集》下卷，人民出版社 1979 年版，第 561 页。

深。第五，在全球化进程中，军事现代化成为潮流，两种制度国家间的军事交流与较量同时增强。第六，全球化进程中全球性问题的凸显迫切需要全球治理，但由于不同制度国家的利益和价值观互有异同以及所处的内外环境的不同，致使其在全球治理方面总是时而突出合作面、时而又增加竞争点，合作与纷争并存。

6. 全球化视域下社会主义与资本主义"两制关系"的发展规律总结

通过上述静与动、纵与横等多层面多角度对社会主义与资本主义"两制关系"的发展进程和运行态势的全方位梳理，在认真反思不同发展阶段关于"两制关系"的理论及思维方法的基础上，从宏观、中观和微观三个层面得出了六个方面的规律性认识：

（1）"两个必然"与"两个决不会"有机统一规律。"两个必然"揭示的是社会主义代替资本主义的历史必然趋势，是人类历史发展的普遍规律；"两个决不会"阐述的是社会主义何时何地代替资本主义的问题，强调的是社会发展的生产力基础，揭示的是生产关系必须适应生产力的发展规律。两者之间具有普遍性与特殊性、共性与个性的关系，是辩证统一的。既不能把两者对立起来，也不能把两者割裂开来。否则，必然遭到历史的惩罚。

（2）"必然代替"与"必然利用"有机统一规律。从理论上讲，社会主义作为比资本主义更高的一种社会形态，自然是在继承资本主义的积极因素基础上发展起来的。但由于历史发展的跳跃性，现实中的社会主义多是诞生在经济文化较落后国家，没有经过资本主义的充分发展，要实现代替资本主义的目标，必须大力学习和吸取资本主义所取得的一切肯定成果。在具体的实践层面，社会主义国家应注意处理好以下几个方面的关系：一是要正确处理当前"利用"与长远"替代"的关系，坚持在两者的有机统一中推进社会主义事业健康发展；二是要正确处理主观愿望与客观条件的关系，坚持在两者的有机统一中保障社会主义建设事业稳步发展；三是要正确处理依靠外部条件与挖掘自身潜力的关系，坚持在两者的有机统一中推进社会主义建设创新发展。

（3）"时代特点"与"应对策略"有机统一规律。一方面，时代特点决定着"两制关系"的表现形式。冷战时期，对立与对抗是"两制关系"的主流状态；全球化时代，"两制关系"的态势更多的是寻求合作和交流。另一方面，社会主义和资本主义的实力对比状况又影响或制约着"两制关系"的发展态势和趋势。历史的经验表明，在双方实力对比悬殊但实力强的一方一时还无法战胜另一方的情况下，对立与斗争将会突出；而在双方实力对比相当的情况下，合作与共处将是主要的。社会主义国家的执政党需要根据不同时代特点和自身实力变化制定不同的应对策略，在对立与斗争中不放弃合作与共处的努力，在合作与共处的同时警惕资本主义的和平演变，在合作与共处、对立与斗争的较量中不忘记实现历史代替的最终目标。

（4）"本质对立"与"发展合作"辩证统一规律。一方面，这一规律源自社会主义发展进程中对资本主义制度"卡夫丁峡谷"的跨越；另一方面，这一规律又存在和发展于全球化条件下"两制并存"的现实之中。在全球化时代，"两制并存、竞争共处"成为一种常态，竞争与合作同在，摩擦与妥协并存。

（5）"两制并存的自发性"与"两制博弈的自觉性"的有机统一是由社会主义首先诞生在经济文化较落后国家的特殊性所决定的一个特殊规律。迄今为止，"两制关系"的发展经历了"零和并存"的自发性向"双赢共处"的自觉性的转变过程，这其中既有"两制"本质对立的客观因素，也有"零和"思维的主观原因；既蕴含着"两制并存"的自发性，也孕育了"两制博弈"的自觉性。是主观见之于客观、自发转向自觉、历史走向现实、特殊趋向必然的发展进程，具有复杂性和反复性。

（6）"运行过程"与"最终结果"的有机统一是"两制关系"发展的必然规律。一方面，从运行过程来看，随着全球化进程的拓展，在社会主义与资本主义的发展进程中均呈现出两种因素"互植"的现象；另一方面，从发展趋势来看，资本主义生产力的发展和社会主义物质存在条件的成熟是一个同步的渐进过程。这种"运行过程"的长期性与社会主义必将取代资本主义"最终结果"的必然性并行不悖。对此，我们需要坚持用发展的观点，把资本主义退出历史舞台的必然性与历史演进过程的长期性统一起来，把资本主义的腐朽性与它可能继续发展的进步性统一起来，把社会主义代替资本主义运行过程的长期性与最终结果的指向性统一起来，在两种社会制度竞争共处的世界格局中谋划和推进社会主义建设事业不断取得新胜利。

三、成果的学术创新、应用价值及社会影响和效益

1. 学术创新

该成果突出的特点和主要创新集中体现在"新"、"深"、"真"三个方面。

一是研究视角新。该成果以全球化为研究视角、以对金融危机引发的全球系列问题的思考为切入点，在厘清社会主义与资本主义"两制关系"内涵的基础上，通过对全球化进程中资本主义和社会主义两种制度关系的发展进程、发展态势、发展趋势的考察分析和探讨，揭示了"两制关系"的发展规律。这样的研究，一方面，突破了以往仅仅局限于研究全球化本身的思路，没有泛泛地去探讨全球化的内涵与外延、全球化的性质与特征等，而是将全球化进程与资本主义和社会主义的发展置于一个大平台上，在分析阐述其相互关系中揭示其内在联系与发展趋势；另一方面，突破了以往孤立地或仅仅研究资本主义的新变化，或仅仅研究社会主义的曲折发展的局限，把两者都置于全球化进程中，以全球化的视角对其相互关系的发展态势与趋势进行分析探讨，从而揭示了"两制关系"的发展规律。

二是得出的观点深刻。该成果从理论上厘清了社会主义与资本主义"两制关系"的内涵，揭示了全球化进程中资本主义的新变化和社会主义新发展的"因""果"互动关系，全面系统地总结了社会主义国家认识和处理"两制关系"的经验与教训，认真反思了马克思主义者关于"两制关系"理论和实践的成败得失，深入探讨了"两制关系"的发展态势与趋势，得出了一系列具有独创性的观点，特别是关于"两制关系"六大规律的揭示和概括，极大地提升了学术研究的"深"度与"厚"度。

三是研究方法和结论真实可信。该成果围绕"全球化视域下社会主义与资本主义'两制关系'"这一核心问题，始终坚持辩证唯物主义和历史唯物主义的观点，坚持史论结合，从历史与现实、纵与横、静与动相结合的角度揭示了"两制关系"的发展规律。无论是关于"两制关系"内涵的理论界定，还是历史考察，或理论反思，或发展态势探析，或发展规律总结，都坚持了实事求是的态度，采取了"应然"与"实然"相统一的方法原则，坚持真理性与科学性的统一，其结论有理有据，富有说服力。

2. 应用价值及社会影响和效益

该成果总结了社会主义与资本主义"两制关系"发展的基本历程，形成了对不同时代条件下"两制关系"及其发展态势的规律性认识，从理论与实践的结合上厘清了人们对"两制关系"的一些模糊认识，对于克服在"两制关系"问题上的僵化论和自由化倾向，树立共产主义理想信念具有重大理论意义和社会效益。2012 年 12 月，该成果获山东省社会科学重大成果奖。

其一，该成果通过对全球化进程中社会主义与资本主义发展变化的考察，着重总结了社会主义与资本主义相互关系的经验和教训，全面深刻地揭示了全球化时代"两制关系"的发展态势和发展规律。这样的研究不仅有助于提高研究成果的学术含量，而且也有助于提升"两制关系"理论研究的科学化水平与应用价值。

其二，该成果对现实社会主义国家的执政党准确把握当今时代条件下"两制关系"发展的特点和规律，制定科学的应对战略和策略，有效处理"两制关系"，有着重要的参考价值和启示意义。

其三，该成果有助于人们在世界社会主义发展总体处于弱势、全球化进程面临新的考验的条件下，科学认识社会主义发展模式的多样性和资本主义自我调整能力的局限性，增强对社会主义必然代替资本主义的信心，从而提高人们致力于社会主义建设事业的积极性，激发人们的创造性。

《信访和谐问题研究》概要

宋协娜*

一、研究的目的、意义及所使用的研究方法

《信访和谐问题研究》系国家社科基金项目的最终成果，鉴定等级为优秀。

1. 研究的意义

胡锦涛同志明确指出：信访工作是为人民群众排忧解难的工作，也是构建社会主义和谐社会的基础性工作。特别是在当前，中国社会处在经济迅速发展和社会转型、体制转轨过程中，利益格局的调整，制度建设的漏洞，使诸多的社会矛盾通过信访这个窗口显现，这为我们准确把握和谐社会建设的难点、重点问题提供了现实依据。因此，在和谐社会建设的大视域和中国社会转型的视角下，基于社会和谐与社会发展理念提出信访和谐问题，并对信访和谐进行动态的、量化的、科学方法支持的研究，是社会客观形势提出的现实任务。

（1）本研究在理念上倡导理论工作者深入实际，抛开信访制度存废之争，直面信访现实问题，为信访工作有序有效开展提供科学的理论支持。

（2）本研究创新性地将"和谐"理念导入信访领域，有利于信访工作者和政府正确对待信访和群众工作，充分发挥信访的积极作用，实现现代信访

---

* 宋协娜，中共山东省委党校校刊编辑部主任，教授（三级），硕士生导师。

转型，促进信访和谐发展、科学发展。

（3）本研究所形成的前沿成果——信访预警指标体系与机制整合模型、信访工作标准化体系，是在总结基层实践经验基础上的科学论证和理论创新，目前正在山东省一些县市试点，完善后将推广应用，这有助于基层信访工作规范化与制度化水平的提升。

总之，本成果将对信访理论研究提供一个新视角，对实际工作者应用本体系提升信访治理理念和效能提供帮助。

2. 研究的目的

（1）本研究以我国社会转型、政治体制改革、政府职能转化和建设社会主义和谐社会为理论分析背景，以"信访和谐"理论范畴的建构为基础，深入研究我国社会转型与信访和谐、政治体制改革与信访制度改革、政府职能转化与信访矛盾化解机制的相互关系。

（2）从揭示信访与社会和谐的内生性关系切入，深入研究信访和谐的主体及主体间的相互关系；并以此为理论基础，系统考察信访问题解决的难点、瓶颈，揭示问题背后的政治、经济、文化等因素，进而从社会现实出发，揭示信访和谐的运行机理。

（3）从提高政府回应公众需求的公共服务能力，建立与时俱进的公共管理体制的要求出发，提出信访系统在构建社会主义和谐社会中应构建的基础性机制；通过信访预警指标体系和模型的建立与应用，发挥信访制度从源头上解决问题的预警作用；通过信访工作标准化建设，做好基层、基础、基本信访工作，规范信访行为，疏通信访渠道，规范信访秩序，引导群众理性、有序地表达意志，妥善化解人民内部矛盾，促进社会和谐发展。

3. 所使用的研究方法

（1）本研究侧重运用实地调查法、访谈法、文献法、理想类型法等方法，定性与定量相结合、归纳与演绎相结合地收集、整理和分析有关资料。

（2）适当运用信访工作典型个案分析，注重信访预警指标选取的信度、效度及可操作性，提高本研究的科学性、可信度和理论价值；问卷法用于对信访形势的分析，把握信访问题的现实状况。

（3）导入德尔斐法用于信访预警指标遴选、机制模型构建，解决了多年来困扰信访研究者的难题，在此基础上提出的信访预警的理论整合模型和数学应用模型，在信访研究领域和实践领域具有开创性的意义和较强的可操作性。

二、成果的主要内容和重要观点

1. 主要内容

（1）搭建起信访和谐的理论架构。本研究基于社会转型期和谐社会建设的大背景思考问题，从学科交叉的研究视角提出并建构"信访和谐"、"信访预警"、"信访标准"这几个理论范畴；架构起与信访和谐相关的理念、主体、条件、机制、心理等理论体系；深入研究信访和谐的主体、主体间关系与组织化问题；提出和谐信访系统的基础性机制及其与社会机制链的关系，探索依法按政策处理信访问题，确保政策执行到位、问题处理到位、教育疏导到位的保证措施，发掘防止局部性问题转化为全局性问题、非对抗性矛盾转化为对抗性矛盾的规律。

（2）形成信访工作标准化体系。本研究从信访工作系统的整体出发，在注重信访系统与服务型政府系统协调配合的基础上，制定信访系统及各环节的工作标准，统一整个系统的标准。这是本研究的有效创新点，也是当前我国政府工作中特别需要加强的方面。建议有关部门注重标准化建设，信访部门遵循信访和谐发展、科学发展理念，在人员配备、场所设置、程序规范、语言规范、档案文书等各个方面提升工作质量和规范意识；规范信访工作者，规范信访人，也规范信访职能和信访职业；按照新标准，改革现行信访考核注重数量、"一票否决"等不科学、不合理的制度。

（3）建立信访预警模型。本研究提出了信访预警的理论整合模型和数学应用模型，这在信访问题研究领域和实践领域具有开创性意义和较强的可操作性。信访预警实证性研究的突破、信访预警指标体系与机制设置理论模型和数学模型的完成、信访预警系统软件的成功开发对随后的验证和操作实验提供了科学的理论和技术支持。建议政府部门在建设电子政府中引入预警理念和机制，在信访工作部门推行信访预警软件，实现全国信访信息系统的联网。

（4）构建起"大信访"的治理格局，推动"三基"建设。本研究深入挖掘信访问题治理对象的内生关系：和谐系列——社会和谐、信访和谐、政府和谐、民众和谐、共同和谐；预警系列——信访预警、社会预警；标准系列——信访工作标准、民众信访标准；政府依法行政——标准化、法治化。本研究预置的观点是，不在信访存废问题上纠缠，直面实际问题，在"三基"上下功夫：做好基础、基层、基本信访工作，信访各方主体在基础、基层、基本方面实现和谐，完善基础、基层、基本信访条件，运用科学方法和技术平台武装信访系统硬件和软件，实现现代信访的转型，达到和谐信访、人本信访、科学信访等理想目标，建构起"大信访"的治理格局。

2. 重要观点

信访要和谐，必须贯彻和谐理念，构建和谐信访。由此突出四个重点：一要把社会建设与社会和谐发展作为重点，通过社会政策、社会组织、社会救济与保障、社会管理与服务等各个方面的具体建设，使社会建设与经济、政治、文化等其他方面的发展相适应，实现我国社会主义事业总体布局的协调。二要把政府建设与政府和谐发展作为重点，在政府各个部门贯彻和谐理念，实现政府职能转变和转型。三要把公民社会建设与公众和谐发展作为重点，通过对民生、民主、民意、民智问题的高度关注，实现党群、干群关系的好转。四要把信访"三基"建设作为重点，通过标准化建设，实现和谐信访。

（1）把群众工作做在"前面"，将社会工作与群众工作结合起来。

①重视群众自治组织的作用。建立各种各类的群众自治组织，实行矛盾纠纷的社会自组织化化解，在国家（政府）与个人之间架设一个缓冲地带，形成基层化解矛盾的第一道防线。如平安协会就是首先由群众中的"三老"人员出面调解、化解邻里纠纷，不使矛盾发展、上交，内部人处理内部事务，避免公开、蔓延到社会。

②建立社会自治的有效机制。全面建立村情民情档案；在全社会实行重大事项的信访评估，设立信访评估机构，建立信访评估机制；引入听证制度，同时律师参与信访，在咨询、教育、协商、调解、听证等方面发挥作用；实行信访代理制度，在街道办事处和居委会建立信访代理专员队伍，为群众分忧解难、释疑解惑，以专业水准代办代理有关问题。

③发挥党组织的作用。党的基层组织必须成为社会建设的参与者和领导者，发挥整合社会、整合资源的基本功能；顺应基层民主的现实和内在需

求，逐步完善构建协商政治形态所需要的结构要素和功能要件；遵循社会发展的内在机理，努力建立公民协商的沟通机制。

（2）把矛盾化解在"下面"，着力基础、基层、基本信访工作，在县级信访部门推行信访工作标准化建设。

①制定国家信访行业标准和标准体系，在全国县级信访部门推行信访工作标准化建设。第一，加强初信初访处置，在接待、档案处置等各个方面，把好矛盾化解第一关。第二，规范办公和接待场所，规范信访档案管理，完善信访程序，按照标准化要求改革考核制度，开展星级达标活动。第三，统一信访队伍风纪和标识，加强基层信访部门的业务能力培训和队伍建设，在资金、补贴、培养、培训、提拔使用等方面给予政策倾斜。

②在乡镇以上政府设立信访联席会议办公室，全面整合信访系统；以群众工作引领信访工作，建议信访局改名为"群众工作部"。目前信访体制改革的理论共识，是以信访联席会议制度全面整合信访系统，在各省、市、县以及乡镇政府均以信访联席会议的形式整合，信访联席会议及其办公室下面，根据突出的信访问题设立若干专业工作组，应用信访预警软件管理信访信息。大环境要以政治体制改革和政府职能转变为配合，为信访工作定位和信访问题预警机制的有效运行规范空间、开辟道路。充分利用信访的民意表达功能并加以法治化改造，实现信访工作的法治化、规范化、制度化。

（3）把预警机制嵌在"里面"，以信访预警理论和指标体系监测社会矛盾状况。

①构建信访预警理论模型和指标体系，监测社会矛盾状况。推广信访预警软件的应用，实现全国信访信息系统的联网，为决策提供参考意见。整合信访机构力量，在信访主体利益协调、矛盾调处、权益保障，社情民意表达，社会舆情汇集和分析，信访突出重大问题的解决，群体性事件预防和妥善处置等方面发挥特别作用。建立信访信息网络平台和信访信息管理系统，加强信访信息预警管理；运用科学方法和技术平台武装信访系统软件和硬件，实现电子信访、网上信访；要重视网上信访，更要重视来人信访的处置。

②以信访绩效考核机制为抓手完善信访工作机制，实现信访预警。预警要求改变信访职能，实现信访转型，信访前置，关口前移，重心下移。应该

加强信访预警理论模型和预警指标的研究和应用，整合信访预警机制和机构，以信访联席会议为统领协调各机构。要在完善社会整体机制的基础上完善信访工作机制。构建信访和谐，实现信访预警，要建立以政府的社会管理与服务体系为核心的预警体系，还要从党和政府建设的各个方面，全面强化预警意识、预警理念，进行预警设置。建议建立由纪检、督察等部门党政正职负责的预警机制，建立以工会为依托的劳动关系协调机制，建立以社区为依托的个体心理健康防卫、救护机制，建立以第三部门（体制外力量）为主体的社会矛盾组织化化解机制。

③加强信访理论研究和信访学科建设。信访实践中的许多问题都与理论准备不足和思想认识、理念滞后有直接关系。建议：第一，加强信访理论研究团队建设。第二，加强对信访实践经验的认真总结，把经验上升为理论，上升为制度。第三，组织力量编写信访培训教材，对信访基本概念和各种关系群进行进一步梳理，形成在全国信访领域具有权威性的文本。第四，通过各级党校和信访部门联合组织信访研究专题培训班，提升信访队伍人员的素质；培训信访调解专员、信访代理专员、信访信息管理员，形成信访职业组织网络、职业道德规范、和谐信访文化；加强信访法规宣传教育，学习和谐信访理念和方法、心理疏导技术；提升服务意识，实现信访零距离服务。

（4）实施信访工作标准化。

①设立全国的信访工作行业标准和标准化体系首先要整合信访资源。

第一，行业整合。建议由国家标准化委员会和国家信访局牵头，集中全国信访理论和实践一线专家对信访工作标准化进行深入研究，形成全国统一的"信访工作行业标准"和标准化体系，并在试点后在全国实行。在信访领域贯彻程序正义理念，提倡公共管理伦理，建立信访职业道德规范。

第二，信息整合。要建立全国信访信息预警管理的标准化系统，并与政府网站联网。这需要制定相应的制度和管理办法，在各级信访管理部门之间以及信访管理部门内部各职能部门之间实现信息共享，使相关部门可以及时准确预警，并启动应急机制消除危机。

第三，机构整合。按照建立信访问题预警机制的要求，对信访系统现行组织机构的结构进行必要调整和重塑。建议各省、市、县以及乡镇政府均应以信访联席会议的形式，对信访预警机构进行整合。信访联席会议下设联席会议办公室，作为信访问题预警的常设机构，行使信访问题预警中心的职能。信访联席会议办公室主任应由高于同级各部委办（局）的领导担任，或由"低职高配"的信访办（局）主任兼任，以确保信访组织整合的权威性效果。在信访联席会议及其办公室下面，根据突出的信访问题设立若干专业工作组，如征地拆迁问题、国有企业改制问题、涉法涉诉问题、企业军转干部问题等，每个小组有权就专门领域的信访预警进行多维交叉的跨部门整合。

②建议在全国开展信访工作规范化建设活动，从县级试点、推行信访工作标准化，提高信访工作的有序化水平和效能度。

预防和解决基层发生的信访问题，县级是关键。目前，全国各地县级信访状况和规范化程度差别很大，信访处置的不一致使信访人产生诸多幻想和误解；和公安、法院等部门相比，信访部门在场所建设、信息化程度、着装标识、整体素质等各个方面都显示出全面实行规范化、标准化的必要性。因此：

第一，加强动员，开展规范化活动。县级以下基层单位应该从组织建设、工作制度、信访办理程序、接待场所、办公设施、应急管理、干部管理、驻京值班、档案管理、经费保障等环节入手，制定具体的规范化建设标准；通过多种形式搞好宣传活动，使信访人和信访工作者都入脑入心，达成共识。

第二，标准化达标，实现规范化建设。在总结推广先进经验的基础上，以促进基层信访办理程序、办公设施和制度建设等基础工作标准化为重点，以优化管理考核标准为抓手，以岗位工作标准为基础，在县级以下基层单位大力开展以信访工作标准化为内容的规范化建设和达标活动，对工作目标、工作规范、职责分工、人员管理等工作流程和质量管理体系进行再造。

第三，强化支持，形成气候，达成共识。社会各界在思想、舆论方面的共识和支援，社会信息网络等科技手段的技术支持以及公民民主法治素养的提高、政治参与技能的习得和习惯的养成等，都是很重要的外部支持条件。

③加强信访内部管理，实行标准化的质量管理考核办法，构建以卓越绩效管理为导向的综合考评体系。

多年来，信访工作在没有科学标准的情况下运行，信访工作考核目前最为社会所诟病。信访考核制度不科学，纵容甚至激励一些无理上访户集体上访、越级上访、缠访闹访；而地方政府又为了追求所谓"零信访"政绩，使信访工作陷入恶性循环的怪圈。标准化的信访工作目标管理，就是在信访工作标准化建设基础上，建立立体化的目标管理评估模型，设置有效可行的目标管理指标体系；引入 ISO 9001 质量认证体系，实施目标管理流程再造；选择合理的绩效评估工具，提高工作绩效考核评价的客观性、公正性和科学性；依托现有的网络平台，建立高效实用的目标管理信息系统；在综合考评结果的应用上，通过主要媒体公布综合考评的结果，利用社会舆论的压力，起到表彰先进、鞭策后进的作用。

第一，国家信访局的体系内考核，改变以信访量为主要指标的考核办法，建立以信访问题解决程度和初信初访结服率等为主要指标的考核办法，通过对重点信访案件的抽样督办、核查、回访，考核地方政府解决问题的能力、水平和程度，使地方政府把信访工作的着力点放在解决信访问题上。国家信访局也可以考虑成立大区特派员公署，既方便上访群众，又可以督促地方开展工作。

第二，对基层具体从事办信、接访、督查等业务的工作人员，以相应的规范化、标准化建设要求为内容，加强岗位培训，定期进行考核，颁发合格证书，可建立基层办信员、接谈员、督查员等持证上岗和星级达标制度。

第三，在基层信访窗口，推广接谈人员统一着装、挂牌接访制度，设立来访接待评价设施和评分机制。

第四，对基层信访进行星级达标管理，提升信访部门的整体形象。

第五，加强地方政府对基层信访部门及其人员在资金拨付、岗位技能培训和人才使用等方面的支持力度，提倡到信访部门挂职锻炼制度。

（5）构建信访预警管理信息系统。

①设计信访预警管理信息系统软件。信访预警管理信息系统是以整个信访预警管理的信息化为基础，对管理活动中的潜在危机进行实时监控的系统。它贯穿于信访预警活动的全过程，以信访预警涉及的各个指标的数据为依据，采用数据处理模型，预测信访存在的危机，并向管理者做出预警。

信访预警管理信息系统应该作为信访预警运行情况的晴雨表，应以系统的业务流程和数据流程为依据。业务流程等标准的建立，可对实际的信访预警管理信息系统操作起到规范作用。

②提供信访预警管理法律、制度保障。虽然在构建突发公共事件应急法律体系方面我们已经取得一些成绩，但关于信访预警的立法体系还有待建设，其中存在一些问题：一是现行法律没有确立统一的信访预警处理制度；二是现有相关制度不够完善；三是突发信访事件应急体制和机制还不够健全。我国在公共危机信息管理制度建设方面已经形成了具有中国特色的体系结构与规范，但是专业的信访预警相关法律、制度还需要创新。相关制度创新、体制创新和机制创新是今后信访预警管理理论研究和实践探索的一项长期而艰巨的任务，国外及国内其他行业的一些先进经验值得我们借鉴和参考。

③建立信访预警信息保障资源配置系统。根据决策、参谋以及咨询人员所在机构的组织结构划分，可以把危机管理中发挥"外脑"作用的智囊组织机构分为三类：

第一，官方的研究机构，它们是在党政机关序列中，隶属于各级党委和政府及其下属部门的从事信息收集、政策研究的机构。

第二，半官方的政策研究、咨询机构，它们是独立的、介于官方和民间的，客观分析政策的研究机构。

第三，民间的政策研究、咨询机构，包括一些学（协）会的研究组织，公司、大学的研究所等。

在危机的各个阶段，这批智囊人员要加强对信访预警的深度研究，建立健全各种数据库和模型，预测危机发生的领域、可能性、频率和强度，帮助信访部门制定反危机的战略规划和应急预案，使信访预警决策和管理建立在科学基础之上。

为充分发挥这三类机构的作用，必须加强协调组织建设，明确信访联动部门职责，打破条块分割的管理模式，建立信访各部门之间、不同社会机构之间集中、统一、高效的横向信息沟通渠道和信息沟通机制，应用先进的现代化通信技术和计算机网络技术，建立一个跨学科、跨专业的综合系统，这是提高信访预警信息管理体系联动水平和整体应急反应能力的重要保证。

④加强信访预警信息管理人员的教育与培训，并将其纳入现行信访工作

体制。

信息无处不在，但在经过处理和分析以前并不具有任何价值，即使建立健全了信息收集和沟通渠道，但不经过处理就等于没有收集到信息。

第一，当务之急是各级政府应新建或是利用现有政务信息网络来承担信访信息系统的任务，因此需要信息处理、分析方面的专门人才。可先通过信访预警信息管理实践和培训，培养和提高相关管理人员的预警意识，使其具有发现信息、收集信息、研究信息，并善于运用先进信息手段传递信息和沟通信息的能力。

第二，信访部门还应配备人力资源信息系统，建立信访预警信息管理人力资源库，提供人力支持。全面建立村情民情档案，运用计算机平台，对社情民意有一个总体的掌握；建立矛盾纠纷多元化解机制，在乡村和城市社区、在居委会和街道办事处，设立专门的信访调解专员队伍；实行信访代理制度，建立城乡的信访代理专员队伍；在全社会实行重大事项的信访评估，设立信访评估机构，建立信访评估机构并建立相应的机制，严格信访评估纪律，这是把信访前置，实现矛盾前馈的重要方法。

第三，将信访预警纳入日常信访工作，并将信访预警管理信息系统的使用纳入相关工作人员工作绩效的考核中，推进该系统的使用及推广。

第四，信息技术的运用非改革的终点，技术改革非信访改革的目的，因此要防止泛电子化倾向。各级领导要重视信访工作，坚持行政机关负责人信访接待日制度；各部门要善待信访群众，使民怨民情得以合理地释放，及时妥善地解决问题，才能提升社会的和谐度，真正体现信访制度设计的意义。

三、成果的学术创新、应用价值及社会影响和效益

1. 学术创新

（1）总体思路突破既有研究模式。本研究充分考量国内外研究现状，并借鉴其有益部分，对国内信访工作和信访制度研究两条主线进行了有机结合。总思路如图1所示：信访要和谐，必须把矛盾化解在萌芽状态，由此产生信访预警理念；而信访相对矛盾激化的事件而言，具有预警功能，把信访工作关口前移，就会更好地发挥其预警功能。其中，必然需要基层信访部门和信访工作者按照规范要求做好信访工作。于是，我们又针对现实中信访初

访处置的不规范，提出了信访工作标准化建设和信访信息网络系统建设。

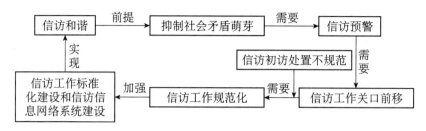

图 1　信访和谐问题研究思路

（2）对信访与信访问题的区分有新意。

（3）提出信访和谐概念以及信访和谐理论体系是对信访领域的积极探索。

（4）对信访和谐工作标准的研究有所突破，并对信访工作标准进行实证研究，建立了信访标准体系表。该图表系统由近百个图表组成。

（5）对信访预警的实证性研究有所突破，信访预警指标体系与机制设置理论模型和数学模型已经完成，随后即将进入验证和操作实验阶段。

（6）对信访基本概念的梳理，提出了一组研究信访的新概念，如信访和谐、信访预警、信访工作标准化等。

（7）本研究对信访涉及的主要关系群进行归纳概括，从不同层面、不同视角对这些关系进行分类、梳理、厘清，把握其内在的辩证关系，对处理信访事项，规范信访行为，构建信访和谐大格局具有指导意义。

（8）本研究已经整理出近千个信访词条、形成十多万字的《信访研究词典》初稿，有待后期继续甄别、细化和修改补充。

（9）研究人员及团队的完美组合。本项目组的关键成员既有来自一线的信访工作者，也有关注信访问题多年的理论研究者。两者紧密合作，深入研究并拿出了切实可行的研究成果，从而实现了理论与实践的有机结合，以强大的科研团队组织合力，保证了科研质量的提升。这种团队研究模式在我国信访研究领域具有开拓性意义，效果较好。

（10）本研究注重多学科理论的综合运用和互验，学科建设意义重大。信访工作和问题涉及多层次、多领域，对信访的研究也需要多学科理论支撑，本研究涉及的学科主要有政治学、法学、管理学、社会学、数学、统计学、心理学等。同时，本研究把"信访和谐"和"信访预警"纳入政治学、社会学、管理学、法学、哲学、心理学、统计学等多学科研究视野，必将拓展本问题的研究领域。"和谐"理念的导入和在信访系统的贯彻，对推进和谐社会建设具有重要现实意义；"信访和谐"作为和谐社会建设的重要内容和检验标准，是对和谐社会建设研究的深化和提升。

2. 应用价值及社会影响和效益

（1）《中国社会转型期信访问题预警研究》（研究报告）获山东省委书记、副书记等领导批示，山东省信访局领导签阅，信访系统内部文件转发，被政府决策采纳；《中国社会转型期信访问题预警研究》在《理论动态》上发表。

（2）《县级信访工作标准化建设研究报告》得到山东省委副书记、副省长等领导批示。本项目组与实务工作者紧密合作，成果卓著：聊城市高唐县委、县政府把 2009 年作为"标准建设年"，聊城市临清市委、市政府、信访局研制出信访工作标准体系文本和图表草案；山东省信访局出台了相关文件，按照标准建设要求选取区域进行试点，以推进各项标准的修正和完善。

（3）国家信访局在其刊物《情况交流》中上报了聊城市推进县级信访工作标准化的情况。山东省信访局在 2009 年选择 5 个县作为试点单位，试点工作正在有序进行。山东省从 2011 年开始在全省推行信访工作规范化活动，计划分三个阶段用三年时间完成。2012 年，在临清市试点的信访工作标准通过了山东省质量监督局服务标准的认证验收。

（4）信访预警软件设计和应用初步完成。目前，信访预警更多的是一种理念，还没有形成真正的理论研究和科学方法，本研究所做的建模工作将弥补此缺陷。目前正在开发的信访预警软件，将在信访系统推广应用，使信访预警为民主决策、和谐发展服务，使信访部门真正发挥"第二研究室"作用，成为为民解难、预警社会问题的"晴雨表"和"减压阀"。

（5）在该成果的研究过程中，研究者在国家级期刊发表学术论文 20 余篇，有多篇论文被《新华文摘》、人大复印报刊资料、《人民日报》转载，其中，《信访工作标准化问题研究》被《新华文摘》全文转载。

《马克思主义哲学基础理论研究》概要

杨　耕[*]

一、研究的目的、意义及所使用的研究方法

马克思主义哲学的创立使哲学的主题、职能和思维方式发生了根本性的转向，然而，马克思主义哲学又受到来自不同方面的曲解、非难和挑战。人类思想史表明，任何一门学科在发展过程中，除了要研究新问题，往往还需要重新探讨对学科的发展具有决定性作用的基础理论问题。本成果以马克思主义哲学基础理论研究为内容，并对这些问题进行全面的梳理以及理论概括和总结，对于从整体上推进马克思主义哲学的研究具有重要的理论意义。

本成果主要使用逻辑分析、文本解读和史论结合的研究方法，从马克思主义哲学的理论特性和已有的研究成果出发，对历史文献、经典文本进行深入研读，并结合新的历史条件下的新问题、新成果进行理论分析，以形成关于马克思主义哲学基础理论的系统化的研究成果。

二、成果的主要内容和重要观点

本成果的主要内容为马克思主义哲学基础理论研究，以阐述马克思主义哲学的理论主题和理论特征为基础，集中探讨和论述了马克思哲学与黑格尔哲学、费尔巴哈哲学的关系，马克思哲学与现代西方哲学、后现代主义哲学的关系，实践的本体论意义，辩证法的实践基础，本体论批判的辩证法，意

* 杨耕，北京师范大学教授，博士生导师。

识与意识形态批判，认识的本质、结构与矛盾运动，思维的建构、反思与反映，知性思维与辩证思维，社会结构的形成与本质，客观过程、历史规律与社会发展道路，主体性问题与对现代性的双重批判，社会批判理论的实质与特征，人类解放与人的发展等基础理论问题、重大问题以及难点和热点问题，从一个侧面展示了我国学者在马克思主义哲学基础理论研究方面所达到的学术水平，反映了马克思主义哲学基础理论研究的新进展和新成果。

第一，从一个新的视角阐述了马克思主义哲学的理论主题和理论特征。

作者认为，马克思主义哲学的产生是 19 世纪中叶社会发展的必然结果。英国工业革命及其后果、法国政治革命及其后果、世界历史的形成及其意义，这三者是资产阶级进行历史性创造活动的主要成果，这些成果及其引起的规模宏大、具有现代形式的社会矛盾，是推动马克思创立"现代唯物主义"的根本原因，马克思主义哲学是对时代课题的哲学解答。作为新唯物主义、现代唯物主义，马克思主义哲学实现了哲学理论主题的根本转换，即从"世界何以可能"转向"人类解放何以可能"，并由此建构了一个新的哲学空间。建构马克思主义哲学的当代形态必须以无产阶级和人类解放为理论主题，以实践本体论为理论基础，以形而上学批判、意识形态批判和资本批判的统一为理论形式。实践的观点是马克思哲学首要的和基本的观点。辩证唯物主义、历史唯物主义这两个基本特征都是从实践唯物主义的本质特征引申出来的，是这一本质特征展开的逻辑要求和理论表现。在哲学史上，马克思第一次把实践提升为哲学的根本原则，转化为哲学的思维方式，从而创立了实践、辩证、历史的唯物主义。

第二，从一个新的视角阐述了马克思哲学与黑格尔哲学、费尔巴哈哲学的关系。

针对普列汉诺夫和列宁以及西方马克思主义者对马克思哲学与黑格尔哲学的关系的理解，作者认为，马克思哲学与黑格尔哲学的关系是批判继承的关系。无论是黑格尔主义的马克思主义者（如卢卡奇）致力于把马克思哲学黑格尔化，还是结构主义的马克思主义者（如阿尔都塞）力图割断马克思哲学与黑格尔哲学之间的联系，都是片面的、错误的。在马克思哲学思想转变的过程中，除了马克思本人的实践活动和费尔巴哈的影响这两个因素外，还有两个理论因素不容忽视：一是马克思通过对《法哲学原理》的批判性解读，发现市民社会是全部历史的真正发源地和舞台；二是马克思通过对《精神现象学》以及政治经济学著作的批判性解读，提出了"异化劳动"的新概念，并创立了以现实的人的活动为载体或承担者的新的辩证法。正是这些因素的综合作用使马克思不是返回到一般唯物主义，而是直接创立了历史唯物主义这一新世界观。如果说逻辑学的"倒转"是一般唯物主义的话，那么，精神现象学和法哲学的倒转则是历史（辩证）唯物主义。

针对恩格斯和列宁以及西方马克思主义者对马克思哲学与费尔巴哈哲学关系的理解，作者认为，在马克思哲学思想的演变过程中，并不存在一个以一般唯物主义立场为特征的所谓费尔巴哈阶段。马克思从来没有返回到费尔巴哈的以抽象的自然为前提的唯物主义立场上去。凭借法哲学研究的背景，马克思关注的重点落在市民社会上。这就是说，费尔巴哈之所以引起马克思的兴趣，不在于他的抽象的唯物主义立场，不在于他高谈自然界在存在上的优先性，而在于他关于异化和人本主义的思想。对费尔巴哈人本主义的批判和政治经济学的批判相结合，才使马克思有可能提出一种新的哲学世界观。

第三，从一个新的视角阐述了马克思哲学与现代西方哲学、后现代主义哲学的关系。

作者指出，在马克思哲学与现代西方哲学的关系研究中，通常认为，马克思哲学与现代西方哲学处在根本的对立之中，具体地说，现代西方哲学的基本原则是拒斥形而上学，而马克思哲学不同于或高于现代西方哲学的地方就在于，马克思哲学仍然保持着形而上学这种哲学形态的"本色"，即以追溯整个世界的本原或基质为目标，力图从这种终极存在——物质出发去理解和把握一切事物的本性，然后从自然存在推导出社会存在。实际上，这是一种误解，反对或拒斥形而上学同样是马克思哲学的基本原则。与西方传统哲学不同，马克思哲学关注的是人的存在方式，是人的异化了的生存状态的消除。从根本上说，马克思哲学是从人的存在出发去解读存在的意义，从人的存在方式——实践出发去理解和把握人与世界的关系的。这样，马克思便终结了形而上学，同时启动了现代西方哲学的进程，并具有后现代主义的意蕴。

第四，明确提出实践是现存世界和人的生存本体，并以此为基础分别论述了本体论的"实践转向"、实践的本体论意义、斯大林与卢卡奇对马克思主义哲学本体论的理解，以及"有生命的个人"与"现实的个人"、"社会生产人"与"人生产社会"、社会的整体性及其与实践的关系等理论问题。

作者认为，社会是由个人组成的，现实的个人是社会的主体，是历史的前提和出发点；个人又依赖于社会，社会是个人赖以存在和发展的基础。社会生产人，人也生产社会，个人与社会的关系是统一的，而二者统一的基础就是实践。实践构成了人的存在方式和社会生活的本质。马克思主义哲学从人的实践活动出发去理解存在，即把存在理解为人的存在，理解为人的生存实践活动。人们改造物质世界、创造对象世界的活动就是生存实践活动。这种生存实践活动不仅创造着人们的物质生活，而且创造着人们的社会关系，社会关系一经形成又反过来制约着人的生存实践活动，决定着人的存在。马克思主义哲学关注的就是人的存在，其本体论是生存论的本体论，即实践本体论。

第五，深刻阐释了马克思本体论批判的辩证法和辩证法的实践基础。

作者认为，哲学本体论从其产生开始，就蕴含着两个基本矛盾：一是哲学本体论与人类历史发展的矛盾，二是哲学本体论的自我矛盾，前者是后者的根源和基础，后者是前者的理论升华和哲学表达。哲学史表明，辩证法正是以这种具有哲学世界观意义的矛盾为对象，并在愈来愈深刻的层次上展现这种矛盾而实现自身发展的。马克思主义哲学以实践观点、历史观点去对待哲学的本体论追求，因而不断地在更深的层次上揭示和阐发本体论的内在矛盾，使"合理形态"的辩证法随着人类的历史发展而获得越来越丰富的理论内容。

第六，从一个新的视角阐述了马克思主义历史观关于意识与意识形态批判的基本观点。

作者认为，马克思主义历史观不仅分析了人与自然的关系、人与人的关系，而且分析了人与意识的关系；不仅阐明了社会的本质、结构和整体性，阐明了社会历史过程与自然历史过程的相似性，阐明了历史规律的形成与特征，以及社会主义代替资本主义的历史必然性，而且阐明了人类意识的产生与本质，以及语言与意识的关系，阐明了对象意识与自我意识及其客观性，明确提出不是人们的意识决定人们的社会存在，而是人们的社会存在决定人们的意识。马克思主义历史观始终从物质实践出发解释观念的形成，阐明意识的形式，并以此为基础进行意识形态批判。

第七，从一个新的视角阐述了马克思主义哲学关于认识的本质、结构和矛盾运动的基本观点。

作者认为，马克思主义哲学把实践引入认识论，从认识与实践、主体与客体、思维与存在的多重矛盾关系中去把握认识活动及其成果的本质规定性，科学地解答了认识的本质问题。人的认识的本质是同人的社会本质密切相关的。在认识活动中，每一个认识个体，一方面同客体即认识对象发生关系，不断进行着主体与客体的相互作用；另一方面又同其他认识主体发生相互作用，形成个体认识向社会开放和社会认识影响个体的双向运动。这种相互作用使认识成为社会活动。人的社会本质使每一个人的认识超越其个体，使每一代人的认识超越前一代人的水平，使人类能动地反映世界的活动及其成果，像滚雪球似的不断扩大、深化和发展。

第八，从一个新的视角阐述了思维的建构、反思与反映的关系。

作者认为，从根本上说，思维的建构是指人对世界的反映过程，是人以主体的方式对世界的概念性的把握过程。思维的建构性是主体能动性的高度体现，是马克思的要把"对象、现实、感性""当作**感性的人的活动**，当作**实践**去理解"、"从主体方面去理解"[①] 这一思想的最有特色、最直接的体现。马克思的实践反思理论的重要意义就在于：它揭示出反思成为思维中"绝对的积极的环节"的真正原因是实践活动的发展，同时，又揭示了思维运动具有"反过来思"的过程，即通过建立更高级的范畴体系对原有的范畴体系进行批判，并使之"变形"。马克思的实践反思理论揭示出思维的正向与反向两个方向的运动，从而为人们把握人类历史运动提供了钥匙。

第九，从一个新的视角阐释了知性思维与辩证思维的关系。

作者认为，随着经典科学向非经典科学转化，知性思维也同时由于自身力量的推动而越来越具有辩证特色，具体表现为：科学思维由否定"矛盾"、"悖论"到承认"矛盾"、"悖论"，由要求自身的"完全性"、"形式化"到承认"不完全性"、"非形式化"的因素存在，由片面的"拒斥形而上学"、要求贯彻完全的实证主义和证伪主义原则到承认"历史主义"、确认"形而上

---

① 《马克思恩格斯选集》第1卷，人民出版社1995年版，第54页。

学"的合理作用。知性思维与辩证思维之间的界限正在变得模糊：知性思维在向辩证思维运动，而辩证思维也在不断地把应该知性化的东西知性化，即辩证思维也在向知性思维运动。我们应该看到，知性思维与辩证思维在现代处在交合运动过程中，不能恪守于康德、黑格尔对知性思维与理性思维的划分；我们必须认识到，随着经典科学的非经典化，随着科学思维中系统论、控制论、信息论等新观念的产生，随着"相对性原则"、"测不准原理"、"互补性原理"等为科学思维所承认和运用，知性思维再也不是历史上的经典形式了，而是充满辩证色彩并正在向辩证思维"复归"的知性思维。

第十，明确提出社会结构是人们之间交往关系的制度化，并以此为基础分别论述了交往的基本特征与基本层次、社会是人们交互作用的产物、交往与异化及其扬弃等理论问题。

作者认为，社会结构的形成和本质问题是历史观的重要问题。传统哲学对这一问题虽然作过不少有益的探讨，但总的来说未能合理地解决这一问题。马克思立足实践，从人们的交往活动出发，科学地解答了社会结构的形成和本质问题，交往与社会结构的关系问题因此构成了马克思主义哲学的重要内容。马克思把人类活动的两个方面，即人与自然和人与人之间的相互作用理解为一个互为中介的整体性的活动过程，从而达到了对人类历史过程具体的、现实的把握，达到了对历史过程既唯物又辩证的把握。从现实的个人的生产活动和交往活动出发，马克思主义哲学唯物主义地说明了社会结构的形成。

第十一，从一个新的视角阐述了客观过程、历史规律与社会发展道路。

作者认为，客观过程的两种形式：自然运动和历史运动，属于两个不同系列的发展形式。从发展的源泉、发展规律的形成机制、发展规律起作用的方式、发展规律的表现形式来看，两种形式具有明显的区别。从根本上说，历史是人的实践活动在时间中的展开，历史规律不仅实现于而且形成于人的活动中；历史规律就是经济运动对人类历史行程的制约，生产力与生产关系的矛盾运动从根本上决定着历史运行的大概趋势，构成了历史运动的"中轴线"；形成于人的活动中的历史规律同样具有重复性、常规性，即在特定的条件下，某种历史规律会反复发生作用，成为一种常规现象。以此为前提，唯物主义历史观制定了"五种社会形态"理论，认为在不同的历史时期、不同的民族那里，可以产生相同的经济形态、政治形态和社会形态。由于把社会关系归结于生产关系，把生产关系归结于生产力——人对自然的关系，唯物史观不但发现了历史规律的重复性、常规性，而且能够以"自然科学的精确性"指明社会的物质变革。

第十二，深刻阐述了主体性问题与对现代性的双重批判。

作者认为，现代性意味着现代社会的实质、基础和核心，意味着现代社会围绕着旋转的那个枢轴。作为现代社会由以成立、由以持存并不断地再生产自身的本质—根据，现代性可以被概括为两个基本支柱，即资本和形而上学。在这一主题上，马克思主义哲学就是对现代性的批判，同时也是对资本和形而上学的批判。对现代性的批判又是同对主体性问题的探讨密切相关甚至融为一体的。主体性问题是一个涉及如何估价马克思主义哲学性质，以及马克思主义哲学是在何种存在论的基础上谈论主体性的重大问题。马克思主义哲学中的主体性的性质及论域取决于马克思对黑格尔哲学的批判，取决于这一批判在怎样的意义上以及在多大的程度上触动了近代形而上学的根基，并且最终取决于这种触动是否真正击穿并颠覆了"意识的内在性"。必须在近代形而上学之外，在瓦解其基本建制的前提下来探讨马克思主义哲学的主体性问题，从而正确估价马克思主义哲学的根本性质及当代意义。马克思对现代性的批判，不仅是对现代资本的批判，而且是对现代形而上学的批判。现代资本和现代形而上学有着本质的内在联系，或者说，有着本质的"共谋"关系。在这个意义上，对形而上学的批判高度制约着对资本批判的高度，对资本批判的高度同样制约着对形而上学批判的高度。

第十三，从一个新的视角阐释了科学的社会批判理论及其核心问题。

作者认为，马克思主义哲学是在批判旧世界中发现新世界的，社会批判理论因此成为马克思主义哲学的重要内容。但是，长期以来，这一重要内容在国内马克思主义研究中没有得到应有的重视；在西方马克思主义那里，这一重要内容又变成了从人本主义出发的价值批判理论，西方马克思主义没有看到、也不理解马克思从早期的伦理的价值批判理论到后来的科学的社会批判理论的逻辑转换。然而，问题的关键就在于，不理解这一逻辑转换，就无法真正理解马克思主义社会批判理论的科学内涵。从马克思主义哲学史看，马克思正是通过从人本唯物主义向历史唯物主义的转变，通过政治经济学批判，即资本批判，获得了批判资本主义社会的坚实的理论基础，创立了科学的社会批判理论。

第十四，从一个新的视角阐述了人类解放与人的发展问题。

作者认为，实现无产阶级和人类解放是马克思主义哲学的主题。人类解放和人的发展有赖于社会的发展，而社会发展的实质是人的发展，并最终体现为人的发展。人的自由全面发展既是一种社会理想，又是一个逐步实现的历史过程。促进人的自由全面发展，必须推动社会发展。只有在推动社会发展的过程中才能求得个人发展。从人类社会发展进程来看，每个人的自由发展在总的方向上离不开人类整体的发展和社会发展，因而，社会的每一个进步，对人来说都具有解放的意义。人的自由、解放程度在历史上是变化发展的，在不同历史时期具有不同的内容，表现为不同的水平。在社会发展的早期阶段，由于生产力和社会分工水平低下，那时的个人显得比较丰富，但这只是原始的丰富。这种近于动物式的"自由"生活，其实是极不自由的表现。伴随社会分工和私有制的形成、发展，人的发展步出了原始状态，但又进入了片面化的境地，导致与社会物质生产、精神生产发展共生的个人畸形发展，即异化。这种畸形发展在资本主义社会达到极致。社会主义社会第一次自觉地以人的自由全面发展为目标，在充分吸收人类文明的基础上寻求新的发展道路与发展方式，不断推进人的全面发展和社会的全面发展以及人和社会的协调发展。

三、成果的学术创新、应用价值及社会影响和效益

本成果无论是形式的表现力度，还是理论的深刻程度，都达到了一个新的高度。学术创新体现在以下几个方面：

第一，以改革开放 30 多年来学术界、理论界的研究成果为基础，全面而深入地探讨了马克思主义哲学的基础理论，有针对性地提出并回答了马克思主义哲学基础理论研究中的一系列重大问题。

第二，从马克思主义哲学的历史使命和实质内容出发，使用逻辑分析、文本解读和史论结合的研究方法探讨马克思主义哲学的基础理论，形成了研究马克思主义哲学的基本理念和总体思路，体现了马克思主义哲学的基本特征，即形而上学批判、意识形态批判和资本批判的高度统一与实践唯物主

义、辩证唯物主义和历史唯物主义的高度统一。

第三，从马克思主义哲学是实践、辩证、历史的唯物主义基本理念出发，深入地研究了以马克思主义哲学的本体论、辩证法、自然观、社会观、历史观、认识论等为主要内容的马克思主义哲学基础理论，为推进马克思主义哲学基础理论研究提供了系统化的研究成果。

第四，深入挖掘马克思主义哲学经典著作中与基础理论相关的原始文献，为推进马克思主义哲学基础理论研究奠定可靠的理论基础；在世界历史的广阔视域中考察马克思主义哲学，通过文本考证和比较研究，把握马克思主义哲学的理论本性，展现出一种对马克思主义哲学基础理论的新理解。

本成果的主要应用价值在于，为马克思主义哲学基础理论研究及其学科建设、教材建设、课程建设和队伍建设提供了重要的文献资源和学术资源。

本成果的阶段性研究成果，分别发表于《中国社会科学》、《哲学研究》、《哲学动态》等权威性刊物，并被《新华文摘》、《中国社会科学文摘》、《高等学校文科学术文摘》等转载，在学术界、理论界产生了广泛影响。

《"主体性"的当代哲学视域》概要

贺　来*

一、研究的目的、意义及所使用的研究方法

"主体性"是哲学中一个十分重大的课题。在近代哲学中，"主体"一度被视为哲学的理论基点和逻辑出发点，以此为根据，建立起了近代"主体形而上学"的大厦，并在德国古典哲学中达到高峰。马克思哲学继承了哲学史上"主体性"思想的重大成果，并从新的哲学基本观点和哲学思维方式出发，赋予了"主体性"原则以全新的内涵与意义。在 20 世纪 80 年代乃至 90 年代，"主体性"观念在中国当代哲学的进程中产生了十分特殊的作用，对于推动思想解放、观念变革作出很大贡献。但在现当代哲学，包括当代中国哲学中，对"主体性"的批判、反思乃至解构，已成为一个不可忽视的理论现象，它们立足于各不相同的立场，对"主体性"原则的理论前提、基本原则和理论后果等进行了多方面的批评，与此相伴随的，"主体性"被宣告为完全"过时"的观念，"主体性的终结"成为颇有影响的理论话语。

那么，今天究竟应该如何理解和评估"主体性"原则？马克思哲学的"主体性"思想在哲学史上所具有的的重大意义究竟是什么？它对今天重新阐释"主体性"思想有什么价值？在中国特殊的语境中，"主体性"意味着什么？现当代哲学针对"主体性"思想所展开的种种批判和反思，其针对的究竟是什么？其意义和局限性究竟是什么？对于与"主体性"问题相关的一系

---

* 贺来，吉林大学哲学社会学院院长，教授，博士生导师。

列问题和观念，例如"人的存在"、"真理观"、"自由观"、"发展观"、"启蒙观"等，我们应该做出何种理解和阐释？作者认为，所有这些，都是哲学发展中带有关键性的一些重大课题。对它们进行专门探讨，无论对于深化"主体性"思想的研究，还是推动哲学观念的变革，都具有十分重大的意义。

本成果正是围绕上述问题，对近代哲学"主体性"思想的批判性反思，马克思哲学"主体性"思想的理论内涵、理论贡献与当代价值，马克思哲学"主体性"思想在当代人类和中国社会现实生活中的落实，"主体性"思想在当代哲学中的命运与当代视野等进行的一系列专题研究。这种研究具有十分重大的理论与现实意义。具体而言，第一，在理论上，它对于马克思哲学基础理论的深化具有重大价值。无论对马克思哲学，还是对整个现当代哲学，"主体性"都是居于核心地位的重大理论问题，对其进行深度研究，是深化马克思哲学基础理论的有力的切入点。第二，在实践上，它对于以人为本的社会主义和谐社会的建设有着重要的思想启示力。"主体性"根本上是关于人的问题，对其进行深度研究将有力地推动关于"人"在马克思哲学中地位、作用和内涵等的认识，促进人的主体自我认识的形成和深化，明晰我们的价值坐标，并因此对社会发展产生积极的理论指导作用。第三，对"主体性"问题的深度研究，将带动对一系列与此相关的重大基本问题的深入探讨与重新理解，从而有力地推动哲学观念的更新与哲学思维方式的变革。

本成果采取的主要研究方法是：第一，理论反思方法，坚持马克思哲学的基本观点，贯彻马克思哲学的基本精神，对其"主体性"思想进行阐释和探讨。第二，史论结合方法，深入哲学史发展的内在脉络，揭示马克思哲学"主体性"思想所体现的特殊思想境域与理论内涵。第三，理论与实践结合的方法，立足当代中国和人类社会发展，探讨"主体性"的当代合理形态及时代内涵。第四，比较研究方法，在比较中分析马克思哲学"主体性"与近代、现当代西方哲学之间的差异与联系，揭示其独特内涵。

二、成果的主要内容和重要观点

本成果包括在内容上既相对独立同时又相互关联的五个部分。

第一章"现当代哲学与抽象'主体性'批判"，着重对现当代哲学中"主体性"批判思潮进行深入的反思。通过对现当代哲学针对近代哲学的

“主体性”观念所进行的“意识形态批判”、现当代哲学针对近代哲学的“主体性”观念的价值规范基础批判，以及现当代哲学针对认知主体的存在方式的批判性反思这三个侧面的专题考察，试图展示现当代哲学“主体性”批判的核心内容。以此为基础，本章进一步具体分析了现当代哲学的“主体性”批判的真实指向、理论意义及其限度。本章指出，把主体“实体化”，并因此使“主体”成为独断、孤立与无根的“抽象主体”，这正是现当代哲学“主体性”批判的真实所指及其“主体性”批判兴起的深层根源。现当代哲学通过这种批判，揭示了“普遍主体”背后所蕴含的控制欲望与特殊利益，暴露了“主体”观念的虚幻性、无根性与独断性，就此而言，现当代哲学的“主体性”批判具有十分深刻的积极意义。在肯定其积极意义的前提下，本章最后探讨了“主体性”批判思潮所具有的重大缺陷，即它在消解“抽象主体性”之后，把“主体性”原则所内蕴的合理内核，即“价值主体”也随之消解了，这一点构成了它的深层局限，也构成了“主体性”批判的限度。

第二章“‘价值主体’：‘主体性’不可消解的维度”，充分吸收现当代哲学的积极成果，从马克思哲学的基本观点出发，对我们今天应该如何理解“主体性”思想的合理内核，马克思哲学“主体性”思想的理论内涵、思想旨趣和理论变革进行专门的探讨与阐发。本章第一部分深入哲学思想发展史，着重讨论了马克思哲学自觉区分“认知主体”与“价值主体”，坚持“价值主体”的优先性，把“价值主体”作为“主体性”的核心内容，并因此在“主体性”问题上所作出的变革性贡献，揭示了马克思哲学的“主体性”思想在今天最富当代价值的思想内涵。在此基础上，本章第二部分进一步探讨了把“价值主体”作为马克思哲学“主体性”思想的核心内涵，对于回答“人的有尊严的幸福生活何以可能”这一重大课题所具有的意义，本部分着重从三个角度分析和阐发了“主体性”原则与有尊严的幸福生活的深层关联。一是讨论了“人成为内在的目的”作为有尊严的幸福生活的必要条件的理论内涵与现实意义，二是讨论了“自由”和“正义”作为有尊严的幸福生活的重大前提的理论内涵与现实意义，三是讨论了“全面丰富的生存方式”作为有尊严的幸福生活的根本保证的理论内涵与现实意义。通过这种讨论，充分彰显了马克思哲学的“主体性”思想在当代中国和人类社会所特有的人文向度与人文内涵。在本章第三部分，从上述马克思哲学“主体性”思想的"价值主体优先性"原则出发，着重对"主体性"原则在中国语境中的深层旨趣进行了较深入分析，着重论证了它所表达和体现的是对中国现代性建构之价值规范基础的寻求这一深层实质，并针对"主体性"观念在中国的复杂语境中所具有的重大价值进行了探讨，阐发了在中国社会发展的"价值排序"中，"主体性"原则的落实所具有的特殊意义。在本章的最后部分，针对"价值虚无主义"这一现当代哲学和现实生活中的重大问题，论证了"价值主体"在回应这一重大问题上所具有的基础性地位和意义。

第三章"'主体性'原则与马克思哲学的当代性"，在前一章基础上，进一步探讨马克思哲学的理论变革与"主体性"原则的深层关系，通过这种探讨，揭示马克思哲学所具有的当代性。本章的探讨围绕三个重大问题展开。首先，通过对马克思的现代性批判及其与"主体性"思想的深层关系的探讨，来阐发马克思哲学的当代性；其次，通过对马克思哲学的理论基础，即辩证法理论与人的"主体性"的深层关系的探讨，来阐发马克思哲学，尤其是辩证法理论及生存实践解释原则的当代性；最后，通过对马克思哲学"以人为本"的社会发展观与其"主体性"思想的深层关系的探讨，来阐发马克思哲学，特别是其社会发展理论的当代性。在第一个方面，我们从马克思哲学的"现代性批判"与"形而上学批判"入手，探讨马克思哲学如何通过这内在联结的双重批判，破除抽象力量对具体的人的生命存在的遮蔽和压制，从而捍卫人的现实的"主体性"。在第二个方面，主要讨论了马克思哲学辩证法理论与人的"主体性"存在之间的深层关联。为了把握人的"主体性"存在，与之相适应的哲学思维方式与解释原则究竟应该是什么？怎样在把握人的"主体性"存在的同时，避免其被抽象化的命运？围绕这一重大问题，我们论证了马克思哲学的辩证法理论对于把握人的"主体性"存在所具有的重大意义，论证了生存实践解释原则对于把握人的"主体性"存在所具有的当代价值。在第三个方面，主要论证了马克思哲学的社会发展观与其"主体性"思想之间有着极其深层的关联，这种关联最集中地体现在它们都把作为"现实的主体"的人置于中心地位。由于这种关联，马克思哲学把"社会"的本性理解为处于社会关系中的人本身，把"发展"的本性理解为人追求和创造自身价值的自觉活动，确立了以人为中心的"社会观"与"发展观"，从而使人真正成为社会发展过程中的"目标主体"、"价值主体"、

"动力主体"和"责任主体","以人为本"的"社会发展观"由此而从哲学原则的高度上获得了一种内在的巩固性和坚实性。以上三个方面,从不同角度充分展示了马克思哲学的当代性。

第四章"个人生活的目的与社会生活的统一性:'个人主体性'的合法性及其限度",首先从"个人生活的目的"这一问题出发,围绕着"个人主体性"的合法性及其限度,对如何维护"个人主体性"不可剥夺的存在价值进行充分的讨论。与此同时,本章进一步从个人主体与社会存在的关系出发,回答在维护"个人主体性"的前提下,社会生活的统一性如何可能的问题。就前者而言,本章反思了传统形而上学对个人真实性的遮蔽,深入哲学史并吸取当代哲学的积极成果,捍卫个人主体不能被传统形而上学所简化和还原的真实性与正当性,认为在个人私人生活领域,每个人都是自己生活的目的,自由地创造"自我"的个性和人格,追求每一个人属于自己的价值,这就是个体生命不能还原为"共同生活"的生活目的,也正是在追求属于自己的价值的过程中,个人真实的"主体性"及其独立人格才能够切实地予以确立。就后者而言,本章围绕着个人主体的"个性"与社会生活的统一性这一矛盾,通过对马克思的"社会"概念的阐发,对个人主体的限度与社会生活统一性的可能性进行了探讨。

第五章"主体性与'自由'和'启蒙'概念的重新反思",对与"主体性"原则和"主体性"哲学内在相关、同时也是现当代哲学中存在争议的重大课题进行了专门探讨。"自由"是"主体性"的重要规定和内涵之一,也是"现代性"的核心概念。在当代哲学社会科学各种思潮中,许多重大的思想分歧都根源于对"自由"问题的不同理解。"启蒙"课题与"主体性"哲学有着深刻的内在关联。近代所形成的"主体性"哲学都把理性的启蒙作为哲学的重要使命,由于这种"主体性哲学"所包含的内在缺陷,现当代哲学的一些哲学家在批判"主体性"哲学及其"主体性"原则的同时,也对哲学的启蒙性质和功能进行了激烈的否定和解构。本章从现代性的视野出发,紧紧围绕着"个人自由"与"普遍自由"这一现代性的根本矛盾,反思了传统形而上学思维方式在对待这一矛盾上的独断态度以及由此导致的人的自由的抽象化,试图在"后形而上学"的视野中重新寻求这一矛盾的解决。围绕着"启蒙"课题,本章批判性地分析了近代"主体性"哲学所代表的启蒙观的缺陷，同时试图在一个新的视野里为启蒙的当代合法性进行申辩和论证。本章区分了名词和动词意义的两种不同启蒙观，论证了动词意义上的启蒙作为哲学本性和特殊功能所具有的不可消解的性质，阐明了哲学启蒙作为一种"历史性"的"治疗"活动的三个最基本的向度，即"思想与文化观念的治疗"、"人生与社会的治疗"与"哲学的自我治疗"的内涵，以此为基础，论证了这样一个基本观点：只要人类还在不断地渴求自由和解放，启蒙就是哲学永远未竟的事业，启蒙精神就是哲学不可消解的最为重大的精神。以此为基础，本章进一步讨论了如何通过彰显哲学的"自我"，从而推动哲学主体自我意识的觉醒和自觉。

本成果以上各章内容既相互关联，同时又具有相对独立性。它们试图从不同角度，对"主体性"及与之相关的重大课题进行深入的反思和探究，开拓"主体性"原则的当代视野，阐发马克思哲学"主体性"思想富有当代价值的核心内涵，从而推动对马克思哲学"主体性"思想的深度研究。本成果形成的重要观点有：

第一，通过对现当代哲学针对近代哲学的"主体性"观念所进行的"意识形态批判"、现当代哲学针对近代哲学的"主体性"观念的价值规范基础批判，以及现当代哲学针对认知主体的存在方式的批判性反思这三个侧面的专题考察，具体分析了现当代哲学的"主体性"批判的真实指向、理论意义及其限度，论证了这一基本观点：现当代哲学的"主体性批判"具有深刻的积极意义，但它在消解"抽象主体性"之后，把"主体性"原则所内蕴的合理内核，即"价值主体"也随之消解了，这一点构成了它的深层局限，也构成了"主体性"批判的限度。

第二，充分吸收现当代哲学的积极成果，从马克思哲学的基本观点出发，对我们今天应该如何理解"主体性"思想的合理内核，马克思哲学"主体性"思想的理论内涵、思想旨趣和理论变革进行专门的探讨与阐发，提出并论证了：马克思哲学自觉区分了"认知主体"与"价值主体"，坚持"价值主体"的优先性，把"价值主体"作为"主体性"的核心内容，这是它在"主体性"问题上所作出的变革性贡献。

第三，通过对马克思哲学的理论变革与"主体性"原则深层关系的探讨，提出辩证法就是关于作为主体的人的自我理解的理论，马克思哲学的

“主体性”观点与“以人为本”的社会发展观、与人的有尊严的幸福生活的追求具有深层的内在一致性等基本观点。

第四，围绕着“个人生活的目的与社会生活的统一性：‘个人主体性’的合法性及其限度”这一课题，认为在个人私人生活领域，每个人都是自己生活的目的，自由地创造“自我”的个性和人格，追求每一个人属于自己的价值，正是在这一过程中，个人真实的“主体性”及其独立人格才能够切实地予以确立。以这种认识为前提，本成果进一步围绕着个人主体的“个性”与社会生活的统一性这一矛盾，论证了社会生活的统一性需要以“主体性”原则为前提，但同时又必须超越抽象的“主体性”原则这一观点。

第五，通过对“自由”与“启蒙”这两个与“主体性”原则与“主体性”哲学内在相关，同时也是现当代哲学中存在争议的重大课题的专门探讨，区分了名词和动词意义的两种不同的启蒙观，论证了动词意义上的启蒙作为哲学本性和特殊功能所具有的不可消解的性质。以此为基础，系统论证了这样一个基本观点：只要人类还在不断地渴求自由和解放，启蒙就是哲学永远未竟的事业，启蒙精神就是哲学不可消解的最为重大的精神，推动哲学的“主体自我意识”的觉醒就是哲学不可遗忘的重大使命。

三、成果的学术创新、应用价值及社会影响和效益

本成果的学术创新主要体现在如下方面。

第一，对“主体性”原则在中国语境中的深层旨趣进行了深入分析，着重论证了它表达和体现的对中国现代性建构之价值规范基础的寻求这一深层实质，并针对“主体性”观念在中国的复杂语境中所具有的重大价值进行了探讨，指出在中国社会发展的“价值排序”中，“主体性”原则的落实所具有的特殊意义。这一研究成果对于深入理解“主体性”原则在当代中国哲学和中国社会发展进程中所具有的特殊地位和价值，提供了创新性的分析框架。

第二，对马克思哲学的“主体性”思想的一系列基础理论问题进行了较深入的探究，所提出的一系列学术观点为深化这一问题的研究作出了贡献。课题围绕着马克思哲学“主体性”与近代哲学中的“主体性”思想的异同、马克思哲学“主体性”思想的思想内核、马克思哲学“主体性”思想与当代

哲学对话的可能途径等重大课题，进行了具有一定原创性的理论探索。这对于推动国内这一领域的研究具有积极的意义和重要的价值。

第三，对现当代哲学中"主体性批判"思潮进行了深入的反思，揭示了"主体性批判"思潮兴起的深层背景与其真实的针对性，并对现当代哲学"主体性批判"思潮所具有的积极思想成果进行了分析。在此基础上，深入探讨了"主体性"批判思潮所具有的重大缺陷，即它在消解"抽象主体性"之后，把"主体性"原则所内蕴的合理内核，即"价值主体"也随之消解了，这一点构成了它的深层局限，也构成了"主体性"批判的限度。这为全面深入估价现当代哲学中"后主体"思潮的理论合理性及其局限性提供了创新性的分析路径。

第四，通过对"认知主体"与"价值主体"进行自觉的区分，为深入理解马克思哲学在"主体性"问题上所实现的理论变革及其所具有的当代价值提供了创新性的探讨。本成果深入哲学史，指出马克思深化了康德以来对"认知主体"与"价值主体"进行区分的思路，并把"价值主体"作为"主体性"的核心内容，揭示了马克思哲学"主体性"思想的理论内核。

第五，对马克思哲学的"主体性"原则在当代世界，尤其在当代中国现实社会生活中所具有的现实意义进行了全面深入的探讨。课题围绕着"主体性"原则，对"主体性"原则与有尊严的幸福生活的深层关联进行了专门探讨，有力地回应了"有尊严的幸福生活何以可能"这一对于中国人的现实生活具有重大意义的课题。本成果对人的"主体性"在中国社会生活中得以落实的现实途径进行了探讨，认为人的现实的"主体性"的落实，在中国社会中最集中地体现在"以人为本的社会发展观"的贯彻。要在理论和实践上破除种种物化的"社会发展观"，真正确立起"以人为本"的"社会发展观"，一个重要的哲学前提是确立以人为中心的"社会观"与"发展观"。通过这种讨论，马克思哲学"主体性"特有的人文向度与人文内涵彰显出了其特有的时代内涵，并彰显出其在中国特有语境中的重大启示意义。

第六，对与"主体性"内在相关的一系列重大问题进行了较深入的思考，提出了一系列具有创新性的学术观点。围绕着"主体性"与人的自由的关系、哲学的启蒙功能、辩证法与人的"主体性"、个人生活的目的、社会生活的统一性等当代哲学十分关注的重大课题，本成果在对马克思哲学的当代性的创新性理解的基础上，充分吸收现当代哲学的最新成果，对这些重大课题进行了深入的探讨。这些探讨对于推动理论观念的变革具有一定的启示意义。

本成果在学术界产生了较大影响。本成果的阶段性研究论文，已经在《哲学研究》、《哲学动态》、《学术月刊》、《天津社会科学》、《复旦大学学报》、《江海学刊》等权威刊物发表，其中，有两篇被《新华文摘》全文转载、三篇被《高校文科学术文摘》全文转载、三篇被人大复印报刊资料全文转载，数十次被 CSSCI 来源期刊论文、中国期刊网论文引用。

本成果作为国家社科基金项目的结项成果，被同行专家匿名评审鉴定为“优秀”等级。

《发展伦理研究》概要

陈　忠[*]

一、研究的目的、意义及所使用的研究方法

《发展伦理研究》是 2007 年国家社科基金重点项目"发展伦理与和谐世界：发展伦理学的范式转换与'和谐世界'的历史构建"（07AZX005）的最终成果，是对发展伦理学及发展伦理问题进行的基础研究、综合研究。在研究方法上力求以问题研究为主线，努力实现问题研究、历史研究、比较研究、原理研究的有机统一。努力在同现实问题及诸多思想家的知识对话中，对"什么是合理的发展伦理学，如何建构深层发展伦理学"，"什么是好的发展世界，如何建构好的发展世界"进行较为系统的理论反思与问题研究。

在写作方式与叙事策略上，努力突破传统体系式的研究与写作方式，自觉地选择了一种问题式、问题导向、"从问题出发"的进路。努力把对发展伦理的系统研究具体化为对重要问题、核心问题、基础问题等的系列、开放性反思。每一章都围绕一个理论或现实问题展开，在总体结构上是一个由诸多问题研究构成的"大问题链"。这个大的问题链又由两个"子问题链"构成。一是以反思发展伦理学本身为目标的"理论问题链"，一是以反思现代性、和谐世界、全球发展公正性为目标的"现实问题链"。通过这两个问题链的展开与互动，努力获得课题研究的双重开放性。

第一，发展伦理学理论构架的开放性。希望通过范式研究、比较研究、基础研究、反思研究等，增加发展伦理学本身的理论开放度，使发展伦理学

＊　陈忠，苏州大学教授，博士生导师。

超越简单的伦理学视域，获得更加广阔的思想资源、更加深入的生长基础。本成果的一个重要内容是对发展伦理学本身进行理论研究。为了避免把理论研究抽象化、空泛化，本成果努力把对发展伦理学的反思内化进"理论问题链"与"现实问题链"，并具体呈现为对范式转换、基础探索、思想资源开放等问题的反思。

第二，发展伦理学研究对象的开放性。希望通过对资本、风险、财富、空间等现代性重大问题的反思，使发展伦理学对发展问题、发展世界的研究更加具体、深入、多样、多层次，努力拓展、开放发展伦理学切入现实的多样路径、生长空间。本成果的另一个重要内容是对"和谐世界"进行伦理反思。为了避免空泛的概念研究，本成果努力把对和谐世界的伦理反思内化进"理论问题链"与"现实问题链"，并具体呈现为对资本、现代性、财富、私有、消费、全球史、全球发展公正性等问题的反思。

二、成果的主要内容

本成果总计 30 多万字，分上下两篇，主要从两个向度展开。一是范式与理论研究（上篇），对发展伦理学的范式与基本理论问题进行哲学反思，努力呈现、拓展发展伦理学的主要范式、基本构架、基本视域等的特点及创新可能。一是现实与问题反思（下篇），以经过反思的发展伦理学为视域，对一些重大现实与理论问题进行哲学反思，努力呈现、拓展发展伦理学关注现实、反思现实、切入现实的可能性。

上篇对发展伦理学进行"范式与理论研究"，主要包括以下内容。

（1）发展伦理学的范式转换问题。

目前的发展伦理学主要由问题范式、理想范式构成，侧重对发展目标与发展手段及发展理论上存在的问题进行伦理反思，对理想的发展目标与理想的发展手段进行价值确认。本成果倡导对发展伦理进行综合研究，提出了"确立发展伦理学的规律范式、哲学范式"，"以揭示发展的历史规律、现代性的历史本质为基础，对发展伦理进行更为深层、具体的把握"，"建构直面问题的深层发展伦理学"，"建构具有选择论意蕴的发展伦理学"等观点。

（2）发展伦理学的思想资源问题。

目前的发展伦理学主要是运用启蒙运动以来的近代价值观对现实中存在的发展问题进行伦理学批判，思想资源相对单薄。拓展思想资源，对确立发展伦理学的理论基础，深化发展伦理研究意义重大。本成果以哈维兰的文化人类学、贝克的风险社会理论、哈维等的空间生产理论、本特利等的新全球史为象征性的具体比较对象，对发展伦理学与文化人类学、新全球史、风险社会理论、空间生产理论等进行了比较研究。对这些理论中的发展伦理学意蕴进行了挖掘，在比较研究的基础上，提出了"回到历史本身建构发展伦理学"，"以现代性的深层批判为基础建构深层发展伦理学"，"走向资本批判的深层发展伦理学"等观点。

（3）发展伦理学的基础创新问题。

如何推进基础创新，不仅是发展伦理学面临的问题，也是当代社会发展理论面临的问题。推动基础创新需要结合问题研究、历史研究、原理研究、比较研究等，尤其需要具有对话意识。在这个问题上，本成果通过与建设性后现代性理论、奥尔森的制度经济学理论、索亚等的空间与城市理论的对话，对发展伦理学的基础创新问题进行了思考，提出了"借鉴'集体行动的逻辑'推动发展伦理与发展理论创新"，"以进化论、传播论与空间论的对话为基础，推进发展伦理学的基础创新"，"从社会发展总体逻辑的高度理解发展伦理与发展理论创新"等观点。

（4）发展伦理学的价值基点问题。

目前的西方发展伦理学相对缺少自觉的理论基点意识，没有对发展伦理学的理论与价值基点进行自觉的理论澄清，存在西方中心论、伦理中心主义、发展中心主义及自由主义悖论等问题。本成果通过与文化人类学、新全球史、芬伯格的可选择现代性理论等的对话，对目前西方发展伦理学为何存在以上问题，如何理解与超越以上问题进行了反思，提出了"直面现代性的多样性、可选择性，重构发展伦理学的价值基点"，"重新理解启蒙精神的全面性、辩证性，重建发展伦理学与发展理论的理念基点"，"深层理解发展本身的全面性、辩证性，推动发展理论与发展方式创新"等观点。

本成果下篇为"现实与问题反思"，对当代发展及和谐世界构建的重大基础问题进行发展伦理反思，主要包括以下内容。

（1）资本与风险问题的发展伦理反思与应对。

全面、辩证、历史地认识资本的本性及其问题，对认识当代社会发展的诸多问题意义重大。本成果的相关部分对资本的历史本性、资本的辩证作用等进行了反思，认为资本是一种历史性的辩证力量，与现代性具有深层关联，与当代社会的风险性、复杂性、世俗性等内在相关，提出了"对资本逻辑进行发展伦理约束"、"现代性的深层风险是资本逻辑的失控"、"社会团结与社会责任是应对复杂现代性与重大灾难的发展伦理选择"等观点。

（2）空间与城市问题的发展伦理反思与建构。

城市化、都市化日益成为当代社会的重大问题。发展伦理学需要也完全可以对都市化问题做出自己的解读。本成果的相关部分对当代中国城市化的空间生产问题的特殊性、中国城市秩序的意义与伦理建构、城市正义的集体行动原因与集体意义建构等进行了发展伦理反思，提出了"空间与伦理是一种双向建构的关系"，"中国城镇化需要深层意义与伦理支持"、"通过合理的集体行动推进城市正义建构"等观点。

（3）现代性价值基点的发展伦理反思与制约。

建构和谐社会、和谐世界需要对现代性本身，尤其是其价值基点进行理论澄清。本成果的相关部分，对现代性运行与理解中的三大核心幻象、核心问题——财富幻象、私有幻象、消费幻象——进行了反思，认为应该树立一种历史辩证的财富观、权利观、消费理念等，提出了"财富的深层本性是能力与社会关系"、"财富是一种现实世俗性力量，其作用具有两面性"，"在追求权利的同时应该防范泛化的私有制"、"消费社会的深层问题是生产问题，应该辩证历史地理解消费、消费社会的合理性与问题"等观点。

（4）全球发展公正性的发展伦理反思与建构。

和谐世界的重要基础是全球发展公正性。本成果相关部分对和谐世界与可选择现代性的关系，资本批判与和谐世界建构，全球发展公正性的范式、问题与建构等进行了反思，提出了"没有多样可选择的现代性，也就没有和谐世界"、"制约资本逻辑是构建和谐世界的重要内容"、"全球发展公正性是权利伦理与责任伦理、现代伦理与历史伦理、主体伦理与生态伦理、个体伦理与整体伦理的具体统一"、"有限全球权利与有限全球责任相统一是建构全球发展公正性的重要原则"等观点。

三、成果的学术创新、应用价值及社会影响

1. 学术创新和应用价值

在研究内容与研究方法上，本成果对如何进行发展伦理研究进行了创新性探索，对推进发展伦理研究的全方位深化有一定的参考意义。对发展伦理

进行了较为全面的基础理论研究、重大问题研究。对发展伦理学的诸多理论问题，对如何推进发展伦理学的基础创新等进行了反思。并以经过反思的发展伦理观为视域，对当代社会发展的一些重大问题进行了理论反思。对"什么是深层发展伦理学，如何建构直面现实的深层发展伦理学"、"什么是好的发展世界，如何建构好的发展世界"进行了较为系统的思考，提出了一些可供参考的观点。

2. 社会影响

本成果每一章节的内容均以论文的形式发表。在《中国社会科学》、《学术月刊》、《自然辩证法研究》、《光明日报》、《国外社会科学》、《学术研究》、《哲学动态》、《河北学刊》、《天津社会科学》、《社会科学辑刊》、《学习与探索》、《道德与文明》等刊物发表了 30 多篇相关论文。

发表的阶段性成果被人大复印报刊资料、《中国社会文摘》、《新华文摘》等转载（摘）10 多篇次。相关研究成果多次获江苏省、苏州市社科成果奖。《光明日报》、全国社科规划办网站等对本成果进行了介绍。以本研究的系列成果为支撑，课题主持人入选教育部新世纪优秀人才支持计划，江苏省"333 工程"、江苏省"青蓝工程"中青年学术带头人，苏州市及苏州大学东吴学者等。

《公羊学发展史》概要

黄开国[*]

一、研究的目的、意义及所使用的研究方法

目的：学术界还没有《春秋公羊传》学发展史的总体性研究成果，本成果为学术界提供了一部完整的《春秋公羊传》学发展史，以帮助人们准确认识《春秋公羊传》学的发展历史及其理论，从一个侧面了解经学与政治的相互作用，说明经学的兴起与终结的历史必然性。

意义：为学术界提供一部有较高学术价值的《春秋公羊传》学发展史，推进经学专经发展史的研究，并通过揭示《春秋公羊传》学的理论价值与缺失，为当代正确处理文化与政治的关系、各民族的关系提供有益的理论借鉴。

研究方法：主要运用历史唯物主义历史与逻辑相统一的观点，在充分掌握第一手资料的基础上，考据与义理并重，分析与综合相结合；以史为经，以论为纬；采取诠释学、统计学等方法，力求通过知人论世，辨章学术、考镜源流，全面准确地说明《春秋公羊传》学的发展史。

二、成果的主要内容和重要观点

1. 主要内容

根据《春秋公羊传》学发展过程的内容变化，可以将其分为六个阶段：

＊　黄开国，四川师范大学教授，博士生导师。

战国的形成阶段、西汉的兴盛阶段、东汉的成熟阶段、汉后至清的衰落阶段、清代的理论复兴阶段、晚清与近代的嬗变阶段。

《春秋公羊传》学是依托训解《春秋公羊传》而形成的经学派别。《春秋公羊传》为解《春秋》之传，不明《春秋》，就难以对《春秋公羊传》有准确的认识。所以，在论述《春秋公羊传》学发展的六个阶段前，本成果首先在前人关于《春秋》的论述基础上，对《春秋》作了全面的考辨。提出《春秋》本为史书，而作为五经之一的《春秋》成于孔子。孔子作《春秋》的目的在拨乱反正，尽管今存《春秋》与史记的《春秋》并没有《春秋公羊传》学家说得那样多，但可以肯定其中的确包含孔子的政治思想。

形成阶段的《春秋公羊传》学是儒家《春秋》学的一个学派，为《春秋》三传之学中的齐学，是为结束战国的战乱，企求实现中国一统的政治理论，其成果为《春秋公羊传》。纬书以《春秋公羊传》出于子夏、郝经以之出于曾子，皆非确论，《春秋公羊传》绝非公羊氏一家之学，而是整个齐学《春秋》学的成果结晶，是战国儒家齐学学者的共同成果。它准确命名应当如《齐诗》、《齐论语》一样，称为《齐春秋》。此外，孟子、荀子等人的思想也对《春秋公羊传》的形成有较大影响，《春秋公羊传》也吸收了某些鲁学学者的观念。将《春秋公羊传》视为公羊氏一家之学，是导致公羊氏一家独传其学臆说出现的原因。

此时的《春秋公羊传》学是以文王之正的大一统为核心观念所构成的理论体系。所谓文王之正的大一统，包含理想与现实两个方面的内容：一方面文王之正是一种理想，是《春秋公羊传》所树立的一种尺度、描绘的一幅蓝图。由对文王之正大一统的理想追求，形成了《春秋公羊传》学所描绘的大一统的盛世蓝图；以文王之正的大一统来规划社会的发展，则形成了《春秋公羊传》学的历史发展观；为给文王之正制造终极的理论根据，又必然诱发出《春秋公羊传》学的哲学思想。另一方面文王之正是一种尺度，用来判定现实，而引发《春秋公羊传》学对现实问题的关切，对不合文王之正的现实进行批判，这是《春秋公羊传》的现实性所在。这一关注现实的精神、批判的精神，在《春秋公羊传》的讥贬绝中有突出的体现，是《春秋公羊传》学的活力与生命力所在。《春秋公羊传》提出的三世异辞、内外异辞等说，则成为后来《春秋公羊传》学发展的基本理论内容；《春秋公羊传》不是以肤色、地域，而是以文化、道德高低来判定社会发展高低的夷夏之辨，不仅为古代正确处理华夏与四周各国的关系提供了准则，更对其后中华民族大融合起到了深远的积极作用。这个阶段的《春秋公羊传》学既带有维护周礼、尊现实之王的一面，也有肯定现实变化、批评现实的一面。对书与不书等书法的发明，重视义例、灵活解释《春秋公羊传》的解经方法，则开启了《春秋公羊传》学解释学的研究。

兴盛阶段的《春秋公羊传》学是在经学国学地位确立后的时代显学，是西汉今文经学的主要派别，在君主专制的中央集权开始形成的历史背景下，为经学统治地位的确立与君主专制的中央集权制的形成提供理论服务。《春秋公羊传》学在西汉与现实政治有十分密切的联系，是中央王朝决策参照的主要理论。西汉时期的《春秋公羊传》学具有维护国家统一、反对分裂，强调统治者道德修养的积极意义，也有被利用为君主专制辩护、成为思想专制的武器的消极作用，而后一个方面的作用在西汉最高统治者的引导下，有日益强化的趋势。因而，在西汉的现实政治中，《春秋公羊传》中对文王之正的理想追求被日益淡化，而尊现实之王、维护君主专制的成分被不断强化。

董仲舒是这个阶段的代表人物，他在《春秋繁露》中首次提出孔子素王说，将《春秋》视为孔子改制之书，为后来的学者借孔子的旗号来阐述自己的理论提供了依据。董仲舒建立起了三统说的历史观，但还没有汉为赤制说。三统说尽管认为历史是循环论，但具有反对一人、一姓家天下的价值，包含对历史文化继承的意义，在西汉政治生活中影响极大，成为许多经学家的共识。董仲舒以三世异辞解释《春秋》文本，用黜夏、新周、故宋论说《春秋》当新王，构建起了《春秋公羊传》学的理论体系。董仲舒的《春秋公羊传》学最有时代意义的，不是人们常说的大一统，而是将先秦儒家的革命说变为经学的改制说，这是思想界为适应汉景帝不准讲革命要求的表现。革命说重视破，改制说强调立；革命的主动权在下，改制的权力在天子一人。改制说的中心是对王道的探讨，而以奉天法古、贵元重始为主要内容。奉天是要为王道寻求天的最高哲学根据，法古则是董仲舒为其制造的理想政治蓝图所寻找到的理论根据。贵元重始是强调重视王道的开端，要求人君从一开始就重视保持王道的纯洁性，所以，元不是元气，不具备哲学本体论的意义，而只是标示王道的开端、开始。董仲舒对《春秋公羊传》学的另一重要贡献，是通过对《春秋公羊传》书法的解释，提出《春秋》无通辞，对《春秋公羊传》解释的灵活性精神作出全面的阐述，形成了《春秋公羊传》学解释学的重要方法论。

董仲舒的《春秋公羊传》学既有维护中央集权的大一统的成分，也包含制约君主权力、关爱人民的因素。他借天人感应的谴告说，借助上天的绝对权威，警示人君要警惧天命，但引入天人感应理论，用社会政治得失一一附会灾异，使《春秋公羊传》学开始有较多的可怪之论，将今文经学引向了神秘主义的发展方向。西汉末年谶纬神学的兴起与《春秋公羊传》学的神秘主义有密切联系。

成熟阶段的《春秋公羊传》学，是在经过西汉末年谶纬神学兴起，及其今文经学的神秘化、烦琐化，于东汉古文经学的发展超过今文经学的背景下出现的。谶纬神学自西汉末年兴起后，经过东汉最高统治者的极力推崇，成为高于经学的内学，今文经学与其相互影响，变得更为神秘、烦琐，也随之日益衰落。与之相应的是古文经学得到极度发展，东汉著名的经学大师多为古文经学家。同时，东汉的今文经学缺乏与政治的紧密联系，这时《春秋公羊传》学已经变成主要是经学传授中的一门学问，失去了西汉时的显赫地位。但在东汉末年却出现了一位著名的《春秋公羊传》学大师何休，他与董仲舒有很大的不同，董仲舒是与现实政治密切联系的思想家，而何休则主要是一位经学家。

何休在《春秋公羊传》学的发展史上的最大成就，是通过解诂《春秋公羊传》对《春秋公羊传》学理论作出条理性的总结。何休解经的特点是以例言经，贯彻了《礼记·经解》属辞比事的原则，但将例固定化，不仅会导致矛盾百出，更丧失了《春秋公羊传》学的灵活性精神。何休以三科九旨统宗《春秋公羊传》学理论，但三科九旨之说出自纬书。何休还对王鲁、五始、七等、六辅、二类等义例作出详细的论说，并吸收当时哲学界的成果，以元气释元，使元年之元获得哲学的最高意义。何休的《春秋公羊传》学，最有价值的是提出据乱、升平、太平的三世说，承认社会是一个由野蛮到文明不断进步的渐进过程，代表着古代历史观的最高水平。三世说是由三世异辞发展而来，董仲舒讲三世异辞已经有历史发展的思想成分，但以据乱、升平、太平言三世，将三世异辞说由书法理论发展为三世说的历史观，则是由何休完成的。太平世无华夏与狄夷之分的大一统，是这一历史观的理想追求，而大一统实现的途径是异内外，基础是道德的进步，这带有强调道德决定论的意义，它不同于董仲舒特别注重王道的政治关怀，这是时代变化在《春秋公羊传》学的反映。

在以谶纬神学为内学的东汉，何休的《春秋公羊传》学受到谶纬神学的深刻影响。他以谶解经，运用新五德终始说的五行相生，附会孔子著《春秋》是为汉制法，其可怪之论更为突出。但何休的孔子为赤制说，以孔子为先知先觉的神圣，却没有将孔子说成是受命之王，这是孔子形象的改变。不讲孔子为王，只讲孔子为圣，孔子也就由主要是政治的人格变为了伦理的人格，这也决定了何休讲张三世的进步不关注王道的论述，而注重人君的道德修养，将道德的进步视为社会发展的决定因素。至于何休从维护《春秋公羊传》学的立场，墨守其学，废疾《穀梁传》、膏肓《左传》，而引发的与郑玄的论争，则在经学史上产生了极其深远的影响。此后的《春秋公羊传》学在理论上基本再没有什么创新可言。

《春秋公羊传》学的衰落阶段是从东汉末年到清代中期。自东汉末年，经过郑玄以古文经学为主，综合今古文经学之后，今文经学就一直衰落不振，《春秋公羊传》学更是如此。这个阶段可分为两个小阶段，一是从三国迄五代十国，此时《春秋公羊传》学虽然已经明显衰微，但是汉代经学的影响还存在，研治《春秋公羊传》的人与著述仍时见于史记。据《隋书·儒林传》记载：晋代虽然还有人诵读《春秋公羊传》，却"不能通其义"；南北朝则是"儒者多不措怀"；到了隋代，竟然是"殆无师说"，连其师说也几无流传了。唐代科举取士，更加剧了《春秋公羊传》学的衰落。从宋到清中期，随着程朱理学正统地位的确立，四书取代五经，《春秋公羊传》学进一步衰落，尽管一些学者如刘敞、赵汸的著作对《春秋公羊传》学有所触及，但《春秋公羊传》学基本上没有理论的发展，更无重大社会反响。

这个阶段值得一提的是《春秋公羊传疏》的成书。此疏是否是徐彦所作，徐彦为何时之人，历代争论不休，但依据韩愈的相关论说，及此疏的内容不少采自南北朝等来推断，最后成书当在韩愈五十岁之后。徐彦疏忠实于何休注的发明，反映了南北朝经学的注不驳经，疏不驳注的学风。由于徐彦疏没有在总结前人理论的基础上提出有创见的新理论，所以历代评价都不高。在《春秋公羊传》学发展史上，此疏的价值在于有助于对何休注的理解，为理解何休《春秋公羊解诂》所必经的津梁。所以，尽管徐彦的疏缺乏新意，价值不大，但还是与何休的注一同被列入了《十三经注疏》。

清代《春秋公羊传》学的理论复兴，仅仅是在理论上对《春秋公羊传》学的回复，是乾嘉汉学走到末路，经学为寻求新的理论出路而向历史理论资源的寻求，对《春秋公羊传》学有恢复之功。但这个阶段的《春秋公羊传》学就主要内容而论，复兴的是东汉何休的《春秋公羊传》学，而缺乏西汉《春秋公羊传》学与现实政治相结合的真精神，从庄存与到刘逢禄无不是这样。这个阶段有一个从重大义到重微言的发展，庄存与为其开端，开始重视《春秋公羊传》之义，经过庄述祖到刘逢禄，转变为重视三科九旨的经学微言，形成了以《春秋公羊传》学为中心的常州学派。

刘逢禄是这个阶段的代表人物。他的《春秋公羊传》学虽然以回复董仲舒、何休相标榜，但他真正重视的是何休之学，他对《春秋公羊传》学30义例的归纳，完全是以何休的《春秋公羊解诂》为根据的。他以三科九旨统《春秋公羊传》，以《春秋公羊传》统《春秋》，以《春秋》统六经，实际上是将三科九旨视为整个经学的根核所在。他还开启以《春秋公羊传》三科九旨遍说群经的风气，尤其是以三科九旨解《论语》，对晚清《论语》学的发展影响极大。他以三科九旨评判《春秋》三传的得失，重启汉代的今古文经学之争，指斥古文经学起于刘歆作伪，将《左传》说成是刘歆作伪的产物，对晚清及近代的学术发展影响巨大。

这个阶段的《春秋公羊传》学在方法论上深受乾嘉汉学治学方法的影响，在解释《春秋公羊传》学时多文字训诂名物制度之辨，并能杂采《穀梁传》、《左传》的成分，而不是完全固守《春秋公羊传》之说。同时，在《春秋公羊传》的整理上取得了前所未有的巨大成就。前有凌曙，开以礼制说《春秋公羊传》的新途；后有陈立，集历代《春秋公羊传》注疏之大成。但他们对《春秋公羊传》学的理论却无真切的体会，故难以在《春秋公羊传》学发展史上占据引人注目的地位。

《春秋公羊传》学的嬗变阶段犹如落日的余霞，代表人物是晚清近代的廖平、康有为，而刘逢禄的学生龚自珍、魏源为其过渡的中介。自梁启超以来，学术界皆以龚、魏的《春秋公羊传》学有批评时政、主张社会改革的意义，其实并没有他们的《春秋公羊传》学或今文经学著作与社会现实相结合的证据。龚自珍确有《春秋公羊传》学的著作，但里面并没有批判时政的内容。从他一生的思想变化及其全部著述来看，龚自珍很难说是今文经学家。他的著述大部分都属于乾嘉汉学的范围，他自小受到段玉裁的影响，主张以字解经，即使在晚年，他也主张坚守朴学，不仅对文字训诂的价值给予充分肯定，还带有对自己"啜九流"的后悔，希望儿孙"肯肩朴学"。龚自珍对晚清思想的最大影响在社会批判，而不在经学。他有关经学的许多观念不仅不是今文经学，而且是与今文经学正相反的。

魏源虽然著了《诗古微》、《书古微》，发明西汉之学，但其中并没有与现实相结合的内容，他的经世观念，提出"师夷之长技以制夷"的著名口号，也不见于他的《春秋公羊传》学著作。魏源于《春秋公羊传》学主张要以董仲舒为宗，是因为他认为董仲舒得内圣外王之全，这与魏源是一位著名的经世思想家有密切联系。魏源重董仲舒与其师刘逢禄重何休不同，在一定意义上说，这反映了清代《春秋公羊传》学从仅仅是"学"的发明，到注重"学"与"治"的结合的转变。

正是这一转变，才有其后廖平与康有为的《春秋公羊传》学与社会现实相结合。与刘逢禄发明三科九旨不同，廖平与康有为都以孔子改制说为《春秋公羊传》学的根本，讲求托古改制，带有强烈的经世精神与批判精神，其经学都具有融合古今中西的时代特点，但二人又有很大的不同。

廖平是从迷信孔子与孔经的立场，以尊孔尊经为基本观念来发挥《春秋公羊传》学。但廖平经学第一变之前的《公羊三十论》，还没有像后来那样神化孔子与孔经，虽然廖平已经将孔子改制作为《春秋公羊传》学最重要的内容，却反对何休的神化《春秋》，认为《春秋》有孔子改制，但也有从史的一面，并对何休不明从史的种种误说作出批评。但在后来的《知圣篇》与《公羊补正》中，廖平却对孔子、孔经作出古往今来从未有过的神化，试图为古今中西之争找到解决的法宝。认为孔经不仅有治中国的万世法，也有治理全球的万世法，西方的各种学说皆为孔经的流变，并远远落后于孔经学说。当他将孔经用于解决中西古今之争的理论一再破产后，又遁入所谓孔经天学的幻想，而先后有所谓孔经人学小统说、大统说与孔经天学的小统说、大统说，及其以五运六气解《诗》、《易》的经学六变。而他的经学六变，尽管对孔子、孔经作了空前绝后的神化，却愈变愈奇，不知所云，宣告了从经学理论上维护经学的破产，说明了经学终结的历史必然性。

与廖平经学家的身份不同，康有为是一位政治家，他不迷信孔子、孔经，而是利用《春秋公羊传》学的孔子改制说，打着孔子的旗号来宣传维新变法的政治主张，为在中国实现君主立宪制造理论根据。他在《董氏春秋学》中，极力推崇董仲舒之学，以孔子改制统宗《春秋公羊传》学，将董仲舒视为孔子的唯一真传。在《孔子改制考》中，他将孔子打扮成改制的教主，将历史上有关孔子为王的种种附会之说——引用，对孔子素王说进行了极度的发挥。尽管康有为的孔子改制说确实受到过廖平的影响，但二人讲孔子改制的实质却有根本性的不同，廖平所讲改制的内容是经学的纲常名教，康有为的要害则是在中国实现自由、民主、平等的资本主义制度。《春秋公羊传》学可以为君主专制的中央集权提供理论根据，但绝不可能为近代民主政治指引光明坦途，更不可能解决中国向何处去的问题。康有为借助孔子改制来实现其政治改革的努力，同样以百日维新的失败而宣告破产。廖平在理论上的失败与康有为在政治上的失败，从不同方向无情地宣告了经学的终结。

2. 重要观点

《春秋公羊传》学是与政治联系最为紧密的经学学说，在中国经学史上具有极其重要的地位。既是封建中央集权制形成的重要理论依据，也是瓦解君主专制的理论形式；不仅在经学统治地位的确立中起了重大作用，而且是经学终结的直接体现。《春秋公羊传》学的发展随着社会历史的变化而发生相应的演化，与社会政治、文化的历史变化相互作用，而形成发展的不同历史阶段。

《春秋公羊传》学在发展中形成了一套独特的基本理论，主要内容由孔子改制说，大一统与德、礼为本的王道政治，三世说与三统说构成。这些内容有微言与大义之分，大义是经学所说的政治伦理原则，微言是其中的历史观、哲学学说等理论。大义千古不变，微言具有极大的灵活性，可随时代变化而作出不同的解说。《春秋公羊传》学之为《春秋公羊传》学的特点在微言，而不在大义。《春秋公羊传》学的这些理论是通过历代《春秋公羊传》学家的不断发展而逐步形成的，在不同时代、不同的人那里有不同的表现。

　　《春秋公羊传》学本质上是经学的政治伦理学说，它包含着一些有价值的思想观念：如重视大一统，反对国家分裂；对文王之正的理想追求，提倡王道政治，强调君王的道德修养，重视礼制的作用，关注社会民生；以道德的高低、文明的进步来判分夷夏；肯定历史是一个前进的进步过程，进行以斥责社会道德沦丧、政治黑暗为主要内容的现实批判等。在历史上这对维护国家统一、促进民族的融合与社会进步等起到了积极的作用，对当代和谐社会与民主政治建设也具有借鉴意义。而《春秋公羊传》学中维护君主专制，神化孔子与六经，以及以谶解经等内容，则是应当认真批判与摈弃的。

　　《春秋公羊传》学解释《春秋》注重灵活性与重例的诠释学方法，在经学的诠释学中最具有典型意义，不仅对《春秋公羊传》学理论的建构及中国传统文化的发展起到了极大作用，对当代文化研究与创新也有可供借鉴的价值。

三、成果的学术创新、应用价值及社会影响和效益

　　1. 学术创新

　　第一，首次对《春秋公羊传》学的发展史做出从产生到终结的完整研究。将《春秋公羊传》学发展史具体分为形成、兴盛、成熟、衰落、复兴、嬗变六个历史阶段，并揭示了不同阶段的理论内容与特点。

　　第二，在《春秋公羊传》成书问题上，提出《春秋公羊传》为齐学《春秋》先师的共同成果，准确的命名应该是《齐春秋》。并以文王之正为核心观念，贯穿《春秋公羊传》的整个思想诠释过程。

　　第三，董仲舒是著名的思想家。他的《春秋公羊传》学最有时代意义的是以改制说替代儒学的革命说，突出《春秋公羊传》对王道的价值与意义；他首次提出孔子改制说、三统说与新周、故宋、以《春秋》当新王等，确立《春秋》无通辞的解经方法，奠定了《春秋公羊传》学的主要思想内容与经学诠释学的重要方法论。

　　第四，何休主要是一位经学家。何休解经的特点是以例解经，丧失了董仲舒解经的灵活性精神；但何休对《春秋公羊传》学的理论作出了系统总结，最有价值的是提出了以据乱、升平、太平言三世的渐进社会历史发展观。但三科九旨的发明权非何休所有，他的王鲁说、以谶解经等也颇受后人

诟病。

第五，清代《春秋公羊传》学的理论复兴，有一个从重大义到重微言的发展过程，刘逢禄等人复兴的主要是东汉何休的《春秋公羊传》学，且受到乾嘉汉学的学风影响；龚自珍、魏源的《春秋公羊传》学没有梁启超所说的以经议政的内容，但他们是从刘逢禄到廖平、康有为过渡的中介；而廖平、康有为的《春秋公羊传》学才真正回复到西汉的董仲舒之学，尽管廖平是迷信孔子与孔经，康有为则是利用孔子改制说，但二人的经学都带有将理论与现实相结合，融合古今中西的时代特点，反映了经学的终结。

第六，对历史上的班固、何休、范晔、郝经、章如愚、阮元等，与近现代的梁启超、钱穆、冯友兰、徐复观、杨向奎、段熙仲、汤志钧、钟肇鹏、陈其泰、蒋庆等著名学者的一些相关看法，提出了商榷意见，纠正了某些长期流传的误说，代之以理据充分的新解。如指出何休以周历解《春秋》，与孔子改制从夏之时是相互矛盾的；范晔关于何休生平的论述，漏洞百出；郝经以鲁子为曾子之误，不能成立；章如愚以何休为董仲舒四传弟子，毫无根据，阮元不当袭以为说；梁启超关于清代《春秋公羊传》学的某些具体论述，查无实据；徐复观、冯友兰等人对董仲舒"元"观念的解读，不合董氏本意等。

2. 应用价值及社会影响和效益

本成果可以为学术界提供一部完整的、具有较高学术价值的《春秋公羊传》学发展史，为今后《春秋公羊传》学发展史与经学的研究提供重要的理论参考；从《春秋公羊传》学理论及其历史发展过程中，为当代政治建设、文化创新找到有益借鉴。

《西方诠释学史》概要

*潘德荣**

一、成果的主要内容和重要观点

本成果由导论、余论和上、中、下三篇共五个部分组成。

1. 导论

这一部分主要解决的问题是"何谓诠释学",从三个方面来说明这个问题。

(1) 诠释学的定义,迄今为止,根本不存在一般意义上使用的"诠释学"定义,呈现在我们面前的是一些在不同时期发展出来的、形态相殊的诠释学定义。本成果在分析了前人所提出的定义后,提出了新定义:诠释学是(广义上的)文本意义的理解与解释之方法论及其本体论根据的学说。

(2) 诠释学研究的三个向度,分别为:

探求作者的原意:现代诠释学形成之初的宗旨就是追寻作者的原意,此乃因为它是从圣经注释学发展而来,而在《圣经》注释中力图理解上帝(作为《圣经》的创作者)之原意已成为人们根深蒂固的信念。这一诠释方向的第一个形态就是施莱尔马赫的一般诠释学。在施莱尔马赫之后的狄尔泰,紧紧抓住人们的"体验"(Erlebnis)的共同性,主张借助施莱尔马赫所说的"心理移情"方法挖掘出深藏在文本字面意义背后的作者意图。

分析文本的原义:这一研究方向坚持文本的独立性与文本意义的客观

* 潘德荣,华东师范大学诠释学研究所所长,终身教授,博士生导师。

性，认为"意义"只存在于文本自身的语言结构中。代表这一诠释方向的诠释学家有贝蒂和利科尔。

强调读者所悟（接受）之义：这是伽达默尔所开启的诠释学方向，它的基础乃是理解的语言性。不是人使用语言去描述世界的，而是世界体现在语言中。如此，使用语言以及对语言的理解，就不再是主体作为纯粹的旁观者去认识特定的文本，而是真理与意义的显示或展开的过程。换言之，文本的意义不是先于理解而存在于文本之中，事实上它是读者在自己的视界中所领悟到的意义，或者确切地说，是理解主体自身的视界与特定的历史视界相融合而形成的新的意义。

我们认为，一切从理解中产生的意义，都不是纯粹的作者原意、文本原义或读者所悟之义，而是这三层意义的综合。无论人们怎样拒斥作者原意，甚至将其视为令人难以自拔的"泥潭"，"原意"在理解与解释过程中总是或隐或显地起着不可忽视的作用。人类的理解与解释的历史表明，由于理解过程中三个要素的相互作用，意义本身呈现为此三要素的综合整体。

（3）诠释学的形态分类。帕尔默认为有三种不同的诠释学范畴：

一是局部（regional）诠释学，是指任何原文注释或翻译的规则和方法的诠释学。解释对象是法律、《圣经》、文学、梦境和其他形式的原文，其规则包括古代隐喻的解释体系、自文艺复兴以来的语言学和历史学的说明，以及文本翻译的规则体系。

二是一般诠释学。其性质依然是方法论的，目的是建立以连贯一致的理解的哲学为基础的普遍的理解方法论。施莱尔马赫与贝蒂的体系是其典型形态。

三是哲学诠释学。它本身不是诠释的方法论体系，而是对方法论、对意识形态在理解中所发挥的作用，以及不同形式的解释的范围和假定等的研究，属于诠释学的反思性"抽象"层次。当代诠释学的主流便是哲学诠释学，其主要领域有两个：一个是科学哲学与社会学哲学，包括思维机器和日常语言分析的分析哲学。哲学学科的结论可能与方法论有关，但它们并不研究方法论。另一个是人文学科的哲学诠释学。

在德国《哲学史辞典》中，诠释学被划分为以下三种形态：

一是技术诠释学。施莱尔马赫的一般诠释学本质上仍是技术诠释学，他认为诠释学乃是关于"艺术规则"和"技术原则"的学说。然而就"阐释的技术"而言，却不得不考虑到作者和解释者的"技术的能力"。因而技术诠释学又包括了心理学的内容，在施莱尔马赫那里表现为"语法—心理"的诠释学。

二是哲学诠释学。狄尔泰诠释学理论的任务是探索语言、符号与象征的理解和解释之可能性与基础，被视为哲学诠释学形成的标志。其后的伽达默尔诠释学在本质上属于哲学诠释学，它超越了作为方法、规则的技术诠释学，展开了诠释学的本体论向度。

三是诠释哲学。技术诠释学提供理解文本的方法、规则，哲学诠释学反思理解与解释及其条件，诠释哲学则是生命世界的现象学。伽达默尔认为，海德格尔的理论就是一种诠释哲学，海德格尔坚持认为诠释所展现的是一个奥秘无穷的生命世界，一切都化为生命的自我解释。

本成果提供了另一种划分：即将诠释学分为前诠释学、认知性诠释学与本体论诠释学。这种分类既顾及了诠释学本身发展的各历史阶段，又考虑了这些阶段不同诠释学形态的主要、基本的整体特征。从时间上说，就是把从古希腊起，直到浪漫主义运动之前有关诠释学问题的论述划入"前诠释学"，它是诠释学的萌芽状态，现代诠释学的诸多理念、特征，在这里已见端倪，只是尚未形成理论体系；"认知性诠释学"主要是指从施莱尔马赫一般诠释学到狄尔泰的体验诠释学，贝蒂、赫施等人的学说可视为这一学脉的延伸，在总体上具有认知的性质，旨在通过制定诠释的方法规则或建构理解方法论来把握作者的原意和文本原义；"本体论诠释学"始于海德格尔，伽达默尔更为彻底的意义理论则是其主要代表，他们将意义设为本体，视"理解"为此在的存在方式，而非针对精神现象这种独特的理解对象之认知方式。因此，诠释活动不再具有认知的作用，而是意义自身的呈现。

2. 上篇（古典诠释学）

上篇对"古典诠释学"进行梳理，时间跨度是从古希腊到17、18世纪的新教神学诠释学。本篇的主要任务是梳理早期诠释思想的形成之线索与特点。

本篇首先从词源学的角度描述早期诠释现象的特点。柏拉图是将诠释学看作一种特殊技艺的第一人，并将神的领域作为起点。事实上，在柏拉图那里，诠释学仍与占卜术同属一类，在他看来，诗人不是通过某种深思熟虑的艺术性理解来解读神意，而是借助神的力量来理解启示的。从思想史的角度看，亚里士多德是首次使用"诠释"这个词的人，"Peri Hermeneias"（诠释篇）曾是他的《工具论》的一部分。在后希腊时期，"诠释"一词才表示"有学识的解释"，但这种"有学识的解释"是与《圣经》注释联系在一起的。在柏拉图看来，诠释具有"卜筮"的性质，所诠释的古代经典总体上说是排斥理性的。到了希腊化时代，理性崛起，经典的诠释开始从对"神迹"所示的简单顺从向"智慧"的理解转化。对经典的整理与反思工作推动了"语言"与"哲学"两个研究领域的发展：一是语言学、语文学与修辞学研究。其中包括对语词、范畴之定性分析和语法规则的制定。二是对神的概念、信念之哲学反思，首要的问题是神的存在之理性证明。

整个中世纪的诠释学便是沿着希腊时代所开启的方向发展的，虽然"信仰"本身一直被认作解经的优先原则，但是解经过程中的理性因素越来越得到重视。为化解文本的字面含义与信仰以及理性的冲突，斐洛将《圣经》从叙事性质的描述定位为隐喻的体系。由于上帝无形无象，也不可想象与言说，只能以人类可以想象与言说的形式表达出来，这种形式就是隐喻，通过可以理解的东西将人们引向不可理解与言说的神旨。可见，经典的隐喻性理解，不仅可以避免经典的字面意义给人们带来的困惑与犹疑，而且使人们从中引申出某种哲学观念和道德信念，借助它们，人们的心灵得以净化与升华，走向神性。奥利金特别强调信仰与知识的统一，在他看来，只有当人们真正明白了经过审视的信仰之理由，才能得以提升、净化自己灵魂。奥利金就是这样站在一种更易于被人的理性所接受的立场上为耶稣的神性与基督教进行辩解的，同时也阐明了自己不同于使徒保罗的主张：对于知识的诉求，并为此而构建了解经方法论。在奥古斯丁那里，神学诠释学是与知识论、语言和符号理论、历史哲学等交织在一起的。符号理论与诠释学的交织情况，我们在亚里士多德那里已经看到了。所不同的是，所有这些研究，在奥古斯丁的理论中，其根本旨趣都是围绕《圣经》诠释而展开的，本质上都构成了他的基督教神学的一部分。一般来说，当人们讨论思想时，必然会涉及对语言、符号等表达思想的形式之研究，奥古斯丁也是着眼于此探究语言问题的，但是，其前提则是基督教信仰。在他看来，信仰本身就是思想，是一种对信仰持赞成态度的思想。由此出发，信仰就不单纯是信的问题，而且还是一个理解的问题，如此，解经活动就成了一项理性的活动，亦即为信仰提供理性证明的活动。他的语言与符号理论表明了神学诠释学的、以信仰为基础的理性主义立场。

所有这些，都反映了解经学家们为获得"客观"的、见容于知识与理性的理解所作的努力。

正因如此，在神学家们开始致力于系统地诠释《圣经》时，就已经开始孕育被后人称为"人文主义"的那种精神了。当人们将全部知识都用于对《圣经》的理解与解释，《圣经》研究就已经具有了一种百科全书的价值。路德否定了隐喻解经方法，坚信《圣经》具有自明性与自解性，主张立足于文本自身来理解经典。诠释学作为理解与解释的技艺学的发展，事实上沿着两个向度而展开，一是神学，二是语言学和语文学。这两个向度在路德的时代，通过路德的《圣经》翻译与诠释活动，终合二为一，促使宗教内在的独断论传统开始转向一种人文主义的关怀，催生了神学诠释学。路德的宗教改革，所革新的不仅是教会，同样也革新了对《圣经》的诠释方式。在路德等宗教改革家看来，在教会的独断论传统笼罩下的《圣经》解释掩盖或扭曲了经文的本义。要揭示经文本义，最有效的途径之一，无疑是返回到原初的文本。

由于那个时代的自然科学之长足进步，在很大程度上影响了人们的思维方式。科学方法之理念与新教倡导的"文本原则"所内在地包含着的"解经方法论"要求相互激荡，终于在神学内部催生了一种自觉的方法意识，并在这种意识的推动下，丹豪尔、兰姆巴哈与克拉登尼乌斯等人尝试将诠释学建立成有别于解经学，而类似自然科学方法的客观的方法论学科，提供一套普遍适用的诠释规则体系。

我们所说的现代意义上的诠释学是源于现代科学传统的，就此而言，当是笛卡尔首先提出了现代意义上的诠释学概念。他在 1637 年出版的《谈谈方法》和 1641 年出版的《第一哲学的沉思》中，已开始在与现代方法论概念和科学概念相平行、对立的意义上引用诠释学的概念。把"诠释学"作为著作标题的，应首推丹豪尔，他于 1654 年发表了《圣经诠释学或圣经文献学解释方法》。此后，人们才区分了神学的诠释学和法学的诠释学。

　　3. 中篇（现代诠释学）

　　中篇讨论的是现代意义上的诠释学。它始于 18、19 世纪的浪漫主义诠释学，终于伽达默尔的语言诠释学。在这一阶段，诠释学被充分哲学化，成为对现代哲学思潮产生了重大影响的哲学体系。

　　在德国浪漫主义精神的推动下，诠释学开始从古典的向着现代的理论形态转化，它们的共同特征，一是摒弃前诠释学追求某种"绝对"文本的"绝对"理解之口号，而将意义相对化；二是超越神学的界限，而将诠释学提升为精神科学的一般方法论。

　　赫尔德通过对语言、理性与人性之关联的思考，得出了结论：语言主要不是一种表达的工具，它表征的是世界观。赫尔德极力反对传统诠释学追求文本终极的、唯一的意义之理解宗旨，提出了文本意义本身的多元性和相对性。赫尔德的基本立场是要尊重不同的理解和解释，尊重不同的历史传统因素和民族文化之间的差异。正因如此，《圣经》的解释也合理地表现为一种多义性，这种多义性不仅是就《圣经》的某一种文本而言，还意指不同的文本。语言学技术的成功运用使人们达到了这一认识：原初的经典文本及后来的各种文本是在历史中形成的，它出自不同时期的不同作者；历史学、考古学又揭示了不同时期、不同文本所表现出来的各种各样的关怀和意图，而这一切都与作者生活在其中的历史文化传统、背景密切相关。

　　沃尔夫将诠释学定义为规则的科学，根据这些规则而认识符号的意义。他认为，学习诠释学更多的是一项实践，而非理论的任务，因此，诠释的技能只有通过实践——单个语句或段落之解释——才能获得。规则是取决于解释对象的，也因对象的改变而变化，根本没有现成的、可以学会的诠释学体系。沃尔夫的诠释学着眼于实践上的运用，所以他并不主张建立系统的诠释学理论体系。在他看来，诠释学只是关于认知符号意义的法则的科学，诠释学就是这些规则的总汇。

　　阿斯特的"精神诠释学"将诠释学的任务规定为：通过揭示古代曾经存在过的所有外在与内在的元素来理解古代精神，了解真、善、美的一切形式和表现，通过转换使它进入自己的本性，而与原创的纯粹人类精神再度统一。

　　施莱尔马赫被视为浪漫主义诠释学的集大成者，他的"一般诠释学"使诠释学作为一种普遍的理解和解释的理论而摆脱了一切教义学的和偶然性的因素，第一次使诠释学成为一种大哲学体系结构中的独立学科，并明确把诠释学的运用范围扩展到宗教经典以外的各种语言性"文本"，"一般诠释学"理论的创立被称为现代诠释学形成的标志。在理解的方法论上，他将心理学引入了诠释学。

在狄尔泰的"体验诠释学"那里，施莱尔马赫引入的心理学被进一步提升为诠释学乃至整个精神科学研究的基石，并因此而凸显了"体验"概念。在他那里，体验概念构成了认识论的基础。他认为，只有从人的内在经验出发，才能把握真正的"实在"。于其中，外部世界与我们自己的生命世界，包括我们关于它们的知识，一起被给定、被规定了，在总体上构成了人类世界。唯有内在经验才是联结各门科学的联结点，是其共同点、支撑点。

海德格尔的"此在诠释学"是一种诠释哲学。海德格尔思想体系的形成受到了胡塞尔现象学和狄尔泰诠释学的双重影响，现象学和诠释学在他那里有机地结合在一起，其枢纽点便是"此在"。"此在"乃是最终意义上的"本体"，是造就意义的根据。纯粹的外部世界的实在性问题是没有根据和意义的，它只是作为"此在"生活在其中的"周围世界"而被赋予了意义，构成了"此在"的"在世之在"之环节。海德格尔解释了理解的前结构，此结构构成理解得以展开的前提，也规定理解展开的方向。

贯穿伽达默尔整个学术思考的主题线索，乃是对亚里士多德所揭橥的"phronesis"（实践智慧）的持续探索，追求一种生命的体验与智慧。他将"语言"置于本体论的地位，认为世界体现在语言中，在语言中蕴含人类的各种世界观念和文化建构，我们乃是在语言中的存在。在语言的层次上，理解、解释与运用是"统而为一"的，理解是对语言的理解，解释是对语言的解释，它们在语言的运用过程中才得以完成。效果历史意识与视域融合的理论代表着伽达默尔对精神科学基础进行思考的最高成就。伽达默尔立足于理解本体论，其本体论诠释学以读者为中心，主张消解理解领域的方法论。

4. 下篇（诠释观念的冲突与反思）

下篇分析的是现当代诠释学各流派之间在诠释观念上的分歧与冲突，它们各自的立场代表着基于各种哲学观念对诠释现象的理解。

在"方法论诠释学"一脉中，贝蒂的诠释学理论最具有代表性。其主旨是建构正确解读客观化了的心灵的诠释方法论，以解决德国诠释传统未能解决之理解的客观性问题。噶摩尔给予贝蒂高度评价，"作为法学理论家，贝蒂完全避免了天真的历史客观主义的危险，也同样避免了过高估价主观意见。贝蒂在所有理解的客观与主观因素之间寻找一个中心点。他阐述了诠释规则之整个规范，矗立在其顶端的，是文本的意义自主（Sinnautonomie），紧随其后的是意义，即从文本自身获得作者的意见。"

利科尔的诠释学立足于"文本"，将文本定义为用书写固定下来的言说的"话语"（而非"语言"），以此证明文本具有"主体性"，意义只存在于文本之中。在方法论上，利科尔尝试超越与调解狄尔泰所揭橥的"说明"与"理解"的方法论对立。他借助皮尔士的符号理论中所阐发的"符号"、"诠释物"和"对象"三合一之关系，来论证客观诠释之可能性。

赫施的诠释学力图回归施莱尔马赫的作者中心论。他反对将理解理论本体论化与理解的历史主义的观点。赫施认为，理解的真正目的，就是重建作者的意图，把握作者通过文本所表达的原意。这个原意乃是衡量一种诠释（interpretation）是否有效的客观标准。

德国的诠释学研究，自伽达默尔以来基本上是沿着德国古典哲学所开启的主题——观念论——而展开的。哈贝马斯的批判诠释学与阿佩尔的先验诠释学都关注"交往"，不同之处在于，哈贝马斯聚焦于社会生活的"交往行为"，哈贝马斯的交往理论和元心理学构成了"深层诠释学"（Tiefenhermeneutik）之基础。而在阿佩尔那里，交往首先指向一种"交往共同体"，它乃是社会科学的先验前提。以符号为中介的知识活动，就是在人类交往共同体中展开的。阿佩尔将交往共同体设定为先验诠释学的基础，以此克服"方法论唯我论"，对于遏制一直困扰着人文科学研究的相对主义倾向具有重要的意义。

马克思的著述几乎没有正面论及诠释学。据布莱西的分析，马克思主义诠释学与唯物主义诠释学不是同一的，哈贝马斯的诠释学被认为是马克思主义的，但不属于唯物的，具有一种先验思辨的性质；而罗伦策和桑德库勒的诠释学则是马克思主义的唯物主义解释理论。罗伦策通过对弗洛伊德心理学的重构，在分析个体的主观结构时加入了对各种物质的、历史的因素之考量，完成了诠释学的唯物论化的转化。桑德库勒诠释学是一种认识论诠释学，唯物论的反映论就是这种诠释学的认识论基础。其基本前提就是认定"物质"在本体论和认识论意义上都优先于"精神"、"意识"，因此它必定反对形形色色的观念论立场，反对在主体与客体之间有任何"纯粹心灵的"内在关系。

在后现代主义诠释学中，德里达的诠释学以其解构主义哲学为基础，颠覆西方哲学传统的逻各斯中心论。据此，文本的意义是全方位的、开放的、没有中心的结构，没有确定的意义。罗蒂坚持新实用主义立场，他认为，我们的整个世界，包括语言本身，都出于"偶然"，因而所谓普遍有效的真理是根本不存在的。

5. 余论

余论部分是作者对诠释学研究中的一些重大问题所作出的批评性回应：

（1）诠释学具有历史的和实践的向度，它在某一历史阶段之兴盛，不是出自纯粹的理论兴趣，而是人们面临的"诠释困境"之产物。"诠释困境"所指向的是这样一种境况，于其中，人们为双重冲突所困扰而不知所从。第一种冲突内在于观念之中，是对于经典的不同理解之间的冲突。长期流传的经典在不同历史时期被不同的读者群阅读，由此而产生了不同的理解。第二种冲突则表现为理论与现实生活的冲突。经典所由之而出的时代精神以及它所表达的信念，因历史的疏远化作用而与人们的现实生活渐行渐远，于是在经典与现实之间便形成了某种程度的矛盾与冲突。"诠释"的作用就在于，通过对文本的重新诠释，消除人们所信奉的经典与现实生活中之信念的紧张关系，从而达到一种新的协调和平衡。其实质就是借助对经典的重新理解为现实生活开辟道路。

（2）在西方诠释学中分裂为两个阵营的认知性诠释学与本体论诠释学，应当在一个更高的层面上整合起来，才能真正完成知识与诠释的统一，理解与解释的统一。我们认为，理解与解释的统一乃基于人类知识的本性。如果说在精神科学中，奎因以其"译不准"原则强化了精神科学中理解与解释的相对性和非确定性的话，那么符号指涉的条件性则表明了知识在既定系统中的相对确定性；而在自然科学中，海森堡的"测不准"原理已彻底拆除了以知识的"确定性"和"非确定性"、"一般性"和"个别性"为基础的横亘在精神科学与自然科学、理解与解释之间的高墙。无论是精神科学还是自然科学，就其同为人类的知识而言，确定性与非确定性，一般性与个别性，乃是其共同特征，它们之间的关系，唯有基于彻底的辩证法——把绝对与相对、确定与非确定、一般与个别等视为对立面的统一——才能得到合理的说明。

（3）中、西诠释传统的互补性。检视中、西方哲学思维理路，王阳明的心学与伽达默尔的诠释学最为相契。王阳明与伽达默尔理论的交叉点，从王阳明哲学的角度看就是"感"或"交感"这一概念。伽达默尔所说的意识之中的呈现，实质上就是一种由"感"而发的意识创造物。就理解方法论而言，在中国的解经史上，朱熹是第一个相对集中地谈论阅读和解释的方法论的学者。由于朱熹与王阳明的诠释学思考采取的是相似的思维进路，因而在其基本特征上表现出了某种相似性，即"格物致知"的认识论取向。综而言之，现代西方诠释学对于诠释问题的学理上的探索深入、精微，但缺少了道德价值的取向，而在中国诠释传统中，则以价值取向为核心与基础，以个人道德境界之升华为旨趣。集两者之所长，建构一种新形态的诠释学是我们当前诠释学研究的一项任务。我将这种新型诠释学暂名为"经典诠释学"。社会成员的共同信念最集中地表现在被认可的"经典"中，唯有通过正确地解读经典才能使之明晰起来。建构适用于中国经典的理解方法论，不仅要借鉴、消化西方诠释学现有的方法论体系，而且必须对中国解经传统中的诠释经验进行深入的反思。鉴于任何方法论体系都不足以对诠释的真理性要求作出担保，诠释方法论应定位于尽可能地提供"有说服力"的解释，而非"真理性的"或"正确的"解释。

二、所使用的研究方法

（1）着眼于诠释学方法论的主流线索，按照时间顺序与概念史的发展轨迹描述诠释学发展史。

（2）史论结合。本成果不仅力求客观地叙述诠释学发展史，同时还就一些重大问题进行评论，借助我们的研究所达到的高度分析这些理论的利弊得失。

三、成果的学术创新、学术价值及应用价值

1. 学术创新

（1）作为我国第一部系统的西方诠释学史，填补了国内相关研究领域的

空白。

（2）受海德格尔和伽达默尔学说的影响，国内的诠释学研究基本上从本体论的角度展开探讨。本成果侧重于从古希腊以来的诠释方法论传统（这本是西方诠释学之主流）梳理诠释学史。

（3）梳理"诠释学"这一概念的历史并给出新的定义。

（4）对诠释学的一系列重大理论问题进行了深入的反思，并提出自己的见解，以及对诠释学进一步发展的新思路。

2. 学术价值

（1）在上述"学术创新"中列举的四条，也是本成果的学术价值之所在。

（2）采用了大量第一手资料和第二手权威研究资料，比较完整地勾画出西方诠释学发展史的主流线索，具有史料价值。

（3）通过梳理西方诠释学史的主流线索来阐明诠释学发展的内在逻辑，注重不同发展阶段的理论之关联。

（4）本成果的"下篇"是"诠释观念的冲突与反思"，全景式地描述了当代诠释学内部的学术分歧与论争，使读者了解各种诠释立场的基本观点。

（5）将现当代不同的诠释学流派纳入一个整体的框架中予以分析与反思，揭示其相互冲突的理论根源与相互冲突的诠释观念之互补性。

3. 应用价值

本成果可作为哲学、文学与宗教学等专业的教师与研究者的研究资料；也可作为前述专业的本科生、研究生的教材，以及其他专业学生的扩展阅读书籍。

《对自由市场的两种理解》概要

杨春学[*]

一、研究的目的、意义及所使用的研究方法

1. 研究的目的

第一，本研究要证明：除了极少数处于边缘地位的学者之外，自由市场的倡导者并不像某些国内学者批判的那样，在倡导一种"市场万能、完全私有化、放任自流"的"纯市场经济"的观念。在弗里德曼、哈耶克等人的理论之中，"自由市场"与"纯市场经济"这两个概念非但不相近似，而且是矛盾对立的。芝加哥学派和奥地利学派作为两个具有鲜明自由主义倾向的经济思想流派，对"自由市场"做出了不同方向的理解，但他们的共同之处首先在于破除了"纯市场经济"这样贫乏而空洞的观念，并用各自的理论展现了真实的、丰富的"自由市场制度"。

第二，对于市场制度的效率问题，现存理论的解释和实践的观察之间一直存在着冲突。作者试图构建一种更贴近现实市场的经济学，以解决这一悬而未决的重大理论问题。

对于"纯市场经济"观念，最根本的理论论证和最严整的逻辑表述是一般均衡理论模型。问题在于我们能否把一般均衡模型视为对自由市场经济的根本性论证？真正研究一般均衡模型的经济学家对此从未有盲目的自信。阿

---

[*]　杨春学，中国社会科学院经济研究所研究员。

罗和德布鲁深知这一模型本身存在的局限：它仅仅是一种基于严格的一系列假设的理论分析，最多只能充当一种启发性的思考框架，不能把它视为对自由市场经济的一种解读，它甚至算不上是一种近似的解读。

然而，这并没有太多地影响到一些自由市场倡导者。他们要论证自由市场的优点就必然地会求助于这一理论，把一般均衡模型等同于对自由市场的科学论证，视同为对无形之手的证明。这类经济学家只能算作一般均衡模型的不合格的推广者，构成了学术界主流的重要组成部分，成为政策的指南。

第三，通过比较研究自由市场倡导者之间的分歧，提炼出有助于我们更全面地理解市场机制复杂性的理论要素。

自由市场经济学家的思想确实包含某些极端的推论和政策观点。但是，我们对这类推论和政策观点的批评，不应阻碍我们吸收他们思想中对市场制度理解正确的部分。自由市场倡导者之间的分歧主要表现为对市场经济的各类特征的强调点不同。

一般均衡模型虽然能够说明价格如何协调分散化的个人决策和实现静态效率的问题，却因为"完全竞争"假设而无法对价格的决定和竞争的本质问题给出一种良好的理论解释，成为新古典主义经济学的心病。奥地利学派经济学通过把竞争视为发现知识的过程，把价格视为加工、编码和传递分散的个人所发现的信息和"默会知识"的工具，使经济学家有望对市场的动态效率做出良好的说明。这在很大程度上有助于克服一般均衡模型的某些缺陷。但是，由于奥地利学派经济学的这些深刻见解还没有在理论上得到系统化和形式化，如何把它们与新古典主义经济学的合理部分融为一体，还面临分析工具上的重大挑战，是一个悬而未决的问题。

2. 研究的意义

同为自由市场倡导者的芝加哥学派和奥地利学派之间既有共识也存在着分歧。对于自由市场的本质特征是一般均衡还是一种动态过程，价格传递的究竟是什么类型的信息，竞争与效率是一种什么样的关系等一系列问题，芝加哥学派经济学和奥地利学派经济学都有着不同的解读。当然它们之间的理论差异，不存在"要么全对，要么全错"的问题，而是每一种解释中哪些理解更合理、更贴近实现的问题。通过比较两个学派的理论，找出它们各自对于自由市场的核心认识，厘清其共识和分歧，无疑有助于深化我们对市场经济的理解。

通过这项研究，我们还可以认识到，即使是自由主义经济学家之间，也没有就自由市场的本质问题达成一致意见；可以更为清晰地看到，虽然新古典主义经济学在学术界占据统治地位，但它对市场制度的理解是存在重大缺陷的；即使是在倡导自由市场的经济学阵营中，也存在着对它强有力的挑战者。这将使我们在借鉴新古典主义经济学理论时保持清醒的头脑。如何更好地理解市场制度的运行，一直是经济学研究的主要努力方向。

这项研究还有助于我们思考重大的政策问题：仅仅凭借价格机制是否就足以解决交换的效率问题？竞争的动态效率具有什么性质和特征？政府的恰当作用是什么？非市场制度对市场的动态效率和市场的稳定性起着什么样的作用？通过这项研究，我们可以很好地认识到，市场经济不等于"让供求决定价格"；市场之所以有效率和具有某种内在稳定性，除了有赖于价格的灵活性之外，还有赖于其他广泛的制度性因素和惯例等。

3. 所使用的研究方法

20 世纪 80 年代以来，"亲市场"成为国际经济学界的主流倾向，不同程度地支持"自由市场"的经济学家分布极广。其中相当一部分经济学家无法明确地被列入某一学派，但大致上可以归入新古典主义经济学家之列。

要理解自由市场倡导者之间的共识和分歧，最好的方式是比较。如何比较呢？

第一，为了缩小比较的范围，从居于主流地位的新古典主义学派中，选取芝加哥学派作为其典型代表，但不仅仅限于芝加哥学派的经济学家。另一方则选择长期以来一直与新古典主义经济学在方法上存在较大对立，且处于非主流地位的奥地利学派经济学。有一部分经济学家虽然不属于奥地利学派，但他们的基本思想与奥地利学派经济学是一致的，因而，在某些具体的研究中，我们会适当纳入这部分学者的观点。

第二，即便是在所选择出来的这两大阵营中，每个阵营内部，也存在某些分歧。为了集中讨论和比较两大阵营的观点，我们在每一阵营中，以最具有代表性的学者为主，提炼出各自具有代表性，同时也具有可比性的理论要素，避免过度陷入学派内部的争论。这里所谓的"最具有代表性的学者"，我们主要是选择那些不走极端的学者。

第三，比较的重点是学者对市场本质的理解，而不是具体的政策建议差异。

第四，比较主要立足于沟通静态效率与动态效率之间的内在关系，以显示市场经济的独特性格。我们将尽力说明可以沟通两个学派的某些理论要素。

对我们来说最麻烦的是，即使是在每一个阵营内部，对某些问题的细节不同学者也存在不同的看法。这就要求我们在总结共识的基础上，进一步整合各种理解的合理成分，使之综合成为对市场制度的一种可以相互补充的解释。

二、成果的主要内容和重要观点

对于经济学应研究什么样的主题的问题，芝加哥学派和奥地利学派有着不同的看法。

芝加哥学派经济学家遵守新古典主义经济学的定义，即认为经济学是一门研究如何在资源稀缺的条件下做出理性选择的科学，或者说是研究资源有效配置的科学。因此，经济学的逻辑就是所有追求效率的行为的逻辑。

奥地利学派经济学家认为，经济学研究的应该是"交换"，与之相对应的不是最大化，而是"交换互益"（catallactic）。经济学的根本目标是：分析市场如何能够让市场参与者发现、传递和充分利用分散存在于无数个人大脑中的实践知识，从而形成一种自发的秩序，这是一个协调个人决策的动态过程。

这两种定义在制度的规范性评价上会体现出重要的差别。一旦把经济学定位于研究"交换"，必然要研究市场的组织性结构，从而把协调原则提升为研究的中心课题。对配置论者来说，假如市场能运作，自然就具有效率。他们对市场进行的检验，是和逻辑中所定义的抽象理想状态作比较。因此可以说，正是这种定义的差异，导致了他们在一系列问题上观点的重大差异。

1. 基本思维方式的差异

芝加哥学派经济学家遵行新古典主义经济学的思维方式，即效用最大化、稳定偏好和市场均衡这三大假设的综合运用，其实就是"理性选择模型"。在新古典主义经济学中，经济问题就是如何有效地选择合理运用稀缺资源的方法。相应的，经济学的逻辑就是所有追求效率的行为的逻辑。

"效用最大化"实质上就是"经济人"假设（自利动机和理性行为）的精练表达形式。为了应对人们对这一假设严重脱离现实的批评，芝加哥学派经济学家从两个方面进行了创造性的发展。一方面是拓展效用函数形式，力图证明非理性行为也可以有效地追求自己的利益而与效用最大化不相矛盾；另一方面则是以演化的自然选择原理来解释最大化行为的支配地位。也就是说，无论个人是否意识到，他们的决策行动都自觉或者不自觉地遵循最大化标准，不遵循这种决策方式的个体都已经或者必将为自然选择原理所淘汰。至于均衡假设则是"结果状态导向"思维方式的反映。

与新古典主义经济学思维相对，奥地利学派研究范式的核心假设是：意图性行动、演示偏好（demonstrated preference）、过程分析。其中最重要的是第一个假设：人们有意识地选择自己的特定目标，并慎重地运用稀缺的手段去实现预定的目标，以使主观想象的利益最大化。只要是这种目的性很强的有意识行为，就是理性行为，无关行动最终是否实现了利益最大化。这才是经济学要研究的人类行动的本质。

至于"演示偏好"，指个人在"有目的的行动之中"所"表现"（demonstrated）出来的目标价值体系，也可以理解为"有待说明或者有待确定的偏好"。这不同于萨缪尔森的"显示偏好"（revealed preference）。奥地利学派强调，个人的行动不是显示出其既定的或者稳定的偏好，而是形成并不断发展其偏好价值判断的过程。

奥地利学派经济学家也会使用"均衡"概念。但是，他们所承认的"均衡"，是一种过程动态的均衡，是哈耶克所论述的对分散知识的发现过程动态均衡，以及科兹纳的企业家警觉推动的市场过程均衡。部分学者如拉赫曼等人更进一步完全否定均衡概念的必要性，认为主观主义的个人的知识和预期无法成为市场过程的时间函数，市场过程根本不存在均衡或者均衡的趋势。

2. 对市场本质的不同理解

芝加哥学派经济学家把市场的本质理解为价格机制，对它的解读则体现在均衡模型之中。新古典主义经济学也讨论走向均衡的过程，其中存在着两条截然不同的线索。

第一条线索是以瓦尔拉斯的拍卖者假定为基础，由拍卖者进行尝试过程的调整机制。瓦尔拉斯模型的"完全竞争"是市场出清的均衡概念，而抛弃了亚当·斯密赋予竞争一词的"对抗性行为"的过程意义，是一种静态意义上的均衡。在此模型中，所有的经济主体都是价格接受者，他们将价格参数视为一个不能控制而只能适应的变量。价格本身由非个人的市场机制来确定（可理想化为一个瓦尔拉斯拍卖者）。单个买者和卖者无力影响市场价格的假定反映了竞争的基本思想，也就是说，市场足够大，使得个体行为对市场所产生的影响可以忽略不计。

第二条线索是所谓的"非尝试过程"的均衡研究，以哈恩为代表的理论家们复活了无拍卖者的埃奇沃思过程思想来考察非瓦尔拉斯方式的调整机制。这种研究将埃奇沃思盒式图的基本思想一般化地推广，在"讨价还价"与"联合体"这两个概念的基础上定义了市场经济的核，即一组家庭为增进自身利益而自发组成一个联合体（coalition），并在联合体内部相互交易，以发现在这样的配置下他们可以达到什么样的满意程度。核理论的讨价还价具有过程导向的动态竞争性质，是一种将竞争视为冲突（conflict）的思想。核的收敛性理论证明了，对一个大型经济体而言，竞争性均衡构成的集合与核完全一致，因而静态的完全竞争和动态的对抗性竞争实际上是一致的。

奥地利学派认为，市场本质的关键在于其动态过程性质；对"无形之手"的更好解释是：价格机制在"竞争的知识发现"和应对"真正的不确定性"方面产生了"自发秩序"，而不是"市场均衡"。与芝加哥学派经济学家寻求市场最优解不同，奥地利学派根本就不承认存在所谓的最优，在他们看来，自由市场的本质在于对充满不确定性的经济世界的适应性功能，最多也就是存在一种适应性效率。

奥地利学派还坚持了古典主义经济学家如亚当·斯密等人对竞争的古典主义经济学的动态理解——企业不是作为价格接受者，而是通过作出积极反应，使得市场趋向均衡。在奥地利学派看来，新古典主义经济学的均衡分析只是从"给定的数据"之中通过利益最大化计算"获得价格"，而真正的问题在于"价格形成"，也就是所有行动者最有效地进行选择、决策和行动的市场过程。新古典主义经济学所谓的"竞争"和"完全竞争"实质上不存在真正的竞争，而奥地利学派的"竞争"概念则是包含了合作意义的"交换性竞争"。哈耶克把竞争视为"一个发现过程"，通过这种"发现"过程，个人不断调整行动预期与决策，形成了个体和社会协调的"行动均衡"。在这种过程中，我们最好把市场价格体系视作"一种人类交流和沟通信息的机制"。故而奥地利学派更倾向于"秩序"而不是"均衡"概念。

3. 对重要市场现象的不同解读

两派对市场本质的不同理解，必然伴随着对与"信息与知识"、"不确定性"、"时间"等因素直接相关的重要市场现象的不同解释。

"知识"与"信息"在新古典主义经济学视野之中是无差异的，信息经济学典型地将"信息"视为一种生产要素，各种信息搜寻过程无非是将信息的使用成本和收益进行比较，可以使用均衡分析方法而获得解答。特别地，芝加哥学派认为，与其区分"知识"与"信息"，还不如划分知识的各种类型。信息不完全中的信息相当于奥地利学派定义中的工程知识，而信息不对称中的信息相当于奥地利学派定义中的默会知识。传统观点认为，搜寻只能针对客观的工程知识，却不能获得默会知识。然而，综合施蒂格勒的买方搜寻信息和斯彭斯的卖方发送信号两条思路，异质信息（默会知识）作为一种稀缺资源的供求模型仍然能够建立。这鲜明地表现在旧货市场中的价格离散现象中，其实质是异质性的买卖双方集合体达成的分离均衡群组。

奥地利学派的"知识"与"信息"概念存在着重要差异，"知识"具有主观性，其成本和收益都具有主观性，无法函数化。有限理性理论支持了奥地利学派的知识观点，认为在决策过程中，决定"最优"信息的决策本身也是具有信息成本的，并且无限递归，因而"最优"的均衡分析并不具有现实解释力。

新古典主义经济学理论仍然以可使用概率来刻画的"风险"来代替或者回避"不确定性"问题。新古典主义经济学理论实际上是在既定的"手段—目的"框架下进行分析，避开了根本的问题，即这种"框架"本身就具有"结构不确定性"。

奥地利学派将真正的"不确定性"与"无知"联系起来，提出了决策问题的"参数不确定性"和"结构不确定性"的区分。在他们看来，正是这种"不确定性"显示出了价格机制对于自由市场真正的意义。在一个知识分散、个人决策框架持续变动的市场中，只有价格机制才能让知识得到有效的使用，从而个人对其他人的行动和计划产生足够正确的预期，在"试错"行动中相互竞争，同时也进行合作。这种动态的结构即哈耶克著名的"自发秩序"，也被称为"人类合作的扩展秩序"。

4. 对市场的重要制度基础的不同看法

两个学派虽然都极为重视"产权制度"、"企业制度"，以及"法律制度"对于自由市场的意义，但对这些主题的看法仍然存在着"动态"与"静态"的差别。新古典主义经济学仍然使用静态均衡分析方法寻求"产权"、"企业组织"和"法律"方面的最优解，由此产生的大量理论成果推进了人们的认识；奥地利学派则更多地考虑这些主题的"动态"和"演化"方面，否认最优的存在。但是，他们都从不同方向深化了对自由市场制度的理解。

科斯和威廉姆森等人的企业理论为新古典主义经济学分析和认识市场提供了新的视野：企业甚至所有的层级组织都可以被视为市场价格机制的替代物。这类观点丰富了对于市场的认识，使其更为接近现实，同时也为自由市场提供了新的证据。

以哈耶克的自发秩序理论为代表的制度观点可以打破"企业—市场"的两分法，将企业组织、社会制度、法律等统一于"秩序"理论中。奥地利学派把哈耶克的知识论和秩序论拓展到企业组织领域，认为企业组织可以在一定程度上仿效自发秩序，采用抽象一般化规则而不是具体指令管理，这有利于充分利用分散的知识以应对不确定性。

两个学派对于"社会成本"和"外部性"的讨论，实质上也是为了解决"产权"问题。科斯定理表明，在没有交易成本的前提下，只要产权界定清楚就不存在与外部性相关的效率损失。此后，新古典主义理论家进一步深化了对产权的认识，认为产权是对不同类型的财产本身所拥有的所有权、占有权、使用权、支配权、处置权、收益权等权利的集合，这类权利只有通过社会制度的强制才能得以实现。这种产权观无疑超越了传统的、一般意义上对财产的所有权观念。

与新古典主义经济学相比，奥地利学派坚持了"自然产权"观点。由于罗斯巴德等人较为激进的自由至上主义（libertarianism）倾向以及对产权的"先占原则"的强调，人们往往误以为奥地利学派的产权观陈腐守旧。事实上，奥地利学派的米塞斯早已认识到私人财产权需要得到法律制度的保护。

他们强调的是"受到法律界定并由法院和警察保护的财产权，是长期演进的制度结果"。保障产权的法律与其他一切法律制度体系一样，实质都是一种经过社会长期演化、自然选择产生的秩序结构，政府的成文法律通常不过是将其正式认定，而违背了演化规律的人为设定法律则往往无法施行或者不能持续。

5. 对于哪些类型的政策符合竞争性市场的要求存在分歧

对这一问题，两个阵营之间存在重大的分歧。

新古典主义经济学是根据均衡模型得出的帕累托效率标准，从"市场失灵"推导到经济政策层面上。在这一点上，芝加哥学派经济学家与其他新古典主义经济学家存在严重的分歧，他们认为，即便存在"市场失灵"，也并不一定需要政府直接出面来处理。但是，芝加哥学派经济学家基本上认同新古典主义经济学的这样一个传统观点：最有效率的市场是"完全竞争"，因此对于现实市场结构来说，要获得效率，要么改变市场结构，使之成为一种完全竞争；要么事先为那些行为主体规定特定的行为，例如，要求他们必须把价格定于等于边际成本之处。

按照奥地利学派经济学的逻辑，竞争性政策对政府的要求仅仅是：政府在其政策中只诉诸普遍适用的行为规则，不以任何直接的措施来使潜在竞争者无法进入市场。奥地利学派经济学基本上坚持着熊彼特的观点，即完全竞争与技术进步不相容，垄断实现了动态效率（成本优势）。任何带着一个新产品进入市场的创新企业，就其定义来说，都是某一时间内的垄断者。因此，垄断甚至是一个动态经济的必要组成部分。在这种意义上，只有政府干预导致的行政垄断才是问题，市场产生的垄断没有问题。对于实现效率（甚至是帕累托最优）而言，带有合理垄断性质的竞争性市场形式是理想的市场形态。

值得注意的是，部分芝加哥学派经济学家（例如施蒂格勒）在讨论市场结构时，纳入技术创新因素、达尔文生存法则的模型化，其实质是用动态效率观取代他们早先持有的静态效率观。

政府对于自由市场是一个两难问题，一方面政府为市场经济提供了基本的法律基础和制度保障，另一方面其对市场的干预也可能妨碍竞争、破坏市场秩序。芝加哥学派政治经济学从价格理论和实证经济学的角度来分析政府，它把政府主要看作受追求自身利益的理性的个人所利用的、在社会范围内对财富进行再分配的一种机制。按照奥地利学派秩序演进的观点，可以把政府视作为降低不确定性，或者说为更好地应对不确定性而产生的制度安排。"政府"本身就是一个动态的演进秩序，历史上的各种统治、政体虽然都可以被称为"政府"，但其实质结构和形式都发生了巨大的改变。两个学派都强调政府的作用应在于对自由市场的维护，都主张"最小政府"或者"守夜人"观点，但奥地利学派的市场倾向更为强烈。尽管部分奥地利学派学者如罗斯巴德等人表现出了极端倾向，仍然不能简单地将奥地利学派与自由放任主义，尤其是无政府主义等同起来。其主要代表人物如哈耶克、米塞斯等人认为市场的一些基础性制度如产权的法律保障，以及某些最低限度的社会福利等仍然需要政府发挥作用。

6. 两个学派的共识

对于本研究而言，对两个学派的分歧的辨析和比较无疑是重点，但研究显示两个学派在方法、理论和思想上也存在着重要的共同或者相似之处。

共识之一：都坚持经济分析的方法论个人主义立场，即认为个人是唯一真正的行为者，社会整体是个人行为的产物，而一切社会经济现象的产生都可以追溯到它们的个人行为基础。这种"还原论"方法并不否认社会经济之中存在着不同层次的整体性现象，而只是坚持所有这些现象都能够"还原"为个体行为的结果。

共识之二：都认为"价格机制"是"自由市场"的核心，将"价格机制"视为斯密的"无形之手"的实质。两个学派实际上都认可市场中的个人可以对通过价格信号传递的有关他人偏好和资源的数据作出反应，从而在无数个人行为之间产生趋向于协同或平衡的结果，实现资源的有效率配置，这是自由市场效率的关键所在。区别只是在于新古典主义经济学过度抽象了市场"均衡"的过程。

共识之三：无论是完全竞争的静态模型还是发现过程的动态理论都认识到"竞争"是"自由市场"的基本特征。尤其是芝加哥学派产业组织理论的发展逐渐摆脱了完全竞争模型的局限性，更与奥地利学派的"争胜竞争"理解趋于一致。

两个学派都认识到了"自然选择"的演化机制在"自由市场"的形成中

起着重要的作用。新古典主义经济学的"理性"假设在演化机制之中得到了更具现实性的论证，而奥地利学派更是强调了"自发秩序"的演化特性。

共识之四：主张"有限政府"和"法治"。两个学派的思想都被视为"新自由主义"的代表，他们倡导"古典自由主义"。总体上把政府视为一种"必要的恶"，力图尽可能地将政府在社会保障、教育、医疗等公共领域的职能私有化和市场化，并且反对反垄断法律、保护环境法规、工会和消费者权益组织；两个学派都强调"政府失灵"甚于"市场失灵"，甚至否认存在"市场失灵"。并且，两个学派都将经济分析与对自由的哲学认识联系起来，超越了对"市场"的工具性理解，认为自由市场不仅能够带来经济效率，而且也是自由社会的最根本保障。

三、成果的学术创新

在国内学者的经济学文献中，我们还没有看到对芝加哥学派和奥地利学派进行系统比较的专题文献。虽然在某些文献中也看到了一些零星的这类比较研究，但基本上都是对新古典主义经济学与奥地利学派之间的直接比较。

在国外学者的相关研究中，存在着两类比较。一类是对新古典主义经济学和奥地利学派经济学的直接比较。其中，有些文献强调二者之间的差异的不可调和性，以此突出奥地利学派经济学的独特性格；有些文献虽然也强调二者的差异，但更多地强调二者的相通之处。就我们的研究主题来说，这类文献的缺陷在于：没有注意到，虽然芝加哥学派经济学也属于新古典主义经济学的派别，但却在某些问题的理解上与其他新古典主义经济学家存在意见分歧。另一类是直接对芝加哥学派和奥地利学派进行的比较研究。相对来说，这类文献不多。虽然它们也强调这两个学派在理解市场本质问题上的差异，但更多的是强调它们在方法论、宏观经济学（经济周期理论）和货币政策等方面的重大差异。

与国内外的相关研究比较，本研究主要具有如下创新：

首先，直接针对这两个经济学派在自由市场制度理解问题上的根本差异进行了全面比较研究。这本身就是一个较为独创性的视角。国内的经济学研究者虽然也认识到芝加哥学派经济学和奥地利学派经济学是倡导自由市场的两大阵营，但是没有充分地思考和研究这两个阵营之间存在的分歧。

其次，为了充分理解芝加哥学派经济学和奥地利学派经济学对自由市场制度的观点和竞争性政策建议的重大差异，提炼出了一组具有可比性的理论问题，并对其理论细节展开讨论。这组问题主要包括：自由市场的本质特征是一般均衡还是一种动态过程？价格传递的究竟是什么类型的信息？竞争与效率是一种什么样的关系？符合竞争性市场的各类政策要遵行什么样的原则？等等。在对这类问题的比较分析中我们也注意到，在某些方面，两个学派的观点也存在趋同的倾向。

最后，较为充分地注意到这两个学派在企业、产权制度、政府功能等方面存在的共识和分歧。这也是其他比较研究没有重视的问题。

《当代资本主义阶段性发展与世界巨变》概要

李　琮[*]

一

资本主义作为一种基本社会制度或社会生产方式，其历史发展有其连续性，同时更表现出明显的阶段性，即从一个阶段向下一个阶段的转变（过渡，嬗递），每一阶段都是在前一阶段基础上发展起来的，又具有不同于前一阶段的基本特征。要更深入更切实地认识资本主义，固然应掌握其固有的基本性质、基本矛盾、基本规律等基本原理，但这还不够，除此之外，还必须以马克思主义的基本原理为指导，研究资本主义发展中出现的新问题，特别是在不同发展阶段所产生的新问题、新矛盾和新特征，从而准确地判断它处于怎样的历史阶段，它又将从这个阶段走向何方。

从 18 世纪至今约两个半世纪的时间里，资本主义经历了自由竞争、垄断、国家垄断和国际垄断等阶段，每当资本主义处于从一个阶段向另一个阶段转变的关键时刻，学界和政界对面临的变革就特别关注，从多方面进行研究，思想特别活跃，论争也特别热烈。19 世纪末 20 世纪初，当资本主义从自由竞争阶段转变到垄断阶段，欧洲各界就曾对这一转变进行了广泛的研究和讨论。在社会主义运动内部，甚至产生了激烈的辩论，众所周知，列宁有关垄断资本主义的著作，就是他在与第二国际的代表考茨基等人的争论中写成的。他的《帝国主义是资本主义的最高阶段》和布哈林的《世界经济和帝国主义》等著作全面系统地论述了垄断资本主义的基本特征，深入揭示了其

* 李琮，中国社会科学院世界经济与政治研究所原所长，中国社会科学院荣誉学部委员，研究员。

实质和矛盾，对当时俄国和欧洲其他国家的社会革命运动有重大指导意义，其基本原理和方法对我们研究认识当代资本主义仍有重要指导意义。

我国学界重视对资本主义的阶段性发展问题的研究，特别是对第二次世界大战后资本主义的阶段性发展的研究。多数人认为战后资本主义已从一般垄断阶段进入了国家垄断阶段，到 20 世纪八九十年代，又从国家垄断阶段转变到国际垄断阶段。

本成果以这两个阶段为重点，从理论与实际的结合上，着重说明资本主义阶段性发展的原因。说明这个过程所体现的辩证法，即从量变到质变，否定的否定，动力与阻力，上层建筑对经济基础的重要作用。说明这种阶段性发展是资本主义从低级到高级前进的过程。说明这种阶段性转变所具有的二重性，即一方面它促进生产力的发展，另一方面它又使矛盾激化，危机加深，对生产力的破坏更大；一方面它促进了资本和生产的国际性和全球化的加强，另一方面又表明它推动了资本主义朝着自我否定的方向前进。

自 16 世纪以来，资本主义长期在世界上占有统治地位，对世界的发展起着决定性的作用。进入 20 世纪后，一些国家在工人阶级及其他人民群众进行的社会革命取得胜利的基础上，走上了社会主义的道路，但至今资本主义在世界上还占有优势地位，对当代世界的发展起着重要的，甚至是主导的作用。每当资本主义发生阶段性转变时，世界也随之发生深刻变化。自从资本主义由国家垄断阶段转变到国际垄断阶段后，世界又在发生新的巨大变化，特别是在 2008 年爆发严重的金融和经济危机后，世界大局的变化更加显著，这种变化所形成的世界新潮流正在对包括我国在内的世界各国产生重大影响，因此本成果也对当代世界巨变进行了论述。

二

随着资本主义阶段性的发展，其经济运动也呈现长周期（长波）现象，资本主义的发展是以周期性方式进行的。除人所共知的每七八年或十年一次的周期之外，还有每五六十年一次的长周期（康德拉季耶夫长波）。早在 19 世纪末 20 世纪初，国外一些学者即已提出长波问题。第一次世界大战后，俄国经济学家康德拉季耶夫以更系统的资料证实了长波的存在。每次长波都包含各约二十五年的高涨期和下降期。自 19 世纪 80 年代到 20 世纪 20 年代

（即他于1925年发表其代表性论文《经济生活中的长波》时），资本主义经济已经发生了两次半长波，但他的这一学说在当时的苏联遭到严厉批判，被认为是反马克思主义的，因而成为学术禁区。但在欧美等西方国家却引起了极大反响，学者们不断进行探讨和争论，直到现在仍在继续。在这期间许多人从不同角度说明长波的存在，尽管他们对其产生的原因有不同的观点。20世纪七八十年代，苏联学者也开始对长波问题进行研究，多数人对长波的存在予以肯定。我国只是在20世纪80年代初对长波问题及其在国外研究的情况进行了介绍，个别人对长波理论予以重视，但没有进行深入研究和公开讨论。自从20世纪20年代康德拉季耶夫以实际经验性资料对长波进行论证后至今已近九十年，其间，资本主义经济仍继续以长波的方式发展。这就进一步表明了长波的存在。而在这期间，学者们的研究也逐步深入，形成了一定的理论体系。

本成果设专章对资本主义经济长波的发展进行了说明，对百年来国外关于长波理论讨论的进展情况进行了评介，并提出了作者个人的观点，认为长波产生的根源与资本主义阶段性发展一样，是资本主义生产力发展的波动性，表现为科技革命高潮的兴起和消逝。当科技革命高潮涌起时，企业纷纷采取新科技，建立新企业，生产新产品，改进企业组织管理，生产率、利润率和积累率提高，投资规模扩大，从而开拓新市场，促进经济加速增长，出现长波增长期；与此同时，为适应生产力的新发展，资本主义生产关系和经济体制也都发生了一定的变革，资本主义也就进入了一个新阶段。但随着生产力的发展和经济的高涨，资本主义内部矛盾又日益激化，以致发生严重的经济危机，生产力受到大破坏，科技革命高潮消逝，经济增长迟缓甚至停滞，长波转入下降期。资本家为摆脱下降期的困扰，被迫进行经济体制的改革，加强对外扩张，同时致力于促进科技的发展和创新，如果这些努力取得一定成效，经济就会从长波的下降期转向下一个长波，资本主义也会转变到一个新阶段。如此看来，资本主义的阶段性转变与经济长波二者有密不可分的关联。长波不过是资本主义阶段性发展在经济上的表现形态，而资本主义的阶段性发展则是以经济运动的长波方式而得以实现。二者实际上是同一过程中互相关联的两个方面。

经济长波从增长期（高涨期）向下降期的转变，通常是以严重的危机为标志的。这种危机与一般的生产过剩性危机不同。本成果把这两种危机加以区分，把前者称为大危机，这种危机之所以特别严重，是因为它不仅源于生产过剩，而且包含着制度性和结构性的危机。

大危机与一般危机的功能也有所不同。一般的生产过剩性危机的功能是消除过剩的生产能力，重新达到生产与消费市场之间的平衡，为经济的新增长开辟新空间。而大危机则主要是促使经济体制的改革和经济结构的调整，使之为生产的新发展开辟新的道路。当然这是更加困难的，也需要更长时间，其间必然充满种种矛盾和斗争。这两种周期和危机又互相交织，互相影响，每一次长波都包含着六个左右的普通周期。长波的增长期和下降期都是由通常的生产周期和危机促成的。在一般情况下，长波的增长期内，生产过剩性危机比较缓和，而在下降期内，则较为剧烈。上述关于资本主义阶段性发展和经济长波的一些观点，特别是有关二者之间的关系的观点，是本成果主要的创新之处，也是本成果全部内容据以展开的主线。

三

本成果共分四篇，十七章。第一篇，有关基本理论，共两章。分别对上述资本主义阶段性发展的理论问题和经济长波问题进行论述。第二篇，当代资本主义的阶段性发展，共四章。对第二次世界大战后资本主义从私人垄断转变到国家垄断又转变到国际垄断阶段的原因、过程，这两个阶段发达资本主义国家统治集团所遵循的经济学说、所实行的宏观经济政策及其效果和产生的问题，这两个阶段基本特征的演变等，进行了说明，更着重对 2008 年源于美国的金融和经济危机的直接原因、发展轨迹、严重性、各国政府所采取的反危机对策及其效果和后遗症等问题，以丰富的事实资料，进行了具体而深入的分析和阐述。第三篇，当代资本主义的基本特征，共六章，对现阶段即国际垄断资本主义的基本特征分别进行了论述。这些基本特征包括新一代的跨国公司的大发展和扩张，国际金融垄断资本的大膨胀，国际垄断资本主导下的经济全球化，国际经济关系的复杂化和斗争的扩大化，对全球化经济治理机制的控制，超级大国美国力求称霸世界等。这些基本特征都不是凭空产生的，而是在上一阶段，即国家垄断资本主义相应特征的基础上，在新的国内外条件下，演变而来的。本成果以系统的资料对这些基本特征进行了具体的分析和论述。第四篇，当代世界巨变，共五章，其中前两章对美国帝国主义称霸世界及其局限性、趋向衰落问题进行了讨论；对金融危机发生以来，美国政府对外战略思想和实际行动进行了剖析。接着两章对新兴市场国家崛起并快速发展的原因、在世界中地位和作用的加强，以及存在的问题，进行了分析和论述。最后一章，当代世界巨变，说明了当代资本主义和当代世界矛盾的复杂性，对世界格局、国际政治经济秩序、世界重心向亚洲的转移、世界的和平与发展等方面正在发生的深刻变化加以揭示，对其前景进行了展望。

四

本成果所涉及的内容相当广泛，但对创新之处着墨较多，一般性问题则相对简略。本成果在理论上有创新之处，作者主要着重以下三个方面：一是对现阶段资本主义发展中出现的新问题、新趋向予以着重研究；二是尽可能收集系统资料，深入分析，独立思考，提出个人观点；三是重视国外特别是西方学者对有关问题提出的观点，对其中合乎实际、具有科学性的予以借鉴吸收，对不实和谬误的观点进行批判。

前面已经提到本成果对资本主义阶段性发展的有关理论和经济长波，以及二者之间的关系等基本问题提出了个人的见解。本成果在其他有关问题上的观点和创新，也都与这些基本问题的观点相联系，例如关于跨国公司的问题，跨国公司早在19世纪50年代即已出现，以后它作为垄断资本及其典型的企业形式，随着资本主义阶段性发展而发展，代代相传，不同阶段的跨国公司具有不同的特点。本成果对它的这种与时俱进的发展变化过程进行了叙述，对当代跨国公司，即国际垄断资本主义的跨国公司的大发展及其新特点进行了详尽的说明。

关于全球化问题，作者认为全球化是生产社会化或再生产各环节超越国界、扩及世界，乃至全球的结果。既然如此，不能如一些人所说，全球化始于1492年哥伦布发现新大陆。本成果认为那一事件只是为经济走向全球化提供了一个必要的条件。从那时起，资本主义发展的每一阶段都是其经济朝着全球化方向迈出的一步，直到国际垄断阶段，经济全球化才最终实现。目前全球化虽在深入发展，但只是处于初期，仍带有国际化的成分，本成果对此以事实资料进行了论证。此外，在走向全球化的过程中，随着各次经济长波增长期和下降期的相互转变，经济全球化也出现了相应的波动。有时发展较快，有时则较缓慢，如以 2008 年的金融危机为拐点，第五次长波进入下降期，全球化所受阻力也较大，转入缓慢发展时期。

关于新帝国主义，列宁把垄断资本主义视为帝国主义，从历史和逻辑上说，国家垄断和国际垄断资本主义都是帝国主义。不过它们各有不同的基本特征，因而都是新帝国主义。但在国际交往中，为了发展与西方国家特别是美国的关系，我们不会说它是帝国主义国家。而在学术研究上则应毫不含糊地认定，它是新帝国主义国家。据此，本成果全面揭示了美国新帝国主义的实质和表现。

关于新兴国家，康德拉季耶夫曾经指出，后进国家在长波的高涨期，有可能乘势而起，加快增长步伐，成为新兴国家。这种观点是有根据的，但他看到的只是 19 世纪德国、美国等国后来居上，赶上和超过老牌资本主义国家英国，本成果则是以第二次世界大战后，20 世纪六七十年代第四个长波增长期出现的韩国、新加坡、中国台湾和香港地区等新兴工业经济体，特别是在 20 世纪八九十年代后直到 2008 年金融危机发生前，第五个长波增长期内先后崛起的中国、印度等一大批新兴国家作为重点，对促使其崛起的国内因素和外部条件，它们快速发展的成果、可持续性和存在的问题等进行了具体的阐述。

关于当代世界巨变，作者认为资本主义每一次阶段性转变，都会引起世界全面重大的深刻变化，而且世界变化的各个方面也都与资本主义阶段性转变及其长波的变化有直接或间接的关系，如世界格局的演变就是明显的例证。在资本主义自由竞争阶段，是英国称霸世界的单极格局；垄断阶段则演变成多个强国争霸世界的多极格局；国家垄断阶段是美、苏两个超级大国争霸世界的格局；国际垄断阶段是世界唯一超级大国企图独霸世界的格局。进入 20 世纪 90 年代后，随着新兴国家，特别是中国等新兴大国的崛起，世界又转向多极格局。

五

本成果是关于资本主义基本理论的著作，作者以马克思主义为指导，对当代资本主义问题进行了研究和论述。在研究方法方面遵循唯物辩证法，对当代资本主义问题进行考察分析，同时以理论分析与经验实证相结合，历史与逻辑相统一的方法，对观点提供充分的论据，并力求显示本成果的一些特色，主要表现在以下几个方面：

（1）本成果对当代资本主义阶段性的发展进行研究，是以20世纪80年代以后的国际垄断阶段为重点，认为这一阶段不是突如其来的，而是在前一阶段的基础上，在新的条件下发展而来的。因此，本成果对促成这一阶段到来的内部因素和外部条件产生和成熟的历史过程进行了具体分析，对这一阶段各基本特征的出现，如新一代跨国公司的大发展、金融垄断资本的大膨胀等，也都进行了这种历史的考察和论述。这样，在方法上体现了历史与逻辑的统一，因而可能具有更大的理论说服力。

（2）经济是社会的基础。本成果以资本主义的经济，即生产关系和经济制度的演变来说明其阶段性发展，而生产关系和经济制度发生局部质变的基本动力，来自生产力的发展，特别是科技革命的兴起。与此同时，上层建筑，特别是经济学说的发展也产生重大反作用。本成果对此予以特别重视，对国家垄断阶段的主流学说凯恩斯主义和国际垄断阶段的新自由主义等学说进行了评介。在西方，这些学说并没有停留在书本上，而是作为各阶段当政者制定政策的指导思想而发生实际作用。因而本成果又以美、英等国为重点，对各阶段各届政府的经济政策及其得失进行了评述。

（3）本成果对当代资本主义问题进行理论阐述，但避免泛泛地空谈理论，而是收集丰富系统的资料，包括统计资料和事实资料，在对这些资料进行深入分析后得出一定的结论。这样，本成果所提出的观点和创新之处都有必要的和充分的事实根据，内容也比较翔实。

（4）本成果以马克思主义基本原理为指导，但对西方经济学家提出的各种各样的学说和理论观点并未一概抹杀，而是加以重视。西方经济学是在学术自由争论中不断发展的。我们应对其中符合实际，有科学成分的观点予以借鉴、消化吸收，对其中的偏见和谬误进行批判。这两种做法对我们提出和充实具有独创性的观点，都是十分必要和有益的。

六

本成果是关于当代资本主义基本理论的著作，它对当前处于国际垄断阶段的资本主义的特征及其内部矛盾，资本主义的发展、危机和问题，资本主义在世界发展中所起的作用，以及未来前景等重大问题的论述具有重要的理论和实际意义。

近二三十年来资本主义处于国际垄断阶段，世界多极化和经济全球化也都在不断深入发展，世界各国之间相互依赖的程度大大提高，任何国家都不能离开世界，闭关自守。我国作为最大的发展中国家和新兴市场国家，在经济、科技、文化和人员等各方面与世界各国的关系更是日益紧密，而以美国为首的发达资本主义国家在世界上仍占有一定的优势地位，对世界格局起着重要的，乃至主导作用。我国在建设社会主义的过程中，将不可避免地继续与包括发达资本主义国家在内的世界各国不断加强交往。为了在处理这种复杂的对外关系时采取正确的方针政策，以利于我国加强与他国的和平共处、互利共赢关系，加速我国的建设事业，并对世界的和平与发展作出更大贡献，对当代资本主义加深理解和认识是十分必要的。在这方面，本成果具有一定的参考价值。

由于我国在经济、文化等各方面日益扩大对外开放，西方国家必将利用一切渠道采取各种手段和方式对我国施加影响，以图实现所谓的"西化"。在这种情况下，我国人民，特别是广大青年和学生，对资本主义应有全面的认识，提高对它的分辨能力，以便借鉴和吸收其积极的、先进的成果，摒弃和拒绝其消极腐朽的东西，树立正确的价值观和世界观。对此，本成果也可以发挥一定的作用。

马克思主义不是僵化的停滞不变的教条，它之所以具有生命力，就在于它与世界的发展同时并进，不断创新。我国学者在马克思主义的发展与创新方面责无旁贷。目前资本主义和世界正处于大变革的时期，新现象、新问题层出不穷，各国的学术思想界也都十分活跃。我国学者应对这些新变化提出自己的观点，以捍卫、丰富和发展马克思主义，从而占据理论思想的高地。本成果在这方面作出了一定的努力，但个人的力量总是有限的。只希望本成果能对广大科研工作者，特别是青年科研人员有一定启示作用。

《外商直接投资进入中国的结构变动与效应研究》概要

田素华[*]

自 1979 年外商直接投资（foreign direct investment，FDI）首次进入中国，至今已有 30 多年的历史，其间外商直接投资随着中国改革开放的进程，从无到有，由少到多，规模不断扩大，进入的地区与领域及方式不断深入，对中国经济发展产生了深远的影响。

一、中国外资经济发展的结构特征

1. 区位特征

改革开放初期，进入中国的 FDI 主要是进入了广东省。从 1983 年开始，进入中国的 FDI 逐渐向广东省和福建省以北的中国东部沿海地区扩散：首先是向长江三角洲地区的江苏省、上海市和浙江省扩散，然后是向长江以北的山东省、辽宁省、天津市和北京市扩散，并于近年进一步向中国中部的江西、湖南、湖北、河南、重庆、四川、安徽等省区扩散，在 2002—2011 年逐渐形成了以江苏省、广东省、辽宁省为 FDI 进入中心地带的新的区位布局。

2. 来源特征

改革开放初期，进入中国的 FDI 主要来源于中国香港、美国和日本等少数几个国家和地区。20 世纪 90 年代以后，随着韩国、新加坡和中国台湾地

---

* 田素华，复旦大学教授，博士生导师。

区 FDI 进入增加，以及欧美跨国公司大规模进入，出现了 FDI 来源地多元化的趋势。就 1979—2011 年的统计数据来看，进入中国的 FDI 主要来源于中国香港、日本、美国、韩国、新加坡、中国台湾、维尔京群岛等国家和地区。

3. 行业特征

1979—2011 年，进入中国的 FDI 主要投入制造业部门和服务业部门，投入中国农林牧渔部门的 FDI 占中国年度实际利用 FDI 的比例一直在 2％以下。对中国东部 12 个省区的统计分析显示，1995—2011 年，进入中国的 FDI 有 50％～90％投入了制造业部门；就中国整体而言，1999—2011 年，进入中国的 FDI 有 49.7％～71.0％投入了制造业部门。

4. 独资 FDI 进入

跨国公司在中国的 FDI 主要有合资、合作、独资等形式。改革开放初期，合资是 FDI 进入中国的主导模式。随着时间推移，在进入中国的 FDI 中独资项目所占比例逐年上升。20 世纪 90 年代后期至今，无论在项目数量上，还是在投资金额上，进入中国的独资 FDI 均超过了合资 FDI。

5. FDI 进入规模与中国本地投资发展

FDI 进入占中国固定资产投资的比例在 1979—1998 年处于一个逐渐上升的过程，在 1998 年这一比例超过了 10％；1998 年以后，这一比例开始下降。不过，在 2008 年，这一比例仍旧超过了 1988 年的水平。也就是说，1979—2011 年，FDI 进入占中国年度固定资产投资总额的比例经历了先增加后下降的过程，并于近年逐渐稳定在 10％～20％这一水平上，呈现出显著的倒 U 形变动特征。

二、研究的目的和意义

1. 研究的目的

外资经济结构问题始终是国际经济学界研究的一个重点。国外学者对东道国外资经济结构的研究多从成因、经济效应和政策管理等角度进行。现有文献对东道国外资经济结构问题的研究相当全面和深入，中国外资经济结构问题也一直是经济学界关注的焦点。以外资高度集中于制造业和东部沿海地区等为特点的中国外资经济结构，在历史上曾经有过多次突变，并正在和即将进一步经历变化过程，而现有文献对这一变化过程却鲜有涉及。现有研究中国外资经济结构的文献至少有以下两个方面需要加强。（1）系统地论证改革开放以来中国外资经济结构变动的内在机制。（2）研究中国外资经济结构变动过程中产生的经济效应及中国外资经济结构变动趋向，分析对外资经济结构转型实施管理的基本政策。

2. 研究的意义

本成果将中国外资经济结构作为研究对象，追溯外资来源、进入形式和地区及行业的时间历程，探寻其影响因素，分析其经济效应，归纳总结了中国外资经济结构变动规律，对中国正在进行的经济转型有很强的参考价值。

三、成果的主要内容和所使用的研究方法

本成果除了导论以外，核心内容有两大部分。第一部分着重研究1979—2011年中国外资经济结构的影响因素，以此来把握中国外资经济结构变化的内在规律；第二部分着重研究 FDI 进入对中国经济的影响，以此为中国制定外资政策、调控外资经济结构提供理论和经验证据。

本成果的第一部分包括第二章至第六章。在这一部分，我们从 FDI 进入中国的区位分布、进入中国的 FDI 来源、FDI 进入中国的行业结构、独资与合资 FDI 进入中国的趋势变化，以及跨国公司（地区）总部进入中国等角度出发，以省级面板数据为基础，采用理论研究和计量分析方法，结合中国外资经济结构发生突变时期的若干窗口事件，定量分析了影响中国外资经济结构变动的主要影响因素。

我们运用省市面板数据，分析了改革开放以来，中国不同地区之间的经济社会特点，特别是个体经营企业、乡镇集体企业、国有企业和外资企业的构成变化，以及资金来源、技术人力资本水平和进出口规模等经济指标对 FDI 进入中国不同地区的影响。我们分析了改革开放以来，中国国内市场规模、企业经营成本、外资政策和市场竞争态势的变动特征，分行业和地区研究了投资环境变化对 FDI 来源，进入形式、地区及行业的影响，特别强调了不同时期 FDI 进入中国的地区集聚效应和行业集中效应。

本成果的第二部分包括第七章至第十章。在这一部分，我们分析了 FDI 进入中国的本地投资效应、劳动工资效应等，并分析了人民币汇率变动对

FDI 进入中国的影响、中国本地投资对 FDI 进入的影响。在第十章，我们从 2008 年前后世界经济失衡的现实出发，以美国金融危机爆发及后危机时代世界经济发展的趋向为背景，讨论了国际直接投资发展趋势、中国从吸引 FDI 流入（inbound direct investment，IDI）到发展对外直接投资（outbound direct investment，ODI）的战略选择，分析了中国在发展外资经济过程中，如何实现国民经济内外均衡发展等问题，并给出了对策建议。

四、成果的重要观点

（1）东道国企业的国际引资行为受其股权性质、资金来源、人力资本规模和技术水平等的影响，外资政策等其他因素借助东道国本地企业的引资行为，影响东道国外资经济结构。外资流入的经济效应会改变东道国的企业特征和引资行为，进而使东道国外资经济结构不断发生变化。

①影响 FDI 进入中国区位分布的因素。

进入中国的 FDI 有显著的地区集聚效应，但不同时期 FDI 进入中国的地区集中程度有一定差异。在 1980—1991 年，新进入原有地区的 FDI 规模相对小于进入中国其他地区的 FDI 规模。1992—2001 年，FDI 进入中国的地区集中程度大于地区扩散程度，但统计结果不很显著。在 2002—2008 年，FDI 进入中国的地区集中程度显著大于地区扩散程度。

1992 年邓小平南方讲话以后，FDI 更多地进入中国东部沿海地区；2001 年底中国加入 WTO 后，FDI 更多地进入中国中部和西部地区，并引起了中国东部地区 FDI 流入相对 2002 年以前显著减少。

税收优惠政策对东部地区 FDI 进入增加有显著的积极促进作用。中部地区实行的税收优惠政策对 FDI 进入本地区有正向作用，但统计检验结果不显著。在西部地区，实行税收减免等优惠政策的同时，FDI 进入该地区的规模却有所缩小。

对贸易开放度的提高有助于中国所有地区 FDI 进入规模扩大，但对东部地区和中部地区的影响更为显著，对西部地区 FDI 进入的影响不很显著。劳动工资的提高会引起进入中国的 FDI 规模缩小，但对中国不同地区的影响有一定差异。在东部和西部地区，劳动工资的提高会引起这两个地区 FDI 进入规模显著缩小，但中部地区劳动工资的提高对该地区 FDI 进入规模的影响不显著。教育水平的提高对 FDI 进入中国的整体规模影响不显著，但对东部地区影响显著。

银行增加对工业企业的贷款有助于中国实际利用 FDI 规模扩大，在东部地区这一效应相当显著；银行增加对工业企业的贷款时，进入中部和西部地区的 FDI 增加不显著。国有企业在职职工人数占全部就业人口的比例下降，会引起中国实际利用 FDI 规模显著缩小。在中国东部地区，这一效应尤其显著。

交通、通信、邮政部门和批发零售部门的发展有助于进入中国的 FDI 规模显著扩大，但分地区的计量检验结果不显著。政府行政开支增加、集体企业和国有企业固定资产投资增加等，也有助于 FDI 进入中国规模扩大，但对中国不同地区实际利用 FDI 规模的差异影响不显著。

②影响中国不同来源 FDI 的因素。

FDI 进入的集聚效应会引起中国台湾、美国、日本、韩国、新加坡、维尔京群岛等国家和地区的 FDI 进入中国大陆规模的绝对水平显著提高，对香港地区 FDI 进入中国大陆的规模绝对水平影响不显著；FDI 进入的集聚效应，会引起中国香港、中国台湾、美国、新加坡等国家和地区 FDI 进入中国大陆的规模相对水平显著提高；也就是说，FDI 进入中国大陆的集聚效应对中国台湾、美国、新加坡等国家和地区 FDI 进入中国大陆的推动作用，显著强于对日本、韩国和维尔京群岛等国家和地区 FDI 进入中国大陆的推动作用。

国有企业固定资产投资规模扩大会引起中国香港、中国台湾、美国、日本、新加坡等国家和地区 FDI 进入中国大陆的规模绝对水平显著提高，会引起维尔京群岛 FDI 进入中国大陆的规模绝对水平显著降低。

税收比率降低对中国香港、中国台湾、美国、日本、韩国、新加坡、维尔京群岛等国家和地区 FDI 进入中国大陆的规模绝对水平变动和相对水平变动均无显著影响。劳动工资的提高会引起香港和台湾地区 FDI 进入中国大陆的绝对规模显著缩小，但对来自美国、日本、韩国、新加坡和维尔京群岛的 FDI 进入中国的规模影响不显著，居民收入水平的提高可弥补劳动工资的提高对 FDI 进入的不利影响。

对外贸易依存度的提高会引起中国香港 FDI 进入的绝对规模和相对规

模显著扩大，但会引起美国 FDI 进入规模绝对缩小并相对缩小，以及引起中国台湾 FDI 进入规模相对缩小。高速公路里程数量的提高会引起中国香港 FDI 和维尔京群岛 FDI 进入中国大陆的规模绝对水平显著提高，对美国、日本等国家和地区的 FDI 进入中国大陆的规模绝对水平影响不显著。

③影响 FDI 进入中国行业变动的因素。

在 2007 年以前，进入中国的 FDI 主要投入制造业部门；在 2004 年以后，进入中国服务业部门的 FDI 逐年增加。在 2008 年，进入中国服务业部门的 FDI 规模已经显著超过了制造业部门。1999—2009 年，进入中国制造业部门的 FDI 主要投入通信设备计算机及其他电子设备制造业、化学原料及化学制品制造业、纺织业、通用设备制造业、专用设备制造业、医药制造业等六个部门，进入中国服务业的 FDI 主要投入房地产业、金融业、交通运输仓储邮政业等三个部门。

1980—2008 年的 29 年中，以下六个因素对 FDI 进入中国制造业部门的绝对规模变动有显著影响。第一，FDI 进入的集聚效应有助于制造业部门 FDI 进入增加。第二，政府部门行政开支的增加会缩小制造业部门实际利用 FDI 规模。第三，政府对科教文卫部门投资的增加可引起制造业部门实际利用 FDI 规模显著扩大。第四，经济开发区数量的增加可引起制造业部门实际利用 FDI 规模显著扩大。第五，银行增加对工业企业的贷款会引起制造业部门实际利用 FDI 规模显著缩小。第六，劳动工资的提高会引起制造业部门实际利用 FDI 规模显著缩小。

对制造业部门利用 FDI 绝对规模变动决定因素的实证分析结果表明，在 1980—2008 年，影响 FDI 进入中国制造业部门的因素需要进一步分 1980—1991 年、1992—2001 年和 2002—2008 年三个时期进行考察。在其他条件保持不变时，1992 年邓小平南方讲话以后进入中国制造业部门的 FDI 绝对规模显著大于 1992 年以前时期。

1980—2008 年的 29 年中，以下四个因素对 FDI 进入中国制造业部门的相对规模变动有显著影响。第一，政府行政开支的增加会引起制造业部门实际利用 FDI 比例显著下降。第二，政府对科教文卫部门投资的增加会引起制造业部门实际利用 FDI 比例显著提高。第三，银行增加对工业企业的贷款会引起制造业部门实际利用 FDI 比例显著下降。第四，劳动工资的提高会引起制造业部门实际利用 FDI 比例显著下降。

④影响独资 FDI 进入中国规模变动的因素。

横截面数据回归分析结果表明，独资 FDI 进入比例与商业合同执行成本、国有企业数量占本地区全部企业数量的比例等两个指标负相关，而与存量 FDI 利用规模占 GDP 比例、全部 FDI 中进入制造业部门的 FDI 比例、经济开发区数量等指标正相关。

对 12 个中国沿海省区的面板数据进行计量分析的结果显示，引起全部 FDI 中独资 FDI 进入比例提高的因素主要有：本地区国有企业中就业人数比例下降、本地区实际利用 FDI 总额中来自中国香港地区的 FDI 比例相对下降、本地区政府行政支出占 GDP 的比例提高。

对 12 个中国沿海省区的面板数据进行计量分析的结果发现：FDI 进入的地区集聚效应、国有企业在职职工人数减少、政府行政开支增加、集体企业在职职工人数减少、交通通信邮政行业发展以及中国加入 WTO 等因素，均有助于独资 FDI 进入增加。中国加入 WTO 以后，在长江三角洲地区，独资 FDI 进入占 GDP 的比例比中国其他地区（珠江三角洲地区、环渤海湾地区）年均高出 0.008 个百分点。

⑤影响跨国公司地区总部进入中国的因素。

进入上海的跨国公司地区总部主要集中在上海的中心商务区和经济开发园区。进入上海的跨国公司地区总部具有来源国集聚、行业集聚的特征，对经济园区的研发（research and development，R&D）投入规模有显著的正向反应，经济园区 R&D 投入越多，跨国公司地区总部进入越多；经济园区距离上海市中心城区越近，越有助于跨国公司地区总部进入；位于上海市外环以内地区且 R&D 投入比较多的经济园区，更能够吸引跨国公司地区总部进入。

⑥人民币汇率变动对 FDI 进入中国的影响。

对 2001 年 7 月 21 日前后人民币汇率变动的投资效应的实证研究发现，人民币对美元汇率波动幅度加大和对美元升值，有助于外商投资企业和个体经营企业获得的投资增加，其新增投资主要来自国内信贷、自筹资金和外商直接投资以及企业自有资金。

（2）外资经济发展将会通过促进中国劳动就业水平提高等途径使得企业经营成本上升，但也会通过提高中国居民收入水平而扩大中国的国内市场需求，这就会引起资源寻找型 FDI 被市场寻找型 FDI 替代。以 FDI 为主导的中国外资经济其积极效应正经历先递增然后递减的倒 U 形变动路径。在递增过程中，FDI 会进一步流入并带动其他形式外资进入中国；在递减过程中，增量外资的来源、进入形式、地区及行业会出现显著变化，存量外资开始进行地区迁移和行业转换，并不断增加流动性，进而引起外资积极效应进一步下降。

在 1979—2008 年，以下因素对 FDI 占中国本地固定资产投资比例有显著影响。

第一，FDI 进入中国的地区集聚效应。以前利用 FDI 比较多的地区会鼓励本年度 FDI 有比较多的流入，并引起 FDI 占本地区固定资产投资比例显著提高。这一关系主要在 2002—2008 年成立。第二，劳动要素获得效应。国有企业就业人口比例高的地区，FDI 占本地区固定资产投资比例显著提高。这一关系在 1992—2001 年尤其显著。第三，政府行为。政府实行税收优惠政策，直接降低了 FDI 进入中国的成本，对 FDI 占本地区固定资产投资比例提高有显著的积极意义。这一关系主要在 1979—1991 年成立。第四，对外贸易依存度。在进出口贸易较发达的地区和年份，FDI 占本地区固定资产投资比例相对比较高。这一关系在 1992—2001 年更为显著。第五，高等教育水平。高等学校在校学生人数占本地区全部人口的比例提高，会引起 FDI 进入占本地区固定资产投资的比例显著下降。这一关系在 2002—2008 年尤其显著。在 1979—1991 年，高等学校在校学生人数占本地区全部人口比例的提高，会引起 FDI 进入占本地区固定资产投资比例显著提高。

在 FDI 占中国本地区固定资产投资比例显著上升的阶段（1979—2000 年），起促进作用的因素主要是国有企业和集体企业的劳动就业人口比例相对下降、税收优惠、对外贸易开放度提高。在 FDI 占本地区固定资产投资比例显著下降的阶段（2002—2008 年），起关键作用的因素主要有：中国高等教育入学率提高，使得从事简单加工型的 FDI 进入中国相对减少；中国加入 WTO，使得中国对外贸易壁垒降低，对外贸易发展部分替代了 FDI 进入中国；中国国内流动性过剩，使得中国本地企业获得银行信贷比较容易，对 FDI 的依赖有所减轻。

对中国所有地区的计量分析结果显示，上一年度 FDI 进入存量占本地区

GDP 比例增加，可显著提高本年度 FDI 进入占本地区固定资产投资的比例。1992 年邓小平南方讲话对中国东部地区、中部地区和西部地区 FDI 进入占本地区固定资产投资比例提高的促进作用都很显著，其中对中国东部地区 FDI 进入占本地区固定资产投资比例提高的促进作用最大，对中国西部地区 FDI 进入占本地区固定资产投资比例提高的促进作用明显但作用最小。

中国本地投资对 FDI 进入有显著影响。前一时期和当期的国有企业固定资产投资规模扩大，可显著地促进当期 FDI 进入规模扩大；前一时期集体企业固定资产投资规模扩大，可显著地促进当期 FDI 进入规模扩大；个体经营企业固定资产投资规模扩大，对 FDI 进入规模扩大的促进作用不显著；在控制了本地企业投资因素以后，劳动工资水平提高会显著地缩小 FDI 进入规模；银行给工业企业增加贷款对 FDI 进入规模扩大的促进作用显著。

无论在短期还是在长期，FDI 进入规模扩大总是能显著地促进中国本地企业固定资产投资总量规模扩大，但促进的幅度在中国加入 WTO 以前要超过中国加入 WTO 以后。在 1979—2008 年，FDI 进入对中国不同类型企业固定资产投资规模的影响有以下特点。第一，FDI 进入更加有利于促进国有企业固定资产投资规模扩大和集体企业固定资产投资规模扩大，并特别有利于促进国有企业固定资产投资规模扩大，对个体经营企业固定资产投资规模的影响不显著。第二，FDI 进入对国有企业和集体企业固定资产投资规模扩大的促进作用在短期和长期并不一样，在短期的促进作用更加显著。第三，在中国加入 WTO 以前和以后，FDI 进入对中国不同类型企业固定资产投资规模扩大的影响有一定差异。在中国加入 WTO 以后，FDI 进入增加对国有企业固定资产规模扩大的促进作用相对小于中国加入 WTO 以前。在中国加入 WTO 以前，FDI 进入增加对个体经营企业固定资产投资规模的影响统计检验不显著；在中国加入 WTO 以后，FDI 进入增加会显著缩小个体经营企业固定资产投资规模。

（3）FDI 主导型外资经济的过度发展，会引起地区经济差距和要素收入差距扩大；增量 FDI 进入形式、行业及地区的变化，会导致中国经济的运行过程出现震荡。FDI 集中和过度进入均会增加中国宏观经济管理难度。

本地区年度实际利用 FDI 规模扩大，可使得本地区当期劳动工资水平显著高于中国所有地区的劳动工资平均水平；也可以使本地区劳动工资水平长期高于中国所有地区的劳动工资平均水平。本地区实际利用FDI存量水平提高，同样可显著地提高本地区劳动工资绝对水平，并使本地区的劳动工资水平显著地高于中国所有地区劳动工资的平均水平。制造业部门FDI进入增加会使中国劳动工资绝对水平显著下降，但会使FDI进入地区的劳动工资水平相对高于中国所有地区的劳动工资平均水平。

（4）中国需顺应外资经济结构变动规律，转变政府干预型外资经济管理模式。外资经济结构具有内生变动的特点，东道国难以长期有效地控制外资经济结构，东道国管理外资经济结构的着力点是坚持市场调控。面对国际金融危机和世界经济失衡，中国需要以外资经济结构变动为着力点，发展IDI与ODI并举，逐步实现居民消费、企业投资和出口贸易三驾马车同时拉动国民经济的增长模式。

中国在近期实施外资政策的要点有三个方面。第一，加强对增量外资流入的市场调控，利用市场竞争机制积极引导外资的进入形式、行业及地区。第二，加强对存量外资跨地区迁移和跨行业转移的监控，防范存量外资从FDI形式向非FDI形式转换，通过建立若干具有特色的产业集群和发挥中国传统文化魅力，逐步实现外资经济中包括企业家在内的人力资源、知识产权等核心投入要素的本土化。比如，鼓励外资企业中的优秀外籍员工加入中国国籍或者成为荣誉市民，鼓励外资企业自主研发的知识产权在中国注册登记等。第三，对所有的外资经济明确提出其应当担负的社会责任，鼓励外资经济积极参与所在地的社区建设、环境保护以及其他社会管理。

2008年国际金融危机的冲击使欧美对外投资能力明显下降，中国等新兴市场国家的对外投资能力有所增强，国际范围内FDI流入的地理方向、进入形式以及跨国公司经营方式等均有新变化。2011年以来世界范围内发展国际直接投资受到并购FDI成本提高、企业对外投资风险态度恶化、跨国公司产品缺少市场需求、东道国税收负担相对较重等因素的制约，为此应实行有助于国际投资发展的双向自由化等政策。

中国企业对外投资尚处于初级阶段，还不具备显著的技术优势、公司治理优势、人才优势等与发达国家企业相竞争的能力，中国企业拥有的资金优势得益于中国实行的人民币汇率政策，以及中国宏观经济中廉价劳工优势等，但这些优势难以在企业对外直接投资中被继续利用。

2008 年爆发的世界金融危机显示，面对美国经济的失衡调整，中国应以改进国民经济运行结构为目标，建立并完善短期、中期和长期应对机制，在应对美国金融危机中权衡使用各种策略措施，包括：调整与优化外汇储备资产结构；通过提高外汇资产使用效率缩小外汇储备规模；改进利用外资方式，转变投资主体结构与投资的产业结构，增加对服务业和农业的投资，通过投资导向促进制造业升级换代，全面实行不同产业（行业）的协调发展；扩大内需，以内部经济均衡为首要目标，实现从"生产大国—市场小国—金融小国"向"生产大国—市场大国—金融大国"的转变，特别是为企业发展提供必需的金融服务，坚持现代金融必须始终服务于实体经济发展和国民财富创造的最根本原则。

五、成果的学术创新和应用价值

本成果的学术创新具体体现在以下三个方面。第一，多方面地研究了改革开放三十多年来中国外资经济结构的变动机制，包括进入中国的 FDI 来源变动机制、FDI 进入中国的形式和地区分布及进入行业等的变动机制。第二，研究了 FDI 对中国本地投资、劳动工资差距等方面的经济效应。特别地，还对跨国公司地区总部进入中国的影响因素及效应、中国利用 FDI 与发展对外 FDI 并重、如何实现美国金融危机后的经济转型等问题进行了研究。第三，上述方面的研究既有定性的制度分析，也有定量的经验研究，数据和资料充实，经济计量分析规范。

此外，本成果结合中国的外资制度演变，通过理论分析和实证研究，形成了具有独创性的观点和结论，如研究认为 FDI 的过度发展会引起地区经济差距和要素收入差距扩大；增量 FDI 进入形式、行业及地区的变化会导致中国经济运行过程出现震荡；FDI 集中和过度进入均会增加中国宏观经济管理难度等。据此提出的对策建议，对于中国如何有效利用和引导外资进一步发挥积极作用，避免潜在的风险有重要的现实意义。

总之，本成果对于理解中国实行对外开放政策以来的外资经济结构变动及其影响具有较高的学术价值；特别地，近年来中国对外经济结构开始转型，本成果对于指导中国推进外资经济结构科学转型，也具有一定的应用价值。

《中国金融稳定：内在逻辑与基本框架》概要

何德旭[*]

一、研究的目的和意义

金融产生于实体经济、服务于实体经济而又逐步深化为相对独立的力量，在市场资源配置过程中发挥着举足轻重的作用。维护金融稳定更是促进经济持续发展的重要基础。大量的研究表明，稳定的金融体系通过把资金导向更高效率的部门而促进了经济增长。然而，随着经济全球化进程的进一步加快，金融自由化加速推进，金融创新大量涌现，导致金融不稳定因素不断增多并日趋复杂。美国次贷危机引发的金融海啸及其对实体经济的恶劣影响和强大冲击更是令世界各国猝不及防，导致国际金融市场动荡加剧、全球经济增长明显放缓。因此，各国政府和国际组织无不高度重视维护全球（或国家）金融体系的整体稳定。

中国作为一个转型经济国家，经过三十多年的改革开放，经济建设取得了举世瞩目的成就，金融领域的改革同样有了相当程度的进展。但与此同时，金融风险及不稳定因素的累积也令人担忧。尽管中国躲过了 20 世纪 90 年代多次地区性和全球性金融危机的冲击，但这并不意味着中国的金融体系已经具备了内在稳定性和抗风险的能力，相反，中国金融体系仍然存在着诸多潜在的不稳定因素，特别是随着金融领域的改革与开放力度的不断加大，中国的金融风险和不稳定因素将逐步凸显，金融体系的稳定性将面临一系列

---

* 何德旭，中国社会科学院数量经济与技术经济研究所党委书记、副所长、研究员，中国社会科学院研究生院教授、博士生导师。

前所未有的考验和挑战。因此，防范和化解金融风险、维护金融稳定就成为一项艰巨而复杂的长期任务。党的十七届三中全会明确提出，要"采取灵活审慎的宏观经济政策"，"保持经济稳定、金融稳定、资本市场稳定"。鉴于此，冷静观察此次美国金融危机，理智分析其中的教训，全面而系统地研究新形势下金融稳定长效机制的构建与完善，对于实现中国经济社会的可持续发展，进而促进社会稳定、构建和谐社会都具有十分重要的意义。

二、成果的主要内容和重要观点

在系统分析国内外金融稳定机制的相关文献、了解和掌握最新的金融稳定相关理论和研究方法的基础上，本成果围绕构建金融稳定长效机制这一中心，借鉴和参考各国应对金融危机、维护金融稳定的经验，深刻反思和系统总结了美国金融危机的教训，梳理了金融稳定的影响因素及作用路径，阐述了金融稳定长效机制的各组成构面，描述了一个相对完整的金融稳定概念及长效机制分析框架。特别是针对中国金融稳定评估体系的构建，货币政策与宏观调控，有效监管金融创新，兼顾效率与安全，金融监管制度设计，金融基础设施建设等问题，整合政治经济学、产业经济学、制度经济学、金融学、管理学等多学科理论，通过定性与定量、实证研究与规范研究相结合的方法，结合中国的经济和金融实际开展了深入的研究和探讨。在此基础上，通过全面了解和把握中国金融稳定的现状、存在的问题及主要影响因素，立足于中国转型经济的基本特征，系统地探讨了中国面临的全球化所导致的世界经济周期下滑压力、国内资产价格膨胀导致的金融部门资产所面临的市场风险压力、国内投资不足所导致的流动性再度丰裕压力等多重压力，提出通过构建金融稳定的长效机制、实施更为灵活的差别化管理以保持金融稳定的多方面的政策建议。成果的主要内容包括：（1）中国金融稳定评估系统；（2）应对突发冲击的货币政策和宏观调控；（3）开放经济条件下的金融监管制度设计与金融稳定；（4）金融结构视角下的金融稳定；（5）基于金融网络视角的金融创新与金融稳定；（6）资产价格波动与金融稳定的内在作用机理；（7）优化中国金融基础设施建设的策略；（8）完善金融安全网以构建中国金融稳定的长效机制等。

通过研究，提出以下重要观点：

第一，金融自由化和金融监管制度缺位是金融危机爆发的重要诱因，完善金融监管体系是防范金融风险的核心要求。保障金融稳定性和金融安全，仅靠金融机构自身的风险管理是远远不够的，金融监管当局必须进行有效的监管。金融监管当局需要针对金融市场的安全性、流动性和盈利性以及金融机构的资本充足率、资产质量和表内表外业务设计一个科学的监管体系，以提高防范和化解金融风险的快速反应能力。

第二，在美国金融监管体系中，系统性风险的监管失败主要体现在：缺乏对系统性风险的权威监管机构，缺乏对系统性风险的监管机制和协调机制，缺乏对系统重要性金融机构的有效监管以及对系统重要性金融机构受到的冲击力缺乏足够的认识和有效的应对措施。在次贷问题演变为次贷危机、流动性危机、信用危机和系统性危机的升级过程中，美国金融监管的宏观审慎制度安排是严重缺失的。建立一种金融稳定的新机制，就是要强化宏观审慎监管，建立健全金融宏观审慎管理制度框架。

第三，从历史上的金融危机来看，监管当局在面对金融（风险）传染时，大多采用救助政策。虽然救助政策确实能够预防传染，但这种政策却在事实上侵蚀了市场纪律。为了在预防系统性危机与约束道德风险之间求得平衡，既需要监管当局对金融体系稳定状况知之详尽，更多地倚重市场化手段，也需要监管当局更善于未雨绸缪。

第四，金融宏观审慎管理框架的核心是对系统性风险的认识、防范和应对。系统性风险的产生根源分为时间维度（如金融体系的顺周期性）和空间维度（如跨部门传染）两类。从全球金融体系出发，顺周期效应、大而不倒效应（或系统重要性）以及影子银行体系是系统性风险应对的三个主要方面，也是金融宏观审慎管理的核心内容。

第五，金融制度的完善对治理和防范金融危机是十分必要的。一个不完善、不健全的经济和金融制度迟早要对经济活动产生负面冲击，只是程度不同而已。因此，在金融危机过程中，对不合理的制度进行尽可能快、尽可能早的调整，可以在更大程度上减弱金融危机的负面影响。

第六，必须高度重视并充分发挥政府的作用。政府干预是挽救金融危机的最有效手段，政府在危机救援中的地位和作用是不可替代的。恢复市场功能、重建资源配置的机制以及保持宏观经济稳定是政府救援金融危机和干预市场的主要目标。在救治金融危机过程中，政府必须及时、适度地采取具有针对性的有效措施，处理流动性不足、问题资产累积和金融机构破产等问题，并实施货币、财政和监管等方面的政策和改革，恢复金融机构和市场的资源配置功能，以促进经济复苏。

第七，应对金融危机必须提高和强化银行体系应对传染弹性、促进金融稳定的监管政策，包括：参照新巴塞尔协议的相关要求，切实加强资本充足率监管，加大对金融创新的资本约束力度，从根源上杜绝监管资本套利的动机，最终达到监管资本与经济资本统一；严格同业拆借市场的准入与退出、交易与清算、风险控制、信息披露、监督管理等规范，充分运用期限管理、限额管理、准入管理、备案管理、透明度管理等市场管理手段，防范系统风险；重视大型银行在金融稳定中的角色，重点关注大型银行的风险敞口；在瞄准单个金融机构的同时，综合考察资本化水平、同业敞口规模、联结程度，以及市场集中度在具体情况下的组合可能引发的脆弱性，预防金融传染。

第八，在美国金融监管体系改革和宏观审慎监管框架的建立中，最为核心的要素有：金融稳定监察委员会的成立，这个机构不仅对系统性风险具有监察、警示和建议权，更有处置权，甚至可以根据风险因素和金融稳定需要拆分大型复杂金融机构；美联储成为超级监管人，新体系赋予美联储大型复杂金融机构的现场监管权以及金融稳定监察委员会的代理权，美联储可以就金融机构的风险提出更加严格的微观审慎监管要求，可以在监察委员会的授权下拆分大型金融机构；对银行的传统商业银行业务和自营业务的限制性规定（沃尔克规则）；成立联邦层级的保险业监管主体以及将影子银行体系纳入监管框架中，填补监管漏洞。

第九，在过去 20 年，影子银行体系得到了长足的发展，其资产规模、市场地位和系统影响力等都得到了极大的提高。但是，影子银行比例极高的杠杆操作、不断突破传统商业银行的业务界限、大胆而复杂的金融创新、有意识的信息披露不完整以及刻意地规避金融监管等特性给整个金融体系带来新的脆弱性，甚至是系统性风险，必须引起高度关注和警惕。

第十，美国金融危机对中国金融体系特别是金融机构的冲击是相对有限的，这显然得益于中国的资本管制和中国金融机构全球业务的局限性。随着中国与世界经济的互动不断深化，中国金融机构的业务将持续地在全球配置，为此，从一个更加宏观和审慎的视角来维系中国金融的稳定就成为当务之急。根据中国的具体国情以及"十二五"规划纲要，建立一个稳定有效的金融体系和金融宏观审慎管理制度框架已经提上重要议事日程。系统性风险应对机制、监管协调、防范制度错配、填补监管漏洞、加强金融基础设施建设以及防范外部金融风险，是中国金融宏观审慎管理制度框架建设的重要内容。

三、若干对策建议

1. 加强、改进和完善中国的金融监管体系，维护中国金融稳定

（1）金融监管体系必须动态调整，金融监管部门必须动态监测现有监管框架的有效性，特别是要对监管框架中的薄弱环节进行调整和改革，以适应中国经济发展和金融部门发展的现实需要。

（2）不断提高金融监管协调的有效性，必须尽快建立一个更为超脱、更加有效的金融监管协调机制。

（3）努力协调好金融创新与金融监管的关系。监管当局需要针对银行、证券、保险等行业的安全性、流动性和盈利性特点，不断强化金融机构资本充足率、资产负债、表内表外业务以及金融体系清算支付系统的监管，达到既促进金融创新又有效防范金融风险的目的。

（4）重点加强对大型金融机构的风险管理。要强化大型金融机构的资产负债管理，严防其杠杆率过度上升，确保大型金融机构的安全性；要对大型金融机构的海外投资和资产进行动态监控，督促金融机构协调好其安全性与收益性的关系，防止金融机构的海外投资风险敞口过大；要建立相应的信息收集、风险评估和预警系统，定期或不定期地对大型金融机构进行风险评估，防范系统性风险。

（5）建立有效的危机应对机制，特别是要建立和完善一个强有力的最后贷款人制度和一套运行有序有效的危机应对机制（包括注入流动性、处置有毒资产、金融机构重组与破产等）。

（6）加快金融监管体系自身的建设。要加快金融监管法规、制度和机制建设，严防出现严重的"监管真空"和"监管死角"；要加强金融机构监管能力建设和人才储备，特别是要尽快提高监管当局对资产负债、投资策略和资产配置等的监管能力和对风险的预警、防范和控制能力；要逐步升级监管

技术和改善监管方法，运用现代的科技手段与技术，对金融风险进行甄别、防范和处置。

（7）构建有效的中国宏观审慎金融监管体系。一是要进一步完善微观审慎监管机制，不断提高微观审慎监管的能力和效率，保持微观审慎监管能力和效率与金融业务、金融创新的动态协调；二是要构建适合中国国情的监管体制架构，有必要明确中央银行为宏观审慎监管的责任机构，建立微观审慎监管机构与中央银行信息共享的机制，建立既兼顾各方（包括财政部门、国有资产管理部门等）利益又明确分工的协作机制；三是待条件成熟时，在现有的监管框架基础上建立一个更高层次的金融委员会，专司宏观审慎监管和维护金融稳定，全面分析、监控所有可能导致金融体系风险的机构、产品、工具、市场和交易行为，开发和建立宏观审慎监管的工具、标准、指标，防范系统性风险；四是要尽快建立和完善逆周期监管的相关制度，通过逆周期的政策（如逆周期资本缓冲机制、改革计提拨备政策以及公允价值会计准则等）建立适当的逆周期监管机制；五是要借鉴国际经验，探索并设计适合中国国情的宏观审慎监管指标，并进行连续监测，重点关注每个指标与历史平均值的偏离，在监测中不断修正。

（8）加强国际金融监管合作，充分利用双边和多边国际场合，加强金融发展和金融监管的沟通与协调，共享信息，加强共同行动，促进全球金融的稳定。

2. 提高货币政策的前瞻性、针对性、灵活性和有效性

基于后危机时代宽松的流动性所带来的资产价格泡沫和未来通货膨胀风险的存在，随着金融市场的逐步恢复，或注入的流动性使通货膨胀出现上升压力，货币政策就应迅速进行反向操作，及时收回宽松货币政策带来的过多流动性，同时货币政策应坚持尽可能在灵活的通货膨胀目标制框架下，协调经济稳定、金融稳定和货币稳定三者之间的关系。因此，从维护金融稳定的角度，后危机时代的货币政策应高度关注资产泡沫和通货膨胀风险，将货币稳定（或币值稳定）作为货币政策的首要目标，根据资产价格的变化实施更加灵活的货币政策，增强货币政策的灵活性和前瞻性。

3. 进一步改进和完善中国金融安全网

（1）完善金融安全网运行的法律法规。首先，在现有法规体系的框架

下，对现有的法规进行清理、归类和修订，分清轻重缓急，按照循序渐进的原则，制定新的以风险监管为基础、可操作性强的监管法律、规章和规则。其次，改进监管机构内部法规制定程序，对监管法规的立项、审议和发布实施进行规范，确保法规制定的及时性、连续性和一致性。再次，建立监管法规的动态跟踪、评价和改进机制，定期对监管法规的实施情况进行跟踪评价，并根据金融业的发展需求对监管法规及时进行补充、修订和完善。

（2）进一步完善信息披露机制。参照新巴塞尔协议有关信息披露的要求，对中国现有的涉及金融监管的信息披露的规定进行统一，形成一个完整的、更具体的信息披露机制。在信息披露的具体要求、信用风险的信息披露、市场风险的信息披露和操作风险的信息披露等方面尽快达到新巴塞尔协议的要求。

（3）进一步完善最后贷款人制度。要明确最后贷款人的职能定位，包括最后贷款人的宗旨、目标、责任、范围、方式等，增强救助的目的性、规范性、可操作性和时效性；要明确最后贷款人对金融机构的救助程序，并向市场公布，接受监督；要明确最后贷款人救助对象的标准；要完善最后贷款人救助的手段，可以更多地运用公开市场业务、再贴现等方式，甚至在必要时可以尝试用担保、承诺等新的方式。

（4）尽快明晰存款保险制度，对于风险程度不同的金融机构实行区别对待。

（5）实施建设性模糊策略，防范金融安全网所引致的道德风险。

4. 进一步完善地方政府金融管理体制

（1）树立科学合理的金融发展观，确定地方政府金融管理的行为边界。地方政府要将金融管理工作的重点从争取资金投入转向协调和服务，以市场化的金融资源配置为主导，不干涉资金在地区间的正常流动，不干预金融机构的具体业务操作。

（2）建立健全激励约束机制，合理引导地方政府金融管理行为。要建立金融机构服务所在地经济发展的制度框架；要从宏观审慎角度出发，完善地方政府预算管理，合理控制地方信用规模，引导地方政府结合当地经济发展目标、投资计划与本级财力进行科学预算；要建立和完善地方政府金融管理体制所需的法律制度。

（3）规范地方金融管理机构职能，提高其专业化、市场化水平。要在各级政府设立地方金融工作办公室（或金融管理局），其职能明确界定为制定地方金融产业发展总体规划，指导地方性金融机构改革与发展，推动地方信用体系的建立健全和金融生态建设，建立地区性金融风险监测、风险预警和危机紧急干预机制。要强化金融办的管理职能，逐步剥离其融资职能，突出其稳定职能。要加强金融办的制度建设，提高其甄别能力、决策能力和协调能力，建立规范、有效的地方金融机构管理、监督体系。

（4）建立多元化、多层次区域金融市场体系，拓宽地方政府融资渠道。大力发展创业投资和多元化、多层次资本市场体系，进一步提高直接融资比例，积极探索建立符合中国国情的地方公共机构债券融资制度，发展地方公共机构债券市场，以适应地方城市化的正常融资需求。

四、成果的学术创新、应用价值及社会影响

1. 学术创新和应用价值

20 世纪 90 年代以来，世界各国频繁发生的金融危机及因此导致的巨额经济损失和社会动荡引发了学术界对金融稳定问题的高度关注。与中国金融发展相适应，国内学者就此展开了多层次、多角度的研究，从全球危机预警体系到区域性金融稳定指标的构建，研究文献数量迅速增长，在研究方法、研究内容和研究结论方面都出现了一些新的现象。但从目前的情况来看，现有的研究多关注国外研究进展，较少涉及国内研究现状及对其的评价，或者侧重于金融稳定问题的某一方面，缺乏基于经验研究的对金融稳定长效机制的考察。尽管许多学者和研究机构都提出了所谓的金融稳定框架，但这些框架从学术观点出发，很少顾及政策含义。各国中央银行发布的金融稳定报告也仅仅是一些资料的罗列和堆积，而无系统的分析。从国内目前的金融稳定研究成果来看，评介性文献较多，原创性文献较少，多为在整体参照西方学者制定的基本理论框架的基础上，从某个层面或视角寻求对中国金融稳定状况及应策的解析。然而，中国的改革开放是一个社会制度、文化、政治、经济等多要素交织的过程，金融制度与政策明显地独具特征。因而，如何立足中国实际，探讨建设有中国特色的金融稳定长效机制，无疑是一项十分必要且迫在眉睫的研究课题。

本成果在剖析美国金融危机形成机理及世界金融发展格局的基础上，系统梳理金融稳定相关研究文献，探讨新形势下金融稳定长效机制的构建，探索新形势下协同各方力量促进金融稳定的方略，将对微观经济基础的关注和对周期性等宏观经济因素的重视相结合，理清金融稳定的内涵，力图构建一个较为完善、系统的金融稳定框架，促进人们加深对有关金融稳定政策的理解和认识，强化对现行金融规则的关注和严格执行，并为金融稳定的分析提供一个连贯一致的架构。不仅如此，以中国为背景的经验研究，可以丰富以转型经济国家为背景的金融稳定问题研究，为金融稳定问题的研究提供一个新的研究平台，更可为贯彻落实科学发展观、构建金融稳定长效机制、促进中国经济社会可持续发展提供有益的理论指导。

2. 社会影响

项目组注重研究成果的学术价值和实践价值，注重成果的转化，充分发挥成果对中国维护金融稳定、防范金融风险的指导作用，成果产生了较好的社会影响。

（1）成果得到中国银监会的充分肯定和高度评价。

研究报告《当前美国金融监管体系改革及其对中国的启示》在国家社科基金项目《成果要报》2009年第72期（2009年12月3日）内部报送以后，受到有关部门领导的高度重视。国家行政学院党组书记（原国务院研究室主任）魏礼群作出批示："此文提出的一些观点值得重视"（2009年12月8日）；分工负责商业银行监督管理的中国银行业监督管理委员会副主席王兆星批示："这份报告很有参考价值和借鉴意义，请相关部门认真学习和深入研究，以不断完善我们的监管框架，不断改进我们的监管工作，提高监管能力和效率"（2009年12月18日），并委托秘书通过全国社科规划办向项目组索要相关的更为详尽的研究成果，还要求银监会研究局副局长李文红博士与项目组建立长期联系。

项目组的研究成果在银监会的相关监管工作中发挥了重要的参考作用。项目组主要负责人两次参加银监会召开的专家座谈会，就商业银行防范金融风险提出了相关的建议。项目组成员还就中国银监会创新监管部起草的《商业银行信用卡业务监督管理办法》、中国银监会新资本协议项目组起草的《商业银行实施新资本协议申请和审批指引》以及巴塞尔银行监管委员会发布的《增强银行体系稳健性》和《流动性风险计量、标准和监测的国际框架》等征求意见稿提出了有价值的意见和建议，受到银监会领导的高度评价，有些意见和建议已经被相关部门采纳。

（2）成果具有较高的学术价值，推动了相关领域的学术研究。

项目组发表的论义《美国金融危机与金融监管框架的反思》，获得《经济社会体制比较》杂志 2009 年度最佳论文奖；论文《监管容忍还是及时校正：理论回顾及对中国的启示》被《金融与保险》2010 年第 9 期全文转载；论文《影子银行体系与金融体系稳定性》被《中国社会科学文摘》2010 年第 3 期摘录；论文《金融安全网：内在联系与运行机理》被《高等学校文科学术文摘》2010 年第 3 期摘登；论文《资产价格波动与实体经济稳定》和《宏观经济扰动与中国银行体系的稳定》两篇论文被收入《中国金融服务理论前沿（6）》（裴长洪主编，社会科学文献出版社 2011 年出版）；还有多篇论文被研究者多次引用，成为国内相关问题研究的重要参考文献。这些成果推动和丰富了国内学术界在金融稳定相关问题上的理论研究，得到了学术界的充分肯定。

项目组主要负责人何德旭还多次接受国内财经媒体的采访，就与项目成果相关的问题发表看法。如《次贷危机或是对过度金融创新的一种清算》（记者黄丽珠，《金融时报》2008 年 10 月 20 日）、《构建适合中国国情的金融安全网》（记者柳立，《金融时报》2010 年 4 月 26 日）、《构建防范系统性金融风险的有效机制》（记者柳立，《金融时报》2010 年 7 月 24 日）等，其中的一些观点受到学术界的广泛关注。

（3）成果对地方金融监管发挥了重要的指导作用。

项目组成员多次在研讨会上发表项目研究的相关成果，引起与会专家学者的浓厚兴趣。比如，在武汉召开的"构建后危机时代的金融稳定机制"学术研讨会（2009 年 12 月 5 日）上，项目组主要负责人在会上发表了题为"充分认识构建后危机时代金融稳定机制的紧迫性和艰巨性"的主题演讲、项目组成员发表了专题演讲，均受到与会的中国社会科学院副院长李扬研究员、中国人民银行研究局徐忠研究员、中国人民银行武汉分行行长张静研究员、中国银行业监督管理委员会湖北监管局副局长阙方平博士的肯定。再比如，在杭州召开的"完善金融监管、维护金融稳定"学术研讨会（2010 年 4

月 25 日）上，项目组主要负责人在会上发表了题为"构建有效的宏观审慎金融监管机制"的主题演讲、项目组成员发表了专题演讲，也得到了与会的西南财经大学曾康霖教授、中央财经大学李健教授、浙江大学金雪军教授、中国人民银行杭州中心支行行长刘仁伍博士、中国银监会浙江监管局副局长傅平江博士的赞誉。参加会议的湖北省银监局、浙江省银监局的负责人还表示，项目组发表的研究成果对完善地方金融监管体系、理顺地方政府与金融监管部门的关系、有效防范区域金融风险具有重要的参考价值和指导意义。

《大金融论纲》概要

陈雨露*　　马　勇**

一、研究的目的、意义及所使用的研究方法

2008 年全球金融危机的爆发，不仅使全球的经济和金融体系置于巨大的压力之下，而且导致了经济学理论的危机。从理论上看，传统的宏观经济学由于未能很好地理解宏观经济运行中的金融机制，不仅难以有效解释现代宏观经济运行的内在规律，更难以有效指导和形成科学的政策实践。与此同时，随着危机后全球大国之间经济实力的重新配置，战后以美国和美元为中心的全球金融体系面临重构。在这一过程中，深入研究现代金融体系的发展规律，并在此基础上构建高效而稳定的金融体系，不仅具有现实性和紧迫性，而且有助于中国在 21 世纪率先制定正确的、有利于确立竞争优势的金融体系发展框架。有鉴于此，本研究旨在通过系统的理论探讨和实证分析，从"大金融"视角全面深入研究现代金融体系发展的基本规律和决定因素，并在此基础上全面构建有利于促进经济增长和金融发展的现代金融体系框架。

在研究方法上，本研究始终秉承现代经济和金融理论的系统阐释、提炼和扩展应用，重视规范分析与实证分析相结合，定性分析与定量分析相结合，并注意根据中国国情对经典理论进行必要的修正、拓展和延伸。在已有的研究中，国外的成果大多集中在短期静态和比较分析，且较为零散，不成

---

　*　陈雨露，中国人民大学校长，教授，博士生导师。

　**　马勇，中国人民大学财政金融学院国际货币研究所研究员。

体系；而国内的研究则主要集中于政策分析层面，基础信息资料和实证分析严重不足。本研究立足于历史与理论的双重视角，将金融发展问题置于一个长期的历史演进与发展过程中进行动态考察，以求达到历史逻辑与理论逻辑的统一，同时又对中国的问题具有较强的解释力。从具体的论证方法来看，本研究综合运用了数理建模、实证分析（包括各种面板数据分析、时间序列分析、事件分析等）和典型案例分析等经济学研究方法，力求使相关问题得到科学、全面、系统的论证。

从逻辑结构上看，本研究采取了结构化、层次化和多重视角的分析结构。在这种结构性安排中，随着研究内容的次第推进，相关议题得到了递进式论证。从研究的宏观结构来看，本成果呈现出两条基本的分析路径：一是"横向"的基于国家维度的跨国比较，二是"纵向"的基于历史维度的时期比较。这两条分析路径根据总体结构"有序"地贯穿始末，而相应的规范分析与实证分析也不失"节奏"地逐渐深入。总体而言，不论从论证方法来看，还是从表现形式来看，本成果的整个论证过程不仅符合现代学术研究的规范，而且逻辑清楚、内容严谨、结构清晰、论证有力。

二、成果的主要内容和重要观点

1. "大金融"命题的提出与中国的全球金融发展观

20世纪70年代以来，随着金融体系的日渐发达和复杂化，金融失衡不仅周期性地发生，而且与宏观经济的失衡彼此强化。这种强化使得经济和金融经常持续、显著地偏离长期标准，而2008年国际金融危机的爆发，更是将全球的经济和金融体系置于巨大的压力之下。总体来看，这场百年一遇的金融危机给了我们三个方面的基本启示：一是金融因素在经济运行中的性质和机制远未得到充分认识，系统性金融风险被长期低估；二是金融发展越来越脱离实体经济，金融和实体经济之间的关系和定位有待进一步厘清；三是传统的经济学框架未能很好地整合宏观层面和微观层面的金融理论，存在一定程度的认知缺陷。

针对上述问题，本成果认为，有必要以一种更加全面、系统和贴近现实的方法论来构建新的金融理论框架。"大金融"概念正是在这样的背景下提出来的。我们所定义的"大金融"概念，在学理上源于黄达教授所倡导的宏微观金融理论相结合的基本思路，在理念上源于金融和实体经济作为一个不可分割的有机整体的系统思维。在这一新的理论框架下，本成果注重从全球视野去总结和梳理金融发展的一般规律，并在一个长期的历史进程中去看待金融发展与实体经济的相互关系和作用。经过反复研究和论证，本成果构筑的"大金融"概念最终形成了以下三个方面的基本认识：

第一，"大金融"视角下的金融学理强调宏观理论和微观理论的系统整合。现实世界的经济和金融现象是微观行为和宏观表现的有机统一。人为割裂宏观金融和微观金融之间的内在联系，或者强行在宏观金融和微观金融之间建立对立性的"金融"概念，金融学理论不仅无法取得突破性进展，更难以有效解释真实世界的现象和指导人们的行为。长期以来，以资产定价、公司理财为代表的微观金融理论和以货币经济学、信用周期理论为代表的宏观金融理论之间似乎存在着无法逾越的"鸿沟"——前者始终将视野局限于单个市场主体的行为与决策，而后者则试图越过分散市场主体之间的交互作用过程，直接在总量关系上建立起关联。作为此次全球金融危机的主要启示之一，金融学的宏观分析并没有真正"向下"思考，探索宏观金融变化对微观市场主体行为模式和倾向的影响；微观分析也没有真正"向上"思考，探索由微观市场主体行为"合成谬误"所造成的宏观经济和金融失衡。方法论上的割裂已经成为金融学理论发展的巨大障碍。要解决这一问题，必须真正从思维的理念和方法上将金融学的内容体系视为一个不可分割的统一整体。只有坚持微观基础和宏观视野相统一，并在微观行为和宏观表现之间建立起逻辑可信的联系，金融学的发展才能迈向一个新的高度。

第二，"大金融"视角下的金融理念强调金融和实体经济的和谐统一。金融发展最初是为适应实体经济需要而产生的，但随着金融创新的复杂化和金融活动越来越脱离实体经济，金融体系的负外部性效应逐渐显现，并最终成为系统性风险的重要来源。相对于产业资本而言，金融资本并不依赖于某个特定的产业或地域，通常具有更强的同质性、波动性以及更短的资本周期，这些特征不仅塑造了金融资本相对于产业资本的独特性和独立性，而且使得金融周期和产业周期经常性地发生背离。在现代金融体系发展的过程中，金融运行的基础和条件在发生改变，金融体系的价值基础也在发生着变化。脱离实体经济的金融膨胀最终被证明不仅难以持续，而且对经济的长期稳定增长极为有害。这就要求金融发展的功能定位应该重新回归实体经济，将经济的繁荣建立在真实的财富创造之上。从本质上看，金融回归实体经济的过程，同时也是对金融价值基础进行重建的过程，因为正确处理金融与实体经济之间的关系不仅涉及资源的合理配置，更涉及手段与目标的协调、生产功能与分配功能的协调、市场价值与伦理基础的协调等深层次问题。一种健全的金融理念只有在对这些问题进行全面反思和系统总结的基础上才会出现。

第三，"大金融"视角下的金融发展强调一般规律和"国家禀赋"的有机结合。一种理论是否有效，不仅取决于该理论是否来自根据它的一般假设条件所做出的符合逻辑的推断，更在于这种理论是否能够更加科学地解释和指导实践。作为一种解释复杂现象的理论，金融学在形成任何一般性规律的同时，都必须对这些规律的适用和约束条件予以明确界定。由于同一规律在不同的约束条件下可能产生完全不同的结果，因此，任何金融规律在应用于指导国家实践时，都必须首先解决一般规律和国家特质的结合问题，因为后者构成了金融规律适用的约束条件。从全球金融发展的历史来看，金融体系的形成从来都不是一个孤立的现象，一个国家的"国家禀赋"对金融体系的发展有着深刻影响。"国家禀赋"不仅包括通常意义上的资源禀赋，同时也包括与金融体系运行密切相关的社会环境、文化特质和政治制度框架等。这些因素不仅影响着特定历史条件下一国金融体系的实际选择，而且在很大程度上决定了长期经济进程中一国金融体系的基本发展方向。金融发展一般规律和国家特定禀赋的良好结合，是从理论的有效性到实践的有效性的关键连接点。

此外，在世界经济和金融一体化趋势下，中国作为一个开放发展的大国，如何在一种全球思维模式下，兼顾自身的"国家禀赋"，更快地建设出一套适用于全球化进程需要的新型金融管理体系，是中国式全球金融思维模式成功与否的关键。

基于上述三个方面的基本认识，本成果认为，中国的"大金融"发展观应着力构建以下三大基础：一是理论基础，即中国的金融发展必须遵循经济运行的一般规律；二是价值基础，即中国的金融发展必须代表中国式经济增长的核心价值理念；三是实践基础，即中国的金融发展必须立足于全球经验和自身特有的"国家禀赋"。三大基础的有机统一，构成了本成果"大金融"概念的理论支柱和核心价值体系。

2. 基于"大金融"框架的现代金融体系发展研究

在全球金融体系面临重构的背景下，深入研究现代金融体系发展的基本规律和政策实践议题，不仅具有理论上的重要性和必要性，而且有助于中国在全球范围内率先制定正确的、有利于确立竞争优势的金融体系框架。有鉴于此，本成果基于"大金融"命题的三大基本内涵，从一个长期视角全面审视了全球范围内金融体系发展的历史规律和演变趋势，并对现代金融体系下一国金融竞争力的决定因素进行了系统研究。这一研究为全面构建有利于促进长期经济增长和增强国家竞争力的"大金融"体系框架奠定了理论和实证基础。

从经验事实看，尽管很多因素都会影响一国金融体系的竞争力，但全球经济和金融发展的长期历史经验表明，影响一国金融竞争力的核心因素可以概括为三个基本方面，即效率性、稳定性和危机控制能力。前两大因素是金融竞争力的两大核心支柱，而危机控制能力则在很大程度上决定了当突发事件发生时，一国的金融体系在何种程度上能重返效率性和稳定性。概括而言，效率性决定金融体系的"活力"，稳定性决定金融体系的"弹性"，而危机控制能力则决定金融体系的"张力"，三大因素相辅相成，共同构成了现代金融体系竞争力的三大基本支柱。

由于金融竞争力的三大决定因素都是围绕"效率性"和"稳定性"两个核心支柱展开，因而构建高效而稳定的金融体系就成了保持或提高一国金融竞争力的长期战略选择。本研究以纵向的历史分析为基础，以横向的跨国比较为依托，对影响一国金融体系竞争能力的相关因素进行了系统分析，并在此基础上提出了有利于提高金融竞争力的基本框架和中国的实践路径。

从结构上看，本成果共包括七个部分（含导论），各部分的主要内容和逻辑结构如下：

在导论部分，本成果首先提出了"大金融"命题的三大基本内涵，并在此基础上对"大金融"命题所蕴含的方法论意义进行了阐述。与传统的经济学方法论相比，"大金融"命题更加强调系统的思维、整体的视野、发展的观点和动态的实践，并致力于建立逻辑与事实一致、理论与实践相结合的一般分析框架。根据这一框架，宏微观金融理论不再处于人为割裂的状态，金融和实体经济、内部和外部金融发展将得到统一认识，而一般规律和"国家禀赋"的结合则在理论和实践之间建立起了逻辑连接。基于上述方法论思想，"大金融"理论框架可以为我们提供一幅更加完整的关于现代金融和经济体系的整体图景，以及用以勾勒这一整体图景的逻辑结构和理论体系。

第一章基于理论与实践的双重视角，在对"大金融"命题的历史基础和现实趋势进行系统梳理的基础上，提出了基于"大金融"命题的现代金融体系总体分析框架。从全球经济和金融发展的历史经验来看，不论是从金融发展和经济增长的角度，还是从国家金融发展模式的角度，金融体系的发展都具有自身的内在规律，任何偏离这些规律的金融发展模式都最终被证明是不可持续的。实际上，"大金融"命题不仅具有坚实的历史和经验基础，而且成为危机后全球金融体系发展的主导取向。根据"大金融"命题的基本内涵和总体方法论思想，本章最后从金融发展和金融竞争力的角度，提出了基于"大金融"命题的现代金融体系总体分析框架。这一框架从效率性、稳定性和危机控制能力三个基本维度对现代金融体系发展理论进行了系统建构。

根据第一章所构建的现代金融体系总体分析框架，第二章开始对金融体系发展的第一大决定因素——效率性——进行分析。金融体系作为现代经济条件下促进资源配置的核心媒介，其效率性是实现资源有效配置的基本前提。由于金融体系是通过影响资源配置最终影响实际产出的，因此，一国金融体系的效率性可以从两个相辅相成的方面进行衡量：一是金融体系本身是否具有效率性，二是金融引导的资源配置对经济产出的影响是否具有效率性。前者涉及金融体系的传导机制，而后者则涉及金融效率的实现机制。本章首先研究了金融体系效率的微观传导机制，然后从微观传导机制和宏观经济表现之间彼此关联的视角，系统分析了金融体系效率对实体经济效率的作用机制和路径，并对影响一国金融体系效率的相关制度安排进行了论证。本章最后通过系统的理论和实证分析，分别对影响一国银行体系和金融市场效率的相关因素进行了研究。

第三章对金融体系发展的第二大决定因素——稳定性——进行研究。在世界各国金融发展和经济增长的过程中，金融体系的稳定性不仅在一国金融竞争力的兴衰变迁中起着直接作用，而且对一国经济的长期增长具有重要影响。稳定的金融体系既是金融功能得以有效释放的基本前提，同时也是确保经济持续稳定增长的必要条件。反之，不稳定的金融体系不仅会显著削弱一国金融的整体竞争力，同时也将长期的经济增长随时置于金融危机的冲击之下，而后者常常导致经济增长的中断甚至长期停滞。因此，金融体系的稳定性同金融体系的效率性一起，共同构成了一国金融竞争力的两大核心要素。本章首先回顾了历史上主要的金融危机事件，然后对美国、日本、欧洲、拉美和东亚等国家及地区的金融危机进行了国别研究。在对主流危机文献进行系统梳理的基础上，第四节对影响一国金融体系稳定性的相关因素进行了跨国实证研究。本章最后构建了一个用以分析泡沫、实体经济和金融危机之间联系与作用机制的周期性理论框架，这一框架突破了主流文献在局部均衡分析中的不足，将视角扩展至整个泡沫经济和金融危机形成、发展与崩溃的全过程，并为泡沫的识别与危机的防范提供了现实的依据。

第四章对金融体系发展的第三大决定因素——危机控制能力——进行研究。在一国经济发展和金融体系兴衰变迁的过程中，一个令人瞩目的现象是：金融危机发生后，一些国家很快抑制住了危机扩散，并在短时间内重返金融稳定和经济高增长的路径；而另外一些国家则在危机面前显得软弱无力，最终陷入金融体系失调和经济增长停滞的双重陷阱。历史经验表明，危机控制能力在一国金融竞争力的形成过程中具有重要作用：在经济发展的长期进程中，只有那些能够成功抵御金融危机并有效应对各种金融不稳定事件的国家，才能长期保持并增强其金融竞争力。本章首先以"次贷危机"为例，对金融危机中美国实行的紧急救助方案进行了分析。第二节对金融危机中运用的货币政策工具及其有效性进行了研究，并对中央银行的危机控制能力进行了分析和评价。第三节和第四节分别对金融危机后的应对措施和财政货币政策的有效性进行了实证评估。本章最后对金融危机的预警机制与处置措施进行了研究，这一研究有助于建立具有更强适应力的金融稳定框架，以有效应对内部和外部的各种突发性冲击。

在对现代金融体系发展的三大决定因素进行系统分析的基础上，第五章围绕"效率性"与"稳定性"两大核心支柱，对如何构建高效而稳定的现代金融体系进行了系统分析。这一分析既包括金融体系内部结构的选择，金融发展、金融创新和实体经济之间的互动关系，也包括宏观经济和金融政策的制定与协调，以及政府与市场边界的有效确定等。本章首先对影响一国金融体系现实选择的经济、政治、文化和制度因素进行了实证分析。第二节对金融体系结构、金融效率和金融稳定之间的关系进行了研究，并在此基础上对经济发展中的内生性最优金融体系结构进行了全景刻画。第三节对金融周期、金融创新和实体经济运行之间的关系进行了研究，通过将金融体系的发展置于货币政策、金融监管和实体经济发展的内生框架中加以考虑，本节为全面分析金融周期、实体经济和宏观经济政策之间的三方联动关系提供了一个基本的分析框架。第四节对现代金融体系下的宏观金融政策及其协调进行了分析，这一分析包括货币政策框架和金融监管范式的转变，以及货币政策和金融监管的协调机制等方面。本章最后对传统范式下的政府与市场边界理论进行了扩展，并通过纳入"国家禀赋"因素，在一个动态发展和持续变迁的视角下对"大金融"命题下的政府与市场关系进行了重新界定。

基于前五章所建立的一般理论基础，第六章旨在对"大金融"命题下的中国金融体系整体发展框架进行研究。本章首先立足于"大金融"命题的基本内涵和总体分析框架，提出了中国金融发展的总体目标、基本原则和整体蓝图。在此基础上，第二节至第六节分别从构建现代金融产业体系、金融服务实体经济、金融开放发展、金融宏观调控和金融稳定监测与危机预警等方面对相关问题进行了研究。在构建现代金融产业体系方面，应根据中国的"国家禀赋"特征，着力构建银行与金融市场动态均衡的金融体系结构，全面推进利率市场化改革，稳步推进金融业混业经营；从金融服务实体经济来看，应根据金融发展立足实体经济、金融创新围绕实体经济的基本原则，通过建立与产业转型升级相匹配的金融支持体系，全面促进金融和实体经济的协调发展；从金融开放发展来看，应通过合理的"开放保护"和适度的国家控制确保资本账户开放过程中的金融稳定，并在未来 30 年通过两个"三步走"战略逐步实现人民币的国际化，全面奠定中国经济崛起的货币金融基础；在金融宏观调控方面，应建立完善包括货币政策、信贷政策和金融监管政策在内的"三位一体"的宏观审慎政策框架体系，并通过各种政策之间的合理协调和有效搭配，促进金融和实体经济的稳定运行；在金融稳定监测和危机预警机制方面，应通过构建中国的"金融失衡指数"，及时发现各种潜在的失衡，为宏观审慎政策的制定和实施提供准确的信息基础。

三、成果的学术创新、应用价值及社会影响

1. 学术创新

一是明确提出并全面论证了"大金融"概念，为重建金融与实体经济和谐发展的新型理论框架奠定了重要基础。在对危机和主流经济学缺陷反思的基础上，本成果系统提出了"大金融"概念的三大基本内涵，即："大金融"命题下的金融学理强调宏观理论和微观理论的系统整合，"大金融"命题下的金融理念强调金融和实体经济的和谐统一，"大金融"命题下的金融发展强调一般规律和"国家禀赋"的有机结合。"大金融"概念的提出，有助于以一种更加全面、系统和贴近现实的方法论来构建新的金融理论框架，并形成对一国金融长期发展具有重要指导意义的政策指南。

二是在"大金融"框架下，从一个更全面和系统的角度研究金融体系的内在发展规律，建立了对金融体系、金融监管和实体经济之间三方联动关系的基本分析框架。在这样一个新的理论框架下，本研究注重从全球视野总结和梳理金融发展的一般规律，并在一个长期的历史进程中看待金融发展与实体经济的相互关系和作用。从具体内容来看，本成果通过大量的实证研究，对影响一国金融体系效率性、稳定性和危机控制能力的主要因素进行了全面分析，得出了若干重要和富有启示意义的基本结论。这些结论不仅从理论上加深了对金融体系运行和发展一般规律的认识，而且对实践中一国金融体系的发展路径选择也具有明确的指导或参考意义。

三是对"大金融"视角下的新型金融宏观调控体系进行了研究和论证。传统的金融宏观调控体系主要围绕货币政策展开，不仅缺乏对整体金融风险和宏观审慎监管的研究，而且对政策规则、政策反应强度和政策之间的协调与搭配问题也缺乏深入的研究。本成果基于"大金融"理念，从目标、工具和相关制度安排等方面，全面、系统论证了基于宏观审慎的政策体系及其实施范围。与此同时，本成果还在一个基于中国经济的 DSGE 模型框架下，通过动态地植入一个内生性的金融体系，系统考察了包括货币政策、信贷政策和金融监管政策在内的宏观审慎政策规则及三者之间的

协调搭配问题，这一分析为中国"大金融"宏观调控体系的构建奠定了初步的理论基础。

四是对"大金融"命题下的中国金融体系整体框架进行了全面论证。立足于"大金融"命题的基本内涵和总体框架，本成果提出，中国的全球金融发展观应着力构建三大基础：一是理论基础，即中国的金融发展必须遵循经济运行的一般规律；二是价值基础，即中国的金融发展必须代表中国式经济发展的核心价值理念；三是实践基础，即中国的金融发展必须立足于全球经验和自身特有的"国家禀赋"。基于上述三大基础，本成果从构建现代金融产业体系、金融服务实体经济、金融开放发展、金融宏观调控和金融稳定监测与危机预警等方面对中国金融发展的整体蓝图和路径进行了深入论证。这一论证为中国全面构建高效稳定的金融体系提供了理论支持。

2. 应用价值

从应用价值来看，一方面，"大金融"概念是在对危机后全球金融体系发展趋势进行深入分析和论证基础之上提炼出来的，相关基础命题对整个宏观经济和金融学领域的研究均具有指导和参考价值；另一方面，由于本研究的核心理论成果建立在对大国金融竞争力的系统研究基础之上，因而相关结论和政策建议有助于中国将自身的金融发展置于更为广阔的国际视野中加以考量，并根据全球金融竞争的未来趋势和格局科学地制定自身的发展战略。此外，本成果在总结全球金融体系一般发展规律的基础上，还重点分析论证了中国未来的金融发展战略路径，这些内容有助于我们更加准确地把握未来几十年中国金融改革和发展的基本方向。

3. 社会影响

从社会影响来看，2009—2012年，本课题组组织了多次专题研讨会和论证会，发表了大量论文，引起热烈反响。在发表的20余篇论文中，在CSSCI核心期刊上发表的文章数在18篇以上，2篇被《新华文摘》全文转载，1篇进入《新华文摘》论点摘编，12篇论文以封面文章的形式发表（其中4篇文章成为当期杂志的刊首文）。

2009年7月，本课题主要负责人陈雨露教授曾携本研究的阶段性成果参加"2009年全球智库峰会"，相关主题演讲得到了与会专家和领导的高度认可，其演讲主要内容《后危机时期货币金融稳定的新框架》随后以封面人物文章的形式专题刊发于《中国金融》2009 年第 16 期。2012 年 8 月，本成果入选 2012 年"经典中国国际出版工程"，并得到翻译和出版资助，美国麦格劳-希尔教育出版公司签约出版本成果的英文版。2012 年 10 月，课题组就《大金融论纲（征求意见稿）》在中国人民大学召开专题报告会，与会 20 多名专家、学者对课题成果给予了一致好评，作为课题成果摘要的报告内容随后刊发于《环球财经》杂志，包括新浪网、和讯网、凤凰财经网等在内的多家媒体进行了转载和报道。

《实施扩大就业的发展战略研究》概要

赖德胜[*]

一、研究的目的和意义

改革开放 30 多年来，伴随着国民经济的高速增长，中国在解决和安置劳动力就业方面取得了很大成绩。但目前我国劳动力市场的就业形势仍很严峻，劳动力供大于求的格局尚未根本改变。因此，集中智力资源，系统深入地分析就业领域的各种问题，探求转轨时期中国劳动力市场的运行规律，落实党的十七大报告提出的"实施扩大就业的发展战略"，刻不容缓。同时，转轨期的中国还存在一些特殊的劳动力市场现象，需要予以关注及进行理论解释。本研究的现实意义将体现在为实施扩大就业的发展战略提供一系列政策建议，从供给、需求和供需匹配等研究视角出发，通过理论研究和经验分析来解释转轨时期中国就业问题的特殊性，为正确认识和解决就业问题提供重要依据。

二、成果的主要内容和重要观点

（1）在总结历史经验的基础上，对实施扩大就业发展战略的目标、途径、任务和措施进行了详细科学的论证，提出了实施扩大就业发展战略的基本框架。回顾和总结了积极就业政策实施近十年来的经验教训，归纳了当前我国就业领域面临的主要矛盾和问题，揭示了产生各种矛盾和问题的

---

* 赖德胜，北京师范大学经济与工商管理学院院长，教授。

根源，进而提出了相应的解决之道。

本成果认为，转轨就业、青年就业和转移就业是目前就业领域的重点和难点，这也决定了我国就业政策的多重性和复杂性。目前我国就业战略的主要特点表现在：一是强调经济增长优先，加强增长带动就业的作用；二是重视政府主导和发挥国有企业稳定就业的作用；三是重视以出口导向型发展模式发展劳动密集型产业；四是采取不平衡的劳动力市场政策。当前我国就业领域内的主要矛盾表现在：经济增长与就业增长的矛盾、国民经济重型化与扩大就业的矛盾、流动人口增加与城市就业压力增大的矛盾、就业难与技工荒并存的矛盾。

我国实施的积极就业政策取得了一些成效，但也存在着诸多的问题，包括积极就业政策与宏观经济政策的协调性有待加强；积极就业政策的重点不突出；一些具体措施落实不力，缺乏可操作性；积极就业政策的配套措施不全，影响了贯彻落实的效果，等等。

在总结国内外经验的基础上，本成果提出了实施扩大就业发展战略的具体举措，其原则与目标可以概括为"实施一项战略，做好两项统筹，实现三大目标"，即实施就业优先的发展战略，做好"城乡统筹就业"和"地区统筹就业"、实现"规模扩大、结构优化、质量提高"三大目标。

（2）研究了经济发展方式对就业的影响。本成果认为，经济增长和扩大就业的关系如下：经济增长是扩大就业的必要但不充分条件，经济增长并不必然或自动地促进就业增长。经济高增长、资本高投入能否带来就业增长和扩大就业机会，不仅仅依赖于经济增长率，还取决于采用何种增长模式。投资是我国经济增长的主要动力，2000年以后资本深化对就业的负效应显著增强，资本正在加速替代劳动，这是2000年以后就业增长缓慢的原因之一。消费是影响就业的关键因素，消费需求不足是就业困难的根本原因。在出口与就业方面，在包含了出口和投资的方程中，投资的效应再一次变得不显著，出口成为影响就业的主要变量。

（3）研究了创业带动就业的效应及其政策选择。鼓励劳动者自主创业是缓解就业问题的一种行之有效的方法。创业型就业的最大特点，是突破了传统的"一人一岗"的就业模式，形成"一人带动一群岗位"的就业模式。从地区经济发展来看，凡是创业活动比较活跃的地方，其失业问题也相对较轻。而在大多数私营企业和个体工商户不太发达的地区，失业问题则显得较为突出。创业不足是我国失业形势日益严峻的主因之一。本成果在收集 2003—2009 年数据的基础上，运用广义线性模型，对影响中国各地区创业活动及其带动就业效果的经济发展水平、产业结构、人口素质等宏观因素进行了实证分析。研究结果表明，首先，与经济发展水平相一致，我国的创业人数呈东、中、西部地区依次递减的区域分布，东部地区的创业活动明显要高于中西部地区。在每名创业者带动就业的人数方面，各地区之间的差别并不大，大致在 5～6 人之间。但值得注意的是，各地区创业带动的就业的人数在近几年均出现了不同程度的下降。其次，以人均 GDP 衡量的经济发展水平无论是对创业人数，还是对创业带动的就业人数，在各地区均有正面效应，但对创业人数的正面影响稍大，对创业带动的就业人数的影响除东部外，对中西部地区的影响不太明显。这说明总体而言，经济发展水平的提高是有利于创业活动的。再次，以第三产业比重来衡量的产业结构优化状况的提高对创业人数及创业带动的就业人数均有积极的作用，且作用要大于人均 GDP 的影响。这意味着经济结构的调整在鼓励创业带动就业方面要起着更为积极的作用。最后，六岁及以上人口中大学生的比例与创业人数及创业带动的就业人数在各地区要么呈负相关，要么不显著，这说明大学生数量上的增长，似乎并没有为创业带动就业作出多大贡献，这不能不说是一个值得深思的问题。

创业教育和培训不足是创业型人才严重缺乏的重要原因。目前我国的整个教育体制依然没有摆脱应试教育的框架。另外，创业教育的另一个源头——职业技术教育也发展缓慢。由于社会对职业技术教育的认可程度不够高，职业技术学校的生源状况不佳，学生素质低。再加上国家对于职业技术教育的投资仍远远低于普通教育，富有技能实践经验的教师数量不足，致使许多职业技术学校的毕业生质量不高，缺乏创业所必需的基本素质。因此，创业教育的实施和创业型人才的培养需要一个庞大的教育教学组织系统，各级各类学校要把培养创业型人才放到教育工作的首要位置，努力构建科学合理、运转协调有效的组织管理体系，为创业型人才培养提供组织保障与环境条件。

（4）研究了教育与扩大就业的关系。本成果关注的是教育规模扩张对

毕业生就业状况的影响。利用四个年份的全国性的抽样调查数据（2000
年全国人口普查数据中的 0.95％的子样本数据，2002 年中国居民收入调
查项目数据，2005 年全国人口 1％抽样调查数据的 20％的子样本数据，
2007 年国家统计局城镇住户调查数据），以失业率作为核心指标，考察了
各级教育毕业生的就业状况，主要内容包括两个方面：第一，通过描绘年
龄—失业率曲线，分析了不同年份各级教育程度个体在 2000—2007 年的
失业率。主要发现是，失业率随年龄的增长有一个自然的变化：不论处于
哪级教育程度的个体，自其进入劳动力市场开始至 28 岁左右，都会经历
一个高失业率到低失业率的转变，28 岁以后，失业率相对保持稳定。在各
个年龄阶段，教育程度越高，失业率也越低。第二，以 23～25 岁个体为
对象，考察了大学毕业生与高中毕业生就业状况的差异。本成果关注的核
心问题是：对于一个大学毕业生，如果他不上大学，就业状况与现在相比
会有什么差异？对就业状况的衡量，除了主要用失业率外，还用了劳动力
参与率、签订劳动合同以及是否有三种社会保险。在研究方法上，采用了
基于倾向分的匹配法，试图识别处理者的处理效应。得到的主要结果是，
对于一个大学毕业生，如果他不上大学，其失业率会更高，劳动参与率会
更低，更不会得到一份劳动合同以及社会保险。这些结果说明，教育扩展
并没有使个体就业状况变得更糟糕。

　　（5）研究了农村劳动力转移过程中的就业问题。人力资本的数量和质
量对农村劳动力转移就业有着决定性的影响，是影响农村剩余劳动力在城
市就业的首要因素。本成果通过利用"中国城乡移民调查"2007 年入户调
查中的样本数据，首先通过描述性统计分析发现农村迁移劳动力是否接受
过培训，其工资水平存在明显差异，同时接受过培训的样本种类主要以企
业内部生产培训为主，培训类型与工作相关、技能型较强，且培训周期较
短，以一个月以内的短期培训为主。在实证研究部分，从基本的 Mincer 工
资方程出发，估计得到的教育回报率为 5.9％，当加入培训这一解释变量
以及一系列其他控制变量之后，我们得到的教育回报率降为 4.9％，并且
男性教育回报率略低于女性但经验回报率明显高于女性，培训的回报率为
7.0％，可以认为，培训对农村迁移劳动力的工资回报有显著积极作用，
并且考虑性别差异之后得到培训对女性农村迁移劳动力的作用要大于男

性。与此同时，户口差异对于总体及男性、女性都无显著影响；婚姻状况会显著改变男性群体的工资；而迁入地经济条件的改善对于工资增加的影响在女性群体中体现得更为明显与有效。其次，通过对培训内部的样本进行深入分析，发现对于农村迁移劳动力而言，不同的培训种类对于工资的改善作用不显著，即相对培训的不同种类而言，农村迁移劳动力是否参加过培训显得更为重要。同时注意到，在接受过培训的子样本内部，婚姻对工资的影响被消除了，性别对工资造成的差异也得以减弱。另外，不同培训的出资方对于总体以及男性而言其工资回报并不明显，然而对于女性而言，相对于雇主出资，政府出资将大幅度提高女性农村迁移劳动力的潜在工资水平。最后，通过概率响应模型发现性别、受教育年限、初次迁移的年龄、子女数目、户口状况都对农村迁移劳动力是否选择参加培训有显著影响，而婚姻状况对培训的选择无影响——培训的选择存在内生性，通过平均处理效应模型对培训的自选择进行纠正之后得到修正后的培训回报率高达92.3%，说明培训将极大地提高农村迁移劳动力的人力资本存量，从而提高其工资水平。总之，与教育相比，培训对于改善农村迁移劳动力的工资水平有着更为重要的积极意义。而且，对于农村迁移劳动力而言，培训种类并不会对工资造成显著影响，因此政府支持培训的政策应该更多关注"面"而非不同的"点"；同时本成果也发现政府出资对于提高女性培训回报率有着极为重要的影响，而这种对于女性的政策倾斜显然也有利于减轻社会就业中的性别歧视现象。本成果还探讨了语言歧视对外来劳动力收入的影响，主要分析了普通话水平和对当地方言的掌握情况的作用。语言能力作为一种人力资本，可能带来劳动力工资的差异。基于五个样本城市的实证分析表明，普通话是否标准对外来劳动力工资水平的高低有显著的影响，标准的人群比不标准的人群平均收入要高13%～17%，但对当地方言的掌握情况并不带来显著差异，不存在通过方言进行语言歧视的证据，外来劳动力迁移的距离和对当地的熟悉程度才是造成工资差异的原因。

（6）研究了劳动力市场的完善对扩大就业的促进作用。本成果使用劳动力市场信息的相关指标，对劳动力市场信息完善程度与失业率的关系进行计量研究。考虑到中国劳动力市场分割的现状和特点，本成果还在计量模型中加入劳动力市场分割的变量，同时分析劳动力市场分割和发育对就业的影响。本成果选取了劳动力市场信息、劳动力市场分割、经济增长、产业结构、外商直接投资五个变量作为失业率的影响因素。劳动力市场信息是关键解释变量，根据中国劳动力市场信息环境变化的主要特征，这里选择职业介绍机构数、职业介绍机构人数、网民比例三个指标。前两个指标对应于职业介绍服务对劳动力市场信息的贡献，网民比例是反映网络信息技术发展的指标。经济增长由人均 GDP 来表示，产业结构使用第三产业占 GDP 的比例来表示，外商直接投资用各地区外商直接投资占全国外商直接投资的比例表示，劳动力市场分割用国有企业职工占全体就业人员的比例来表示。在模型的设定上，采用半对数线性回归模型。研究结果表明：第一，劳动力市场信息完善程度与失业率负相关，市场信息越完善，失业率越低。从劳动力市场信息指标看，职业介绍从业人数和职业介绍机构平均从业人数的回归系数均为负数，并且通过显著性检验，说明二者的增加有助于降低失业率。而职业介绍机构的系数为正且通过显著性检验，说明职业介绍机构数量的增多不利于失业率的降低。网民数量的增多有助于降低失业率，说明网络信息对失业状况的改善起到了积极的作用，但是在部分方程中，该变量的系数没有通过显著性检验，说明它的稳健性还不太强。第二，经济增长与失业率的变动呈正向变动，第三产业的发展对失业率没有显著影响。第三，劳动力市场分割越严重，失业率越高。这也从宏观层面验证了劳动力市场分割与失业持续期的关系。

（7）研究了特殊人群的就业问题。本成果主要关注了大学生、失地农民和残疾人的就业问题。基于公开的统计年鉴数据，本成果利用描述性统计方法分析了扩招以来我国大学毕业生的供给与配置状况，得出如下结论：第一，从供给结构来看，本科、研究生学历毕业生占比逐年增加，大专学历占比相对下降；学科结构发展比较平衡；大专（高职）院校和地方所属院校培养的毕业生占比快速上升，这隐含着质量下滑的风险。第二，与扩招以来我国大学毕业生供给迅速增加的状况相比，劳动力市场对大学毕业生的需求却相对下降，这造成大学生就业出现了困难，而且，与其他群体相比，大学毕业生群体的就业更容易受经济周期的影响。第三，扩招并未显著改变我国就业人口的学历结构，与其他金砖国家以及一些转轨国家、东亚国家、人口大国相比，目前我国的大学生数量不是太多了，而是太少了。第四，扩招并未改变大学毕业生偏好在城镇部门就业的倾向，就业于城镇部门的大学毕业生所占比重一直相当高，并没有呈现向农村部门发散的趋势。第五，大学毕业生在行业、职业、地区间的分布，仍然呈现很高的集中程度，但是近年来也表现出一定的发散趋势。

失地农民是指在农村城市化进程中，由于城乡建设征占农用土地（包括耕地、园地、林地、牧草及其他农用地等）所产生的失去土地集体所有权或经营权的农业人口。本成果首先对我国失地农民总量和所在区域进行了总体分析，然后以北京地区为个案，对北京地区失地农民的就业情况开展抽样调查，从人力资本、社会资本和社会保障的视角分析失地农民的就业情况。主要结论包括：失地农民的就业率较低，他们的主要就业领域在第三产业，且在非国有企业，主要为普通工人和临时工；失地农民之间收入差异明显，与城市居民之间差异显著，与郊区农民的收入水平相当。通过分析原因发现，失地农民人力资本增加对其就业有一定的促进作用，不过社会资本对其就业的作用更为明显，失地农民社会保障体系不健全，增加了失地农民的就业压力，自身因素也制约了他们的二次就业。

残疾人就业服务体系是帮助残疾人实现就业的重要政策工具。发达国家的残疾人就业政策主要集中在收入支持、就业计划和康复计划三个方面。对于大多数国家而言，政府促进残疾人就业的做法大致可分为以下三种：法规管制型政策、平衡型政策和替代型政策。我国目前所实施的残疾人就业政策中，同时从供给和需求两个方面促进残疾人就业的政策，即平衡型政策较少。构建残疾人就业服务体系需从以下两方面来考虑。第一，从提高残疾人的就业能力方面建设就业服务体系，重点加强平衡型政策的实施，如职业康复与培训、支持性就业等。第二，采用法规管制型政策、平衡型政策和替代型政策的合理组合，并结合残疾人的社会保障制定合理的政策实施标准，保持残疾人的就业动力。总之，法规管制型政策是基础，平衡型政策是重点，替代型政策是补充，残疾人社会保障是关键，只有找到这些政策的有效组合，将就业服务体系与社会保障服务体系有机结合在一起，才可能建设一个从全局出发的、比较完善的、合理的残疾人服务体系，从而促进残疾人融入社会经济生活，建立一个残疾人和非残疾人完全融合的和谐社会。

（8）研究了扩大就业的政策演变与战略选择。本成果首先回顾了新中国成立以来我国各个时期扩大就业的政策演变过程，分析了各个时期就业战略的不同特征和作用。研究认为，要落实扩大就业的发展战略，实现充分就业，保证经济快速发展与扩大就业双重目标的实现，进而促进经济社会协调发展，真正做到发展为了人民、发展依靠人民、发展成果由人民共享，就必须着眼长远，立足当前，落实好以下几项任务。一是数量增加是基础，保证质量；二是和谐劳动是前提，依法落实；三是促进创业是手段，政策扶持；四是提高素质是方法，转变观念；五是制度完善是保证，注重保障。根据"十二五"及未来十年的就业形势分析，结合扩大就业发展战略目标和任务，要实现扩大就业，需要从量质齐升、和谐劳动、促进创业、提高素质、制度完善五个方面来落实。

基于上述研究，本成果提出了我国实施扩大就业战略的原则与目标，具体可以概括为"实施一项战略，做好两项统筹，实现三大目标"，包括以下内容：

第一，实施就业优先的发展战略。要始终把就业工作放在各项工作的首要位置，并将就业再就业这件关系国计民生的大事纳入经济社会发展规划，纳入干部政绩考核体系，进一步强化落实就业目标责任制。

第二，做好"城乡统筹就业"和"地区统筹就业"。改变劳动力市场不平衡发展的局面，实施城乡统筹就业和地区统筹就业。

第三，实现"规模扩大、结构优化、质量提高"三大目标。这就要求我们从传统的仅仅强调就业数量增加的单一型就业目标，向强调就业数量和就业质量相结合的复合型就业目标转变。

实施扩大就业战略的具体措施：

第一，大力发展非公经济和中小企业。

第二，加大对劳动者的人力资本投资。

第三，加快统一劳动力市场建设。

第四，进一步完善公共就业服务体系，提高公共就业服务质量和效率。

第五，建立和完善失业预警机制。

第六，大力推进以创业带动就业的"就业倍增"计划。

第七，加快产业结构的调整。

第八，建立和完善面向特殊困难群体的就业援助和就业促进体系。

第九，大力开发社区工作岗位，充分发挥社区在解决就业问题中的作用。

三、成果的学术创新、应用价值及社会影响和效益

本成果的部分内容已作为论文公开发表，其中3篇被《新华文摘》转载。部分内容作为政策报告分别上交国家发改委、人口与计生委和中国残联，其中在给发改委的研究报告中，提出了"实施就业优先的发展战略"和"重视提高就业质量"的观点，被国家"十二五"规划部分采纳；给中国残联的报告得到了时任国务院副总理回良玉同志的批示。

本项研究的主要负责人曾受邀在国际、国内有关学术会议上作主题演讲、发言，主要观点曾多次通过中央电视台、中国教育电视台、江西电视台、齐鲁卫视、湖南卫视、重庆卫视等电视媒体以及《中国劳动报》、《中国人事报》、《中国教育报》、《中国财经报》、《上海证券报》、《基督教科学箴言报》（*The Christian Science Monitor*）、《华尔街日报》（*The Wall Street Journal*）、《太阳日报》（*The Sun Daily*）等国内外纸质媒体向社会公众传播，取得了较好的社会效益。

《中国城市公用事业民营化绩效评价与
管制政策研究》概要

王俊豪*

一、研究的目的、意义及所使用的研究方法

城市公用事业由为城市生产、生活提供必需的产品和服务的具体行业组成，主要包括城市自来水、排水与污水处理、管道燃气、供热、城市道路与公共交通、环境卫生与垃圾处理以及园林绿化等。城市公用事业是城市经济和社会发展的重要载体，直接关系到社会公众利益，关系到人民群众生活质量，对城市可持续发展、推进和谐社会建设具有关键作用。

城市公用事业民营化，是一个在城市公用事业领域逐渐增加民营经济的比重，扩大民营企业经营范围的过程，民营化不等于产权私有化。改革开放以来，中国民营经济快速发展，经济实力不断增强，充分显示了民营企业家的能力和企业家精神。同时，党和政府支持民营企业进入城市公用事业领域的政策导向日趋明确，政策措施不断具体化。特别是在 2010 年 5月，国务院颁布了《关于鼓励和引导民间投资健康发展的若干意见》（简称"新 36 条"），针对城市公用事业明确指出，鼓励民间资本参与城市公用事业建设，支持民间资本进入城市供水、供气、供热、污水与垃圾处理、公共交通、城市园林绿化等领域。鼓励民间资本积极参与城市公用企事业单位的改组改制，具备条件的城市公用事业项目可以采取市场化的经

---

* 王俊豪，浙江财经学院教授。

营方式，向民间资本转让产权或经营权。同时，要进一步深化城市公用事业体制改革，积极引入市场竞争机制，建立健全城市公用事业特许经营制度。建立规范的政府管制和财政补贴机制，加快推进市政公用产品价格和收费制度改革，为鼓励和引导民间资本进入城市公用事业领域创造良好的制度环境。这些都使城市公用事业民营化改革具有坚实的经济基础和明确的政策导向。从实践的角度分析，城市公用事业改革是中国经济体制改革相对滞后的领域，在 20 世纪末 21 世纪初才开始重视对这一领域实行以民营化为主要内容的改革，经过十多年的改革，改革的成效如何？在改革过程中产生了哪些问题？怎样推进并规范这一领域的改革？这些都是需要研究的重要理论与实践问题。因此，本研究的主要目的是：运用新兴的管制经济学理论，在总结和客观评价中国城市公用事业民营化绩效的基础上，提出深化中国城市公用事业民营化改革，加强政府有效管制的基本思路和政策建议。

在国家住房和城乡建设部等相关部门的支持下，课题组分别对 31 个省市的建设厅（局）、城市公用事业主管部门和城市公用企业这三类对象进行了大样本问卷调查（调查涉及城市水务、城市管道燃气、城市垃圾处理三个行业），并赴部分典型城市作了民营化改革的实地调研，对城市公用事业民营化实践的成效和问题进行了较为客观的分析评价。研究表明，总体而言，城市公用事业民营化在促进城市公用事业的政企分离、减轻政府的财政负担、增强城市公用产品的供给能力、引进并强化市场竞争机制、提高城市公用事业的效率等方面产生了积极作用。但在城市公用事业民营化过程中也暴露出缺乏与民营化相适应的有效政府管制、价格上涨过快、公共利益受到损害等问题，在少数城市甚至出现国有资产流失和官员腐败、政府缺乏应有的责任担当和控制力等负面效应。这在相当程度上影响了城市公用事业民营化改革的成效。在此基础上，本研究提出了深化城市公用事业民营化改革，加强政府有效管制的基本政策思路与具体政策措施，以期对政府有关部门科学地制定城市公用事业民营化改革政策提供理论依据与实证资料。这说明本研究具有重要的实际意义。同时，本研究综合运用政府管制、产业经济、公共选择等理论，结合中国城市公用事业民营化与政府管制的实践需要，对这些理论作出一定的创新，丰富并推动了相关理论的发展。这也是本研究的理论意义。

本研究采取规范研究与实证研究相结合，以实证研究为主的方法。不仅对中国城市公用事业民营化的相关理论问题进行了深入研究，努力实现理论创新，而且，在对中国城市公用事业的现状进行实证分析的基础上，提出深化城市公用事业民营化改革及其相应的政府管制的基本政策思路与具体政策措施，为政府制定民营化改革与政府管制政策提供了理论依据。同时，本研究采取定性研究与定量研究相结合的方法。不仅对中国城市公用事业民营化的基本问题进行了定性研究，而且还建立与运用定量评价体系，对中国城市公用事业民营化绩效作出较为准确的定量评价。此外，本研究还采取案例分析法，选择中国不同地区、不同规模城市公用事业民营化的典型案例进行深入研究，以发现民营化的深层次问题，并提出相应的对策。

二、成果的主要内容和重要观点

1. 主要内容

（1）探讨了城市公用事业民营化的背景与动因。在新中国成立后相当长的时期里，中国对城市公用事业实行国有企业垄断经营的管理体制，这种体制存在一系列低效率问题。在中国改革开放过程中，涌现出一大批有实力的民营企业，这些民营企业对包括城市公用事业在内的领域具有强烈的投资愿望。另外，党和国家鼓励民营企业进入城市公用事业领域的政策目标日益明确，政策措施不断具体化，特别是在 2010 年 5 月，国务院颁布的《关于鼓励和引导民间投资健康发展的若干意见》，明确鼓励民营企业既可以通过与公有制企业合资、合作等方式进入城市公用事业领域，也可以独立进入城市公用事业领域。这些都为城市公用事业民营化提供了必要的经济政治背景。城市公用事业民营化具有多种动因，主要包括：扩大民营企业的投资范围，在城市公用事业领域形成与市场经济体制相适应的多种所有制企业并存的局面；通过引进与强化竞争机制，提高城市公用事业的生产经营效率；减轻政府对城市公用事业的财政负担，将财政支出更多地用于提高社会公共福利水平；增强城市公用事业的供给能力，更有效地满足社会对城市公用事业不断增长的需要。

（2）分析了城市公用事业民营化的历程与现状。中国城市公用事业真正意义上的民营化始于 20 世纪 90 年代初。城市公用事业民营化历程呈现渐进性、逐步深化的特点。根据管理制度创新的程度，城市公用事业民营化历程可大致分为三个阶段。第一，城市公用事业开始逐步引入民间资本，并建立现代企业制度（1993—2001 年）；第二，国家政府部门推动下的城市公用事业民营化，民间资本全面渗入城市公用事业（2002—2005 年）；第三，加强政府对城市公用事业的管制，避免民营化过程中产生的市场失灵（2006 年至今）。

城市公用事业民营化有三种主要形式，包括所有权、经营权和融资等改革。表 1 从企业运营模式、非国有企业直接进入的现状和企业的资本构成这三方面对典型城市公用行业（水务行业、管道燃气行业、垃圾处理行业）的民营化现状进行分析。分析数据主要来自课题组 2011 年 8 月对全国 976 家水务企业、609 家城市燃气企业以及 332 家垃圾处理企业进行的问卷调查。从表 1 可以看出，这三个行业中，城市管道燃气行业向非国有资本开放程度是最高的，其次是城市水务行业，而城市垃圾处理行业开放度最低。这是由各行业的经济技术特征及政府推进民营化改革进程等因素所决定的。同时，表 1 反映了中国城市公用事业民营化是以经营权改革（国有民营）为主要特点的。

表 1　　　　　　　　　　　典型城市公用行业民营化程度

	城市水务行业	城市管道燃气行业	城市垃圾处理行业
企业运营模式	企业主要以特许经营为主，占 73%；政府指定企业或单位机构运营占 19.87%；主管部门直接负责运营仅占 2.8%；其他占 4.33%。	企业主要以特许经营为主，占 69%；政府指定企业或单位机构运营占 15%；主管部门直接负责运营仅占 8%；其他占 8%。	主管部门直接负责运营占 40%；政府指定企业或单位机构运营占 32%；特许经营仅占 25%；其他占 3%。
非国有企业直接进入的现状	非国有水务企业占 26.48%；事业单位和国有及国有控股企业占 66.42%；其他占 7.1%。城市水务行业已向非国有企业开放。	民营企业占 40%以上；事业单位和国有及国有控股企业不到 30%。非国有企业直接进入城市管道燃气行业比较充分。	事业单位和国有及国有控股企业占总数的 75.3%；民营企业、外资企业、港澳台企业和其他类一共占比不到 25%。

续前表

	城市水务行业	城市管道燃气行业	城市垃圾处理行业
企业的资本构成	非国有资本（民资和外资）占 34.7%；国资比例大于 51% 的企业数量占 65.3%（其中 100% 控股的占 59.9%）。在整个城市水务行业中，国有资本仍占较大比例。	非国有资本（民资和外资）已经占到近 50%；国资比例大于 51% 的企业数量仅占 31%。在整个城市管道燃气行业中，国有资本已不再占明显优势。	非国有资本（民资和外资）已占 25.83%（非国有资本控股占 21.25%；非国有资本参股占 4.58%）；非国有资本未进入的占比为 74.17%。

（3）构建了城市公用事业民营化绩效的评价体系。目前中国理论界对于城市公用事业民营化绩效评价的研究很欠缺，特别缺乏对城市公用事业民营化实际绩效的评价体系。本成果构建并论证了城市公用事业民营化绩效评价的客观必要性、指导原则、主要内容和指标体系。论证了城市公用事业民营化绩效评价是检验城市公用事业民营化成效的客观要求，为推进城市公用事业民营化提供导向，有利于完善城市公用事业民营化的理论体系。城市公用事业民营化绩效评价的原则包括：过程评价与结果评价相结合原则，普遍适用性与行业针对性相结合原则，体系完整性与简单实用性相结合原则。城市公用事业民营化绩效评价内容包括过程评价和结果评价两大模块。其中，过程评价模块主要评价民营化过程的公正性、公平性、公开性和科学性；结果评价模块主要评价民营化对行业发展水平、产品价格水平、生产效率水平、服务质量水平、普遍服务水平五方面的影响。在此基础上，该成果探索并构建了民营化过程和民营化结果评价的具体指标体系（包括 9 个一级指标，28 个二级指标），并对各具体指标的测量方式、数据来源进行了阐述，提出根据城市公用事业特定行业的特点、数据可得性等实际情况选择较为合理、针对性强的评价指标体系。

（4）论证了城市公用事业民营化的负面效应与管制需求。许多城市政府对公用事业民营化缺乏经验，一些城市政府对民营化的目标认识模糊，缺乏针对民营化的有效法规政策准则和科学的决策程序，特别是缺乏对民营企业的有效管制。这些因素综合作用的结果是，在城市公用事业民营化中存在多种形式的负面效应。例如，一些城市在民营化过程中存在国有资产流失甚至官员腐败问题；为吸引投资而实行固定投资回报，致使城市公用产品价格过快上涨，一些弱势群体的普遍服务难以得到保障等问题。城市公用事业民营化中出现的这些负面效应表明，城市公用事业民营化对政府管制产生了新需求：在社会主义市场经济体制下，管制是一种重要的政府职能。国有企业垄断经营与管制具有一定的替代关系，在城市公用事业实行民营化后，由于相当数量的民营企业进入城市公用事业领域，成为经营主体，使政府不能采用过去管理国有企业的方式去管制民营企业，从而"倒逼"政府改革城市公用事业的管制体制和管制方式。客观上这需要政府制定科学的管制政策，以规范民营企业的行为，维护社会公共利益。通过对城市公用事业实现有效管制以抑制企业制定垄断价格，维护社会分配效率；防止破坏性竞争，保证社会生产效率和供应稳定；制约垄断企业的不正当竞争行为；促进正外部性，控制负外部性。

（5）设计了城市公用事业的管制体系与管制政策。为适应城市公用事业民营化对政府管制的新需求，实现有效管制，需要建立城市公用事业的管制体系，科学地制定与实施有关的管制政策。这一管制体系由完善的管制法规制度、高效的管制机构和有效的监督机制三部分组成。就建立城市公用事业管制体系的法规制度而言，需要根据城市公用事业的技术经济特征、城市公用事业改革的目标等因素，颁布相应的法规，为城市公用事业管制体系确立法规框架。城市公用事业法规政策的实施效果，关键性地决定于管制机构的运作效率。因此，中国城市公用事业建立管制体系的一个核心内容，就是科学、合理地设立与规范管制机构。这些管制机构应具有法律地位明确、管制职能专而精、专业技术和独立性强等特点，它们能比一般政府行政部门更好地履行对城市公用事业的管制职能。同时，为避免管制机构滥用职权，需要建立对管制机构的监督机制，实行对管制机构制定规则的立法监督、对管制机构运行的司法监督和对管制机构履行职能的社会监督。对城市公用事业的有效管制，需要通过制定与实施一系列的法规政策而实现，主要包括市场准入与退出管制政策、价格管制政策、质量管制政策、安全管制政策、标准管制政策、网络管制政策和竞争秩序管制政策等。

（6）研究了典型城市公用行业民营化绩效评价与管制政策。城市公用事业民营化实践中一个重要环节是对民营化状况的实际绩效进行评价分析。本成果以城市水务、管道燃气、垃圾处理这三个典型公用行业为例，通过统计资料、问卷调查和实地调研对民营化实践现状进行了深度的分析。基于本课题组设计的民营化绩效评价的指标体系，从行业发展水平、产品价格和收费水平、生产效率水平、服务质量水平、普遍服务水平等方面对城市水务、管道燃气、垃圾处理这三个具体行业民营化改革的绩效进行了深入的实证分析和客观的评价，如表2所示。

表2　　　　　　　　　　典型城市公用行业民营化绩效评价

行业 指标	城市水务行业	城市管道燃气行业	城市垃圾处理行业
行业发展水平	城市水务行业民营化改革对城市水务行业总体发展水平产生了积极的促进作用，特别是加快了中国城市污水处理厂的建设速度。	对燃气行业进行民营化改革，大大提高了整个城市管道燃气的行业供给能力。城市燃气普及率呈现稳定上升态势（由 1990 年的 20% 左右上升到 2010 年 90% 以上）。	城市垃圾处理行业的民营化改革，促进城市垃圾清运量和处理量不断上升，并促进了行业固定资产投资增长，使垃圾无害化处理厂座数、市容环卫专用车辆设备等有了一定的增加。调查数据显示，民营化较显著增加了垃圾处理行业的总资产额、注册资产额、总体处理量、服务人口数、投资额等。
产品价格和收费水平	城市水务行业民营化改革总体上促进了城市开征污水处理费，完善了水价形成机制，逐步探索建立了城市供水和污水处理的分类计价和按质收费制度。而且，通过企业改制、促进竞争等方式，激励企业降低成本。调研发现，改制水厂的平均吨水成本和价格均低于未改制水厂。	与改革初期相比，一些城市的管道燃气价格上升幅度较大。如果不考虑天然气的热值高于煤气热值的因素，2009 年多数城市的管道燃气价格在3元/立方米以上。	垃圾处理行业民营化一方面促进了城市开征垃圾处理费（表现在很多城市都是在市场化改革后开征垃圾处理费），另一方面也促进了各垃圾处理企业提高垃圾收费水平（特许经营模式的垃圾处理费远远高于主管部门负责运营、政府指定企业或单位机构运营两种模式）。

续前表

指标 \ 行业	城市水务行业	城市管道燃气行业	城市垃圾处理行业
生产效率水平	民营化改革促进了城市水务行业整体运营效率的提升。私营企业和外资及港澳台资企业的运营效率要高于国有及国有控股企业，特别是总资产贡献率和利润率水平。而且，民营化改革在城市水务行业中产生了"鲶鱼效应"，不仅提高了行业整体的运营效率，而且一定程度上刺激国有及国有控股企业提高了效率。	管道燃气行业通过民营化改革和引入竞争，促进了管道燃气企业降低成本，提高效率。特许经营模式的燃气平均成本（2.49元/立方米）低于政府指定企业或单位机构运营模式（3.82元/立方米）。	民营化改革提高了垃圾处理企业的运营效率。超过65%的受调查企业认为民营化改革（实施特许经营）对降低运营成本的影响"非常显著"或"显著"，超过85%的受调查企业认为民营化改革对提高管理、技术水平的影响"非常显著"或"显著"。认为民营化改革对降低运营成本，提高管理、技术水平"不显著"或"不太显著"的比例很低，不到15%。
服务质量水平	民营化改革提高了城市水务行业的服务质量水平。通过引入外资，一方面扩大了融资渠道，另一方面也引入了大量的先进技术工艺和管理方法。私营企业则由于具有后发优势，在新技术和新工艺的采用上更具有积极性，很大程度上促进了城市水务行业服务质量水平的提升。	民营化改革使不少城市管道燃气企业在确保供气安全的情况下，通过提升燃气产品和服务质量提高企业的竞争力。但不排除少数管道燃气企业可能会通过降低燃气产品和服务质量来获得更多利润。极少数企业在提供燃气产品和服务过程中还存在安全隐患。	民营化使垃圾处理行业的服务质量和技术水平得到很大提高，82.6%的受调查企业认同民营化改革（实施特许经营）对提高垃圾处理行业的服务水平的影响"非常显著"或"显著"。

续前表

指标＼行业	城市水务行业	城市管道燃气行业	城市垃圾处理行业
普遍服务水平	民营化改革提高了城市水务行业的普遍服务水平，直接提高了城市的用水普及率和污水处理率。城市用水普及率从2000年的63.9％提高至2009年的96.12％，城市污水处理率从2000年的34.25％提高至2009年的75.25％。	鉴于城市管道燃气是广大公众消费的基本产品，直接影响其生活，不少城市在管道燃气调价的过程中，为确保低收入群体消费燃气的权利，都制定并实施了普遍服务制度。	垃圾处理行业的民营化，总体上提高了垃圾无害化处理率。城市垃圾无害化处理率从2003年的51％提高到2009年的71％。个案分析显示，民营化使垃圾处理行业服务覆盖面扩大，普遍服务水平有了显著提升。

城市公用事业民营化以后，政府还需要针对特定城市公用行业的特点，科学制定并有效实施进入与退出、价格、质量和环保标准等管制政策，特定城市公用行业各业务环节之间的协调政策，以确保城市公用事业有序运营，消除民营化的各种现实或潜在的负面效应，实现城市公用事业民营化的基本目标。

（7）提出并论证了深化城市公用事业民营化改革的基本思路。为有效推进城市公用事业民营化改革，首先需要明确改革的基本思路。对此，本成果从五个方面提出并论证了深化城市公用事业民营化改革的基本思路：第一，构建城市公用事业民营化的法规政策体系。为促进城市公用事业民营化的有效性，应形成纵向一体化、横向协调的法规政策体系。第二，城市公用事业市场结构重组是民营化的基础。通过对城市公用行业实行市场结构重组为民营企业进入提供空间。为此，本成果提出了四种市场结构重组模式，并分析了各种模式的特点。第三，对城市公用事业实行分类民营化政策。本成果研究表明，无网络型城市公用事业和网络型城市公用事业中的竞争性业务领域适合民营化，政府应鼓励民营企业进入；而国有企业主要分布在网络型城市公用事业中的自然垄断业务领域。第四，选择城市公用事业民营化的有效途径。本成果详细讨论了六种主要民营化途径的优点、需要的条件和主要适用范围，可供政府制定民营化改革政策时参考。第五，加强城市公用事业民营化的政府责任。城市公用事业民营化并不能减少政府责任，恰恰相反，在许多方面需要加强政府责任。为此，本成果提出了城市政府在民营化后需要加强的七个方面的责任。

2. 重要观点

（1）城市公用事业的民营化不等同于产权私有化。"民营"是一个与"政府直接经营"（或称"官营"）相对应的概念，在生产资料国有的条件下，也可以实行"国有民营"，"民营"与生产资料所有制没有必然联系，"民营"不等于"私有"，民营化也就不等于"私有化"。从中国城市公用事业民营化实践看，最普遍的形式是对城市公用事业实行特许经营，如果是对城市政府所有的公用事业实行特许经营，即使新的经营者是私人企业，也只是"国有民营"；如果是对某一城市公用事业的新项目（如污水处理厂）实行特许经营，特许经营期满后，其资产无偿归城市政府所有，资产的终极所有权还是归城市政府所有，特许经营期满实行新一轮特许经营后，又属于"国有民营"。因此，作为中国城市公用事业民营化主要形式的特许经营，应该属于"民营化"，而不是"私有化"，"民营化"不能等同于"私有化"。这为深化城市公用事业民营化改革提供了重要的理论基础。

（2）城市公用事业民营化要求有一个完整的法规政策体系为依据。为保证城市公用事业民营化的有效性，必须要有相应的法规政策为依据。但中国城市公用事业民营化的法规政策还落后于改革实践，现有的法规政策只是从总体上鼓励民营企业进入新的投资领域，缺乏城市公用事业民营化的可操作性。许多民营企业难以真正进入在政策层面已开放的城市公用事业领域。这说明城市公用事业民营化的法规政策需要有相应的"实施细则"，形成从国家到地方、从法律法规到具体政策的城市公用事业民营化的法规政策体系，只有这样才能取得预期的政策效果。

（3）市场结构重组是城市公用事业实行民营化的基础。在城市公用行业由一家垂直一体化经营的垄断企业主导的情况下，新企业很难进入，即使进入了，也难以同原有垄断企业开展公平竞争。因为垄断企业可以在自然垄断性业务和竞争性业务间采取交叉补贴战略，以掠夺性定价方式把新进入的竞争对手驱逐出去。为破解这一难题，需要对城市公用行业实行市场结构重组，实行自然垄断性业务与竞争性业务相分离的政策。

（4）分类民营化政策是城市公用事业改革的现实选择。城市公用事业是由多种不同类型的具体城市公用行业组成的，民营企业可进入无网络型城市公用事业和网络型城市公用事业中的竞争性业务领域，成为这些行业和业务领域的经营主体；国有企业主要分布在网络型城市公用事业中的自然垄断业务领域，但即使在这一领域，也可吸收民营企业参股，形成以国有经济为主体的混合所有制企业作为经营主体。这可放大国有资本的功能，既有利于提高国有经济的控制力，也有利于发挥民间资本的积极作用。

（5）城市公用事业民营化需要加强城市政府责任。城市公用事业民营化只是改变了城市公用产品提供的方式，即由原来的政府（国有企业）直接提供转变为由市场（民营企业）提供。但城市公用事业的特点决定了城市政府在城市公用事业建设和发展中具有不可推卸的重要责任。城市公用事业民营化并不能减少政府责任，恰恰相反，在许多方面需要加强政府责任。政府的主要责任包括：制定与实施城市公用事业民营化法规政策和发展规划的责任、城市基础设施投资的责任、维护社会公众利益的责任、安全保障和应对突发事件的责任、对特殊群体和特殊事件的政策性补贴责任、实行有效政府管制的责任等。

（6）民营化和促进竞争是中国城市公用事业改革的两大主题。单纯国有经济内部的竞争不能实现市场经济体制下的高效率竞争，而单纯的民营化也不能从根本上提高效率，促进竞争与民营化是共同推进城市公用事业改革的两个轮子。这是因为，市场经济是多种所有制经济，城市公用事业中的国有企业也将是混合所有制企业，而原有国有企业之间的竞争是同一国家所有制下的竞争，不能实现市场经济中的高效率竞争；单纯的民营化只能将国有城市公用事业转变为民营城市公用事业，不能形成竞争性市场结构，也就不能提高效率。因此，只有将促进竞争与民营化相结合，才能实现高效率的竞争，提高城市公用事业的效率，并使消费者分享效率提高的利益。

（7）中国城市公用事业的民营化实践已取得显著成效，但也产生了一些负面效应。以城市水务行业为例，本成果对民营化促进行业整体发展水平、服务质量、价格水平、运营效率、普遍服务等方面的实际绩效的评价分析显示，民营化促进了城市水价改革，降低了城市水务行业的运营成本；提高了城市水务行业的运营效率；提高了城市水务行业的服务质量水平；提高了城市水务行业的普遍服务水平。但在城市水务行业民营化过程中也产生了一些负面效应，主要表现在：民营化改革给城市水务行业的安全运行造成了一定的隐患；城市水务行业民营化在促进水价改革的同时推高了水价；对欠发达地区和县、乡、村普遍服务的水平还有待提高，等等。在城市管道燃气和城市垃圾处理行业，民营化实践的绩效评价也显示，民营化取得了相应的成效（详见表2），但也不同程度地产生了一些负面效应。

（8）城市公用事业的民营化需要有效的政府管制政策的支持。国有企业垄断经营与管制具有一定的替代关系，城市公用事业民营化客观上需要政府制定科学的管制政策，以规范民营企业的行为，维护社会公共利益。事实上，中国城市公用事业民营化已取得一定的成效，但也暴露出由于缺乏与民营化相适应的有效政府管制，导致价格上涨过快，公共利益受到损害等问题，在少数城市甚至出现国有资产流失和官员腐败、政府缺乏应有的责任担当和控制力等负面效应。这在相当程度上影响了城市公用事业民营化的成效。因此，为深化并规范城市公用事业民营化，迫切需要建立与社会主义市场经济相适应的管制体制，对城市公用事业实行有效管制。

三、成果的学术创新、应用价值及社会影响和效益

本成果以新兴的管制经济学为基本理论，以中国城市公用事业民营化改革实践为基础，理论联系实际，为深化中国城市公用事业民营化改革提供基本思路及政策措施。本成果的主要学术创新是：（1）论证了城市公用事业民营化不能等同于私有化的重要理论观点；（2）建立评价指标体系对中国城市公用事业民营化的绩效进行客观评价；（3）系统分析了城市公用事业民营化的负面效应与政府管制需求；（4）构建并论证了以实现有效管制为目标的城市公用事业管制体系；（5）对城市水务、管道燃气、垃圾处理这三个典型行业民营化实践的现状、关键问题、绩效评价进行了深入的分析，并提出了针对性政策建议。

本研究在国家住房和城乡建设部的支持下，对31个省级建设厅（局）、391个城市的公用事业主管部门和1917家城市公用企业（其中，城市水务企业976家，城市燃气企业609家，城市垃圾处理企业332家）进行了问卷调查，并赴部分典型城市进行实地调研，掌握了大量第一手资料。本成果正是基于这种大规模的城市公用事业调查研究，对城市公用事业民营化的成效

和问题进行了较为客观的评价，在此基础上，提出了深化城市公用事业民营化改革，加强政府有效管制的基本政策思路与具体政策措施，这为政府有关部门科学地制定城市公用事业民营化改革政策提供了理论依据与实证资料。因此，本成果具有重要的实践意义和应用价值。

本成果涉及政府管制、产业经济、公共选择等理论，并结合中国的改革需要与实践，对这些理论作出一定的创新，并最终以专著的形式公开出版，这将丰富并推动相关理论的发展。因此，本成果具有一定的学术价值，并将产生较大的社会影响和效益。

《中国对外直接投资与全球价值链升级》概要

张　宏*

一、研究的目的、意义及所使用的研究方法

我国自世纪之交实施"走出去"战略以来，对外直接投资活动日益活跃，2003—2011 年我国对外直接投资总量连续九年实现高速增长，中国资本在世界市场上的角色日益重要，中国企业在世界经济中的影响日益扩大。不过，与持续增长的数据相伴而生的是关于我国跨国企业成败的纷繁复杂的案例和褒贬不一的争议，人们对我国企业开展的跨国并购能否跳出所谓的"七七定律"困局以及并购后是否真正开展了海外业务持怀疑态度。历史地看，对新时期我国对外直接投资发展状况的分析不能脱离对我国经济发展历程和环境的考察，改革开放以来，作为一个拥有丰富劳动力和政策优惠优势的发展中大国，我国成为外国跨国公司对外直接投资的热土；随着我国经济转型和产业结构提升对核心技术需求的增加，外国跨国公司却似乎更愿意把我国产业和企业锁定在全球价值链的低端环节，我国经济转型和产业升级遭遇技术瓶颈；此时，通过对外直接投资主动获取技术逆向溢出效应就成为我国企业和产业发展的一个可行选择。

从理论上看，全球价值链理论有助于理解我国企业深入全球垂直分工体系的地位和收益，对外直接投资理论有助于理解我国企业升级国际经营模式的条件和动机。然而，我国处于全球价值链低端的企业或产业能否以及如何

---

* 张宏，山东大学教授，博士生导师

通过对外直接投资实现技术获取，全球价值链理论与对外直接投资理论均未提供现成的答案，因此，在理论综述和现实考察的基础上，本成果融合全球价值链理论和对外直接投资理论的分析框架，着重解答关于我国对外直接投资在理论和实践中的几个问题：理论上，如果我国企业处于全球价值链的低端环节，那么它们通过对外直接投资能否进入全球价值链高端环节？如果对外直接投资是低端环节企业实现全球价值链升级的有效途径，其微观机理又是什么？实践中，我国对外直接投资总体上的技术获取动机是否明显，技术获取型对外直接投资的发展状况如何？新时期我国对外直接投资活动是否有效地获取了技术逆向溢出效应，促进了我国国内的技术进步？除了理论探讨和实证检验之外，本成果还旨在从全球价值链视角分析相关结论的政策含义，为我国对外直接投资的发展提供借鉴和启示。

为了解答上述问题，本成果主要采用文献研究法对全球价值链理论和对外直接投资理论的相关研究成果进行综述，通过描述和统计的方法概括了我国通过对外直接投资提升全球价值链地位的现实基础，使用可计算一般均衡分析方法模拟了通过对外直接投资实现技术获取和价值链升级的条件，通过理论分析和逻辑推演分析了我国对外直接投资和价值链升级的微观机理，借助计量经济学软件对我国对外直接投资的动机、影响因素、效应进行了实证分析，选取代表性行业对外直接投资的案例对相关结论及其政策含义进行了具体分析。

二、成果的主要内容和重要观点

正确判断我国在全球价值链的分工地位是认识我国对外直接投资问题的前提。当前国际分工已经发展到全球价值链分工，企业内部的设计、生产、营销、分销以及对最终用户的支持与服务等价值链活动在地理上的分割成为可能，但全球价值链的核心环节一般由发达国家跨国公司依靠技术优势予以控制。制造业是我国经济的主导产业，然而正是使我国成为"世界工厂"和反映我国比较优势的制造业仍处于全球价值链的低端环节。同时，在新时期我国企业的"走出去"浪潮中，制造业是我国对外直接投资企业最多的行业，也是我国海外分支机构分布最多的行业。因此，澄清我国制造业在世界经济中的分工地位是理解新时期我国参与全球价值链分工和对外直接投资的关键。借鉴垂直专业化指标、出口产品的国内附加值指标、产品技术复杂度指标、出口复杂度指标、出口相似度指数、产品复杂指数、出口结构高度化指标、贸易结构分析方法等指标和方法，利用出口的垂直专业化份额、出口贸易附加值比重、技术高度指数等指标对我国制造业细分行业的分工程度、分工利得和分工动态利益进行衡量，发现我国制造业垂直专业化水平和增长率差别明显。以信息和通信技术行业中的办公、会计和计算机设备，广播、电视和通信设备等为例，它们出口的垂直专业化水平显著高于其他行业，但其出口附加值比例却相对较低、技术高度指数处于中等水平，引起了人们对我国制造业参与全球价值链分工越深、其分工利得反而越低的担忧。面对我国比较优势产业总体上处于全球价值链低端环节的困局，要寻求向全球价值链高端环节的突破，需要提高我国企业的核心技术研发能力和全球资源配置能力，在"市场换技术"战略受阻的情况下，通过对外直接投资"走出去"获取国外技术成为我国政府积极引导和企业努力尝试的一个方向。

新时期我国对外直接投资的发展特点蕴含着提升我国在全球价值链分工地位的机遇和挑战。改革开放以来，综合我国政策调整和经济发展的驱动作用，我国对外直接投资发展历程可以划分为初始启动期（1984年之前）、低速增长期（1985—1991年）、受限波动期（1992—2003年），随着"走出去"战略及其配套措施的落实和我国对外直接投资政策体系的转型，我国对外直接投资总量于2004年以后出现了持续增长。研究发现，尽管政策调整对我国对外直接投资发展历程的影响很大，但推动其发展的基本动因还是我国的经济发展。我国经济发展水平的提高、技术要素的培育、政策措施的激励为我国对外直接投资快速发展创造了适宜的内外条件。剔除对外直接投资中转地和避税地以后，初步数据描述表明我国对外直接投资地理分布的演变轨迹与"技术创新产业升级理论"的路径不尽相同；考虑到东道国经济发展水平，我国对外直接投资在发展中国家和发达国家的分布和规模特征，也无法完全用"小规模技术理论"和"技术地方化理论"进行解读；初步测算我国与主要目标经济体的相互投资指数也很难发现我国对外直接投资目标地与引进外商直接投资来源地之间显著相关的证据。通过对新时期我国对外直接投资行业分布概况、行业内投资指数、行业要素密集度的考察，没有发现行业内相互投资的显著证据，但初步发现了对外寻求稀缺要素的动机。新时期我国少数跨国公司的海外资产国际排名上升，在国有企业主导的格局中少数民营企业崭露头角；但与国际跨国公司巨头相比，在跨国程度、优势产业方面依然差距明显。因此，对新时期我国对外直接投资的快速发展需要理性认识，其对发达国家或技术先进国家的投资及寻求稀缺要素的动机蕴含着提升我国全球价值链分工地位的机遇，同时我国跨国公司实力较低等现实也隐藏着我国作为对外直接投资后起国家面临的巨大挑战；我国对外直接投资区位、行业、主体的复杂性需要理论研究上的突破和实证上的进一步检验。

作为一个具有中等技术水平的劳动力丰富的发展中大国，理论上我国不仅可以开展成本节约型对外直接投资活动，也可以开展技术获取型对外直接投资活动。根据我国对外直接投资的条件和特征，结合全球价值链和对外直接投资相关理论，将全球价值链环节纳入修正后的对外直接投资知识—资本（KK）模型，构造了国内企业型（d 型）、价值链低端环节水平型（h_1 型）、价值链高端环节水平型（h_2 型）、价值链低端环节垂直型（v_1 型）、价值链高端环节垂直型（v_2 型）、综合型（o 型）等六种企业类型，在一个 $2 \times 2 \times 2$ 的简单框架内将差异品生产企业的生产活动分为一种总部活动、一种价值链低端环节生产活动和一种价值链高端环节生产活动，建立了一个探讨垄断竞争企业对外直接投资动因的一般均衡模型，分析了劳动力丰富大国处于全球价值链低端环节的企业开展对外直接投资进入价值链高端环节所需要的要素禀赋、贸易成本、企业固定成本和对外直接投资成本等国家和行业层面的特征条件。利用通用数学建模模型（GAMS）进行数值模拟的结果表明：给定其他条件，中等贸易成本可能更有利于具有一定技术的劳动力丰富大国出现技术获取型对外直接投资活动，因为低贸易成本使出口型的国内企业更有优势，高（最终品或中间品）贸易成本可能降低本国基于劳动力资源和市场规模的优势；即使在高贸易成本条件下，如果总部固定成本相对对外直接投资成本的比率处于中等水平，也可能为劳动力丰富大国技术获取型跨国企业的出现创造条件；总部固定成本反映规模经济优势，又往往与技术相关，因此高总部固定成本可能使劳动力丰富国家的技术获取型跨国企业与技术丰富国家的跨国企业相比处于劣势，而低总部固定成本又使得跨国企业的对外直接投资成本相对较高，可能与国内企业相比处于劣势；在高贸易成本、高总部固定成本条件下，如果对国外价值链高端环节的直接投资成本足够低，同时对国外价值链低端环节的直接投资成本较高，劳动力丰富大国也可能出现显著的技术获取型对外直接投资活动。总之，一般均衡分析和模拟结果表明，我国的技术获取型对外直接投资活动在国家和行业层面是可行的，但并非无条件的，可能需要国内 R&D 活动的配合、需要价值链的有效分割、需要统筹考虑贸易成本和对外直接投资成本等条件，一些前期 R&D 投入大的行业还可能需要政府的扶持。

一般均衡分析表明，处于全球价值链低端环节的企业通过对外直接投资能够接近国外技术要素并进入全球价值链高端环节；但能否实现母国技术进步，则与技术能否通过逆向溢出效应扩散到投资国或改变母国熟练劳动和非熟练劳动的构成等微观机理有关。通过到发达国家新建研发机构等方式，处于全球价值链低端环节的发展中国家企业的技术逆向溢出主要经历两个阶段：第一阶段是在海外设立的 R&D 机构进入所在产业高端技术聚集地，通过模仿示范效应、前后关联效应和人员流动效应等途径从东道国获取先进知识和技术；第二阶段是海外 R&D 机构通过企业内部的各种渠道，将先进技术、信息和 R&D 成果转移到母公司，并由母公司对技术进行应用。通过对发达国家企业的跨国并购，发展中国家企业不仅能够获得目标企业的 R&D 技术资源、内部生产组织能力、原料采购能力、品牌以及渠道资源，而且跨国并购的技术协同效应可以给并购企业带来规模经济、范围经济、速度经济和空间经济等四种互补的经济利益。对于向发展中国家不以技术获取为主要目的的直接投资来说，产品产量的提高、市场的扩大所带来的规模经济和公司研发费用的分摊也可能带来跨国公司技术水平的提高，促进母国的技术升级。不同的对外直接投资进入模式各有利弊，全球价值链的类型决定了发展中国家产业所能实现升级的方向，也影响着通过对外直接投资获取升级所需技术的方式。嵌入全球价值链的发展中国家企业通过对外直接投资获取技术逆向溢出效应实现价值攀升，同样也会受到价值链的"动力机制"的影响。一般而言，新建研发机构和跨国并购模式都可能适用于生产者驱动的全球价值链升级，但跨国并购更有利于获取购买者驱动的全球价值链中的品牌和营销能力等核心要素。对于兼具购买者驱动和生产者驱动特征的混合动力驱动的全球价值链，跨国并购也是较常采用的手段。综合来看，关于对外直接投资、技术进步和逆向溢出微观机理的分析表明，对外直接投资是企业获取逆向溢出和实现技术进步的一个步骤，只是企业全球价值链升级战略的一个环节，通过对外直接投资实现技术进步和逆向溢出在微观层面也是有条件的，结合全球价值链驱动机制选择恰当的进入模式实现技术向母国的传导和应用与进入价值链高端环节接近技术同等重要。

在理论上分析探讨了我国通过对外直接投资实现全球价值链分工地位升级的可能性和微观机理，实践中我国对外直接投资也确实出现了显著的技术获取动机和活动。采用各年度《中国对外直接投资统计公报》所公布的我国对外直接投资流量国别数据，建立分量回归模型检验了东道国资源禀赋、知识资本禀赋、与我国距离、汇率变动、市场规模、地理特征、与我国文化联系、外资政策、与我国双边贸易等因素的影响，结果表明东道国自然资源禀赋变量的估计系数在我国对外直接投资流量的较高分位和较低分位显著；总体上东道国知识资本禀赋与我国对外直接投资流量显著正相关，在我国资本流入较少的国家，我国的对外直接投资活动具有比较明显的知识资本或技术寻求倾向；不过，这种技术寻求动机还未形成我国对外直接投资活动的主流，与自然资源寻求型动机相比还不占主导地位。技术获取型对外直接投资的进入模式一般也有优劣势各不相同的新建与并购、独资与合资之分。当前我国技术获取型对外直接投资活动主要发生在生产者驱动的全球价值链上，选取电子信息和汽车行业具有海外研发经历的数十家企业的微观数据分别建立线性概率模型、Probit 模型和 Logit 模型进行检验，估计结果表明我国技术获取型企业的进入模式存在一定程度的"路径依赖"，新建经验和独资经验对我国企业对外直接投资的新建模式和独资模式具有显著影响，不过估计系数都比较小；另外，企业的技术吸收水平、公司规模、文化距离因素和东道国政策管制的影响均不显著。实证检验的结论意味着，宏观上政府应加强对我国技术获取型对外直接投资活动的激励，微观上企业应结合自身条件和东道国情况采用合适的模式进入全球价值链的高端环节。

根据理论预测，作为促进我国在全球价值链中分工地位升级的重要手段，我国对外直接投资活动应有足够的技术逆向溢出效应。然而，关于我国对外直接投资技术进步效应的实证文献，在数据与变量选取、模型构造与检验方法等方面存在较大差异，相应地得出的结论也差别较大。综合考虑我国对外直接投资及相关变量和数据的处理、技术进步的测算、实证模型的构造和检验等问题，利用永续盘存法构造了以 2003 年不变价格表示的我国各地区对外直接投资存量新数据集以排除价格指数问题，重新利用初始资本和资本折旧核算方法形成了我国地区层面比较完整的资本存量数据集，分别以全要素生产率和专利活动为因变量、采用索罗余值法、基于 DEA 的 Malmquist 指数法和随机前沿分析方法较为全面地考察了我国对外直接投资活动的技术进步效应。利用混合横截面数据的相关性检验表明，我国各地区对外直接投资存量与自主研发存量、技术引进存量、外商直接投资存量之间可能存在较强相关关系，面板数据模型的回归结果印证了这一点：对外直接投资存量对自主研发存量等其他技术进步渠道代理变量具有显著正向影响。利用虚拟变量最小二乘法和可行广义最小二乘法进行的面板数据回归分析表明，我国对外直接投资对基于索罗余值法测算的全要素生产率具有显著正向影响；对基于 DEA 方法的 Malmquist 指数及其分解项的回归分析表明，我国对外直接投资存量对技术效率和纯技术效率具有显著正向影响；利用随机前沿分析法基于 BC 模型进行的一步回归结果表明，我国对外直接投资对技术效率具有显著正向影响。对我国各地区专利活动总量及发明、实用新型和外观设计等分项活动的申请和授权量进行的面板回归分析同样发现了对外直接投资的显著正向影响，表明对外直接投资活动能够促进我国国内专利活动的开展，有利于增强国内的技术创新和产出活动。综合来看，我国对外直接投资活动的技术逆向溢出效应明显，显著促进了我国国内技术进步。有关实证结果也意味着，作为一种技术进步渠道，对外直接投资活动要注意与其他技术进步渠道的协调，并注重与人力资本培育的结合。

代表性行业通过对外直接投资实现全球价值链升级的实践也可以证实相关理论和实证分析结果，并有助于把握我国政府或企业改进对外直接投资政策或策略的努力方向。因此，在对我国对外直接投资活动进行一般理论分析和实证考察的基础上，本成果选取我国对外直接投资的代表性行业，如汽车业的对外直接投资实践进行了个案分析。以金融危机的发生为界，我国汽车产业对外直接投资的发展历程可以分为 2003—2007 年的起步阶段和 2008 年至今的发展阶段两个时期。我国汽车业的对外直接投资活动，既表现出基于本国相对技术优势、利用中间品低贸易壁垒向发展中国家直接投资以获取其市场的动机，也表现出基于本国劳动力成本优势向发达国家直接投资获取其先进技术、实现价值链地位提升的动机。前者集中于劳动力资源丰富且市场广阔的发展中国家，后者则主要定位于发达国家的 R&D 重镇。不同的投资动机所带来的对我国汽车业价值链提升方式存在差异，技术获取型对外直接投资可以通过技术逆向溢出将企业直接拉升至较高的价值链环节，而市场获取型对外直接投资则是通过将低端环节转移出去间接地提升企业的价值链地位。由于企业文化和管理模式差异较大，我国汽车业技术获取型对外直接投资倾向于采取新建独资模式。考虑到汽车业全球价值链分工的深化及其与其他产业的前后关联，我国汽车业通过对外直接投资实现逆向溢出和技术进步，不仅有利于其自身，也有利于相关产业在全球价值链中分工地位的升级。然而，由于我国汽车产业对外直接投资尚处于起步发展阶段，因此似乎也难逃"七七定律"，出现了不少投资失败的案例。针对我国汽车业对外直接投资的风险和经验教训，企业需要制定系统科学的国际经营策略，如事先进行充分的市场调研与评估、建立对外直接投资风险预警体系以及提高跨国经营管理水平；政府也要采取扶持政策，包括完善对外直接投资政策体系、对外直接投资法律体系以及对外直接投资保险体系等予以支持。

三、成果的学术创新、应用价值及社会影响和效益

我国对外直接投资随着国内经济发展而发展，"走出去"战略的实施和对外直接投资管理体制的转变推动我国对外直接投资规模进入持续上升期，随之上升的是国内外对我国对外直接投资问题的争论和思考，多数研究从现状与前景、产业或区位、影响因素、发展路径与阶段、投资管理体制、贸易与资本形成、技术进步效应、投资动机等不同角度进行了局部分析，鲜有对我国对外直接投资活动进行系统的理论探讨和实证检验。本成果解决了我国对外直接投资中的若干理论问题：（1）现有全球价值链和对外直接投资相关理论对我国对外直接投资活动的解释力；（2）我国在全球价值链中的地位和新时期我国对外直接投资的发展特点；（3）我国通过对外直接投资实现技术获取和价值链升级的一般原理和机制；（4）对外直接投资对我国技术进步的影响及其逆向溢出效应的强弱。相关研究成果丰富了发展中国家对外直接投

资的研究文献，传统对外直接投资理论主要解释了发达国家企业的对外直接投资活动，本成果在规范的一般均衡分析框架内分析了像我国这样的劳动力丰富大国在全球价值链分工条件下实现分工地位升级所需的国家和行业层面的特征条件，从理论上解答了我国同时向发达国家和发展中国家进行的直接投资活动；在全球价值链分析框架内运用两分法探讨了对外直接投资逆向溢出的微观机理；通过多种实证方法发现了我国对外直接投资活动对国内技术进步的显著正向影响，澄清了关于我国对外直接投资的技术逆向溢出效应的存在性的争议。

对外直接投资关乎国际经济关系、国内经济发展，本成果对于理解我国对外直接投资活动的背景与现实、动机与效果具有推动作用，对于当前我国对外直接投资政策体系的调整方向具有重要参考价值。在国家社科基金的支持下，本项目研究取得了较多具有一定影响力的中期成果，项目成员在《中国工业经济》、《世界经济研究》、《国际金融研究》、《经济管理》、《财政研究》、《中国科技论坛》等核心期刊公开发表了 14 篇与本项目研究密切相关的学术论文，取得了较为丰硕的学术成果。这些中期成果被多次引用，其中《东道国区位因素与中国 OFDI 关系研究——基于分量回归的经验证据》一文获得山东省第二十五次社会科学优秀成果奖三等奖，《FDI 行业间技术溢出效应的实证研究——基于全球价值链的视角》一文获得 2009 年山东高等学校优秀科研成果奖三等奖，产生了较大的学术和社会影响。相关理论和实证分析结论对政府和企业具有借鉴意义，除了对政府对外直接投资政策和企业对外直接投资策略具有一般意义上的政策启示以外，本研究还选择我国汽车业进行了比较具体的分析；相关成果被中通客车控股股份有限公司采用，构造了"中通非洲市场拓展决策支持系统"，有力地支持了中通客车在非洲的市场开拓和跨国经营业务，产生了良好的企业效益。

《先秦社会思想研究》概要

孟天运 *

一、研究的目的、意义及所使用的研究方法

1. 研究的目的

《先秦社会思想研究》首先是一部思想史著作，是一部从社会学的视域研究先秦社会思想的断代史专著。社会学是专门研究社会良性运行与协调发展的学科，对于社会稳定与健康发展意义重大。而社会思想则是社会上各阶层人们对于社会起源与社会发展、社会结构与社会变迁、社会问题与解决方案、社会生活与社会理想等问题的思考和解答。国际社会史学界对于社会思想史的研究极为重视，有很多版本的思想史著作，但是国内这方面的著作却非常缺乏。就先秦社会思想的研究成果来看，从社会学角度、用社会学理论和方法来研究社会思想的全面的系统的断代专著尚未有过。本成果就是从社会学的理论视角来研究先秦社会思想（这与以往的历史、哲学视角的研究是不同的），试图系统地、全面地梳理先秦的有关社会思想，提炼中国社会思想的特色，为中国社会思想通史的研究打好基础。

2. 研究的意义

中国社会思想史，是社会学的一门重要课程，是构建中国特色社会学理论的基础工程。在世界四大古代文明中，只有中国文明未曾间断，历代思想家、政治家积累了极为丰富的社会思想。中国社会思想既早熟，又成熟，在

---

* 孟天运，青岛大学教授。

中国几千年的社会统一、稳定、和谐方面发挥了极为重要的作用。而先秦又是这个丰富的宝库的源头，是原创性最强、社会思想资源最丰富的时代。以孙本文、费孝通为代表的老一辈社会学家反复强调中国传统文化和社会思想在社会学理论体系构建中的重要性。孙本文先生早在上世纪 40 年代就提出了中国社会学理论建设的三大要务，其中第一要务就是："整理中国固有的社会史料"。其中两条具体的任务就是："（一）关于社会学说者。凡古人对于社会生活或社会问题的各种思想，均应加以搜集与整理，依历代顺序，编成有系统的中国社会思想史。（二）关于社会理想者。古今贤哲发表有关社会组织及社会生活的各种理想与计划，亦应加以搜集与整理，编成一部中国社会思想史。"[①] 20 世纪 90 年代，费孝通先生就在《孔林片思》中指出，21 世纪是一个世界范围内新的战国世纪，这个世纪需要新的孔子，历代中国在人际关系方面的思想，对解决当今世界范围内的纷争和冲突具有重要意义，值得认真发掘。国际上有许多社会学家和政治学家对用中国传统社会思想解决国际社会的一些问题都抱有很高的期望。世界都在期待中国哲人的智慧能对解决今天世界上的问题发挥作用，开创"天下大同"的局面。2003 年，费孝通先生又在《试谈扩展社会学的传统界限》一文中指出"中国丰厚的文化传统和大量社会历史实践，包含着深厚的社会思想和人文精神理念，蕴藏着推动社会学发展的巨大潜力，是一个尚未认真发掘的文化宝藏。深入发掘中国社会自身的历史文化传统……也是中国学者对国际社会学可能做出贡献的重要途径之一"。前中国社会学会会长陆学艺也强调，中国最能拿到世界上与世界对话的有两个领域，一个是中国社会思想史，一个是中国农民问题研究。

一部全面系统的先秦社会思想断代研究的专著，至少有这样四方面的意义：

第一，响应社会学前辈们提出的用社会学的理论方法系统研究中国社会思想的倡议和期望，对中国社会思想的源头和第一个思想文化发展的辉煌时期做出系统梳理和研究；

第二，回应国际社会思想史学界对中国社会思想史研究的期盼，研究孔

---

① 孙本文：《当代中国社会学》下册，商务印书馆 1948 年版，第 284 页。

子、老子等先秦著名思想家的社会思想，使中国的社会思想研究与悠久的历史文明、所拥有的丰富的社会思想财富相适应；

第三，为系统而全面地研究中国社会思想打好基础，为构建中国特色的社会学理论体系打好基础，廓清中国社会思想起源与发展的前期阶段的情况，为中国社会思想史的教学和研究服务；

第四，无论是在国外还是在国内，我们都面临着如何处理好人类社会与自然环境的关系、国际社会的和谐与发展的关系、人与人之间的关系、人与社会之间的关系等诸多问题，我们现在要构建和谐社会、要促进世界和平，都要借鉴古人的智慧，为世界和平作出贡献，为构建和谐社会提供思想和方法。

3. 所使用的研究方法

从以往关于社会思想的研究来看，学术成果多是从哲学、历史学和社会史的理论视域出发的，真正从社会学的视域出发、用社会学的理论方法进行研究的成果很少，而这正是社会学界所极力强调的。本成果力图用社会学的方法把这些思想整理出来，用香港中文大学张德胜先生的话来说就是：社会思想用社会学的理论方法研究是最恰当和最重要的。

在方法上，本成果融合了历史学、文献学、社会学、考古学等多学科的理论，采用了系统比较分析法等多种研究手段，是对多种学科方法的具体应用。其中历史学方法用于勾画社会历史背景，考古学方法主要用于对原始社会和夏商时期的社会性质的判断和思想材料的分析，文献学方法用于梳理研究资料，社会学的理论和方法用于指导具体研究。在学术语言方面，采用了以社会学术语与中国传统学术语言相结合的表述方式。在行文叙述方面，采用了以年代、人物的先后顺序与学派的学术特点相结合，纵向叙述与横向比较相结合的灵活的方式，其中注重马克思主义立场观点的统率，条理清晰，论述流畅。

二、成果的主要内容和重要观点

本成果所研究和关注的问题，涉及一般社会学上社会的构成和组织的起源、人性论与人的社会化、个人与社会的关系、社会秩序与社会控制、社会发展与社会变迁、社会角色与人际关系、社会理想与社会构建、社会失范与社会问题等范畴。

本成果的绪论部分，主要系统梳理了中国社会思想史尤其是先秦社会思想的相关研究，区分了两类社会思想史的研究，一类是把社会思潮作为社会思想史来研究，如葛兆光的《中国思想史》即属于此；一类是社会学家们所写的社会思想史，专注于有关社会学理论所关注的内容。许多社会学学者非常强调社会学研究的重要性，认为只有运用社会学理论来研究，才能最大限度地发挥这些社会思想的社会价值，才是最专业的最重要的，这种说法以张德胜先生为代表。作者认为，从不同的学科立场研究这些思想资料是必要的，但是从社会学的角度来研究是极为重要和必不可少的，本成果即是对社会思想的社会学研究。

具体内容分三大部分：

第一部分是社会思想的发生时期，从原始社会末期到商朝末期。

这一部分的主要内容包括：夏朝以前的古史传说和社会生活、原始宗教文化遗存所体现的社会思想，英雄人物与社会进步思想，婚姻家庭观念和基本伦理。

社会思想是和社会并生的，所以非常久远。史前的社会思想我们需要通过考古资料和古史传说来提炼，在《尚书》、《国语》、《山海经》等资料中记载了许多有价值的内容，为我们勾勒出原始社会思想的大致轮廓。这个时期实际上远比我们所能看到的文献资料中所反映的文明更发达，社会已经具备了王权、私有制、社会家庭伦理观念，初步的社会规范已经建立，这其中蕴含着原始的社会思想，从古史传说和考古资料中能得到佐证。

第二部分是社会思想的发展时期，从西周到春秋末期。

孔子授徒讲学在思想界有划时代的意义，是百家争鸣的开端，用来作为这一时期后面的分界。

西周虽然在过去与夏商并称三代，但是至少在社会思想方面与夏商有很大差别。西周初以周公为代表的统治集团制定的治国方针和礼乐制度，极大地提升了社会的文明程度，形成了比较全面的社会思想体系，清晰而周备，所以西周社会思想非常丰富且有创造性，被王处辉先生称为"早熟"。周公旦的"天人关系"思想、明德慎罚、敬天保民和社会控制思想，是此后数千年封建社会统治思想的滥觞。其礼乐制度也直接针对社会秩序与和谐两大目标，形成了周密的社会规范、伦理制度。而《诗经》中《风》的部分反映了当时社会关于明君良臣角色的概念、女性角色思想和民间的社会呼声，体现了民众的社会思想。春秋时代，管仲的社会思想极富创新性。他提倡四民分居的社会化政策，寓兵于民的社会组织政策，倡导富国富民，仓廪实则知礼节，衣食足则知荣辱。他一面继承了传统的西周重礼思想，一面大力进行法制改革，三代以来的礼治社会思想第一次出现转向。《左传》和《国语》中的社会思想，反映了春秋以来的社会变化，礼俗社会逐渐崩坏，王纲解纽，以往的礼治社会控制手段不再有效，而需要代之以强有力的明确的社会刚性政令。作为法家先驱人物之一的郑子产就是一个过渡性人物。在《左传》和《国语》中，天人关系、人神关系出现了颠覆性的变化，"国将兴，听于民；将亡，听于神"说明，人民的重要性超过了神。除此之外，这两本书中还记载了先秦贤哲们关于国家组织的起源和发展的思想、养老及社会福利政策和思想。

在许多先秦典籍中，《周易》无疑占有重要地位。《周易》在社会的发展变迁方面、人际关系方面、家庭角色伦理方面、社会秩序的原理和协调方面、贫富损益调整方面都有非常深刻的思想。

第三部分是先秦社会思想的繁荣时期，从孔子兴办教育到秦统一六国。

这一阶段是先秦社会思想的璀璨辉煌时期，是历史上著名的百家争鸣时期，无疑是先秦社会思想研究的重点。各种不同的社会思想、不同派别和阶层的学者就如何救亡图存、富国强兵、安定社会、规复秩序、长治久安等重大的社会问题进行了激烈的讨论，进行了深入而富有建树的构建，形成了博大精深的社会思想体系。

儒、法两家是社会思想最丰富、最重要，也明确体现对立互补的两大学派。孔子非常关注社会秩序，他提出规复社会秩序的基本方法：复礼与正名。他提倡礼治、德治与人治，提倡人的自身修养，致力于培养具有外礼内仁、内圣外王的统治集团和君子阶层来倡率社会风气，用正名和复礼来恢复西周初年那种和谐清正的王道社会，他要求统治者身为表率、力行德治，取信于民，教化百姓；要求有文化的君子严于律己，培养仁义礼智信的君子品格，为民表率。他构建系统的角色规范体系，并且身体力行。在如何处世，如何处理人与人、个人与社会的关系方面，都有着深刻的论述。孔子认为维持社会安定的关键是统治者的公正和民众的安分守礼，社会控制的要点是：道之以德，齐之以礼。其社会理想是大同社会。

孟子和荀子分别在孔子最重视的仁与礼两点上拓展发挥。孟子理论的核心思想是"仁"，他以"人性善"为哲学基础，认为人性本善，要注意时刻保养自己的善性，在社会关系和人际关系的处理方面多求诸己，与人为善，推己及人，及于天下。他认为只有自己立身正、修养好，才可以兼善天下，正心、诚意、修身、齐家、治国、平天下的顺序正是他的逻辑。他闭口不谈刑罚，反对强制性社会控制。他提倡行仁政，减轻民众负担，主张民有恒产，家家有耕地，并提出了基本的生活指标，要求为百姓提供一个基本的稳定的生活条件。与孔子认为远古最美好不同，孟子赞成社会分工，主张循环变迁，社会一治一乱，五百年必有王者兴。荀子则以"人性恶"作为他的理论支点。认为人性本恶，所谓的"善"其实是"伪"，是后天在社会中通过学习养成的。人性恶是说人的生物性，善是人的社会性。社会是由人组成的，社会之所以有力量，是因为人们能"群"。由于人性恶，妨碍人们的团结、社会的凝聚，所以需要礼法来制约。但是礼比较温和，对付有些不守礼的人，只能用刑罚来管束，所以既要隆礼，又要重法。这就是荀子的社会控制理论。荀子是第一个提出社会学概念"群"的思想家，认为"明分使群"是社会凝聚力强大的原因。荀子的社会化理论非常完善，认为人的后天行为与环境影响和自身的努力关系巨大，所谓"蓬生麻中，不扶而直。白沙在涅，与之俱黑"，主张人们要不断学习，不断进步，形成良性的社会流动。与孔子不同，荀子赞成社会进步论，主张法后王。

礼治社会环境是酝酿儒家的土壤，法家学派是社会转型的产物。春秋以来，礼崩乐坏，法家就应运而生。管仲和郑子产是法家先驱。管仲变法称霸，开风气之先；郑子产铸刑书，被称为最早的公布成文法，其实是由传统的礼治方式转向法理（相对而言）管理模式。

法家可以分为两大派别——以管仲为代表的齐法家和以商鞅、韩非为代表的三晋法家。齐法家的特点是：既重视礼的社会控制作用，又重视政法的规范惩罚作用。社会控制的特点是：道之以礼，齐之以政。齐法家注重社会整合，亲宗族，兴灭继绝，四民分居，进行职业社会化教育；善于选拔人才，促进社会流动；重视生产，富国强兵；有比较全面的社会福利政策如

"九惠之教"等。

三晋法家中有申不害、慎到、商鞅和韩非。三晋法家的特点是：道之以政，齐之以刑。商鞅的思想尚严厉，认为必须由国家垄断财富和地位，把获得富贵的途径缩小到农战上来，这就是利出一孔。在法的执行方面，必须统一标准，不分贵贱；在社会教化方面，也是"以法为教，以吏为师"。法令之外，不允许有其他学说。限制一切士人到秦国来，不让人起见异思迁之心。这就是"壹赏、壹刑、壹教"。商鞅推行郡县制，基层用什伍连坐，严刑峻法，以刑去刑。韩非要求明法令、严刑罚，与商鞅一样主张严刑峻法，以刑去刑。韩非也主张排斥儒、墨，统一思想，认为礼治和自律是靠不住的，只有严刑才能去奸。韩非认为，人际关系都是功利性的相互算计的关系，君臣父子夫妻之间莫不如此，此说颇似霍曼斯的社会交换论。商鞅认为刑赏不能并重，应该刑九而赏一；韩非却认为刑赏都很重要。在社会变迁的认识方面，韩非和商鞅是相似的，都认为社会是不断演进的，法令需要与时俱进，因时而变。韩非说，不是礼治不起作用，而是时势变了，变化的原因一是人们的生活水平提高了，二是人口增加了，这个理论又和马斯洛的理论异曲同工。

道家的社会思想影响也很大，主要代表人物有老子、庄子和杨朱等。老子提出无为而治，认为应该减少人们的物欲和智慧，减少人们的联系，返璞归真，小国寡民。统治者们要减少赋税，不给民众增加负担，不对社会的发展作人为干预。庄子在此基础上更加激进，他批判和主张废除一切社会文明，认为道德、仁义、礼法、政刑都违反人的本性，成了人性的枷锁。如果说老子还是无为而治，庄子就主张放弃"治"，"无为而治"成了不得已的选择。道家的人际关系理论是：谦退示弱，知雄守雌，淡泊名利，不争不执。道家的社会理想与三晋法家近似，韩非和慎到的社会理想与《道德经》中"小国寡民"所描述的理想状态几乎是一致的。所以有"法出乎道"的说法。贵生重己的主要宣扬者是杨朱，杨朱在战国前期与墨翟齐名，他的一个有名的理论就是"拔一毛而利天下，不为也"，这代表了他对人与社会关系的理解。他的说法是：社会无权要求一个人交出哪怕属于自己的最小的东西，人人都管好自己的事情就行了，不要借公众的名义来牺牲个人的利益。在道家阵营中，还有一派是黄老学派。这一派的理论主要是"无为而治"。但是它与老子的"无为而治"不同，黄老学派的"无为而治"是与简明的刑罚措施相辅相成的，其刑罚是为了保证"无为"的实施。这派理论认为，人们的作为要与自然的发展相适应，不要想人为地提前改变和干预自然界及社会，在事情没发生之前，就不要去改变什么。"过在自用，罪在变化"，人为地提前或缩短社会进程都将引起灾难性的后果。

上述儒、道、法三家，既特色鲜明，又非常互补，缺一不可。但是法家太紧，会使社会发生崩溃；道家太松，会使社会走向涣散；儒家尤其是以荀子为代表的儒家理论兼顾礼法，缓急得宜。所以在中国社会中，战乱时法家思想就占上风，太平时儒家思想就成为主流，而休养生息时道家思想就会被采用。在之后几千年里这三家理论被交替使用，成为中国社会思想的骨干成分。

墨家思想是先秦社会思想的另一大派。墨家在处理人际关系、人与社会的关系时主张兼相爱、交相利。认为人们应该换位思考，爱别人，做对别人有利的事情，这与道家的贵生重己思想形成了鲜明对照，也和儒家的讲排场、重形式的风格截然不同。墨家反对铺张浪费，反对森严的等级壁垒，强调奉献精神，能吃饱穿暖就行，摩顶放踵以利天下，坚决反对损人利己的战争行动。在社会控制方面，墨家主张自我约束，自我约束的力量来自"天志"、"明鬼"，即主张上天是有赏善罚恶能力的人格神，人在做，天在看，善恶终有报。这近似于佛教的因果报应说。在社会组织和国家起源方面，墨家主张尚同，即下级服从上级，统一思想到朝廷到天子。但是天子也不是最高一级，还要"法天"，因为天是最无私、最公正的。在社会流动理论方面，墨家最激进最鲜明，主张以德能选拔官员，不论出身如何，只要有能力有德行，就可以担当相应级别的官员，这又与帕累托的精英理论相似。

在以往的社会思想研究中，阴阳家的理论是少被提及的，但是这一派的理论有其独特价值。阴阳家理论的依据是"天人合一"，"天人合一"思想由来已久，阴阳家把它系统化了。阴阳家认为，人类社会是天地自然界的一部分，人类社会的活动必须遵守自然法则，才能够持久。一个朝代的兴衰更替，都与自然界五行要素的相生相克密切相关，这就是"五德终始"学说。而怎样算是与天合一，阴阳家们设计了一年的生产和生活安排，每一个月做什么活动、施什么政令、穿什么颜色衣服、吃什么食物，都是严格有序的。

这样实际上就创建了一个人们的社会活动模型，掌握了一年四季十二月的生产生活规律。阴阳家的社会理论，对于限制至高无上的君主皇权有着重要意义，在民间社会生活中也发挥着重要的规范作用。邹衍的五德终始说和《吕氏春秋》中的月令内容是阴阳家理论的代表。邹衍出于儒家，阴阳家理论与儒家理论有着密切联系，故在后来的封建正统思想的构建中，阴阳家理论能够很容易地融入儒术旗下，并流传下来，成为中国古代社会思想中最富特色的社会学说之一。

名家学派关系比较复杂，许多人物如孔子、荀子都与名家有关，孔子主张正名，说是"名不正，则言不顺"，《荀子》中甚至有《正名》专篇。本成果中的名家以邓析、惠施和尹文的思想为论述材料。

邓析主张无厚、重民、循名责实、从社会中寻求犯罪原因。所谓"无厚"，是说世上没有特别深厚的感情，即使君臣父子之间也是这样，如果君主有私心、有偏向，就会被这种情感所累，失去公正。所谓"重民"，是说民众是统治者的基础，必须善待民众，否则统治是不稳固的。从社会中探究犯罪原因，是邓析的发明。他指出社会的不平等、不公正是犯罪的真正原因。惠施的社会思想主要有三点：去尊、反战和利民。这三者是指统治者为了减少人民的生命损失，可以抛弃尊位，可以避免战争，要以民为本，为民谋福利。

《尹文子》中，阐述了名的分类、社会功能。名具有"定分止争"、消除社会纠纷的重要功能。春秋以来剧烈的社会变迁导致了严重的社会失范，原有的西周以来的等级制度、礼乐制度——也就是原来的"名分"已经与"形"——社会现实之间出现了严重的脱节，原有的上层建筑已经不能有效地规范经济基础，保证社会有序健康地运行，因此必须与时俱进，建立一套适合社会发展现状的新的"名分"体系。需要从法律、礼乐制度、道德观念方面进行重新界定和全面调整，达到上层建筑与经济基础之间的新的平衡。"名分"也就是秩序，"正名"就是恢复秩序，制定新的秩序。在社会控制方面，尹文主张，用无为而治的道是最高明的，但是很少有人能运用自如，可行的是用法来管理。尹文对社会运行状态提出了衡量标准，其中社会运行状态良好的有昌国、强国、治国；状态不好的有衰国、乱国、亡国。但判断良性运行状态与恶性运行状态，最重要的是纪纲法制是否有效地发挥作用，社会是否井然有序。在社会角色和社会分工方面，尹文有着精彩论述：天下的事情很多很复杂，一个人不可能全通。一个人如果兼任的角色过多，在工作中就会遇到角色不清和角色紧张的问题，必然误事。最好是士农工商，各安其业，各级官吏，各司其职。尹文还提到了如何处理社会财富分配不均、贫富关系的问题。认为贫富关系不是孤立的，而是对整体性社会问题的反映。只有整体性地进行社会优化，才能彻底解决贫富关系问题。

本成果的最后主要是对问题的概括和申论。

一是系统概括了先秦社会思想发展的基本脉络，梳理了学派、学者之间的相互关系。

二是综述了一些重要问题上诸家的异同，并作了进一步归纳提炼。这些问题包括儒家的理论地位、家庭问题、天人合一思想、人性论、人的社会化、社会控制、社会理想等。如在社会控制的问题中指出：三晋法家主张对社会实行硬性控制；儒家倾向于软性控制；老庄道家倾向于少控制甚至不控制；黄老道家主要主张宏观控制；以荀子为代表的综合性理论主张礼法并重，软硬兼施。三晋法家的社会控制理论，在秦朝获得了实施；黄老道家的社会控制思想，在西汉前期获得了实践；儒家的社会控制思想，在武帝时期及其以后获得了社会统治地位。如果说老子的无为思想，是对现实社会进行了认真思考，提出了一些具体策略的无为，对社会实际控制有一定意义的话；那么庄子的消极的无为，则是对社会文明的彻底否定。他反对社会控制，既反对儒家提倡的社会价值观念和社会控制思想，更反对法家的社会控制思想，主张废除一切社会文明成果，退回到自然混沌的状态中去，达到人在自然社会状态下的绝对自由。

除对以上内容的叙述和列举的学术观点及结论之外，本成果还提出了一些重要论断：

儒家是三代政治思想和社会思想的传统派，继承了三代主流社会思想，构建了完整的社会思想体系，尤其在社会秩序与社会控制方面，以人性论为理论依据发展了完整的社会控制模式和丰富的内容，礼乐制度的社会功能在于秩序与和谐等。儒家的终极目标是内圣外王，既要社会和谐，又要个人修养，二者是相关联的。儒家在社会角色理论方面做出了系统的严整的阐述，这些理论对中国的社会结构的形成演变具有深刻的影响。在人的社会化方面，儒家理论也是先秦诸学派中论述最深刻的。

孔子不是开历史倒车，也不是奴隶主阶级的思想家。他要恢复的礼治是要回到西周初年那个礼俗淳和、政简刑清、生机勃勃、统治者励精图治、民众安居乐业的社会。

郑子产铸刑书并非首次公布成文法，夏代就有而且公布过成文法。铸刑书的实质也不是新兴地主阶级的封建法律取代奴隶制法律，而是柔性的礼治社会向刚性的政令管理模式的演进，是社会管理思想的更替。

以往文献对法家的论述相对含混，本成果在法家学派中作了三种区分：齐法家、三晋法家和黄老刑名学派。齐法家是非常重要的一翼，礼法并重、注重经济富民是齐法家的理论特点，是与三晋法家的重要区别所在。本成果详细区分了齐法家、三晋法家和黄老刑名学派的理论特点。

三、成果的学术创新、应用价值及社会影响和效益

本成果的创新之处主要反映在三个方面：第一，用社会学理论方法去系统梳理、解释先秦古人的思想资料；第二，首次对原始社会末期以来到秦统一之前的社会思想作断代研究，以一部全面的、系统的先秦社会思想史专著弥补学术界先秦社会思想研究的不足；第三，拓展了研究范围，如名家的社会思想、黄老学派的社会思想、阴阳家的社会思想等，都是以往社会学的社会思想研究中没有涉及的内容。同时本成果不仅包括了文献资料，也包括了一些考古资料；不仅包括精英思想家的观点，也包括政治家和民间的呼声。

我国古代在社会运行和社会控制方面是很成功的，多数时间都维持了比较稳定的状态，中华文明没有中断，维持了大一统的国家，其中社会思想的凝聚力和统治力功不可没，现在也需要从先秦轴心时代去寻求智慧。儒家的义利关系理论、人的角色规范理论、社会养老福利思想、礼乐秩序与和谐理论；齐法家的礼法并重、衣食足则知荣辱理论；道家的天人合一、无为而治、自然和谐相处理论；阴阳家的遵守自然规律等理论，都有着超时代的意义，对于我们构建和平的和谐社会乃至国际秩序都有着重要的借鉴意义，古代的这些思想能够让我们反思现实、创造和谐。在中国特色的社会学理论体系构建方面，在开展对外学术交流、对内中国社会思想史的教学和研究方面都可以发挥重要作用。

《国家调整农民工社会政策研究》概要

潘泽泉[*]

农民工是改革开放以来最有活力，也是最为特殊的一个社会群体，国家社会政策对待农民工的态度有一个变化的过程，本成果以国家调整农民工社会政策为主题，将农民工的个人发展纳入国家的社会政策框架下进行研究，具有重要的理论意义和应用价值。本成果反映了当前社会政策研究的最新进展，代表该领域研究的较高水平，具有较好的学术声誉。

一、研究的目的和意义

自 20 世纪 80 年代后期以来，中国农民的大规模跨区域迁移，已经成为令人瞩目的社会现象。从"盲流"阶段的农民自由流动到以户籍政策为核心的保护城市政策中农民被禁锢，再到社会身份与职业身份相分离的"农民工"出现，不但冲击着实行了多年的城乡分隔的户籍制度，也迫使城市做出持续的制度和政策调整：从暂住证制度的实施，到计划生育实施流出地和流入地的双重管理，再到打工子弟学校在城市空间内的艰难生存，等等。国家调整农民工社会政策是否达到了预期的效果，国家调整农民工社会政策的社会影响如何，作为弱势群体的流动农民工在社会政策调整过程中是否共享了中国社会发展成果，在现代化、城市化和经济全球化的背景下如何构筑新的农民工社会政策框架和社会政策保护体系，可以说，这些是当前中国社会所面临的十分紧迫的现实课题。本成果试图以作为弱势群体的流动农民工在现

---

[*]　潘泽泉，中南大学社会学系主任，教授，博士生导师。

代化过程中是否共享了社会发展成果为指针，重新审视农民工社会政策调整的策略与过程、政策调整的策略空间、政策实践的理性逻辑、社会政策的实践效果、社会政策调整的社会影响及社会效益，在社会政策与社会发展的推进、社会政策与农民工生活质量的提高、社会政策与社会质量的提升、社会政策与农民工的生存生态的框架内，对国家调整农民工政策的社会影响和社会效果展开研究。同时，通过对大量理论流派和理论思想的演绎、论证和思考，结合中国经验和中国农民工的具体实践，提出一种整体性的社会政策思路和新社会政策框架。

本成果既有理论研究的创新性，又有较广泛的实践支持。本成果的理论价值在于：从社会政策层面来看，社会政策的演变过程就是由消极型社会政策向积极型社会政策转变，由干预型社会政策向发展型社会政策转变，由"生存—经济型"社会政策向"身份—政治型"社会政策转变。本成果将在这种转变的历史语境中，深化对社会发展过程中的社会政策的理论研究，从而丰富和完善社会政策研究的理论宝库，这有利于从社会政策层面，深刻认识转型时期中国社会和中国社会发展的独特本质。中国社会的发展过程就是由乡村向城市演进的过程，由传统性向现代性转变的过程，由封闭性向开放性、由本土性向全球性、由消极性向自明性转变的过程，农民工社会政策的研究就应该建立在这种由"传统"向"现代"转变的理论范式基础之上。

从现实价值来看，本成果为当代中国农民工共享社会发展成果提供了政策咨询和政策创新思路；从社会政策层面为解决当代中国农民工问题提供了一套既具有可行性又具有可操作性的行动计划和社会政策框架，这套行动计划和政策议题创新的基准点是"立足于农民工共享社会发展成果"，着力点是破解中国目前城乡二元结构失调、社会冲突加剧的社会发展悖论和社会政策转型困境。本成果将有助于重新认识国家调整农民工社会政策的社会影响和社会效果，重新认识国家调整农民工社会政策是流动农民工作为弱势群体在城市获得发展机会的内在逻辑和动力机制，并在此基础上构建公平有效的流动农民工共享社会发展成果的社会政策体系，从而有益于流动农民工弱势地位的改善和建设和谐社会目标的顺利实现，最终有益于中国社会的长期稳定和可持续发展。本成果将有利于从社会政策层面加深社会各阶层对农民工的了解，并在社会政策和行动上真正接纳这一群体；有利于提供一种新的社会政策理解框架以促进社会安全和社会稳定；有利于农民工社会政策的理性推进；有利于推进当前国家宏观政策的全面实现。

二、成果的主要内容和重要观点

1. 重要观点

（1）农民工在城市中的行为选择、行为策略空间、生活质量、社会融入程度、对社会发展的影响等是内生于社会政策变量，内生于国家、地方政府的人口社会政策控制模型的，是受国家和地方政府社会政策过程影响的。

（2）要把国家调整农民工社会政策的过程放在宏观的社会发展框架中来考察，包括具体的国家与社会的行动框架，国家或者地方政府对秩序的理性追求，城市现代化以及优先发展城市的战略性框架，社会政策调整过程的"行动舞台"与行动情境，政策调整与制定的"问题源流"，引人关注的重大社会事件或危机事件，政策实施的效果反馈，政策过程的价值观念与信仰系统，政府官员、学者和研究人员等对政策的态度，针对某一问题解决方案的各种意见主张等，还包括制度环境、市场需求逻辑或者市场结构、权力需求逻辑与权力结构、社会再分配逻辑与利益分配结构、资本运作逻辑与资源配置结构（城市与农村的资源配置、城市发展优先论）等。

（3）同样要把国家调整农民工社会政策的过程放在微观的个人或者群体互动与实践策略的框架中来理解，政策过程是一个将政策受益由零和博弈转向非零和博弈的重复博弈过程，而政策结果形态便是一种纳什均衡，具体包括不同主体的利益表达、利益偏好、利益整合与利益分配逻辑、利益博弈过程与策略选择，资源控制与分配的技术手段，政策制定与执行过程中的互动情境，政治领导层在政治改革政策选择与制定过程中扮演的角色以及政治领导层的政策取向、政策策略、政策价值偏好，等等，国家调整农民工社会政策的过程就是国家、地方政府、压力集团与社会政策对象之间的利益博弈过程。

（4）农民工进城，是中国经济发展的需要，也是中国现代化发展的最大的动力；中国农民工进城的过程，是现代工业发展的过程，也是现代城市发展的过程；农民工进城是一场重要的农民运动，是亿万群众的伟大的实践，完全符合工业化发展的规律，是中国社会经济发展的重要组成部分，出现了一个政府主导、全社会关注、城乡统筹的新的农民工现象，开创了一个新的历史阶段；农民工进城及其素质的提高是工业化升级的重要条件，也是农业产业结构升级的重要契机；流动农民工的出现改变了城市原有的社会分层结构与僵化的城乡二元结构，使社会分层结构具有弹性，为农民实现向上流动提供了可能。

2. 主要内容

（1）国家调整农民工社会政策的社会影响评估体系和框架。

国家调整农民工社会政策的社会影响包括农民工的社会心理与行为、农民工的生活质量、社会质量以及城乡社会发展。具体体现在：

第一，国家调整农民工社会政策对农民工的社会心理与行为的影响，具体包括农民工的社会政策认知状况、行为策略及其相关性，农民工在社会生活中的社会网络和社会资本构成，农民工日常生活中的社会交往边界、社会分类逻辑和群体互动过程，农民工自我认同逻辑和行为策略；第二，国家调整农民工社会政策对农民工生活质量的影响，包括农民工在日常生活中的社会交往、个人发展、收入水平、劳资关系、子女教育，也包括农民工在城市中所感受到的社会剥夺感、社会公平感和社会生活的满意度等；第三，国家调整农民工政策对社会质量的影响，包括社会融合或社会整合、社会信任、社会分层与社会流动、社会经济安全等；第四，国家调整农民工政策对城乡社会发展的影响，包括城乡一体化、社会排斥、可持续发展等。

国家调整农民工社会政策的社会影响评估的基本框架表现为：

第一，社会心理与行为：包括政策认知与行为倾向性、社会交往、社会网络与群体互动、身份认同、行为策略等；第二，人口质量：包括农民工人口素质、公共健康（人口健康）、人力资源开发与利用；第三，生活质量：包括经济脆弱性、可持续生计、社会资本、信任关系、风险承担网络；第四，社会质量：包括公共安全、社会风险、包容性发展与城乡经济、社会、环境可持续发展；第五，社会发展：包括发展战略、城乡一体化和新型城镇化。

（2）国家调整农民工政策的实践理性、策略空间和行动框架。

①农民工社会政策的制定与调整总是与重大历史事件或重大突发事件联系在一起的，必须把国家调整农民工政策放在国家宏观政治经济发展的框架

下来理解，国家调整农民工政策作为农民工生命历程中的一个重大社会事件，使得农民工的生命模式与重大历史事件在一定的时空中发生了某种关系和互动关联；农民工社会政策的调整是内生于国家社会政策系统，是服从于国家的"政策群"系统，服从中国社会发展中的"基调理论"和"大的政策原则"的；农民工社会政策制定的实践过程体现了一种稳定和渐进主义逻辑，这是由社会政策制定与调整的有限理性、模糊性与阶段性以及社会政策本身的模糊性与实践的模糊性决定的。

②国家调整农民工社会政策的过程中存在着一种策略空间，需要将调整策略空间放到长时段的、不断循环的政策过程之中来考察，政策部门的自由裁量权、政策规范的可变通性和政策资源的可交换性是政策对象得以发现和利用策略空间的途径。

③社会政策调整不仅是不同利益攸关者在各种政策阶段相互妥协的产物，也是权力的产物，是权力的符号象征和社会权力结构的反映。因此，在政策调整过程中，政策分析不仅要揭示文本中话语主体及其对象的权力关系和权力结构，同时也要说明这种权力关系所处的社会结构。

④中国的政策制定过程是由政治精英主导的自上而下的、高度集权的过程，以部委、地方政府为代表的官僚机构在政策制定过程中具有较大的影响力。在权威体制下，政治领导层在政治改革政策的选择与制定过程中扮演着决定性的角色，政治领导层的政策取向、政策价值偏好和价值标准对政策制定和政策策略的选择具有重要的影响。

⑤在国家调整农民工社会政策的实践中，压力集团也有重要影响。压力集团包括掌握社会舆论力量的记者、掌握政治决策权力的官员，以及有社会影响的学者，也包括不同的利益集团、支持联盟、专家系统、政策网络、政策社团、政治精英、媒体与慈善主义者等。

⑥国家调整农民工社会政策的过程及其话语实践经历了以空间社会隔离和无流动的封闭模式为特征的控制与闭锁阶段、以市场缝隙出现与社会政策松动为标志的松绑与盲流阶段、以治理策略的转变与围堵策略的运用为手段的堵疏交替阶段、以问题源流与问题导向为动力的社会政策调整阶段以及以科学发展观与城乡统筹为基准的科学规划阶段。在整个政策调整过程中，农民工社会政策体现了弱势性、临时性、不平衡性、补偿性、配套性、应急

性、盲目性、被动性、修补性、碎片性和渐进性等特点。

⑦国家调整农民工社会政策的背后存在着理性秩序与城市主义的发展逻辑，城乡二元结构的形成、维持与再生产正是建立在这种叙事逻辑和话语系统之上的。以城乡二元结构为基础的户籍制度体现了理性秩序的建构策略，从现代化的发展战略来说则体现了反城市化的逻辑和城市空间保护策略。

⑧现有的国家调整农民工社会政策陷入了一种发展困境，政策执行和角色扮演中的角色缺位与职能错位、政策惰性、政策的滞后性、政策的弱势性、政策缺失、政策冲突、政策偏好等因素共同引致了社会政策困境，再加上城乡利益冲突、社会资本缺乏以及自身素质不足等因素的影响，农民工在城市的生活和工作面临种种困境，市民化的进程举步维艰。

（3）国家调整农民工社会政策的社会影响及评估。

①从政策分析的角度来讲，农民工社会政策的弊端体现为城市现代化中农民工身份系统的僵化和排斥性壁垒的存在。在农民工的社会融合框架中，政策性歧视是阻碍农民工融入城市的根本性障碍；在经济层面上，政策性歧视加重了农民工的经济负担，使城乡差距进一步扩大，不利于统一市场的形成，更加不利于实现农民工在城市中的社会融入；在政治层面上，政策性歧视造成了城市居民与农民工之间的紧张关系，增加了社会的不稳定因素。

②从社会心理与行为看，由于受社会政策认知能力、社会政策关注程度及社会政策认知渠道的制约和影响，现阶段农民工对相关政策认知水平总体较低，对相关政策的内容及效果认知程度不高，对于社会政策的合法性缺乏清晰认识。农民工在现实生活中是一种孤立化的、相互隔离的、封闭且具有同质性的群体存在。在流动过程中，农民工社会生活场所发生的变化并没有从根本上改变他们以血缘、地缘关系为纽带的社会网络的边界，影响这一边界的主要因素是基于社会制度或社会政策所标定的社会身份而不是社会职业；流动农民工在社会位置的变动中对血缘、地缘关系的依赖，并非一种传统的"农民习惯"，而是一定制度或者社会政策结构安排下的节约成本的理性选择，而且这种选择在影响和改变着制度化结构的社会安排。

③从生活质量来看，农民工在城市社会中具有的底层性、边缘性、流动性和自我封闭性等现实特征，致使他们陷入生存和发展的困境：卫生状况堪忧、健康状况糟糕、住房拥挤、居住环境恶劣、基本生活设施不健全、营养

不良、缺乏公平的教育机会、教育状况不佳、获得卫生及其他服务的可能性较低；缺乏政治参与的机会、缺乏自我表达的机会、受到社会歧视等；对城市没有归属感，人际关系简单，生活圈子狭小；自我身份认同缺失，社会不公平感显著，社会满意度低，社会剥夺感强，社会情感处于消极状态，如焦虑、沮丧、怨恨、孤独、无助等，社会安全感较低。农民工对城市居民群体不认同、不满意甚至怨恨，进而转化为农民工与市民在生活交往中的互不谅解、互不认同甚至到剑拔弩张发生冲突的地步，这种冲突的加剧，进一步恶化了流动农民工的处境，使他们陷入一种发展的困境。

④从社会质量来看，社会隔离或者社会孤立的后果就是形成一种孤立化的、相互隔离的、封闭性的群体存在，形成孤岛经济效应，陷入一种严重的发展困境：缺乏发展的机会、信息贫乏、弱资源的再生产能力以及弱劳动力联系、与主流社会脱节、缺少参加社交活动的机会。由于耻辱感，流动农民工较少与有稳定工作的人来往、被信息社会所抛弃，处于一种贫困化不断加剧的境况中。由于流动农民工聚居在城市贫困地区，且与主流社会脱离，使得他们在城市空间中陷入发展的困境。新生代农民工与城市居民的社会距离正在逐渐增大，他们缺乏主动介入城市生活的积极性，并且感觉与城市生活和城市居民之间的关系日趋隔离。从社会信任和社会团结的角度来看，在城市中，现代化并没有破坏传统建立在血缘和地缘关系基础上的社会信任关系，生活在城市的农民工的社会信任对象，仍然依托传统的社会关系网络来确定。从社会增能与社会参与来看，弱势群体缺乏参与制定规则制度的权利，往往在法规制定和执行过程中"缺席"。

⑤从生存生态来看，在国家调整农民工社会政策的实践逻辑中体现了一种基于空间的政治策略，社会政策都是在特定空间中实践的，身份、教育、性别、种族、社会福利等社会政策决定了人们与空间的关系，如城市和农村、发达地区与落后地区。社会因素在城市生活中无不通过空间向度展开并发挥作用，在流动农民工的日常生活实践中，出现了一种通过自下而上自发形成的聚居区，随着城市居民不断地从这些空间流出和流动农民工不断地涌入，这些空间就从城市中隔离出来，形成了流动农民工在城市中生存的"场所"和嵌入城市生活的具体"情境"。

⑥从社会发展风险来看，这种以城市为中心的现代化叙事与发展主义实

践是一种风险型的发展模式，表现在流动农民工所寄寓的生存空间已经结构性地被城市发展和规划所隔离和碎片化，并脱离了其发展的内在逻辑和现代化的道德诉求；流动农民工自愿从城市空间中隔离出来，集中到城市边缘区、被遗弃的老城区，自觉不自觉地回避与城里人交往，囿于习惯性的同乡交往而拒绝突破这一交往圈，从而形成自我隔离，选择了一种"边缘化生存方式"。也表现在城市贫困新阶层的产生、城市贫困新特征的出现和不平等现象的加剧；农村出现了农民收入、粮食产量、乡镇企业劳动力、商品销售总额全面下降的严重局面。二元制一方面阻碍了农村城镇化的进程，另一方面也制约了农业和农村的发展。农业倒退、城乡和地区发展差距拉大，农民贫困问题有可能成为21世纪中国突出的危险问题。

（4）国家调整农民工社会政策的对策建议。

近几年政府陆续出台了一系列相关政策，但以往在国家调整农民工政策层面往往局限于流动农民工在城市中的身份合法性问题、进入门槛的问题（即如何完全控制或限额控制的问题），或者从经济角度考虑引导农民进城、提高农民工收入，而缺乏较为完善的社会政策促进农民工在城市就业、定居并最终融入城市生活，成为真正意义上的市民。对此，本成果提出了以下建议：

①提出国家在调整农民工政策时应重点转向对流动农民工进入城市后的整合政策，农民工社会政策调整方向应该从控制策略向整合策略转型、从"生存—经济"社会政策框架向"身份—政治"社会政策框架转变、从消极型社会政策向积极型社会政策转变、从干预型社会政策向发展型社会政策转变。

②政策调整应该以实现农民工在城市中的"可持续生计"为目标，关注农民工在城市中的生存战略和经济脆弱性，帮助农民工实现劳动力市场融入、提升可持续生计能力和获得收入保障，帮助他们获得更多的就业机会和获取更多的社会资源，解决他们在城市中的社会整合和可持续发展问题。

③国家调整农民工社会政策应该提倡能动性政治，即在社会整体关怀和目标环境下寻求社会群体和社会成员个人分担责任的能动性和主动性，通过对话民主，使得国家在公共领域中通过对话协商、理性沟通而不是通过权力

干预去解决或处理矛盾。社会政策必须投资到具有促进人力资本、就业、社会资本、劳动技能以及低成本高效益的项目上，致力于消除农民工参与经济活动的障碍，提高他们参与经济活动的能力，提高他们的积极性、主动性和能动性。

④国家调整农民工社会政策应更多地以社会公正作为基本立足点和基本理念。社会政策的目标应从对个人的福利服务，转为通过提升个人能力、减少社会不平等和歧视来推进机会公平。同时，通过推进特殊群体的参与来提高个人的参与能力。社会政策所针对的主要问题是贫困和社会不平等，它强调社会政策要帮助市场竞争中的失败者和社会弱者实现减贫和再分配的目标，具体可采用的政策工具包括积极的劳动力市场政策和强调社会权利的最低收入支持制度，反贫困关注的内容从反物质贫困扩展到反文化贫困。

⑤国家调整农民工社会政策应注意社会政策调整的科学性和战略性。国家调整农民工社会政策应在城乡一体化或者城乡统筹的框架下进行，倾向于选择构建城乡统一的和城乡一体化的社会政策体系和社会政策框架；农民工社会政策的调整应建立在应对全球化对传统社会政策的挑战的框架之中，随着全球化的推进，很多国家开始实施"积极的社会政策"，即发展型社会政策，致力于消除或减少那些在全球化过程中使人们陷入不幸或困境的因素，而不是在风险成为事实后再向人们提供生活保障。

⑥国家调整农民工政策体现了社会政策过程中道德基础和伦理价值取向的变迁。基于社会公平的价值观念，政府应确立支持弱势群体的社会责任和道德伦理观；政府作为公共权力机构的代表，必须树立消除社会排斥、社会隔离，支持弱势群体的强烈的社会责任观；国家在调整农民工社会政策的过程中应致力于建构发展型社会支持体系，促进社会弱者自立、自强，提升弱者的社会参与能力，从而达到消除社会隔阂，实现社会整合的目的。

三、成果的学术创新、应用价值及社会影响和效益

1. 学术创新

从研究方法上看，本成果研究方法先进，定量研究与定性研究相结合、理论与实际紧密结合、历史研究与比较研究相结合，在学理分析与问题事实

的结合方面取得了突破性的进展。

本成果在对社会政策最前沿理论的吸收、批判和创新的基础上，从社会心理与行为、生活质量、社会质量、社会发展四个层面开拓性地提出了社会政策影响的新的评估体系，并在坚持社会科学研究的方法论准则和理论建构方法与范式的基础上，在当代社会政策范式中首次吸收了实践理性、生活质量、社会质量、和谐社会、可持续生计、经济脆弱性、空间政治、底层生态、道德判断的实践、包容性发展、反社会排斥与社会整合、发展伦理与正义等新近流行的话语体系和前沿理论的最新成果，构建了新的突破性的社会政策架构、评估体系和理论支撑。

本成果既关注理论内容与体系的建构，也关注实践前沿问题的对策研究，在基本原理、核心概念、理论建构、对策研究方面较为深入、细致与具体地进行研究，体现了研究的科学性与创新性，催生了一系列具有创新意义的理论观点与研究方法，期望对于后期相关创新性研究具有积极的指引意义和示范效应。

2. 应用价值

本成果以国家调整农民工社会政策为主题，将农民工的个人发展纳入国家的社会政策框架下进行研究，具有重要的应用价值。

本成果能为国家调整农民工相关政策，引导社会关注农民工群体提供充分的学理依据。

（1）有利于从社会政策层面为当代中国农民工问题的解决提供既具有一定可操作性又具有一定可行性的有关"农民工实现共享社会发展成果"的行动计划和社会政策框架，有利于农民工社会政策的理性推进，有利于当前国家宏观政策的全面实现和推进。

（2）有利于从社会政策层面引导社会关注农民工群体，加深社会各阶层对农民工的了解，并在社会政策和行动上真正接纳这一群体。

（3）有利于提供一种新的社会政策理解框架以促进农民工共享社会发展成果，真正改善农民工的生存状况，真正提高农民工的生活质量和生活水平，实现农民工真正融入城市。

（4）有助于重新评估国家调整农民工政策的社会影响和社会效果。

（5）有利于从城乡社会全面发展、社会质量提高、共享社会发展成果、社会稳定及和谐社会建构等宏观层面重新认识中国农民工的社会政策并促使国家在新形势下对农民工社会政策做出新的战略调整，最终有益于中国社会的长期稳定和可持续发展，全面实现中国社会健康、公正、稳定和协调发展。

3. 社会影响和效益

本研究的阶段性成果以学术论文的形式先后在《社会》、《社会科学》、《学术研究》、《广东社会科学》、《经济社会体制比较》等学术刊物上发表近30篇，产生了重大的社会影响，其中 6 篇被《社会学》、《妇女研究》、人大复印报刊资料全文转载，3 篇被《中国社会科学文摘》全文转载。中国农民工研究系列论文获得 2009 年湖南省哲学社会科学优秀成果三等奖。主要观点被《新华文摘》、《光明日报》、《羊城晚报》、《湖南日报》、凤凰网、中国改革论坛网、社会学视野网、地方政府和社会治理研究网、中国农村调查网等国内几十家媒体转载。

《制度、市场与中国农村发展》概要

陆益龙[*]

一、研究的目的、意义及所使用的研究方法

1. 研究的目的和意义

中国改革开放 30 多年来的经验表明，唯有改革创新才能促进发展，唯有改革创新才能稳定发展。改革创新实质上就是制度创新和制度变迁的过程，通过创新和改革，选择更加有效的制度安排，消除无效或低效率体制机制对经济社会发展的束缚，从而大大提高生产力。在这一意义上，制度创新也可以说是一种生产力，因为制度创新过程包含了哲学社会科学以及先进经济与社会管理技术的成果。

始于农村改革的改革开放战略，已经促进中国经济与社会发展实现了一次飞跃，中国人民不仅自己解决了温饱问题，而且正朝着小康社会快速迈进。在看到中国快速发展的成就的同时，我们依然需要清醒地认识到中国社会的不平衡发展问题，即"三农"发展的滞后性问题。因此，当今及今后中国经济与社会发展能否实现再一次飞跃，某种意义上说关键在于中国农村的发展，因为只有农村发展了，才能解决中国发展的"瓶颈"问题和"短板效应"问题，才能使整个社会的发展水平上一个新台阶。同时，农业、农村和农民的发展将为整个社会经济的发展提供坚实的基础。那么，如何才能促进中国农村的进一步发展呢？关键还在于改革创新，一方面需要改革制约或束

---

*　陆益龙，中国人民大学教授，博士生导师。

缚农村发展的制度安排，另一方面需要建设新的制度以激励发展。本成果主要从制度、市场发展两个方面探讨农村如何在新时期实现新发展，具体研究的问题可概括为两大类：一是哪些制度因素制约农村市场乃至"三农"的发展，二是怎样的制度创新和制度安排将会激励和促进农村市场及农村新发展。

农村发展问题一直是中国社会学关注的焦点问题，从晏阳初倡导的农村建设运动，到吴文藻开创的社区研究，再到费孝通提出"离土不离乡"的发展模式、小城镇建设和区域协调发展理论，以及黄宗智关于乡村发展第三条道路的观点，都是在探讨和探索中国农村发展的出路问题。如今在全球化、市场化的大背景下，中国农村发展面临着新的挑战和问题。新时期中国农村将何去何从，依然是值得探讨的大问题。农村发展究竟选择什么样的路径，也是关乎亿万人切身利益的战略性问题。本研究主要为达到两个目的：一是把握当前中国农村及其市场发展的现实状况究竟如何；二是了解中国农村及其市场发展中面临哪些突出问题，进而理解这些问题与制度有何关系。

本研究之所以选择以制度创新、市场发展为切入点来探讨新时期中国农村新发展问题，主要是基于这样的思考：

第一，制度其实是一个复杂的综合变量，能够将经济、政治、社会乃至文化的因素统合起来。通过制度分析，我们可以更清晰地看到制度、社会行动与发展之间的关系。农村发展问题不是单一性问题，而是涉及多方面的综合性问题。制度分析对于理解和认识这一问题有着重要的意义。

第二，农村发展的重心和基础是经济发展，在市场化、全球化的新时代，如何发展经济，问题的核心和关键可能还在于市场的发展。如何利用好市场这一制度、这一机制，不仅有助于推动农村经济的发展，而且也有助于解决各种各样的"三农"问题。市场机制虽不是万能的，但如果忽视市场机制在发展中的积极功能，那就等于我们自动放弃"另一只手"的功能，显然会大大削弱经济社会发展效率。

第三，将制度创新与市场发展联系起来，旨在把新制度主义与新古典主义之精髓加以融合，寻求新时期农村新发展的更多有效路径和方法。

制度和市场虽是经济学中的重要范畴，但在研究农村发展问题时也通常被引入作为重要分析单位。如施坚雅就曾对中国农村市场体系与社会发展之间的关系进行了考察，林毅夫所主张的新农村建设，其核心也是发展农村市场。在制度分析方面，当代社会学的新制度主义学派已有较多研究典范。本研究试图借鉴这些经济学研究的分析策略，着重运用社会学的经验研究方法，从跨学科角度探析制度变迁、市场发展与中国农村发展的内在联系及趋势性特征。

2. 所使用的研究方法

本成果在研究方法上注重经验研究与理论分析、定量研究与定性研究的有机结合。在经验研究方面，运用定量的统计分析方法对中国综合社会调查（CGSS）中农村部分的数据进行了分析，运用定性分析方法对在小岗村、河北农村及京郊农村的田野调查材料进行了分析和解释。

在理论研究方面，主要借鉴了新制度主义经济学和社会学的制度分析方法，对中国农村发展中的制度及市场问题进行了梳理和分析，并在此基础上进行制度、市场和农村发展的理论探讨。

二、成果的主要内容和重要观点

本成果主要用两条线索来进行穿插交织，一条是制度—市场—农村发展的线索，另一条是经验—理论的线索。在结构上大体包括三个部分：第一部分从第一章到第四章，重点讨论农村发展中的"制度"问题。主要探讨了旨在促进农村及市场发展的制度创新问题、新农村建设中的制度建设问题、户籍制度及城乡体制改革问题、农村土地制度改革问题等。

第二部分从第五章到第十一章，主要考察农村市场发展中的具体问题，包括如何通过政府引导性制度变迁来促进农村市场发展，如何通过制度创新来推动农村新要素市场的成长，农村劳动力是如何"闯市场"的，农民的市场意识如何，农民是如何使用土地的，农村集市是如何变迁和发展的，如何支持农村创业人才的成长等。

第三部分从第十二章到第十五章，主要探讨中国农村发展问题。其中涉及对新中国成立60年来农村发展的经验及问题的总结和梳理，对农村社会结构特别是阶层结构变迁的历史考察，对后乡土中国的农村发展困境问题的讨论，以及对新时期农村新发展和农村发展道路问题的探讨。

在研究的形式或研究的方法上，本成果既包括制度、市场和农村发展的相关经验研究，也包括对这三个方面及其相互关系的理论探讨。

第一章主要从一般意义上分析和讨论了对于中国农村发展而言，市场发展如何重要，制度创新又对农村市场发展如何重要，以及如何推动旨在促进市场及农村发展的制度创新等重要理论问题。这一章的主要观点有：第一，改革和开放的实质就是制度创新，改革就是要改变造成发展滞后的制度安排，开放就是积极地引入新的制度和更有效的制度。第二，竞争性市场制度如"看不见的手"，引导和控制着个体行动者去实现资源配置，因而市场制度是一种能提高发展效率的制度。中国农村在 1980 年代中期之后的快速发展，正是受益于农村产品特别是要素市场的发展。第三，当前制约中国农村市场发展的制度性因素主要包括两类困境四个问题，两类困境就是农村内部市场发展动力不足和外部市场开放度不够的困境，具体表现在四个问题上：分割的劳动力市场体制、农村土地集体所有制产权安排、二元的社会体制及农村组织发展滞后问题。

第二章从宏观层面分析了制度安排与农村社会发展现状之间的关系，探讨了新农村建设之于中国农村发展的重要意义，以及不同的促进农村发展的制度需求和供给模式。本章提出的主要观点是：第一，推进新农村建设或农村新发展，目前最为突出的制度需求有新的身份制度、新的农村土地产权制度、新的公共政策和新的农产品价格调节机制。第二，制度供给要发挥国家的主导作用，同时要注重地方政府及基层的实践创新，在追求统一目标的基础上，鼓励因地制宜地推进制度创新。

第三章着重从城乡体制的角度考察和研究了制约农村发展的体制问题，以及推进这一体制改革的方向和路径。这一章包含了经验研究和理论分析，经验研究显示户口等级制和社会空间等级差别现象的存在，反映了资源在城乡之间、不同级别城市之间的不均衡配置，也反映了户口仍然是获得重要资源的依据，以及户籍制度安排构成相对封闭的社会结构，这一结构的存在对农村发展来说是一个主要的制度性障碍。通过对河北、四川、陕西和北京等四个省市户籍制度改革的经验考察，提出户口一元化改革既是必要的也是可行的。从长远发展的角度看，中国改革的下一个重点领域应该是社会领域，户籍制度改革则是下一步改革的重要目标。

第四章主要探讨农村土地制度改革与农村发展的关系。这一章首先从经验层面考察和分析了当前农村出现的农地征用的乱象及其症结所在，在此基础上进一步分析和讨论了当前农村土地制度的产权结构、农村土地流转市场形成的可能性以及对制度改革的要求。本章提出的观点主要包括：第一，目前农地征用的社会效益较为低下，大量农民在其中遭遇了不公待遇，较多的农地征用中出现向农民攫取土地的无序或混乱现象。第二，农村征地乱象的存在，与当前土地制度安排中对农民的土地承包经营权的不合理或模糊界定有着密切联系。这种产权界定属于合同关系的规定，而没有确立农民对土地所拥有的使用权和处置权，也没有界定与这一权利相连的收益权。第三，要实现"三农"新发展，需要在维持家庭承包制与实现规模化合作经营之间找到均衡点。这个均衡点可能是农村土地承包经营权流转市场的发展，如果这一市场发展起来，既能让广大农民从土地承包经营权中获得更好的收益，同时也会为土地的集中经营和农业的现代化转型创造条件。

第五章从制度变迁的角度探讨农村市场发展面临的问题及未来走向。本章以安徽小岗村近 10 年来发展市场经济的经历和经验为案例，讨论了诱致性制度变迁、强制性制度变迁和引导性制度变迁对于农村市场发展的意义。本章的观点主要有：第一，社会经济变迁和发展与制度变迁融为一体，有了制度变迁，就会导致旧制度所支撑的社会行动结构发生变化，从而带动社会经济发生变迁；同时，社会经济的变迁也会对制度变迁产生需求并推动制度变迁。第二，引导性制度变迁有别于诱致性制度变迁和强制性制度变迁。引导性制度变迁是指各级政府通过具体的政策实践和创新策略来影响社会成员的行动结构，以达到最终引导制度的变迁。引导性制度变迁具有多中心性、多样性、灵活性和可操作性等特征，在社会发展尤其是农村发展实践中，具有重要的现实意义。

第六章主要探讨了制度创新与农村新要素市场的培育和发展问题。这一章在对京郊农村要素市场培育和发展经验的考察基础上，探究了如何为培育新要素市场而进行制度创新。主要观点是：第一，改革开放后中国农村所取得的巨大发展成就，在很大程度上得益于要素市场的开放和发展。新时期要促进"三农"发展，培育和促进农村新要素市场的成长、不断提高农民收入水平是其中一个核心的任务。第二，农村新要素市场的发展，关键在于要素的需求和供给。生产要素的需求有两个基本特征，一是要素需求的派生性，二是要素需求的相互依赖性。第三，推进农村要素市场发展，制度创新的关键实际上就在于如何在政府与市场的结合上找到合适的交点。政府和市场的有效配合，最核心的不是规划和设计出最有效的规则，而是如何尽可能地避免各自的失败，即政府失败和市场失灵。

本成果对农村市场的研究主要为经验实证研究，包括第七章到第十章，涉及农村劳动力市场、农民市场意识、农村土地市场及农村集市的转型和发展等问题。

从第七章到第九章都是运用 2006 年中国综合社会调查数据（2006 CGSS）而进行的定量研究。第七章主要研究了农村向外流动者究竟是依靠何种力量以及通过何种机制实现向非农业转移的。相对于那些留守农村和农业的劳动力，向非农转移者究竟在哪些方面具有优势特征呢？是关系资源更丰富还是人力资本更丰富？抑或是宏观制度创造了更多的机会？本章提出了一个重要理论观点，即当前农村劳动力的向外转移依靠的是"闯市场"机制。"闯市场"机制具有农民与市场"共同演化"（co-evolution）的特征，即指农民是在"闯"的实践中创造出或寻找到市场发展的机会，而不完全是结构和制度为农民提供机会。

第八章揭示当前中国农民的市场意识现状，以及市场意识对其行动选择的影响，探讨农民市场意识的形成机制及对行动选择的影响机制。研究发现：第一，改革开放后，虽然市场经济体制已广泛推行，但农村社会并没有出现像西方学者所提出的全面"市场转型"，实证分析结果显示，农民在意识观念上并没有真正实现"市场转型"，多数农民并无较强的市场意识，相反，计划意识或国营经济意识却特别明显。第二，农民的市场意识水平在家庭经济结构特征方面并没有呈现出显著差异，这在一定程度上反映了当前农民的市场意识与其生产生活是分离的。第三，农村市场化建设的滞后性问题可能是由多种结构性和制度性因素决定的，而非因为农民的市场意识淡薄。

第九章通过对综合社会调查数据的实证分析，考察并检验了影响农户耕地使用行为的因素，以及农户耕地使用行为对家庭收入的影响。基于实证研究提出了如下观点：第一，在农村集体土地所有制的框架下，可以通过制度创新和管理创新，深化农村土地产权制度的改革，促进农村土地流转市场的形成和活跃。第二，对农业生产和农户的兼业经营应给予政策上的扶持，以提高农户农业生产和兼业的收益率及农户的积极性。第三，重视加大对农村教育的投入，提高农村劳动力的受教育水平，这将是促进农民增收的最重要的途径之一。

第十章在对河北定州农村庙会和集市的田野考察基础上，探讨了乡村集市的历史变迁与现代化转型问题。本章提出的观点是：今日华北乡村庙会和集市，虽保留了一些传统，但较过去有了较大变迁与发展；当前乡村集市的繁荣，意味着农村消费市场在发展，尽管乡村集市仍属于低端消费市场层次；乡村集市的现代转型关系到农村社会结构的转型与发展，农村现代市场体系的成长和壮大，关键还要靠制度和政策以及外部资金和技术力量来推动。

第十一章主要从培育"三农"创业人才的角度来阐述新时期农村新发展的理念。在这一章，主要提出了这样一些基本观点：第一，农村的新发展或建设新农村需要有新主体来推动。而在目前大量农村劳动力外出打工的情况下，农村的发展主要是一种依附性发展，即依附于城市的发展。要实现农村自主性发展即新发展，必然要依靠农村新主体或新型农民特别是农村创业人才。第二，要培育和发展"三农"创业人才，关键还在于推进逆向的制度安排。逆向的制度安排其实也是一种制度创新，即通过新的制度安排来改变当前农村主要劳动力或人才外流的趋势，激励更多的人才留守"三农"并在其中创业以带动农村新发展。

第十二章主要是对新中国农村发展的历史回溯和经验总结。以改革开放为分界点，梳理、总结和比较了改革开放前后 30 年农村发展的主要经验及教训。本章的基本观点有：第一，改革开放前 30 年，农村建设既解决了农民的生产和生活基本问题，又在不同程度上出现了温饱问题。就成功经验而言，农民生活及发展问题的解决，与土地使用权在农户之间均等配置同时又维持农户独立自主经营体制有着密切关系。而集体化的挫折不仅反映出集体经营体制并不总是促进农民的合作、提高生产力水平，而且也说明用政治运动的方式来推进农村建设极可能挫伤农民的积极性，从而对农业经济造成负面影响。第二，改革开放后 30 年，农村社会的温饱问题基本解决，但农村及农民的发展仍面临一些结构性困境，农村改革所取得的成绩主要归功于改革将农村劳动力从集体中解放出来，即农村要素市场的逐步开放。第三，概括起来看，新中国农村发展过程具有发展与停滞并存的特征。

第十三章从阶级阶层分析视角，分析和探讨了新中国农村社会结构特别是阶层结构经历的变迁，以及这些变迁折射出的制度安排对农村社会结构及变迁的影响。在历史分析及阶层分析的基础上，本章提出：第一，在改革开放前 30 年，农村社会阶级阶层结构变迁经历了从制度变革型的社会平等化及阶级阶层象征化，走向政治运动型的平均主义化及阶级斗争社会化。第二，改革开放后，农村社会阶级阶层结构变迁逐步走出无效率的集体平均主义困局，并在逐步的市场转型推动下，阶级阶层结构出现多种分化。既有经济收入的分化，也有职业的分化，还出现了大量的、频繁的流动而引起的快速、不确定的分化。第三，无论是改革前还是改革后，农村阶级阶层之间只存在着经济激励机制和效率的差异，而不存在社会关系的对立和冲突，因而这些结构都具有相对均衡和稳定的特征。第四，在建设和谐社会的过程中，需要将关注的焦点放在城乡关系和资本与劳动的关系上，通过改革和制度创新及法制建设，不断调和这两种社会关系。

第十四章主要回顾了费孝通乡土中国理论对 20 世纪上半叶中国乡村基层社会性质的解释，在此基础上结合当代中国农村社会发展的现实经验，尝试从后乡土中国的角度来概括和解释正在加速转型的中国农村社会的结构特征及社会性质，并探讨了后乡土中国农村发展面临的几大困境。本章提出了这样一些基本观点：第一，在经历了土地改革、社会主义改造、家庭承包责任制改革和新农村建设等重大变迁之后，在全球化、现代化、城镇化和市场化的大背景下，乡土中国的变迁也是不可避免的，后乡土中国已经来临。后乡土社会是指乡土社会已经发生了部分现代化转型，同时由于乡村的存续而依然保留部分乡土特征。第二，后乡土中国的特征突出表现为当前农村的双二元格局。农村双二元格局是在社会转型过程中，在特定的制度安排与制度变迁作用下形成的，大量流动的农民遭遇到城乡体制及体制内与体制外双重二元制度的排斥，由此形成资源配置和利益群体的双二元格局。第三，后乡土社会面临的发展困境主要有：乡村秩序构成方面是礼治还是法治的选择困境；乡村社会构成基础是自治还是政府治理；乡村经济以农业为主还是朝着工业化方向发展；乡村社会维持村落的存在还是告别村庄走向城镇化；农民选择农村还是流向城镇。这些问题对于当前中国农村发展而言，都是需要深思和妥当处理的两难问题。第四，在后乡土时代，农村的发展或许就要在妥善处理好各种两难困境中取得，因而任何发展模式的推广范围都可能是有限的，发展道路也不会只有一条，而可能有多种选择。

第十五章主要从理论和经验两个层面探讨了中国农村发展的道路选择问题。对究竟是新农村还是城镇化抑或有"第三条道路"这一问题进行了讨论与反思；梳理和总结了那些有助于"三农"问题解决的制度、政策和措施；探讨了农村城镇化的多元路径选择，以及市场制度创新对农村发展的意义。本章提出了如下几个重要理论观点：第一，农村发展道路的多样性理论。认为对中国农村发展道路问题的探讨，需要跳出二选一或三选一的认识范式，同时也需要走出"乌托邦式"的理想化的困境，农村发展的道路是多样的，我们在发展过程中最重要的是找到那些对发展有效的途径和方法，而不是唯一的最有效、最理想的道路。第二，农村新发展与多元城镇化并行理论。中国农村未来发展究竟是新农村还是城镇化，还是有其他更好的道路，这在实践中是很难统一的，而且人为地统一，还可能产生副作用。中国农村是多样的，所以发展道路也应是多样的。第三，农村城镇化道路多元化理论。即便是农村城镇化，也非只有人口向城镇迁移一种方式，城镇化的道路也不是单一的，而是多元的。中国幅员辽阔，各地的基础条件和背景大不相同，不同地区完全可以根据自己的背景条件，选择不同的发展路径，最终也能实现城市化的发展目标。第四，农村市场制度创新理论。从新中国成立特别是改革开放后农村发展的经验来看，农村所取得的新发展与农村市场发展呈现出密切的相关关系。市场对农村发展的促进作用主要表现为三大类市场的开放：一是农村农产品市场的开放；二是农村工业品生产市场的开放；三是城市劳动力市场的开放。因而，新时期推动农村新发展，需要进一步发挥市场的作用。第五，引导性制度创新理论。为了促进农村市场化建设与发展的制度创新，需要沿着改革开放这条路线，进一步深化改革和进一步开放，以促进上述三个要素市场的发展。所谓深化改革，就是从更深层次推进体制机制改革，其中既包括农村经济体制的改革，也包括农村社会管理体制及农村治理机制的改革，从而不断消除体制机制对农村新要素市场形成和发展的制约和束缚，为农村市场发展创造更为有利的制度环境。所谓进一步开放，就是制度安排和政策设计要保持对新要素市场的高度开放和包容。

基于这些研究，本成果形成了一些基本观念或结论：

第一，在新的时期，中国农村要取得新的发展，必须充分发挥农村市场的作用。一方面，农村市场的发展依赖于制度创新，另一方面，农村市场的发展也是一种制度创新，能够带动农村经济与社会的新发展。

第二，在推进农村新发展的过程中，政府和市场需要找到最优的结合点，这个结合点可能需要在制度创新中才能找到。政府与市场的配合，最关键的就是要尽可能避免政府失败和市场失灵。因此，引导性制度创新和制度变迁显得尤为重要。

第三，在探寻农村发展道路问题上，需要避免道路单一化的陷阱。中国农村发展道路既不是在"新农村"与城镇化道路之间的二选一，也不存在有"第三条"最佳道路。农村发展道路的选择应该是多样的。用单一道路规划农村未来发展，存在巨大的失败风险。即便是城镇化道路，也是多元的。

第四，制度创新的动力不仅仅在于国家层面，地方及基层政府、广大农民，都能在实践中对制度创新与制度变迁有推动作用，关键在于要有充分开放的创新环境。

三、成果的学术创新和社会效益

1. 学术创新

本成果对制度创新、农村市场和农村发展等问题进行了一些理论探讨，提出了自己的一些理论观点和理论解释，尽管这些理论阐述还不一定很完善，或者说还不一定很成熟，但这些理论观点或多或少对相关领域的研究及实践具有一定的参考价值，从这个意义上说具有一定的学术创新。这些理论创新之处主要体现在：第一，基于经验研究，就城乡体制改革提出"户口一元化"改革的设想；第二，结合中国农村发展的实际经验，提出农村市场发展中的"引导性制度变迁"理论；第三，基于实证分析，对农村劳动力转移现象作出农民"闯市场"机制即农民与市场共同演化机制的理论解释；第四，对当代中国农村基层社会的性质作出双二元格局及"后乡土中国理论"解释尝试；第五，针对农村发展的大环境、大背景，提出了中国农村新发展、"农村发展道路多样性"及农村"多元城镇化道路"理论观点。

此外，本成果借鉴了新制度经济学的制度和市场分析视角，具有跨学科特征，可能为中国农村社会学研究贡献一种新的视角。所采用的定量研究与定性研究、经验研究与理论探讨相结合的策略，也为"三农"研究提供了方法多元的参考。

2. 社会效益

本成果虽主要属于农村社会学的基础研究，但其中的一些研究发现和所提出的理论观点，对当下中国正在推进的新农村建设和新时期农村发展的实践或许也具有一些应用价值。其社会效益主要体现在如下方面：

第一，农村市场发展的制度创新理论提出了新农村建设在加强物质基础设施建设的同时更应注重制度创新和制度建设的观点，以及制度供给和建设的重点方向，这在当下新农村建设的实践中具有一定应用价值。

第二，引导性制度变迁理论及有关农村集市变迁、农村劳动力转移、农村创业人才培育的研究发现，有望应用于推进农村市场化建设和农村市场发展的社会实践之中。

第三，城乡体制一元化改革理论、多元城镇化理论及农村发展道路多样性理论的提出，对于如何通过推进农村城镇化来带动新时期农村新发展的实践具有一定指导意义。

《法学流派的人学之维》概要

胡玉鸿*

一、研究的目的、意义及所使用的方法

1. 研究的目的

法学从其研究对象与理论主旨上说，是一门探讨"人"与"法"的协调、融合及克服两者之间张力、矛盾的科学；在这基础之上，自启蒙运动以来，西方社会形成了主张不同、观念互异的各大法学流派。自然，对于法学流派的理论观点可以从多个方面进行解读，而以"人的模式"为切入点，则更易于把握各大法学流派的理论宗旨。质言之，不同法学流派的成形与发展，说到底也是源于它们所预设的"人的模式"各不相同，对人的本性、行为动机、行为环境等因素的理解认识有别，因而在法学研究的立论基础与理论归宿上形成了较大的差异。不同的分析视角及对人的本性、欲望、需求、情感等方面的不同假定，导致了西方法学史上各种法学流派在理论研究上相互竞争又相互借鉴的繁荣局面。本成果以分析主要法学流派的"人的模式"为宗旨，试图厘清各大法学流派人学预设与其法学理论的内在关系，并对不同流派的"人的模式"进行比较分析，评价各大流派在"人的模式"预设上的合理之处并指出其可能存在的不足，以加深对西方法学流派法学理论的精确理解。

2. 研究的意义

在法学研究中，"人的模式"与科学模式、释义模式并列，构成了法学

---

* 胡玉鸿，苏州大学教授，博士生导师。

研究的主要分析路径。历史上法学流派的竞争，实际上也就是"人的模式"的竞争。法学关注的是人的法律境遇，因而，任何一种法学流派也都必然会涉及对人的本质、人性假定、人的发展等问题的分析。这方面的专精研究有利于揭示不同的"人的模式"的预设对于法学流派形成的推动作用，弘扬法律以人为本的基本理念。大致说来，本成果的主要意义是：第一，将法学流派的理论分析与"人的模式"定位高度结合，体现法学即人学的理论特色，并以此推动法学与其他相关人文社会学科的理论接轨，拓宽法学研究的深度与范围。第二，注重对法学理论的人学还原，从人的本性、情感、欲求、终极关怀的角度来寻绎思想家的理论脉络，体现法学上不同的"人的模式"的定位对法学理论所可能产生的重要影响。第三，强调理论价值与实践运用的统一。一方面，通过对不同法学流派的理论解构，更为深刻地理解法学思想与人学理论的内在关联，探求以"人的模式"解读法学理论的新范式；另一方面，将法学流派的"史"的分析与当代中国法学研究的现实结合起来，探讨建构具有中国特色的法学的可能模式。

3. 所使用的研究方法

（1）文献阅读：是指在认真解读各法学流派的主要代表人物原典的基础上，寻绎其主要的理论框架与思想脉络，探讨其人学的叙述轨迹，确立其"人的模式"定位的背景及方法；（2）理论还原：是指将法学家的理论还原为人学的解构模式，通过对其法学理论的内容陈述的体系分析，逆推其"人的模式"的具体定位，并找出其人学与法学理论关联的中介；（3）比较分析：在对各主要法学流派"人的模式"的定位的分析基础上，进行总体的、宏观的比较分析，侧重于阐述各法学流派提出的不同的"人的模式"的思想背景与人文意识，了解各种法学流派在"人的模式"定位上的歧异，并寻求建立统一的"人的模式"解释的可能性。

二、成果的主要内容和重要观点

本成果属国内第一次从"人的模式"角度审视各法学流派在人的预设上所存在的异同，力求从法律的本体出发，探讨法学理论与人的观念的内在关联。本成果从自然法学派、功利主义法学派、哲理法学派、历史法学派、分析实证主义法学派、社会法学派、经济分析法学派的理论出发，依次考察了各大法学流派在人的设定上所存在的差异，突出其在人的定位、人的价值、人的本质上所具有的不同考量。本成果对于深化法学理论研究和西方法律思想史研究有着重要的价值，也有利于在科学发展观的"以人为本"理念下，对法律与人的内在关联进行更加充分的探讨。

1. 主要内容

导论"法学流派的人学意蕴"，分析了法学流派的概念及划分标准，探讨了在方法论上从人学角度分析法学流派理论的可能性与必要性，阐述了法学流派的历史实质上就是"人的模式"竞争的历史这一观念，论证了人是法律研究的逻辑起点这一基本原理。在分析路径上，提炼了"人的模式"的科学内涵，评价了其在法学研究中所具有的重要方法论意义，确认了所有人文社会科学的理论终极预设实际上即为"人的模式"的假定这一命题。通过对人文社会科学中有关"经济人"、"政治人"、"社会人"的理论预设问题的分析，从横向角度阐述了其他学科中关于"人的模式"的研究成果，为将"法律人"的建构确立为法学研究的基础工程寻找学科支持。

第一章"自然法学派的研究方法与人性预设"，以人本主义、理性主义、反历史主义作为自然法学派的方法论特色，归纳了自然法学派有关"自然高于人为"、"人类必有共性"、"普遍的法律才适合人类的天性"的理论前提预设，突出了自然法学派在个人主义方法论上的开拓性贡献。本章主要以霍布斯、洛克、卢梭为例，详细论述了在"自然人"模式下不同思想家有关人的不同定位问题。实际上，虽然同为自然法学派的重要思想家，并且都以人的定位作为分析路径，然而，霍布斯设想的是"恐惧的自然人"，即人以自我保存为第一要务，不惜手段来维护自己的生存与安全；洛克则乐观地把人定位为"合群的自然人"，强调人的社会性与社会合作的可能性；卢梭则从"激情的自然人"的角度，把自爱、自私作为人的情感的基本定位。上述思想家对人的不同预设，展示了法学研究中人的模式解构的多样化路径，从而使"人的模式"的分析方法不至于成为封闭、僵死的理论教条。新自然法学派则一改古典自然法学派只从自然角度分析人的理论格局，着重探讨"道德人"的存在及其制度环境，认为理想的法律应从维护人的生存转向成就人的尊严。

第二章"功利主义法学派及其人学假设"，探讨了功利主义思想家从普通人（俗人）角度研究法律的具体路径，即以人的苦乐感受作为衡量制度功效的标准。与自然法学派不同，功利主义虽然也从个人的角度研究法律问题，但它剔除了普通人的理性因素，将生活中的个人的心理感受作为分析法律问题的基础，由此"快乐"与"痛苦"成为判断法律良善与否的基准，"最大多数人的最大幸福"是立法科学性的标志。在对功利主义法学派方法论的归纳上，强调了以边沁为代表的个人主义方法论对于法学研究的重要意义，同时就密尔有关人的自由的论述进行了细致的分析。对于功利主义分析路径所可能导致的推崇整体利益而忽视个人利益的倾向，在本章中也进行了专门的分析。

第三章"哲理法学派的人学预设与法学方法"，作者注意到哲理法学派的思想家均是在自己的哲学体系中论及法律问题，因而就哲学与法学之间的关联进行了分析，这一思想流变也代表了哲理法学派的学者们将法学改造为法哲学的努力。在此基础上，分别对哲理法学派的代表人物康德、费希特、黑格尔、费尔巴哈等人的法律学说与法学方法论进行了探讨，在晦涩的哲学理论中寻求哲理法学家对法律终极问题的解答。从人学的角度，本成果将康德的法学理论归结为个人的先验论证的研究思路，费希特强调个人的自我展开，黑格尔则在现象学的层面上论证个人问题，而费尔巴哈所代表的人本主义法学研究思潮，则从感性的人入手进行法律问题分析。上述哲理法学派的研究方法与人的预设，使法学研究上升到了一个更高的理论水准。自由人的论述在这一阶段达到理论上的高峰，而人是目的、人的尊严理论也在这一阶段正式完成。

第四章"历史法学派的人学基础与理论论证"，探讨了在历史主义背景下兴起的历史法学派在法学理论上的主要观念。通过对该学科主要代表人物萨维尼与梅因的分析，本成果认为，一方面，在法是民族精神的体现的观念下，法律寄寓于历史上的"无名氏"，即由芸芸大众所代表的民族成员是法律创制的主体；另一方面，法典的编纂与法学理论的提炼，又有赖于法学家的努力。也就是说，在历史法学派学者的笔下，法律本身是一个自发与自觉相互结合的过程，法律不仅有赖民族传统与民族文化作为支撑，也离不开法学家和法律职业者的主观努力。当然，从具体研究手段上来说，德国的历史法学更侧重于理论的演绎，而英国的历史法学则更多注重对史料的归纳。

第五章"分析实证主义法学派的人学预设与法学方法"，探讨了该学派所主张的事实与价值分离的理论意义，追溯了从霍布斯、边沁以来的法律实证主义传统。在主体内容上，分析实证主义法学派将人视为制度的天然遵守者，即存在一种"符号人"或"制度人"的法学假定。在方法论的类别上，分析实证主义法学派从最小的法律单元规则入手对法学理论的研究，是一种典型的个人主义方法论模式。在法学研究的内容上，分析实证主义法学派将个人的主观情状排除在法学研究的范围之外，而纯粹以制度人的预设来研究法律的内部构成，从而使人们对于法学问题的认识在逻辑上达到了一个最为体系化的理论完善阶段。当然，以哈特为代表的现代分析法学提出了最低限度的自然法观念，从人的脆弱性、有限的利他性等入手分析法学的基本理论前提，一定程度上也代表着自然法学与分析法学、价值分析与实证分析的折中。

第六章"社会法学派的研究方法与社会人预设"，分析了社会法学派研究方法的宗旨以及核心范畴，突出了其在研究路径上的整体主义方法论思路，并以"社会人"这一核心假定作为其命题推演的基础。对于社会法学派而言，"经验"、"活法"、"社会利益"等基本观念的确立，无一不指向人的社会属性的存在；公共利益标准的确立，推动了法律社会化的进程，而涂尔干有关整体主义方法论的研究，则是这一学派经典的理论陈述。当然，就社会法学派与法社会学的比较而言，这一流派的思想家在理论观点、研究路径及方法论模式上还有着较大的不同：埃利希关注活法，将法律与社会规范等同；狄骥强调社会连带，以义务作为现代法律的出发点；庞德突出社会利益，视法律为社会系统工程中的一环。相对而言，这一流派的人学主张还不成熟。

第七章"经济分析法学派的人学预设与法学方法"，阐述了经济分析法学派的理性观与个人主义方法论的研究特质和主观主义方法论的解构思路，着重分析了其以"经济人"为假定对法律研究与分析所起的重要作用，"成本—效益"的计算成为经济分析法学派最为显著的理论特色。虽然这一研究方法不乏功利的因素与利益的考量，"经济学帝国主义"的扩张也可能会产生对法学传统研究疆域的危害，但这一研究方法对于揭示人们在制度选择、侵权、犯罪、惩罚等方面可能进行的理性选择，同样可以发挥简化理论框架、寻找真实自我的理论优势。在方法论的研究上，突出了该学派个人主义方法论与主观主义方法论的理论特色。

结语部分，主要内容有三个方面：

第一，比较。对上述各法学流派在"人的模式"定位、理论主旨及方法论立场上的不同进行分析，具体内容可见表1。

表1　　　　　　　　　　　　　主要法学流派人学观念之差异

法学流派类型	自然法学派	功利主义法学派	哲理法学派	历史法学派	分析实证主义法学派	社会法学派	经济分析法学派
代表人物	霍布斯、洛克、卢梭	边沁、密尔	康德、费希特、黑格尔、费尔巴哈	萨维尼、梅因	奥斯丁、凯尔森、哈特	埃利希、狄骥、庞德	波斯纳
"人的模式"定位	自然人	普通人（俗人）	自由人	在"已亡人"与"未亡人"之间	制度人	社会人	经济人
理论主旨	法律应当符合人性	法律追求最大多数人的最大幸福	法典是人民自由的圣经	法律是民族精神的体现	法律是不同等级规范组成的逻辑集合体	法律是达致社会控制与社会利益的工具	法律是追求利益最大化的手段
方法论类别	个人主义方法论	个人主义方法论与整体主义方法论的折中	个人主义方法论	整体主义方法论	个人主义方法论	整体主义方法论	个人主义方法论

第二，评价。着重指出任何一种法学流派都无法包含对人的全面分析，人实质上是以一个复合人的形象呈现于世人面前的。然而，法学研究所追求的又应当是"片面的深刻"，任何一种试图将人的所有方面的研究都囊括其中的理论，最终结果必定是内容的驳杂和深度的缺乏。

第三，引申。就法学流派的人学分析对于当代中国法学研究的现实意义进行阐述，着重指出法律原理、法律规则背后人的存在的深刻影响，从而倡导在以"人的模式"为研究路径的前提下，形成有中国特色的法学理论和法学流派。

2. 重要观点

（1）人是法学研究的逻辑起点，法律人建构是法学研究的基础工程。逻辑起点既是科学研究的开端，也是科学研究的终点，它如一自在完满的圆圈，串联起遍布于学者各个论域的思想碎片。没有寻找到相关的逻辑起点，不能说学者有完备、成熟的思想体系；同样，一个学科没有逻辑起点的支撑，自然也就是贫乏而不成熟的学科。就此而言，逻辑起点成为个人思想体系以及学科研究的基石。对于人文社会科学来说，其研究的对象均为"人"，人无疑是学科的逻辑起点；具体到法学研究，其研究的对象也必然就是受制于法律但又能动于法律的人。只有对法律背后隐含的人的形象有清晰的了解，我们才能真正理解法律规定的实质；同样，只有对法律上人的具体类型进行符合逻辑规则的归纳，我们也才能了解不同法域中法律上的人的形象为何规定不一。在公法上，法律以惩恶为目的，法律预设的法律人形象是"恶人"；在私法上，法律以授权为依归，法律预设的人的形象是"理性人"；在社会法上，法律将人视为有着社会情感和博爱精神的"社会人"。这种学科上人的形象的设定与找寻，不仅在法学上是如此，在其他学科中也同样如此。经济人、政治人、社会人等在各大学科中的预设及其应用，无一不在提示我们，只有回归到人的研究，学科分析才有厚实的理论基础。

（2）法学流派的差异，本质上是"人的模式"预设上的差异。法学的发展历史，在一定程度上就是法学流派竞争的历史。而法学流派的存立，固然是以其对法律本质的理解为基础的，但关于法律本质的理解，则直接与不同法学流派对人的不同定位有关。所以，法学流派的竞争，也即法律人模式的竞争。古典自然法学派率先以自然人立论，寻求社会契约和国家法律的正当性基础，而此后的不同法学流派，则纷纷提出自己不同的人学主张。当然，不同法学流派关于法律人定位的不同设定，本身并无所谓好坏、优劣之分，但法学流派的存在，却正是奠基于这些不同的法律人模式假设之上：一个流派对另一个流派的抨击，在一定程度上也是对其他流派所预设的法律人模式的抗议；一个流派内部理论的完善，一定意义上也是对人的模式的内部修正。自然，各种人的定位都取决于法学家们对法律原理的理解以及社会中人们的经验观察，也都在某个方面揭示了现实中人的本质存在和行为特征，因而这种法律人模式又是不可相互替代的。简言之，正是"人的模式"的多路径分析，才使法学理论呈现出百花齐放、百家争鸣的繁荣局面。

（3）"人的模式"的丰满与完善是法律发展和进化的基本动力。法律人的基点是个人，法律以独立的、理性的、自由的个人作为其调整的出发点。然而对于个人而言，其法律需求、法律期待则是不断发展变化的，他们的欲望、情感必定会要求相应的法律与之适应。因此，每一次的社会变革，都会激发出人的不同需求；每一次的时代变迁，也会使人们有不同的法律期待。人权的演进脉络，就典型体现出"人的模式"的进化对于理论研究和制度建构所可能发挥的重要作用。在启蒙时期，思想家们关注的是脱离自然状态的人的人权问题，因而生命、自由、财产等自然权利，成为那个时代人权的主题。也就是说，第一阶段的人权是围绕着"自然人"而设定的。人权发展的第二阶段，思想家们的关注主要集中于人民参与政治的权利。作为国家权力的拥有者，人民不能只有保持自身生存所必需的"消极自由"，还要有参与国家政治管理的"积极权利"。各项政治权利的确定、政治权能资格的放宽直至完全取消限制，都说明了这一时期不仅把人作为一个需要有合理生存环境的自然人，更是将人视为主权拥有者和主权行使者的"政治人"。人权发展的最后阶段，则是在自然人、政治人之外，拟制了人的道德主体的角色，即"道德人"。人的尊严在国际公约和国内法律上的确立，典型地表现了道德人模式的成功。不仅如此，社会福利不再是国家的一种恩赐，而是人所固有的一项权利，国家有义务保证每个公民过上有尊严、够体面的生活，否则即可视为国家未能很好地对人民尽到自己的义务。可见，"自然人"→"政治人"→"道德人"的递进，代表了人权发展的人学预设，也表明了人的形象的丰富对于人权理论和实践所起的重要作用。所以，法律发展、进化的历史，在很大程度上就是法律上人的形象不断发展变化的历史。正因如此，有的法学流派昙花一现，有的法学流派源远流长，关键就在于其对"人的模式"的预设是否合理、正确、全面；也正因如此，分析各大法学流派对"人的模式"预设的优点与不足，既是评价各法学流派学术成就高低的基准，也是寻找法律发展与进化的理论根基之所在。

（4）法学研究中"人的模式"的设定应当以"复合人"的模式为基点，探寻全面的人与综合的人，从而为法律制度的正当性与合理性奠定人性基础。人并不是只有单一的价值取向，人是一个复杂的系统，在人的身上，往往体现着多种不同的人性面向，也有多种不同的行为方式。因而，任何以一元论的模式来解构人的现象的学说，最终都无法真正揭示出具体的人的特性。不同于经济生活、政治生活或宗教生活，法律生活是一个包含范围更广、涉及事项更多的领域。法律上既需要建构私人空间，保障人在意思自治原则下的自由；也需要建构公共空间，为人民参与公共事务提供制度保障。在法律关系中，人们既有与国家、社会发生联系的纵向关系，也有平等主体之间的横向关系，甚至还包括人与自然、人与自身之间的关系。在法律动机上，人既可以以自利为目标，追求属于自己的私人利益；也可以以利他为导向，实施见义勇为（如正当防卫）、乐善好施（如为公益事业捐款）的行为。在行为性质上，人们可能会有反社会的对他人、社会和国家有害的行为，也会有维护公益、救助他人的道德性行为。就此而言，法律生活是一种综合的生活，因而，法律上拟制的人也就是一种综合的人。在不同的法律场域，人可以有不同的行为方式。法律的目标不是以单一的行为标准来确定人的行为方式，而是根据人参与的社会生活不同，提供一种适合于该生活方式的法律规则。唯有如此，人才能借助多个不同的法律平台，展示全面的、整体的人的形象。

三、成果的学术创新、应用价值及社会影响和效益

本成果的创新之处主要是：第一，以"人的模式"为主线，形成解构法学理论的新思路、新模式。人是法学研究的逻辑起点，正因如此，法律问题虽然可以从多个角度展开，但其终极必须回归到人的分析之上。第二，根据对人的预设的不同，串联起各种不同法学流派的理论争议与思想特色。法学流派的差异，虽然可从表面上发现其理论主张的不同点，但本质上则是对人的定位、理解及期待上的差异。第三，结合各法学流派对"人的模式"的定位，分析其推进立法的重要意义，从而明确法学上"人的模式"定位的现实价值。人的预设不同，表现在法律上就是内容不同，一部优良的法律，应当是对人的本性、本能、需求、情感给予全面分析并正确对待的法律。第四，以"综合的人"、"全面的人"为预设，进行法学上"人的模式"定位的新尝试。本成果通过分析不同法学流派有关"人的模式"的预设上的差异，揭示了从任何一个单一角度来分析人和法律问题所存在的天然的局限性，因而必

须以"复合人"的观念，将人视为综合的人、全面的人，这样才能对人进行真正全面的定位。

本成果的应用价值包括以下几个方面：第一，通过厘清各种法学流派中不同的"人的模式"的预设，明确不同法学流派之间立论旨趣及人文立场的差异所在，从而能够对法学流派进行更为细致的定性分析；第二，比较不同法学流派"人的模式"预设的哲学背景及方法论基础，从而寻绎其理论脉络及体系构建的原理，进而凸显法学与人学的内在关联；第三，从纵向的角度分析法学史上各种"人的模式"竞争的历史，比较其相互之间的理论得失，从而为寻找法学中更为全面的人的预设奠定基础；第四，通过对不同法学流派的"人的模式"的比较，寻找出符合中国特殊国情的法学的"人的模式"的建构，为繁荣中国法学并加强国内外法学研究的交流与合作作出贡献。

本成果的社会影响和效益主要表现在：第一，在 CSSCI 刊物上发表与本成果有关的科研论文 60 余篇，其中在《法学研究》、《中国法学》两大权威刊物上发表论文 7 篇，推动了国内学术界对法学流派中蕴含的"人的模式"问题的关注，促进了法学与人学的联姻；第二，20 余篇论文被《新华文摘》、《高等学校文科学术文摘》及人大复印报刊资料等转载，社会影响与学术贡献显著；第三，根据"中国知网"查询的结果，本研究的相关论文多次被学者及研究生们引用，具有较好的社会反响。

《清代县域民事纠纷与法律秩序考察》概要

吴佩林 *

一、研究的目的、意义及所使用的研究方法

1. 研究的目的

本成果系统利用清代四川《南部档案》，并结合四川《巴县档案》、河北《宝坻档案》、台湾《淡新档案》、四川《冕宁档案》、浙江《黄岩档案》、浙江《龙泉档案》、陕西《紫阳档案》等地方档案和其他近千种文献，就清代县政府及地方基层社会对民事纠纷的产生与解决进行精细的实证研究。本成果还原代表国家利益的县官、佐贰杂职官，处在国家与社会的交会点上的官代书、差役、乡约、甲长、族长，以及处于社会底层的普通百姓等三种群体的法律生活图景；理清不同时期诉讼状式、写状修辞的变化及法律变迁；纠正那些为法史研究者频频引用而档案证明实际并非如此的制度规定；探寻传统社会法律秩序背后的多重动因；揭示清代国家法律秩序和民间规则之间的冲突与契合；为当今地方社会的治理提供历史借鉴。

2. 研究的意义

（1）学术意义。本成果针对当前学理问题和研究中存在的不足，以州县档案为主要史料，结合其他典籍文献，深层透视县域社会的民事纠纷实态及法律秩序，将研究旨趣与视角从实体规范转向程序和过程，从表达转向实践，从大传统转向小传统，从意识形态转向日常生活，关注法律实践和法律

---

* 吴佩林，西华师范大学教授。

表达之间的契合与紧张，无疑具有重要的学术意义。

（2）现实意义。"郡县治则天下治"，一县的稳定与发展对整个国家的稳定和社会发展具有重大意义，而纠纷则会威胁社会秩序的正常运行。县域社会的治理与其法律秩序密不可分，探讨那些发挥着实际效用的"活"的法律，不仅有助于我们全面地还原县域社会各种法律行为和法律秩序的面貌，而且也能为当下社会治理提供历史借鉴。因此本成果具有重要的现实意义。

3. 所使用的研究方法

（1）实证研究。从细微之处探寻清代地方法律秩序，讲究资料的严谨与扎实，"有一分材料说一分话"，拿档案说话，拿文献说话，不妄加推断。

（2）比较研究。首先是史料上的比较，把档案、民间文献与官箴书、律例、会典等文献相互印证、相互比较，增强史料的说服力；其次是地域上的比较，依据档案与其他文献，进行跨地域的比较，在"县域"史的基础上关注国家"整体"的历史。

（3）个案研究与统计分析相结合。在"点"上以个案研究透视微观，在"面"上以统计分析回应普遍性的问题。

（4）多学科研究。整合法学、历史学、社会学与其他学科的研究方法，打破画地为牢的分科分类，力图开展有特色、有深度的学术研究。把典籍文献、法律制度的规定与具体法律实践结合起来，将视角转移到"活法"之上。

二、成果的主要内容、重要观点及对策建议

1. 主要内容

本成果的研究进路是从系统利用清代州县衙门档案出发，打通从民间到县衙的解释渠道，就民事纠纷在民间社会的产生与调解、上诉到衙门，直至县官的裁决这一全过程作精细的实证研究，进而检讨传统的观点，以期重新认识清代地方的法律与社会。此过程是中外学者，包括法学、历史学、政治学、人类学、社会学及其他相关学科研究者普遍关注的学术研究领域，前辈和时贤都作过许多有益的探索。本成果的相关论题主要集中在宗族组织对民间纠纷的调解、地方司法程序、衙门对民事诉讼案件的判案依据、民间俗规与国家律典的关系、传统司法制度与法律文化等方面。对这些问题的研究对

我们厘清传统社会民事纠纷的产生与解决具有重要的启示意义。

本研究从以下几个方面展开：

绪论。近30年中国法制史研究，尤其是清代地方法制史，无论是资料整理，还是论题、研究方法都发生了显著的变化。大量的文献资料，特别是官方档案、官箴书、契约文书、讼师秘本、社会调查及清末法制史料被陆续发掘、整理和出版。在史料上，学界逐渐从依赖单一的典章制度转向综合利用档案、碑刻、族谱、契约文书等官方、民间文献，特别是对档案资料的运用，更是出现了史料的"革命"。研究对象也日益深入法史领域的各个层面，呈现出纵深化的特征。大多数研究者强调中国中心观或法学研究本土化，注重区分律文的表达与实践，注重研究角度及方法的多样化。30年来，成绩是显著的，但整体而言，仍存在一些缺憾：已有的文献整理成果只涉及了极少一部分史料，远远不能满足研究者的需要；理论创新不够，重复研究较多；多数研究在史料来源上，仍停留于成文法、典籍文献、制度层面上，利用原始档案进行研究的数量极少；来源不同的文献常常被置于同一平面简单地加以利用，脱离典章制度用一些非传世文献独立地说明法律现象；中西交流虽呈频繁之势，但并没有形成良好的学术对话环境。

在总结30年研究成果的基础上，引出本研究的主旨与进路，界定研究范围，定义概念，介绍要利用的主要资料，并进一步指出本成果的学术努力方向。

第一章主要探讨民间社会的秩序规范。在中国上千年的传统社会中，朝廷直接任命的官吏最低只到达县级。在幅员辽阔、自然与社会状况千差万别、信息传递不便的乡村社会，则有其相应的秩序规范与治理方式。本章首先爬梳了一个具体区域的历史与社会发展情况，并探讨了国家对宗族组织的管理、宗族组织内部的管理以及国家对基层组织的管理。

第二章主要探讨民间社会的纠纷解决。一般而言，涉讼者不得事先将纠纷诉讼到衙门，而需先经过基层社会里宗族组织、乡里组织的调处（行会组织不在作者的研究范围内），调处不成时，才能上控到衙门。在基层社会的调处中，纠纷处理场所的选择不是随意的，他们通常选择庄重威严之地、城镇交通便利之地或者具有宗教巫术色彩之地；纠纷调解人主要是邻佑、宗族成员、保长、客总、乡约、团首、中人等，这些人来自身份多有交叉的宗族组织、乡里组织、士绅阶层三个系统；纠纷通常是以责打、罚钱、治酒、禀官、立约等形式来化解，举凡家法族规、民间习俗、国家法规、衙门告示等都是他们处理纠纷的依据，具有多元化的特点。宗族或保甲人员对民事纠纷的处理不仅仅只表现在未诉讼到衙门之前，在纠纷诉讼到衙门之后直到县官作出裁决的这一段时间里，他们同样发挥着重要的调处作用。

第三章就诉讼成本，民间纠纷何以闹上衙门，诉讼实态与诉讼策略等问题进行探讨。乡民到衙门的诉讼需要付出显性成本、隐性成本。由于乡民诉讼目的各异、地方调处不当、权威力量的削弱、部分官民的唆讼、乡民"锥刀小利而兴讼"等多种因素，使得本可在基层社会得到解决的一些民事纠纷仍然闹上了衙门。这些都显示，基层社会的纠纷调解功能是有限而非万能的。当"无讼"成为官方的理想诉求、"健讼"成为官方评价地方诉讼的道德话语时，不轻易受理民间细故纠纷可能成为官员内心共同的选择。因此，那些闹上衙门的民事诉讼如何才能得到县官的重视与受理成为词讼者们不得不考虑的问题。于是以妇女和老人出头告状、夸大情节甚至诬告对方等一系列诉讼策略应运而生。在部分地区的部分时段，"投词"与格状的运用也成了一种策略；在档案中，一些普通的民事诉讼案件以"刑"的方式进入官方的视野，实际上是官民双方博弈的结果，这实在有点令为官者始料未及，也与他们"无讼"的理想追求大相径庭。

第四章主要是深入诉讼程序的内部，就程序中相关制度规定在实际中执行的效果，以及程序中涉及的具体档案资料，如状纸格式、批词、状式条例、差票、戳记等方面进行深入研究。当纠纷闹上衙门，由于百姓多不识字，写状、递呈等一系列问题便不得不依赖于讼师、官代书、衙役一类的群体。由于讼师为官方所禁止，所以有官代书制度之设立。官代书在写状时，因有"状式条例"及其他法律规定，他们会告诉当事人何事可为、何事不能为，这样下来，一部分纠纷可能就此结束，不再诉讼到衙门。诉讼到衙门的案件，县官将根据案情决定是否受理。对于不受理的那一部分，县官可能直接将呈状掷还，更多的是县官及属下之幕友做出"准"或"不准"的批呈。而对于准的诉讼，则会通过签发差票，或由当事人提供证据等方式推动案件的处理，直至最终的堂审。

文书从开始书写到形成卷宗的过程实质是纠纷不断被解决的一个过程。

同时，文书程式背后展现的是一个丰富多样的法律生活场景。一张状纸从投递衙门到最终壁示或牌示的过程，是县衙官役群体——县官、差役、幕友、胥吏、门丁等，乡里组织群体——保长、甲长、牌甲等，宗族群体——族长、房长、家长等，士绅以及游离于城乡之间的讼师、官代书等群体活动的过程，它展现了一个人群流动、变幻多端、"活灵活现"的法律生活场景。

第五章主要对民事案件的管辖与受理进行探讨。清代对纠纷案件的管辖基本上分为级别管辖、地域管辖和移送管辖。在清代州县司法诉讼领域中，官方表达与实践存在着诸多背离，比如佐杂不仅可以受理民词，而且还能断案。对民事诉讼的处理，官方并没有严格遵守农忙止讼、定期放告、定期结案的规定。

第六章以妇女为例就诉讼中的特殊人群作一探讨。在元代以前的律文中，妇女没有进入法律的视野，没有对妇女告状作出相应的规定。自元代以来，一直到明代，律文都规定妇女告状须有抱告。在清代，妇女告状须有抱告的规定在律文中消失，直至清末又才出现。然而，虽律文没有要求，但在具体的诉讼中妇女告状须有抱告的规定却一直在执行。之所以限制妇女告状，首先是传统社会的妇女观使然，其次是防止女性本人或他人利用女性在诉讼方面的优势参与诉讼。对数百件妇女参与诉讼的案件，从年龄、抱告与妇女的关系、以子为抱、妇女在丈夫健在的情况下告状，及妇女与抱告在呈状、差唤、参与堂审等方面进行了考察，说明了妇女与抱告在司法诉讼中呈现出复杂的面相，律例规定、官方认识与实际运作之间多有落差。通过对妇女诉讼与抱告制度的研究，我们看到一个有趣的事实：清廷总体上是限制妇女参加诉讼的，但恐妇女有冤无处可诉，而始有抱告制度之推行，但妇女或他人竟利用妇女的诉讼优势反其道而行之，"恃妇逞刁"、"支妇兴讼"、"窃名捏禀"之事经常出现，并在一定程度上助长了诬告之风。

第七章立足档案，就衙门审理民事诉讼的基本思路进行分析。在传统中国社会，州县官对户婚田土一类的自理案件的裁决没有固定不变的套路，也颇有自行裁量的空间。他们在处理这些案件时，考虑得最多的是如何实现低成本的治理，以及不破坏当事人的生存环境，最终达到稳定整个社会秩序（包括宗族秩序）的目的。也正因如此，他们将一部分案件转给了民间社会的宗族系统与乡保一类的基层组织去解决；没有全力核验两造所叙情节的谁是谁非；平衡双方利益，特别是让理输的一方有台阶可下；对于一些危害社会秩序、增加社会治理成本的刁讼行为予以惩戒；尊重地方习俗；也不排斥直接引用法律，等等。县官的这些处理方式与唐中叶以来形成的国家对基层社会的治理模式息息相关，也说明了中国传统法结构中礼、法并重的特征。档案也证明，在绝大多数普通乡民的心目中，作为"官"的"衙门"是神圣之地，其审理已如圣旨，没有对错之分，只需遵照并在甘结上签字画押。作者在案卷中也极少看到乡民为这些属于"细故"的民事纠纷进行上诉乃至京控的现象，尽管在当时没有任何的审级限制。如果认为衙门主要是依法断案，则还有很多问题有待进一步论证，如地域社会秩序的维持主要是靠法还是靠礼；州县官幼时的生活环境对他们为官后处理民事纠纷方式的影响；州县官及其所任用的刑名幕友的法律知识结构以及他们治理社会的基本理念；州县官对民事纠纷的态度以及处理民事纠纷与他们仕途的关系；法律向普通民众的传播途径、传播范围以及普通乡民对法律的了解度和接受度；法律对民间细故的涵盖度等。

结语部分首先对地方志、族谱、官箴书、判牍、判语、刑科题本与州县档案在解决具体问题的功效上作了对比，并进一步说明地方司法档案内容的"丰富性"、隐含信息的"无穷性"往往会在我们"山重水复疑无路"之时呈现出"柳暗花明又一村"的转机，其丰富的信息量也会使研究者体会到"横看成岭侧成峰，远近高低各不同"的乐趣。当然，仅仅利用档案进行研究是不够的，我们需要把不同的史料、尽可能多的史料结合起来综合考察，才可能更准确地认识所要研究的对象。

纵观清代地方民事纠纷从民间到官方、从产生到解决的全过程，其背后蕴含着重要而丰富的政治、经济、文化因素与意涵。清代地方社会形成了以民间调解为主、官民互动的以和为贵的民事纠纷解决机制；国家与社会之间的合作与妥协贯穿于整个诉讼过程；开放的申诉渠道与息讼的不断努力矛盾地并行着；官方制度的表达与地方司法实践存在一定的背离。清代地方的民事纠纷解决机制对今天的民事纠纷调解具有一定的借鉴意义，但由于传统的纠纷解决机制本身存在一定的消极因素、传统社会纠纷解决渠道中家族（宗族）权威在今天已经衰落、人际交往的扩大取代了传统社会"熟人社会"的狭小交往、价值观念多元化使传统纠纷解决的说理模式面临挑战等原因，我们在借鉴时须持审慎态度，不能盲目照搬。

2. 重要观点

（1）对于民间纠纷的解决，宗族组织与乡里组织发挥了重要功能。它们是民间法治的主体，与官方法律治理共同构成传统中国社会的两个法律体系，两者相辅相成。

（2）处在国家与社会的交会点上的官代书、甲长、乡约、士绅、衙役等，虽然存在图私利、唆讼等消极影响，但其积极意义是主要的，他们在一定程度上维护了法律秩序。

（3）司法程序中的状纸格式、状式条例、戳记、差票、堂审记录、保状、具结状等看似无关紧要的档案资料，是我们理解传统社会的诉讼制度与诉讼实践的一把钥匙。

（4）在州县诉讼的各个环节中，官方表达与实践存在诸多背离。如佐杂不仅可以受理民词，而且还能断案；对民事诉讼的处理，官方并没有严格遵守农忙止讼、定期放告、定期结案的规定。尽管民间社会具有强大的消弭细故纠纷的功能，但由于种种原因，仍有大量纠纷诉之衙门。县官也有其通行的判案思路。

（5）地方治理的诸多途径不仅降低了国家运作的成本，而且对整个国家秩序的稳定起了重要作用。

3. 对策建议

清代县域民事纠纷解决机制能为现实提供历史的借鉴，但因时代及所依存的环境皆发生了变化，在借鉴时需持谨慎的态度。

三、成果的学术创新、应用价值及社会影响和效益

1. 本成果是国内外学者第一次系统利用散藏于全国多个地区的清代州县档案进行研究的结晶

这些档案包括藏于四川南充市档案馆的《南部档案》、四川省档案馆的《巴县档案》、四川冕宁档案馆的《冕宁档案》、中国第一历史档案馆的顺天府《宝坻档案》和《赵尔巽档案》，以及台湾大学图书馆的《淡新档案》。为比较各地档案内容的差异，作者还参阅了藏于浙江大学的《龙泉档案》、四川会理县档案馆的《会理档案》、四川内江市档案馆的《四川潼川府安岳县

衙门档案》以及中国第一历史档案馆馆藏的刑部档案之四川司部分。所利用的档案资料超过 3 万件。

作者在研究中还利用了田野调查所得的族谱、碑刻、契约文书及祠堂实物资料。除此之外，还征引了大量的官箴书、法律法规、地方志等资料。

2. 对中国法制史学科原有理论或方法有所创新

目前我国学者的中国法制史研究总体而言存在着一些弊端：史料多依赖有限的正史、政书、文集、方志、笔记等传世文献，对司法档案的重视与利用不够；不经过"此时此境"的实证研究，盲目古今对照、古为今用；在研究方法上则多是简单地搬用西方理论和思想，如国家/社会二元结构、社会/第三领域/国家三元结构与家—国—天下的同心圆结构。这种对"历史事实"不作缜密的实证研究，而把重心放在过于依赖西方经验、牵强附会的古今对照上的做法将会阻碍法制史学科的建设和原有理论的发展。

本成果强调法学研究本土化，即不以西方的理论框架、概念、范畴和命题来研究中国，注重司法档案在研究中的运用，注意从社会科学理论中汲取灵感，认真严格地贡献出中国的法学知识。在研究方法上力求将微观研究与宏观研究相结合、历时性研究与共时性研究相结合，讲究资料的严谨与扎实，强调论从史出，史论结合，小题大做，摒弃没有史实依据的纯逻辑推理和空发议论。相信此成果对于理论与方法的推进、对法制史学科建设的发展均有积极的意义。

3. 拓展了研究领域，提出了诸多重要新观点

学界已有的研究多关注为朝廷所禁、不被官方认可的"非法"的讼师，但对衙门确认的"代人写禀帖和诉讼状纸"的具有"合法"地位的官代书的研究却没有引起足够的重视。事实上，具有合法身份的官代书，在清代各州县均存在，且历时久远，它作为联系官府与民间司法诉讼的一个"纽带"，对清代地方司法秩序的稳定与发展起到了重要的作用。本成果针对此问题，就官代书制度的设立、官代书考选与职数、书状规制及官代书的废除等方面进行了专题研讨，拓展了该领域的学术研究。

学术界一般认为，县级衙门是清朝国家对地方控制最基层的行政设置，州县官作为正印官，其裁断是国家行使司法裁决权的终点。但作者对档案的研究则证明，县级以下的行政官员，如县丞、巡检等在其管辖区也具有司法

裁断权，万事胚胎并非始于州县衙门，而是始于县以下的基层行政官署。又如，学界一般会将农忙止讼、定期放告、设立循环簿与定期结案这些审理民间细故的官方表达当作立论的依据，但档案显示，在具体的司法实践中，这些规定并没有得到完全执行。再如，一说到差票，人们总会联系到差役持票危害百姓的场景，而从档案中则可以看出，官方为减少差役对乡民之敲诈与勒索，在差役数量、时间限制、收费标准等方面有严格规定，在实践层面，也能看到大量差役因不法而被处罚的案例，至于差役始终是衙门与乡村共同谴责的对象，究其原因，除了差役本身收入少、地位低、受官场陋习的影响等因素之外，传统体制对他们的不关照应是根本原因——而这不是州县官自身所能解决的；诸如此类的还有很多。"官方表达与司法实践多有落差"提醒我们，在研究中不能只看到"死"的制度，而更应看到它在实际运作中的状态。唯有如此，我们才可能准确地认识清代地方法律与社会。

4. 成果部分内容通过多种形式发表，扩大了社会影响，产生了积极的社会效益

（1）部分阶段性成果参加高级别学术会议，作大会主题或分组报告，扩大了成果在国内外的学术影响。这些会议主要有"中国法律史年会"（2008年，西南政法大学；2009年，吉林大学；2010年，西北政法大学），"中欧比较司法文化"国际学术研讨会（2010年，北京友谊宾馆），"明清中国的法律与社会"国际学术研讨会（2011年，南京师范大学），"第四届全国法律文化博士论坛"（2010年，西北政法大学），"社会、经济、观念史视野中的古代中国"国际青年学术会议（2010年1月，清华大学），"近代中国的社会保障与区域社会"国际学术会议（2011年8月，苏州大学），"第二届地方文献国际学术研讨会"（2007年，国家图书馆）。

（2）部分阶段性成果在国内外公开刊物发表，并被转引、转载。部分阶段性成果在《法学研究》、《历史研究》、《中外法学》、《中国史研究》（韩国）、《中国乡村研究》等国内外主流学术报刊发表，其中部分论文被《中国法律年鉴》、《新华文摘》全文摘编，被人大复印报刊资料等全文转载，被《亚洲研究》（香港）、《南京大学法律评论》等杂志引介。

《英美法原论》概要

高鸿钧 *

一、研究的目的、意义及所使用的研究方法

本成果分为 6 编 26 章，内容涉及英美法的历史起源与发展、主要渊源与特点、公法与私法、法学理论与域外移植等，是国内首部系统深入研究英美法的著作。

本研究的目的在于厘清英美法的发展脉络，揭示其本质特征，总结其发展规律，提炼其内在精华，汇总其对世界法律文明的贡献，拣选其对中国法制建设可能的借鉴之处。

众所周知，英美法系是现代西方两大法系之一，对西方乃至人类法制文明作出了重大贡献，它的内在精神和机理具有合理性与现代适应性。英美法的生成和发展伴随着世界现代化的全部过程，英美法系在现代世界的法律体系中占有独特的地位。因此，研究英美法的理念与制度，有助于深入了解英美法的历史沿革、具体制度与法学理论，有助于厘清它们产生的背景、针对的问题、承载的价值、运作的机制及其实践的效果；同时本成果以英美法内在的现代适应性为主线，将英美法的历史、理论和重要制度进行整合性研究，尝试理论综合与研究范式的创新。这一研究有助于推动国内外对英美法系研究的理论创新和方法论改进，这是本成果在理论方面的意义。此外，本成果在实践方面也有重要的意义。中国百年法制现代化的过程在某种程度上

---

　*　高鸿钧，清华大学教授。

是法律移植的过程，以前主要借鉴大陆法系的法律制度，近年来开始重视对英美法系的借鉴。本成果有助于揭示英美法系与西方法制文明的关系，有助于了解英美法系对现代法制文明的贡献，有助于把握英美法系的基本精神、内在机理、运作机制和实践效果，从而有助于为审慎地借鉴英美法系的合理要素提供理论准备与可行性建议。

本研究主要采用了文献研究法、历史分析法和比较分析法等方法，关注英美法理念与制度的历史传统，并结合历史语境和比较视野阐释其意蕴、机理、功能，并注重总结英美法的经验教训，全面地评价其利弊得失。

二、成果的主要内容和重要观点

1. 主要内容

本成果分为导论和 6 编（26 章）正文。

导论标题为"比较法律文化视域中的英美法"，包括 7 部分。导论主要论述的是英美法的基本精神、主要特征和运行机制，并概括描述了本成果的基本架构和主要内容。它揭示了英美法发展的历史根源及连续性特征，并认为判例的形式可能是其在历史性和现代性之间保持持续性、适应性和合理性的重要因素。就英美社会蓬勃发展的根本动力而言，民众的基本自由和权利能够得到有效保障是关键，而这又离不开其分权、制衡、司法独立、对法律程序的尊重等基本的宪政和法制原则。这其中超然的法官、独立的司法机构通过客观透明的程序来解决政府与民众及民众相互间的各种纷争，是维系社会稳定和持续发展的重要机制之一。英美法注重救济而非规范的特征也极大地保护了民众的自由创新，它注重程序和形式，却不拘泥于概念和逻辑；有自己的基本原则，却从不视之为通往实用主义的障碍，这些都构成了它区别于大陆法的重要特征。

第一编主要关于英美法的历史、渊源和基本特征，共三章。第一章以英国法为例详细阐述了普通法、衡平法和制定法三大法律渊源，并论述了三者间的相互关系。就普通法而言，作为亨利二世改革的一个副产品，其诞生多少属于例外而非常规。但其以救济而非规范为取向的特征却深深地打动了英国民众，并被后者视为自身权利和自由的守护者。就形式而言，普通法并未采取成文的形式而主要体现为以判例为载体的惯例；就实质内容而言，实体部分多承继于盎格鲁-撒克逊时代的习惯法，而程序部分则多源于亨利二世的"创造"。后世法学家在对此进行总结时认为，普通法扎根于过去习惯的取向使其能够深入民众社会生活本身，从而真正体现社会生活的基本规律，其合理性由此而产生。但普通法本身存在诸多局限，如令状格式化和程式诉讼所带来的束缚、面对权势人物的唯唯诺诺等。衡平法起初作为直接源于国王本人所赋予的救济而出现，对普通法起到了补充作用。其与普通法的明显区别在于更注重实质正义，而不拘泥于程序和形式；但同为法官法的特征则决定了二者后来合二为一的宿命。因此，普通法和衡平法是相互补充而非敌对的关系，普通法可以自足而立，衡平法则不能。作为英美法另一重要渊源的制定法，则从一开始就在英国存在。对它与普通法（法官法）之间的关系，以下说法也许更为适当：制定法在任何社会都是常态（包括英美），所不同的只是英美同时承认法官法（普通法）也有效力，而其他地方则并非如此。法官对制定法的适用和解释，构成了融通制定法和普通法的重要桥梁，也成了这二者相互促进的重要机制。第二章阐述的是判例法。普通法和制定法都体现为判例的形式，而判例法又有自身独特的要素和运行机制：前者包括判例报告、法院的层级体系和法官的司法技艺等，后者则是遵循先例。判例法的这些技术性特征，一方面保证了司法的专业性因而在一定意义上保证了司法独立，另一方面也促成了普通法的一系列特性：如发展的连续性、对世界不同文明的适应性和开放性。第三章则在与大陆法对比的基础上总结了英国法的主要特征，主要强调了法律的判例形式、法官在司法及整个法律体系中的地位和作用及法律运作机制、程序中心主义、技艺理性、注重经验和实用、法律语言、概念原则体系和司法推理及判决风格的独特性等方面，并强调英美法能在稳定与灵活、形式和实质、公平和发展之间保持适度的张力。最后，作者又从社群与体制、立法与司法、法律与政治、形式与实质、系统与生活世界、常与变等方面，论证了英国法可以被视作一个自创生系统。

第二编关注的是英美的公法，包括宪法、行政法与刑法三个部分。就英国的宪政而言，作者认为它孕生于盎格鲁-撒克逊社会的原始民主遗风、发育于封建制度下王权与教俗贵族的均势架构、成形于普通法与议会制度的确立、诞生于法律职业共同体与议会的顽强斗争。就体制而言，英国的宪政是一种议会主权与司法独立相结合的宪政体制，采用了混合的政体理论和模糊的分权体制，在议会主权的基本原则下由议会和内阁分别行使立法权与行政权，而司法权则在其中地位独特。而就思想背景而言，作者强调经验理性是英国宪政的立身之本和发展之源。与英国宪政的自然演进不同，美国宪政更多基于主观构建。这其中联邦和州的二分体制、三权分立与权力制衡以及对民众基本自由的保护，是其最核心的特征。联邦制解决了一个幅员辽阔的国家如何统一在一起的问题；而分权制衡则解决了专制的问题——不仅是少数人的专制，也包括多数人的暴政；建立正当程序条款等机制保护民众基本权利和自由不仅是英美法的基本价值取向，而且也的确保障了民众的自由，从而使其社会的发展能够充满活力和创新精神。行政权在现代的扩张已成为一个世界性的问题，其高效自然值得赞赏，但同时却可能侵犯民众的个人权利，因此通过司法审查对其进行规训成为英国的基本制度安排，而这其中对行政行为进行司法审查的标准则是问题的核心所在。在第六章，作者以英国社会的发展为背景，阐述了英国法院面对行政职能不断扩张所作的回应。重点从程序问题（自然正义）、实体合法性（越权无效）和实体合理性（不合理性）三方面观照了各个审查标准的发展历程，特别是自然正义的复兴、越权原则的扩展和比例原则的引入。独立规制机构的出现是现代行政法发展中的一道亮丽风景，而这在美国最为典型。在第七章中，作者将目光聚焦于美国州际贸易委员会、证券交易委员会、联邦通信委员会、国家劳资关系委员会等相对传统的独立规制机构，在此基础上，首先对美国独立规制机构的历史演进加以讨论；其次，通过介绍独立规制机构成员的任免程序，对独立规制机构的法定职能进行剖析，阐述其组织架构；第三，对独立规制机构的内部运作程序进行评介；第四，探讨美国总统对独立规制机构的控制，国会和法院对独立规制机构的影响；第五，分析美国独立规制机构独立性的内涵及其在分权体系中的地位。在英美的刑法中，对犯罪嫌疑人的保护是一种重要考虑，这主要通过危害性原则与犯意原则二者来实现：其中前者从行为客观上是否导致有害结果的角度去限缩刑事责任的成立范围，而后者则从行为人主观上是否具有过错的角度来制约刑法的处罚范围。但以此应对当今社会的风险又显得力不从心，那么当代的英美刑法理论对此有何回应呢？在第八章中，作者探讨了英美刑法理论如何通过对危害性原则与犯意原则进行隐秘的改造，而使其一改限制刑罚权的初衷并转而服务于扩张刑事处罚范围的目的。换言之，这一章要研究在古典政治自由主义的语境中服务于去罪化而旨在守护个体权利的危害性原则与犯意原则，如何在风险社会的背景下发生重大蜕变而一举成为有利于风险控制的制度性工具，最终导致其不仅无力遏制刑事责任范围的不断扩张，还反过来进一步加剧与助长刑法的政策化与功利化的趋势。

如果说在公法方面两大法系还分享了更多的共同之处（如思想渊源、制度框架、运行机制等）的话，那么在私法领域英美法则显示出更多的独特性。从形式上看，在欧陆，所谓私法一般都以民法典为终极体现形式；而在英美，则体现为分散的具体的部门法。本成果第三编就是从财产法、契约法、侵权法、商法和信托法五个部门法来阐释所谓的英美私法的。就财产法而言，其实各种社会中人和财产的关系或曰人和人就财产而产生的关系实质上差别并不大，所谓欧陆物权法与英美财产法之间的差别更多的只是不同法律传统使用不同法律术语、沿着不同的路径对这些关系的不同表述而已。因此对于熟悉欧陆物权法体系的人来说，理解英美财产法的术语和表达路径要紧迫于理解其实质。正基于此，第九章以欧陆物权法的理论框架为背景，对英美财产法从术语到框架进行了全面的解构，结论是：与大陆法系一样，英美法系也存在边界清晰的物权法部门。英美法系的物权法与合同法、知识产权法、证券法等法律部门处于同一位阶，并一同构成了位阶更高的"财产法"法律部门。在英美物权法中，主体与客体之间始终存在一个抽象的地产权，主体并不直接拥有不动产，而是拥有权利，ownership即表示权利与主体之间的此种归属关系，而非所有权本身。正因英美法系存在与大陆法系所有权相同的制度构造，故不可能存在一物多权现象。最后，英美法系同样存在着物权与债权的区分，存在着物权法定原则、公信原则这些我们通常认为具有大陆法系特色的制度和原则。第十章关注的是英美契约法，首先追溯了契约法在英国的起源和发展历程，然后对古典契约理论进行了细致的分析，认为其是以契约自由为核心理念，假设契约主体具有平等的人格，而契约则在形式上具有客观、标准化、不证自明和演绎的性质，等等。但社会化的不断推进使古典契约理论的缺陷逐渐显现，在现实主义法学与"回应型"法社会学的指引下，新古典契约法应运而生。后者在理论基础和具体的制度构建等方面都与古典契约理论有很多不同。在契约法社会化的浪潮中，现代和后现代契约法理论方案此起彼伏，如吉尔默的"契约死亡学派"、肯尼迪等人的"批判法学运动"、麦考利的合同之经验理论等，而关系契约理论则构成了契约法社会化运动的最强音。此外，作者还从法律传统、法律制度和法律渊源三个方面揭示了英国和美国契约法之间的差别，并用最新的合同法理论为中国的契约立法提出了有针对性的意见和建议。第十一章关注的是普通法中过失侵权的类型化与一般化的问题。作者认为，由于普通法通过判例发展的特点，致使尽管有像"多诺霍诉史蒂文森"案这样宣示一般原则的判例并因此而使英美过失侵权法具有一般化的面向，但是其一般原则，即使有，也不会像大陆法系一样形成抽象的法律条文，并仅以此法律条文作为有约束力的法律渊源。对于英美侵权法来说，只要遵循前例的方法依然有效，则一般化总是和无数前例积累的类型化相结合着的。但是，一般化在摆脱类型的束缚以推进侵权法的发展上发挥着重要作用。另外，由于政策考量的运用，英美侵权法具有相当程度的实用主义特征。由此，即使是类型化，也不至于成为封闭的刻板的类型化。英美的商法同样发达，而且范围甚广。第十二章遂以证券法上的短线交易制度为例展示了英美商法的冰山一角。作者首先介绍了美国的相关法律制度，然后讨论了短线交易归入权制度适用中的"客观主义"或"主观主义"，接下来又分析了适用归入权的主体、对象、期间和短线交易所得利益的计算方法，最后引入商法制度移植的"动机"、"宏观适应"、"微观适应"及"替代制度"的四要素模型，指出短线交易与内幕交易两种制度从立法哲学到规范方法上均判然有别，试图以前者来补充后者可能出现宏观适应方面的问题，因此短线交易制度在当代是否需要继续存在值得商讨。信托被梅特兰视为英国对世界法律文明的重大贡献之一，也是英美法中最具特色的制度。鉴于对信托的一般探讨或对普通信托的研究已经较多，第十三章特选美国商业信托为研究对象，对其概念、应用、演进、基本原理与主要制度进行了深入细致的探讨，最后还对我国相关制度的建立与完善提出了中肯的意见和建议。

　　较之于欧陆，在英美，司法对法律发展的推动力要更明显和突出，英美法（普通法）甚至在一定意义上被称为"法官法"。第四编就专门从司法组织、诉讼程序与法律教育三个方面，对司法这一重要的主题进行了阐释。在

第十四章中，作者追溯了英美两国司法兴起和成长的历史，总结了各自的特点、优势以及作用于社会的方式和贡献，为我们展现了一幅不同寻常的英美司法画卷。第十五章则选取了英美司法中的对抗制作为主题，考察了其历史演变，分析了其基本特征和运作机理，并对我国的刑事诉讼改革提出了建议。作者认为，对抗制源于古老的弹劾式诉讼，而陪审制则使得对抗制与纠问制分野，现代对抗制的确立与被告人权利的扩张、律师的介入和证据法的诞生密不可分。在作者看来，当代对抗制的基本特征包括：沉默的被告人与争斗的律师、雄辩的检察官与戏剧化的法庭审判，以及消极的法官与权威的裁判。其形成机理与自由主义制度理念、当事人主义诉讼构造、陪审团审判、理性主义及复杂精致的证据规则息息相关。英美证据法同样具有世界性影响，在第十六章，作者对英美证据法的源流、内容与哲学基础进行了全面深入的探讨。作者认为，英美证据法的形成机理与陪审团制、当事人主义的理念、实用主义的证明哲学和经验主义的人性基础密不可分，其功能在于加强认定事实的精确性、加强裁判事实的可接受性和加强法庭审判的对抗性。为此，英美的证据法主要包括基于发现真实目的而设置的可采性规则、基于特殊政策而设置的特权规则、关于证明责任与证明程度的规则以及关于证据力的补强规则。集团诉讼是英美司法中另一个绕不开的话题，因此第十七章即以美国的集团诉讼为例对此进行了阐释。作者在梳理集团诉讼发展历史的基础上，找出了若干对美国集团诉讼运作有重大影响但却仍面临诸多争议的问题，比如美国集团诉讼取得成功的缘由是什么？其所赖以生存的制度和文化环境是什么？现在所面临的问题又是什么？还分析了美国集团诉讼发展的独特之处，为我国集团诉讼讨论的深入提供了新的视角和参考。作者认为，集团诉讼是一项与美国法律文化紧密相连的法律制度，它在美国的运行和发展有着更深层次的理念和制度支撑，这主要体现在私人执法、律师文化、惩罚性赔偿和联邦制四个方面。相比较而言，中国则缺乏相应的要素，这为集团诉讼在中国的发展带来了困难。英美的司法之所以"强"，一个重要的原因是其中的人，即司法者本身的素质高，而这又与其法律教育密切相关。但颇为吊诡的是，英国的法律教育却不是从大学而是从行会式的作坊里开始的，由此发展出了与之相关的一系列制度：律师会馆、判例报告、学徒制，等等。以大学法学院承载法律教育的重任，美国则要超过英国。因此，第十八章就集中探讨了英美的法律教育问题，在追溯了各自的发展历程后，作者总结出了英美法律教育的一个基本问题，即法律教育要在学术与职业之间保持张力，既延续学术，也要为社会服务。事实上，英美的法律教育从来都是以执业为出发点的，而正是这一点导致其法律职业的发达和在新时代的向外扩张，也难怪今天世界上其他国家多奉美国的法律教育模式为圭臬，纷纷对自己的体制进行改革。

其实英美法对世界法律文明的贡献不仅体现在法律制度的层面，在法律思想领域也产生了重要的影响。因此第五编就讨论了英美主要的法学理论与法律思想流派。但学习法律的学生也许会问这样的问题：法律思想是否会超越制度上的巨大差异而在两大法系间体现出共性呢？事实上，即使是法律思想方面，两大法系也并非完全相同——尽管其差异要小于制度方面。比如在英美法语境中，自然法思想产生、发展和变化的方式与大陆法传统有着诸多差异。从某种程度上讲，英美法传统中的自然法思想是职业法律家与政治哲学家共同缔造的成果，是在日常司法实践和重大政治变革的交互作用下形成的。英美法传统更加注重通过具体的制度和法律推理使自然法理念实现制度融合，使自然法成为实证法体系的内在组成部分。这些特征使自然法思想在英美法传统中散发出独特的魅力。因此第十九章的宗旨就在于，通过勾勒自然法思想在普通法中得以"制度融合"的过程来反思其背后的精神基础。作者以二战后自然法思想的复兴作为时间起点，沿着富勒、德沃金、菲尼斯与罗尔斯所开启的"新自然法"的路径来进行考察，通过对四位代表人物的思想及其背后的时代背景和思想来源的研究，作者试图证明，英美法借助程序、权利与正义三个维度来实现自然法制度融合的目标，其背后暗含着名实之辨、德法之辨与义利之辨三种重大的关键性问题，而这恰恰体现了英美法相对于欧陆法律传统的独特性。法律实证主义是英美法的另一重要支系，它从谱系上可以以边沁为一个重要的出发点，在第二十章中作者指出，法律实证主义的兴起与18世纪英国普通法面临的挑战、自然科学革命和启蒙运动的影响密切相关。而它兴起之后也的确在很大程度上推动了英国的法律改革，对英国产生了重要影响。但普通法的传统仍然占据着主流，法律实证主义将法律和道德截然剥离的做法也未引起多大的共鸣或起到多好的效果，因此哈特后来对之进行了改造，使之向回退让了一步。随着战后哈特与富勒、德沃金等人的争论的深入展开，英美的自然法和实证主义法学都发展到了一个新的高度，其在实践层面对司法的影响也显而易见。20 世纪上半期，法律现实主义对美国的影响不应忽视。在第二十一章，作者认为这与 19 世纪的美国普通法危机以及兰德尔以法律形式主义的回应密切相关，是对法律形式主义所导致之僵化的反对，因此法律现实主义采取了"反概念主义"的思维模式，"事实中心主义"的研究方法，"情境主义"的立法、司法技术和"渐进改良主义"的法律发展道路。但其自身的缺陷，如主张的不可操作性及对人类进行"类别"思维能力的否定等，也是其最终衰落的重要原因。作者最后总结了法律现实主义对美国的影响及其对中国法学研究的启示。法律经济学无疑是 20 世纪后半期最具影响力的法律思潮，其地位早在 19 世纪末就为霍姆斯法官所昭示，它对法学方法甚至是法律的价值取向的影响都堪称史无前例。在第二十二章中，作者追溯了法律经济学在英美思想传统中的源与流，肯定了英国思想家在该学派现代思想渊源方面的贡献，分析了 20 世纪美国法律经济学运动兴起、发展与繁荣的原因。作者还勾勒了法律经济学的学术谱系及其在 21 世纪的理论分化和新趋向，并对法律经济学的方法论进行了详尽的分析，同时也明白无误地展示了对其的批判，最后总结了法律经济学对于中国法学研究和法律教育的影响与借鉴意义。

作为最后一编，第六编考察的是英美的法律文化及英美法的对外传播。毫无疑问，自由是英美法律文化中的核心价值和主要特色，因此在第二十三章中，作者以美国自由法律文化为典型，考察其历史源流，分析其意蕴的变化，指出其得失。作者所讨论的依据为托克维尔两卷本的《论美国的民主》和弗里德曼的《选择的共和国：法律、权威与文化》，并从中总结出三对紧张关系：放任的自由与调控的自由、自由与权威：法律制度与大众法律文化之间、自由与法律。作者并没有像托克维尔那样对美国的民主和自由钦羡不已，也不如弗里德曼那样，认为美国式放任的自由已经提升到调控的自由的水平，由此人们可以自主地选择自己的生活方式，因而不无乐观地向读者暗示，当今美国法律文化的自由已经领导着西方世界自由的新潮流，并且预示着人类未来的自由模式和生活方式。而是在许多方面提出了与他们不同的看法，并指出了美国法律文化中自由的局限。除了学术的探讨和商榷，这也附带表明作者对于研究对象的一种批判。第二十四章讨论的是普通法系的形成过程。普通法系的形成显然是伴随着英国法的域外移植而实现的。从方式上来说，英国法的域外移植又可细分为移居型殖民地的法律移植和征服型殖民地的法律移植；从原因上来说，英国的海外殖民需要和各殖民地法律的落后都是重要的因素。英国法域外移植的主要特点主要体现为强迫性、多样性、重视司法制度等，与大陆法的世界性传播呈现出连锁式特征不同，英国法的域外移植始终以英国为中心，其在世界的传播方式呈现出放射式特征。英美法的对外传播在 21 世纪呈现出了全球化的特点，第二十五章即以美国法的全球化为主题，详尽地分析了这一最新最热门的法律话题。作者首先总结了美国法全球化过程中的四个典型实例：美国对拉美的法律输出；新商人法中的"特洛伊木马"——美国律师；美国猎食转型国家法律改革；美国法对欧洲法的反攻。然后又分析了美国法全球化的背景与动因，认为这与美国当今的经济政治地位、美国法的世界地位、美国法的自身优势及接受国家的内因密切相关。最后作者还对美国法全球化的相关理论问题进行了反思与评析，主要涉及美国法全球化与"法律与发展运动"、法律现代化、法律移植、世界法系格局等方面的关系。第二十六章关注的是英美法对近代中国（1840—1949 年）的影响，作者首先勾勒了这一时期英美法在中国的传播历程，刻画了作为英美法向中国移植推手的传教士和法律顾问，还梳理了从戊戌维新到"四六宪法"整个英美宪政的近代中国之旅，追溯了从留洋法政人到东吴法学院的中国法律人的英美法印迹，整体式地描绘了一幅近代中国与英美法互动的鲜活画卷。

2. 重要观点

（1）判例法有助于实现法律稳定性与灵活性的互动，有助于保持传统法与现代法的连续性，有助于实现法律秩序的维系与变革的统一。

（2）英美法系在社会治理中的主要做法是政治问题法律化、法律问题司法化。通过司法主导社会治理和纠纷解决，有助于缓解政治压力和化解社会冲突，有助于实现社会的长治久安。在英美法治中，宪法具有突出地位，在美国尤其明显。围绕法律合宪性而展开的司法审查，有助于使宪法具有可诉性，并有助于防止"多数暴政"，最终有助于保护和实现公民的宪法权利和自由。

（3）英美宪政的分权制衡体制有助于防止任何政府部门的专断和独裁，

从而有助于保护公民的权利和自由。在英美法制中，公民权利和自由具有突出的重要性，在美国尤其明显。《权利法案》赋予了公民基本权利与自由，使之具有高级法的不可撼动性和不可剥夺性，由此确定了宪法和民主的发展方向。

（4）英美司法的高度职业化和独立性，有助于树立司法权威和增强公民对司法公正的信心，从而有助于维护法制的健康发展。

（5）程序中心主义是英美法的重要特征之一，宪法中正当程序条款的突出重要性、诉讼中的对抗制和完善的证据法等都体现了这一特征。英美法对程序正义的追求，有助于超越形式正义和实质正义各自的局限，有助于维护司法公正和保护公民权益。

（6）英美的商法具有解决问题的适用导向，概念、规则和制度不追求逻辑的完美，而是基于经验的总结和提炼，因而具有实践性、变通性和灵活性。

（7）英美的财产法、契约法、侵权法以及信托法等法律领域具有功能主义取向，产生于实践，重在有效解决生活中出现的问题，能够灵活高效地适应市场经济体制。

（8）英美法主要体现了四种基本价值，即个人主义、自由主义、经验主义以及实用主义。个人主义和自由主义坚持基本价值，经验主义和实用主义则关注问题解决。英美法这种价值上的内在冲突，反映了法律的内在复杂性和现代法律的多元性，不同价值共存有助于法律形成内在张力，有效应对复杂的社会问题。

（9）英美法在世界范围的广泛传播假力于英美在世界体系中的霸主地位；英美能够先后成为世界强国，也得益于其法制；而英美法制的生命力则得益于英美法中许多理念与制度的自身优势。

（10）应批判英美法的许多缺陷，反对英美的法律帝国主义和法律霸权主义，但同时并不拒斥英美法的经验。中国在法律现代化的发展中，应自主和积极地参考和借鉴英美法系的许多合理要素和机制。

三、成果的学术创新、应用价值和社会影响

1. 学术创新

（1）在普通法的历史传统领域，本成果指出普通法本身是经验与理性的

统一，是主观与客观的统一，是稳定性和变通性的统一，在国内和国外的普通法研究中，对普通法进行这种理论概括具有新颖性。

（2）本成果对于普通法司法技艺的分析具有独到见解，例如指出了司法技艺如何有助于寻找案件争点、转化争议的焦点以及解决价值之争。这些论述具有原创性。

（3）对"自由"在美国法律文化中的历史地位、意蕴变化以及重要影响进行了深入研究，指出了它的积极作用和一些局限。这种研究在国内本领域中处于前沿，并在某些问题上超越了美国同行的研究。

（4）本成果系统研究了对抗制的起因和特征，分析了英美证据法的形成动因和制度环境以及哲学基础，这些论述具有新颖性。

（5）本成果在论述中参考了国内同行的最新研究成果，借鉴了国外相关研究的最新动态，在资料搜集和使用上，在观点的提出和论证上，都达到了国内前沿，并接近（某些达到）国际水平。

2. 应用价值和社会影响

（1）本课题组聚集了国内英美法研究领域的一流专家，成果大部分内容出自这些专家之手，他们或者是在法律史或比较法角度专攻英美法，或者是在所在部门法领域长期研究英美法。这些专家基于对英美法的长期研究，以及丰硕的前期相关成果，确保了各自所承担部分的成果具有前沿性。

（2）本成果的作者具有不同学科背景，涉及法律史、法理学、比较法学、宪法学、行政法学、刑法学、诉讼法学等学科。这种合作研究实现了知识、方法和理论的互补，并使本成果在涉及的领域和整体规模上，都远远超过了国内以往同类成果，从而把国内的英美法研究从整体上提高到一个新水平。

（3）本成果写作过程中运用了一般的比较方法，还以中国学者的视角，体现了对"中国问题"的观照。这种对英美法的跨文化研究，在一些视角和观点上突破了西方学者的局限，如关于判例法、英国法特点、美国宪政、对抗制、集团诉讼、司法制度以及美国法全球化等问题的论述，都没有简单限于一般描述，而是努力揭示其内在张力，指出其功能和效果，并解释其局限和存在的问题。这种跨文化的观察和反思具有前沿性和创新性。

（4）本成果吸收、提炼和发展了中国法学界对英美法的研究成果，使国内的英美法研究跨上了一个新台阶，有助于国内法学界深入理解和全面把握英美法。

（5）本成果为中国参考、借鉴和移植英美法提供了知识资源和理论准备，有助于使这种参考、借鉴和移植更慎重和更合理。

（6）本成果有助于推动和改进中国英美法的研究和教学，并有助于一般读者把握英美法的重要理念和制度。

《信赖保护原则及其在民法中的构造》概要

朱广新 *

一、研究的目的、意义及所使用的研究方法

本项研究是为了深入、系统地解决我国民法上的两个重要问题：一是信赖保护为何会成为一项民法基本原则；二是信赖保护原则在民法制度或规则上有何种具体表现。前者关涉着信赖保护原则在民法上的正当性依据，后者涉及信赖保护原则在民法上的具体构造。

本研究对我国民法的适用与发展皆具有十分重要的理论与实际意义。在理论上，它有助于深化人们对民法基本原则或内在体系的认识，促进近现代私法理念在我国的创造性转化，构建与我国经济社会相契合的民法理论体系。改革开放 30 余年来，为促进社会主义市场经济的健康发展，培育市民社会，我国的民法理论与实践一直比较强调私人自治原则的重要性，对信赖保护原则在民法理论与实践上的重要意义有所忽视。自由与信任如影随形。个人自由主义既维护了人的尊严、激发了人的创造力，又可能使人变得越发抽象、不确定并越来越难以令人信任。因此，倡导并维护个人自由之时需要促进并保护人与人之间的信任或信赖。社会学家如此认为，民法学者亦应接受这一共识。从比较法上看，德国、法国、瑞士等大陆法系国家的民法立法及有关学说很早就将信赖保护看作一项与私人自治不可分离的私法原则。随着社会主义市场经济体制的深入发展，社会诚信问题接二连三地发生，我国

---

* 朱广新，中国法学杂志社编审，研究员。

民法急需拓展思维，深刻认识信赖保护原则在民法构建中的重要意义。

几十年来，为制定一部科学的、富有新时代精神的民法典，我国几代民法学人孜孜矻矻，殚智竭力。参酌国外立法经验，任何一部功垂竹帛的民法典无不体现了鲜明的时代特色，如法国民法典奏响了自由主义的序曲，德国民法典敲响了极端个人主义的丧钟，而瑞士民法典则开创性地将社会连带思想融入经典民法中。经过30多年的持续立法，我国已以法典化理念为指导制定了《中华人民共和国民法通则》、《中华人民共和国合同法》、《中华人民共和国物权法》、《中华人民共和国侵权责任法》、《中华人民共和国婚姻法》、《中华人民共和国继承法》等民事法律，如何汇总这些法律，编纂一部民法典已成为亟待解决的重大问题。本成果为如何将信赖保护原则转化为民法上的具体规则或制度提供了富有建设性的意见。

在研究方法上，本成果综合运用了社会学研究方法、比较研究方法及立法论与解释论相结合的方法。

二、成果的主要内容和重要观点

信赖保护为何是一项重要的民法基本原则，我国民法理论至今仍未作出系统、科学的回答。为突破这一理论瓶颈，本成果从两个视角深入探讨了信赖保护的正当性依据：一是外部视角，即信任或信赖保护在现实社会生活中的正当性。选择此种视角的基本考虑是，现代社会是一种以国家与社会的分离为基础的市民社会，或者确切地说，现代社会是以市民法为存在前提的一种社会形态。民法上的信赖保护无论如何难以与市民社会中的信任机制相脱离。二是内部视角，即信赖保护原则在民法上的正当性依据。在个人自由主义的现代私法理念下，通过剖析近现代民法的构造特点与方法，探讨了信赖保护为何会成为一项与私人自治相伴生的民法基本原则。

对信赖保护原则的正当性依据作出系统分析后，本成果以我国现行民事法律为基础，并参酌其他国家或地区的学说与立法，对信赖保护原则在我国民法中的构造进行了详细分析。

1. 信赖保护原则在传统社会与现代社会中的正当性

（1）人类社会变迁中的信任机制。

信任是指不顾交往的不确定性而相信他人。在人际交往中，一个人即使对交往相对人了解甚少，或觉得对方不一定可靠，很多情况下也必须凭借信任而与之交往，因为人们既无法完全了解对方又根本不能掌控对方的自主意思。因此，信任被看作一个在社会关系和社会系统中产生并维持社会团结的整合机制。它是需要被特别保护的一种社会利益，我们需要像保护空气或水那样去保护它。当它被破坏时，社会整体的连续性就会受到损害；当它被摧毁时，社会就会不稳固，甚至会崩溃。

信任具有特别重要的社会意义，但现代学者一般认为，信任是一个现代性概念。从理想形态上分析，传统社会是一个生活空间具有地方性、社会行为具有集体性、社会结构具有阶层性以及社会秩序具有礼俗性的社会。生活空间的地方性，决定了传统社会是一个人与人之间相当熟悉的社会——熟人社会。熟悉不仅指一方对相对方个人信息的掌握，更指一方认为相对方会一如既往地待人接物。熟悉因而为信任提供了充足的营养，人与人之间由熟悉获得信任并付出信任，并进而获得"从心所欲而不逾规矩的自由"。在熟人社会里，信任多表现为一种个人与个人之间的直接信任，人与人之间常常依赖对他人过去的熟知而决定信任或不信任。另外，由于世代积累的传统与仪式足以使社会秩序井然有序，所以，在传统社会，信任的缺场或失信行为的发生，通常表现为个体之间的琐碎事件，不会形成一个影响巨大的社会问题。

随着传统社会向现代社会的转型，人与人之间的交往方式也发生了深刻变革。共同体内成员间的长期相处、深入了解的情形，日益被非共同体成员之间的临时、偶然、片面的表层交往所取代。交往双方没有多少"共同点"和情感联系，彼此互为陌生人。陌生意味着多种可能性、不确定性，个体之间的陌生或无知随社会开放程度的加深而不断扩大。个体不仅对周遭的人和事缺乏足够的了解，而且不断遭遇完全不知其历史和未来的人和物，并不得不与这些陌生人合作、互动。在这种情况下，对人际交往史与个性特质的熟知已无法为信任的付出提供支持，一些为大家所熟知的公共媒介则成为建立信任的必要条件。凭借这些媒介，错综复杂的世界被大大简化，个体于纷繁世界中的焦虑不安在一定程度上被消解。

这种必须有媒介参与的信任，被称为一种间接信任、浅层信任。由于媒介本身往往是一个独立系统，这种信任通常也被称为系统信任，即基于具有普遍性特征的媒介（系统），在互不相识的人之间发生的信任。这种系统信任一旦发生失信或背信问题，往往因系统本身的广泛性而迅速转变为一个被社会普遍关注的问题——信任危机问题。

（2）法律在系统信任中的意义。

现代社会中的信任多表现为一种系统信任。如何确保作为信任媒介的系统规范、合理地运作，则至为关键。在民商事交易行为规范上具有重要作用的民法、商法，在系统信任的构造上担负着重要职责。不过，相对于某一法律部门在信赖保护上的作用，近现代法律因其稳定性、普遍性及可预见性，在整体上也可发挥促进信任、简化社会复杂性的功能。但是，通常谈到的法律上的信赖保护，多指局限于某一法律部门内部的信赖保护机制。

概括地看，法律在现代信赖机制中主要发挥如下作用：一是对信任之前提条件的保障。现代信任机制以人的自由发展、社会的开放性为前提条件，法律必须首先确认人的自由存在，并保证社会的开放性。二是法律必须对交易风险作出界定。信任问题通常以背信的面目出现，法律必须对背信的判断标准作出明确界定。三是法律必须增强交往媒介与专家系统的可信性。现代信任是一种系统信任，系统信任以交往媒介与专家系统的正常运作为条件，法律必须对此作出规定，如构造并强化具有时空分离功能的法律制度、确保专家系统的真实性、建立个人信用记录机制等。四是必须建立系统信任的法律维护机制。

2. 信赖保护原则在近现代民法上的正当性

以法律的视角看，独立人格、自主意思正是近现代民法的主题词及动力之源。依其在现代市民社会中的根本地位，民法对独立人格、自主意思的确认与保护，在促进人类全面发展、保障社会经济发展活力的同时，也制造或释放了前所未有的交易风险。可以说，民法既是社会发展的动力之源，又是交易风险的发生之地。自主意思（私人自治）的这种社会作用提出这样的问题：现代民法在制造或释放交易风险的同时，是否也力所能及地采取了一些控制或化解风险、促进社会信任的措施？答案是肯定的，只要深入了解近现代民法的构造特性与方法，就不难回答这一问题。

个人自由主义是近现代民法的构造基础。民法以其独特的方法将个人自由主义转化成一种私人自治原则，即在不违背公序良俗或法律的禁止性规定的前提下，每一个个体可以以其意思自主设立、变更或终止法律关系。法律关系主要是一种权利与权利关系。近现代民法正是以权利概念为核心、以权利的区分为基础建构起来的。就其存在方式而言，权利纯粹是一种观念、抽象的存在物。权利的观念化对交易世界带来的一个必然后果是，物与权利的分离，此种分离为无权处分他人之物提供了可能。另外，在意思自主原则主导下，私法上的基本交往方式——法律行为，也根本摆脱了物质形式的束缚，完全成为由当事人主观意志支配的事件。换言之，私法关系的产生、变更或消灭往往不是取决于某种物质形式，如登记、批准或书面形式，而大多依赖于当事人的自由意思，有时甚至与物质形式无任何关联。

在上述情况下，近现代民法在一系列制度上明显制造了如下交易风险：自然人法律行为能力客观化的滥用可能，法人身份辨识上的风险，法定代表人越权代表的风险，代理权外溢或滥用的风险，物之现实占有与法律占有的分离风险，意思与表示不一致的风险，缔约自由与信赖投入的背反风险，合同债权的主观性与客观性的偏离风险等。如此复杂多样的交易风险，揭示了民事交易生活的不确定性，决定了付出信赖的必要性。由于这些风险不是缘于某个个体行为或特定的社会事件，而是法律制度与生俱来或附带造成的，所以，它们实际上根本无法完全被避免。由此种风险引发的任何信赖问题因而具有一般性、普遍性。因此，就像法律应当保护现代社会中的系统信任一样，民法必须保护人们在市民社会交易中因制度风险而付出的信赖。信赖保护原则因而在民法上获得其正当地位。

从民法的内在体系看，信赖保护原则与所有权绝对、私人自治、诚实信用等民法基本原则之间存在明显区别，并在民法上享有无可替代的规范地位。

从私法上看，市场交换实质上就是所有权的交换或移转。除了所有物灭失导致的所有权绝对消灭外，所有权的相对消灭——所有物由一方移转为另一方所有——必须遵循合意主义的交换原则。换言之，除非经过对方的同意，任何一方不得剥夺或取得另一方对特定物的所有权。这是所有权绝对原则的应有之义。这等于说，一切未经所有权人同意的所有权丧失情形，皆属于所有权绝对原则的例外，如罗马法谚："无论何人，不得以大于自己所有的权利让与他人。"然而，为了确保交易安全，《物权法》第一百零六条明确规定，善意第三人可由无处分权人处取得所有权或他物权，所有权人或处分权人不能根据物权的追及力要求善意第三人返还原物。这项制度就是信赖保护原则的一种制度化体现，它为所有权或他物权的产生确立了一种独立规范基础。

除所有权绝对外，近现代民法的另一项重要原则是私人自治。私人自治之根本，在于尊重个人对私法生活的自主决定权，制止任何单位或个人向个人强加义务或责任。因此，私人自治散发着自信的光芒，它告诉每一个人，应当相信人类有能力处理好自己的事务，发展好与他人之间的关系。信赖保护则明显有所不同，其旨在保护一方对另一方的合理信赖，其逻辑结构是，合理信赖他人者，也可依其合理信赖获得法律保护。比较而言，私人自治乃以个人为基点且充分尊重个人人格尊严；而信赖保护则立足于人与人关系的社会连带性，强调合理信赖在交易行为中的必要性，维护并强化对他人的信赖。两者思考问题的意趣与视角几乎完全不同。

若仅从语义上讲，诚实信用与信赖之间相同之处甚多。但是，依规范功能分析，诚实信用即使含有"信赖保护"之义，它与信赖还是存在明显差别。具体言之，诚实信用之根基在于"诚"，"信"只是"诚"的一种结果，也就是说，一个人只有对人忠诚、忠心或考虑周全，才可能取"信"于人。因此，诚实信用中的"信"，是针对当事人一方的"信用"而言的，而非指相对人付出的信赖。当然，从相对人的立场看，一个诚实守信的人，是一个值得信赖的人。法律之所以要求人们要诚实守信，是因为只有诚信之人才能更好地促进他人付出合理信赖，出尔反尔、轻诺善变之人，只能引发猜疑，不能得到信赖。因此，诚信与信赖虽然存在一定关联，但也存在明显差别。

另外，从法律适用上看，诚实信用和信赖的差别更加明显。诚实信用主要适用于义务的履行，即除约定或法定义务外，双方当事人之间在特定情形下应互负一种诚信义务。该义务要求当事人在交易中要正派、忠厚地行为，并尽可能使自己的行为保持连贯性。以此而言，诚实信用具有较强的道德色彩，并具有很大的不确定性。从权利限制上看，诚实信用旨在克服极端个人主义的权利观念，使权利服务于社会利益。至于权利应受多大程度的限制或者受到怎样的限制，诚实信用同样无法提供一个确定的标准。

信赖保护之意旨，在于保护人们对重要交易事实的正当信赖。如对意思表示表见的信赖、对某些证书和登记簿册的信赖，与遵守诚实信用的要求不同，它没有法律伦理方面的基础。信赖保护往往只是一种旨在提高法律交易稳定性的法律技术手段。

3. 信赖保护原则在民法中的具体构造

对于信赖保护在民事法律制度构造中的重要作用，以往研究成果往往只注意到了信赖保护在表见代理、善意取得等个别制度构造中的意义。本研究成果在深刻认识到信赖保护是内生于民法的一项基本原则的基础上，以我国现行民法为基础，并参考比较法上的观察，系统分析了信赖保护在许多重要民法制度构造中的作用。

（1）民事主体制度构造中的信赖保护。

在民事主体制度中，信赖保护不仅是自然人行为能力制度构造的重要原则之一，而且在法人登记制度、法人行为能力制度构造中也发挥着极其重要的作用。信赖保护原则在自然人行为能力制度构造中的作用主要体现在限制民事行为能力制度中。从世界各国的法律规定看，限制民事行为能力制度是折中保护限制民事行为能力人与交易相对人信赖利益的结果。折中办法是：在优先保护限制行为能力人的前提下，适当考虑交易相对人的信赖利益。保护交易相对人信赖利益的主要措施是赋予其一种撤销权。该权利的主要目的是使交易相对人获得一种在交易未定状态期间撤销交易的选择权。

信赖保护原则在法人登记制度构造中的作用是使法人登记对交易相对人具有信赖保护效力。这种效力表现在两个方面：一是消极信赖保护效力，指应予以登记事项未为登记与公告，或者未为登记时，法人不得以该必须登记事项对抗第三人，除非第三人已经知道该须登记事项的真实情况；二是积极信赖保护效力，即应登记事项业已登记与公告，或者业已登记时，公示的事项对第三人发生效力。我国在此方面尚需要完善立法。

信赖保护原则在法人行为能力制度构造中的重要体现是：为了保护善意第三人的交易安全，应当对法人的内部事务与外部事务作出严格区分。对第三人而言，法定代表人代表法人对外交易的权限不存在任何限制，除非法人能够证明第三人在与法定代表人交易之时明知或应知其超越了权限。《合同法》第五十条对此有明确规定。

（2）法律行为制度中的信赖保护。

信赖保护在法律行为制度中的作用，并非仅仅体现在表见代理制度的构造上，而是有着更为全面的体现，如意思与表示不一致时对相对人信赖或第三人信赖的保护，意思表示错误撤销时对相对人信赖的保护，欺诈制度中对受欺诈一方的信赖保护等。

对于真意保留行为，大陆法系国家或地区的民法典皆采取以表示主义为原则、意思主义为例外的规范模式，即真意保留不因表意人缺乏真意（意思瑕疵）而无效，但如果表意人之表示非出于真意而为相对人所明知时，真意保留无效。这种做法优先考虑了相对人对意思表示的信赖。对于虚伪表示，双方当事人皆可主张虚伪表示不生效力，因为双方均不具有使其意思表示受到法律拘束的愿望。然而，虚伪表示不得对抗善意第三人。这是指善意第三人既可主张虚伪表示无效，也可主张其有效，如主张其有效，表意人不得以无效对抗之，这样做主要是为了保护善意第三人的合理信赖。以上两项规则，我国现行法中皆缺乏明确规定。

为了保护交易相对人对法律行为成立的合理信赖，现代民法大多承认，一方以错误为由撤销已为对方受领的意思表示时，必须赔偿对方所受信赖损失。然而，我国《合同法》第五十八条承袭《民法通则》旧制，规定只有撤销意思表示的当事人一方具有过错时，才负有赔偿对方信赖损失的责任——缔约上的过失责任。此种做法严重忽视了对相对人合理信赖的保护。未来制定民法典时，应当对现行法予以必要修正。．

信赖保护原则也体现在第三人欺诈制度中。根据合同法最新立法例，当欺诈由第三人实施，而该第三人的行为无须由缔约一方负责或该第三人的行为无须缔约一方的同意时，如果缔约一方明知或应知第三人欺诈，合同可以被撤销。不过，即使缔约一方确实不知或确实不应知存在第三人欺诈，只要其能够证明，缔约另一方尚未因信赖合同而有所行为或因信赖合同而放弃了其他交易机会，缔约一方同样可以撤销合同。

（3）物权法中的信赖保护机制。

物权法中的善意取得制度与不动产登记簿公信力制度同样是根据信赖保护原则进行构造的结果。不过，依据系统信任理论，不动产登记簿公信力制度与善意取得制度实质上是两种构造迥异的信赖保护机制。善意取得制度以占有不足以充分表征动产所有权为构造前提，以尽力衡量所有权人与善意第三人的利益冲突为轴心；不动产登记簿公信力制度以不动产登记簿可以作为权利外观为构造前提，以完备的不动产登记制度为根基。善意取得制度的效果只能是第三人由无权利人处取得物权；不动产登记簿公信力制度所具有的效果不但有积极信赖保护与消极信赖保护之分，且其积极信赖保护的内容除由无权利人处取得物权外，还包括由有权利人处取得物权、受领给付、获得权利顺位等。因此，《物权法》第一百零六条确立的对动产与不动产善意取得予以统一构造的模式，存在明显的局限性。为此，《物权法》第一百零六条应限缩解释为主要适用于动产，不动产交易的信赖保护可通过解释《物权法》第十六条来实现。

（4）信赖保护原则在债权法中的构造。

债权法旨在为交易行为提供裁判基准或行为准则，信赖保护在缔约责任、要约不得撤销、债权表见让与、债权准占有人等制度的构造上皆发挥了重要作用。

缔约责任的主要形态是缔约中存在的过失责任，它虽然包含着信赖保护思想，但法官依据过失责任原则即足可认定损害赔偿责任。此时，信赖保护原则在损害赔偿责任认定上并非绝对不可缺少的因素。但是，在缔约责任体系中，也存在一类独立的损害赔偿责任，就其纯粹度而言，要么是十足的信赖责任，要么是称信赖责任比过失责任更为恰当。前者如撤销错误意思表示时的损失赔偿责任和无权代理人的损失赔偿责任；后者如突然中断缔约的赔偿责任。

信赖保护原则在要约不得撤销制度中的意义，主要体现在《合同法》第十九条（二）项的规定上，即受要约人有理由认为要约是不可撤销的，并已经为履行合同作了准备工作的，要约人不得撤销要约。有理由认为要约不可撤销，主要是指受要约人对要约发生了正当的、主观的信赖；已为履行合同作了准备工作，指受要约人对要约发生了客观信赖——实施了信赖行为。这种规定完全贯彻了信赖保护原则。

债权表见让与，指让与人已将债权让与的事实通知债务人时，即使让与并未发生或让与无效，债务人基于让与通知而与受让人实施的履行、抵销或其他消灭债务的行为，均属有效。这是一项旨在保护债权让与交易安全的重要制度，我国现行法对此缺乏明确规定。

向无受领权的第三人清偿债务，本属无效；但是，为了保护交易安全及使清偿便捷易行，许多国家或地区的民法典特别规定，对债权准占有人的清偿，在清偿人系善意者时，有效。如债务人知道债权准占有人并非真正债权人的，其清偿不能有效。准占有，是指对财产权事实上的管领，以无形财产权为对象。该项制度同样贯彻了信赖保护原则。

三、成果的学术创新、应用价值及社会影响和效益

本成果的学术创新在于，在深入分析信任的社会意义及信任机制的社会变迁的基础上，以个人自由主义的近现代民法观为基础，系统论证了信赖保护与民法之间的内在关联，回答了信赖保护为何属于一项独立的民法基本原则的问题。另外，根据信赖保护理论，并参酌其他国家的立法与学说，系统分析了我国现行民事法律在应用信赖保护原则上所存在的诸多问题，为法律适用提出了合理解释意见。

对信赖保护原则在民法中的地位的深刻认识，有助于我们深刻反省我国现行民法中有关交易安全的诸多法律制度，如《物权法》第一百零六条关于善意取得制度的规定，严重忽视了不动产登记簿与占有这两种权利外观在彰显权利上的显著差别，非常不利于对不动产交易者合理信赖的保护。之所以造成这种状况，与对物权交易的信赖保护机制缺乏深入研究紧密相关。此例旨在说明，本成果的价值或意义，并非仅仅停留在民法观念或基本理论的创新上，它对我国民法的解释适用、未来民法典的科学编纂皆具有一定的实际应用价值。

《地方人大监督权论》概要

任喜荣*

一、研究的目的

地方人大监督权在宪法学宏大的研究领域中是具体而微观的问题，中国宪法学人对此问题的关注不够、研究也不够充分。整个人民代表大会制度的理论研究事实上都面临同一种研究态势。理论上的相对沉寂事出有因：首先，人民代表大会制度所确立的权力结构体系历经半个多世纪的发展几乎没有什么变化，宪法学因重点关注权力结构关系，从而很难在此领域产生创新性研究成果，理论研究的吸引力自然也就降低了；其次，作为宪法学核心研究方法的宪法解释学方法需要针对现实的法律冲突提出理论解说，但在我国人民代表大会制度框架下很难出现明显的权力冲突，对宪法解释学的发展最有推动力的违宪审查或中国语境下的宪法监督，在实践中更是难以出现，由此使得宪法学对这一领域的研究缺乏实践动力；再次，在人民代表大会制度的权力结构中，全国人民代表大会和地方各级人民代表大会作为国家权力机关，虽然拥有在全国或某一层级地方的最高权力，但权力本身长期面临被架空的态势，因此，对于权力运行的实际状态的研究，围绕其他权力比围绕人大权力更能反映中国社会实际并能更有效地揭示中国公权力运行中的利弊得失，由此，从研究的实效性出发，对人民代表大会制度的研究也面临相当尴尬的局面。然而，毫无疑问的是，人民代表大会制度蕴含了我国全部的宪政

---

* 任喜荣，吉林大学教授。

问题，对这一问题的回避，无疑是回避了我国真正的宪政问题。没有"中国问题意识"的宪政研究，无论将西方国家的理论和实践作如何充分的研究，都缺乏在中国的视域下的根本立足点。正是基于这样的认识，本成果倡导一种制度分析方法，力图通过方法论的更新，实现上述理论研究困境的突围，从而尽力实现"深化人民代表大会制度的理论研究，拓展地方人大监督权力的研究视域"的研究目标。

二、成果的理论创新和所使用的研究方法

本成果认为，对地方人大监督权的研究需要在三个方向上实现突破：

其一，地方人大监督权力运行的宏观制度背景。将地方人大监督权放到地方权力运行的整体背景中进行研究，通过全景式展现地方人大监督权力运行的基本制度背景，了解这一权力的权力地位、所面临的现实压力、必然的实践走向，从而更好地认识和把握这一权力运行的基本逻辑。

其二，地方人大监督权的法律文本解释。除《中华人民共和国宪法》、《中华人民共和国地方各级人民代表大会和地方各级人民政府组织法》、《中华人民共和国立法法》、《中华人民共和国各级人民代表大会常务委员会监督法》等宪法和法律对地方人大监督权加以规定之外，各地方人大还制定了一系列的地方性法规和决定。有必要围绕宪法、法律、地方性法规及其他规范性文件对地方人大监督权进行详尽的法解释学研究，从而对地方人大监督权的文本含义、地方人大监督制度的规范结构等进行充分的文本解读。现有的研究多涉及宪法和法律层面的文本研究，对于形式和内容多有差异的地方性规范性文件的研究则明显不足。

其三，方法论。对于地方人大监督权的研究存在着法解释学、政治学、制度社会学的多种研究路径，每一种研究路径都在不同的学科范围内发挥着对地方人大监督制度的解读功能。对于宪法学而言，制度分析的方法则可以在保持法解释学的核心方法论地位的同时，吸收制度社会学的重要研究成果，从而为地方人大监督权的研究提供更全面的研究视角。

制度分析一直是社会科学研究中重要的方法论取向，近年来"制度主义"的研究范式在经济学、政治学和社会学中的重新兴起，更使这一研究

方法备受瞩目。制度分析既是关于制度的规范分析，也是将研究对象嵌入制度背景中的分析，由于制度构成因素的复杂性以及制度外部环境的开放性，制度分析方法本身就可能在制度规范的应然性研究、制度构成因素的结构性研究和制度参与主体的互动性研究的基础上，极大拓展相关领域的研究视野和研究深度。本成果是这一努力的初步尝试。本成果力图将中央与地方的权力关系、全球化与地方化、地方民主与社会福利、地方政府管理中的条块分割现象等问题引入地方人大监督权的研究中，从而使这一研究从通常的相对封闭的严格规范上的分析，转化为对地方制度和监督制度的结构性分析。在拓展研究视域的同时，深化对我国人民代表大会制度的理论研究。

三、成果的主要内容

本成果在篇章结构上分为九章，在全景式分析了地方人大监督权力运行的基本制度背景后，分别研究了监督权的基本原理、地方人大监督制度的内在结构、监督权的主体、监督的对象、监督权的启动机制、监督的法律形式与后果、财政预决算监督，最后分析了制度研究对宪法学学术发展的意义。

1. 地方人大监督权力运行的制度背景

在我国，地方人大不仅是地方国家权力机关，更是地方权力运行中的重要环节。对地方人大监督权的研究不可能摆脱中央与地方关系的基本制度背景及其内在的权力运行逻辑。改革开放以来，地方人大在我国由计划经济体制向市场经济体制转型的过程中，不仅面临着中央与地方的权力博弈，而且参与着地方政府之间的竞争以及地方利益的维护。我国现行《宪法》第九十九条规定地方人大"在本行政区域内，保证宪法、法律、行政法规的遵守和执行"，在强大的地方利益的掣肘之下，在地方权力运行的惯性之下，地方人大的上述职权目标并不会轻易得以实现。因此，有必要依托地方权力运行的独特矛盾，深入分析地方人大权力运行的内在逻辑和外在价值，从而深化对我国人民代表大会制度的研究。

（1）中央与地方的权力博弈。

中央与地方的权力博弈自国家形成以来就是国家权力理论中亘古不衰的话题，因此有人不无夸张地说："一部五千年的中华文明史就是不断建构中央与地方关系的历史。"① 中央与地方之间集权与分权的矛盾和冲突，不仅影响着国家的兴衰，也彰显了地方权力独特的运行逻辑。在中央与地方的权力博弈中，地方政府的双重身份特征日益明显。一方面，地方政府是中央宏观决策的执行者，即调控主体；另一方面，它又是地方利益的代表者，具有追求地方经济利益最大化的冲动。地方政府作为地区民生福祉的维护者和社会公正的调节者，日益将追求人民利益和社会正义作为最高理想。地方政府通过与中央政府的博弈，以向本地居民提供广泛的物质利益和社会福利来换取认同，这也构成了地方政府的合法性基础。②

改革开放以来，地方政府的独立性不断增强，自主权迅速扩大，已经成为具有独立经济社会利益和独立发展目标的利益主体。地方政府势必要在中央利益与地方利益、中央权威与地方自主性之间寻求权力发展的适度空间。在中央政府与地方政府的博弈中，中央政府为实现公共利益的最大化而限制地方自身利益的无限膨胀，地方政府为谋求地方经济政治的最优发展而与中央政府"讨价还价"，要求中央放权让利，给予地方更多的照顾。地方政府不得不面对既是公共利益的维护者又是地方利益的追逐者的矛盾。地方人大实际的权力大小、地方人大监督权力运行的实际目标，事实上都不同程度地受到中央与地方的权力博弈的影响，地方人大的权力是地方权力的一部分，地方权力的扩大或缩小自然会影响地方人大权力的行使。

（2）影响地方人大权力运行的新环境因素。

地方人大的权力运行也会受到世界性权力发展潮流的影响，因此诸如全球化、地方化、地方治理变革运动等，都会渗透到地方人大权力的运行中。

（3）地方利益的自我维护与协调。

随着改革开放的深入，地方的利益主体不仅日益多元化，地方利益也日益具有正当性和客观性。我国的改革就是以扩大地方自主权为先导的，经济性及行政性分权使地方政府成为权力主体和利益主体，同改革开放之前相比，地方政府开始具有明显的独立利益取向。地方政府对地方利益的追求，极大地促进了国民经济的发展。地方人大作为地方的权力机关，一方面，反映和维护本地"民意"是其性质和地位所要求的；另一方面，各级人大及其

---

① 辛向阳：《百年博弈：中国中央与地方关系100年》，山东人民出版社2000年版，第150页。

② 参见陈广胜：《走向善治——中国地方政府的模式创新》，浙江大学出版社2007年版，第17页。

常委会有责任保证宪法、法律、行政法规在本地的实施，即维护国家法制的统一。另外，作为权力机关，各级人大及其常委会有责任为本地方融入世界发展的基本潮流拓展未来发展空间，选择和谐、务实、科学的发展道路。地方人大应该通过对其监督权力的行使，一方面有效地遏制行政机关制定和实施地方保护政策，另一方面也要切实维护本地居民的切身利益。这是一种并不容易平衡的责任。

（4）地方的权力扩张。

在单一制的国家结构形式下，地方的权力来自中央的授权，尽管中央与地方的分权要符合一定的客观规律，但理论上中央在权力界限的划定上具有主动性。在长期的计划经济体制下，中央基于行政管制的需要，经常调整地方权力的界限，从而形成了以中央为中心的对地方权力收放的循环。宪法对于中央与地方权力界限的原则性划定，并不能提供一个相对稳定的权力框架，以确保中央与地方的权力边界不被轻易变动。中央与地方的权限冲突作为典型的宪法性争议，在中国从来也不曾以"宪法性争议"的面目出现。但是，市场经济的发展客观上要求扩大地方权力，因此，通过立法、制定政策等手段，在中央的主导之下，改革开放以来，中央持续将有关权力下放给地方，我国各级地方的权力明显表现出了一个扩大的过程。

中央与地方的权力关系、社会环境、利益取向等各方面的变化，使得"地方"从一个听话的"孩子"变成了一个利益竞争者和"私利"维护者，如何在新的环境下实现宪法中所追求的"中华人民共和国的一切权力属于人民"，中央和地方的国家机构职权的划分，"遵循在中央的统一领导下，充分发挥地方的主动性、积极性的原则"，是宪政制度研究的重要课题。

2. 监督权的基本原理

监督权是近现代民主国家代议机构的重要职权之一。作为代议制度三大功能的民众控制（popular control）、领导（leadership）、系统维持（system maintenance）[1]，都无一例外与监督权的行使相关。关于各国议会的研究性著作也无不将监督作为研究内容之一。尽管中外学者以及中外议会组织都毫无疑问地强调了议会监督功能的重要性，但在不同的宪政体制下，对监督及

---

① 参见应奇编：《代表理论与代议民主》，吉林出版集团有限责任公司 2008 年版，第 115-133 页。

监督权的解读却存在重大的区别。在同一宪政体制下，由于学者的研究方法不同，导致了对监督及监督权的不同认识，导致了对监督权的多元解释路径的存在，即规范意义上的法解释学的研究、制度社会学的研究以及政治学的研究。对于这种多元的解释路径的分析，可以帮助我们更清晰地认识在不同宪政体制下，议会监督权的功能定位，从而有利于更好地理解我国人大监督权的内在构成，促使人大及其常委会特别是地方人大及其常委会更好地行使监督权。

对于监督权的研究还需要从不同宪政体制出发，分析监督权在不同环境下的功能定位，通过比较以期弄清"分权制衡权力结构中的监督权"与"民主集中制权力结构中的监督权"的区别。

监督权并不是一个单一的权力，而是一个权力的集合体。对监督权可以从不同的角度进行分类，从监督的对象角度出发，可以分为（对）立法监督权、（对）司法监督权、（对）行政监督权、（对）人事监督权、（对）预算监督权等；从监督的行使方式出发，可以分为报告审议权、执法检查权、备案审查权、询问权、质询权、调查权、罢免权等。2006 年制定的《监督法》将监督权分为：听取和审议人民政府、人民法院和人民检察院的专项工作报告权；审查和批准决算权，听取和审议预算执行情况报告；法律法规实施情况的检查权；规范性文件的备案审查权；询问和质询权；特定问题调查权；撤职案的审议和决定权等。就其分类的方法来看，基本上是融合了上述两种分类的特点。

尽管对监督权的分类略有不同，但上述三种分类方法事实上都是通过监督机构的监督对象和手段来界定监督权的类型，并不是基于监督权的内在结构所作的划分，是一种外在的权力分类方法。有必要摆脱监督方式、监督对象以及强制力的限制，将监督权从内在结构上作如下的分类：信息获得权、独立调查权、提议（案）权、救济权、制裁权。这些权力分别具有内在的独立性，既不会因为监督主体性质的改变而改变，也不会因为监督方式和监督对象的改变而改变。地方人大监督权力运行的价值诉求，应以人权保障、地方民主、社会福利以及法治政府为四大目标。

3. 地方人大监督制度内在结构的立体解析

地方人大监督权力的行使，构筑了我国庞大的、自成系统的地方人大监督制度的网络结构。依照我国的行政区划，各级人大既在同级行政区划范围内与其他国家机关之间形成监督网络，又通过上下级人大之间的立法监督，使整个监督网络紧密相连，因此，我们看到了横向监督与纵向监督并存的监督网络系统。从人大监督制度的网络结构来看，人大与其他国家机关之间的监督关系具有如下特点：对其他国家机关的单向监督，即在人大与其他国家机关之间，只存在人大对其他国家机关的监督，不存在其他国家机关对人大的反向监督；无差别监督，即人大对所有其他国家机关的监督都采用共同的监督手段，并不因监督对象的不同而不同；合作性监督，即对任何一个监督对象而言，人大都不是唯一的监督主体，人大通过与其他国家机关的内部监督主体和外部监督主体合作，共同谋求对该权力的控制；人大系统内的双向监督，即在上下级人大之间，上级人大主要通过对规范性文件的备案和审查对下级人大进行监督，下级人大则通过选举和罢免上级人大代表实现对上级人大的监督。

我国是单一制国家，地方的权力来自中央授权。根据民主集中制原则，中央与地方国家机关职权的划分，遵循在中央的统一领导下，充分发挥地方的主动性、积极性原则。在维护国家法制统一与实现地方民主的双重制度目标下，地方人大监督制度表现出了明显的条块分割现象。由于条块结构的存在，地方人大监督权力的运行也就不得不"条块结合"，从中势必体现出中央集权与地方分权的内在紧张关系。地方人大及其常委会作为国家政权的一个层次，要坚决服从中央政策、国家法律法规，切实保证中央政策和国家法律法规在本行政区的遵守和执行；同时，作为地方国家权力机关，要从本地实际出发，体现地方特色。从监督权的运行实际看，本成果认为地方人大的监督权不过是一种"被分割的权力"，具有不完整性。首先，行政垂直管理体制的存在，使得人大对本级政府的监督能力被实质性削弱；其次，同级党委在人事任免权和重大事项决定权中所发挥的作用，使得人大"独有"的监督权力成为了一种"合作"性的权力；最后，现代司法独立的理论限制了监督权力在司法领域的延伸。

4. 监督权的主体

将监督权视为公权力的一种，并在抽象意义上由各级国家权力机关来行使符合基本的法理。但由于监督权是由信息获得权、独立调查权、动议权、变更权、撤销权、救济权所构成的权力群，因此，各级国家权力机关的内部机构以及代表个人都在各自的法定职权范围内，成为具体监督权力的行使主体。我们可以称之为"分解的权力观"，这样的分析可以澄清在监督权力主体问题上人们认识的混乱和模糊。

首先，地方各级人大以及县级以上地方各级人大常委会是监督权力的主体。

其次，人大代表是监督权力的主体。人大代表可否成为监督权力的主体，存在很大的争论。奉行统一的监督权力观的学者和人大工作者坚决反对将人大代表视为监督权力的主体，认为各级人大代表、人大常委会组成人员参加视察、执法检查、调研以及其他监督的活动，是其依法履行职责的一部分，个人并不能成为监督权主体。但在"分解的权力观"下，人大代表无疑是监督权力的主体。人大代表是信息获得权的行使主体，人大代表也是提议权或提案权的主体，人大代表还要独立承担行使监督权的责任。

最后，从"分解的权力观"出发，主任会议、专门委员会、调查委员会等也是行使监督权的主体。

监督权力主体在行使监督权时应坚持依法监督原则、职权分工原则、尊重与保障人权原则、公开原则以及集体行使监督权原则。

5. 监督的对象

根据宪法和法律的规定，地方人大监督的对象是本级人民政府、人民法院、人民检察院以及下一级国家权力机关及其工作人员。对于人大监督的对象，学者们的研究是有共识的，监督的对象"是指那些由人民代表大会及其常委会产生的，并向人大及其常委会负责的国家机关及国家机关组成人员。包括本级行政、审判和检察机关及其组成人员，以及下一级国家权力机关"[1]。至于政党组织及公民个人可否成为人大监督的对象，虽然宪法和有关的法律中并无直接的规定，但通过分析可知人大对同级党组织享有监督权，但不能对普通公民实施监督。[2]

地方人大在对行政机关、司法机关、下级人大进行监督时，不仅在监督内容上不同，监督的难点也各有特色。本成果第五章分三部分分别就上述三

---

[1]　蔡定剑：《中国人民代表大会制度》，法律出版社 2003 年版，第 370 页。

[2]　参见蔡定剑：《中国人民代表大会制度》，法律出版社 2003 年版，第 371-372 页。

种监督对象进行了研究。

6. 监督权的启动机制

监督权的启动机制，是指促使人大各监督权力主体行使其监督权力的结构性要素及其相互关系，具体指监督权力的启动主体、程序设置、效力等级等制度运行的内在机理。对启动机制的研究可以解决诸如由谁提出监督的动议，基于何种程序提出，以及各自不同的法律效果。其研究的重要意义在于有利于全面评价监督权力运行机制的实效性、开放性及其可操作性。

人大监督权力的行使形成了多元化的启动模式，即依法律的规定而自动行使、因内部工作规程而自动行使、因法定提案主体要求而行使、因公民申诉而行使。

监督权的启动主体可以分为人大系统内的启动主体和人大系统外的启动主体。地方各级人大及其常委会的内部常设及非常设机构都可能在各种法定及实践的条件下，成为监督权力的启动主体。根据《地方组织法》第十八条和第四十六条的规定，人大系统内监督权力的启动主体主要有如下几类：主席团、主任会议、专门委员会、人大代表。人大系统外监督权力的启动主体是指不隶属于地方各级人大及其常委会的其他国家机关、社会团体、企事业组织以及公民。另外，在我国，中国共产党各级党组织是人大监督机制的重要的启动主体。

我国目前的监督权力启动机制存在着主体多元与动力不足、程序灵活与操作性不足、沉重的权力与虚弱的组织体系等方面的矛盾。

7. 监督的法律形式与后果

《监督法》主要根据监督对象的不同，将监督的形式分为：听取和审议人民政府、人民法院和人民检察院的专项工作报告；审查和批准决算，听取和审议国民经济和社会发展计划、预算的执行情况报告，听取和审议审计工作报告；法律法规实施情况的检查；规范性文件的备案审查；撤职案的审议和决定；询问和质询；特定问题调查等几类。本成果重点选择听取和审议报告、规范性文件的备案审查、特定问题调查、询问和质询、撤职案的审议和决定进行了具体研究。

8. 财政预决算监督

对政府财政预决算行为进行监督是近现代所有代议制国家议会的主要职

能之一。我国人民代表大会监督权力的理论基础和制度体系尽管与西方国家有重大不同，但对政府财政收支行为进行监督从而实现对行政权力的有效控制，却是中外监督制度共同的内容和目标。对政府财政收支行为的失控，意味着代议机关权力被严重削弱，为此，我国《宪法》以及《地方组织法》、《预算法》、《监督法》等法律都规定了全国和地方各级人大对政府财政预决算行为的监督，这使得加强和完善对政府财政预决算的监督有了法律制度基础。然而让人遗憾的是，由于财政法律制度的缺陷和人大财政监督机制的缺漏，对政府财政预决算的监督还有许多方面有待完善。

立法机关的权力在一定意义上可以被视作控制"钱袋子"的权力，控制"钱袋子"的能力最终决定立法权对其他权力的控制能力和实效。本成果全面分析了公共财政中的监督法律问题、地方政府预算编制执行基本流程、我国地方财政预决算监督体制、人大预算监督权的规范化及其发展、人大预算监督权重的增加，同时提出了人大预算监督制度的科学发展方向。

立足于中国的实践发展进程，本成果认为，对地方人大预算监督制度的完善，不必拘泥于西方宪政理论对于公权力关系的理性假设，甚至不必拘泥于制度完善的系统性，而要以中国特色社会主义民主制度为背景，以预算监督制度的逐渐完善为目的，客观认识人大与政府在预算改革问题上的合作关系，重视预算公开在预算监督中的重要价值，有重点地加强合法有效的监督手段，注重与审计机关的配合。有必要指出的是，这一制度发展取向并不是简单地向现有制度弊端的妥协，而是尊重现有制度的客观发展进程，谋求通过制度变革的量变积累而实现宪政制度的质的飞跃。

9. 以制度研究为重心的宪法学

本成果以"代结语"的方式，重新回到了方法论的探寻上。作为本项研究的方法论前提，作者认为中国宪法学一直是以制度研究为重心的。"以制度研究为重心的宪法学"是一种向其他法学学科以及其他社会科学学科开放的学术研究取向。宪法学的研究的确需要具有学科封闭性和自足性的解释学的发展取向，这已被人们高涨的研究热情一再地证明，但也需要其他研究方法和路径的平衡发展，正如周刚志所说："我们有理由相信中国宪法学未来的研究进路也必然是、应该是多元化的：没有规范宪法学的分析基础，我们无法精确把握每一个宪法条款的含义，以及它在适用之时可能遭遇的各种逻辑问题；没有宪法社会学或者实用宪法学对社会经验等社会知识的引进与转化，我们无法深刻洞悉宪法文本所依赖的这个社会环境，以及它在适用之后可能引起的社会实际后果。"①"以制度研究为重心的宪法学"是一种仍在持续的学术现象，但今天的制度研究已比较早前的制度研究发生了重大的改变。受到权利本位法理学的影响，宪法学对于政治制度的描述性研究转向以权利保障为目的的反思式研究；受到法解释学的影响，制度研究重视对宪法规范进行协调性和体系性的研究，重视对宪法规范与其他法律规范的合作性研究，避免人为地割裂社会保障权与社会保障制度的研究、教育权与教育法和教育制度的研究、劳动权与劳动法和劳动制度的研究（社会保障制度研究、教育法和教育制度研究、劳动法和劳动制度研究往往被视作社会法学、教育法学、劳动法学而不是宪法学的研究领域）；受到社会学的影响，制度研究不仅注重在特定的社会背景下理解制度，而且希望在制度与社会的双向互动中，增强制度的社会适应性和协调性。

在一定程度上，支持"以制度研究为重心的宪法学"也是基于中国宪政制度实际发展的需要。在宪法解释学的发展缺乏司法实践的推动力的背景下，关注宪法中的制度安排、宪法权利的制度保障、宪法政策条款的制度化，显然是一种实事求是的实践唯物主义取向。本成果的研究只是这一方法论取向的初步尝试。

四、成果的应用价值和社会影响

1. 本成果对我国人民代表大会制度的实践发展进行了理论解读

人民代表大会制度是我国的根本政治制度，作为一个宏大的制度体系，仅对该制度进行一般抽象的研究是不够的，必须深入到制度的细节中，见微知著、细致剖析才能对这一根本政治制度的完善产生可能的影响力。本成果从地方人大监督权的研究入手，深入分析地方人大权力运行的各制度要素，从而揭示了人民代表大会制度运行的复杂的实践形态。

2. 本成果拓展了地方人大监督权的研究视域，深化了监督权的理论研究

中央与地方的权力关系、全球化与地方化、地方民主与社会福利、地方

---

① 周刚志：《中国宪法学如何超越"明希豪森困境"?》，《江苏行政学院学报》2008年第4期。

政府管理中的条块分割现象等问题都被引入了监督权的研究中，从而使监督权的研究从通常的相对封闭的严格规范上的分析，转化为一个制度之网上的"网上纽结"，可以帮我们解答开放的市场经济和全球化背景下的当代中国的公共权力配置合理性问题。本成果使用大量的篇幅，进行了地方人大监督权的基本理论研究，分别研究了地方制度中新的发展要素、监督权的多元解释路径、地方人大监督制度的内在结构、监督权的主体与对象等。如此大量的理论性解读，在相同领域的研究性著作中是比较少见的。

3. 本成果对完善我国的人大监督制度提供理论支持

"民主"与"控权"是人大监督制度的两大重要价值目标。在公权力的权力运行网络中，人大的监督所发挥的作用是为"控权"提供最直接的制度保障。而人大作为代议机构的监督与其他机构的监督相比，也体现了更高的"民主"价值。如何更好地发挥代议机构的监督职能，是现代宪政国家面临的共同课题。即使是以"宪政之母"著称的英国，面对议会的监督"失灵"，也是无计可施。我国各级人大对其他公权力机关的监督不力早已成为共识，而学者对于如何完善我国人大监督制度的探讨，自上世纪80年代以来一直是法律理论界持续的热点。本成果在上述理论和制度背景下进一步反思我国人大监督制度的利弊得失，将对这一制度的未来发展提供理论支持。

《建设公正高效权威的社会主义
司法制度研究》概要

陈卫东*

一、研究的目的、意义及所使用的研究方法

1. 研究的目的和意义

我国的司法制度不断受到西方法治国家的诟病，并成为它们攻击我国人权状况的口实。本课题的研究有助于为我国揭开西方国家"法治神话"的面纱，深刻理解它们的法治产生的背景和发展历程，也为我国法治的发展提供可参考的模板。本课题严格遵循理论密切联系实际的原则，一方面，注重从基础理论的层面研究"建设公正、高效、权威的社会主义司法制度"的法理学基础和相关制度体系，以深入研究社会发展与法律进步的互动关联结构，进一步认识和把握人类法律文明的成长规律，为我国司法制度改革指明方向；另一方面，通过对波澜壮阔的当代中国法制现代化实践进程的科学分析，总结外国司法制度改革的有益经验，将我国建设公正、高效、权威的社会主义司法制度的目标与具体部门法相结合，分别从宪法、刑事诉讼法、民事诉讼法等角度进行分析和论证，指出我国司法制度改革的路径。

2. 所使用的研究方法

对于"建设公正、高效、权威的社会主义司法制度"这个命题，课题组从两个维度四个方向展开了具体的研究。首先是抽象的维度。司法制度是人

* 陈卫东，中国人民大学教授，博士生导师。

类社会发展的产物，对于司法制度的研究离不开法理学的阐释；司法制度也是政治体制的组成部分，司法程序发展的历史，能清晰展现国家观念的转变，所以对于司法制度的研讨也必须站在宪政的高度。所以，我们站在法理学和宪政的角度理解司法制度，分析什么是社会主义司法制度，探究如何建设公正、高效、权威的社会主义司法制度。其次是具体的维度。我们将社会主义司法制度分成两个方向进行探讨。一个是与公民权利联系最为密切的刑事司法制度，从限制权力的角度，围绕刑事诉讼法律制度的侦查权、检察权、审判权、刑罚执行权研究司法制度的公正、高效、权威。另一个是与市民社会的建设息息相关的民事司法制度，从维护公民诉权的原点出发，探讨程序完善、权利保障与公正、高效、权威的司法制度的内在联系。

在上述理念的指导下，课题组采用的研究方法主要有：

第一，比较的方法。本课题中进行的比较，是一种全方位、多角度的观察对比。从广度上看，既有古今的对比，也有中外的对比，还有不同法系的对比；从深度上看，既有宏观的审视，又有微观的探视；从内容上看，既有理念定位的源流达通，又有制度构建的阐释论证。本课题希望在对我国及外国司法制度进行全方位比较的基础上，通过对我国司法制度现状和国外司法改革经验的分析，寻求司法改革的规律性，从而为我所用。

第二，理论与实践相结合的方法。理论联系实际是我们进行研究的出发点。本课题不仅涉及重大的法理问题，而且涉及具体的司法实践问题，注重从基础理论的层面研究"建设公正、高效、权威的社会主义司法制度"的法理学基础和相关制度体系，以深入研究社会发展与法律进步的互动关联结构，进一步认识和把握人类法律文明的成长规律，为我国司法制度改革指明方向。

第三，实证分析的方法。本课题按照实证研究之程序、经验、量化的基本要求，采取包括理论假定、模型设计、计量检验以及案例分析在内的多种手段进行研究，通过问卷调查、访谈等方法获得关于司法公正、司法效率、司法权威的第一手资料和直观材料，以准确地反映我国司法制度的理论与实践的现实，并增加认识的全面性和深度，对于建设公正、高效、权威的社会主义司法制度提出更有针对性的建议。

第四，综合分析的方法。本课题涉及法理学、宪法学、刑事司法、民事司法等四个学科，因此需要对我国司法制度改革所涉及的各个方面，如社会中的各种行为、各种利益关系进行综合分析，从而在整体上把握我国司法改革的社会主义方向，使研究成果更加具有全面性和可操作性；把有关司法制度的文本和制度实践区分开，注意其间的互动和联系，动态地把握司法制度在社会中的作用以及社会对司法制度的需求。这对建设我国公正、高效、权威的社会主义司法制度具有重要的指导意义和参考价值。

二、成果的主要内容、重要观点及对策建议

1. 主要内容

在分析我国司法制度现状的基础上，对其中涉及的法理学，以及宪法、刑法、民法等部门法进行深入的分析和论证。本课题共计四个子课题，具体框架结构和主要内容如下：

子课题一：中国当代司法制度的价值诉求。

该部分从非常宏观的角度全面论述了建立我国公正、高效、权威的社会主义司法制度的法理学基础，主要包括：（1）制度理性的意义；（2）现代司法的理念；（3）现代司法所需的运行环境；（4）中国的司法环境考察；（5）中国语境中的公正、高效、权威；（6）司法制度与非正式制度的衔接；（7）中国的司法制度建设与展望。

子课题二：中国审判制度的宪法基础。

该部分内容主要围绕建设公正、高效、权威的司法制度之宪法性构造而展开，主要包括：（1）研究司法制度的宪法基础，重点论证司法制度在一个国家宪政体系中的地位与性质、对宪法价值的实现具有的理论价值以及宪法制度本身对司法制度作用的发挥所起的保障作用；（2）我国宪法中关于作为司法机关的人民检察院、人民法院的历史和文本分析，优化其职权、地位、行使程序及法官地位的保障等；（3）宪政的基本价值，特别是人权保障价值在司法制度中的体现，如自由、平等和正义以及权利保障、权力监督和社会和谐等价值在司法制度中的体现；（4）如何从宪法角度体现和保障司法权威与司法公正，主要是深化司法制度的改革、完善人民陪审员制度、健全人民监督员制度等。

子课题三：中国刑事诉讼程序改革研究。

该部分内容主要讨论完善我国刑事诉讼法律制度的路径，围绕刑事诉讼法律制度的侦查权、检察权、审判权、刑罚执行等方面展开，主要包括：（1）公正刑事司法的制度建构；（2）高效刑事司法的制度建构；（3）刑事司法权威性保障。

子课题四：中国民事司法现代化的制度建构。

该部分内容从如何构建公正、高效、权威民事诉讼法律的角度出发，主要包括：（1）高效民事司法制度的建构，从准备程序、举证时效、强制答辩、简易诉讼、小额诉讼、终审制度等方面进行具体论述；（2）民事司法公正的制度保证，分别论述了与司法公正相关的几个因素，如法官、审判组织、诉讼模式、直接言词原则、审判程序等；（3）民事司法权威的保障，从法官心证的公开、正当程序的实施、再审制度的完善、执行程序的强化等四个方面进行展开论证。

2. 重要观点和对策建议

（1）《中国当代司法制度的价值诉求》的主要观点。

公正是司法的生命和本质追求，司法公正是司法体制改革和建设的终极价值追求，司法公正应该成为中国司法和司法制度价值目标的一种整体概括的表述。而司法对效率、权威等价值的追求则是司法公正的内置命题，是司法公正在不同层面的要求，是司法公正在不同主题和时空背景下的具体体现。恰当地认识司法公正与司法效率、权威等其他价值之间的关系，需要我们用一种更宽阔的视野在理论上对它们进行符合司法原理的重构，以在策略上坚持目标合理性与过程合理性的统一。司法体制改革的根源在于人们对司法的一种期待，期待司法在纠纷解决和社会控制中扮演其应有的角色。唯有将司法公正作为司法体制改革的价值目标，并通过必要的制度设计和建构，有效地化解司法改革过程中价值的冲突与矛盾，中国的司法在价值追求和制度选择上才能逐步地达成共识，真正建立面向 21 世纪公正、高效、权威的社会主义司法制度。

对策建议：第一，改变审判方式，提高司法效率。从以下几个方面入手：一是树立司法为民的宗旨意识，实现人民法院工作指导思想的与时俱进；二是坚决克服利益驱动，实现法院业务经费保证"吃皇粮"的目标，从根本上构建防腐机制；三是制定法院的司法为民措施，制定关于基层法院和人民法庭适用简易程序的暂行规定、速裁法庭工作暂行规则等措施，使审判方式更加简便，更加灵活，更加方便当事人。第二，改革法院设立体制，确保司法权完整运行，摆脱司法权的地方化，克服地方保护主义。建立法官任期终身制度和司法经费的全国统筹制度。理顺上下级法院之间的关系，切实贯彻审级制度。制定传媒活动的规则，科学处理新闻自由与司法独立的关系，建立新闻审查和司法记者资格考试制度。第三，设置专门行使宪法审查功能的专门法院，避免普通法院在应对民主化社会对立法、行政机构的行为进行审查时面临的困境，在严格恪守法律的基础上，通过法律推理技巧的提升、利益考量、理性的价值判断来实现个案的正义。

（2）《中国审判制度的宪法基础》的主要观点。

司法制度是我国的一项重要的宪法制度，在建设社会主义法治国家进程中发挥着保障作用。现行《宪法》在第三章中设有专门一节来规定司法制度，即第七节"人民法院和人民检察院"。该节共 13 条，其他章节还有 10 条直接提及人民法院（审判机关）和人民检察院（检察机关），即《宪法》关于司法制度的规定共有 23 条，约占整个文本正文的 17%。这足以显示司法制度在宪法体制与运作过程中的重要性。在我国，司法机关既发挥着司法功能，同时也履行一定的政治功能，需要树立大局意识，积极主动为经济社会发展提供良好的司法服务。但司法的能动性是有条件，必须遵循司法发展的内在规律。司法能动主义具有一定的优势，如可以填补立法的不足，维护社会秩序，有利于最大限度地实现个案正义。同时，司法能动主义可以推动法律对社会的适应，特别是在社会变革较为剧烈的时期，法官灵活适用法律，可以有效化解稳定的法律与急剧变动的社会现实的冲突。但司法能动主义也存在一定的局限性。在提倡能动司法或者灵活司法的同时，必须为这种司法划定一条严格的法律界限，否则能动的司法最终将吞噬宪法构建的权力分工原则，也会对民主本身的价值构成巨大威胁。

对策建议：改进和完善诉讼结构，应当改变国家权力过于强大的"超职权主义"，建立以法院为核心的、保障人格尊严的"法检公"诉讼机制。在三机关关系中，确立法院的核心地位，强化司法对侦查行为的审查，具有现实的必要性和紧迫性。在三机关关系的表述上，人们长期以来习惯于用"公检法"来说明，这应当看作特殊时期的习惯性用法。实际上，宪法文本是以法院、检察院、公安机关的排列顺序来规定的，这种规定方式具有深刻的宪政内涵，应当强调遵守宪法文本的意义，构建符合宪政理念的"法检公"关系。我们需要明确法院在个案中的解释权，明确法院在法律冲突中的选择权，明确人大对法院的监督方式和界限，要用法律去明确和保障法院的宪法地位。

（3）《中国刑事诉讼程序改革研究》的主要观点。

1996年修正后的《刑事诉讼法》在施行的十几年时间里，中国的社会形势发生了极大的变化，特别是中国政府不断推进改革开放政策的贯彻实施，经济体制改革的深入发展同时推动了中国政治体制改革的进程，《刑事诉讼法》再修改被提到议事日程上来，曾被列入第十届人大立法规划，但立法研讨遭遇了较大的阻力和障碍。刑事司法职权配置涉及三个方面的问题：首先，刑事司法权在中央与地方之间的配置问题，即如何将国家统一的司法权配置到地方；其次，不同性质部门之间的刑事司法职权配置问题，即公安机关、检察机关、法院之间的机构设置、权限划分以及相互关系问题；最后，相同性质的不同层级之间的刑事司法权配置以及一个机关内部司法职权的配置问题。此外，一个国家的刑事司法制度能否得到有效的实施和普遍的遵守，很大程度上取决于民众对该制度及其执行机构的信任度。只有建立在民众信任的基础上的自觉服从，才是刑事司法制度生命力的源泉，而不是一味依靠强制力的维护。随着人权理念逐步深入人心、逐步成为社会大众的集体共识，司法制度能否体现并有效地保障人权已成为衡量其是否公正的重要标准。司法制度能否被社会大众接受、认同、信赖和支持，很大程度上依赖于制度建构能否有效地保障人权。因此，如何在新一阶段的司法改革中完善司法制度，构建一个充分体现人权保障理念的制度体系，就成为建设公正、高效、权威的社会主义司法制度的关键。

对策建议：从完善我国刑事诉讼法律制度的角度，对策与建议主要围绕刑事诉讼法律制度的侦查权、检察权、审判权、刑罚执行等方面展开。主要包括：第一，公正刑事司法的制度建构，对侦查权、检察权、审判权进行规制，完善律师辩护权，以保护当事人人权，实现司法公正；第二，高效刑事司法的制度建构，涉及检警关系的重构、不起诉权的正当行使、简易程序的重构，及设立辩诉交易来提高司法效率；第三，刑事司法权威性保障，从侦查权的司法令状审查、控辩双方对等、审判权行使透明化、再审制度的重构、死刑复核程序的完善和司法廉洁的举措方面进行阐述。具体而言，上述三个方面的对策建议以公正、高效、权威刑事司法制度的伦理基础、国民基础为基点，具体体现在侦查程序、公诉权的运行与制约、审前程序、审判程序模式选择、一审程序、二审程序、死刑复核程序、再审程序、执行程序等程序中。

(4)《中国民事司法现代化的制度建构》的主要观点。

中国 20 世纪 80 年代末以来的民事司法改革，肇端于法院系统内部自上而下的民事、经济审判方式改革。改革中引入了不少新的做法，并出现了各种理论、观点的交锋。随着改革的深入，矛盾和问题越来越尖锐、突出，司法改革在进退两难的困境中挣扎、突围。中国民事司法改革面临的根本困境是：程序公正与实体公正的悖论、程序公正与诉讼效益的悖论、诉讼权与审判权的悖论。司法改革要在实现公正、高效、权威司法上有所作为，就必须在民事诉讼中确立程序公正对实体公正的优越地位、程序公正对诉讼效益的优越地位、诉讼权对审判权的优越地位。具体而言，民事诉讼制度的结构应当确立以当事人为中心的当事人主义诉讼构造，摒除司法改革中以法院为主体的审判中心论；强化民事诉讼程序对法官的硬性约束机制，将法庭由法官发现真理的手段变为当事人自由竞胜的场所；设置多元化的、便利当事人选择的诉讼程序，凸显程序的自治性和当事人的程序主体地位；建立小额诉讼程序，实现简易程序的再简化，以促进诉讼。

对策建议：一是确立程序公正对实体公正的优越地位。要摆正程序与实体、程度内在价值与外在价值之间的关系，就必须克服"轻程序"的观念和做法，树立程序与实体并重思想。目前尤为迫切的是弘扬程序公正、程序效益、程序自由等内在价值，树立民事诉讼程序的权威。二是确立程序公正对诉讼效益的优越地位。在中国民事司法改革中，程序公正是与诉讼效益相矛盾的主要方面。在司法腐败频出的情况下，民事诉讼制度的建设在着力提供效率的同时，应优先处理好程序不公这一根本性问题，在保证程序公正的前提下兼顾诉讼效益。企图超越程序公正的要求，片面追求诉讼效益的做法是舍本逐末的。三是确立诉讼权对审判权的优越地位。在司法改革中，应当大力弘扬当事人的程序主体性，由当事人决定法院的审理对象，按照自己的意愿实施诉讼行为，而法院的行为受程序规范和当事人行为的制约。程序制度的设计、改革措施的出台都应以对当事人需要的满足为依归，把当事人由消极的受动者提升为积极的主动者、民事诉讼的中心，摈弃审判中心论，使民事诉讼机制转化成以当事人为主宰的结构，摆正人民法院在民事诉讼中的地位。

三、成果的学术创新、应用价值及社会影响和效益

当前国内学者大量介绍了外国的先进法治经验，大部分都是值得我们去学习和借鉴的，但也有不少糟粕。我国应当建立一种具有中国特色的社会主义司法制度，要做到既能保证中国吸收到外国的有益法治经验，又能保持我国的社会主义本色。因为司法制度是一国政治制度中的非常重要的一环，甚至在某种程度上决定了一国的政治制度。所以，在借鉴外国先进法治国家经验的时候必须时刻小心，时刻提防西方资本主义大国通过不断增强对我国司法制度的影响力来"软"颠覆我国社会主义制度，实现所谓的"西化中国"政策。课题组成员在构建社会主义司法制度这一宏伟目标的指引下，从建立公正、高效、权威的司法制度的角度，对法理学，以及宪法学、刑事诉讼法学、民事诉讼法学三个部门法进行了深入的探讨，并公开发表了20余篇论文，其中16篇为CSSCI期刊论文；刑事司法制度子课题涉及的侦查制度中羁押场所巡视研究得到了公安部的肯定；关于司法精神病的立法研究得到了最高人民法院的肯定；出版《建设公正高效权威的社会主义司法制度研究》系列的四本专著。上述研究成果对我国确立一套严密、细密的制度来实现和运行公正高效权威的社会主义司法制度不无裨益。

《国际组织与国际法实施机制的发展》概要

饶戈平[*]

一、研究的目的、意义及所使用的方法

法律的实施就是保障法律所确定的权利义务予以适用和实现的过程。一个法律体系如不具备相应的实施机制，势必形同虚设，不成其为法。

国际法的实施可以视为国际法效力得以实现的一个过程，包括国际法规则的遵守和执行、国际法上权利义务的适用等，也包括实施主体、实施规则和实施机制等多个方面。国际法只有经由有效实施，才能发挥其调整国家间关系、维护国际社会和平和发展的功能。国际法的实施机制迥然不同于国内法，是一个在实践中和理论上尚未完全解决，并一直处于变化发展中的重大问题，是国际法学界长期跟踪研究的前沿问题。这一问题涉及国际法的性质、效力、国际法与国内法的关系、条约在国内的适用、国际责任以及国际组织法等一系列基本理论问题。

关于国际法实施的研究有很多，本成果在国内学界率先选择从政府间国际组织的视角来探讨这一问题，开拓了一条研究新路。这是因为国际组织是国家间多边合作的组织载体和法律形式，是一种特殊类型的国际法主体。国际组织的存在是当代国际法的重要特征，它的活动已被视为当代国际法发展的重要动力。本成果以国际组织作为切入点，研究以国际组织框架为依托的

---

* 饶戈平，北京大学教授，博士生导师。

国际法的监督管理机制、争端解决机制，以及制裁惩罚机制等国际法实践中的新型实施机制，抓住了全球化时代国际法律秩序中的重大趋势和特点，既是对国际现实的如实反映，也适应了学术研究的客观需求。

与国外学界相比，当前国内学界还缺乏专门从国际组织角度系统探讨国际法实施机制问题的研究和成果。这种状况不仅是我国国际法教学研究中的重大缺陷，而且有可能影响实际工作中对国际法的正确把握，影响对国际组织的有效参与，造成我国在对外交往中被动、盲从的境况，甚至可能陷中国于不利地位。加深对国际法律秩序和国际机制的认识，加强对国际组织与国际法实施机制的研究，有助于国家更好地参与国际组织和借助国际组织增强国家的影响力；更有效地实施国际法，行使自己的权利和履行义务；更好地维护国际社会的和平与发展，同时也在多边合作中争取国家的最大化利益。因此本成果具有重要的现实和理论意义。

本成果主要采用实证研究方法，注重对现行国际法、国际组织和国家实践、司法判例以及国际法权威论著的考察，借以具体阐述、分析和归纳国际组织参与国际法实施的制度性安排，探索国际组织在其中的活动方式、地位和作用及其对国际法发展的影响。本成果还借鉴了国际关系学和经济学的一些理论和方法，包括新制度主义的国际合作理论、博弈理论、比较制度分析等方法，以加深对国际组织参与国际法实施实践的分析。

二、成果的主要内容和重要观点

国际法的实施传统上主要是依赖国家的自我遵守和自助行为，整体上处于一种各行其是的、分散的无政府状态，很大程度上影响和限制了国际法的有效实施。二战以后政府间国际组织作为一类特殊的国际法主体进入国际社会的法律体系，也逐步参与到国际法的实施进程中，并在冷战后得到强化。国际组织如何参与和强化国际法的实施，可以说是探究当代国际法发展的一条独特路径、一个重大课题，关涉国际法的各个领域，其包容性、实用性都很强，不论在实践层面还是理论层面都值得好好研究。然而实事求是地讲，迄今为止，国际组织参与国际法的实施仍然是国际法研究中一个重视不够、投入力量不足的问题，在国内学界，这方面的成果非常有限。

作为一种学术探索，本成果尝试把国际法的实施机制问题从国际法实践和理论的众多问题中提取出来进行专门研究，并且试图寻找一个特定的视角，即着重从政府间国际组织的活动来考察国际法是如何被实施的，考察国际组织在国际法实施中的作用及其表现形式。本成果主要是提出和强调了国际组织对国际法实施问题的重要性，偏重从实证角度对特定领域国际组织参与国际法实施的实践进行描述、梳理和总结，力图从理论上阐释国际组织在国际多边条约实施中的作用及其具体机制。

本成果试图阐明，虽然国际法的实施至今仍然主要依赖国家的自我遵守、自我适用和自我救助，但是，单纯依赖国家个体的无序状态的自助式实施，已经远远不能满足国际社会强化和发展国际法的需求，有必要发展出新的实施主体和新的实施方式。事实上国际组织早已广泛参与国际法的实施：一方面，国际组织直接参与某些特定国际法规则的实施，表现为国际法的直接的实施者；另一方面，更为重要的形式是间接地参与实施，即国际组织并非取代国家或凌驾于国家之上去直接实施国际法，而主要表现为以组织约章和国际法为依据，运用组织的整体力量和优势，通过国际多边合作的制度性安排，去敦促、协助和监督成员国履行其国际义务。国际组织参与国际法的实施，本质上是对国家实施国际法的一种必要补充，是国际法实施中的辅助形式，它们和国家的主体角色一起构成国际法实施的现代机制。国际组织参与国际法的实施，改变了国际法实施中的成员构成，丰富、充实了国际法的实施方式，增强了国际法的实施效力与实施效率，从整体上促进了国际法实施机制的发展，是当代国际法发展的一个重要特色。本成果也强调指出，国际组织在国际法实施中发挥的作用仍存在着不确定性、或然性和局限性，国际法的实施机制仍有待在实践中发展，这方面的研究则需要持续跟进和深化。

本成果围绕国际组织参与国际法实施这条主线，分成四编十四章，分别从理论和实践两个层面探讨了国际组织参与国际法实施的作用与机制。其中既包括从理论上梳理国际组织与国际法实施机制的历史演进，论证国际多边合作、多边条约实施与国际组织三者的关系，也包括具体考察在国际和平与安全、争端解决、贸易、人权、环境等特定领域内国际组织参与国际法实施的实践与案例。

本成果包括相互关联的四大部分：

第一编"导论"主要是从理论与历史的角度来考察国际法实施机制的发展。作为统领全书的第一章"国际组织与国际法实施机制的发展"，首先从宏观的角度分析了国际组织参与和促进国际法实施的主要形式和制度优势，阐述了国际组织的涌现对国际法传统的实施机制乃至国际法发展产生的影响。与此同时，指出了国际组织参与国际法实施过程中存在的不确定性、或然性和局限性。第二章"国际法实施机制的历史演进"分别从前国际法时代、近代国际法、现代国际法三个阶段考察了国际法实施机制的历史演进过程，指出国际法的实施机制逐渐从个体化方式过渡到今天的组织化的方式，在实施机制的内容方面也有了长足的进步和发展。但是，不可否认，在当今世界，不存在超越国家之上的国际组织，国家对国际法的遵守，乃至动用自身力量迫使其他国家遵守国际法，仍然是国际法实施机制中不可或缺的最重要的一环。

第二编着重从理论上讨论了国际多边合作、国际多边条约的实施与国际组织三者之间的关系。在"多边条约与国际多边合作的实现"一章中，作者运用交叉学科的研究方法，从国际关系研究领域的新制度主义的国际合作理论入手，运用"博弈论"分析和讨论了国家间多边合作与多边条约实施的关系，指出多边条约的存在及其实施，可以起到对多边合作的保障和促进作用。"国际组织与多边条约的实施机制"一章则运用比较制度分析的方法，详细分析和比较了国际法的组织化实施方式与依靠国家个体力量的实施方式的优劣。强调指出，同单纯依靠国家个体力量的实施方法相比较，通过国际组织实施多边条约，在确认国家违约行为以及预防和惩罚违约行为两个方面，实施的成本更低，实施过程更具有规模效应、独立性、中立性以及多样性等优势，因此，多边条约的实施职能正在越来越多地被赋予国际组织。作者还进一步分析了实施多边条约的国际组织存在组织形态差异的原因，指出承担多边条约实施职能的国际组织之所以会出现协定性组织和条约机构的差异，根本原因在于不同的组织形态，在于各自的多边条约实施情境，多样性恰恰符合其各自的实施成本与效用的要求。"国际组织、条约的解释与国际法的实施"一章则从国际组织参与对条约解释的角度，研究了国际组织对传统的国际法实施机制的影响和发展。指出国际组织的出现增加了新的条约解释主体和客体，丰富了传统的条约解释方法，同时引发了各条约主体的解释之间的关系、国际组织解释的效力等新的条约解释问题。

　　第三编着重讨论了国际组织与国际法的强制执行问题。"国际组织与国际法的集体强制执行"一章指出，国际组织中的制裁机制是国际法集体强制执行的重要方式；作为现代国际法中的一种新机制，它具有强制、集体、集中和组织化的特征。以联合国安理会为权力核心、以《联合国宪章》第七章为法律基础的联合国集体安全体系就包含组织化的制裁机制，并且在实践中得到了创造性运用。而区域组织的制裁机制主要是协助和支持安理会制裁措施的实行，只有个别区域组织有过单独采取执行行动的实践。"联合国集体安全体制与禁止使用武力原则的实施"一章以联合国对禁止使用武力原则的实施为切入点，通过研究集体安全体制中的指导与规范机制、监督机制、和平解决争端机制以及制裁与执行机制，考察联合国对该项国际法原则的实施，揭示了作为国际组织的联合国在国际法实施中的作用。"国际司法机关与国际法的强制执行"一章则从全球性和区域性国际组织的不同层面，从联合国与 WTO 等专门性国际组织的角度，讨论分析了国际司法机关通过强制管辖、强制执行判决以及刑事制裁等途径发挥的强制实施国际法的作用。"国际法院裁决的遵守和执行"一章讨论了当事国遵守国际法院裁决的义务范围，当事国自觉遵守国际法院裁决的原因，联合国内针对不遵守裁决的情况而产生的执行制度，以及阻碍国际法院裁决被执行的有关因素等问题。

　　第四编主要是从几个特定的国际法领域探讨了国际组织参与国际法实施的问题，这些领域包括国际人权法、世界贸易组织法、国际环境法、国际人道法等。其中，"区域性国际组织与国际人权法的实施"一章考察了欧洲、美洲和非洲三大洲的一些区域性国际组织框架下的人权保护机构、程序和制度，简析了亚洲地区国际人权保护机构的发展情况，进而比较、评析了区域性国际组织及其人权保护机构在促进国际人权法实施方面的表现，指出区域性人权机构与全球性人权机构相比，能够向个人提供更为有效的权利救济措施。"WTO 与多边贸易协定中环境条款的实施机制"一章通过考察有关环境问题的国际争端，具体分析了 WTO 体系内与环境问题相关的条款的实施机制和程序，以及在具体解释和适用中出现的矛盾和分歧。"条约机构与多边环境条约的实施"一章指出，多边条约通过设立条约机构来监督条约的实施是国际法领域出现的新现象。该章具体考察了几个多边环境条约的缔约方大会建立的遵约管制机制和遵约援助机制，总结分析了条约机构监督和促进多边条约实施方式的性质特点和创新之处，揭示其给国际法实施带来的影响。"《京都议定书》的不遵约情事程序"一章在阐述分析多边环境协定中不遵约情事程序产生的原因和背景的基础上，回顾了《京都议定书》不遵约情事程序建立的过程及其处理的案件。作者详细介绍了该程序的具体运作及其效果，比较分析了它和其他多边环境协定的不遵约情事程序的异同，并对不遵约情事程序在后《京都议定书》时期的发展前景作出了展望。"国际刑事司法机构与国际人道法的实施"一章选择以前南国际刑事法庭、卢旺达国际刑事法庭和国际刑事法院为研究对象，对国际刑事司法机构实施国际人道法的机制进行了分析，指出冷战以后国际刑事司法机构的出现，促进了国际人道法从纸面到行动的飞跃，使国际人道法获得了生命力，促进了国际人道法的实施。该章也指出了国际刑事司法机构在实施国际人道法方面存在的问题与发展趋势。

本成果最后有一个简短的结论，在归纳前述各章研究的基础上，指出了国际组织参与国际法实施中存在的问题和发展前景。

本成果是集体研究的产物，参与者分别从不同侧面探讨国际组织参与国际法实施这一共同主题，表现出不尽相同的视角和认识，各有千秋但又不同而和。鉴于国际组织参与国际法实施的多样性和不确定性特点，本成果并未试图就这一重大问题得出某种一般性、普遍性的结论，或者形成某种普适性的理论，而是着重于对国际组织参与国际法各个领域实施的实践进行具体研究，总结归纳各自的做法和特点，力求展示一幅多方位多样性的画面。本成果无意要求每一章节的所有观点必须完全一致，而是允许在围绕国际组织参与国际法实施这一共同主题下阐述各个领域不同的行之有效的实施机制。这种不同，不仅仅是国际实践多样性的真实反映，也表现了研究者对其考察对象的认识上的差异，体现出学术探讨、自由争鸣的风气，有助于我们全面地多方位地了解国际组织参与国际法实施的情况。

三、成果的学术创新、应用价值及社会影响和效益

本成果在研究过程中力图有所创新，主要体现在以下三个方面：

首先，具有新颖独特的研究视角。本成果不落窠臼，开辟了一个新的研

究路径，在国内率先从国际组织的角度提出并系统论证了国际法实施机制的发展，有助于拓展国际法与国际组织的研究视野，从一个特定侧面深化了对国际法实施机制的认识。

其次，把多方面的实证考察与合理的理论归纳相结合，就国际法实施机制问题在国内学界进行了开创性的探索。从研究内容看，本成果不仅从宏观层面对国际法实施机制问题进行了理论层面的深入探讨，阐释了国际组织参与国际法实施的法律根据、形式特点、制度优势和存在问题；而且从实践的层面具体考察了各个不同领域内各类政府间国际组织和多边合作机构参与国际法实施的多样性机制。这种考察在组织类别上包括了联合国、区域性国际组织、国际司法机构、世界贸易组织、人权保护机构、多边环境协定的条约机构等多样性的政府间国际组织和多边合作机构；在具体领域上包括了维护世界和平与安全、国际贸易、国际人权保护、国际环境法、国际人道法等不同领域；在机制形态上包括了国际组织内的争端解决机制、监督执行机制、履约促进机制以及制裁惩罚机制等。本成果在上述阐述中得出了一些总体性或个别性的结论，为学界后续的研究打下了一个较好的基础。

最后，在研究方法上有所创新和尝试。一方面，各章节坚持了传统的实证研究方法，力求言之有据、持之有故；另一方面，也在部分章节中尝试引入了一些国内国际法研究中较少使用的国际关系学和经济学的理论和方法，包括新制度主义的国际合作理论、博弈理论以及比较制度分析等方法，有助于从不同角度分析、阐述国际组织参与国际法实施的实践，给人以新的启示。

国际组织参与国际法的实施仍然是当前国际法研究中一个受重视程度不够、研究成果有限的问题。改变这一情形固然有待于国际实践的发展和丰富，但也需要学界高度重视、倾注精力。本成果可视为国内学界在这一方面的研究尝试和最新成果，是一本具有一定开拓性、启示性和奠基性的学术专著。相信本成果的出版不仅有助于学界同人加强对这一问题的重视，为其他学者后续的研究提供一个较好的基础，从而推动国内学界对国际法实施机制的深入研究；而且有助于引起政府有关部门和实务单位对国际组织与国际法实施问题的高度重视，为他们的实际工作提供学术上的参考与指南。

当然，本成果在国际组织参与国际法实施方面的探索还只是初步的、起始性的，其价值主要是提出和强调了这一问题的重要性，着重从实证角度对一些领域国际组织参与国际法实施的实践进行了较系统的归纳和理论总结，试图揭示国际组织在国际多边条约实施中的作用与机制。这些研究成果很可能还存在一定的局限性或不够成熟的地方，期待能够起到抛砖引玉的作用，推动学界的关注和进一步研究。

《毛泽东国际政治理论与实践研究》概要

孙君健*

　　《毛泽东国际政治理论与实践研究》是河南大学孙君健教授主持完成的国家社科基金项目"毛泽东国际政治理论与实践研究"（项目批准号03BGJ015）的最终成果。2012 年 2 月，经同行专家鉴定，以优秀等级结项。

一、研究的目的、意义及所使用的研究方法

1. 研究的目的

　　毛泽东是 20 世纪国际舞台上杰出的政治家之一，在半个多世纪的政治生涯中，尤其是在中华人民共和国成立后，他作为党和国家领导人直接参与了许多国际政治活动。以自己独特的分析方法就国际政治的许多方面提出了独到的见解与主张。这些见解和主张有其内在的逻辑性，形成了一个完整的理论体系。本研究的目的就是按照国际政治理论的基本范式对毛泽东国际政治理论产生的时代背景与思想渊源、主要思想与外交实践、理论内涵与价值取向进行专门的挖掘和整理，对其相互间的逻辑关系进行探讨，力求从理论上对毛泽东的国际政治理论进行系统的总结、概括和分析，从而展现毛泽东国际政治理论丰富的内涵，进一步完善毛泽东的科学思想体系。

---

　　* 孙君健，河南大学教授。

2. 研究的意义

（1）理论意义：从国际政治学上对毛泽东的国际政治理论进行系统的和规范的研究，有助于从理论上全面揭示毛泽东国际政治理论的基本内涵，也有助于完善对马克思主义国际政治理论体系的研究。

（2）学术意义：研究毛泽东国际政治理论对建设有中国特色的国际政治学理论和国际政治学学科有许多有益的启示，在学术研究和学科建设上有助于减少我国学术界和理论界对马克思主义国际政治理论在中国的创新和在中国国际政治学学科建设中的作用等问题上的模糊认识。

（3）现实意义：毛泽东的国际政治理论是实践的产物，对毛泽东国际政治理论和实践进行全面、系统的研究，在实践上有助于运用毛泽东的国际政治理论指导我们的国际工作。

3. 所使用的研究方法

（1）历史唯物主义研究方法。历史唯物主义是研究人类社会现象的科学方法，是社会科学工作者探求客观规律的必要认识工具和理论武器。历史唯物主义认为社会存在决定社会意识，社会意识又反作用于社会存在。毛泽东国际政治理论是在一定的历史条件下产生的，研究它就必须把它放在当时的历史环境中去考察。由于毛泽东是一位马克思主义的政治家和理论家，所以，他认识、分析和处理世界事务的方式和方法具有独特性，使用的词语和概念与当今世界上流行的词语和概念不一样，具有独特性。因此，在研究中，我们力求避免简单地套用现代西方国际政治理论的概念和表述方式；为了表述的准确，甚至会沿用其原有的概念和表述方式，以尊重其理论的本意，体现出应有的历史感和时代感。

（2）权利角度与权利政治的分析方法。与西方现实主义从权力的角度分析和构建理论的方法不同，权利政治学分析方法注重把权利、权力和利益辩证统一作为国际政治学理论研究的重要方法。这种理论首先给我们提供了一个全新的研究视角，即"权利"的视角；其次，它是权利、权力和利益辩证统一的研究方法；最后，它提供了认识国际政治的三条基本原则："以人为本"、"以法为准"、"以力为基"，这些原则全面准确地揭示了权利的内涵和权利政治的实质。从权利的角度研究毛泽东的国际政治理论，才能揭示出理论的内涵和本质。

二、成果的主要内容和重要观点

1. 主要内容

导论部分阐述了本成果的研究对象、研究现状、意义、方法和创新之处。国际政治理论分为政治家的理论和学者的理论，政治家的理论往往缺乏学理性，但具有强烈的实践性、政治性，只能是"政治"理论而不能是"政治学"理论；政治家的国际政治理论直接影响一个国家的对外政策和对外行动，引起国际政治现象发生变化，是国际政治学学者们研究的对象。毛泽东国际政治理论是一个杰出的政治家在国际政治实践中形成的理论，是典型的政治家的理论。从学理上讲，毛泽东确实没有国际政治学理论，但作为一个政治家，他在处理国际事务的实践中确实形成了一整套的国际政治理论。本研究的研究对象就是作为政治家的毛泽东的国际政治理论。目前，国内外学术界尚无全面系统地研究毛泽东国际政治理论的成果，现有研究成果散见于一部分国际政治学理论教材和毛泽东国际战略思想（或外交战略思想）、毛泽东外交思想、中国外交、毛泽东政治学说等专题性研究成果以及其他一些相关的著述中，从国际政治角度全面系统地研究毛泽东国际政治理论和实践，恢复毛泽东国际政治理论和实践的本来面貌，为当今中国的对外战略提供借鉴和指导，本研究是一次有益的尝试。因此，本成果既具有一定理论意义和学术意义，也具有一定的现实意义。本部分在提出研究方法之后，还确定了对毛泽东国际政治理论中关于时代、力量对比、秩序、战略等主要内容的研究思路，先对毛泽东国际政治理论中的每一项内容所提出的命题进行归纳，然后就这些命题逐一进行研究和分析。毛泽东的国际政治理论有其自身的显著特点。毛泽东的国际政治理论与以阶级利益为基础的传统的马克思主义国际政治理论不完全相同，它建立在阶级、民族和国家利益一致的基础上，主张国际主义与爱国主义相统一，强调维护国家、民族的独立和安全，突出国家、民族在国际社会中的权利。在认识和处理国际关系上，与西方传统的现实主义国际政治学派所主张的以国家权力为核心的"权力"（power）政治观不同，毛泽东的国际政治理论是一种以国家权益为核心的"权利"（rights）政治观。

第一章主要研究权利政治理论的研究视角和研究方法。北京大学梁守德教授认为，"权利，即合理合法的权力与利益，以国际法为基础"。在国际政治学中，按照国际政治行为体的结构层次，权利主要分为个人的权利（即人权）、民族的权利（即民族自决权）、国家的权利（即国家主权）、国际社会的权利（即球权）。个人的权利指的是个人在道德许可和法律允许的范围内可以行使的权力和享受的利益；民族的权利指的是各民族有权按照民族的意愿处理自己的事情，包括独立权和建立民族国家的权利等；国家的权利指的是国家在道德许可和法律允许的范围内可以行使的权力和享受的利益，主要指国家主权；国际社会的权利指在道德许可和法律允许的范围内，国际社会可以行使的权力和享受的利益。权利与权力密切相关，权利是合法的权力，权利是有限度的，一旦超越法律，权利就变成了强权，回归到自然的权力。权利要以人为本，既以人的种种需要为出发点，服务于人的全面发展，又要发挥人的集体作用。这是顺应国际社会历史发展的必然途径，也是国际政治运作的内在要求。权利要以法为准，既是法律制定的，又由法律保护，依法治球，从机制上、法律准则上保证每个国家平等参与。这是国际社会长治久安、稳定发展的根本保证。权利要以力为基，力量是权利的根基，是权利的重要组成部分，是合理合法的力量，也是实现权利和维护权利必要的手段和可靠保障，没有力量，就没有权利，力量越大、越强，权利就越充分、越有保障。

第二章主要研究毛泽东国际政治理论形成的国际国内历史背景和理论渊源。毛泽东国际政治理论是把马克思主义、列宁主义同中国的国情和所处的国际环境相结合的产物。毛泽东生活在一个西方列强运用武力和国际垄断资本以及超级大国强力推进全球化进程的历史阶段。在这个历史阶段，科学技术和现代工业以及金融资本和国际贸易飞速发展而且日益全球化，人类在享用全球化成果的时候也经受着全球化带来的种种灾难，人类社会的不平等现象越来越严重，民族、国家以及相当多的人们受到了严重的伤害，尤其是两次世界大战和资本主义经济大危机更是给人类造成了空前的灾难。战后，世界上先是两大集团的紧张对峙，后是两个超级大国对世界霸权的激烈争夺，使国际社会秩序极为混乱。在这个历史阶段，从王朝国家向现代民族国家过渡的中国，经历了一个民族国家权利不断受到侵害和威胁的过程，东西方各种文化思潮激烈碰撞，毛泽东选择和吸收了近代西方民权理论和马克思主义解放全人类的科学社会主义学说与国际政治学说，继承了中国传统文化中的优秀成果，在民族救亡和人民解放的革命实践以及建设社会主义新中国的外交实践中形成了以权利为本体的国际政治理论。从发展过程来看，毛泽东的国际政治理论萌芽于第一次世界大战爆发后的民族救亡运动时期，形成于第二次世界大战爆发后的民族解放战争时期，完善于反帝、反霸、维护民族独立和建设社会主义现代化强国时期。1949 年新中国成立后，毛泽东开始用更多的时间以其犀利的目光和深邃的思想去观察和分析世界。作为一个伟大的爱国者、中华民族优秀的儿子，毛泽东在处理中国与世界的关系时，始终把维护民族解放与独立、捍卫国家主权与尊严作为其国际政治理论的基本出发点。作为一位杰出的马克思主义者、矢志于共产主义的真诚的革命家，毛泽东国际政治理论又必然会打着为全世界被压迫民族与被压迫人民伸张正义的烙印。毛泽东的国际政治理论是把马克思主义普遍原理同世界发展和中国内政与外交实际相结合的产物，具有鲜明的马克思主义国际政治理论特色和中国特色。

第三章主要研究毛泽东国际政治时代论。毛泽东国际政治时代论的命题有两方面，一为帝国主义和无产阶级革命的时代发展方向，二为战争、革命与和平的时代主题。从争取和维护人类生存与发展权利出发，毛泽东判定了人类社会的发展前途是共产主义，现时代的发展方向是社会主义；时代的主题是战争、革命与和平，最重要的是和平。这是毛泽东在继承列宁关于时代学说的基础上的创新和发展。列宁强调了战争与革命的关系，主要落脚点在于革命，希望通过世界革命建立一个世界苏维埃社会主义联盟。列宁的这一思想，在苏联后来的领导人的思想中一直延续下来，苏联走向争霸世界的道路与此也有一定的关系。与学术界以往的看法不同，本成果将和平也作为毛泽东时代主题的一个重要的内容。毛泽东的时代主题论，虽然也强调战争与革命，但是其出发点和落脚点都是放在和平上。他提出存在着战争可以避免和战争不可以避免这样两种可能性，也是从世界和平考虑的，他给予世界革命很大的希望并且热情支持民族解放运动，也是从和平考虑的，希望通过革命制止帝国主义、霸权主义的战争政策和战争计划，是以革命求和平。毛泽东逝世后，世界形势发生了深刻的变化，东西方关系逐步缓和，冷战趋于结束，邓小平适时提出和平与发展是当今世界的两大战略性问题，其立足点也是和平，是以发展求和平。这一判断是对毛泽东时代主题论的创新和发展，符合当今世界的发展潮流，中国也随之调整了国际战略和对外政策，和平与发展已经成为当今世界的主题。

第四章主要研究毛泽东国际政治力量对比论。毛泽东关于国际政治力量对比的理论建立在他对国际政治力量划分的基础上。这种以力量对比关系所表示的国际政治体系结构，与我们现在常常使用的国际政治格局概念有所不同。本章将毛泽东关于国际政治力量的划分归结为三个命题：两大阵营论、中间地带论和三个世界论。"以力为基"是权利政治的一项基本原则。在国际政治中为了维护主权反对霸权和强权，就必须要有一定的力量。除了本国的软硬力量要提高和加强外，还必须借助国际的力量。这就需要对国际政治力量进行准确的分析和科学的判断。从"两大阵营"论到"中间地带"论再到"三个世界"的国际政治力量划分，是毛泽东不断冲破两极格局向多极格局发展的国际政治战略性思维。他虽未使用"多极化"的概念，但其国际战略的形成和发展都是基于国际力量对比结构的变化。毛泽东对世界由多个力量中心构成的描述，说明其多极化思想的基本轮廓已经确立。当然，同任何理论一样，毛泽东关于三个世界划分的理论，不能不受到客观历史条件和主观认识的制约。

第五章主要研究毛泽东国际政治秩序论。毛泽东国际政治秩序论的基本命题可归结为民族自决原则、国家平等原则和和平共处原则。毛泽东正是站在发展中国家的角度，从第三世界国家和人民的利益出发，提出要改变原有的不合理的国际政治经济旧秩序，建立公平、合理的国际政治经济新秩序。尊重各民族的自决权和民族国家独立自主的权利，国家不分大小一律平等，各国的事情由各国处理、各地区的事务由各地区处理、国际事务由大家共同商量，在和平共处五项原则基础上建立公正合理的国际政治新秩序。和平共处五项原则是国际社会公认的国际法准则，是建立国际政治新秩序的基础。毛泽东主张的这些原则是建立公正合理的国际政治新秩序的基础，体现了权利政治的基本原则，即"以法为准"。经过世界各国的共同努力，当今世界国际秩序的公认准则均具有法律效力，其中特别重要的原则有：民族自决权原则、主权平等原则、和平共处五项原则、反对侵略战争与和平解决国际争端原则。这些原则明确写进国际法文件，成为国际法的基本内容，确立了行为规范，构建了国际机制。它不仅维护了世界各国的合法权益，而且捍卫了世界和平，必将保证国际秩序的正常运转和民主化进程。毛泽东国际政治秩序论站在国际社会弱势群体立场上，更多强调的是斗争（革命）旧的国际秩序，建立新的国际秩序，而没有强调参与或融入国际秩序，再对国际秩序进行改造或重建。建立国际政治新秩序，需要斗争，更需要合作，就这方面而言，毛泽东国际政治理论和毛泽东的阶级斗争哲学思想方法具有历史时代的局限性。

第六章主要研究毛泽东国际政治战略论。从战略目标、战略方针和战略手段上归结出三个命题，即维护世界和平、独立自主发展国家力量、组成广泛的国际统一战线。争取和享受世界和平是世界各国人民的共同权利，维护国家安全利益不但需要坚持独立自主地发展国家力量，还需要结成广泛的反帝反霸统一战线，并且要根据形势的变化及时调整国际统一战线的形式。这就是毛泽东国际政治战略论的实质。毛泽东的国际政治战略论的指导思想是以第三世界为主体建立最广泛的国际反霸统一战线。当然，由于历史的局限，这一战略思想中也存在着某些不尽符合实际的认识，比如对欧洲国家的划分就过于笼统，没有把东欧和西欧作区别。但是其总的方面和联合反霸的指导思想是经得起历史检验的。毛泽东之后的历代中央领导集体，继承了毛泽东国际政治战略理论成果的合理成分，并结合时代特征和现实国情，运用毛泽东思考国际政治战略的正确方法，在新的历史时期发展了中国的国际政治战略理论。毛泽东的国际政治战略思想也充分体现了权利政治的实质。

结论部分分析了毛泽东国际政治理论的价值取向。不同的国际政治理论价值取向体现了国际政治理论价值论的不同特色。毛泽东国际政治理论的价值取向一方面是意识形态和国家利益相互作用的产物，以国家利益为重，但是有很强的意识形态的色彩；另一方面也是国家利益和国际社会总体利益相结合的产物。毛泽东国际政治理论是反对霸权维护主权利益的一种政治家的国际政治理论。在实践中形成的毛泽东国际政治理论不仅具有很高的理论价值，而且更具有充满活力的实践价值。从权利的角度分析，可以发现毛泽东国际政治理论源于他对国家权益的判定和选择，其中，毛泽东维护主权利益反对强权利益的选择，使他的国际政治理论具有很强的个人特色和时代特征。

2. 重要观点

第一，毛泽东国际政治理论是国际社会弱势群体（包括阶级、民族、国家）为争取和维护自身正当权利，追求国际社会正义和人类进步的一种国际政治理论，是以权利本体论为基础建立起来的一种具有中国特色马克思主义的现实主义国际政治理论，与国际社会强势群体所追求和建立的以权力本体论为基础的现实主义国际政治理论有着本质区别，甚至是相对立的。只有从权利的角度研究毛泽东的国际政治理论，才能揭示其理论的内涵和本质。

第二，毛泽东国际政治理论是在世界经过两次世界大战后进入了两个超级大国的长期冷战状态，中国从一个半殖民地半封建国家变为独立自主的社会主义国家、从民主革命进入了社会主义革命和建设时期的背景下，在充分吸收中国传统文化优秀成果、西方近代政治思想和马克思主义科学社会主义理论与国际政治理论的基础上，结合当时国际国内实际情况，对马克思主义国际政治理论的创新。

第三，毛泽东国际政治理论主要包括时代论、力量对比论、秩序论和战略论等内容，是理论与实践高度统一的典型的政治家的国际政治理论。毛泽东从人类彻底解放的角度全面继承了列宁关于时代发展方向是帝国主义和无产阶级革命的论断，在继承列宁的战争与革命时代主题的基础上创造性地提出了和平也是时代主题的论断；毛泽东根据国际社会中两大阶级和两种社会制度国家的权利、权力和利益的辩证统一关系，在接受了"两大阵营"的国际政治力量划分的基础上，特别重视"中间地带"在国际政治力量对比中的地位和作用，在反霸斗争的实践中从理论上向两大阵营论和由此而形成的两极格局发出挑战，最后形成"三个世界"力量划分的论断，从而指明了国际政治格局由两极向多极发展的趋势；毛泽东从维护民族和国家的权利出发，提出的民族自决原则、国家平等原则以及和平共处五项原则符合国际法的基本原则，是建立公正合理的国际政治新秩序的基本准则；维护世界和平和国家安全是毛泽东国际政治战略的目标，坚持独立自主地发展国家力量是毛泽东国际政治战略的根本方针，建立广泛的反帝反霸统一战线以及开展人民外交是毛泽东国际政治战略的主要手段。

第四，毛泽东国际政治理论的价值取向是反对强权利益和维护国家主权利益，是典型的权利政治理论。毛泽东国际政治理论是一种争取和维护国际社会弱势群体权利的政治家的国际政治理论，具有很强的理论意义和实践意义。

三、成果的学术创新、应用价值及社会影响和效益

1. 学术创新

在选题上，本成果全面系统地总结和概括了毛泽东国际政治理论的基本内容和理论体系，在学术界是一次有益的尝试。成果不再仅仅局限于对毛泽东国际战略思想或者外交战略思想和外交思想的研究上，或者说从国际战略学和外交学的角度研究毛泽东国际政治理论，而是全面系统地对毛泽东国际政治思想及其实践进行深入分析和研究。

在内容上，本成果具有原创性。力图按照国际政治学理论的基本范式对毛泽东国际政治理论与实践进行专门的挖掘和整理，对其相互间的逻辑关系进行探讨，通过研究毛泽东国际政治理论基本内容的形成、发展及其基本特点，力求从理论上和学术上对毛泽东的国际政治理论进行系统的总结、概括和分析，从而展现出毛泽东国际政治理论丰富的内涵，进一步完善毛泽东的科学思想体系。

在方法上，本成果采用历史唯物主义研究方法，历史、客观地对毛泽东国际政治理论与实践进行分析和研究，充分体现了马克思主义的立场、观点、方法；本成果还从权利的视角，运用权利政治的基本观点、原则、思路和方法对毛泽东国际政治理论进行研究，突破了西方现实主义从权力的角度分析和构建理论的方法。

2. 应用价值及社会影响和效益

毛泽东是一位杰出的马克思主义政治家、理论家和战略家，是一位伟大的爱国主义者和矢志于共产主义事业的真诚革命家。他在维护民族独立、捍卫国家主权和尊严，以及追求全人类解放的实践中，继承和发展马克思、恩格斯、列宁、斯大林的国际政治理论，对邓小平和江泽民的国际政治理论的形成有巨大的影响。因此，对毛泽东国际政治理论的研究有助于我们对邓小平、江泽民的国际政治理论进行总结和概括，进而有助于丰富和完善马克思主义的国际政治理论体系。

本成果从权利的角度研究毛泽东的国际政治理论。毛泽东国际政治理论

是一种争取和维护国际社会弱势群体权利的政治家的国际政治理论，具有较强的理论意义和实践意义。

本研究的阶段性成果以学术论文的形式发表在国内核心期刊上：《毛泽东国际政治理论研究述评》发表于《河南社会科学》2005 年第 5 期；《从权利角度看毛泽东国际政治理论的价值取向》发表于《首都师范大学学报（社会科学）》2005 年第 4 期，并被《国际政治》2005 年第 11 期全文转载；《从权利角度看毛泽东国际政治理论的思想渊源》发表于《史学月刊》2006 年第 10 期。这些论文被多次转载、引用，得到了学术界的关注和好评，推动了毛泽东国际政治理论等方面的研究。

《建设新中国的蓝图》概要

陈扬勇[*]

一、成果的主要内容

诞生于 1949 年的《中国人民政治协商会议共同纲领》（以下简称《共同纲领》），是中国历史上一份非常重要的文献。篇幅上它虽然只有 7 章 60 条，6000 多字，但却是一系列奠定了新中国基本格局和未来走向的重大决策的基石，勾画出一幅比较完整而清晰的新中国建设蓝图。正是因为有了这份共同纲领，新中国的起步才有章可循，各方面的工作才能有条不紊地开展起来。它的历史影响，不仅在今天还能让人们强烈地感受到，而且将延续到将来。

对《共同纲领》的历史地位和重要意义，党史国史界几乎不存争议。但是，对于这样一份非常重要的文献，国内外迄今仍缺乏系统的有分量的研究成果。

本成果的问世，填补了党史国史研究中的这一空白。作者利用自身的特殊工作条件，广泛运用至今能查阅到的已公开发表和尚未发表的有关资料，对《共同纲领》形成的背景和过程作了完整而详尽的考察，详细叙述了《共同纲领》对新中国建设中政治、经济、军事、文化、民族、外交等多个领域的主要问题从基本设想到最终形成具体条文的过程。

---

[*]　陈扬勇，中共中央文献研究室研究员。

本成果是党史国史界第一部全面、系统地研究《共同纲领》的专著，它不仅深入考察了《共同纲领》产生的历史背景和形成过程，而且对《共同纲领》的全部条文逐一进行了深度解读。这种全面性和系统性也体现在专著的篇章结构上，采用纵向叙述与横向展开相结合的方法，先总说，后分论，最后再综合。本成果共分九章，大致内容如下：

第一章主要交代制定《共同纲领》的缘起和背景。旨在说明《共同纲领》是在成立新中国由理想前景骤然变成迫在眉睫的现实抉择的历史背景下提出来的。

第二章重点再现《共同纲领》的形成过程。从 1948 年 10 月形成的《中国人民民主革命纲领草稿》，到邀请民主人士北上协商，到周恩来起草《新民主主义的共同纲领》，再到《中国人民政治协商会议共同纲领》，《共同纲领》的起草制定大致经历了三个大的阶段。

第三章主要是对《共同纲领》中政治制度规定的解读。新中国选择和确立人民民主专政的国体、人民代表大会制度的政体、中国共产党领导的多党合作和政治协商制度的政党制度，是中国人民总结中外历史民主实践的经验，从自己的亲身实践和体认中作出的重大选择，旨在实现和保障人民当家做主。

第四章主要是对《共同纲领》中军事制度规定的解读，核心是建立革命化、正规化、现代化的军事力量，以捍卫国家独立和主权。

第五章是对《共同纲领》中经济政策的解读。《共同纲领》中的经济政策贯穿着两条主线：一是如何恢复和发展生产，二是如何保证新民主主义向社会主义过渡。

第六章是对《共同纲领》中文化教育政策的解读。这些政策以服务国家建设为根本出发点。

第七章是对《共同纲领》中民族政策的解读。《共同纲领》创造性地确立了民族区域自治制度，使各民族平等团结、共同发展有了根本保证，是史无前例的伟大创举。

第八章是对《共同纲领》中外交政策的解读。保障独立与主权，拥护和平与合作，反对侵略和战争，是《共同纲领》为新中国确立的独立自主和平外交政策的三大原则。

第九章是结束语。概要叙述了绘制《共同纲领》这幅新中国蓝图的重要意义；在《共同纲领》的引领下，新中国起步之后所取得的方方面面的成就；《共同纲领》历史使命的完成；60年之后《共同纲领》给我们的启示。

二、深度的问题意识和宽阔的研究视野

本成果在对历史的叙述中始终贯穿问题意识。制定《共同纲领》是在什么情况下、什么时候提出来的？《共同纲领》是如何形成的？体现在其中的奠定新中国基本格局并决定新中国前进方向的重大决策及相关体制是如何确立的？这些决策和体制的确立经历了怎样艰难复杂的发展过程？它们对新中国的起步及后来的发展走向有着怎样的重大意义？中国共产党人在领导制定《共同纲领》的过程中是如何把马克思主义的基本原理与中国具体国情相结合，实事求是、大胆创新，正确处理中国历史条件下的政治、经济、军事、文化、民族、外交等一系列问题的？等等。

带着这些问题，为了从更为宽阔的视野来展现《共同纲领》及各项政策条文的形成，本成果选择了两种研究方法：一是采用比较研究方法，如《共同纲领》起草过程中前后文本比较，毛泽东、周恩来、刘少奇等中共领导人思想前后变化的比较以及他们之间的思想比较，中外不同国家制度比较等。二是采用文本分析与文本背后（时代背景、思想渊源、实践经验、现实需要等）的分析相结合，通过分析《共同纲领》具体条文的形成与国际国内各种因素，特别是当时面临的现实问题的互动关系来揭示那些重大决策的确立过程及其艰难性。

研究中始终注意把下列因素纳入考察视野：（1）马克思、恩格斯、列宁等马克思主义经典作家对相关问题的论述。既说明其思想渊源，又说明这些问题在马克思主义经典著作的论述中不能找到现成答案。（2）原苏联、东欧社会主义国家的建国模式和经验的影响。这些模式和经验为我们提供了借鉴，但又不能照搬。（3）从毛泽东《新民主主义论》、《论联合政府》，到1948年9月政治局会议、1949年3月七届二中全会，中国共产党人对建立新中国的思考是怎样一步步发展过来的。（4）当时中共党内、党外（尤其是

民主党派）及社会各方面人士对相关问题的看法及分歧，这些认识是如何逐步取得共识的。（5）新中国成立前夕新情况、新问题的实践要求。

本成果以从国际到国内、从理论到实践、从历史到现实这样一个宽阔的视野来展现《共同纲领》及其所确立的各项重大决策条文的来龙去脉。

三、成果的学术创新

本成果作为党史国史界第一部全面、系统研究《共同纲领》的专著，在诸多方面超越了前人的研究，实现了创新。

第一个方面的创新是，第一次较全面细致地再现了《共同纲领》的形成过程。

第二个方面的创新是，详细展示了《共同纲领》对新中国大政方针和方方面面主要问题从基本设想到形成具体条文，又经过反复修改、广泛吸取各方面意见，最后达成共识的具体过程。

这里可以举个例子。《共同纲领》第七章外交政策中，如何对待旧中国政府与外国政府签订的不平等条约，在当时是一个十分棘手的问题，也是一个非常敏感的问题。对这个问题的条文规定，最早是这样考虑的："对蒋介石独裁政府所签订的卖国条约及蒋介石独裁政府在进行反革命内战期间所借的外债，一律不予承认。"这个考虑只涉及国民党政府与外国签订的卖国条约，没有包括国民党政府之前的。到《中国人民民主革命纲领草稿》第二稿时，更进了一步，变成"决不承认帝国主义破坏中国主权的一切特权，及损害中国人民和民族利益的一切不平等条约"。这可以理解为包括了中国近代以来的一切不平等条约。到周恩来起草《新民主主义的共同纲领》时，改为："中国反动派与帝国主义国家订立的一切卖国条约及借入的一切用以反对中国人民的外债，中国人民概不承认。"这种考虑，把概不承认的条约限定在"与帝国主义国家订立的一切卖国条约"的范围，显然已经考虑到苏联的因素，因为苏联不是帝国主义国家。但"中国反动派"实际上不仅仅指国民党反动派，还包括清朝政府。因此，"中国反动派与帝国主义国家订立的一切卖国条约"实际上包含了近代以来所有帝国主义国家强加在中国人民头上的不平等条约。但这样一种想法操作起来还存在两个问题：第一个问题是，对中国近代以来一切不平等条约采取"决不承认"的态度，从新中国当时面临的实际情况和所要采取的外交战略来看,实行起来有不小的难度,主要牵涉与苏联的关系。如果对近代以来帝国主义强加在中国头上的一切不平等条约都采取不予承认的态度,就意味着新中国将与继承了沙俄利益的苏联发生领土纠纷,也就是说新中国将要面对不承认沙皇俄国从中国攫取的 150 万平方公里以上的领土所有权。第二个问题是,把概不承认的条约限定在"与帝国主义国家订立的一切卖国条约"的范围,回避了 1945 年国民党政府与社会主义国家苏联签订的《中苏友好同盟条约》。对这个条约应当也要有明确态度。经过反复斟酌,权衡各方利弊,一直到《中国人民政治协商会议共同纲领》起草阶段,才形成了最终的表述:"对于国民党政府与外国政府所订立的各项条约和协定,中华人民共和国中央人民政府应加以审查,按其内容,分别予以承认,或废除,或修改,或重订。"应当说,这样的表述,体现了新中国外交政策原则性、务实性、灵活性的完美统一。

　　第三个方面的创新是,把《共同纲领》起草经过同新中国成立前夜政治、经济、军事、文化、民族等方面在实践中的探索和经验总结联系起来考察和解读,说明纲领中各项规定形成的由来,并指明这些规定对日后新中国建设所起的指导作用。

　　比如,关于民族政策,中国共产党在建党初期就主张搞联邦制,一直到 1949 年周恩来起草《共同纲领》初稿时还是主张搞联邦制。之所以长期坚持这样的主张,一是受到苏共的理论和实践的影响;二是由于长时间内反动力量远远大于革命力量,成立新中国在很长一段时间内只是中国共产党的理想和愿景,并没有成为现实抉择。当成立新中国还没有成为现实抉择,联邦制还没有付诸实施的条件时,主张联邦制在相当程度上只是一个口号和理论宣示。到 1949 年新中国成立前夕,成立新中国即将成为现实,联邦制即将付诸实施时,毛泽东等中共领袖才对中国要不要实行联邦制进行审慎分析和考量。在对中国历史、民族国情、帝国主义企图利用民族问题挑拨分化等情况进行全面考量后,决定放弃联邦制,采用民族区域自治,建立一个统一的多民族的人民共和国。这样一个重大决策,是史无前例的伟大创举,对于维护国家的稳定、团结和统一提供了制度性的根本保证。60 多年过去了,《共同纲领》确立的民族区域自治制度经受住了世界风云变幻和国内政治风波的考验,经受住了国际上民族分离主义浪潮的考验,而且表现出越来越强大的生命力。当今世界历史的发展进程证明，中华民族庆幸有这样一个选择。在多民族的国家中，国家结构形式问题关系这个国家的政局稳定乃至生死存亡。苏联的分裂解体，南斯拉夫、捷克斯洛伐克等东欧诸国的分崩离析，固然是有多方面的原因，但是也不能否认，当年这些国家处理民族问题时在国家结构形式上采用联邦制留下的隐患是一个重要原因。一些民族分裂主义者正是从这些国家的宪法中规定各民族有权退出联盟找到分裂的借口，策动各加盟共和国纷纷独立。英国学者霍布斯鲍姆在谈到第一次世界大战后依据"民族自决"原则重新划配欧洲版图建立不同的"民族国家"时作了一段中肯的评说："将这块语言民族纷杂的是非之地，整整齐齐地分为一个个民族国家，对隔岸观火的外人来说，自然不觉有何不妥。然而民族自决说来简单，如此划分的后果却惨不忍睹，带来的灾难一直到 90 年代的欧洲还没有结束。90 年代将欧洲大陆裂为寸断的诸国冲突，事实上正是当年《凡尔赛和约》作下的孽啊！"①

第四个方面的创新是，在若干具体问题上提出了新观点。如民族区域自治制度的形成与确立、1949 年 8 月以后才确定实行民族区域自治的原因、周恩来与《共同纲领》的关系及起草《新民主主义的共同纲领》的时间，等等。这些新观点不同于过去一些权威性的说法，在前人研究的基础上有新的推进。

这里也可以略举一二。比如，关于我党的民族政策，过去很多学者都认为，中国共产党在抗日战争时期就放弃了联邦制，形成了民族区域自治的理论和政策；也有学者认为，至少在 1947 年成立内蒙古自治政府时，党的民族区域自治政策已经确立。本成果以翔实的史料为依据，提出：新中国实行的民族区域自治政策，并不是在抗日战争时期形成的，也不能说在 1947 年成立内蒙古自治政府时就已完全形成。实际情况是，到 1949 年 8 月新政协筹备会召开后周恩来草拟《共同纲领》初稿时，还在考虑"根据自愿与民主的原则，组成中华各民族联邦"。这说明新中国的民族区域自治政策到那个时候还没有最后确定。直到 1949 年 8 月底 9 月初，才确定实行民族区域自治，并写入《共同纲领》。又如，关于周恩来起草《共同纲领》初稿即《新

---

① ［英］霍布斯鲍姆：《极端的年代》，江苏人民出版社 1999 年版，第 44-45 页。

民主主义的共同纲领》的时间问题，过去党史界根据周恩来总理身边工作人员的回忆，界定在 1949 年 6 月下旬。中央文献研究室编撰的《周恩来传》和《周恩来年谱》都是持这个说法。本成果根据新发掘到的材料提出：周恩来起草《新民主主义的共同纲领》的时间应该在 1949 年 8 月上中旬。

新的理论概括和阐发，离不开对以往思想理论和实践经验的深刻认识。《共同纲领》是马克思主义中国化历史进程中一篇里程碑式的重要文献。弄清楚《共同纲领》的形成过程以及中国共产党当年在制定《共同纲领》时如何运用马克思主义基本原理同中国国情相结合，正确处理中国历史条件下的政治、经济、军事、文化、民族、外交等一系列问题，很有学术价值和现实意义。本成果不仅可以填补全面系统研究《共同纲领》这一空白，更重要的是有助于加深对新中国成立 60 余年来所走过历程的科学认识和理解，有助于加深对毛泽东思想和中国特色社会主义理论体系关系的科学认识和理解，对深入理解社会主义初级阶段的理论、中国特色社会主义理论体系，有历史启示意义。

《中国古代国家的起源与王权的形成》概要

王震中*

一、研究的目的、意义及所使用的研究方法

《中国古代国家的起源与王权的形成》是国家社科基金项目"中国古代国家的起源与王权的形成研究"的最终成果。这是中国古代史研究中极重要的课题，也是国家正在组织人员进行的"中华文明探源工程"应该考虑的课题之一。本成果虽不属于"探源工程"项目，但其价值和意义是显而易见的。作者之所以提出"中国古代国家的起源与王权的形成"这一项目，有主、客观两个方面的缘由。客观上，把史前社会的变迁与史前权力的演进相结合来研究早期国家的起源；把进入国家社会之后，国家形态和结构的进一步发展与王权的形成相结合进行研究；把从早期国家形态的部族国家演变为民族的国家的发展过程与华夏民族的形成相结合进行研究；把古代国家看成一个社会系统，对国家、社会、权力集中的表现形式和它们之间的互动关系进行系统研究，这些都是必需的，但这些领域的研究却是国内外学术界比较薄弱的，从这个意义上来说，本成果有填补空白的意义。主观上，作者曾于1994年出版《中国文明起源的比较研究》，学术界评价该书"有另辟蹊径、独树一帜的看法"，在此基础上再研究"国家与王权"，其主观条件不但具备，而且会深化和完善相关的学术体系，当然也会使这一领域的研究有实质性的推进。

---

* 王震中，中国社会科学院历史研究所副所长，研究员，博士生导师。

本成果在研究方法上，采用历史学与考古学、人类学理论相结合的方法。在历史学中又将历史文献与甲骨文、金文等材料相结合。此外，采用宏观的理论思考与微观的史实论证相结合的方法。

二、成果的主要内容、重要观点及学术创新

本成果由"上编：从村落到都邑邦国"和"下编：从邦国到王国和王朝国家"组成。其中，在"上编"中，有"导论：国家起源研究的若干理论问题"、"第一章：平等的农耕聚落社会"、"第二章：不平等的中心聚落与原始宗邑和酋邦社会"、"第三章：阶级起源的三种途径"、"第四章：史前权力系统的演进"、"第五章：中国早期国家——龙山时代的都邑邦国"、"第六章：从部族国家到民族的国家与华夏民族的形成"；在"下编"中，有"第七章：夏族的兴起与夏文化的探索"、"第八章：夏代的国家与王权"、"第九章：先商邦国的起源"、"第十章：商代的国家与王权"、"结语"等。

"导论：国家起源研究的若干理论问题"，体现了本成果的理论特色。"导论"分为八个部分，对百余年来国家起源研究的诸种理论观点进行了总结和反思，也提出了自己的理论体系。例如，在"国家概念与定义"中，本成果把古代国家定义为："拥有一定领土范围和独立主权，存在阶级、阶层和等级之类的社会分层，具有合法的、带有垄断特征的凌驾于全社会之上的强制性权力的政权组织与社会体系"。在"古代国家形成的标志"问题上，本成果坚持认为古代国家形成的标志：一是阶级和阶层的存在；二是凌驾于全社会之上的强制性公共权力的设立。国家形成的这两个标志，目前在学术界已产生一定影响。在"'三次社会大分工理论'与中国历史实际"一节中，本成果指出，恩格斯"三次社会大分工理论"的第一次分工讲的是亚洲上古时期牧畜业早于农业，但依据西亚和我国有关农业起源的考古发现，这一说法需要修正。考古发现表明，农业的起源可以上溯到 1 万年前，农业起源早于游牧。第二、三次分工说的是农业和手工业的分离以及商人阶级的出现，这在各个民族进入文明社会的过程中曾不同程度地存在过，但中国古代的历史实际是在保留氏族血缘因素的情况下出现这些分工的。在"'军事民主制'、'部落联盟'说之得失"、"酋邦理论的贡献与局限"、"社会分层理论的贡献与不足"这三节中，本成果指出，摩尔根的"军事民主制"和"部落联

盟"说的主要问题在于缺乏从原始社会向国家过渡时期的社会结构类型的设计，现在西方学术界流行的酋邦理论也正是针对摩尔根的这一局限而形成的，但我们也应看到酋邦理论、社会分层理论等理论学说也有其局限性。本成果既概述了酋邦理论、社会分层理论等理论学说的贡献，也对它们的局限性进行了分析。指出这些理论的局限，在国内学术界尚属首次，这也是理论创新所必须做的第一步工作。在"文明与国家起源途径的'聚落三形态演进'说"和"'邦国—王国—帝国'说"这两节中，概述了作者自己的理论体系。

本成果有如下理论建树和突出特色：

第一，用"聚落三形态演进"说和"邦国—王国—帝国"说构筑了全书的理论体系，因此全书分为"上编：从村落到都邑邦国"和"下编：从邦国到王国和王朝国家"，以此来说明中国古代国家起源及其早期发展的两大阶段。

其中，文明与国家起源路径的"聚落三形态演进"说，在对待近几十年来文明起源的所谓"三要素"或"四要素"的文明史观以及"酋邦"等人类学理论时，把"三要素"或"四要素"看作国家社会即文明社会到来的一些现象和物化形式，因而是在阐述国家和文明起源的过程中来看待这些文明现象的；而对于酋邦等理论的扬弃，主要是通过考古学所发现的"中心聚落形态"来解决从史前向早期国家过渡阶段的社会不平等、阶级与阶层起源的途径、社会组织结构与权力特征等问题。本成果通过对中心聚落形态典型遗址的分析，具体展现了这一社会发展阶段的诸多侧面及其在各地的具体表象和个性特征；并联系了社会分层理论和酋邦社会的某些特征，对中心聚落形态、酋邦和社会分层理论进行了整合；还论证了中心聚落与原始宗邑的关系，提炼了中心聚落、原始宗邑和酋邦社会最一般的特征。

"邦国—王国—帝国"说，解决的是进入国家社会之后国家形态的演进问题。它与日本学术界提出的"城市国家—领土国家—帝国"说，我国学者提出的"族邦时代—封建帝制时代"说、"古国—方国—帝国"说，以及"早期国家—成熟的国家"说等理论模式的区别，不仅仅是名称概念，而是涉及国家形态的问题。以"王国"问题为例，在"邦国—王国—帝国"说中，它包含了夏商周三代复合制国家结构和形态的问题，也包含了夏商周三代王朝国家中的王国（王邦）与邦国（属邦）的关系问题，还包含了由部族国家走向民族的国家以及华夏民族形成过程中由"自在民族"发展为"自觉民族"的问题。所以，可以说，"聚落三形态演进"说和"邦国—王国—帝国"说，前后衔接、递进，构成了一个内涵较为丰富、较为周全系统的学术体系。

第二，史前权力系统的演进是国家起源研究中的焦点也是难点，本成果通过三个层面来解决这一课题：一是提出"权力的空间性与宗教的社会性"这样一个命题，以此来阐述平等农耕聚落社会以及不平等的中心聚落社会的聚落首领的权力是如何突破聚落空间限制而扩大到其他聚落的；二是论述了战争对史前权力乃至王国时期王权的强化；三是论述了社会职能如何转化为强制性权力，以及族权的分级与集中的问题；四是论述了"最高酋长—邦君—王权"三者的联系与区别等问题。

第三，在阶级起源问题上，本成果以"阶级起源的三种途径"为题，在肯定恩格斯提出的两条道路——社会的职能由公共事务管理转为政治统治和劳动生产提高使战俘转为奴隶——具有普遍意义的同时，提出并论证了父权家族和父家长权的出现是阶级起源的重要契机，也是具有普遍意义的又一途径，并以此来解决弗里德社会分层理论中所没有解决的从"阶等"到"分层"的演变机制问题。

第四，本成果论证了距今 5 000 年至 4 000 年前的龙山时代是中国早期国家的都邑邦国时代。之所以称为"都邑邦国"，这是因为中国古代有国就有城，建城乃立国的标志，并形成"都鄙"结构。"都"是指国都、都城；"鄙"是指鄙邑，有的属于都城周围的村邑，有的属于边陲地域的村邑。那些较大的都邑邦国，在都城之外还可以有二级、三级聚落中心，在二级、三级聚落中心的周边也有鄙邑存在。所以，都邑邦国是有城又有领土的，它不同于日本学者所说的"城市国家—领土国家"中城市的概念。

本成果指出，都邑邦国在其早期阶段还有另一特征，这就是邦国文明的多中心与邦国林立。在 70 余座史前城址中，虽然有的尚属中心聚落形态或酋邦，但也有相当数量的城邑已属于早期国家的邦国之都城。例如山西襄汾陶寺，河南登封王城岗、新密古城寨，山东章丘城子崖、邹平丁公、淄博田旺（桐林）、日照两城镇、日照尧王城，湖北天门石家河，四川新津宝墩，陕西神木石峁，浙江余杭莫角山等，就属于邦国的都城。当时的黄河流域和长江流域所形成的邦国林立的这种格局，与史称尧舜禹时期为"万邦"、"万国"是一致的。

本成果还以山西襄汾陶寺城址、河南新密古城寨城址、浙江余杭莫角山良渚文化的城址为例，对龙山时代的都邑邦国文明进行了个案研究。

第五，本成果结合华夏民族的形成，论述了从邦国到王国和王朝国家的过程也就是从部族国家到民族的国家的演变过程。为此本成果把民族划分为"古代民族"与"近代民族"两种类型，对古代民族与部族的概念和属性进行了界定。在此基础上，探讨了华夏民族在其形成过程中所经历的从"自在民族"到"自觉民族"的发展阶段。所谓"自在民族"就是民族意识还处于朦胧、潜在状态的民族，作为一个民族已经存在，但自己还不知道，还没有完全意识到。夏商时期的华夏民族就是这样的状态。春秋时期的"华夷之辨"，强调了根在中原的华夏民族衣冠服饰、礼仪制度、典章制度与夷狄的不同，强调了华夏民族的一体性，所以，春秋战国时期的华夏民族已属民族意识非常强烈的"自觉民族"。夏商时期作为自在的华夏民族之所以能够出现，就在于夏商王朝是多元一体的复合制国家结构，在王朝国家的框架内能够容纳众多部族。而夏代之前的五帝时代，则属于华夏民族的滥觞期，这一时期经过族邦联盟，众多的部族国家最后走向了一个多元一体的民族的国家。

第六，本成果提出夏商周三代是一脉相承的复合制国家的结构和形态。在论述"夏代的国家与王权"和"商代的国家与王权"时，本成果是把夏商两朝的王权放在复合制国家结构中加以考察的。

所谓复合制国家结构是指在王朝内包含王国和从属于王国的属国（属邦）两大部分：在夏代，它是由夏后氏与其他从属的族邦所组成；在商代，它是由"内服"之地的王国与"外服"之地的侯、伯等属邦所组成。对于这样结构的国家形态，本成果称为"复合制王朝国家"。其中，王国为"国上之国"，属邦为"国中之国"，它们以王为"天下共主"而处于不平等的结构关系之中。也就是说，王国的"国上之国"的地位，不仅仅因为它位于中央地域，可称之为中央王国，更主要的是因为它乃王的本邦，是王用来支配其他属邦的基本力量，王的"天下共主"的地位决定了王国的"国上之国"的地位。而从属于王朝的邦国，则不具有独立主权或者说主权不完整。其中，有的在甲骨文中被称为侯、伯等。这些侯、伯等属邦与后世郡县制下的行政机构或行政级别不同，不是一类；有一些商王朝的属邦是夏朝时即已存在的邦国，在商时它们并没有转换为商王朝的地方一级权力机构，它们臣服或服属于商王朝，只是使得该邦国的主权变得不完整，主权不能完全独立，但它们作为邦国的其他性能都是存在的，所以形成了王朝内的"国中之国"。也就是说，从属于王朝的属邦，以王为"天下共主"，受王的调遣和支配，但其内部并没有与王建立层层隶属关系，具有某种程度的相对独立性。

夏商时期的王权与龙山时代早期国家的邦国君权的区别在于：邦君的君权只行使在本邦的范围内，它是对本邦民众的支配力；而夏商（包括周代）的王权则行使在王朝国家的范围内，它不但支配着本邦，也支配着其他属邦（王朝国家内从属于王的其他邦国）。所以，中国夏商周三代的王权是与夏商周三代复合制的大国家结构联系在一起的，它是复合制王朝国家中的最高权力。以商朝的王权为例，可以看到：商王既是"内服"王邦的土地所有者，亦是"外服"的侯、伯等属邦的最高土地所有者；"外服"侯、伯等属邦有向商王贡纳的义务；商王既统率着"内服"王国的"王师"，亦统率着"外服"侯、伯等国的军事力量。军权、神权和族权是王权的三个组成部分，也是王权的三大支柱。其中，神权中的"天命王权"的观念，显示出王的统治的正当性；而王权的强大与其军力的强大密不可分；王邦的族权是王权最基本的依靠。在商王的统治方式上，由于王朝的复合制结构，使得王权对于王邦（即"内服"之地）与侯、伯等属邦（即"外服"之地）的统治方式有直接统治与间接支配的差别，但有时也表现为这两种方式的混用，即直接统治与间接统治相结合，地方邦君与朝臣身份相结合。此外，对于异族邦国，也采用军事征服与精神笼络相结合的方法。商代王权所呈现出的这些统治方式，并非由商王的个性所决定，而是由商代的国家体制、国家结构和国家形态的发展程度所决定的。

最后以"结语"的方式对本成果作了全面总结。名为"结语"，实为"中国古代国家起源与王权形成的论纲"。

三、成果的应用价值及社会影响和效益

本成果"上篇"的理论框架在 1994 年出版的《中国文明起源的比较研究》一书中所提出的文明与国家起源路径"聚落三形态演进"说的基础上，加强了理论层面的探索；加强了对中心聚落形态与原始宗邑和酋邦社会特征的研究；增加了对史前权力系统的研究；增加了对都邑邦国的时代特征和个案的研究。其中的"聚落三形态演进"说，对学术界用聚落形态与社会形态相结合研究文明与国家的起源，产生了一定的影响，已形成一种研究趋向。

本成果"下篇"的理论框架中有"邦国—王国—帝国"说，也有"夏商周三代国家结构是'复合制国家结构'"说。关于"邦国—王国—帝国"说，河南省博物馆原馆长许顺湛先生在其所著的《史海荡舟》一书（中州古籍出版社，2008 年）中，用三篇文章（即《中国文明阶段论——邦国文明》、《中国文明阶段论——王国文明》、《中国文明阶段论——帝国文明》）引用和阐述了这一理论观点。

《战国秦社会经济形态新探》概要

张金光*

一、成果的学术创新

本成果研究的问题及其结论，在中国学术史上，就其基本体系而言，无任何先行成果可作借鉴。无论在关于中国古代社会历史体系的研究上，还是在社会历史观理论的研究上，均属原创性的创新之作。

本成果的突出贡献在于学术体系的创新。作者创立了一个新的社会历史体系、社会历史观和国家观，创立了在土地国有制及国家授田制基础上的"官社经济体制模式"说。此说建立在历史实证基础之上，并具有理论创新价值。这已不是一个反映局部问题的新观点，而是反映总体性的、具有普遍意义的社会形态新说，它直接否定了传统的关于中国古代史的奴隶制、封建制社会形态说。

自20世纪80年代初，迄今20余年来，作者对此社会总体性问题已作了系统研究，在国家一级杂志发表了系列长篇论文（如《历史研究》发文4篇、《中国史研究》发文2篇），并出版了高水平的学术专著《秦制研究》（92万字），今已至系统完善地步，获得学界的肯定评价，

此新历史体系有两大学术基础支柱："普遍的真正的土地国有制"及其"国家普遍授田制"说和"官社经济体制模式"说。

* 张金光，山东大学教授。

（1）20 世纪 80 年代初，作者在关于中国古代土地制度的研究中获得了新的认知和结论，于《中国史研究》1983 年第 2 期发表《试论秦自商鞅变法后的土地制度》一文，提出并详细论证了战国、秦"实行普遍的真正的土地国有制"说。"土地国有制"说并不新鲜，但是作者在该文中的观点却是从来没有人提出过的。作者不仅改变了自董仲舒以来关于从商鞅变法开始中国土地私有制的历史定论，而且更重要的新贡献有三：一是在"土地国有制"前加了两个限制词——"普遍的"、"真正的"；二是在土地国有制的前提下，其土地使用权的分配是同时实行普遍的国家份地授田制；三是指出土地国有制不仅是一个虚构的法权形式，而且具有真实的经济内容，也就是说，当时的土地国有制是一种实实在在的社会生产关系。如此一来，作者的"土地国有制"说就不仅是对"土地私有制"说的否定，并与其他"土地国有制"说区别开来；更重要的则是确立了一个新的社会历史体系、社会历史观和国家观。经 20 余年考验，今日看来此说在总的方面已成不刊之论，因为自该文发表之后，新获六批考古材料为此说提供了新的铁证。而且在本成果中，对此说更加详论而完善之。这六批新材料是：银雀山汉简、青川秦牍、天水放马滩秦简、云梦龙岗秦简、张家山汉简、湘西里耶秦简。张家山汉简《二年律令》，为作者的"普遍土地国有制及国家普遍授田制"说首次提供了详尽的法律文本。作者撰成长文《普遍授田制的终结与私有地权的形成》，于 2007 年《历史研究》第 5 期公开发表（也是本成果中的一节）。在文中不仅再次对拙说进行了实证性研究，而且对地权变迁作了新的理论性研究。至此"普遍土地国有制及国家普遍授田制"说，不仅已成定论，而且已构成了一个基于实证、首尾完整、历史过程清晰、富有理论色彩的独立完整的体系。此为官社说之基础性研究。

（2）通过土地国有制的研究，作者发现了一个与"五种生产方式"说模式格格不入的新的中国古代社会历史体系——"官社经济体制模式"，在 2001 年作者便提出了一个具有确切概念的理论模式，曾以《银雀山汉简中的官社经济体制》为题，于《历史研究》2001 年第 5 期发表。

作者提出"官社经济体制模式"这一理论概念，用以概括和表达中国古代历史上一定历史时期（主要是战国、秦）的一种带有普遍意义的社会经济体制，并以此去解释和说明当时的社会、政治、经济、文化等诸多关系和现象。关于此问题研究的基本研究理路和结论，可以概言之：土地国有制产生了官社经济体制；官社经济体制决定了当时的社会历史面貌。

传统史学研究在理论上的误区之一，就在于长期以来使用"五种生产方式"说去硬套中国古代的历史实际。

现在可以较系统地说：战国、秦乃是"普遍的、真正的土地国有制"的确立与强化发展的时期。土地国有制不是国家对土地的单纯占有，而是一种社会生产关系体系，换言之，即以土地国有权为基础的统治剥削关系。土地国有制，不仅是一种法权形式，而且具有实在的经济内容。也就是说，国家掌握全国土地所有权，并且运用土地，通过各种形式的国家份地授田制，使作为主要生产资料的土地与直接生产者结合起来，以榨取直接生产者的剩余劳动或剩余生产物，即地租。正是在这个基础上，形成了一种具有普遍意义的社会生产关系——官社经济体制，并由此决定了官社经济体制的组织形式及其基本特征必然是政社合一制，亦即以国家政治行政为统绪，以农为本，实行政、农、军乃至社会精神文化生活的同步一体化。也正是这种官社经济体制保证了国家土地所有权之经济内容的实现，并保证了国家对社会实行有效的直接控制。

其实，社会生产关系的支配形态乃是在土地国有制基础上，通过多种形式的国家授田制，建立起形形色色的政社合一的官社经济体。这种政社合一的体制，必然决定了当时的社会基本历史面貌，并造成如下的历史结局：在官社经济体制中，实行着不同类型的份地农生产责任制度；这些份地农在社会生产与社会生活上对国家的依附性甚强；由于实行国家份地授田制，甚或换土易田制，遂使份地农间并不存在社会阶级分化，也不容许地主阶级产生，当时并不存在传统的所谓新兴封建地主阶级，及其与佃户农民的阶级分野和对抗，奴隶主与奴隶的对抗格局，在农业生产中亦几等于零；在官社经济体制之下，其政治、经济关系主要是在官与民之间发生的统治、剥削关系，其所谓阶级关系也都表现在官民对立之中，官民对立是当时社会阶级对立格局的支配形态（这是中国古代社会阶级结构和阶级矛盾对抗坐标的中轴线）；在强有力的土地国有制及其官社体制下，也造就了一个强有力的乡里基层政权，因而保证了国家对于民间社会实行直接的集权统治，因之也造成了一种与其前后皆不同的乡里民间社会政治秩序。①

"官社经济体制模式"在时间与空间上都具有普遍性，代表着一定历史阶段与社会形态，它是由古代农村社会共同体，向比较自由的秦国家授田份地小农，进而向汉代国家个体小农经济支配形式过渡的普遍历史过渡形态。

作者在论证官社经济体制这种社会历史体系和理论模式中提出如下一些主要观点：第一，官社经济体制的经济基础，是土地国有制及国家份地授田制。第二，官社经济体制融国家政权行政、社会、政治、经济、生产、军事、精神文化等为一体，实为一以政治行政为框架的多面社会立体组织体。第三，官社经济体制的组织形式，其首要特点，简言之，可谓政社合一，详言之，实是以国家基层行政为统绪，以农为本，包括农业社会生产、军事以及社会、经济、精神文化生活等在内的一切均服从于国家政治，同国家政治行政为一体；官社经济体制的基本框架结构，乃是以政府行政系统进行编民、编农，甚至于编军，在这个"合一"体中，"政"是筋骨，是统绪，是绳贯，是支配一切、统率一切的。在这里，国家政治行政支配经济生产，进而支配一切表现得最为充分，政社合一制不仅表明了官社的性质，而且是区别官社与农村公社的重要标志之一。② 第四，官社体制下，农业生产的基本管理原则是实行各种类型的份地分耕定产承包责任管理制度。第五，官社体制下，国家授田份地农的社会、经济生活以及精神文化生活均走向模式化。第六，官社体制下，生产具有国家行政指令下的集体性、统一性和强制性。第七，官社体制下，乡里基层行政组织的权力之重大与繁多，职能与功能之复杂，皆绝非后世乡官所可比。第八，由于实行份地授田，甚至换土易田，使民生经济带有均衡性，民间缺少阶级分化，没有体制性的地主阶级产生。

---

① 乡官是代表国家管理"土地、人民、政事""三宝"（《孟子·尽心下》篇语）的基层政权组织，是为专制政府耳目爪牙之吏。他的权力、权威的基础和权力资源，便是他作为拥有土地所有权的国家政府之最具体、最实际的代表与土地使用权的主持分配者，其权之重、威力之强，前后皆无可与之伦比者。随着土地国有被破坏、官社解体，乡官权势也衰落了。这是为后世历史所证明了的。自官社解体消亡，直至清末，甚至于北洋军阀政府，国家政权无不努力将自己的权力向乡里民间社会延伸，然皆未达到如政社合一的官社经济体制之下那般境界。

② 中国古代社会历史之所以走到"政社合一"的地步，那是因为在农业社会里，政治权力本是支配一切、笼罩一切的。因之，在官社消亡之后，社会历史却依然如此。官社虽不存，而官民对立的社会结构格局却终未变。这就是中国历史的根本特点。

第九，国家（政府）—社会、官—民对立格局，是当时社会阶级结构的基本特点，亦是其时社会阶级矛盾对立与对抗的支配形态，官—民结构及其对立成为社会关系的支配形式，当时的社会，便是以"君子"官僚为主体，构成统治阶级，他们同时是剥削阶级。[①] 第十，官社经济体制实行多样化产品分配方式：助耕官田法、份地农分耕定产责任制法、"先实公仓，收余以食亲"法、税敛法（贡法）即"校数岁之中以为常"的分成定额法、"三官分职，资相为业"即"各尽所能，相贸以功"法。

官社经济体制模式在中国历史上具有较为普遍的规律性。凡是在强有力的土地国有制或集体所有制下，官社经济体制大抵是一种支配形态。如清朝早期的八旗制度，金的猛安谋克制度等，亦可以看作一种官社体制。前些年我国的人民公社体制，亦可视为一种官社体制。人民公社体制与古代官社体制虽有本质的不同，但在形式和某些特点上，它们亦有相似之处，因为它们赖以产生和存在的基础有相同的一面。

总而言之，从最基本的历史事实来看，"五种生产方式"说中的奴隶制、封建制两种社会形态都不能概括先秦（尤其是战国、秦）这一段历史。作者经过了长期的基础性研究探索，提出了在强有力的"普遍的、真正的土地国有制"基础上确立了"政社合一"的"官社经济体制模式"说，作为对中国古代史上一定历史阶段的社会历史形态的概括和表述，并以此新的理论模式对中国古代社会历史面貌作出新的解释和说明。作者的贡献有两点：一是从中国历史实际出发，发现了一个从未被认知的新的社会历史体系；二是由此而作出了新的理论概括，提出了一个新的理论模式——官社经济体制模式，并反过来以此理论模式去解释当时的社会。这不仅可以确立一个新的中国古代社会历史体系，而且将更新传统的社会历史观和国家观。

[①] 国家（政府）和官，居于绝对的、决定性的强势支配地位，而社会、民则处于被支配的弱势地位，是完全被动的角色。这在中国古代历史上早已成为一个最基本的、最突出的社会历史特点。官方的一切行事与作为，皆决定着民间社会的命运，其安危、治乱、兴衰、存亡皆系之。国家（政府）的代表便是大大小小的官僚群，他们既是国家一切律令法规的制定者，同时又是执行者，国家权力通过他们来具体运作，达于民间社会。因之，国家权力恰成为他们图谋私利的工具，权力转变为财富，乃是不替之律。在中国历史上，以及人们的意识形态中，政权（政府）与国家不分，执政者与国家权力不分（"朕即国家"是最为集中的概括。"朕"亦即官僚群的集中代表者，是统治阶级的首领）。官社体制以缩影的形式包含并展现了后世历史中的不替之律：官方及政治权力总是支配一切的。

二、成果的主要内容

第一，本研究在方法论、认识论方面有所创新，总名曰"实践历史学"。可以六字概括："入于史，出于史"。所谓"入于史"，即"国归历史境域"。为此，则必"去后代化，亦即剥离、去除由于种种原因所外（附）加我们所研究的历史对象的非历史成分。为此，历史研究应首取向历史境域固归的路径，超越时空鸿沟使自己成为历史阶段的'参与者'与'经历人'，用当时、当地的思维和语言与当时人对话，以体验和认知历史"。所谓"出于史"即"从原历史中，发现历史逻辑，提炼和建构普遍性理论分析系统"。

第二，官社体制的根基是高度发达的普遍土地国有制及国家普遍授田制。为此，作者详细而创造性地研究了战国、秦时期高度发达的普遍的、真正的土地国有制及国家普遍授田制。

我国于初民社会结束后，并未立即出现土地私有制，或强有力的土地国有制，而是逐渐形成在虚构的"王土"之下的多级占有制，即同一块土地的所有权为许多人所分享。而其中最顽固的实际的所有者还是农村公社群体。待到春秋之末，特别是战国时期，随着村社解体，再加上各国营农场改革，遂使土地所有权在各诸侯国向强有力的土地国有制升华。国家把土地所有权集中起来之后，不再裂土分君，制造中间层次，而是由国家政府直接"制土分民"，遂实现了普遍土地国有制与其下的私人使用或占有制的二重结构。

战国时期各国土地国有化的路径大抵是相同的，而以秦最为典型。商鞅实行的田制改革其实质就是土地国有化。在普遍土地国有制下土地有两种基本的占有形态与经营方式，一部分由国家政府机构直接经营管理，一部分则是通过国家授田（包括军功授田）而转归私人经营使用。总之，一切土地所有权皆在国家。这就是所谓"六合之内，皇帝之土"。在战国、秦私人使用的土地无不打上国有权的烙印。

国家授田制的基本原则有五："为户（主）予田宇"；定量份地制；定期还授；"制辕田"；"乡田同井"。在国家对庶人的份地授田制基础上，产生了军功授田的益田制。二者构成了国家授田制的完整系列，《二年律令》提供了确凿的法律文本证据。

国家普遍授田制的自然终止，是在汉文帝即位之时。中国传统土地国有制与国有地权的根本变革发生于秦始皇三十一年至汉文帝即位之 37 年间。

普遍的真正的土地国有制及国家普遍授田制维持了一个相当长的历史时期，必然产生官社经济体制，这决定了其时基本的社会历史面貌。

第三，官社体制下，田间布置实行统一规划制度，其格局具有严整性、统一性之特点，其水利的兴修、田路的开统、疆畔的正定、畎亩的整制等都是统一进行的。此可化约为如《史记·商君列传》一句话："为田开阡陌封疆"。

第四，邑，在先秦文献中是最为常见的一个社会组织概念。邑由政府统一规划而成，具有一定的地域和人口，它具有社会政治经济实体性，作者把它称为"社会政治经济实体邑"，或"官社实体邑"。这种实体邑不是国营经济，它具有政社合一的特点，所以称之为官社。

第五，从反映西周社会历史的主要文献资料《诗经》来看，在农业上，还无从发现传统的所谓奴隶制或封建制生产关系，我们所见到的乃是一种可称之为"农村社会共同体"的存在。《周颂·噫嘻》、《周颂·臣工》、《周颂·丰年》、《周颂·载芟》、《周颂·良耜》、《小雅·甫田》、《小雅·大田》等诗篇，大抵都是在这种共同体的社会政治经济体制下形成的诗歌。《豳风·七月》则提供了一个典型村社模式。

第六，《周礼》一书基本上反映了战国时期的社会经济面貌，从中可以透析出官社经济体制的基本形态。《周礼》的土地制度无疑是实行土地国有制及国家授田制的。其社会生产组织明显地具有政社合一、兵农合一的特点，其民之生产、生活都具有强烈的强制性特点。

第七，山东临沂出土的《田法》等十三篇，为研究包括秦制在内的战国社会经济制度提供了前所未有的新数据。可以明显看到战国，尤其是战国早期，其社会经济体制的支配形态乃是在土地国有制基础上通过多种形式的国家授田制建立起强制性极强的份地农分耕定产责任制，这些份地农在生产与生活上，对国家依附性甚强，无疑是一种官社经济体制，由于实行份地授田制和换土易田制，份地农间并不存在阶级分化，绝无体制性地主阶级的产生。当时并不存在所谓新兴地主阶级与佃户农民的阶级分野和对立。

第八，孟子的井田说实为国家授田制，是官社经济体制的建制。

第九，秦孝公用商君变法：令民为什伍，而相牧司连坐。戮力本业，耕织致粟帛多者复其身。事末利及怠而贫者，举以为收孥。各以差次名田宅。又，集小乡邑聚为县……为田开阡陌封疆，而赋税平。这本是一个完整的社会政治经济改革系统工程。过去的研究，都是把它肢解了，只是孤立地去看这些条文，而未见其整体意义。其实，这是在高度发达的普遍土地国有制和国家授田制基础之上，以国家基层政权为统制，将民户统加编制，制土分民，强令民为国耕织。这实是确立了一套新的社会政治经济组织——官社经济体制。商鞅变法的某些措施，如土地国有化运动等，即是在无情地摧毁着旧村社，挖空了村社共同体存在的基础；另一些措施，如邻邦伍系民，严密的乡官组与级治，强使民为国耕垦等，则是在利用并保存村社一切有利于政府统治与剥削的方面。商鞅变法的"集小乡邑聚为县"，也并不是把那些以乡邑聚为名的形形色色的处于不同历史阶段的村社聚落体毁掉，而在其上设县，加以牢固有效的控制，并把这些不同类型的乡村聚落体巧妙地改组为县行政直接控制下的基层政权组织，于是使这些政府基层行政组织具有明显的政社合一的官社特点。

秦自商鞅变法后，乡里政社合一，官社经济体制发展，在官方统治下，造成乡村聚落内人际间有着比较特殊的密切的经济联系，过着共同的经济生活与共同的社会精神生活。秦的乡官有三大特点：职权重大、政事繁杂、权威性强。之所以如此是因为，强有力的土地国有制及官社体制造就了一个强有力的乡里基层政权，保证了国家对于民间社会实行直接的有效的集权统治，于是形成了一种与其前后皆不同的乡里民间社会政治秩序。

第十，汉代的乡里有一种叫弹（又叫单）的社会组织，后世不见。此为官社遗风。

第十一，官社体制下，农民奉行道德政治经济学原则，其核心要求就是生存政府保障论。也就是说，民之生存应由政府来保障，亦即政府的职责是以保障民之生存，帮助农民规避风险为重要指归。孟子所提以恒产为核心之"王道"、"仁政"说及先秦之税地制，实为数千年来中外古今农民道德（义）经济学之真原则。

官社体制下，土地产品要在土地所有者——国家——和耕种者之间进行分配。在不同的社会情况下，分配给二者的比例是不相同的，这种比例的不同，不能用土地的实际肥饶程度来解释，也不取决于人口的数量，同样不取决于农业技术和生产工具，近代赋税和地租理论在这里是无能为力的，并不能解释其分配法则。其分配法则的基础是均平论和综合平衡论，其分配法则并不纯粹是一个经济问题，而是承载着基本的社会道德价值系统。

第十二，官民二元对立是官社体制下社会阶级结构的基本格局，而且是尔后浸透千年中国传统社会阶级结构之中轴线。

三、成果的学术价值

本成果的突出贡献在于学术体系的创新。作者创立了一个新的社会历史体系、社会历史观和国家观，创立了在土地国有制及国家授田制基础上的"官社经济体制模式"说。此说建立在历史实证基础之上，并具有理论创新价值。这已不是一个反映局部问题的新观点，而是反映总体性的、具有普遍意义的社会形态新说，它直接否定了传统的关于中国古代史的奴隶制、封建制社会形态说。

《汉代监狱制度研究》概要

宋　杰[*]

一、研究的目的、意义及所使用的研究方法

以往史学、法学界关于汉代监狱制度的研究多表现为刑法史、法律史综论性著作的部分章节内容，仅对两汉狱制的基本线索进行了一般性的考证说明。《汉代监狱制度研究》为国家社科基金项目成果，是对汉代监狱制度全面、有深度和系统的专门研讨，其研究目的包括以下几个方面：

（1）详细描述两汉中央政府各部门与京师、郡县地方政府所辖各种类型的监狱，剖析其源流、名称含义与性质的区别，说明它们不同的囚禁对象和狱所容量，监狱系统的管理组织与相关规定，发展演变的情况，监狱设置与国家司法制度及社会政治斗争的联系等。

（2）仔细考察汉代监狱内各种罪犯的生活状况，例如他们的囚禁、劳作活动，监狱部门施行的拘禁法规，犯人享有的一些权益，对不同身份、罪行的囚犯所实施的各种刑具拘系制度与押解制度等。

（3）归纳分析两汉监狱制度的时代特征，将汉代监狱制度与先秦（主要为周代）监狱的设置范围、种类、职能、规模、监禁对象与狱内生活、管理状况及政治作用加以比较，就其差异与产生的原因、历史演变及社会影响进行阐述。

为了达到这些研究目的，本研究以唯物史观为指导，主要运用史学考证

　＊　宋杰，首都师范大学教授。

和综合分析等传统的研究手段来考察汉代监狱的各种类型、职能、组织结构、相互关系和特点。同时也吸收了一些现代监狱法学和犯罪社会学的理论与方法，将研究对象和社会背景联系起来，分析探究两汉政府在这一特定的历史环境下是如何利用监狱制度来防范和惩治犯人的。研究的基本思路是：经过春秋战国时期的社会剧变，西汉、东汉王朝进入了统一、安定的发展阶段，而犯罪活动的种类、规模、参与主体的数量和影响却出现了较大的增长，并对社会秩序产生了严重的破坏作用。两汉政府为了解决这一矛盾，创立了新的监狱组织体系和管理制度，并在随后的历史进程中逐步加以调整，消除旧时代遗留下来的种种痕迹。本研究的目的和意义主要在于揭示史事的真相，探求相关政治、司法制度演变的规律，并总结历史的经验教训，给当今的相关社会活动提供有益的借鉴。本成果弥补了相关学术领域的某些空白和缺憾，促进了汉代法制史探研的发展。

二、成果的主要内容和重要观点

本项成果的形式是学术专著，包括对汉代监狱组织和相关制度的系列研究，总共有 17 个部分，每个部分也是一篇相对独立的学术论文。本成果对两汉朝廷和地方政府部门的各种监狱的机构设置、职能、性质、作用及特点进行了分别研究，其内容和重要观点如下所述：

两汉时期是我国专制集权政体巩固发展的历史阶段，为了维护社会秩序，统治集团在京师和郡县建立了各级拘禁和审判机构，形成了较为完备的监狱系统。廷尉作为国家最高的专职司法长官，其治下的监狱——廷尉狱在政治生活里发挥了重要的作用。廷尉府内所设的监狱属于专门收审朝廷专派重大案件涉嫌人犯的"诏狱"，囚犯多为王侯大臣和郡国守相，东汉时还收押宦官，他们在狱中享有一些特殊待遇和权利。汉代"廷尉诏狱"一语另有法庭的含义，此种监狱同时又是专设的审判机构。"诣廷尉诏狱"的一部分犯人被安置在中都官（九卿所属各部门）诸狱；或根据犯人的特殊身份地位而分别关押在专门的监狱，如将相大臣入若卢狱，宗室外戚入内官狱、都司空狱，后妃宫女入掖庭狱、暴室狱；或根据皇帝的意愿以及当时的政治形势等被遣送至某座诏狱，如东汉的黄门北寺狱。汉代所谓"诣廷尉"、"下廷尉"、"召致廷尉"等法律用语，只是在一般意义上表示罪犯进入廷尉府的监狱受审，而在某些个案中，犯人有可能被关进别的监狱。这是因为：（1）廷尉狱容量有限；（2）廷尉狱监护防范并非甚严；（3）皇帝欲通过派遣使者直接控制案件的司法审判过程。随着秦汉统一王朝的建立，皇帝的专制统治逐步加强，官僚制、郡县制取代了世袭制和分封制。上层建筑领域出现的这些重要变化，使贵族大臣们在司法方面享受的优待明显减少了，由此产生了关押高级官员的监狱，犯人开始在狱中受到种种虐待。另外，帝国疆域和人口规模的扩大，亦使中央与地方的官僚队伍迅速膨胀，犯罪行为明显增多，这也是朝廷为囚禁此类犯人建立常设的专门监狱之原因。廷尉狱的设置可以看作战国以来君臣关系、政府与官员之间关系发生变革的结果，它对于两汉专制皇权的巩固发展起到了积极的促进作用。

汉初的后宫最初在永巷设置囚室，拘禁废黜的皇帝和妃妾。武帝时在后宫的掖庭附设监狱，由掖庭狱丞主管，直接听命于皇帝，囚禁有罪的妃妾、宫女。掖庭狱包括多处狱所，暴室狱是其中之一。掖庭狱属于"诏狱"，即关押皇帝诏命审理的重案人犯之监狱。在管理上有自己的特点。分述如下：（1）皇帝直接下命令给监狱主吏，不经过该部门行政长官。（2）根据皇帝亲自颁发的指示处置犯人，带有隐秘性。（3）使用诏记而非正式的诏书。（4）御史中丞参知其事。东汉的暴室狱专门关押废黜的后妃及其亲属，钟下囚室则是拘禁皇族危险人物的专门场所。为了维护专制皇权，巩固统治，汉朝政府从京师到地方郡县兴建了数以千计的大小监狱，后宫之内的狱所也逐步扩充规模，由临时性的永巷囚室发展到常设的掖庭（暴室）诏狱，主要拘禁对象则从普通宫人扩大到废黜后妃以及失势的外戚家族成员。这一变化也反映出两汉的宫廷矛盾日益激化，后妃姬妾及其背后各种势力之间的斗争非常剧烈，达到了前所未有的残酷程度。

西汉的中都官狱是朝廷列卿属下的监狱，与三辅、郡国狱分属不同的行政、司法系统。中都官狱或泛指中央机构的监狱，或专指武帝以降的特设"诏狱"，即某种司法审判组织，有权接受起诉文书，奏请立案，传捕、拘禁罪犯和证人，审讯及拟罪上报，处决部分囚犯。中都官狱的具体名称除了沈家本考证出的19处，还有蚕室、光禄外部、大匠官司空和旅贲狱。中都官狱和朝内多种审判机构有隶属关系，其收容的"诏狱"案犯分别由使者、丞相、御史大夫和廷尉审理，本部门和专管领域的罪犯则由监狱所属官署的行政长官处治。武帝时在中央各官署遍设诏狱，广纳系囚，反映了当时统治阶级内部冲突激烈的社会背景。朝廷为了巩固皇权，对贵族豪强、公卿重臣采取了屡兴大狱、根除党羽的强制镇压措施，中都官诏狱的泛滥则是迎合了此刻的政治需要。但是到了宣元之后，随着社会主要矛盾的转移和外戚豪族势力的膨胀，封建国家的统治政策发生了一系列变化，即更多地强调缓和、实施所谓"仁政"。在这种形势的影响下，中都官狱也相应地出现了萎缩。如汉成帝即位之初即撤销了规模最大的上林诏狱，至东汉初年，光武帝则把其余的中都官狱尽行废除，仅在京师的廷尉府和洛阳县寺保留两所诏狱。但是和帝以后又恢复了若庐狱和都内狱，从其社会背景来看，东汉王朝建立后日趋巩固，而统治集团内部的矛盾斗争有所发展，如明帝晚年的楚王英谋反案，以及章帝、和帝与外戚窦氏、阴氏的冲突等，案件的性质与情节复杂，往往牵涉皇室的隐私；罪犯的人数繁众，又有贵族、重臣，仅仅依靠廷尉狱和洛阳狱来囚禁审讯会有许多不便，因此朝廷有限地复设了几座中都官狱，作为对前两所诏狱的补充。这表明在两汉时期的政治环境下，政府有必要于国家最高审判机构和京师地方司法组织之外设立专门的监狱和法庭，来满足审理某些重要案件和囚禁相关人犯的特殊要求。也就是说，西汉的中都官诏狱尽管设置过滥，曾带来种种弊病与危害，但是它的存在仍有一定的合理性，即必然性，其中包含某些便利朝廷司法审判活动运行的积极因素。

西汉史籍提到过的"长安狱"一词，就其概念的内涵而言可以划为两种，有广义和狭义的区别，它们在当时司法系统中的性质、地位和作用也有所不同。属于广义概念的"长安狱"，通常泛指京师的中都官狱，即在朝廷九卿属下的各种监狱。西汉文献中所言之狭义概念的"长安狱"，是指京师地方行政机构——长安县所属监狱，由长安令直接管辖。西汉长安城中还有当地郡级行政长官京兆尹所辖之狱。此外，在长安诸多市场当中，规模最大的东市和西市分别设有监狱，称为"东市狱"和"西市狱"，分别由京兆尹和左冯翊统属。

东汉洛阳狱由司隶校尉、河南尹、洛阳令共同管辖，和京师的其他诏狱相比，它在机构设置、职能、收容范围和规模等方面具有如下鲜明特征：洛阳狱同时从属于司州、河南郡及洛阳县三级司法组织，还有皇帝派遣的使者来监管和审讯"诏狱"案犯，其管理机构是京师诸座诏狱中最为复杂的，兼有中央政府"诏狱"和地方郡县监狱的职能，囚禁的对象包括各级官僚贵族和平民百姓。洛阳狱规模巨大，能够关押数千人，属于"大圄"。它对京师安全和朝廷政局影响甚重，其管辖权力在东汉后期受到政坛各方的密切关注。尤其是汉末的桓、灵二代，皇帝、宦官、外戚、士大夫之间的矛盾激化，在宫廷内外血雨腥风的斗争中，众所瞩目的焦点之一就是对洛阳狱管辖权力的争夺。从当时政坛风云的演变情况来看，控制了洛阳狱的统治机构，就可以运用这一利器重创对手，造成对自己有利的局面。首先是可利用其职权来劾奏、拘捕政敌，洛阳狱的管辖机构同时掌握首都的治安权力，其负责官员——司隶校尉、河南尹和洛阳令控制着京师地区不同层次的司法部门，有权纠举和逮捕各种人犯。特别是司隶校尉权势极重，朝廷内外无所不纠；又拥有武装吏卒，既有在京师地区立案、逮捕犯人之权柄，又手握一支军队。河南尹上能入朝议政，下可临郡治民，权势虽稍逊于司隶校尉，但亦在伯仲之间。对于那些爵秩较低的仇敌，司隶校尉与河南尹几乎能够任意将其拘捕入狱，甚至先斩后奏。其次是可利用管辖之便在狱内消灭政敌。参与统治集团上层斗争的各派人物，大多具有贵族、官员、名士、阉宦等特殊身份以及复杂背景，或为天子所宠幸，或有同党为后援，对他们起诉治罪会遇到上下各方的有力阻挠。冗长的审判过程不仅拖延时间，而且可能中途生变，使犯人逃脱刑戮，甚至被无罪开释。但是如果控制了京师的诏狱，就可以避开审讯、覆议的诉讼程序，不等到定罪判决，即在狱中暗下黑手，对政敌实行暗杀或将其拷打致死。东汉洛阳狱内曾多次发生过这类事例。由于洛阳狱兼容各种身份的囚犯，其统治机构又有劾奏、逮捕和审判处治的职责，控制了这所监狱就在一定程度上掌握了政治斗争的主动权，会给对手带来灾难。因此司隶校尉、河南尹与洛阳令的职位颇受东汉后期政坛的关注，在几场政治事变当中，各派势力都想让自己的代表出任这三个要职，而捷足先登者往往会处于有利的地位，这场斗争一直持续到外戚与宦官集团灭亡的最后时刻。

东汉的黄门北寺狱是设在宫禁之内的诏狱，囚禁对象主要是反对宦官专权的朝野士大夫。狱内的审讯、监管由宦官负责，经常使用非刑虐杀犯人。该狱囚犯经历的司法审判程序和其他诏狱有别，往往是宦官矫诏或唆使皇帝直接下诏拘捕人犯，以此避开外朝官员的审查覆议。外戚、士大夫针对宦官把持的这所监狱采取了争夺与反制措施。黄巾起义爆发后，东汉朝廷的政治格局发生了不利于宦官集团的转变。其一，外戚重新得势。由于形势所迫，宦官又无法领兵出征，灵帝只得任命何进为大将军，其弟何苗为河南尹，从此逐渐控制了京师的军政权力。其二，党锢解禁，士大夫势力复兴。其三，宦官集团的削弱与分裂。由于东汉朝政腐败，病入膏肓，宦官集团当中的一部分人对政治前途信心不足，担心将来的出路，于是发生了分化。十常侍中封谞、徐奉等和太平道众勾结。有些人则判断形势不利，转而投靠外戚，以求将来能得到庇护，如郭胜，黄门令也被外戚势力所控制。北寺狱的地位和作用随之下降，直至宦官集团毁灭，它也不再存在于司法系统中了。

　　两汉京师之外地区的监狱属于郡县或王国、侯国的地方行政司法系统，汉代郡府虽然有直接逮捕审判案犯的职能，却不单独置狱；在通常情况下，所谓"郡狱"应该是附于郡治所在之县的监狱。郡府和该县分别拘捕的人犯关押在同一所监狱之内（或许分设牢房），所以郡治所在的县狱一般规模较大，狱吏较多，主管官吏为"狱丞"，职位也高于普通县狱的"牢监"和"狱史"。郡府尽管不承担此类牢狱的具体管理事务，但也派遣属吏进驻其内，代表上级施行监察。

　　西汉、东汉时期，随着专制集权国家的确立，封建刑法体系也得到了进一步的巩固发展，其表现之一，就是官府对犯人实行的刑具拘系措施逐步完备，在司法处理程序的不同阶段，对囚犯施以各种形式的人身束缚，并开始针对其身份、罪行、年龄、性别等因素的差异而有所区别。这套制度既有效地防止了罪犯逃跑与反抗，又尽量地满足了统治阶级的利益要求。根据汉朝的法律规定，官府捕获罪犯之后，在司法处理程序的不同阶段，所采取的拘系手段和刑具种类是有明显区别的。在时间上，大致可以分为前后三个阶段：一是逮捕及押送入狱期间；二是在狱内囚禁待决期间；三是判决后服刑期间。其中第三个阶段的犯人仅指刑徒（徒刑犯），不包括居赀服役者、迁徙流放者及受其他刑罚的罪犯。在这三个阶段里，官府对犯人施加束缚的刑具种类有显著的差异。两汉政府官吏拥有逮捕罪犯的权力，普通百姓只要掌握相关证据，也可以自行捉拿犯人，将其送往官府。在抓获罪犯、遣送入狱的过程中，为了预防其逃跑反抗，必须用绳索捆绑，称为"缚系"，或"缚诣"、"收缚"、"绳责"。犯人入狱之后，所受的人身束缚形式有所变化，主要采用器械来拘束，称为"械系"。被称为"械"的刑具，是木制的桎梏。不仅罪犯本人进狱要着械，就是连坐的妻子家属也不能幸免。判决服苦役的囚犯则要受钳釱金属刑具的拘束。汉代徒刑的种类根据刑期长短有罚作（一岁），司寇（二岁），鬼薪、白粲（三岁），城旦春（四至五岁）等，服刑的犯人除了劳动之外，还要黥面或剪去部分头发，以示耻辱。剃发有髡、耐（或称"完"）两种。此外，为了防止他们反抗逃跑，还要加上铁制的刑具"钳釱"，即颈钳和胫釱（脚镣）。"钳釱"往往和髡刑并用，称为"髡钳"。钳釱是新时代的刑具。战国以降，铁器在我国的使用日益广泛，从军事、生产领域扩展到司法领域。同样是为了阻碍犯人逃跑和反抗，在狱内监禁使用木械，在狱外服苦役则佩带钳釱。究其原因，可能是由于木械笨重，囚犯被系后行动极为不便；如果是在牢狱中囚禁，罪犯的活动较少，若是到室外劳动，则会受到桎梏的拖累，降低生产的效率，对官府来说在经济上是不合算的。而铁制的钳釱比木械轻便，对刑徒的工作影响不大。另外，西汉、东汉时期的制铁业属于初级阶段，采矿、冶炼的技术水平较低，耗时费力，导致产品的成本和价格要高于后代，以致有些贫民买不起，"或木耕手耨"。如果系囚和刑徒都使用钳釱来拘束，官府花费的代价较高，不如施用木械经济划算。另外，就防止越狱和反抗的效果来说，笨重的桎梏也要更好一些，所以它多被用于拘禁牢内的囚犯，而通常只对参加劳动的刑徒系以钳釱。除了以上三种常用的拘系形式之外，还存在着一些特殊的刑具和囚禁方式，例如槛车、木笼和铁制锁链等。

秦与西汉政府在郡国县乡设置过"司空"，掌管水利、土建工程，役使罪犯劳作，并负责徭役征发和追缴逋贷等事务。朝廷有邦司空、中司空，九卿属下也有监管刑徒劳作的多种"司空"机构，附设"诏狱"。西汉末期至东汉前期，政府陆续撤销了京师郡县的各种司空部门，仅在三公中保留了司空，残存的罪犯劳动组织改称"作部"。其原因主要是国家统治政策以及刑法、徭役制度发生变化，战国到西汉前期，中国逐步脱离了诸侯割据的分裂状态，建立起多民族统一的封建专制帝国。在这个社会转型的特殊历史阶段出现的两种情况值得注意：首先是刑徒劳动的泛滥，其次是秦统治的残暴。服役囚犯所受的人身压迫极为沉重，因此缺乏积极性，劳动效率很低。朝廷的滥施刑罚又会激化社会矛盾，动摇乃至推翻封建王朝的统治。秦亡之后，汉代政权总结、吸取了教训，注意推行"仁政"，减轻刑罚则是其重要内容之一，结果是明显地减少了罪犯的数量。罪犯劳动在经济领域中的地位和影响严重下降，致使"司空"机构逐步退出了历史舞台。秦汉军队中也设有"司空"官员，负责行军宿营和攻城、守城作战中的土工作业，以及对犯法吏卒的拘禁和审判。战国后期至汉初，此类官职是由中央或地方政务部门的"司空"兼任，平时办公，战时随军出征。这是西周春秋大臣身兼民政和军务的延续，也是上古政治及官制重要特点的遗存。战国以降，中央集权的官僚体制逐步确立，施行文武分职。作战部队中的"司空"也逐渐脱离了军政不分的状态，西汉中叶以后改称"军司空"、"军中司空"、"营军司空"等，成为专职军官。东汉以后，军队中的"司空"组织不再见于记载。

秦汉时期，我国建立了统一的封建专制政权，官府组织的生产活动远远超过了前代的规模，需要大量的劳动力。另外，国家机器空前庞大，官僚贵族阶层的恶性膨胀，也要求更多的人来供他们驱使。因此，秦汉王朝在征发徭役的同时，还利用罪犯劳动来为自己直接服务。当时的罪犯劳动可以分为生产性劳动和非生产性劳动，前者如官府的土木建筑业、手工业部门和农牧业领域，后者如在宫廷和官署里充当仆役，或狱卒、捕盗，在军队里从事辅助性劳动。政府建立了许多管理机构，并且制定了劳动法规。负责监管罪犯劳动的有常设机构和临时组织，前者中，有些就是国家的一般行政部门或经济部门，政府根据它们的需要配给若干名罪犯，还有役卒、工匠、小吏等。另一种是各级官署中的附属机构，专门监管罪犯劳动，这种组织被称为"司空"，也叫"徒官"。秦汉罪犯劳动的盛行和当时社会生产力方式的基本特点有关，封建生产方式确立之后，以铁器为代表的新生产力使劳动者所能创造的财富大大增加了。对统治阶级来说，利用大规模罪犯劳动，可以获得许多利益。再者，秦汉社会生产关系的基本特点是封建主对生产资料和劳动力的不完全占有，主要生产者是有自己的个体经济、有一定人身自由的农民，而不是非人的奴隶。统治阶级不能像过去对待牲畜一样，随便加以宰杀，所以从战国到秦汉，封建政权开始广泛运用定期徒刑，根据犯人罪行的大小，判罚轻重不同的劳役。借此一举两得，既惩罚了犯罪者，又可以得到各种物质利益，这是当时盛行罪犯劳动的原因之一。随着社会经济的进一步发展，铁工具的改良与推广，农业、手工业中先进生产技术的普遍应用，使以个体劳动、租佃关系为代表的封建制充分发挥了它的优越性。而罪犯劳动的各种弊病却日益暴露出来。西汉到东汉，国家使用罪犯劳动的数量发生较大幅度的下降，工作范围也逐渐缩小。在封建生产方式充分发展的影响下，旧时代遗留下来的罪犯劳动的痕迹日益隐退，而新生产方式的色彩日益浓重。三国以后，中国封建社会进入巩固发展的阶段，大量使用罪犯劳动的现象也越来越少见了。这意味着罪犯劳动作为特定环境下的产物，随着一个时代的结束，逐步退出了历史舞台。

本成果对汉代监狱的建置设施以及囚犯、刑徒、人质的拘禁、管理制度进行了考释。例如：两汉时期的京师和郡县建立了系统完备的监狱组织，狱所通常设在行政长官的官署"寺"内，狱外筑有圜墙，栽植丛棘，建置狱楼，或修造地牢，供奉狱神皋陶。监狱的规模有小中大之分，其容量分别约为囚禁数十、数百或千人以上。汉代未定罪的在押犯人（包括连坐的亲属邻居）称为"囚"，受拘禁的场所称"狱"或"牢"，或连称"牢狱"，通常设在京师"中都官"，即九卿属下各机构和县道官寺之内。和他们关在一起的往往还有临时滞留在狱中的各种人犯，如受"连逮"，即传讯到案的证人，被判决死刑、徒刑或迁刑而尚未执行的罪犯等。行政权力与司法权力的密切结合，是汉代社会上层建筑领域的一个鲜明特点，官府各级部门的长吏兼掌刑狱。郡国县道的行政长官总揽地方各项事务，有权逮捕辖区内的吏民，决定对他们的拘捕和释放。郡守、县令可以批准罪犯家属入狱陪宿，并除掉双方的刑具，还能临时释放狱中的囚犯。中都官狱设有狱令、狱丞，汉代地方各县刑狱讼事多以县丞领之，通常不设狱丞，但郡治所在县狱或有。汉代各级监狱中设有狱吏，包括狱掾、狱史、狱小吏、牢正、牢监、狱卒等。犯人入狱受刑具拘系，清晨和夜晚有点名"呼囚"，禁止囚犯与外界交通，监狱提供饮食等必要生活条件。

两汉政府对犯人的护送依据距离远近可分为短途押解和长途押解。短途押解的对象主要是刚被捕后送往附近寓所的罪犯，由专职的吏卒或自行缉拿犯人的百姓押送，施以绳索束缚。长途押解的对象为尚未终审判决之"囚"与服劳役之"徒"，前者送往郡国治所或京师的法庭，后者押送服刑地点，皆以桎梏或锁链束缚。押解须凭借证明文书过往关津，住宿传舍、亭舍，有全程护送和更替押解的区别，国家并设有行程规定。

　　春秋至两汉时期，政治领域中的人质拘禁手段得到了迅速发展，实施范围不断扩大，从君臣、盟邦之间的"交质"扩展到朝廷对军队将士及边疆少数民族首领亲属的强制拘留，逐渐形成了某些固定的制度。人质所受的人身束缚亦有不同程度的差别，或者比较严厉，被限制在某些住所里；或者比较松散，允许在一定地域范围之内行动。汉末三国的割据战争时期，军阀们为了防止臣下叛变投敌，通常要求部下把家属送来做人质，称为"质任"，以曹魏最为典型。送交人质的有征成将领和州郡长官、降将、归顺的军阀集团和少数民族政权。关押"质任"的机构，孙吴称"任子馆"，曹魏称"保官"。提供人质者如果军败降敌或发动叛乱，作为"质任"的家属要受到严厉惩罚。汉魏之际封建依附关系的加深，不仅表现为农民的农奴化，而且反映在大小封建主之间隶属关系的加强上。"质任"制度就是迎合这种趋势发展的需要而产生的，它通过拘押人质的方法，促进了地主阶级内部（主要是君臣之间）隶属关系的强化。

　　秦汉时期，中国结束了自春秋战国以来长达数百年的社会转型过程，中央集权的多民族统一国家得以建立。监狱作为国家机器的一个重要组成部分，在当时也以新的面貌出现并且发挥着有力的作用。另外，由于才从旧时代的躯壳中蜕变出来，秦汉社会的上层建筑不可避免地保留了某些过去的痕迹，在许多领域里存在着新旧交融的情况，这是社会变革的过渡阶段刚结束时的必然状态。汉代监狱制度的特点：一是监狱的普遍设置与规范化，二是监狱种类的复杂化，三是监狱功能的混杂性，四是"诏狱"设置的随意性。它们鲜明地反映出所在时代之社会背景与历史的演进趋势。

三、成果的学术价值及社会影响

　　本成果的学术价值在于，它对汉代朝廷九卿官署与地方郡国县乡政府所属监狱进行了全面深入的研究，揭示了其管理系统与相关制度，辨析了诸种类型监狱的不同名目与职能，论证了它们的渊源、特点以及发展演变情况，说明了囚犯、刑徒的拘禁生活与强迫劳动状态，并探讨了两汉狱所在政治、司法领域中发挥的作用，还有它对于国家统治机器所起的重要影响。

　　本成果在学术领域的主要建树有以下几个方面：

（1）克服了相关资料分布非常零散的困难。

汉代文献缺乏对监狱制度集中、详细的记载，有关史料往往散见于各种著述之内，尤其是在后代类书中被分散辑录的佚书片段，还有在秦汉铜器石刻上的铭文，以及近世各地出土的简牍帛书文字，搜集起来有相当的难度。本成果通过全面仔细地搜罗爬梳，检索到了较为丰富的史料，因而使各部分研究的创新论证具有相当坚实的史实基础。

（2）对相关典制的精密考述。

汉代的监狱制度相当烦琐，中央与地方政府往往设狱过滥，而史籍对此又多语焉不详，以致对各种监狱的名称、所属部门、管理权限、设置容量、相互关系和演变情况没有明确的记载，需要做大量深入细致的考证工作，才能对其进行揭示和说明。本研究经过艰苦的努力，对汉代京师、中都官、郡国县乡和军队中的各种监狱组织及其职能、管理情况及历史渊源与演变进行了全面、深入、细致的考察和论证，将其比较清晰地展示出来。

（3）对汉代狱制的时代特征与发展规律的总结。

本成果并未停留在对相关历史现象的一般性考察和表层性说明上，而是在精密考证的基础上进行综合分析，归纳出汉代监狱制度的历史特征与发展演变的某些规律。春秋战国到秦汉，是我国古代历史上完成社会转型过渡的重要时期，经济、政治、法律、文化领域相继发生了巨大变化，为此后延续两千余年的封建制度奠定了基础。作为上层建筑组成部分的监狱制度在这一过程中发生了显著变化，对当时和后代的政治生活产生了重要影响。通过上述探讨，会使人们对这一时段的历史进程和社会发展规律产生更为清晰、全面、深刻的认识。

本成果在一定程度上弥补了秦汉法制史领域中的某些空白，对于相关问题的探讨发挥了积极的促进作用，起到了较好的社会影响。其中已经发表的部分研究成果受到学术界的关注，例如《秦汉罪犯押解制度》被《中国社会科学文摘》2010年第3期转载，《汉代后宫的监狱》被《先秦秦汉史》2007年第5期全文转载，《汉代的廷尉狱》被《先秦秦汉史》2008年第3期全文转载，《秦汉国家统治机构中的"司空"》被《先秦秦汉史》2011年第6期全文转载。

《科举停废与近代中国社会》概要

关晓红[*]

一、研究的目的、意义及所使用的研究方法

科举制自隋唐至清末延续 1 300 多年，与皇朝政治运作及中国的社会文化结构水乳交融，影响至为深远。停废科举作为清末新政的重要举措，虽逾百年，对其作用、影响的评价仍争议颇大，盖棺而未论定。甚有传闻当事者心生悔意，清末民初社会对科举废除功过成效的评价，亦毁誉参半。

既往清代科举研究，成果多集中于考试程式和停科举后社会结构的宏观变化，对停废过程本身及其具体影响的研究较薄弱。改科举与停科举如何进行，虽有探究，观念还是新旧两分；具体过程及实施效果、学堂与科举进退胶着方面涉及较少；对文体、场次顺序等科举内在的变化更有忽略。至于决策过程，大多仅依据奏章及谕旨的文本，勾勒推进的时间简表，未及背后的人事及曲折；而各自的理据，不出与新式学堂教育抵触、培养不出有用人才之类。终结一项影响千年的制度，虽然看似大势所趋，人心所向，但其间长达半个多世纪的议改与彷徨犹豫，既往鲜少关注，相关史事还有大量可拓展的余地。

停废科举对近代中国社会的实际影响，百年来的评价亦见仁见智。20世纪 90 年代之前，多认为其促进新式教育的发展，肯定较多；90 年代以后偏重对其负面作用的反思，指出其对四民社会结构的瓦解、对乡村文化传统

---

*　关晓红，中山大学教授，博士生导师。

的破坏，以及传统文化的断裂，不仅直接导致清朝灭亡，其重武轻文也催生了民初的军阀政治。

一言以蔽之，停废科举评价众说纷纭的根本原因，在研究者对其由改至停过程中不少重要关节的史实迄今认识模糊，对章程条文与实施情况亦缺乏深入对比，导致对该决策本身立意和设计思路的理解出现偏差。近代社会变动频繁剧烈，各种复杂现象纷呈且纠结缠绕，倘若对于表象与本相区别未能厘清，难免有各执一端的纠结。解决的办法，就是尽量回到历史现场，从大量遗存的碎片中发掘其残留的信息，进行历时性梳理和解读，避免"倒看历史"，即未完成研究之前，先定解释框架，破坏史料本身的"语境"，采用后来的、外在的理论概念或模式先入为主地臆断。

本课题鉴于上述研究空间与研究理念，较大幅度地深入扩展科举停废相关史事的各个层面，除了在档案中发掘一些新的未刊史料外（如学部档案、军机处录副奏折等），更重要的是注意全面把握各种史料的"语境"，将各种官方与私人的日记书信相互比对，通过实证和比勘史料，重建史实，修正了一些重要的既有结论，借此推进科举制度史及清末改革史的研究，力求在清季政治、经济、社会等各方面制度性变动的整体中，显现科举停废的实际影响，进而恰当把握科举停废的历史地位。

二、成果的主要内容和重要观点

1. 主要内容

本成果的主要内容可分为六部分。

第一部分：梳理鸦片战争后至经济特科考试实施60多年间改科举的史事，概括出晚清议改科举的取向是纳学堂于科举。

以往晚清科举研究多集中于戊戌至新政期间，有学者已注意到洋务派改科举的个别议论和建议，然对整体状况和实效仍缺乏系统爬梳和贯通考量，难以解决晚清科举如何改、改得怎样，以及各阶段变化与递进的联系和区别。本成果厘清了自1842年至1904年长达半个多世纪时间里，清廷内部对18个议改科举奏章的讨论与回复情况，揭示了晚清改科举实际存在且相互衔接的两个阶段，前者要纳学堂于科举，期待老树嫁接实学与西学新枝，即相继有18份奏章要求在常科与特科中增加科目，使科举接纳西学和实学，

促使千年老树嫁接新枝，培养选拔匡时济世之才以救危亡。由于这些方案的
主要内容集中论证另设科目的必要性，对具体操作的设计过于粗略，缺乏可
行步骤，主持其事的礼部一味固守成法，对于求变心存抗拒，总理衙门则畏
惧非议，故"求才之格"与"试士之例"难以统一。结果导致纳实学和西学
于科举的种种努力无法实现，即在观念阻碍和实际操作障碍下未果，在长达
近 50 年时间里，未能以增开科目的方式进行自我改造。

　　甲午战争后至庚子事变前，改革途径是对科举科目、内容、程式作调
整，主要内容，一是严修开经济特科的建议被采纳且付诸实行，只是过程拖
沓，受政争纷扰效果不佳；二是康梁等推动的废八股改试策论，因百日维新
失败而反复，新政初重新采纳，成效尚未凸显；三是戊戌时发布的改书院为
学堂谕令，府厅州县多受制于师资与经费困扰，加之士子最终仍须参加科
考，所学与所用无法统一；四是戊戌期间清廷批准妥议科举新章，科考三场
程序作调整，引导士子改变空疏无用的文辞文体，转向崇尚实学。庚子乡试
与癸卯乡会试，受到辛丑条约谈判的影响，虽因停考而引起的波动并未对清
廷造成威胁，然借停考之机发展学堂的建议被搁置，对此后的科举改革不无
遗憾。上述曲折使得科举失去了逐步内在更新的最佳时机，极大地阻碍了举
国上下视为生死攸关的兴学大业。

　　由于前述若干措施的逐步落实乃至成效显现需要时间验证，而推广学堂
过程中又出现了科举与学堂并存竞争的矛盾，加之八国联军入侵及辛丑条约
禁考，朝野均受刺激，救亡图存迫在眉睫，人们迫切期待改革立竿见影，导
致庚子之后不再固守于内容变换及程式调整，而是重新考虑既往已被提出的
激进方式，推出新的办法。

　　第二部分：重建与贯通相关史事，揭示立停科举与清末政情的关系。厘
清了科举由议改至缓停，又由缓停跳跃至立停的潜因和相关决策过程。

　　长达半个世纪的努力始终未能将西学与实学纳入考试科目，科举改革不
得不另辟蹊径，即放弃了纳学堂于科举，转向纳科举于学堂。两广总督陶模
最早提出停废科举的主张，袁世凯则建议以逐渐减额过渡完成，1903 年张
之洞、袁世凯联衔会奏减额缓停科举，引起朝野关注。主要矛盾开始转向促
使科举缓停乃至立停决策的具体运作，即实施方案的内容、时间、程序、途
径和效果预测的行政决断。换言之，1903 年后议改科举的主流，由此前半

个多世纪以来的纳西学于科举，转向纳科举于学堂，促使抡才与培才并途，培养匡时济世栋梁以挽危亡。

中枢的观念异同及人事变动，直接影响了改革的进度与成效。在科举与学堂并存时期，学堂发展受到科举考试的影响，加之京师修复贡院讨论时，部院众多士修京闱的说帖，引起主张停科举的部分督抚及朝臣的高度警觉，为了避免科举改革出现大逆转，在学堂教育成效未彰的情况下，采取断然措施，不仅大张旗鼓地宣传新学成效，制造舆论，促成军机与政务处的人事变动，造成有利于改革的议政环境，更通过面圣机会多方说服两宫，并以联衔入奏震慑朝野，最终以非常规的决策程序绕过部院讨论，直接催生了立停科举的诏令。使科举在渐停定议仅一年多，便迅速跳跃到立停。可见停罢科举并非水到渠成，而是以兴学为急务的部分督抚朝臣上下沟通，为扫除学务阻力障碍采取的非常措施。

第三部分：将文献、报刊、档案、日记相互比勘，考察了停罢科举的善后措施与效果。

科举制改革乃至停废，势必深刻影响诸多士子及其家庭的命运，由此对政局和王朝兴衰产生难以估量的作用。如何善后，成为制约科举改革继续前行的瓶颈。

与后来研究者的认识几乎完全不同，相关史实表明，立停科举前，清统治者对于停罢科举的善后不仅从未掉以轻心，而且反复权衡，逐步完善相关构想。在立停科举的贯彻实施过程中，各部院先后在落实宽筹士子出路的举措方面，给予多方优惠。与此同时，孝廉方正等特科的举办，以及试办地方自治等若干章程的相继出台，使科举善后的实际关照面，事实上已突破了最初构想，较原计划覆盖更为宽广。不少时评与趋新人士的日记书信甚至认为善后措施过于优渥，而不断有所批评。这些善后措施所造成的负面作用，便是仕途更加拥挤，人满为患，给吏治造成巨大的压力。

第四部分：通过几位不同地域与年龄的士子日记、年谱与各种资料比勘，实证性地深入了解科举停废对乡村士子命运的不同影响。

清末改科举与停科举，基本以自上而下的方式进行，对以举业为生涯的士子直接造成巨大的冲击，改变了他们的生活方式与人生轨迹。了解士子们在改科举与停科举期间的感受、态度和境遇，是考察停废科举所造成的社会影响不可忽略的部分，可以自下而上地从个人与社会关系的角度深入探寻立停科举的前因后果。

从不同样本的分析可见，科举停废前后南北乡村士子耳闻目睹的信息虽然相同或相似，但因年龄、经历、地域、风气等差异，判断和取向各自不同。引发学堂学生不回乡的原因，不能完全认为是停罢科举和新式教育的形式内容脱离乡村实际，而与近代城市快速发展、交通改善、就业方式与机会显著增多、城乡收入差距不断扩大有密切关联。

与既往认为乡村士子在废科举后身份地位"边缘化"的认识不同，本研究表明，刘大鹏式的怨声载道，一方面反映了新政的负面效应，另一方面也是其文化殉道观念使然。包括刘大鹏在内的那些并非主动离开乡村的旧学士子，通过各种途径，不仅基本能够维系原来的社会地位，而且能够在政权向基层延伸的过程中成为地方精英的重要组成部分，继续掌控着各种权力资源，占据社会权势的重要位置。

第五部分：通过对立停科举抢才与培才并途的设计初衷、实践效果和存在问题的分析，纠正了前人以"科举余毒"看待后科举时代的谬误。

立停科举的设计与推动者，旨在将科举学堂合并为一，并非简单地废除科举。其后的考试与选才，也确有科举与学堂熔于一炉的趋向。只是在中西新旧缠绕的背景下，选才的标准办法及人才任用等方面意见分歧，不仅培才与抢才很难归一，而且各自存在不小的问题。抢才方面，学堂教育缓不济急，未能如愿以偿地承担起科举的功能；而在培才方面，立停科举导致人们对制度兴革的艰巨复杂估计不足，新式教育加速推广过程中，因为急功近利而负面效应相当严重。办教育出现的问题，反而成为教育与科举优劣对比时的不利因素。

立停科举后一年，学部提出区分"学成试验"与"入官试验"的要求，试图将培才与抢才分途。实际操作层面，新政与仿行宪政期间，为解决京师部院及直省各级衙署对专才的迫切需求，主要采取两种途径：一是各种专门学堂承担起培养专才的任务；二是各部院根据业务需要，逐渐尝试摸索建立面向社会的甄别与选拔人才的任用资格考试机制。

第六部分：将停罢科举放到清末新政的制度变革与社会变动的全局中观察，既指出其连锁反应对于近代中国社会发展所产生的实际影响和起到的巨大作用，也注意到晚清以来"中学无用"、"西学有用"的观念，随着科举终结而尘埃落定。既往为科举考试的主导科目，而在分科治学的西方学制引进后退缩为一科的经史，已无力承担传道与载道的重任，所存在和遗留的若干重要问题，对百年来中国社会的道德失范与价值多元化不无负面影响。

以改科举和最终停罢科举为枢纽，戊戌与新政改革前后贯通，兴学堂、办报馆、印图书、开演讲、启民智，使法律和公共治安观念、平等与国民意识，均通过报刊与教科书等形式进一步传播，继而内外官改制全面展开，法官、巡警与新的考试及职业资格任用制度逐步建立，新的社会规范及人才选拔逐渐变化形成。以此为基础，仿行宪政、促兴百业。尽管各地基础条件不同，由立停科举引发或加速的各项制度改革进展实情有所参差，但总体而言，新政在转移风气、推动社会发展方面，有着无可置疑的积极作用。与此同时，其负面影响亦不可小觑。

合并科举于学堂，就科举而言，只是保留其通过考试选拔人才的功能形式，除了读经被列入学制外，既往科举考试的内容大多被学堂教学所取代。就此而言，立停的只是明清科举考试的形式，渐废的却是既往考试经义的内容。与晚清应变求存的现实相适应，新式学堂更注重所谓有用于时的"做事"能力培养，而非如何"做人"的义理熏陶。与科举时代强调"士先器识而后文艺"、"读书明理"①的取向，有着显著区别。因此，学堂将抡才与培才合一，在偏重"做事"的同时，相对忽略了"做人"与"做官"应有的道德素养；另外，政府对科举停罢之后道德教化与文化传承功能的接续重视不够，缺少真正有效的补救措施。而存古学堂开办的曲折、倡行博学鸿词科无果而终、小学读经被诟病并屡议废止，也表明后科举时代维护传统中学深陷困境。由于学堂教育与取才选官多强调"做事"能力而忽略"做人"本色，使文化道德之殇，成为后科举时代难题。

2. 重要观点

（1）晚清科举改革，并非一开始就以废科举为目标，而是经历了由纳新学于科举，转向纳科举于学堂的两个取向不同、特点各异的阶段。自鸦片战争后至癸卯学制颁行长达 60 多年的时间里，议改科举的主要取向是纳新学

---

① 中国第一历史档案馆编：《乾隆朝上谕档》第 14 册，档案出版社 1991 年版，第 213 页。

于科举。所提主张，一是在科举常科或特科中增入实科科目；二是改变科举考试的内容和方式。前者最终以算学列入科考及开经济特科，部分得到采纳；后者直至1898年才以废除八股、改试策论有所体现。因循纳西学于科举的思路，试图老树嫁接新枝使科举制激发活力，终因所行时间短促，成效不彰，未能达到预期。

（2）既往研究对改科举的实际运作和成效多有忽略，而这恰恰是理解和认识科举缘何由改到停废的关键，本成果通过学政、主考官、士子日记与报刊文献的比对，证实戊戌期间的科举改章，并未因百日维新夭折而完全终止，废八股、改策论和书院改革，在庚子、癸卯、甲辰乡会试中均得到落实，但据一些考官与士子的观感看，似未真正起到导向实学的作用。

（3）科举由议改到议停，以及由缓停到立停快速跳跃的原因、过程、决策出台的情况，前人或仅以章程立论，或语焉不详，本成果廓清和重建了相关史实，阐述清廷由1904年批准十年三科缓停科举，至1905年遽然决定立停科举的决策，是晚清朝臣与疆吏合力权谋，以及修复京师贡院讨论所促成的结果。揭示了在1904年科举减额渐停至1905年的骤然立停之间，科举改革的走向及进程存在诸多变数。京师修复贡院的讨论，使得主停科举的一方意识到危机重重，事态严重，为了避免科举改革出现大逆转，在学堂教育成效不彰的情况下，采取断然措施，鼓吹新学成效，促成军机与政务处的人事变动，更通过面圣机会说服两宫，以联衔入奏方式震慑朝野，最终以非常规的决策程序绕过部院讨论，直接催生了立停科举的诏令。因此，科举制的终结，并非瓜熟蒂落的自然进程，而是反对维系科举的官员在危机意识主导下，运用权谋趋利避害，人为策划推动的产物，难免产生翻案纠纷。

（4）既往研究对科举善后问题多有误解，不少著述断言政府无策善后导致清亡，本成果实证研究表明，清政府对善后问题十分重视，反复权衡，逐步完善相关构想。其贯彻落实过程也多有优渥举措，由于孝廉方正特科的举办，及试办地方自治等若干章程的相继出台，科举善后的实际关照面，已经突破最初的构想，较原计划覆盖更为宽广。因此导致舆论非议与趋新人士的不满，善后过优的负面作用，是仕途更拥挤，给吏治造成压力。订正了前人认识的偏差。

（5）科举停废后士子的出路及其命运，既往研究举证山西举人刘大鹏日记，认为士子穷途末路、坐以待毙且在乡村被边缘化。本成果通过多位士子日记和年谱记载的比对，揭示了他们对改科举和停科举的适应，因地域、年龄和经历的差异而区别较大，具有多样化形态，不能一概而论。包括刘大鹏在内的士子，在立停科举至护国运动时期的逾十年里，在政府与社会层面，不仅没有被边缘化，反而凭借更多的权力资源和多样化的渠道，广泛进入各级权力圈，在清季地方自治过程中成为地方精英的重要组成部分，继续掌控着各种权力资源，占据社会权势的重要位置。后科举时代士子不回乡，与晚清城市发展、交通改善，以及清季城乡收入差距拉大、士子面临更多的选择方式与机会不无关系。

（6）立停科举与废除科举不仅立意有别，且制度衔接和废弃的设计安排截然不同。时人、时论对此亦有混淆，后人难免以讹传讹。本成果通过梳理史料，比勘史实，并着力贯通，注重舆情及决策者意图的差别、章程政令与实际效果的异同，厘清了清廷及督抚们立停科举的真实意图，是希望抡才与培才合一、纳科举于学堂，使科举与学堂归于一途，与一般时人及后人理解的废除有着显著区别。各类考试频繁，并非"科举余毒"，而是抡才与培才相互统一的尝试。但这一办法非但不能达到中西兼容之目的，反而造成学堂被诟病和抨击。培才与抡才合于一炉的设想在实际中贯彻落实的结果是学堂一方面深受科举制的影响，另一方面又必须承受双重检验的压力，左右为难。这正是所谓"科举余毒"及清末"考试社会"诸多怪象与乱象的根源所在。在抡才方面，学堂教育缓不济急，未能如愿以偿地承担起科举的功能；而在培才方面，办教育出现的问题，反而成为教育与科举优劣对比时的不利因素。

（7）前人对科举停废影响的关注，或聚焦于教育，或集中于乡村，对停科举于官制改革、城市百业繁兴的促进推动多有忽略，本成果根据相关史料，充实并丰富了这些方面的内容，表明以改科举和最终停罢科举为枢纽，戊戌与新政改革前后贯通，兴学堂、办报馆、印图书、开演讲、启民智，使法律和公共治安观念、平等与国民意识均通过报刊与教科书等形式进一步传播，继而内外官改制全面展开，法官、巡警等新的考试及职业资格任用制度逐步建立。指出新的社会规范及人才标准的逐渐变化形成，以及学堂的兴办与扩展，虽存在种种问题，但毕竟有利于百业繁兴、开民智与近代文化事业发展，说明改科举本应社会变动而起，其革废的过程与结果，反过来加速了近代社会的整体变动。

（8）立停科举后，价值标准、道德教化与文化传承未能找到有效的接续方式，在伦理社会失去道德支撑、秩序失范、思想文化异常活跃的情境下，不免乱象纷呈。

在社会发展中因时变化的价值标准，随着改科举与停科举的过程，通过官方的法令与学制的颁布而有持续的重要调整，对教育与受教育者同样具有导向性作用，强调专业知识的有用与实用，举世急功近利的浮躁，必然动摇与削弱经史文章之地位。庚子（1900 年）以后，西学之"用"已通过学堂的分科教学来实现，而经学文史虽然列为分科，却失去昔日的垄断地位，相比之下，变得最不切实用。科举让位于学堂、考试内容的变化，某种意义上等于中学让位于西学，退缩为一科的经史，无力承担传道与载道的重任，其日趋衰微难以避免。因此，科举终结的同时，沉淀在传统文化中的不少精髓，被奉实用主义为圭臬者毫不吝惜地废除了。清末学堂教育与取才选官较多强调"做事"能力而忽视"做人"的本色，晚清以来对"商"的重视，以及绅商的崛起，使得发展中的近代中国社会有着日益浓重的商业色彩。原来处于四民社会首尾两端的士子与商人，不仅身份地位升降浮沉，而且出现互渗兼容的情形，以致产生新的社会群体。商场牟利、官场争胜，进一步加剧了道德失范的现象。这虽然是近代社会发展，尤其是城市化进程的必然趋势，但停罢科举无疑也起到一定的助推作用，使之速度加快、程度更深。

（9）科举制终结本身是晚清社会剧变的结果，这一结果反过来又进一步加剧了社会的变化。百年以来，社会价值判断与道德规范重新塑造的问题，严峻而急迫。后科举时代给中国留下两个难解的世纪命题，迄今仍困扰人们：其一，价值标准及道德评判的重建。当一千多年来人们约定俗成的价值取向与固定规范被打破，其主要载体不复存在，又面对一个与既往截然不同的剧变中的社会，各种思潮学说流派纷呈，重塑社会价值标准与实施道德教育异常艰难繁重。离开宗教信仰和道德伦理，如何使人们的思维言行保持自尊自律，成为一大难题。其二，在社会剧烈变化与快速发展的进程中，中国文化能否摆脱劫尽变穷的宿命，把握协调继承与扬弃的关系，实现尽力吸收外来文化与不忘本来民族地位相辅相成的转型，使之绵延永续，再创辉煌？

中西新旧文化的兼容并蓄绝非朝夕可以完成，中国传统文化的精义是否应该保存以及怎样保存，这一千钧重担显然不能仅仅由学堂教育来承担。

三、成果的学术创新、应用价值及社会影响和效益

（1）本成果纠正了过去认识的一些偏差误解，不仅解决了晚清科举为何改、怎样改、如何停、是否善后的问题，而且把握住科举改革与社会变动的关系，既揭示了停罢科举在政体改革、振兴百业、启迪民智方面的实际作用，也指出抢才与培才并途设计在实践中暴露的缺陷，以及社会转型期道德重建与价值标准重构未能完成的偏弊，有利于深化对科举停废与近代社会关系的认识，具有重要学术价值。

（2）本成果证实了制度变动并非孤立，必须将立停科举的过程与清末民初社会的整体变动联系考察，才能正本清源。倘若无视或割裂其相关联系，不仅容易混淆直接、间接影响的区别，甚而将个别放大为整体，妨碍正确判断，导致对其他相关问题的误读。因此在方法论上具有应用价值。

（3）本成果表明，制度变动作为社会改革的重要内容，对于人们的生活及命运有着直接影响，除了生计出路之外，长期在该制度运作下生存的人们产生的心理依赖亦不可小觑。对中年以上士子群体而言，重新适应变动困难较大，因此在未来的社会改革中，如何在制度兴革决策时更多地考虑疏通出路与疏导心理两者并重，对于社会稳定至关重要。

（4）本研究的相关成果，已分别在《中国社会科学》、《历史研究》《近代史研究》、台北"中研院"《近代史所集刊》等专业权威刊物发表，并先后被《新华文摘》、人大复印报刊资料和中华书局出版的《新史学》（第4期）转载，具有一定社会影响及效益。

《抗战时期重庆大轰炸研究》概要

潘　洵[*]

　　抗日战争时期，重庆是中国的战时首都，是以国共合作为基础的抗日民族统一战线的重要活动舞台，是世界反法西斯战争远东战场的指挥中心，也是抗战大后方政治、经济、军事和文化的中心。由于战时首都的独特地位，重庆成为侵华日军的重要军事战略目标。为摧毁中国抗日战争的大后方基地，动摇大后方人民的抗日意志，迫使重庆国民政府妥协屈服，1938 年至1944 年，侵华日军集中其陆军和海军的主要航空兵力，对重庆及其周边地区进行了长时间的战略轰炸，当时的政府和重庆人民则奋起反轰炸，在中国人民抗日战争史上留下了重要的一页，史学界将这一事件总体称为"重庆大轰炸"。抗战时期日军对重庆的轰炸和重庆各界的反轰炸斗争，是一个吸引了国内外多方关注的焦点事件，在当时的影响甚至超过了南京大屠杀、731部队细菌战等其他侵华暴行。轰炸不仅在中国战时首都造成了巨大的人员伤亡和财产损失，而且对抗日战争和世界反法西斯战争进程也产生了重要的影响。

一、研究的目的、意义及所使用的研究方法

　　加强对抗日战争时期重庆大轰炸的研究，目的是通过全面的史实重建和深入的学术研究，更加全面科学地认识日军对重庆实施战略轰炸的历史和重

---

　*　潘洵，西南大学教授，博士生导师。

庆人民反轰炸斗争的历史，深入探讨和分析重庆大轰炸的背景与缘起、日军轰炸重庆的战略与战术、日军轰炸重庆的过程与特点、日军轰炸造成的人员伤亡与财产损失、重庆人民的反轰炸斗争，以及重庆大轰炸造成的国际国内影响，还历史一个真实，给世人一个交代，留后人一笔财富。

近30年来，海内外学术界对重庆大轰炸历史的研究，呈现出逐步深入的总体态势。无论是史料的整理刊布，还是史实的探讨研究，都得到了较大的推进，人们对重庆大轰炸历史认识的深度和广度有了一定的突破。但总体而言，研究基本上还处于起步阶段，研究基础工作较差，研究视野不够宽广，研究范围比较狭窄，研究方法也相对单一，研究成果数量有限，低水平重复现象比较严重，相当一部分成果缺乏文献档案材料的支撑，真正有开拓性、独创性或确能把相关的史实挖深、把史事说透的论文或著作并不多见。特别是与南京大屠杀、731部队细菌战等同类课题相比，有关重庆大轰炸的研究还相当薄弱，此种状况与深化抗日战争史学术研究和正确处理重庆大轰炸历史遗留问题的现实需要极不相称。

加强对重庆大轰炸及其遗留问题的研究，具有重要的学术价值和现实意义。一方面，通过深化对重庆大轰炸的研究，有助于还原历史的真实，拓展和深化对中国抗日战争史的研究，丰富抗日战争史研究的内容，实事求是地评价重庆在抗日战争中的地位和作用，深化对重庆大轰炸国际国内影响的认识，总结历史经验，汲取历史教训。另一方面，加强对重庆大轰炸历史的研究，发掘日本所犯罪行的证据并将其完好地保存下来，有助于揭露日本法西斯的侵略暴行，让世界人民看清日本右翼势力歪曲历史、美化侵略的反动本质，防止历史悲剧的重演。也有助于发掘面对日军战略轰炸，中国人民反侵略、反轰炸斗争的英勇精神，弘扬以爱国主义为核心的伟大民族精神。还有助于清算日本在重庆犯下的残暴罪行，伸张正义，为轰炸的受害者讨回公道。

该研究使用的研究方法主要是文献分析法，立足学术标准、中国立场和国际视野，重点在研究视野和研究资料上寻求突破。在拓展研究视野方面，立足宏观视野下的研究。不仅力图突破地方史的研究局限，而且也改变了过去侧重战争暴行研究的视角，力求从社会史的角度切入分析。在纵向上将重庆大轰炸置于人类战略轰炸演进历程中进行考察，在横向上把重庆大轰炸置于世界反法西斯战争和中国抗日战争的总体背景中进行分析，并与抗战大后方其他城市和第二次世界大战期间其他战场的战略轰炸进行比较分析。在研究资料方面，注重发掘和利用大量第一手的档案文献资料，全面发掘利用重庆大轰炸的核心史料，如重庆防空司令部和重庆卫成总司令部等的档案，广泛收集了"国史馆"台湾文献馆、中国国民党党史馆以及中国第二历史档案馆、四川省档案馆等馆藏档案。同时还发掘和利用了大量报刊文献资料，力求史料充实，用史料还原历史。

二、成果的主要内容和重要观点

本研究在前人已有研究的基础上，坚持学术标准、中国立场和国际视野，从新的视角、新的思路、新的材料，对日军轰炸重庆的相关问题进行了较为深入系统的论述和分析。其主要内容和重要观点有：

系统地论述了抗日战争时期日军轰炸重庆的由来和缘起。简要分析了日军发动全面侵华战争的由来，论证了日军对重庆的大轰炸是日本军国主义侵华战争不断升级、企图实现其解决"中国事变"的战略选择。系统梳理了抗战初期日军对中国城乡轰炸的演变及特点，认为侵华战争初期日军实施的无差别轰炸最终演化为规模空前的对以重庆为重点的抗战大后方的战略轰炸。从某种程度上讲，日军在战争初期的轰炸是为在相持阶段对战时首都重庆进行轰炸的预演和准备。论述了重庆战时首都地位的确立及其对日军侵华战略的影响，认为重庆战时首都地位的确立，是国民政府策定四川为抗日战争后方基地的必然结果。而国民政府迁都重庆，不仅粉碎了日军威迫中国首都、要挟国民政府妥协屈服的企图，而且带动了中国沿海和中部地区工厂、企业、高校、文化机构等大规模内迁，建立起一个长期抗战的战略后方基地，还极大地提升了重庆的战略地位。而日军对重庆的轰炸，也是日本军国主义对重庆战略地位提升的必然反应，重庆开始成为日军轰炸的主要目标。

初步论述了日军轰炸重庆的战略部署、策略变化及主要战术。日军对重庆及大后方轰炸的战略，是服从和服务于日军对华侵略的总体战略的，进入相持阶段后，由于日本军力国力的制约、外交上的孤立和战争的长期化，侵华日军被迫放弃了速战速决的战略方针，确立了以政略进攻为主、军事打击为辅的侵华新方针。但在日本看来，"对被压缩中之中国政府若放任不顾，则仍为重大之祸根，必贻后患，故仍须适宜促使其崩溃"①。对战时首都重庆的轰炸，就是适应这一战略调整的具体迫降行动。总体而言，摧毁中国抗战的后方基地，动摇后方人民的抗战意志和决心，最终迫使重庆国民政府妥协屈服，彻底解决"中日事变"，是日军实施对重庆轰炸始终不变的战略目的。但是，日军对以重庆为中心的大后方的轰炸策略并不是一成不变的，世界形势的变化、中日关系的发展以及日军的扩张需要在一定程度上对其轰炸策略产生着重要的影响，并在不同时期呈现出不同的特征。1939 年发生了国民政府内部汪精卫集团的分裂投降和欧洲战争的爆发，日本认为政局的变动，必然会引起中国大后方人心混乱，主和派势力抬头，是瓦解重庆国民政府的有利时机，于是实施了一轮迫降性小编队重点轰炸。1940 年春，日本受欧洲战场德国法西斯接连取胜的刺激，急欲从中国脱身以便"南进"，企图依靠航空作战迫使重庆政权屈服，集中了超过中国全部空军力量总数的兵力，配备新型的"司侦式"和"意式"重型轰炸机，投入还没有完成制式化的当时世界上最先进的"零式战斗机"，并强化了海军同陆军联合协同作战，对重庆展开了逐段分区域毁灭性的"既砍肉又断骨"的地毯式轰炸。1941 年夏秋，日本准备发动太平洋战争。为尽快结束对中国的战争，把中国变成其在太平洋战争中的后方基地，日本再次调动大批飞机，对以重庆为中心的大后方实施又一次战略轰炸。此次轰炸行动，日机采取批次多、时间长的疲劳轰炸策略连续攻击重庆。太平洋战争爆发后，日本在华空军力量锐减，无力发动大规模轰炸行动，只能对重庆等后方城市进行小规模袭扰性轰炸。而日军对重庆的轰炸战术则主要根据轰炸战略的变化、双方空中力量的消长及地理气候条件进行调整，其主要战术包括地毯式轰炸、突袭轰炸、欺骗轰炸、夜间不定时轰炸、疲劳轰炸等。

全面重建了日军轰炸重庆的史实，初步分析了日军轰炸重庆的主要特征。以重庆大轰炸核心史料——重庆防空司令部、重庆卫戍总司令部档案为基础，参考重庆空袭紧急救济联合办事处档案、重庆市警察局档案、四川省防空司令部档案及部分日本航空部队战斗详报、概报等档案，对 1938 年的试探性轰炸、1939 年的"100 号作战"、1940 年的"101 号作战"、1941 年

① 浙江省中国国民党历史研究组：《抗日战争时期国民党战场史料选编（一）》，1996 年内部发行，第 9 页。

的"102 号作战"和太平洋战争爆发后的零星轰炸进行了详细的史实重建，对每次轰炸的基本情况和轰炸造成的损失情况进行了全面的梳理和考证。并对各阶段日军轰炸重庆的时空分布和特点进行了初步分析。1938 年轰炸以试探为主，除了 12 月 26 日的轰炸外，其余历次均带有侦察的性质，全年仅有 14 次袭扰性轰炸，轰炸重点是重庆周边的空军基地，对重庆市区的轰炸拉开了频繁、野蛮轰炸的序幕。1939 年，日军实施了对重庆的"100 号作战"，轰炸时间主要集中在 5 月至 10 月非雾季时期，轰炸地区以重庆市区为主，并继续对重庆周边机场实施重点打击。轰炸具有明显的无差别性和残暴性，时常进行夜间不定时轰炸，大量使用燃烧弹，大规模轰炸商业区、文化区和居民住宅区。1940 年，日军实施了对重庆的"101 号作战"，轰炸时间仍然集中在 5 月至 10 月非雾季时期，轰炸地区以重庆市区为主，对市区实施大规模、大面积的逐段分区域地毯式轰炸，集中的飞机架次最多，轰炸规模最大，投弹的密度最强，是抗日战争时期日军轰炸重庆最猛烈最残暴的行动。1941 年，日军实施了对重庆的"102 号作战"，日军改变策略，采取批次多、时间长的疲劳轰炸策略连续攻击重庆。集中轰炸市民住宅、机关、学校、商店等人口稠密和繁华地区，重庆市民经常几小时、十几小时处于空袭警报中。特别是在 5 月至 9 月的 5 个月中，日机对重庆的轰炸达到了空前惨烈的程度。太平洋战争爆发后，日军对重庆的轰炸迅速减弱，轰炸主要集中在周边地区，市区轰炸仅有 1943 年 8 月 23 日一次。1944 年 12 月 19 日日军对梁山、开县的轰炸，是抗日战争时期有档案记载的日军在重庆周边地区的最后一次轰炸。需要说明的是，由于除重庆防空司令部档案外，其他档案均不系统，对轰炸史实的重建难免具有局限性。

重新估计了日军轰炸重庆造成的人员伤亡和财产损失。人员伤亡和财产损失，是重庆大轰炸这一侵华暴行最直接、最集中的体现和反映。关于日军轰炸重庆市区及其周边地区造成的损失，在此前的一些论著中已有一定的论述，但由于大量档案和文献资料记载的内容存在分歧和矛盾，以及研究者未能充分发掘和利用档案资料，史实不清、史实不明的情况普遍存在，至今还没有一个令人信服的结论。关于人员伤亡情况，在梳理和分析战时对日军轰炸损失的调查统计和战后学者对重庆大轰炸损失的研究的基础上，主要根据大量的战时调查档案资料，对日军轰炸重庆市区和周边地区的直接伤亡人数和间接伤亡人数进行了重新估计，得出从 1938 年 2 月到 1944 年 12 月近 7 年时间里，日军轰炸造成的重庆市区及周边地区直接人员伤亡为 32 829 人，其中市区死亡 9 300 人，受伤 7 782 人。间接人员伤亡包括轰炸中房屋或防空洞倒塌造成的伤亡，修建防空洞、机场等设施中产生的伤亡，以及救护救济中造成的伤亡。据不完全统计，伤亡总数 6 650 余人，其中死亡人数达 6 330 余人。此外，日军的轰炸还造成了大量的灾民。本研究根据档案资料首次对日军轰炸造成的财产损失进行了研究，突破了过去仅仅局限于研究房屋损毁的状况，大大拓展了财产损失的研究范围，对社会财产损失和居民财产损失进行了重新估计，其中，主要涉及工矿业、农业、交通、邮电、商业、财政、金融、文化、教育、资源、公共事业等领域的社会财产损失共计 80 866 358 066 法币，另有 15 826 747 银元、4 900 两白银、203 562 618.38 美金、2 290 英镑。而以房屋、服饰、生活用品、生产工具、粮食、禽畜、土地、树木为主的居民财产损失共计法币 5 990 640 127.72 元，755 银元。并对人员伤亡和财产损失的特点进行了分析，指出日军轰炸是造成各种损失的主要原因；防空设施落后、城区建筑密集是造成损失的间接原因。轰炸覆盖面广，不同地区及不同类型的损失差异大，轰炸规模大、持续时间长，具有典型、残暴的非人道的特征。

面对日本帝国主义的狂轰滥炸，重庆各界民众进行了英勇的反轰炸斗争。重庆各界民众的反轰炸斗争是国民政府领导的正面战场的重要组成部分，为中国抗日战争和世界反法西斯战争的胜利作出了不可磨灭的贡献。在反轰炸斗争中，重庆建立了重庆防空司令部、重庆市防护团、重庆市空袭救济联合办事处（陪都空袭救护委员会）等反空袭机构，纵向方面从国民党中央到重庆地方政府，再到基层的区、镇、保、甲；横向方面从军事到政治，再到党务、团务、经济、文化、教育，从工厂到公司，再到银行、商号乃至各个同业公会，都建有各系统、单位的防空组织和机构，共同构筑起战时重庆严密的防空体系，在重庆人民的反轰炸斗争中发挥了十分重要的积极作用。正是因为重庆有如此严密的防空、反轰炸体系，才使得日本帝国主义对重庆进行的疯狂、长期、野蛮的轰炸最终事与愿违，不仅没有达到其迫使国民政府投降或促使国民政府再次迁都的企图，而且重庆人民的生命财产损失，也随着重庆防空体系的建立和完善而逐年降低。在反轰炸斗争中，驻守重庆的中国空军面对强大的敌人，不畏强暴，英勇抗争，前仆后继，以血肉之躯抗击着日本帝国主义对重庆人民的野蛮屠杀，保卫着战时首都重庆上空的领空安全，写下了一个又一个惊天地、泣鬼神、撼天动地的动人故事，在中国抗日战争史及中国航空作战史上留下了光辉灿烂的篇章。地面高射炮部队、照测部队克服了人员不足、装备落后的困难，合理配置，英勇作战。战时重庆的积极防空，虽然在重庆各界民众的反轰炸斗争中不占主要地位，但它却是重庆人民反空袭斗争的重要组成部分之一，对于阻止、扰乱、打击日军的空袭轰炸，减少日军空袭带来的损失，保障中国战时首都正常的工作、生产与生活秩序等，都具有一定的积极意义和作用。由于重庆的反轰炸斗争是在敌我力量非常悬殊的情况下进行的，消极防空工作受到防空当局和社会各界的高度重视，积极开凿防空洞、沟、壕、室等防空工程。一方面，政府加强了公共防空隧道工程的建设，另一方面，全市性的市民自建防空洞运动也如火如荼地开展，防空设施容量由 1937 年的 7 200 多人，猛增到 1942 年的 427 600 多人。为降低市区的人口密度，减少因日机狂轰滥炸而导致的市民生命财产的损失，人口疏散也受到了战时政府的高度重视，制定了专门的人口疏散办法，划定了专门的疏散区域，并实施了强制措施。不仅广大市民向郊外疏散，大量的机关、团体也纷纷迁往迁建区。大轰炸下的人口疏散，根据日军轰炸重庆的频繁、剧烈程度而周而复始地进行着，也随着时间的推延而不断加强和完善。一般来说，每当雾季将逝（即每年的四五月份），疏散工作便开始抓紧实施，而当雾季来临（每年的 10 月份左右）后，依附于城市且靠城市为生的各行各业人士，不仅不向郊外疏散，反而四面八方地从郊外涌向城内。从疏散的结果和成效看，除了大轰炸临近、广大市民的生命财产遭到直接威胁的刺激而自动疏散外，其余时间政府当局所组织的疏散总是困难重重，难以尽如人意。防空救护与疏散人口、开辟防空避难设施一起，构成了战时重庆消极防空的三大重要举措，组建了专门的机构，对受灾难民的调查、救护、医治，恤金的发放，死难同胞尸体的掩埋以及救护人员本身在救护过程中遇难、受伤的抚恤救济等制定了详细的规定和办法。尽管救护机构架构重叠，救护人员水平也是参差不齐，但他们在血与火的防空救护工作中不顾客观环境的险恶，也不顾个人生命财产的安危，奋不顾身、见义勇为，在抚慰伤亡、医疗救治、消防救护、收容安置等方面，作出了巨大贡献，对于减少轰炸损失、保障战时生产和生活发挥了重要作用。

日军对重庆的轰炸是世界战略轰炸发展史上的一座重要里程碑，重庆是抗战时期中国遭受日本战略轰炸损失最为惨重的城市，也是参与世界反法西斯战争的各国首都中遭受无差别战略轰炸最早、持续时间最长、损失极为惨重的城市。日军对重庆的轰炸，不仅给重庆人民造成了极其惨重的灾难，而且对重庆的城市发展和市民生活也产生了重要的影响。轰炸对城市的发展和建设造成了巨大的破坏，但由此激发的重庆人民的反轰炸斗争，又加快了重庆城市地位的提升，加速了重庆城市规模的扩张。轰炸还造成了重庆大量人口的非正常死亡和非正常流动，加剧了物资缺乏、物价上涨，引起了住房拥挤、交通瘫痪，给广大市民的衣食住行带来了巨大的影响。"跑警报"、"躲轰炸"成为所有重庆市民日常生活的组成部分。轰炸对重庆市民社会心理也产生了重要影响，一方面对全体市民造成了巨大的心理恐慌和精神紧张，并给受害者留下了至今无法愈合的心理创伤，另一方面也激发了为民族复仇的心理和抗战到底的决心。面对日军的轰炸，重庆人民的反轰炸斗争不仅保障了战时首都的安全，轰炸造成的仇恨也激发了各界民众坚守岗位支援抗战的斗志，在反轰炸斗争中还加强了各派政治势力和战场间的联系与支持，鼓舞了其他战场的抗日战争。日军对重庆的战略轰炸无疑是当时国际关系中的一个焦点事件，曾引起国际社会的广泛关注，并对远东各国，特别是中、日、美三国军事战略的演变产生了一定的影响。重庆在反轰炸斗争中树立了"愈炸愈奋"的国际形象，赢得了广泛的同情与支持。重庆的反轰炸斗争挫败了日军"捕捉、消灭最高统帅和最高政治机关"的战略、政略意图，制约了日本扩大侵略"北进"、"南进"的既定军事战略。日军对重庆的无差别轰炸也引起了美英等国的人道主义同情和支援，通过重庆的反轰炸斗争，国际社会逐步加深了对中国的了解和认识，增强了对中国坚持抗战的信心。而日军在轰炸重庆过程中对美英各国利益的直接损害，也引发了日本与美英等国的矛盾与冲突，这在一定程度上推动了美英援华制日和远东反法西斯阵线的形成，改变了世界反法西斯战争，特别是远东地区的战争态势和走向。

三、成果的学术创新、应用价值以及社会影响和效益

长期以来，学术界对重庆大轰炸的研究基本局限在地方史的领域，主要从重庆的视角看日军对城市的轰炸，即把重庆大轰炸仅仅局限于重庆市区的

范围。本研究对重庆大轰炸的地域范围进行了重新界定，拓展了研究对象。根据重庆是中国战时首都的独特地位，无论是日军轰炸的战略部署，还是国民政府的反空袭举措，都不可能仅仅只是围绕重庆市区范围来进行。日军为了达到攻击重庆的目的，必然首先要扫除轰炸重庆沿途的军事障碍。而国民政府为了保障战时首都的安全，减少日军轰炸的损失，也必然要加强重庆周边地区的军事防御。从军事行动的角度讲，在重庆周边地区进行的轰炸与反轰炸的斗争，同样应当是重庆大轰炸的重要组成部分。

坚持有一分材料说一分话，没有材料不说话的学术研究理念，发掘和利用了大量第一手的档案文献资料，在史料的发掘和利用上有新的突破。高度重视从复杂的原始资料中进行比较鉴别，利用尽可能真实的史料，在突出史料的原始性、真实性和全面性上下功夫，通过比较鉴别，还原历史，重建历史的真实。

拓展了研究视野，立足宏观视野下的研究。不仅力图突破地方史的研究局限，而且也改变了过去侧重战争暴行研究的视角，力求从社会史的角度切入分析。立足学术标准、中国立场和国际视野开展研究，深化重庆大轰炸的研究，既不是为了咀嚼苦难，更不是为了延续仇恨，而是为了正确认识历史，以史为鉴，面向未来。立足宏观背景下的比较研究，在纵向上将重庆大轰炸置于人类战略轰炸演进历程中进行考察，在横向上把重庆大轰炸置于世界反法西斯战争和中国抗日战争的总体背景中进行分析，并与抗战大后方其他城市和第二次世界大战期间其他战场的战略轰炸进行比较分析。

严格地讲，轰炸无疑是一种军事行为，应当属于军事学和军事史研究的范畴。但是，日军对重庆实施的战略轰炸又不同于一般意义上的军事轰炸。一方面，战略轰炸不仅仅是针对军事目标，更重要的是达成政治上的目的；另一方面，战略轰炸所产生的影响也是多方面的，被轰炸国家或地区采取的反轰炸举措也不仅仅是军事上的。因此，对重庆大轰炸的研究，也突破了单纯作为军事行动的轰炸与反轰炸，而是从军事、政治、社会、心理、文化等多方面的综合视角进行研究。

在一些研究领域深化了前人的研究，并开拓了一些新的研究领域。进一步深化了对重庆大轰炸原因的研究和对重庆民众反轰炸斗争的研究，用大量的史料重建了日军轰炸重庆的史实，对重庆大轰炸的人员伤亡进行了重新估计，专题研究了日军轰炸重庆的战略和战术，开拓了对重庆大轰炸影响等新领域的研究。

"历史问题"是中日两国间非常特殊且极具敏感性的一个问题，也一直被认为是阻碍中日关系发展的一大障碍。重庆大轰炸是抗战时期日军侵华暴行之一，虽然早已成为历史，但是重庆大轰炸暴行的罪责没有得到应有的清算，重庆大轰炸的史实正在被人们有意无意地遗忘和歪曲，重庆大轰炸的诸多遗留问题至今没有得到解决。深化对重庆大轰炸的研究，对直面暴行、揭示真相，认清罪责、伸张正义，提高认知、实现和平具有重要的现实价值，有助于准确把握历史事实，澄清模糊认识，妥善处理历史遗留问题，伸张国际正义，维护世界和平，进一步增进中日两国人民世代友好。

本成果在国家社科基金项目结项鉴定中获得"优秀"，并入选《国家哲学社会科学成果文库》。同时也成为重庆大轰炸受害者对日民间索赔的重要历史材料。对进一步保护和利用重庆大轰炸历史文化资源也有重要的意义。

《人竹共生的环境与文明》概要

王利华*

一、研究的目的、意义及所使用的研究方法

本研究试图为推进中国环境史的实证、细化研究，深入解说中国自然与中华文明间的复杂历史关系，提供一个可以参照和批判的样本。

近年来，中国环境史研究发展迅猛，逐渐成为热门课题。由于中国环境史学在孕育和起步阶段深受历史地理学、农牧林史等领域先期研究的影响，环境史研究者对人与自然的关系这一核心命题的探讨，长期采用单向思考模式，或仅就某一环境要素的历史变迁作考察，或因袭"经济开发—环境破坏"的习惯思路，学术视野较狭窄，新课题开拓乏力，对中国环境历史问题的认识存在着不少思想误区。最近几年，学人开始重视自然因素与文化因素的交互作用，但仍嫌概念化和简单化。深入开展中国环境史研究，迫切需要突破单向思维，采用更宽阔的视野，通过更深入、具体和细化的考察，揭示人与自然历史关系的复杂面貌。因此，能否摸索出一套易于操作的研究方法和技术路线，非常关键。本研究试图以既具有生态标志性意义，又具深刻社会文化内涵的竹子作为样本，进行自然物种与人类生活历史关系的细化考察，虽属个案、实证性探讨，却期待研究思路和方法上的突破，跳出"自然环境变迁"和"经济开发—环境破坏"等常规思路，寻求中国环境史研究的新路径。

---

*　王利华，南开大学教授，博士生导师。

作为该项研究的最终成果，《人竹共生的环境与文明》一书围绕人与自然的关系这个环境史学核心命题，借助农林学、生态学、文化人类学和民俗学的知识和成果，从不同角度解读相关史料，揭示竹子在中华民族生存、繁衍和传统文化孕育、成长过程中曾经扮演过的重要角色，讲述这类天地化育的自然物种，如何作为生民之资惠泽苍生，深刻影响中国人民的物质生活；如何通过"取象比类"等思维认知方式，逐渐融入中华民族的精神世界。笔者期望通过史实陈述和事象解析，揭示中国文明历史进程中，人竹共生、水乳交融的生态—文化机制。

二、成果的主要内容和重要观点

《人竹共生的环境与文明》合计约 35 万字，内容除"绪论"和"结语"之外共分十章。其中：

第一章简要介绍竹类植物的形态和生物学特征，中国竹林资源的总体状况，重点讨论了竹林资源的古今变迁及其原因，以及竹林培育和养护的历史情况；

第二章对古代最重要的三部竹林学著作进行了考证和评述，同时展示了中国传统竹林学知识的历史积累过程；

第三至九章系统探讨了中国先民与竹子之间的物质关系，包括竹子对饮食、器具、战争、水利、人居环境、交通运输和文字书写等多方面的影响，并专门讨论了竹林声响和竹管乐器，兼及竹林对古代休闲、娱乐、养生和环境审美的影响；

第十章阐述了人与竹子之间的思想观念与精神情感联系，分别从士人和民俗（民族、地方）两个层面，考察竹子的精神象征意义和理想人格化过程，以及广泛存在于众多民族中的竹子传说和竹子神灵崇拜现象，揭示了自然物种与社会道德精神和生命意识之间交相阐释的历史关系。

以下对其中的主要观点稍作展开说明。

本研究以竹子为个案切入环境史的核心命题，重点关注和思考的问题可以划分为三个层面：

（1）自然物种作为生存资源，如何影响人类经济生活和物质文明？

竹子作为自然物种资源对中国先民物质生活的影响，是我们观察和叙述的重点，这部分内容占据了大部分篇幅。我们努力呈现历史上琳琅满目的竹子物用世界，说明竹子对中华民族生存、繁衍和发展的历史贡献。换个角度说，是探寻中国先民如何开发和利用竹林资源，以适应不同的生存环境，应对不同的环境问题和满足不同方面的物质生活需求，从而形成人—竹共生的丰富物质文明。

社会和文明发展必须依赖一定的生态环境和自然资源，人与自然的关系首先在物质和能量交换层面展开，人类对自然环境的依赖又首先表现在对植物的依赖。植物是生态系统中的能量生产者，包括人在内的所有动物都是消费者，因此植物资源是人类生态系统中最重要的环境要素之一。世界各地生态环境和社会文化千差万别，在一个特定的社会—生态系统中，不同植物对于人类生活具有不同的意义，与人的关系或疏或密，对生存发展的影响或轻或重。在每个民族和社会的现实生活与历史记忆中，总有一些植物与其他植物相比显得特别重要，它们是衣、食、住、行等生活需要的原料提供者；有的虽非重要的生活资料来源，但由于具备某些非常显著的特征亦颇受关注，被赋予了特殊的文化意义，影响人们的精神、情感和审美，竹子则是兼而有之。

竹子作为非常重要的生存资源，在中华民族生息繁衍中的重要历史意义，广泛体现在饮食、医药、居住、交通、经济生产、军事战争、文字书写和文化娱乐等众多方面。在金属冶炼规模有限、化学合成材料尚未应用之前，竹子在中华民族物质生活中扮演的广泛角色和起的作用几乎无可匹敌。如果没有竹子，中国古代物质文明面貌将完全是另外一番景象。本研究试图回答：多样化的社会生活需求如何通过竹林资源开发和对竹子生物学特点的充分利用而得到满足？社会需求的变化如何引起竹子利用方式和技术方法的改变？竹林资源（包括分布区域和资源丰俭程度）的变化又如何驱迫人们在生活方式与技术方法上作出相应的改变？

围绕这些问题，我们追述了古代食笋风气、技艺和与竹子有关的古老饮食现象；叙述了书写材料由竹简到竹纸的历史演变，讨论了纸张消费、资源匮乏和造纸原料供给不足与竹纸发明的关系，以及明清以来竹纸业大发展的自然基础；谈论了竹制兵器的广泛应用和"植竹为城"等军事防御设施；考述了中国传统吹管乐器与竹子之间的特殊密切关联，等等。基于环境史学的视角，我们着重关注竹子在帮助人们应对和解决多种环境难题时曾经发挥的独特作用，特别重点探讨的问题和现象包括：如何充分利用竹材中空、抗压、易分割、纤维强韧等特性，制造和营建篮舆、排筏、索桥等特殊工具设施，突破江河阻隔、山路崎岖等不利环境因素对交通运输的限制；如何利用竹子中空性，发明和使用连筒、筒车等山地引水设施，解决地形崎岖、地势起伏等不利环境所造成的农田灌溉和生活用水困难；如何充分利用竹林资源营建稳定的居所，如何为减轻炎夏酷热，通过庭院栽种竹林营造局部清凉的居住环境，等等。我们试图透过相关现象，从经济生产和社会生活的基础层面着眼，细致地考察古人如何把特殊自然环境下特殊的生存需求与特殊的资源条件有机地结合起来，从而将环境史考察、研究推向历史的细节，最终不仅了解自然资源开发利用的技术方式与历史过程，而且窥知文化进步、社会变迁与自然资源变化相互关联的历史奥秘。

丰富多彩的物质生活现象给我们一种强烈的印象：中国先民开发利用竹子资源的目标、方式和技术方法非常丰富而且广泛，并不局限于少数领域或层面，而是随机应变，随心运用，无拘无束，可谓体一用殊、千变万化，所有物品和设备对于现实需要、资源条件、竹材特性与技术方法的有机结合和灵活运用，表现出了非凡的智慧和创造力。某些发明创造看似原始、简陋，却具有相当超前的"近代性"。例如早在1 000多年前，广州官民为解决水质咸苦、易生疾患的问题，利用竹子的中空性建造了庞大的城市供水设施，它可能是人类史上最早的自来水管道系统。换言之，古人利用竹子的简易技术方法背后，可能包含着极其重要的原创性知识和技术发现（发明）。

我们思考先民与竹子之间的物质关系，并非一味颂扬古人成就、"发慕古之幽情"，而是同时关注物质生活和资源利用方式的某些历史惯性（甚至惰性）和弊病。事实上，人类并不总是心甘情愿地放弃早已习惯的某些生活方式，人们通常不愿轻易改变对特定资源的依赖关系，即便这些方式与依赖关系已经明显不合时宜甚至具有危害性。本成果特别详细地讨论了古代南方的竹屋（竹楼），介绍了竹屋改造所经历的漫长艰苦过程，试图从人口—技术—资源—环境复杂关系的历史演变中，剖析竹制民居建筑逐渐被替代然而速度却非常缓慢的历史原因，通过比较人类学研究，指出在人居建筑变革方面，类似的"消极"和"迟缓"并非中华民族所特有，欧洲和世界其他地区亦曾如此。

总之，在中国物质文明史上，竹子的重要地位是无可替代的，人们对竹子的开发和利用充满智慧与创意，没有哪类植物能像竹子这样被如此广泛而灵活地利用，在广大地区和社会生活的各个方面，竹子都是非常重要的物质材料，被加工和制造成种类繁多的用品、器具与设施，充分显示了生态环境、自然物种与社会生活和物质文明之间紧密而广泛的历史关联。

（2）自然物种如何逐渐成为人们的认知和情感对象，如何逐渐影响并且融进人类的精神世界？

中国传统文化具有显著的"自然主义"特征，古人通过"取象比类"，将自然现象与社会现象互相映照、交相诠释，这是一种历史悠久的认知和思维方式。人们一面赋予各种自然事物（现象）以不同的象征意义，借助有形的自然事物（现象）来抒发情感，表达思想，解释人间社会的各种问题，把抽象的情感和观念具体化、形象化，为现实社会的人际关系、制度秩序、道德准则和思想观念寻找自然天道的依据，从而获得最高的"合法性"；一面又对各种自然事物和现象进行道德伦理化的解释，投注不同的思想感情，从而形成关于自然界的好坏、善恶、美丑等不同观念意识。由于这种自然—社会的双向阐释和交相渗透，人间社会的事物、现象、观念和情感找到了自然天道的依归，自然事物和自然现象亦逐渐不再纯属"自然"，而是不断被"人化"或"文化"，日月星辰、山川河流、树木花草、飞禽走兽，因此逐步融进人类的精神世界，成为具有特定意象、情愫和内涵的文化符号，构成中华民族精神文明体系中不可缺少的鲜活元素。

像其他许多自然物种一样，在中国历史上，竹子不仅是物质利用对象，而且是认知、审美和情感对象。在社会发展和文明演化的漫长进程中，竹子的文化形象逐渐丰满，作为一种典型的象征符号楔入了中国传统思想的内核，参与了中华民族伦理道德和理想人格的塑造。它不仅是探析人与自然物质关系的理想样本，而且是理解人类思想情感自然根柢之经典范例。本研究试图通过回顾竹子文化内涵逐渐丰富的历史过程，理解中华民族关于自然世界（包括物种和现象）的传统认知、诠释和情感方式，阐释相关自然—文化意象的审美价值，以及其中所体现的深层生态伦理。我们想要表达并证实这样一种环境史学观念：生态环境和自然物种，不仅是社会物质生活的基础，而且是人类精神的寄托和社会思想的凭借。具体考察的问题包括以下四点：

一是中国古代竹林知识的积累。通过对三部重要竹类古籍的考论，介绍了中国古代竹林知识发展的梗概。这三部竹类专著，在世界范围内都是十分稀有和珍贵的，是人类关于竹类植物最早的专门、系统的记录，对竹子的种类、产地、形态、质性、价值和利用方法等都作了相当清晰的描述。这些知识主要来自劳动人民的实践经验，叙事朴实，很少掺入迷信、虚妄的成分，体现了中国传统博物（方物、名物）学的实用理性精神，具有很高的科学价值，亦是现代中国竹林学的重要基础。

二是与竹子相关的生命观念和情感意识。古代文献不仅记述了关于异域巨型竹子的传闻，关于竹子与孕育、延寿、尸解成仙等神秘生命现象的关系，还反映了更普遍流行的观念：竹子与龙的关系。汉民族中关于竹子的神秘观念，总体上少而零散，不成系统。但在西南少数民族中，竹子神灵信仰和图腾崇拜曾长期普遍流行，存在一个相当引人注目的"竹崇拜圈"，相关文化现象非常繁杂，影响遍及婚姻、生育、丧葬、祭祀、节日以及其他生产和生活领域，是这些民族探寻生命本源、认祖归宗和民族认同的重要文化机制。它们既是人类古老植物神灵信仰的典型，亦是中国古代文人深厚竹文化情结的民俗文化基质。

三是竹子与传统伦理和"比德"思维的关系。在中国古代文人心目中，竹子的形象一直很美好。他们对竹子的认知和诠释，大多着眼于道德伦理意义。《礼记》将士人之守礼喻为"竹箭之有筠"；唐代以后，中国士人品格渐趋圆融成熟，与之相应，竹子被赋予了"君子贤人"的所有美德，被誉为"全德君子"——或者反过来说，文人借助竹子虚心、有节、有筠、凌冬不凋、"贯四时而不改柯易叶"等自然属性，对社会道德伦理进行了形象化的阐释，从而塑造出一个完美的理想人格形象，为士人立身处世树立了一个自然的楷模。与竹子神灵信仰和图腾崇拜相比，文人崇竹、爱竹并非"物我不辨"的混沌崇拜，而是一种兼具自然道德和文化理性的思想观念，"人竹同德"的背后，是君子与天地、自然合德的深层生态伦理。

这种独特的文化现象是基于中国古老的"取象比类"认知方式的。中国古人很早就开始通过"比德"自然进行道德伦理建构，所谓"君子比德"，实质上是借助自然事物和现象来解释人间现象（包括人际关系、行为举止、社会秩序、道德准则等），把抽象的道德观念具体化、形象化。自然现象与社会道德的相互映照体现于众多层面：从最恢弘而抽象的天地大德（如"天地之大德曰生"、"与天地合其德"），到动植物（如鸿雁、竹子）所体现的品行德操；从国家、君王的政治道德，到基层社会的伦理规范和平民百姓的人品德性，所取之"象"与所比之"德"，有所同亦有所不同。中国文化精神与自然环境互相渗透的复杂历史机制，通过竹子可以窥知一二。

古人不仅对人类社会的问题作比附自然的解释，亦对自然现象予以"社会性"的理解。许多自然事物和现象，因具有独特的属性或者形态特征，与社会道德伦理和精神气质相契合，成为人们亲近和心仪的对象，不断受到拟人化的赞赏与颂扬。在这方面，竹子亦可谓无与伦比。从竹子这个典型范本可以清楚地看到，古人对自然和社会的诠释向来都不是单向的，而是双向的：既借助竹子来解说社会问题，亦对竹子的种种特性进行伦理道德化的解释。正是由于自然—社会之间的这种双向渗透和彼此阐释，自然世界与精神世界逐渐密切地交融不分，中国传统文化因之充满了自然主义精神和鲜活灵动的生命气息。

这种自然—社会的双向、交互阐释方式，以及由此而产生的自然观念和文化意识，与当代生态伦理学或环境伦理学的"生态道德"、"环境伦理"虽非同一码事，但两者之间仍存在着密切的关联。古代士人崇竹、爱竹，与生态伦理学或环境伦理学强调敬畏自然、亲近自然、尊重其他物种的生命价值，确有某些相通之处。深入揭示其内涵，不仅有助于深刻认识中华文明的历史特质，亦可为建设当代生态文明、发展深层生态学提供历史思想资源。

四是竹子对传统审美观念或意象的影响。自然环境及其诸多因素对人类的意义并不局限于物质层面，亦不局限于道德层面，而是深刻地影响着人们的情感世界和审美观念。天地之间，万类竞生的生物，变幻无穷的景观，从古至今都不断给人们造成各种感观刺激，影响人的心理感情，大者高山大川、平陆沧海，小者一草一木、一鸟一兽、一虫一鱼，无不通过感官刺激引起心理反应、情感变化和精神共鸣。人们一面从大自然中获得"美"的感受，一面又向自然事物投注各种情感，同样是一个双向作用的关系和过程。正是由于这种双向作用，古人描绘了许多美好的生态意象，这些生态意象背后的根本意识，是"自然大美"，是"万物有情"。"自然大美"和"万物有情"，不同于人类童年时代"万物有灵"的原始自然崇拜，而是一种具有高度理性精神的文化升华。自古以来，苍翠的竹色、挺拔的竹姿、娟娟的竹态，竹林中的日月碎影、风雨烟霭和各种声响、气息，总是那样令人赏心悦目、触景生情，让无数文人墨客爱慕备至、吟哦不已、描绘不止。人们因外感竹子之美而心生爱竹之情，因人有情而竹亦似有情，于是人竹相契，结为雅友；臻于极致境界，则是身与竹化、人竹不分。1 000 多年来，中国文人雅士不断咏竹、画竹、题竹，留下了难以计数的文学艺术作品，在人间留下了许多形、色、气、韵、情、意俱胜的自然纯美意象。尽管这些意象乃是作者主观感受的呈现，经过了不同形式的艺术加工，甚至带有不少想象和夸饰成分，并不都是十分客观和真实，但却具有强大的感染力，不仅能够使人们产生美的联想、美的共鸣，能够净化心灵、陶冶情操，而且可以唤醒人们亲近自然、保护环境的生态文明意识，可以作为修复、保护和塑造优美环境的历史参照。因此，它对于当代生态修复、环境改善和生态文明建设，同样具有潜在的参考价值。

（3）自然事物在怎样的生态环境、时代背景和社会情境下融入人类物质和精神文明系统，经历了怎样的历史过程？

环境史视野中的"环境"是人类的生境，是以人为中心界定的一个历时性概念。在历史进程中，社会实践活动范围不断扩大、内容不断丰富，人类生存环境及其构成因素相应地不断发生变化，早先荒无人迹的地区和与人类活动并无关联的自然事物，如何逐渐成为人类活动的舞台和人类历史的介入因素，是环境史研究需要追溯的动态过程。理解这个宏大而复杂的过程，需要通过大量个案进行具体的考察。

本研究所述史实可以证明：竹子作为自然物种和生存资源逐渐介入中华民族物质和精神生活，正是一个历时性的过程，其物用功能之发挥与精神形象之建构，皆非与生俱来。丰富多彩的竹子故事，及其与中国生态—社会协同演变进程之间的关系，必须放置于中国历史的宏观变局之中予以观察和解说，才能更具历史动态感和思想启发性。本研究在陈述和探寻相关故事和问题时，一直试图说明故事产生的时代情境和问题产生的历史缘由。

中国竹子种类众多，分布广泛，在南方广大地区更是随地茂生，资源非常丰富，这是人与竹子之间的故事得以发生的自然条件和生态背景，故全书

第一章即在前人研究的基础上，对竹林资源及其古今分布变迁进行了讨论。竹子生长需要具备相应的水资源和气候条件，它的分布情况具有一定的生态标志性意义，透过竹林分布的变化考察环境变迁，自然是合情合理的。但是我们并不赞同将华北竹林的消失和竹林分布北界之南撤主要归咎于气候转冷，而更倾向于将之视为自然变化和人类活动共同作用的结果。就自然因素而言，地表水资源的逐渐匮乏应是华北竹林萎缩和分布北界南撤的更直接原因；而地表水资源匮乏，则是由于人类过度垦殖和砍伐破坏了高原山地森林植被，导致雨水涵养能力下降，致使竹子在出笋期不能获得充足水分，无法滋生和繁育——在华北地区，竹林的出笋期正当一年之中的少雨期，地表水源对竹子的生长具有至关重要的意义。

本研究并未采用常规的做法，将竹林分布变迁作为主题，而是着重探讨这一自然资源（同时也是环境因素之一）对中华民族生存、发展的影响，揭示它在中国物质和精神文明中的角色和影响，并且特别将其与中国历史发展的宏观背景互相照应，揭示其担当不同角色、发挥不同影响的社会场景和历史机缘。例如从中国文明不断南向推进的历史趋势中，揭示竹屋由广泛分布到逐渐消逝与南方经济开发、人口增长和城市发展的关系；从水田农业不断向山区推进的历史背景中，分析连筒、筒车等灌溉设施在宋代以后不断推广、至明清时代大放异彩的生态—经济原因；从魏晋以后文化嬗变、士人成长的历史背景中，考察竹子文化形象构建、嬗变和理想人格化的过程，等等。

从更宏观的视野来看，竹子对古代物质和精神生活的影响程度不断加深，最终楔入中国传统精神文化的核心，与中华民族活动空间的拓展（主要指经济、社会发展的地理空间向南方拓展）具有相伴而行的密切关系。由于竹子主要分布于南方，其融入历史文化的前提是竹林资源与人类活动和社会需求的日益紧密结合。历史的实际情形是：两汉以前，竹子已对中原社会造成了某些影响，在物质和精神层面都有所反映。但是，那时中华民族的主体——汉族的活动中心在北方，那里虽曾有过成片竹林，但毕竟资源有限，竹子在社会生活中并无举足轻重的地位。六朝以后，历史的情势发生了很大变化：南方经济持续发展，人口不断增多，文化地位不断上升，丰富的竹林资源因而不断显露出它的特殊价值；随着经济、文化重心逐渐南移，竹林资源在唐宋以后得到了全方位的开发和利用，与社会生活的联系日益紧密。此后不论在物质层面还是在精神层面，竹子的重要性都远远超越其他植物品种。这一过程说明，一种植物能否在人类生存发展史上扮演重要角色、发挥重要作用，主要取决于三个因素：一是该植物本身所具有的生物学特性；二是该植物作为一种经济资源的丰富程度；三是资源条件与人类活动结合的紧密程度。不仅竹子对人类历史的影响和作用机制如此，其他植物乃至动物亦是如此。

三、成果的学术创新、应用价值以及社会影响和效益

本研究采用全新的环境史学视角，学术意图和目标都显著不同于以往研究。它是以竹子为个案，开展人与自然历史关系的多维度和细致化的思考。其最重要的创新是摆脱了以往环境史研究者惯用的"经济发展—环境破坏"的单向思路，亦不同于历史地理学和生物学家的动植物变迁史研究。它聚焦于中国文明演进历程中竹子与人类之间的物质、精神、情感联系和共生关系，透过这些联系，观察自然物种（因素）如何逐步融入古代社会的物质和精神生活，形成"竹子王国"众多特有的文明现象。采用这一视角和思路切入"历史上的人与自然关系"这个环境史学核心命题，不论是从国内还是国际范围来看，都具有明显的创新性。目前国内尚未见类似论著出版，亦未检索到国外环境史家的系统研究成果。若此种思想方法得到学界认可，将可别开一片学术天地，大量动植物和其他自然现象与中华民族及其文明间的历史关系，可以沿着这一思路展开研究。

本研究采用宽频视野，综合运用多学科的理论知识，对相关的历史故事和现象进行了多维度、多层次的考察论述，提出了比较系统的学术新见解。有的专题从问题到观点皆属首创，有的则针对前人的不足提出了新看法。

关于北方竹林减少的历史原因，强调地表水资源减少的关键性影响；全面梳理了历史上的食笋技术方法、竹制食具、竹米和竹叶利用、锯竹取火等古老饮食现象，纠正了前人在食笋与养竹关系、粽子起源等问题上的一些错误观点；以更加丰富的材料对古代竹制兵器及其广泛运用、南方竹城的军事防卫意义等作了更全面、深入的考述；结合中国农业由北向南、

由平原向山地拓展的宏观背景，对连筒和竹筒车的建造、分布及其水利史、经济史意义进行了全面探讨，揭示了竹筒引水设施在山区自然环境下的独特"生态适应性"，取得了重要新发现；系统讨论了竹子对古代人居环境的影响，第一次深入揭示了竹屋在秦岭—淮河以南广大区域普遍分布的历史事实，并从人口—资源—经济—技术互动演变关系中，从中国历史发展空间向南方不断拓展的宏大历史进程中，深入考察了南方竹民居建筑逐渐消逝及其与火灾之间的关系；对古代文人栖居竹屋的风气、竹林生态意象与宜居环境营造等开展了系统的原创性论述；基于"文化适应环境"的思想理念，对古代以竹子为材料制作、建造的篮舆、索桥、溜索等交通工具设施之起源、发展和环境适应性进行了深入考论；关于竹子对古代文化交流和传承的重大贡献，不仅以更丰富的文献和考古资料考述了竹简的历史，而且从需求—技术—资源的关系变化中考察了竹纸起源的环境原因和竹纸业发展的文化—生态机制，纠正了前人的一些错误。本研究还第一次把大自然的声响纳入环境史研究范围，对竹林之声及其环境审美意象进行了深入阐述，具有显著的首创性；对竹子之于中国乐器起源和演变的影响亦进行了更系统的考索，提出了新的意见。

关于竹子对中国传统精神文化的影响，曾有众多研究者反复提及，但几乎没有人结合中国文明进程和人与自然的关系演变揭示其逐渐融入中华民族精神世界的具体历史过程。本研究则为此付出了很大努力，不仅具体考察了竹子融入精神世界、参与理想人格塑造的历史阶段及其社会文化背景，而且以竹子为案例，深入剖析了古人的"取象比类"思维方式和社会与自然交相阐释这一极其重要的文化现象；利用大量历史文献资料，借鉴民族学、人类学成果，考察了竹子神灵信仰和图腾崇拜现象，重点阐释了其中所包含的自然精神和生命意识，揭示了由"万物有灵"到"万物有情"的思想升华，以及它所体现的深层生态伦理。

本研究始终努力把丰富的历史故事和现象置于资源与社会（民族、人群）结合、自然与文化互动的历史情境中加以理解，透过这类特殊植物对人与自然的关系史进行细致考察和深层解读，努力阐发其生态文明价值。本研究所采用的思想方法，既具有独特性，亦具有合理性，可供中国环境史研究者借鉴，有益于进一步开拓中国环境史研究新课题。其中讲述的众多历史故事，为唤醒广大读者的生态审美意识，继承和弘扬中国传统生态伦理精神，贡献了具有趣味性、美学性和启发性的素材，亦可为发展当代低碳—生态型竹产业、继承健康—风味饮食文化和营造生态宜居生活环境等提供有益的历史参考。

本研究的问题意识、观察视角和论说方法已受到海内外同行的关注。作者接到"第二届东亚环境史国际学术研讨会"（2013 年，台湾）组委会邀请，将以"Listening to Bamboo：the Attitude and Behavior of Ancient Chinese Literati to Nature Sounds"为题，发表大会主题演讲。一篇已发表的论文已被列为香港中文大学环境史课程的指定阅读资料。当然，作者虽有意透过竹子影响社会文明的方方面面，揭示自然事物对中华文明的影响，但因学识、功力有限，有的问题虽亦关乎环境与文明历史关系（如竹子与绘画），但未能在本成果中予以专题讨论，非常期待相关领域的专家予以弥补。

《中西古代历史、史学与理论比较研究》概要

刘家和*

一、研究的目的、意义及所使用的研究方法

1. 研究目的及意义

黑格尔认为，中国历史的连续是"永无变动的单一"，是"非历史的历史"，中国历史的统一是"抽象的"，中国历史是没有内部矛盾、没有理性、结构单一、经久不变的；中国史学则仅仅包含确定的事实，对这些事实却并不表示任何意见或者见解，不过是一大堆不含历史判断和理性的冗长的事件流水账而已。这是对中国历史的严重误解和曲解。黑格尔从比较的角度，对中国的历史、史学和史学理论进行了整体的否定，对此必须要从比较的角度在历史、史学和史学理论这三个层次整体上给予有力的回应。这就是本研究所面对的学术挑战。

黑格尔的历史哲学把世界历史分为四个阶段，即从东方到西方，东方（以中国最为典型，还包括印度、波斯等）、希腊、罗马、日耳曼四个文明一个被另一个逐一取代，包含中国的东方是永远无法发展到近现代，且与西方对立着的古代。按照黑格尔的理解，世界历史事实上就被分成了两部分，一部分是"非历史的历史"，另一部分是"历史的历史"，前者是包含中国的东方，后者是由希腊、罗马和日耳曼构成的西方。于是就出现了一种奇怪的现

---

* 刘家和，北京师范大学资深教授。

象，在黑氏《历史哲学》的比较中，一个无历史阶段区分的中国竟然成为与整个西方——从希腊、罗马到日耳曼的对比项。可见，在黑氏的世界历史框架里，"中国历史"已非真正的中国史，只不过是他用来衬托其欧洲中心论的一个手段而已。本研究的意义，恰恰就在于揭露这种观点的错误，真正从理论上破除欧洲中心论。

2. 研究方法

（1）坚持唯物史观。对黑格尔历史哲学的精神发展观作了深入的批判，指出这个观点与实际历史的不同之处，认为黑格尔历史哲学无法解决真实历史中的连续和断裂的关系问题，只有从实际历史过程来探讨才能真正深化对问题的认识；在关于真实历史过程的探讨中，运用马克思、恩格斯的理论方法，分析了社会横向交往与纵向发展之间的辩证关系，对中国历史的连续性与统一性及其关系作了充分的论证。

（2）重视辩证方法。吸收黑格尔的辩证方法，批判了他的形而上学独断论的错误，特别是揭露了黑格尔关于历史是精神自身的发展，从而断定西方诸种文明的发展过程为"历史的历史"的错误观点，指出他违背辩证法的理论失误。

（3）强调整体思维。针对黑格尔的观点，在历史、史学、理论三个层次上进行了整体的理论回应，保证了论证的有效性。

（4）重视比较研究。根据黑格尔运用比较方法阐述历史哲学观点的情况，相应地，也以比较研究的方法，对中西历史，特别是统一性与连续性，即横向的交往与纵向的发展之间的关系，进行了具体的研究。

此外，还运用多种语言和学科知识对论题进行了深入的综合分析。以上研究方法使本研究获得了良好的论证效果，达到了较高的学术水准。

二、成果的主要内容和重要观点

1. "绪论"主要内容及重要观点

第一，关于"历史的发展与文明的连续、断裂问题"。对此问题的讨论着重阐述文明的连续/断裂与历史发展之间的关系。首先分析了亚里士多德关于连续与断裂之异同的论述，指出连续是同一主体在时间之流中的发展过程，而断裂则是不同的主体在不同的时间段中各自的发展过程。根据这种理解，中国历史虽然经过了若干发展阶段，但文明的主体是一个，因而是连续的；而在西方历史上，诸种文明处于不同的时间段，也就是说在时间之流里文明主体已不是同一个，因而是断裂的。诸种文明主体之间虽具有某种继承性，但继承不是连续。历史就是发展过程。根据中文和三种西文，所谓"发展"是指自身的展开。亚里士多德认为，发展是从"潜能"到"现实"的运动过程。黑格尔认为，发展是一种连续性的展现过程，连续性是发展的必要条件，没有连续性就没有发展可言；连续过程中断，发展就无从谈起。可是，在他的历史哲学中，具有连续性的中国历史却成了非历史的，而断裂的希腊、罗马、日耳曼的历史却成了"历史的历史"。这种历史观与他的发展观是违背的。为什么会有这样的看法呢？原来，黑格尔认为，历史的主体是"精神"，不管具体的文明是连续还是断裂，作为历史主体的精神始终是同一个。这样，历史当然就是连续的了。可见，黑格尔没有犯一点逻辑错误。不过，他的历史哲学倒成了真正的非历史的了，因为在他眼中，历史不过是抽象的精神在逻辑展开过程中的先后次序，或名之曰逻辑与历史的一致。可是，逻辑合理了，事实却背离了。这就是黑格尔曲解中国历史的理论根源。

第二，关于"历史进程中的横向矛盾与纵向发展的关系问题"。黑格尔所说的历史是精神自身的发展过程，因而无法解决真实历史中的连续与断裂问题，要理解真实历史中的连续与断裂，就只能在实际历史过程中寻找答案。在真实的历史中，人们由于相互交往而形成了多重矛盾关系，由此又形成了不同群体之间多重矛盾统一的关系。客观历史的进程就是横向结构的变化与纵向发展之间相互作用的结果，这是马克思主义辩证唯物主义历史观的观点。马克思、恩格斯就是运用这个观点来分析世界历史的形成过程的。根据这种理解，全球性的世界是由不同层次的小世界相互作用而形成的。这就克服了黑格尔"精神"由东向西的单向、单线发展的错误。马克思、恩格斯认为，人类社会里横向的交往决定了纵向的历史发展，而纵向历史发展又成为横向的每一个社会发展的前提。这是从实际历史中总结出来的。比较中西历史也会发现，中华文明与西方文明有同有异。所同者，都是人类社会的横向交往与纵向交往交互作用的结果。所异者，一是当代西方文明在世界历史上已经属于第三阶段（时期）的文明，其间一再断裂，而中国文明有阶段之变，但文明主体并无根本之变，文明未曾断裂；二是西方文明未能始终连续，这与未能形成统一的文明主体（或载体）有关，中国文明以连续性与统一性相济为特点。中国文明的这一特点对于未来多元一体的世界文明的形成将提供一定的借鉴意义。

2. 第一编"古代中国与西方的历史比较研究"主要内容及重要观点

约在公元前第三千纪（或作千年代）的最后一个世纪里，西方出现了克里特文明，中国则出现了夏王朝。约在公元前17世纪，西方迈锡尼文明兴起，并最终取代了克里特文明，中国则商王朝取代了夏王朝。约在公元前11世纪，西方的迈锡尼文明灭亡，落后的多利亚部落把上古希腊史带进了"荷马时代"。在《荷马史诗》中既往的历史已成断烟残梦，文明无可奈何地中断了。而约在同时，中国的周王朝取代了殷商王朝，周原来也是落后于殷商的"小邦"，可是却在中国历史上建立了第一个高度发达的礼乐文明，形成所谓的"赫赫宗周"。孔子曾怀着高度赞赏的心情说："周监于二代（夏商），郁郁乎文哉！吾从周。"这就是说，周并非是简单地抹杀了夏商文明，而是以它们为鉴，有所损益扬弃，因此文明不仅没有断裂，而且益发飞跃发展。

在上述中西文明曙光初现的时期，双方都存在小邦林立的状态，这是从部落或部落联盟演化而来的自然结果。不过中国古代的小邦之上还有一个"天子"，因此它在观念上明确了统一国家的预设。商推翻夏并取而代之，天子换了，统一的天下未变，周推翻商并取而代之，天子又换了，而统一的天下仍然未变，或者说王朝变了，而统一不变。在此我们可以看到，中国文明历史从其开端处就具有常与变的统一趋向。其实，不仅统一未变，而且随着诸邦进入文明和边缘的落后族群的文明化，三代文明所统一的地域不断有所发展。在这样一个作为统一体的王朝的前后递嬗中，夏商周三代之间必然形成前后继承的关系：每一个后代都必须承认前代在历史上的天子地位，否则它自身就将失去历史的合法性。这样也就确认了历史的连续性。

如果说三代的递嬗显示了古代第一阶段既断代又贯通、变与常统一的连续发展过程，那么从春秋战国的纷争割据到秦汉的一统国家，则是既与三代同源又与三代异质的新阶段。

春秋战国时期，一方面是三代旧的一统体系（封建制一统体系）的凋零及其反映出的"礼坏乐崩"或分崩离析的状态，另一方面则是后三代新的一统体系（郡县制体系）的形成过程。一方面充满战争与破坏，另一方面又充满活力与创新。那是一个对三代否定的阶段，是严格意义上的"扬弃"（aufheben）。希腊的古风时期与古典时期，罗马共和国的"王政时期"与共和国前期，在时间上（公元前8世纪至前3世纪末）大体是与中国的春秋战国时期重合的。不过，此时期的希腊始终未能跨过城邦体系的门槛，而马其顿亚历山大的短暂帝国，也未能实现真正的"统一"，充其量就是一个城邦间的霸主而已。至于罗马，它曾经备受他邦的侵略与蹂躏，终于逐步强盛起来，成了意大利各邦的盟主（承认同盟邦的内部自治权利），而且在西地中海地区开始树立霸权。希腊、马其顿亚历山大帝国与罗马共和国，虽然在时间上前后相续，甚至有某些重叠，但是在文明上却不能说成是同一有机体的连续发展，而只能是断裂。

秦汉的一统是春秋战国"礼坏乐崩"的历史结果，也是对三代一统体系的否定之否定。在中国，秦始皇第一次建立了郡县制的统一帝国，但是国祚短促。汉朝再次建立统一帝国，并先后延续了四百年，从此在中国奠定了文明连续与统一的基础。

罗马共和国后期与帝国时期（尤其是其前期），在时间段上与秦、汉大体相合，在大帝国的建立、规模以及经济、文化发展程度上也与秦汉旗鼓相当。可是一作具体分析，便可看出罗马帝国的中央政权机构与行省和秦汉的中央与郡县又是何等地不同。

以上所述，在本编的"综述"中有详细的论述，可以为了解中西古代历史的大致情况提供方便。本编的"专论"则提出一些比较重要的问题，并且作了一番尝试性的探讨。

3. 第二编"古代中国与西方史学的比较研究"主要内容及重要观点

在第一编里，作者所说的历史，是指作为以往人类活动过程的历史，即在客观上已经实现了的历史。而在第二编里，所要反思和研究的对象就是史学著作本身了。所以，在这一编里，要做的是对前代史学家著作的反思，亦即对前代史学家对历史反思的史学的反思。

公元前11世纪，在西方的希腊，荷马时代取代了迈锡尼文明，前代的文明被遗忘，《荷马史诗》十口相传，其中虽不乏前代史影，究其实终不能成为史书；在中国，则出现了周之代商，《书》、《诗》与礼乐勃兴。《书》、《诗》皆不能作为严格意义上的史书，不过其中却有宝贵的史识存在，如强调"殷鉴不远，在夏后之世"。这就涉及三代历史传统以及得民心者得天下、失民心者失天下这样的对于历史发展的某种规律性的认识。在古代世界，这既是难能可贵的重大创见，也为以后中国史学连续性的发展奠定了深厚的基础。

古希腊希罗多德与修昔底德开创了西方史学之传统，相对于《荷马史诗》而言，他们的著作可谓凿空性的呈现。《历史》（其核心实为希腊波斯战争史）、《伯罗奔尼撒战争史》皆为当时人写当时事的断代史，几乎"前无古人"。其体例为按年叙事，虽然年月标志并不突出，总体而言仍属编年之体。此等史书极富时代精神，而缺乏历史反省，故黑格尔称之为"原始的历史"。与古希腊史学大体同时，中国有"孔子作《春秋》"之说。《春秋》原为鲁国之编年史记，明确以日系月，以月系时（四时即四季），以时系年（鲁某公某年），故在叙述之体上为编年史。《春秋》仅记鲁十二公242年之事，故在划分时段上为断代史。继孔子言《春秋》者，今所能见厥为三传，而《左传》以及《国语》叙事綦详。此二书，论形式与希罗多德及修昔底德之书相近，论性质却大异其趣。《左传》、《国语》二书在时段划分上均为断代史，前者起始之年与《春秋》同，但所叙述之时间略长于《春秋》，延续到孔子去世之后若干年，后者则分国叙述，表现为国别史体裁，在时间上向前延伸到周穆王时期，向后拓展至吴、越霸业之兴衰；又前者以记事为主、记言为辅，后者则以记言为主、记事为辅。此二书皆以记春秋时期之事为主，叙事者所反映出的基本是春秋时期的时代精神（如《左传》中的多种外交与军事文书体现得尤为鲜明），显然与《尚书》（尤其《周书》）有别。不过，十分值得注意的是，此二书并非纯粹的断代史，其中大量记载前言往行及其与当时之事的历史渊源关系，从而显示了古今之变的内在连续性。这就说明其中是有着通史精神的，与古希腊的两部历史开山之作大不相同。这也不足为怪，当时的人是把当代历史看作三代的自然延续的，不管是以正面的眼光看，还是以反面的眼光看。

在西方，色诺芬继修昔底德而撰《希腊史》，体例一如修氏，且等而下之。到希腊化时代晚期、希腊行将为罗马征服的时候，波利比乌斯作为希腊人质寓居罗马，撰写《历史》一书。不少学者将其译为"通史"，看来不妥。因为此书主题所记仅为公元前 220 年至前 145 年间之事，历时区区 70 余年，恐难冠以"通史"之号。那么它是否具有某种通史精神呢？此书前二卷为引言，略述此前地中海世界分散纷争之大局，然后以 70 余年之史实说明罗马必将统治整个地中海世界。借叙述罗马征服之历史趋势，论证地中海世界必将归于罗马统治的结局。故其时代特色鲜明，罗马之所赖以战胜他邦之政治体制的优势背景亦鲜明，而西方文明传统之渊源则似乎不在其视域之内。它与修昔底德之书一样，是一部出色的编年体史书，但不是一部通史，也不能算具有通史精神的断代史。

罗马帝国前期（前 27—192 年）是经济文化繁荣时期，也是史学的繁荣时期。李维之《罗马史》述罗马建城以来之传说与历史，历时 700 余年。就时间跨度而言，此书不妨称为通史；但就其著史的价值取向而言，却似乎不具备作为"通史"内在支柱的"通史精神"。从此书的简短前言中就可以看出，李维认为，历史是可以给予今人以教训的，罗马过去之所以能够从小到大、从弱到强，完全是凭着道德与纪律的力量，而到了他的时代，这些风纪却在衰落。他希望罗马人能以史为鉴，重返往日的盛世。[①] 鉴于当时风纪衰落，而将过去笼统地看作一份纯粹的、无发展的道德风纪的典范，这种观念是缺乏历史意识的。黑格尔曾将此书置入"反省的历史"之列，这是不无道理的。塔西佗先写了《历史》，此书所记为公元 68—96 年（即弗拉维王朝）间的历史，皆为与作者同时近 30 年之事，亦即地道的现代史。其书按年记事，于体例为断代编年史。他又写了《编年史》，此书所记为公元 14—68 年（即奥古斯都去世后的 4 个罗马元首或皇帝时期）50 余年之事，恰好与随后的《历史》相衔接，因此从时段上看，为近代史。此书亦按年记事，故体例为断代编年史。

李维的《建城以来史》记 700 余年之事，司马迁的《史记》自黄帝始至汉武帝太初止，即使从夏代开始，所记也有约 2 000 年之事。如果就时间长度而言，这两部书都可以称为"通史"，不过如上文所言，李维的书是缺乏通史精神的形式上的"通史"，而司马迁的书则是兼具形式与精神的通史。

---

① 参见 ［古罗马］李维：《建城以来史》第 1 卷，吉林文史出版社 1992 年版，第 3-7 页。

塔西佗的两部书一共记载了 80 余年的事，班固的《汉书》记载了西汉一代
230 年的事。塔西佗与班固的书，就其所记时间长度而言，都可以称为"断
代史"而毫无疑义。不过，称班固的《汉书》为断代史，那只是因为从王朝
政治史的角度它专书西汉一代之事，如果从此书的"表"、"志"所展现出来
的文明史角度而言，那么它又是一本文明通史，因为在班固看来，只有把西
汉一代的政治史放在整个中国文明史的长河中才能理解。不断的文明史长河
本身是"常"，其中的每一阶段又有其自身之"变"，所谓"通史精神"就是
这种常与变的统一。班固之断代史书具有通史精神，这一点就是它与塔西佗
断代史书不同之所在。

4. 第三编"古代中国与西方历史理论的比较研究"主要内容及重要
观点

在第二编中，作者论述了中国古代史学发展中的连续性特征，而通史精
神乃是其核心内容。在古代西方，虽然史学同样十分发达，可是情况毕竟与
中国不同。这样，我们就面临着一个史学理论的问题。因此在第三编中就不
能回避古代中西方在史学理论层面的异同问题。如果说史学是对于历史著作
史的反思，那么史学理论就是从更高一个层面对史学的反思了。

对史学的更高一层的或理论层面的反思，具体而言，可以分为史学之用
与史学之体两个方面。

从史学之用方面来说，中西古代的史书都十分重视并强调彰善瘅恶以垂
训，阐明成败得失之迹以为鉴。这在第二编的中西两方面之综述中已有略
述。值得注意的是，这些都是史学家们的认识与见解。

至于史学是否真的具有或者何以能有"彰善瘅恶以垂训，阐明成败得失
之迹以为鉴"之用，这就涉及史学之体的问题。这样的问题在思想家或哲学
家的眼中，就鲜明地呈现出中国与西方的区别。本成果第三编的主要论题就
在于此。在第三编里，作者安排了中国五经及先秦、秦汉诸子思想史（或中
国古代哲学史）与西方古代哲学史两篇综述，分别陈述了双方的异同。

为了便于读者阅读，在此先作一番概说以当导引。问题的关键仍然在于
历史是否可以垂训、是否可以为鉴。

在古代中国，自《尚书》、《诗经》以降，从来重视以史为鉴，不过历史
从来都是变化发展着的，昨日之事既然已与今日之事不同，昨日之事何以能

为今日之事之鉴？要解决这个难题，必须先回答另一个问题，即在昨日与今日变化之中是否存在一种不变，以及能否切实地证实这种变中之常的存在。在这个关键点上，中国古人找到了肯定的答案，而且给出了切实的历史证据。

《尚书》中说到"殷革夏命"与"周革殷命"，当然二者是发生在不同时代、具体情况不同的两次历史事件，其间有着明显的差别与变化，二者何以能比，而且还要通过比较找出其间的同一性或不变性？或者简明地说，如何才能从其变中找其常？只有从历史演化中找到了"变"中之"常"，我们才能从中看到历史理性之曙光。

经过深刻反思可以意识到，殷之所以能革夏命，在于当时夏桀已经失去民心；周之所以能革殷命，在于当时殷纣已经失去民心。不同时代有不同的革命，但是其中有一个经常起作用的关键规律，就是民心的向背决定了政权或"天命"的转移。这样，周公的"天命"就从完全的迷信转为理性的萌生，中国古代的历史理性从此滥觞。而且这种历史理性是与道德理性同步发生的，因而周人崇尚德治。

到了春秋战国时期，大国争霸与兼并之势大盛。在这种历史形势下产生了邹衍的五德终始说或五行相胜说。此说以为，自然界有五行，即木、火、土、金、水，木克土、土克水、水克火、火克金、金克木，依次代胜；与此相应，在历史上有木、火、土、金、水五德，当时相传周以火德王，重仁义道德，故胜周而代之者必为水德以克火，而以水德王者必严刑峻法、刻削寡恩。秦始皇即明确宣布以水德王，实行暴力征战与统治，自觉地宣示自己代周的历史必然性。这样用比附自然的方法构建起来的历史观念，既反映了当时居于统治地位的时代精神，也显示了历史发展变化中的"常"或必然性，因此又是一种历史理性形式的呈现。

秦以武力统一六国，成就辉煌，但是也因为暴政残民，国祚短暂。汉取代秦以后，再次进行反思，对秦政必须作批判性的取舍。两汉诸子在这一方面的论述甚多。如果择其要者而言之，那么两汉时期占经学统治地位的公羊学说可以作为主要代表。西汉时期的董仲舒提出以夏商周三代为典型的三统说，即夏主忠、商主敬、周主文，并以为历史即按此周期演进而螺旋进展。司马迁撰《史记》即以董生说为主要的理论依据。

东汉何休据《公羊传》将《春秋》分"所见"、"所闻"、"所传闻"三世而立三世说，即"衰乱世"（内其国而外诸夏）、"升平世"（内诸夏而外夷狄）、"太平世"（夷狄进至于爵，天下远近大小若一）。何休之三世说以儒家推己及人之伦理为理论基础，将历史解释为人性展开的三个阶段，亦即从衰乱而升平而太平的大同世界的必然进程，明确标志了中国历史理性的成长或历史哲学的发生。

在古代西方，情况与中国有所不同。当希腊人在公元前8世纪走出荷马时代的时候，他们对迈锡尼文明的一知半解已经落在一片神话的笼罩之中，从而也感觉不到什么重要的历史因果联系。当人们的理性随着文明曙光的重现而觉醒的时候，它批判的对象固然也是对于神的迷信，可是这种迷信与中国殷代国王迷信的天命不同，古希腊人最初的理性锋芒所指向的是神造世界万物的神话。

公元前6世纪，自然哲学家们抛弃了神作为万物起源的说法，力求从自然界中寻求一种作为万物本原（arche）的东西。例如泰勒斯主张万物来源于水，而最终又回复到水，赫拉克利特主张万物来源于火，而最终又回复到火，等等。这些自然哲学家们的主张基本上是唯物主义的，他们努力在不断变化的万物中寻求一个本身不变的东西，即本原。从变中求不变，从变中求常，这当然是一种理性追求的表现。不过这样以一种或数种物质作为万物本原的说法，无论如何总十分牵强，难以具有强大的说服力。

巴门尼德沿着追求本原的方向前进，可是他所找到的却不再是具体的事物，而是抽象的"存在"（或译为"是"或"有"）。他以为，"存在"就是抽象的"壹"，至大无外，亘古不变。如果说原来的自然哲学一般都是建立在经验归纳的基础上的，那么巴门尼德的哲学已经转而建立在逻辑抽象的基础之上了。

到了希腊古典时期，苏格拉底、柏拉图、亚里士多德三大哲学家沿着逻辑理性的发展道路，把希腊哲学推进到了巅峰。这个巅峰也是整个西方古代哲学的巅峰。关于整个西方古代哲学的总体情况，本成果第三编有一篇比较系统的介绍，此处恕不备述。

本研究所要重点讨论的是：沿着逻辑理性的发展道路形成的希腊古典哲学传统对于历史学理论产生的重大影响。自从巴门尼德把"存在"的概念看成唯一的思维对象后，感性所能及的对象便被排除在理性思维之外。人类的历史当然不可能是抽象的纯粹的"壹"，而且至大无外、亘古不变，于是历史自然也就被排除在理性之外。变化无常的历史岂有理性可言？在巴门尼德的理解下，"历史理性"一词本身都将成为自相矛盾的悖论。柏拉图把认知对象分为三类：存在的、不存在的和既存在又不存在（即变化不定的）。对于存在（如"相型"，idea，旧译"理念"），人们可有知识（永恒的知识）；对于不存在，人们只能无知；对于变化不定的（感性所及的世界），人们就只能有"意见"。因此，历史作为变动不居的对象，人们从中所得的也只能是等而下之的"意见"。应该说亚里士多德本人还是很重视历史研究的，他还有若干历史著作。可是他在《诗学》中仍然明确强调，最高级的著作是哲学之作，因为它涉及永恒的真理；其次就是诗篇之作，因为它虽不涉及具体真实的人物，却体现着通常合乎情理的关系；再次才是历史，因为它所涉及的是具体的个人或事件，它的真只能是一次性的（说亚里士多德存在过，这个判断只能对他存在一事为真）。于是，在亚里士多德那里，历史学在学术领域内获得了三等学术的地位。由此可见，希腊的逻辑理性在多大程度上压抑、排挤了历史理性的存在空间。

在中国古代，情况就大不相同了。先秦时期五经诸子之学为最高级的学问，汉代独尊儒术以后，经学（其实已经融合了许多子学的成果）长期处于学术中的最高地位，与哲学在希腊或古代西方的地位基本相当。究其原因，在于经学本身即是理性之学。如果从字源上说，"经"的本义为"常"，经学就是关于常道之学，所以当然是理性之学。"经"还有经营之义，所以经学又是经世致用之学。这样一来，就产生了一个问题：经世致用是必须应对变化发展中的现实世界的，不变的常道如何才能应变致用呢？所以在经学本身的理论中必须有"经"与"权"的结合，在经学研究中需要凭借的不仅有逻辑的推理（西方古代哲学所凭借的只有逻辑推理），而且必须结合另外一种以既常又变为研究对象的学问，这门学问恰好就是历史学。因此，在中国学术传统中，史学与经学是长期紧密结合在一起的。从变中深究出"常"，从"常"来理解"变"，这就是中国的历史理性与古代西方的逻辑理性的区别之关键所在。

在第三编的两篇综述里，作者分别简述了中国古代经子之学的发展大略，指出了两种理性形成的大致历程。由于在理论的层面，西方并无历史理性的呈现（在西方，这要等到康德以后，最早也要等到维科之后），所以在专论部分就没有专门讨论西方的文章，而只有论述中国古代历史理论的文章，看起来这似乎是一种缺陷。不过作者在关于古代中国历史理论讨论的文章中已经作了若干必要的比较研究，也许这也可以作为某种补苴吧。

三、成果的学术创新、应用价值以及社会影响和效益

1. 主要创新点

（1）首次在亚里士多德相关思想的基础上，对"连续"和"断裂"这两个概念进行了深入的分析，并用以研究中西文明发展的连续性问题，对西方文明发展以断裂为特征，中国文明发展具有连续性的特点作了理论上的说明。

（2）在悉心研读理解原著的基础上，揭示了黑格尔历史哲学以自由为内容的精神发展观与真实历史发展过程的背离。

（3）系统研读马克思、恩格斯相关著作，深入理解社会交往与历史发展之间的辩证关系，指出人类社会之间横向的交往决定了纵向的历史发展，而纵向的历史发展又成为横向的每一个社会发展的前提。在此基础上，对中国历史的连续性与统一性的辩证关系作了具有创新意义的理论阐述。

（4）从中西比较的角度，在历史、史学和史学理论三个层次上对论题展开论述，这是学术界的首次，因而具有创新意义。

（5）综合以上诸点，在理论上对黑格尔关于中国历史的曲解和误解及其欧洲中心论作出了迄今为止最有理论力度的批判，把有关黑格尔历史哲学的批判推进到一个新的阶段。

2. 学术价值及应用价值

（1）系统阐述了连续和断裂的含义及其异同，为正确认识历史连续和断裂问题提供了新的理论方法。

（2）揭露了黑格尔历史哲学关于精神自我发展理论的实质，有助于挖掘黑格尔曲解中国历史的理论根源。

（3）深刻阐述了唯物史观关于社会横向交往与纵向发展之间的辩证关系，有助于切实掌握马克思主义历史发展的科学理论。

（4）在历史、史学和史学理论三个层次上对历史发展的连续性和统一性的关系作了总体思考，有助于树立科学的历史观和文化发展观。

（5）以娴熟的比较研究，充分论证了中西历史文化在连续和断裂问题上的异同，为历史比较研究提供了一个成功范例。

（6）通过平等对话，对欧洲中心论作了系统而有力的理论分析和批判，使中国的史学理论研究达到了一个新的高度。

（7）本成果可以作为高校历史学教学工作的重要参考资料，并且对于推进中西古代历史、史学及史学理论的比较研究，有重要的意义。

3. 社会影响及效益

本课题的前期研究成果及相关研究成果，已获全国普通高等学校优秀教材奖、北京市哲学社会科学优秀成果奖；被《新华文摘》、《中国社会科学文摘》、《高等学校文科学术文摘》、人大复印报刊资料等转载共计 39 篇，在学术界产生了较大的影响。

《"儒教国家"日本的实像》概要

李　卓*

一、研究的目的与研究方法

　　很长时间以来，人们常常用"儒教国家"、"儒家资本主义"的说法评价日本，这些概念来源于上世纪 80 年代，欧美学界在探讨包括日本在内的东亚诸国经济成功原因的过程中对儒家文化价值的重新认识。在这样的语境下，很多人似乎形成了惯性思维：日本文化源于中国，中日"同文同种"之说广为人们所接受。本研究认为，如果把战后日本经济繁荣与儒家伦理联系起来的话，那么上世纪 90 年代以来日本经济的衰退已经用事实证明了这个说法是个伪命题。在"儒教国家"、"儒家资本主义"热渐趋冷却之后，我们应该冷静探讨的是：日本究竟在什么层次上和多大范围内接受了儒家伦理？甚至可以追问一下：日本民族的精神支撑究竟是不是儒家思想？

　　受方兴未艾的中国社会史研究的启发，作者尝试从社会史的视角考察日本社会与日本文化。所谓社会史研究，是研究历史上的社会结构与日常社会生活，及其所反映的社会意识的运动体系。社会史是历史学的一门专史，其研究重点是人际关系和群体关系，如血缘关系、婚姻关系、家族关系、地缘关系、业缘关系、等级关系、阶级关系，等等。通过对社会史的考察，可以更清晰地了解特定社会、特定时期的社会现状、社会发展及进步的过程。

　　本研究主要从社会史的视角考察日本文化与社会，在写作过程中，力求

　　*　李卓，南开大学教授，博士生导师。

以历史唯物主义为指导，同时吸收法律、伦理学等方面的理论，尽量采取宏观分析与实证考察相结合的方法，对日本社会结构的演变，身份、等级制度的演变，家制度与家伦理对日本社会结构、日本人行为方式的影响，缺乏社会改革的日本近代化及其后果等一系列学界迄今较少涉足的问题进行了探讨与分析。

在日本的历史发展过程中，确曾受到儒家文化的影响。但是，作为一种引进的外来文化，受文化输入国的社会环境及传统文化的影响，与输出国的文化产生变异，甚至受到排斥都是不可避免的。更何况在日本历史发展过程中，儒家文化到底何时才开始对日本人真正产生影响，还需要根据历史事实做出客观的判断。这就需要认真考察日本文化的风土——作为文化承载者的人群的状况，诸如社会结构、社会组织、社会等级等，这就是社会史研究的任务，也是本成果的目的。

二、成果的特色与创新

从社会史视野考察日本文化与社会，在学术界尚不多见。本研究的特色是：

第一，进一步阐明了日本历史的真实，以加深国人对日本人与日本文化及其特性的了解。以往日本社会史研究一直处于薄弱状态，使我们对日本历史上的许多问题欠缺基本了解，以致习惯用中国文化思维看待日本（日本人也同样用自己的思维评价中国）。本研究力图通过对社会组织、社会集团、社会控制、生活方式、人际关系等方面的论述，阐明日本社会发展过程中的真实情景和日本人的实际生活。重点对日本的身份等级制度、家族制度等对国民性的形成具有重大影响且独具特色的问题进行了分析与研究，在一定程度上弥补了迄今日本研究中的不足，为日本制度史、文化史等领域的研究提供了依据，也向越来越多关注日本的人展现了一个更全面、更真实的日本。

第二，针对所谓“儒教国家”说、“中日同文同种”说，从社会史的视野分析日本的“非儒”特征及中日文化的差异。长期以来，中日文化在表面上的相似往往掩盖了文化内涵上的不同，从而影响中国人对日本的认识。本研究认为，客观地分析中日文化与社会的差异及日本文化的特性，比仅仅强调中日文化的共性更重要、更有意义。以往学界对日本儒学的研究成果颇丰，但往往是基于学理的研究较多，基于现实的分析欠缺。本研究力图通过对日本有别于中国的历史发展进程及社会制度、伦理观念的分析阐述，来说明日本历史上各阶段对儒家思想与儒家伦理只是"各取所需"，对其加以改造者有之，彻底拒绝者亦有之；中日文化相同之处大多表现在物质文化、表层文化方面，而在精神文化、深层文化方面则有颇多不同。进而尝试解开这样一个谜题：为什么同属"儒家文化圈"的中日两国在近代以来遭遇西方力量的压迫与挑战时，采取了明显不同的选择，以至于两个国家走上了截然不同的道路。本研究有助于厘清"日本是儒教国家"、"中日同文同种"的流行观点对人们的误导，从而认识中日两国文化的差异。

第三，研究日本社会史的现实考量。由于中日两国源远流长的交往历史，很多人自然而然地认为"同文同种"的中日两国之间不应该存在文化壁垒，彼此之间应该很容易沟通理解。但是现实情况却恰恰相反，越是认为中日文化相似的人，在现实中反而越容易碰壁，甚至产生困惑和不解，这些都与互相了解不够有关。近年来中日摩擦不断发生，实际上也包含文化摩擦的因素。如果从社会史的角度进行考察，会对直接影响当今日本人行为方式与心理特征的传统因素，诸如权威政治、等级观念、世袭政治、集团主义等问题加深了解，故本成果的面世亦有一定现实意义。

本研究的出发点是通过对日本社会史的考察，通过研究日本人民在不同历史时期的社会存在状况，尤其是他们在固有社会秩序基础上对外来文化的受容状况，来回答所谓"儒教国家"的日本究竟是什么样的社会，在倡导中日两国友好时常常使用的赞美之词"中日同文同种"究竟有多少实际意义。不敢奢谈"创新"，只是从人的角度、人际关系的角度、社会集团的角度，对以往制度史、文化史研究中很难涉及的社会结构变化，不同时期日本社会的状况，与中国完全不同的世袭制度、身份等级制度、家制度等内容进行了探讨与分析，揭示日本社会的"实像"。由于迄今为止研究日本社会史的著述不多且相对分散，系统性强的著述亦不多见，相信本成果的出版会对国人进一步深入认识与了解日本人及日本社会有所助益。

三、成果的重要内容

本成果的时间范围是从大和时代到近代，个别问题涉及战后至今。全书共分十一章。

第一章“大和时代：日本社会的原点”，介绍大和时代日本社会的本来面貌。不管后来日本人如何努力吸收中国文化和西方文化以改变自己，大和时代已经形成的作为日本社会与文化本质的内容始终没有发生根本性变化：皇室之兴衰，已经凸显了这个千年皇室作为象征而存在的命运；氏姓制度奠定了日本社会等级制、世袭制的基础；部民制是集团性统治的突出体现。

第二章“律令时代中华文明对日本的影响与结局”，第三章“律令时代日本固有社会秩序的延续”，是对深受唐代文化影响的律令时代的社会状况的剖析。通过对班田、户籍、科举、官位、历法等作为中央集权制度重要组成部分的制度进行分析，指出律令时代在唐代文化的影响下脱离了日本社会的原点，但是，引进的中央集权制度在与原有社会秩序的冲突中，经历了短暂的辉煌后终归于衰落，一些制度重又回归传统。由于当时社会发展水平与唐朝相去甚远，日本对外来文化的吸收与模仿是建立在其固有社会秩序基础之上的，即使在唐风劲吹的时代，中日两国的社会差异也已经显现出来。

第四章“军事贵族执掌天下的幕府社会”、第五章“身份、等级制度与幕府时代的统治秩序”、第六章“幕府时代社会特征：家制度”是本成果的重点，阐述了从镰仓幕府成立到明治维新，武士统治日本近700年之久的社会特征。武家政权是日本历史上存在时间最长的政权形态，而且直接与现代日本社会相联系，在此段历史时期，日本在社会制度、社会秩序、道德规范方面与中国渐行渐远，现代日本社会中纵向社会、集团主义、家族主义、权威主义等，都逐渐形成或趋于成熟。在武家社会后期，尽管儒家思想被大力推广，但因其社会基础与中国不同，儒家思想的影响与作用程度也不能与中国相提并论。

第七章“文明开化与近代日本社会生活的变化”、第八章“近代身份制度的重组”、第九章“家制度在近代的延续”、第十章“家伦理与近代家社会”、第十一章“日本女性社会地位”是近代社会史的内容，论述近代日本人生活方式的变化，以及日本近代化过程中缺乏社会近代化的后果。既对日本人在面临西方文化冲击的时候能够较早冲破儒家文化的束缚，实现社会转型作出客观评价，也根据充满不平等的身份制度和家制度在近代的延续，对根深蒂固的封建传统因素进行批判。

最后的"结语与思考"是对成果全部内容和笔者基本观点的总结。

四、成果的重要观点

1. 不要掉进"儒教国家"的陷阱

日本是"儒教国家"吗？本研究认为，当我们在考察儒家文化对日本的影响时，不能忽视历史，得出超越时空的判断。据记载，公元 5 世纪初就有儒学经典传入日本，但还仅仅停留于皇室、贵族学问的层面，并未能渗透至文化的深层，并随着皇室、贵族的衰落而丧失了继续发展的基础。至于儒家的人伦道德规范因为与日本社会格格不入，长期处于被排斥状态（如同姓不婚、异姓不养、辈分秩序等都受到忽视）。就外来文化对日本影响的程度来讲，佛教要远远超过儒学。直到江户时代，德川幕府为强化幕藩体制，儒学始成正统思想体系。而此时代表日本社会特征的强权政治、身份制度、主从关系、家制度、世袭体制等都已经制度化，这些内容有些已经偏离了儒家伦理，有些甚至与儒家伦理相悖。只有作为政治理念的"大义名分论"和作为道德规范的忠孝伦理等有利于统治的内容，才被幕府作为思想武装。从时间上说，以儒家学说为正统的精英政治理念是在 17 世纪以后才逐渐形成的；从内容上说，日本人对儒学所采取的是各取所需的态度。所以，只能说日本是深受儒家文化影响的国家，而非"儒教国家"。只有看到这一点，才能解释为什么东方国家的近代化首先发生在日本，而不是儒家文化的故乡——中国。

日本社会的发展一直处于外来文化的影响下，通过吸收外来文化来改造本国文化，促进自身的发展，是它开放的一面。同时，深入骨髓的岛国意识又造成日本人强烈的保守性与排他性。历史上日本人无论怎样吸收外来文化，都不曾动摇日本文化的根基。与深受佛教文化影响，却不能说日本是佛教国家，深受基督教文化影响，却不能说日本是基督教国家一样，日本深受儒家文化影响，也不能说它是儒教国家。在一定意义上甚至可以说，正是由于受儒家伦理的约束较轻，在面对近代化挑战时，日本所遇到的障碍才比中国小得多。

2. 古代中日两国在社会结构上存在明显差异

本研究在探讨日本社会结构演变过程的基础上得出结论，虽然中国与日本在历史发展进程上"分道扬镳"表现在近代，但两国在政治经济结构与社会文化传统方面的差异实际上早就表现出来。本研究将历史上日本对中国文化的吸收归纳为四种类型。第一种是积极吸收模仿型，主要表现在物质文化、表层文化方面；第二种是先模仿后放弃型，主要表现在制度层面；第三种是拒绝不受型，主要表现在生活方式、风俗习惯、"国体"方面；第四种是吸收改造型，主要体现在思想、伦理道德方面。由于这四种形态并存，中日文化与制度的一些内容在表面上大同小异，实际上却截然不同。如取中国的"士农工商"，却把职业划分变成身份制度；同样以家族为社会基本单位，却忽略了血缘因素、平等因素，独创了以家业为中心、忽视个人利益、强调纵式延续的家制度；同样重视集团主义，却把中国以孝为本的集团主义改造成以忠为本的集团主义。儒家社会的精神价值和社会制度是中国的创造，日本是这种文化的引进者，由于两国人文风土、社会结构并不相同，差异的存在不可避免。只有透过表象看本质，才能了解中日两国社会结构与文化传统的差异。

历史上中国对日本影响最大的制度莫过于隋唐时代的中央集权制度。中国中央集权制度的主体是文官官僚制度，也是儒家伦理的制度体现，与之相对应的是中国古代社会的基本社会矛盾，主要是在皇权—士大夫官僚—农民的基本结构中展开的。而日本历史上的政治主体却主要是贵族集团——从大和时代的氏姓贵族到律令时代的文官贵族再到幕府时代的军事贵族。日本历史上的社会基本矛盾，基本上是在统治阶级内部（上至皇室、贵族，下到武士、大名及其家臣）的集团之间展开的，中央集权制度因此而较早瓦解，日本社会阶级矛盾虽然存在，但被包容在统治阶级内部的矛盾对立中而得不到凸显，日本始终不曾发生像中国那样大规模的农民动乱，这是日本历史的突出特点。正因如此，在日本历史上的大多数时期，社会秩序相对稳定，经济建设有较为和平的环境，文化得以有效传承。了解中日社会结构的差异，是我们了解日本历史的前提。

3. 应正视古代中华制度文明的影响淡出日本

以往的日本历史研究中的一个明显倾向是自豪于古代中国文化把日本从蒙昧引向文明，日本模仿隋唐制度文化改变了自己的落后面貌，而对中华制度文明在日本存在的时间非常短暂这一事实却没有更深地去探究。本研究对模仿唐制的班田、户籍、科举、官位、历法等制度的实施状况进行了考察，指出中华制度文明在日本很快就被固有的社会制度所取代。其根本原因是外来的制度未必适合日本社会的风土，这些引进的制度在日本一开始就"水土不服"，大一统的中央集权制度在经历了与原有社会秩序的冲突后，最终走向衰落。也可以说，律令时代这段历史在外来文化的作用下脱离了日本社会的原点，在经历了与固有传统的博弈后又重回自身的轨道。从平安时代起，日本在大规模吸收唐文化之后，在基本社会秩序方面脱离汉文化圈、回归固有传统的倾向日益明显：天皇、皇室衰落到极点，贵族（从文官贵族到军事贵族）执掌天下，社会控制回归集团式统制（从族制到家制），等级身份制度大行其道。正因为日本社会结构和社会矛盾与中国不同，尽管它在表面受到中国文化影响，呈现出某些与中国相似的表象，实际上却走上了与中国完全不同的发展道路。毫不夸张地说，日本的"入欧"始于明治以后，而"脱亚"——"脱华"在平安时代就已经开始了。

　　肯定中国文化对日本的影响是必要的，而正视中华制度文明淡出日本也是必要的，唯如此，我们才能客观看待别人，最终正确认识自己。

　　4. 日本历史与贵族制度相伴始终

　　考察日本社会史，可以发现日本与中国明显的不同是从未建立起中国那样的平民社会。日本是不崇尚革命的国家，它不仅有世界上最古老的皇室，也曾经有历史最悠久的贵族。日本自古就有贵族传统，由于其势力强大，科举制度在日本仅是昙花一现，科举之废表明皇权与文官官僚制度联合治理的政治结构在日本无法立足，而离开科举制度来谈中国与日本古代社会的相同或者相似，几乎没有任何意义。日本的贵族①包括两种：一是服务于朝廷的文官贵族，一是幕府时代的军事贵族——武士，这两类贵族在不同的时期主宰历史。明治维新后，出于建立天皇制政权及"皇室的藩屏"的需要，把昔日在立场、观念、习惯等各方面都形同水火的公卿贵族与诸侯大名集结起来，再加上维新中的功臣，产生了近代新贵族——华族。直到战后民主改革，贵族才彻底退出历史舞台。贵族的存在对日本民族性格的形成有着十分

---

　　① 关于"贵族"的界定，以往仅限于律令时代的公家贵族。本研究则指出，幕府时代掌握政权的武士实际上也是贵族，幕府将军本身就与皇室有着千丝万缕的联系，他们与朝廷的文官贵族相比，不过是崇尚武力而已。

重要的作用。可以说文官贵族的文化与教养同武士的武勇与忠诚相结合，构成了日本民族性格的重要内涵。由于日本历史上经历了近 700 年的幕府统治，且武士道在近代社会影响深远，故武士的光芒遮掩了文官贵族，以往的研究中，学者们也将关注的目光较多集中在武士身上。本成果不仅对军事贵族——武士从产生到消亡的过程进行了重点论述，也对文官贵族的兴衰有所涉及，进而对近代以后的新贵族——华族进行了论述，以说明日本社会贵族传统的根深蒂固。鉴于目前存在的认为有钱人就是贵族的认识误区，本成果特意设了"贵族的教养"一节，阐述律令贵族的贡献在于他们通过学问与教养形成一种文化底蕴，在中世武家统治的文化黑暗年代传承了传统文化，贵族在文化传承上的意义要大于其执掌政权的意义，以说明真正贵族的品质一是保持传统，二是具有文明的教养。

5. 身份、等级制度的再认识

日本不仅有贵族制度，而且有身份制度及等级制度，在江户时代达到顶峰。身份制度是把某些人群置于与生俱来的职业、社会地位，并从法律上加以固定的一种普遍的社会秩序，这种身份一旦固定，便世代继承，难以改变。等级制度是把所有人或团体分成不同的等级，各个等级所拥有的权利不平等，权力掌握在少部分人手里。在前近代，世界上大多数国家存在等级制度，但未必存在身份制度。而在日本，严格的身份制度是日本封建社会的重要特征，同时，这种身份制度是与等级制度紧密结合在一起的，这是日本社会的独特之处，也是与中国在社会结构方面的主要区别之一。源自古代中国的士农工商职业区别在日本被推到极致，成为不可逾越的身份制度。不平等是身份、等级制度的核心，是应该批判和彻底否定的，但同时也应客观评价其历史作用。通过社会史的考察可以看到，恰恰是身份制度这一以维护武家统治为出发点的制度建设，最终成为瓦解德川武家政权及封建生产关系的重要因素。从身份制度的直接结局来看，身份壁垒把士农工商封闭在不可逾越的职业领域，最先受到损害的是脱离了生产资料的武士本身，由于大批武士的贫困造成主从关系体系的坍塌，最后导致了堡垒——幕藩体制从内部被攻破。另一方面，町人及商人成为身份制度的最大受益者，身份制度的实施在客观上为他们消除了竞争者。维护武家统治的身份、等级制度自产生起，就培养了自己的掘墓人。身份制度还产生了另一客观效果，即权力与财富并没有被某一身份的人垄断。至富不等于至尊，至尊不等于至强，至强不等于至富，由此形成日本社会的特色——权力与财富并不具有一致性。这样的社会基础较容易抑制腐败的发生。另一方面，身份制度在客观上对社会发展产生了作用，由于每个身份都没有向其他身份转化的预期，社会难以流动，每个阶层的人只能服从命运的安排，在属于自己的领域求得生存与自我改善，在客观上造成江户时代农业发展、商业繁荣，豪农、豪商脱颖而出。伴随社会的多元化发展，多元文化价值观随之产生，用于自律的"武士道"、"町人道"等道德观念产生了类似宗教戒律般的效果，"各安其分"的思想也就有了存在的基础。由于人们普遍习惯于按照自己所属的身份序列行事，在各自的职业中勤奋工作，社会秩序得以保持稳定，社会发展的成本大大降低，整个社会保持着较高的工作效率。在当今社会，走进日本人的生活就会发现，身份、等级制度虽然早已消失了，但身份、等级意识仍然顽强地存在。

6. 家制度与家社会的特色

本成果用较大篇幅阐述了日本家制度的特色与功能。家族伦理是儒家伦理的核心。中日两国虽同是以家为社会组织基础的国家，但两国的家在结构与功能、家族伦理等方面都存在着明显的差异，强调家业纵向延续、实行财产一子继承的家督继承制，让老弱或人品不佳的家长退位以对家长实行制约的隐居制，以没有血缘关系的养子继承家业的模拟血缘关系等都是与儒家伦理背道而驰的，在此基础上形成的伦理体系与道德准则也与中国相去甚远。日本的家制度与家族伦理有着不平等、亲情淡漠等特点，但是在特定的历史时期，从其客观效果上看，又存在着有利于事业发展的积极因素。近代企业的发展，大量长寿企业的存在已经充分证明了这一点。

明治维新后，对不平等的家制度并未进行彻底改革，反而通过民法加以肯定。借助法律的强制，在封建时代仅仅盛行于武家社会的家制度与家伦理成了全体国民的家族生活准则。从经济的角度而言，传统家制度在一定程度上适应了日本的资本主义工业化进程，而从政治、道德、法律的角度而言，家制度带给日本人的只有不平等，而且家庭内的不平等还迫使人们去接受整个社会的不平等。

家族的社会集团化与社会集团的家族化是日本社会的特征。日本的家具有超血缘的特色，其本身就是一个独特的社会集团。这种家族结构被扩大到社会生活当中去，便形成了社会集团的家族化，无数这样的集团构成了社会和国家。在日本，几乎所有社会关系中的主从关系、上下级关系都可以用"亲子"概念来形容和解释，整个社会结构就是按照家的形式来组合的。家族伦理与国家伦理相通，乃至实行家族政治，曾经是幕府封建统治的特色。近代日本的统治者也利用传统的家族伦理进行国民统治，为维护天皇制和推行对外侵略扩张政策而极力鼓吹家族国家观。家族国家观在天皇专制主义体制的表面蒙上了一层家族关系的外衣，因而颇具蛊惑性和欺骗性，使长期生活在家族社会、惯于服从的日本人唯命是从，并积极投身于对外侵略战争。家制度在适应并促进近代日本资本主义经济发展的同时，在政治上成为天皇专制主义意识形态的支柱，严重束缚了日本人的思想和行动，导致日本政治进入误区。日本在第二次世界大战的失败，几乎将近代经济发展的成果彻底葬送，故人称日本的家制度"功罪参半"。

7. 日本的近代化是缺乏社会改革的近代化

近代化是指从传统农业社会向工业社会转变的长期历史过程，它是一场深刻的、全面的社会变革，不仅仅是指经济和技术的近代化，还包括社会的近代化，也就是说，在近代化过程中，经济技术的发展是核心，人的近代化是主题，两者同等重要。

日本是近代以来亚洲国家中率先实现近代化的国家。明治维新以后，日本在生活方式上积极向欧美国家靠拢，并取得了令人瞩目的经济发展。但是日本社会的近代化未能与经济的近代化同步而行，最明显的表现就是封建时代的身份制度、家制度等被保留下来。明治维新是由一群不满幕府统治的下级武士发动的，他们根本不想进行彻底的社会变革，只想以固有的封建传统去拥抱西方的科学技术与物质文明。所以，在大力移植西方先进科技的同时，极力维护本国的传统文化与道德。就身份制度而言，明治新政权并未革除身份制度，只是为缓和各种社会矛盾，对身份制度进行了重组，以皇族、华族、士族、平民四种新的身份取代了江户时代的士、农、工、商，并在"四民平等"的招牌下继续演绎着新的身份差别。事实上的不平等使统治者为所欲为，民间的求稳怕变被视为软弱，人权遭到践踏，社会政策的立法大大推迟，劳动条件始终徘徊在最低水平，政府对社会保障漠不关心。虽然日本实现了经济的近代化，广大民众却付出了巨大代价。总之，前近代社会生活中的不平等在近代社会依然延续，长期束缚日本人的政治生活与精神生活。本应在明治维新过程中完成的废除身份制度及家制度的任务，是经过战后民主改革才最终完成的。

谈近代化，仅强调工业化和经济近代化是不够的，一个国家，如果它的国民没有从心理、思想和行为方式上实现由传统人到近代人的转变，使之具备人的近代人格与品质，就不可能成功地从一个落后国家跨入近代化国家的行列。社会的近代化，主要是人的近代化，离开了人，近代化就无从谈起。除了人与自然、经济与人文的关系，人在社会上是否受到尊重，是否能够发挥和行使个人的权利与义务，是否获得最好的发展空间，是否拥有最完善的制度保障，也是近代化发展程度的重要指标。明治维新后建立的政体是"神权的、家长式的立宪政体"，国民不是近代国家的国民，而是天皇的儿女与子民；没有真正的自由与民主，高度普及的近代教育体制，培养的却是天皇的忠顺臣民。这个缺乏理性的庞大的忠孝群体，是战前日本军国主义疯狂对外侵略的社会基础。一系列对外侵略战争，使日本经济近代化的成果几乎丧失殆尽，这就是缺乏社会近代化所付出的代价。

《东南亚古代史》概要

梁志明[*]

一、研究的目的、意义及所使用的研究方法

中国学术界历来就有研究东南亚历史的优良传统，我国古籍中保存着浩如烟海的有关古代东南亚历史的记载，是世界东南亚历史研究的珍贵史料。20 世纪以来，中国的东南亚研究取得了不少成果。但是，由于东南亚民族众多、语言和宗教文化多样，历史上受到多种外来文化影响，各国历史及其与东南亚整个地区历史发展的关系相当复杂，尤其是当地古代历史资料遗留甚少，文字记载不详，因而东南亚古代史的研究难度颇大。

迄今由我国学者编撰的东南亚地区史大多是在近现代史领域，还没有一部完整的东南亚古代史著作出版。然而，不了解古代，不可能对近现代的发展有深刻的认识，只有"厚今"而不"轻古"，才能推动我国东南亚学研究全面均衡地发展。

由于不断有新的考古发现，有中国古籍的丰富记载以及古代碑铭译注的出版，加之国内外史学家经过多年的收集、积累，编撰了多部东南亚古代史籍和论文，为中国的东南亚历史学界撰写一部比较完整的东南亚古代史提供了条件。

研究者在前人研究成果的基础上，利用掌握当地语言文字等有利条件，

---

　*　梁志明，北京大学东南亚学研究中心主任，教授，博士生导师。

发挥团队合作的力量，利用和发掘西方国家和东南亚国家的资料，包括考古发掘的原始资料等，运用历史学、考古学、东方文化学的基本理论以及比较史学的方法，通过集体协作，开展有组织的研究。经过近六年的共同努力和反复修改，终于完成了《东南亚古代史》两卷本的撰写。它既是地区史与国别史撰写方式相结合的一种尝试，也是将历史与文化发展相结合的写作尝试，本成果力求弥补古代亚洲地区史研究的薄弱点，推动古代东南亚地区史研究的发展，并成为我国东南亚研究的重要学术成果。

毗邻中国南疆的东南亚国家与我国山水相连，有着悠久而亲密的历史联系。东南亚地处东西方交流的要道，历来是世界战略要地，其研究的重要性是不言而喻的。通过梳理东南亚古代历史发展脉络，对东南亚诸王国兴衰的历史经验作出归纳与总结，并对重要的历史事件与人物给予适当的评析，有助于读者更全面地了解当代东南亚的发展，并增进我国与东南亚邻邦的睦邻友好关系。这将使本成果具有较高的应用价值，产生良好的社会影响。

二、历史分期

以往史学著作的传统是以王朝的更迭断代为线索，采用王朝体系说。后来又依据社会进化论学说来划分历史发展的阶段。从 20 世纪 20 年代起，随着唯物史观的传入，以社会形态学说为历史分期标准，从经济、政治、社会、文化各个方面全方位综合考察的新范式日益流行。20 世纪 80 年代以来，中国史学界在吸纳、借鉴国外学术研究新成果的基础上，重新审视了"文革"前的研究，提出了一些新的史学理论与范式。例如，吴于廑先生与齐世荣教授合作主编的六卷本《世界史》突破了以往世界通史的模式，以唯物史观为指导，强调世界历史的纵向发展与横向发展，重构世界史的宏观体系，体现出"从分散向整体的发展史观"，并从历史实际出发，在分期断代方面突破了原先以政治兴替或以重大事件为分期标准的传统。在现代化进程研究中，罗荣渠先生剖析了"五种生产方式依次更替"的单线范式，指出人类社会发展有一个基本规律和发展趋势，但各个地区和国家之间所处的地理生态环境不同，经济、政治状况和文化、宗教的发展均有差异。他提出并阐释了"一元多线发展论"和多因素论，并将其建构为一种新的史学范式的基础。我们认为东南亚地区也不应例外，这个地区的社会发展很不平衡，用单线发展论的标准来划分世界各国和东南亚地区的历史分期是与历史实际情况不符的。陈序经先生在论说东南亚历史分期时曾说："在东南亚历史上有原始社会，有奴隶社会，也有封建社会，可是若把整个东南亚的历史分为原始社会、奴隶社会与封建社会，那也是困难的。因为除其早期历史都处在原始生活的状态以外，我们不易划分从某个时代到某个时代都是奴隶社会，从某个时代到某个时代都是封建社会。"又指出："其实，不只整个东南亚的历史，难以这样划分，其实就是任何一个东南亚的国家，也难于这样的划分。"由于东南亚社会发展的差异性与多样性，带来了东南亚历史分期的复杂性，我们认为陈先生的分析是中肯的。

在分期断代方面，本研究从历史实际出发，没有采用社会形态变迁的传统分期方式，也没有采取有的西方学者以"印度化王国"的建立和发展为标志的分期方式，而是采取以古代东南亚国家的形成、发展与兴衰来划分古代东南亚社会历史的发展阶段。

关于东南亚古代史的起点问题，中国学界有基本的共识，均认为东南亚存在漫长的原始社会时代，大约在公元前后进入有文字记载的早期国家建立和发展的历史时期。

国家是社会发展到一定阶段的产物，是原始社会向文明社会转变的重要标志，东南亚各国毫无例外地经历了从原始社会向阶级社会的转变，而国家的形成是一个分水岭。东南亚作为一个相对独立的历史、地理与区域研究单位，在原始社会之后出现了众多的国家，鉴于自然环境、社会经济、政治与宗教文化发展的差异性，受不同文化影响的古代国家有不同类型，半岛地区与海岛地区国家的形成、形态与发展各具特色。从地域性的氏族部落"国家"到早期王国，从君主集权国家向中央—帝制王国的演进，是东南亚国家发展的共同趋势，因而以古代东南亚国家的形成、发展与兴衰来划分古代东南亚社会历史的发展阶段，可以勾勒出其社会历史发展的基本轨迹。

至于东南亚古代史的截止时期，我们将其定位于 16 世纪初，这与国外史学界的划分是一致的。国际史学界一般是以 1500 年以前为世界古代史时期，其划分的基本依据是 1500 年前后新航路的开辟第一次把整个世界联系起来，世界开始形成一个整体。英国学者 D. G. E. 霍尔是以 16 世纪初叶为界划分的，国内学者的著作与教材大多也是以 16 世纪初叶，即 1511 年葡萄牙人入侵，攻陷马六甲为分界的。澳大利亚安东尼·瑞德所著《东南亚的贸易时代》则从经济贸易发展史的视角出发，以 15 世纪为分界，认为 15 世纪至 17 世纪东南亚的社会结构和社会生活发生了深刻转变。中国国内也有学者主要以社会形态变化为标准，把 19 世纪作为东南亚由古代社会向近代殖民地社会转变的分界线。以上划分都有其依据与道理，我们也曾拟将 19 世纪作为东南亚古代历史结束的年代，但根据多年的教学与研究，并参照国际学术界关于历史分期划分的论述，本研究最终仍决定选择 16 世纪初作为东南亚古代史结束和向近代时期过渡的界限。

因为从殖民主义历史来观察，1511 年发生的葡萄牙人占领东南亚国家——马六甲王国的事件，以及随后西班牙人、荷兰人相继侵入，标志着东南亚殖民地化进程的开始。同时，从东南亚自身的历史发展进程来考察，也可以看到此时的东南亚国家处于古代中央集权国家由盛转衰的过渡时期。虽然东南亚整个地区社会状态尚未发生质的变化，特别是农村地区仍保持着农业与手工业相结合的传统社会的基本面貌，但伴随着西方资本主义的输入和西学东渐，东南亚地区已开始出现经济、社会宗教文化的新变动，形成了由古代社会向近世过渡的某些特征。

正是出于这些思考，本成果将东南亚古代史发展阶段分为原始社会、早期王国以及中央集权王国兴衰三个发展阶段，并据此设置三编，共 19 章。

第一编：史前时代的东南亚，即原始时期（上古至公元前）。

第二编：东南亚的早期国家（公元初至 10 世纪前后）。

第三编：东南亚中央集权王国的兴起与更迭（公元 10 世纪前后至 16 世纪初）。

三、成果的主要内容

《东南亚古代史》是一部全面系统地阐述从远古至 16 世纪初叶东南亚历史发展的地区史。该书的前言为全书撰写的缘起和主旨，绪论对东南亚区域的地理环境及其影响、中外学术界关于古代东南亚的研究和东南亚古代史的分期问题作了综述。

第一编讨论了从上古到公元初东南亚史前社会的文化和民族源流，指出东南亚的原始人为尼格罗—澳大利亚人，他们是迄今仍生活在东南亚丛林地带的尼格利陀人的祖先，与从中国南方迁徙来的南蒙古利亚人种诸族群一起在东南亚史前文化的创造与发展中发挥了十分重要的作用。

距今约 1 万年前，东南亚由旧石器时代向新石器时代过渡，半岛地区比海岛地区更早进入新石器时代，磨光的梯形或有肩石斧和方角石锛、轮制陶器和印纹陶器，以及岩画等原始艺术的产生是东南亚文化的重要特征。考古发现的原始农业和稻作农业遗迹，标志着东南亚史前社会的巨大进步，说明东南亚已开始进入食物生产时期。

公元前第二个千年期间，青铜器在东南亚北部地区普遍出现，铁器也在公元前 500 年以后大量使用。造型独特的古代铜鼓说明了东南亚地区古代青铜文化的繁盛。巨石文化表现了人们对自然崇拜、祖先崇拜，以及生殖崇拜的结合，反映了东南亚原始人对自身繁衍的朴素认识和对生理现象的神秘心态。

"关于东南亚的民族形成与分布"一章阐述了史前时期东南亚众多民族经历的三次大迁徙，从亚洲大陆腹地分批迁来，并与这一地区的原始居民不断融合，大致在公元前形成了现今的多民族和多元复合文化的分布格局，指出生活在东南亚的民族分别属于澳大利亚—美拉尼西亚人、南岛语系人、南亚语系人和汉藏语系人，其中后三者均属南蒙古人种。

第一编的结语对东南亚史前时期社会文化特征作了如下归纳与概括：第一，栽培农业基础上形成的稻作文化；第二，妇女和以母性为世系的作用占有重要地位；第三，以太阳崇拜为主的自然崇拜和生殖崇拜、祖先崇拜；第四，东南亚史前文化与中国南方原始文化有着密切的关系。

第二编研讨了从公元初至 10 世纪前后东南亚早期国家形成和发展的历史。公元前后，在诸多内外因素的影响下，东南亚半岛和海岛地区都出现了一些早期国家。生产与贸易的发展是早期国家出现的最基本动力，它们大都是以生存于东南亚地区的某个民族为基础建立起来的。东南亚近邻中国与印度两大文明古国对该地区早期国家的建立产生过直接影响。从印度传入的宗教及王权观念和东南亚民族的原始信仰、习俗相融合，使东南亚早期国家的政治体制、法律与社会生活等诸多方面都受到巨大而深刻的影响。中国与东南亚早期国家民族相通，且早已有贸易、人员，乃至政治方面的往来，所以中国文化也对其产生过影响。以前中外学者对东南亚早期国家的了解大多依靠中国的古籍记载和少数有限的西方文献与考古材料，而本研究中作者尽可能利用了东南亚当地的文字材料与考古所得，正是依靠当地和境外文献的互证与比对，使得本研究对东南亚早期国家的叙述比前人所掌握的情况有了一定的提高或新意。

东南亚的早期占国大多分布在经济活动比较活跃的区域，或在贸易交通线上，或在稻米的集中产地，或在商品集散的港口、码头所在地。本成果介绍了高棉人的古国——扶南、真腊，占人的古国——占婆，孟人的古国——金邻、堕罗钵底，孟人、泰人混居的古国——哈里奔猜，骠人的古国——骠国，若开人的古国——维沙里和地处马来群岛的古国——古戴、达鲁玛、诃陵、前马达兰、室利佛逝等的政治发展、经济状况、社会文化以及宗教信仰，对其中一些古国的民族源流，如骠人的源流、哈里奔猜是孟人与泰人混居的国家等都作了有别于传统的论述。

关于印度文化与中国文化在东南亚的传播、菲律宾的早期社会组织——巴朗盖等问题均有专门论述与评析。

第二编的结语将东南亚早期国家时期的社会文化特征概括为六个方面。第一，水稻种植与产品交换：东南亚早期国家发展的物质基础；第二，村社：东南亚早期国家基层单位的广泛存在和持续发展；第三，曼陀罗制与神性国王：东南亚古代早期国家的政权体制；第四，庙宇网络：东南亚早期国家的社会控制和管理系统；第五，多元文化形态：印度宗教与本地原始宗教信仰的交织；第六，承前启后：东南亚早期国家对中央集权国家建立的贡献。

本成果第三编阐述的是公元 10 世纪前后至 16 世纪初叶东南亚古代中央集权王国的兴起与更迭，重点论述了它们的政治、经济、文化、国与国关系方面的发展变化，以及与之相联系的历史人物、重要事件和历史文化遗迹。从 9—10 世纪开始，东南亚地区各早期王国分散而立的局面被打破，新的地区强国崛起的政治局面开始出现，组成了若干个以一个民族为主体，由多个民族组成的统一王朝，表现为几个次地区强国共同控制整个地区。9 世纪的吴哥王朝、10 世纪后的越南王朝、11 世纪后缅甸的蒲甘王朝接踵而起；13世纪吴哥衰微，泰人王国素可泰王朝和大城王朝在大陆东南亚崛起；14 世纪，海岛地区的政治重心由苏门答腊向爪哇转移，麻喏巴歇王国成为跨岛的海上强国，这是东南亚由早期王国向中央帝制王国发展的轨迹。这些王国普遍实行土地国有即王有制，以及劳役地租和实物地租"租税合一"的赋税制，商业和外贸的垄断是这些国家的基本政策。在广大农村，村社制仍普遍存在，同时存在严格的等级制度。

但偏离连接东西方的海上主航道、处于东南亚地区东南角的菲律宾地区社会发展较滞后，直到 10 世纪后才出现麻逸、吕宋、苏禄等古国。这些小国远没有达到中央集权王国的规模与水平。

10—13 世纪，佛教、印度教成为东南亚各国各族的精神支柱，而南传上座部佛教（即小乘佛教）在半岛地区的广泛传播、"上座部佛教文化圈"的形成，是东南亚宗教文化的一大变动。这一时期东南亚宗教文化的另一巨大变动是伊斯兰教的输入。13 世纪，伊斯兰教在海岛地区广泛传播，不少当地人皈依伊斯兰教。15 世纪初麻喏巴歇趋于衰落，位于马来半岛南端海峡蜂腰部的马六甲王国兴起，发展成为控制了海上商业贸易的新的跨岛大国，并成为伊斯兰教在东南亚的传播中心。为对抗来自暹罗和麻喏巴歇王国的佛教和印度教势力，马来半岛、印度尼西亚诸岛的一些小国纷纷信仰伊斯兰教，从此海岛许多地区相继伊斯兰化。

本研究指出，民族文化的发展和成熟是中央集权王国兴盛的重要标志。民族文字的创制、民族历史的编纂、民族化的文学艺术的繁荣，以及具有本地民族特色文化艺术与外来文化艺术的融合，形成了多元的东南亚文化，是古代东南亚民族自主意识增强的表现。

第三编还研讨了 10 世纪至 16 世纪初中国与东南亚诸国的关系，作者对"宗藩关系"、"朝贡贸易"的性质和影响作了剖析，提出了自己的认识。"郑和下西洋"是这一时期中国与东南亚史上最重大的历史事件，作者既充分肯定其积极意义，也评析了其历史的局限性。和平的交往，人民之间的友好关系是这一时期中国与东南亚国家关系发展的主流，但也发生过几次战争和军事冲突。作者对 13 世纪元朝向几个东南亚国家用兵及其影响作了评析，客观地指出元军对越南、占城、爪哇等地的用兵均因受到抵抗铩羽而归，但入侵缅甸却成了导致强盛一时的蒲甘王国覆灭的因素之一，同时指出 13 世纪泰人的崛起和一系列泰佬族人国家的建立也是导致这一地区国家关系格局与力量对比发生变化的重要因素。但有的西方学者却夸大了元军在这一历史变革中的影响力，宣扬所谓"13世纪危机论"，显然是不符合历史实际的。第三编的结语阐述了10世纪至16世纪初东南亚社会文化的变化与特征。作者在分析了10世纪至16世纪初东南亚与印度文化联系的变化之后，分五点深入论述了这一时期东南亚社会文化的特征：政治体制与法律法规的本土化，栽培农业与贸易地位的提升，宗教信仰的改变与上座部佛教文化圈的形成，民族文字的形成与民族文学的成熟，长期融合形成东南亚民族相似的民俗文化。本成果的"终章"即结束语以"古代东南亚历史发展的基本特征和历史地位"为题，从颇具特色的东南亚史前文化，以灌溉农业和海上贸易为基础的古代社会结构，神权与王权相结合的王国政治体制，东南亚宗教文化的多样性和本土化特征，和平交往与战争冲突交替的国际关系特征和古代东南亚历史文化的重要历史地位等六个方面作了较为全面的概述和总结。

研究者还绘制了考古发掘地点分布图和古国所在方位示意图，编制了东南亚古代史大事记，并采集了若干有代表性的图片作为《东南亚古代史》一书的插图。

四、成果的学术特色

本成果以全球的视野，从东南亚自身历史的视角出发，发挥掌握多种东南亚国家语言文字的特长，汲取国内外学术界的研究成果，尽量发掘和利用东南亚国家的史料与文献，重新审视和梳理了东南亚古代史的发展脉络，全面论述了古代东南亚国家的经济、政治和国际关系状况，阐述了古代东南亚国家各民族的宗教与文化，对重要的历史事件与人物给予了适当的评析，并认真总结了古代东南亚诸王国兴衰的历史经验，冀求为撰写具有研究性和学术价值的东南亚古代地区史专著作一次有益的探索与尝试。

一是视角有新意，结构上点面结合。究竟应采用哪种观点，从哪一视角考察东南亚的历史与文化，是东南亚史研究中首先遇到的一个至关重要的问题。过去，受过印度学和汉学训练，或多或少都为欧洲殖民利益效劳的一些西方学者，往往从欧洲人的立场、殖民主义的视角观察东南亚国家的历史与文化，他们仅仅将东南亚看作欧洲对外扩张的一个延续、一块隶属于欧洲的地域，不恰当地夸大了西方对东南亚的影响，塑造了一个支离破碎、似是而非的东南亚图像。

本成果的写作从全球的视野和区域史的框架出发，将东南亚视为一个相对独立和统一的整体，并从东南亚自身历史的视角出发，努力摒弃长期主导东南亚学的"欧洲中心论"、"印度中心论"或"中国中心论"等偏见和旧识，强调东南亚文化的主体性与延续性，并从东南亚的历史实际出发，探索东南亚历史发展的不平衡性与多样性等特点。与以往出版的国别史汇编不同，《东南亚古代史》一书既有对地区历史发展的综合性整体论述，又有对各主要国家和重要事件的具体分析与专题研讨；既有对古代东南亚国家经济、政治、国际关系状况的历史论述，又有对古代东南亚国家各民族宗教文化的阐述。该书的绪论、终章、各编引言和结语等均为综合性的论述，而各编都有对东南亚各国和各地区历史的具体考察和系统阐述。这避免了以往按王朝和国家撰写历史的方法。

二是发挥了自身的特长，发掘和利用当地资料。本书作者都曾出国留学、访问或调研，分别掌握了英语、法语或东南亚国家的语言文字，如缅甸语、越南语、泰语、印尼—马来语、菲律宾语等，与有关国家的学术机构，如法国的远东学院，新加坡国立大学和东南亚研究所、南洋学会，缅甸历史研究会，越南社科院、河内国家大学，泰国朱拉隆功大学，印尼大学，菲律宾的大学与学术机构等建立了学术联系，对国外学术动态有所了解，并可直接获得与利用国外的文献资料。作者们发挥了掌握多种语言文字，特别是东南亚国家语言的特长，在吸收国内外成果的同时，尽量发掘和利用了东南亚国家的史料与古籍文献。

三是观点明确，论述有独立见解。曾经有人认为古代东南亚地区文化滞后，东南亚文化是在外来先进的影响下才发展起来的，本成果认为这种观点是不符合历史实际的。在外来宗教与文化输入之前，东南亚已有自己独特的文化，而且在史前时代已与中国华南地区有了密切的文化联系。本成果论述了稻作文化与东南亚社会的基本结构，指出东南亚的社会结构以家庭为基础，以村寨为基层组织，以农村村社的长期保存和双系继承制的存在为重要特征，并论述了妇女在东南亚社会中的重要地位。本研究参考了学界关于东南亚早期王国性质的讨论，将东南亚早期王国定位为属于次生形态的早期国家，认为它们的形成既受外来文明的深刻影响，又具有浓厚的本土化因素，并阐述了早期国家的形成、特征和演进。同时分别对东南亚大陆和海岛地区两种类型的中央集权国家的兴起、特征与更迭作了较全面系统的论述，指出古代东南亚国家的王权与神权相结合，王权神化是具有普遍性的政治统治形式。在东南亚中央集权国家形成的过程中，国家统治者的王权甚至大于神权。

四是将历史与文化相结合。在论述古代东南亚的经济、政治与社会发展的同时，对东南亚的古代文化，特别是宗教的发展作了较为充分的阐述。宗教对东南亚国家的社会生活有着广泛而深刻的影响。本成果对东南亚国家创造的以宗教文化为特色的蒲甘古城、吴哥窟、婆罗浮屠和巴厘岛等著名的文化古迹均有描述和评介，认为东南亚宗教、文化发展具有多样化和本土化的突出特征。同时，还以相当大的篇幅介绍和论述了东南亚国家之间的文化交流及其对该地区历史与文化发展的影响，诸如上座部佛教文化圈的形成与发展和东南亚海岛地区伊斯兰教化等问题。这避免了把古代历史写成单线性的政治史或民族斗争史，从而较为全面系统地勾画出古代东南亚社会发展的全貌，同时论述了在这一广阔地区，文化发展是多样的，不同地区各具特色，但有着某些共同的特征。

五是在文化交流方面，努力体现文化传播的双向性与互动性。本研究肯定外来文化对古代东南亚的深刻影响，指出东南亚的广大地区深受外来文化的影响，但不应片面夸大外来文化的影响。一方面，东南亚的发展既不是也不可能是孤立的，外来文化是影响东南亚历史进程的一个不可忽视的因素。东南亚与世界两大文明古国印度和中国的联系源远流长，深受印度文化和中国文化的双重影响。特别是由于地处东西方文化交汇和接触的十字路口，东南亚国家还受到伊斯兰文化和基督教文化的冲击。东南亚地区和国家的社会进步与文化发展打下了亚洲两大文化及其他外来文化的某些印记。拒不承认外来文化的影响，甚至认为古代东南亚走在了它的北方和西方邻居的前面，是违背迄今所知的历史实际的。另一方面，古代东南亚国家并非原封不动地照搬外来文化，而是有选择地主动吸收。在其发展过程中，本地的传统文化与外来文化往往互相融合，形成一种具有特色的东南亚国家的民族文化。

本研究对"东南亚印度化"问题提出了自己的见解，明确指出：用"印度化国家"这一概念表述印度宗教文化对古代东南亚一些国家的深刻影响，或用以说明印度与东南亚国家的历史文化的密切联系，未尝不可，但所谓

"印度化国家"既非印度人的移殖区，更非隶属于印度的殖民地。古代印度与东南亚地区的关系主要是经贸关系与宗教文化的交流，而非政治隶属关系。

关于中国与古代东南亚的关系和中国对古代东南亚历史与文化发展的影响问题，即如何客观地评价中国对古代东南亚历史与文化发展的作用，涉及对历史上中国与东南亚国家之间的朝贡关系与宗藩体系如何评析的问题。有学者认为，古代东亚地区曾建构以中国为核心，以朝贡贸易与宗藩关系为表现形式的国际体系，或简称"朝贡"体系，这一体系被认为是东亚国际关系的主要体现。但有学者对其范围和实施的有效性提出了质疑。本研究认为，古代历史上，东南亚国家与中国曾互派使者、建立邦交、开展贸易，保持着密切的交往。中国与东南亚的交往不但有移民寓居、僧侣和留学生的互访，也有书籍、艺术交流等形式，其中所谓"朝贡贸易"只是中国与东南亚国家之间官方经贸的一种形式，而边境贸易和海上的民间贸易则是另一种更为持续的形式。

古代中国与邻邦，特别是与朝鲜和越南确曾建立过朝贡册封关系，并以朝贡方式开展了官方贸易，与东亚几个国家形成了中国文化圈，或称"汉文化圈"。但是，如果深入考察这种关系，可以看出以中国为中心的"四方来朝"的国际政治体系并非完全真实的历史原貌。东南亚国家对这种朝贡关系的态度各异，有的曾承认过这种关系，目的在于通过朝贡册封来巩固与提高自身的政权地位，或通过朝贡贸易获得经济实利，但大多数国家其实并不承认这种不平等的藩属关系。

中国与东南亚国家的文化相互关联又各具特色，具有很强的互动性。中国文化对东南亚各国的文化产生了不同程度的影响，与此同时，东南亚国家的文化对中国文化的丰富和发展也作出过重要贡献。当前研讨中国与东南亚国家的关系，应当注意继承优良传统，扬弃传统的封建史观，以新的观念重新审视古籍的记载。

六是指出国家关系既有和平的关系，又有战争关系。本研究在关注和平发展的关系的同时，并不回避战争关系。本研究认为，在中国与东南亚邻国关系史的长河中，和平的交往、人民之间的友好关系是发展的主流。虽然在历史上曾有统治者发动过一些战争，但是比起那些战争，中国与东南亚国家之间 2 000 多年的友谊关系，经济和文化上的相互交流和影响，所遗留下来的痕迹要深刻得多，所发生的作用要广泛得多。

在东南亚国家建立和发展的过程中，各国之间经常发生纠纷和战争。究其原因，主要是因为一个国家与王朝的兴盛与繁荣，往往伴随着对外扩张，而战争则是对外扩张最重要的手段。掠夺人口和财富、扩张领土的欲望是引发战争的重要根源，这是由社会的性质和国家政权的本质所决定的。本研究认为，在拥有广袤的森林、无垠的土地，但人口相对短缺的东南亚，发动战争的根本目的在于控制人力资源。而在当时的历史条件下，各国之间虽频繁发生战争，但经济贸易和文化交流仍占有重要地位。各国之间的交流并未中止，而是日益密切，甚至战争有时也成为相互交流的重要途径。比如，在战争中，战胜国往往将所攻占国家的大量工匠掳回或强制迁移回国，以促进本国经济的发展。

历史是一面镜子，回顾历史可以看出，国家之间的和平交往或战争冲突，都是加速东南亚地区双边或多边互动的重要因素，也都曾对东南亚国家各自的政治、经济社会状况的演变和发展产生了重要的影响。

《美国外交的奠基时代（1776—1860）》概要

王晓德*

一、研究的目的、意义及所使用的研究方法

美国早期共和国的经历对美国以后历史的发展具有重要的开拓意义，学者们很少否定这一点。在美国早期共和国史的研究上，美国史学界出现过高潮，也涌现出一批引领史学潮流的著名学者。然而，对早期共和国史的研究在二战之后逐渐受到冷落，似乎这一时期已无可研究的课题，只能是"老题新做"，很难做出创新性的研究成果。这种"厚今薄古"的状况在对美国历史的研究中日益明显。外交是美国早期共和国史上的一个重要内容，但与这一时期的其他研究领域相比，外交史受冷落的程度可谓是有过之而无不及。在中国学术界，这个问题就更加突出了，很少有学者专门从事美国早期外交史的研究，本课题的完成可以弥补国内学术界在这一领域研究的不足。

美国外交从大陆会议成立"秘密通讯委员会"算起，至今已有200余年的历史了，从整体发展来看，早期共和国的经历可谓美国外交的"奠基"时期。在这一时期，这个新国家在外交上面对很多与国家发展息息相关的重大问题，也正是在解决这些问题的过程中，美国形成了处理外交事务的基本理念，把美国人对世界的看法以及美国在这个动荡不安的世界承担的使命与责任融合其中，构成了美国文化的重要组成部分，对内战之后的外交产生了巨大的影响。从很大程度上讲，之后历届美国政府执行的重大外交政策，在理

---

* 王晓德，福建师范大学教授，博士生导师。

念上都可以从早期外交中找到根源。因此，美国早期外交对其之后外交发展的重要意义是不言而喻的。如果对指导早期外交政策制定与执行的理念缺乏了解，则很难从整体上对美国外交的演变有一个比较深入的认识。

与一些大国相比，美国的历史很短，如果从建国算起，迄今只有 200 多年。然而，在这 200 余年里，人类社会发生了天翻地覆的变化，不管是积极的，还是消极的，美国在其中都发挥了非常重要的作用。美国也从一个仅限于目前美国版图东部一隅的小国发展为现在世界上唯一的超级大国。美国早期外交已经初步确立了其在国际舞台上寻求的最终目标，在很大程度上讲，之后历届美国政府都是遵循着开国先辈们的外交理念来制定其对外政策的。因此，对美国早期外交的深入研究，可以加深对美国始终表现出来的外交特性的认识。

本研究以马克思主义理论为指导，以材料和史实为论据，吸收了国际关系学、文化传播学、政治学、国际战略学等与本课题相关的理论，及时掌握国内外最新资料和研究成果，以使本研究所涉及的问题及提出的观点能够走在这一研究领域的前沿。

二、成果的主要内容

（1）研究了美国在北美大陆的崛起过程。在这一时期，美国尽管尚未摆脱以生产原材料为主的农业经济形态，但已作为一个大国开始在北美大陆崛起，在一定程度上可以与英国、法国以及西班牙等殖民大国并驾齐驱了。经过 8 年艰苦卓绝的革命战争，美国在 1783 年获得了独立。独立后的合众国百废待兴，为一个松散的联合体，邦联诸州"各打各的鼓，各敲各的锣"，有时还相互拆台，与如今联合国旗下的主权国家似乎没有多少区别。这种松散的状况使美国在国际舞台上毫无地位可言，常常遭到与之进行通商条约谈判的欧洲大国的不屑，可谓是一筹莫展。创建美利坚合众国的开国先辈们痛定思痛之后，1787 年在费城召开制宪会议，与会各州代表经过数月的辩论，实现了美国历史上的"伟大妥协"，通过了《美利坚合众国宪法》，揭开了美国历史发展新的一页。开国先辈们尽管在很多问题上存在争议，但他们无一不是在为这个新国家探讨一条新的发展道路，宪法的通过和批准使美国有了一个可以在外交上与外国进行交涉的中央政府。自此以后，在联邦政府深思熟虑的运作下，美国在处理与欧洲大国的关系上渡过了一处处激流险滩，积累了丰富的外交经验，初步形成了指导美国处理复杂外交事务的基本理念。也正是在这些理念的指导下，这个新国家充分利用了欧洲大国之间的矛盾与战争，迅速发展壮大，在与欧洲国家的竞争中往往出奇制胜，获利甚丰，为国家的经济发展提供了一个有利的外部国际环境。这一时期的外交在美国发展过程中扮演了举足轻重的角色，为美国在北美大陆的崛起发挥了重要的作用。

（2）研究了美国"商业立国"的外交特性。独立之后的美国是一个农业国家，但并非是一种自给自足的自然经济，而是从一开始就与世界市场紧密地联系在一起。因此，美国政府在外交上的一个重要任务就是为美国的剩余农产品寻求海外市场，历届政府无不竭尽全力来实现这一目标。那些被派到国外的谈判代表虽不是职业外交家，在狡黠诡辩的老牌欧洲外交家面前还算是新手，但他们凭着对国家事业的忠诚，纵横捭阖，利用欧洲大国之间的矛盾，在它们争夺的夹缝中为这个新国家开拓国外市场赢得了一个个新的"制高点"，让美国的农产品和原材料在欧洲国家所占的市场份额急剧上升，成为这些国家制造工业不可或缺的资源。欧洲的灾难虽不一定完全是美国的"福音"，但对美国来说肯定是利大于弊。美国巧妙地利用了大洋的屏障，把自己置身于欧洲战争之外，打着"中立国"的旗号，大力发展与欧洲交战国和其他国家之间的贸易。一时间美国商船遍布，不仅使美国的出口大增，而且也让美国几乎控制了转口贸易。不管怎么说，美国从中立贸易中赚取了巨额利润，这些源源不断的收入很快使美国走出了资金匮乏的困境，继而大大促进了国内经济的繁荣，也为美国大规模发展制造业积累了资金。在这一过程中，联邦政府外交政策的制定与执行显示出了巨大的作用。

（3）研究了美国疆土的扩张过程。辽阔的疆土是一个大国所必须具备自然特征。美国立国之初，羽翼未丰，国力远不能有效地对付在其疆界之外虎视眈眈的欧洲国家，甚至在解决与英国等国在北美大陆的疆界之争上也显得处处被动。这一时期的美国领导人不会把这个新独立国家的发展囿于独立时的 13 州疆域之内。因此，要巩固独立的成果，就不能让欧洲大国酣睡于卧榻之侧，对自己的安全构成威胁。从独立到 19 世纪中期，仅用了 60 余年，美国就扩展为一个东西疆界濒临两洋的大国，用"地大物博"形容此时的美国一点也不过分，辽阔的疆土为美国经济发展提供了丰富的自然资源和必需的国内市场，也为美国迈向世界大国奠定了自然基础。在成为疆域大国的过程中，美国充分发挥了外交的作用，谈判、威胁以及武力等手段，无所不用其极。版图的基本确定完成于建国早期，这对美国未来的发展意义重大，而外交在实现这一目标的过程中扮演了不可取代的角色。

（4）研究了开国先辈们提出的外交理念。在世界近代史上，美国既是一个新兴国家，也是一个比较特殊的国家，它开创了民主共和制在一个大国持续发展的先河，这在君主专制制度占主导地位的世界中具有重要的意义。在早期历史上，美国人思想活跃，对国家走什么样的道路展开辩论，最终找到了一种能够适应美国发展的政治经济体制，在此过程中形成了能把美国人凝聚在一起的基本价值观。因此，美国公民对主流文化价值观的认同程度以及对《独立宣言》、《邦联条例》、《美利坚合众国宪法》以及《权利法案》等立国文献中体现之观念的执著坚持程度，很少有国家的民众能够与之相比。也正是在这种对所谓"自由"的追求的基础上，这一时期的美国政治家在不断的辩论或争执中形成了自己处理与其他国家关系时的基本理念。这些理念体现在大陆会议、邦联国会以及联邦政府颁布的外交文件之中，在那些设计了美国未来的政治家的讲话与通信中更是随处可见。正是他们把这些外交理念付诸实践，才使得美国将错综复杂的国际局面为己所用，取得了一个个令世人瞩目的外交成果。这些理念表现为"使命感"、"不结盟"、"两个半球理论"、"海洋自由"、"种族优越"、"山巅之城"以及"例外论"等，19 世纪末叶美国针对中国提出的"门户开放"政策在这一时期已显雏形。它们深深地植根于这块土地上形成的文化价值观之中，反映了美国人的世界观，对后来美国政府制定和执行对外政策产生了很大的影响。从很大程度上讲，美国早期奠定了美国外交的基础，其后政府颁布的重大外交政策几乎都可以从中找到根源或理论依据。

（5）研究了美国人信奉的自由价值观对早期外交的影响。翻开早期美国政府的官方文献以及这一时期具有影响的重要人物的著述，"自由"不仅是一个常见的词汇，而且由"自由"派生出来的观念比比皆是，常常令读者感到美国的建立和发展与"自由"密切联系在一起。毋庸置疑，早期共和国历史上的美国人正是以"自由"为核心形成了自己的价值观与政治理念，他们对侵犯个人自由或民族自由之暴政的痛恨程度，很少有国家的民众能与之相比，对"自由"的维护成为把缺乏激进民族主义情绪的美国人凝聚在一起的强有力的纽带，美国精英人士对民众的政治动员常常是以"自由"受到了威胁为主要借口的。"自由"是美国民众信奉的共和意识形态的核心，对他们世界观的形成以及处理内外事务的手段和确定国家追求的长远目标等产生了很大的影响。这样一种倾向在美国早期外交决策的制定和执行过程中体现出来。

（6）研究了美国构建所谓"自由帝国"的过程。如果仅从意识形态的角度讲，专制国家对异族的征服活动应该为以维护个人或民族自由为己任的共和制美国所不齿，更与美国政府常常宣称的长远目标背道而驰。然而，共和制的美国却与历史上的"帝国"一样走上了领土扩张之路，如果仅就通过征战或购买获得的有形版图而言，美国丝毫不比那些消失的或依旧存在的"帝国"差，甚至是有过之而无不及。美国是否为传统意义上的"帝国"在学术界尚存在着争议，但美国在独立后就开始了版图向外延伸的过程却是一个不争的事实。美国早期的版图扩张有面对虎视眈眈的欧洲大国压境维护国家安全的考虑，但并不能由此认为在手段和目的上美国对新领土的获得与传统帝国的领土扩张存在着本质上的区别。对开国先辈那一代人来说，在"帝国"前边加上"自由"这个修饰语体现了美国人在追求"帝国"目标时并没有放弃信奉的自由主义价值观，以"自由"把美国与传统的"帝国"在本质上区别开来，使美国的版图扩张与保障"自由"的共和制向外延伸统一起来。这种把两个含义相悖的词语紧密结合在一起的做法既反映了美国人信奉的意识形态在国家任何外交行为中都毫无例外地发挥着重要作用，又体现出他们把主权国家对现实利益的追求用"理想"的词语包裹起来的意图，以此凸显出这个新国家对人类命运承担的责任，使美国对异族的征服活动具有了传播"文明"和教化"野蛮"的合法性含义，对野蛮人"自由"的剥夺恰恰是为文明人享有的"自由"开辟了更为广阔的空间。这样一种解释套路在美国外交史上屡见不鲜，这里明显有为美国版图扩张辩解之意，在置身于美国文化之外的人看来难免有牵强附会之嫌，但却可以从美国白人信奉的价值观中找到二者结合在一起的根源。

（7）研究了经济自由主义对美国外交的影响。自由贸易是经济自由主义核心内容之一，这种理论的出现主要是对长期影响民族国家对外经济政策制定与执行的重商主义的一种批判。美国第一代领导人正处在经济自由主义的产生与发展的时代，他们领导北美 13 个殖民地人民摆脱英国统治在很大程度上就是要打破母国的重商主义政策强加在他们头上的"枷锁"，不受任何限制地发展与其他国家的商业关系。所以在他们的商业理念中，自由贸易自然具有一席之地。此外，他们希望这个新国家能够成为全世界效仿的榜样，以"民主与自由"的制度打破几千年来束缚人们思想与行为的专制镣铐。他们的自由贸易观显然与这种政治上的"理想"是一致的。然而，民主政治与自由贸易毕竟存在着地域上的区别，前者主要是在国家主权统辖的领土内，属于一种不涉及其他国家的单向行为，完全是国家自己的内部事务；后者超越了国家主权的范围，要涉及两个或两个以上的国家，单方面实行自由贸易显然与国家外部利益相悖，所以并不见得提倡自由贸易的国家就必然把这种理论在其对外经济政策中体现出来。自由贸易在很多情况下成为对英国重商主义的一种讨伐，美国很难将这种理论付诸实践。从后来的历史发展看，对美国来说，在很长时期内，自由贸易是一个可望而不可即的东西，美国尚不具备推行自由贸易的条件或力量，现实的选择是寻求能够更有助于实现美国外部经济利益的途径。然而，开国先辈的这种"理想"并未因当时不符合美国的现实利益而在国内政治舞台上消失，他们留下的这份遗产致使提倡自由贸易的呼声从来没有在美国间断过，即使在经济民族主义主宰了美国对外贸易的年代，自由贸易之说在朝野依然具有一席之地。19 世纪末叶以后，随着美国经济实力的加强，自由贸易开始成为美国打破其他国家贸易壁垒的最强有力的武器之一，美国也从商品在国际间的自由流动中获得了莫大的好处。

三、成果的重要观点

在美国早期共和国的历史上，政府决策者实现外交目标的手段并非一致，有时差别还很大，但他们在思想深处有一个最基本的共识，即这个新独立的国家与众不同，在政治上决不能与专制的欧洲国家相提并论，只能把与它们的关系局限于互有盈利的商业往来。一句话，无论如何美国都不能卷入欧洲国家的王朝战争或纠纷，以免使其与专制国家的根本区别荡然无存。这就是弥漫于早期共和国历史上美国朝野的"孤立主义"情绪。这种意识形态的倾向在殖民地后期已经成为一种很普遍的观念，美国宣布独立后自然演变为这个新国家处理与外部关系时不能突破的底线。因此，从美国立国开始，由"孤立主义"情绪外化的"不结盟"政策就已经成为美国政治精英的一种共识，也正是在这种思想的指导下，美国立国时代的政治家使这个非常孱弱的共和国渡过了一个个难关，逐渐摆脱了外交上的困境，为美国不断走向强大营造了一个十分有利的外部环境。"不结盟"的目的一方面是不卷入对美国来说"弊"远远大于"利"的欧洲国家之间的战争和纠纷，另一方面要向世人表明已经确立了一种新体制的美国"风景这边独好"。到1823年《门罗宣言》颁布之时，这种思想已经演变成一个非常成熟的体系，美国外交政策的制定与执行长期被限定在这个体系确定好的框架之内，一直持续了近百年之久。这是美国开国先辈们在外交上留下的重要遗产之一。

美国是一个意识形态色彩很浓的国家，在外交上决策者很少不受美国人信奉的文化价值观的影响，这样就会使美国外交多少打上一些非现实的"理想"色彩。其实，如果把对外政策的制定建基于强烈的意识形态之上，势必会误导决策者对形势的判断，导致执行一些"损人又不利己"的对外政策，这样的例子在美国外交史上屡见不鲜。法美结盟是这方面的一个反例。如果仅从追求的目标上讲，美国革命的那一代人是不可能与欧洲任何君主专制国家进行合作的，更不要说结为联盟了。然而，他们在外交实践中却打破了意识形态框框的限制，使外交政策的制定与执行完全基于现实利益的考虑，这样才出现了共和制的美国与君主制的法国结为联盟的例子。法美结盟应该说是美国外交的一大胜利，美国基本上达到了要法国公开介入战争的目的，而这一目的的实现恰恰是外交政策基于现实利益考虑的结果。如果意识形态在决策过程中发挥决定的作用，那么要想取得法国对美国事业的支持几乎是不可能的。可以说这种完全基于现实利益的考虑贯穿整个早期外交始终。

"不结盟"原则贯穿于美国早期外交史，成为美国政府决策者不能逾越的外交底线，但这并不意味着美国会完全脱离欧洲而孤立地发展，当欧洲国家之间发生战争或纠纷时，美国往往是以中立国的身份与交战方进行商业往来。华盛顿针对英法开战首次发布了"中立宣言"，其后的数届政府无不在欧洲战争中奉行有利于促进美国对外贸易急剧增长的中立政策。美国开国先辈可以在一些重大外交问题上发生尖锐的争执，但几乎无人对美国坚持"自由船只所载货物自由"原则提出异议，他们主政时总是力图把这一原则贯彻于外交实践之中，采取各种手段对交战方侵犯美国的中立权利进行毫不妥协的抵制，甚至冒战争之险来维护这种权利。"自由船只所载货物自由"的原则不是美国人首创的，但却体现在美国早期的外交文件之中，随后被美国政府明确为其中立权利的经典表述，在美国外交活动中逐渐演变为"海洋自由"原则，成为美国外交传统的一个重要组成部分。

从外交理念上讲，早期是美国历史上非常重要的时期，之后美国政治家提出的重大外交政策举措几乎都可以从开国先辈那里找到历史根源。如果真正吃透了美国早期外交的演变，对开国先辈们的外交理念有着深刻的理解，那么对内战之后美国的外交认识可能就会更为深入，也会对美国外交的整体发展有一个宏观上的把握。开国先辈制定了《美利坚合众国宪法》，确定了美国的民主制。这部宪法迄今未动一字，其对美国发展影响之大，说什么恐怕都不为过。开国先辈们的外交理念虽不及宪法那样有如此广泛的影响，但却像宪法一样已融入了美国政府决策者的思想意识之中，成为他们处理外交事务时自觉或不自觉遵循的基本标准。历史是这样，现实同样如此，未来大概也很难发生太大的变化。

《商代青铜器铭文研究》概要

严志斌*

一、研究的目的、意义及所使用的研究方法

商代青铜器铭文与甲骨刻辞是商代历史研究中的直接史料，素为学者所重。因为商代青铜器铭文的载体主要是青铜礼器，是商代青铜礼器的一个有机组成部分，所以它是研究商代青铜器、商代文字、商代礼制以及礼制所反映的政治制度、社会结构等历史内容的重要资料。

过去学者研究商周青铜器铭文，重点在周代，综合性地研究商代铭文的较少。究其原因，可能是商代青铜器铭文内容简短，难以完全通晓；再者，商代有铭文的青铜器大多属于传世品，无准确的年代和明确的出土地点。这些都限制了研究的深入。而在对商代青铜器铭文的研究中，多也只是对某些具体问题进行研究，尚未有人对它进行全面的整理，所以迄今尚无一部综合性的研究商代青铜器铭文的著作。近 20 年来，随着考古资料的不断出土与发表，商代青铜器铭文的资料日益增多，学术界对商代青铜器的分期断代研究也取得了重要的进展。这一切都为商代青铜器铭文的综合研究提供了良好的条件。

分期研究是青铜器研究的一项基本工作。要加强商代史的研究，青铜器铭文的分期与甲骨刻辞的分期都是必需的工作，只有在分期的基础上，对同期各方面的材料综合运用，才能促进一些问题在时代层面上的研究。甲骨刻

---

* 严志斌，中国社会科学院考古研究所副研究员。

辞的分期研究已经取得了重要的成果，而在商代青铜器铭文的分期断代研究方面，除了部分可确认为某王之器以外（例如帝辛时征人方诸器等），大部分商代青铜器的时代划分依然是过于粗疏的。绝大多数青铜器铭文著录书在时代一项上皆概言"殷"或"商代晚期"而没有更细致的分期，这显然不利于相关研究在时代层面上的展开。

本研究对目前公布的商代青铜器铭文数据进行了全面的整理和分期断代，其意义主要有如下几个方面：整理收录已公布的所有可断为商代的青铜器铭文；将以往著录中笼统归为商代晚期的青铜器铭文进行细致的区分，给出更为细致的年代刻度，构建青铜器铭文发展的更准确的时间框架；基于更细致的时间框架，青铜器铭文所涉及的各个方面的历时性描述与研究将更加生动，如字体的变化、语法的规律、商代家族的分衍迁移融合与消亡等问题，与商代青铜器铭文同时代的文献如甲骨文等有了可以对照进行研究的标尺，同时也能反过来促进商代青铜器的研究；通过断代研究，找到了早于武丁时期的青铜器铭文，如此，无疑又为早商历史与文字起源的研究找到了一个突破口。

本研究在分期断代上的基本思路与研究方法是以科学发掘出土的青铜器为主，以考古类型学方法确定若干标准器，进而将传世青铜器也作分期断代研究。在此基础上，选择部分常见青铜器铭文字形，进行字体的分期断代研究。并以此为基础，尝试对部分不见青铜器器影的铭文进行断代，剔除部分改断为西周的铜器铭文，并重新厘定部分定为商代晚期的铭文与西周早期的铭文。这方面研究的难点有以下几个方面：商代青铜器铭文的著录比较散乱；商代有铭文的青铜器中大部分都是传世品或非科学发掘品，已失去了其原始的存在背景以及器物之间的相互关系，这就造成了断代分期的困难；商代铭文青铜器多收藏于公私藏家，部分青铜器只公布了铭文而无器影或器影不清，难以进行断代研究。部分商代末期的青铜器与西周早期的青铜器在类型学上无法进一步区分，本研究将本着实事求是的原则，不作硬性区分。

本研究在对青铜器铭文分期断代的基础上，参照前人的研究成果，对商代青铜器铭文进行了整体的论述，并在处理商代青铜器铭文的语法、族氏、方国地理、职官、人物及文法等问题时，尝试将青铜器铭文与甲骨文、商代玉石器上的文字以及古代文献相结合，进行综合分析。

二、成果的主要内容和重要观点

本成果第一章回顾了历年来学界对商代青铜器铭文的研究概况。第二章系统收集整理了 5 454 件商代的青铜器铭文，回顾了历年来学界对商代青铜器铭文的研究概况，并运用考古学方法对商代有铭文青铜器进行断代与分期，先以考古类型学的方法对食器、酒器、水器、乐器、兵器、杂器等 2 483 件刊布有铜器器形的铭文青铜器进行分析排比，参照考古出土的年代明确的青铜器，讨论这些有铭文青铜器的时代，将商代青铜器分为早、中、晚三大阶段。早期指早商时期，中期指中商时期；晚期指殷墟时期，又可分为四期：第一期相当于盘庚、小辛、小乙时期，第二期相当于武丁、祖庚、祖甲时期，第三期相当于廪辛、康丁、武乙、文丁时期；第四期相当于帝乙、帝辛时期。基本建立起商代有铭文青铜器的年代框架。

另外还重新探讨了商代武丁以前有铭文的青铜器，对学界以前的一些认识进行辨证，剔除了 8 件曾被认定为商代中期至殷墟一期的有铭文的青铜器，在学者研究的基础上，辨识出 18 件武丁以前有铭文的青铜器。早于武丁时期的青铜器铭文的辨识，为中商历史研究与文字起源研究找到了一个突破口。

第三章在分期断代的基础上，对正、鸟、宁、车、戈、辛、其、戈、庚、寻、丙、女（母）、亚、羌、王、𠭴、癸等 17 个代表性的商代青铜器铭文单字形体进行分期，归纳出不同阶段铭文单字字形的特点。这反过来有益于青铜器年代的判断。概括了不同时期商代青铜器铭文的特点，商代青铜器铭文分为三期：金文一期，相当于商代中期与殷墟一期，这是金文的肇始阶段；金文二期，相当于殷墟二期、三期，这是商代金文的发展阶段；金文三期，相当于殷墟四期，这是商代金文的转型阶段，西周金文直接继承了这一期铭文的风格特点。

第四章对商代青铜器铭文的语法进行了开创性的探讨，分别从词法的词类、构词法，短语的结构类型、功能，句法的句子成分、单句、复句、句类等方面与甲骨文的语法进行了对比分析，探讨两者的异同。本成果对商代青铜器铭文语法的分析，能为汉语语法史的上溯工作提供直接的论据。

第五章讨论商代青铜器铭文中的职官，先着重讨论了铭文中最常出现的亚形问题，完成了 140 个亚某的归纳与分析，认为亚在青铜器铭文中确实有祖先之庙、次等之意，但大部分还是做职官讲比较合宜。另外，结合甲骨文等材料对商代青铜器铭文中的师、寝、宰、作册、尹、小臣、卿事、史、牧、戍、侯、射、箙、田、犬、卫、马、旅等 18 种职官的性质、职能等进行讨论，认为商代青铜器铭文的职官中，属内服官系统的有师、寝、宰、作册、尹、小臣、卿事、史、牧、戍、射、箙、犬、马、旅，属于外服职官系统的有侯、田、卫。如果从职司而论，商代青铜器铭文中的职官似没有十分明确的司掌，即多数职官的职司都有重合之处，如牧、戍、射、犬、马、田、卫的职司就很接近，而且还常见其相互之间配合行动。就目前所见材料，几乎所有职官都有从事战事之责。当时的职司只有相对性，而无专一性。同一职官内部的级别也是不一致的，而且同一职官同一时期往往设置多位，如多射、多亚、多犬、多马、多田、多卫等，这一类职官，在某种程度上也可说是一种身份。商代职官的世官制也是十分明显的，青铜器铭文中的有些职官名其实已经转变成其族氏名的组成部分。但是因为一些大族始终居统治位，并非一族就仅任一种职官，同一族氏的也可能担任不同的职官。

第六章对商代青铜器铭文中常见的诸子与诸妇进行整理。据笔者统计，商代青铜器铭文中见子某（包括某子）共 80 位，在甲骨刻辞中可能有子某的最小个体数可达 150 位，其中青铜器铭文与甲骨刻辞互见的有 20 位。如此，商代的子某（包括某子与某子某）共见有 210 位。子某铜器出土地点多在商文化分布范围之内，以河南为多，尤以安阳为最密集之地，其时代分属二、三、四期。以山东为次，以三、四期为多。陕西、河北、四川也有子某器出土，时代皆为三、四期。其分布还是以殷墟王畿为中心的，空间由殷都愈向外推移，时代也愈晚。子某包括时王之子与非时王之子。研究认为其中有的子某为女性。多子则是青铜器铭文与甲骨文中的子某或某子的一种集合称谓，当是商代诸宗族之子，包括诸王子。商代的诸子，其在社会政治生活中的地位是有层次区别的，商代金文中的子某明显可以区分为两个层次，一是具有"子"这样的贵族身份，但在社会政治生活中的地位并不很凸显；二是拥有大量青铜器，即拥有较大的祭祀权的诸子，由此反映出其较强的经济实力，以及与祭祀和经济实力相适应的社会政治权力与地位。后者在甲骨材料中也较多，是当时政治、社会活动的重要参与者，具有较高的地位。这一类子某中，如子㠯、子𡨄、子渔、子𩫏、子卫、子妥、子商可能都是武丁的子辈，乃是时王之亲子，与时王关系亲近。商代金文中出现与子某之某相同的族氏铭文的约占 58%，即可能有半数以上的子某都开宗立氏。其中，第二类子某中，约 88%都有族氏名可能取自子某之某，立氏的比例远远高于一般情形。

另外，此章还着重讨论了铭文中所见的共同作器现象，以子蝠、子䂓、子不组、子工、子单、子天、子目、子眉、子系、子刀组为例说明这些诸子可能是兄弟行。以及覃受[illegible]组、受旐若自组、艅[illegible]保组为例说明这些兄弟族氏共同作器现象所反映出的宗族关系，使我们认识到当时家族——宗族的族群关系。

商代的诸妇是殷商史研究中的老问题，因为它关涉商代的婚姻制度、家族形态、社会结构等课题，所以一直就颇受学界的关注。商代青铜器铭文妇名中妇某之某的性质则是族氏名，这更利于我们从青铜器铭文中的妇名称谓这一角度讨论商代晚期的婚姻关系。商代青铜器铭文中所见妇名共有 43 个，某些妇名的称谓反映了当时方国之间的婚姻关系。由商代青铜器铭文中的妇名所推定出来的具有婚姻关系的族氏有：[illegible]—商、齐、[illegible]，[illegible]—杞、𨾴，[illegible]—未、[illegible]，[illegible]—聿，麇—䁂，[illegible]—姃，羊—告，[illegible]—咸，[illegible]—𦔻[illegible]等。

商代青铜器铭文中的族氏，是青铜器铭文的重点内容，对商代史的研究有重要作用。第七章的研究首先对族氏铭文的研究情况进行了回顾，讨论了族氏铭文的性质，认为族氏铭文文字的性质基本已经得到确认。但所谓的族氏铭文中的一部分符号，也不能完全排除是图案或为美化而增加的符号的可能。关于族氏铭文的社会学含义，本成果认为其代表的是家（氏）族，但研究表明一些族氏铭文与古代的方国名一致，如须句、孤竹、无终，所以铭文中的族氏概念，还应当包括方国一级的组织。关于族氏铭文的特点，在学者研究的基础上，本成果概括为六条，即时代性，族徽文字多出现在商代与西周早期；复现性，族徽文字会在多件器中出现并延续较长时期；装饰性，一方面，作为族徽使用的一些动物形文字有极强的象形性，另一方面，这些族徽文字常采取重复对称等方法对文字进行繁化或改变原字的结构进行重组，或者同期甲骨刻辞中已用该文简化了的书写形体，而族徽文字的字体却更加注意细节的体现，表现出较多的原始性；独立性，族徽文字常单独出现或以其形体上的艺术性特征而与其他铭文有别；多变性，指族氏铭文常有简化、位置变易、勾勒与填实等种种变化；多源性，族氏名号的性质是多种多样的，有的族氏名来源于人名、地名、职事名，有的是族氏分化形成的，有的则是族氏之间联合形成的。

本研究还对学界聚讼的复合族氏问题进行了分析，认为复合氏名的研究首先要注意区分由两个或两个以上氏名复合而成的氏名与由两字以上构成的复式氏名，以及职官职事名、地名等。对复合氏名的解释，由外是族氏之间基于婚姻或政治的联合，由内则是母族与支族的分衍。

随后对主要的族氏按其出现的地域方位并结合甲骨文等资料进行了探讨，对其中的启、龙、其、丙、矢、竹、井、髟等8个北方族氏，佣、庚、戈、舟、壹、豪、光、𝟙、甫、失、执、𠂤、馬、犬、羞、唐、受、盾等18个西方族氏，息、古、麋、虎、魚、▄、虤、皋、我等9个南方族氏；史、冀、齐、𤔲、告、戎、攸、並、向、𠬝、𪓑、㸚等12个东方族氏结合其他文献与考古材料进行了具体的梳理分析，构架商代地理与政治的格局框架。

商末时期新出现了一种长篇记事铭文，第八章分析认为记事铭文的中心是赏赐，本研究从赏赐动词、赏赐物、赏赐地点、赐者与受赐者、赏赐缘由几个方面对这类铭文稍作分析并尝试与赏赐内容盛行的西周金文进行对比分析，分析赏赐的人、物、地等关系。

在最后的余论中提出了一些尚待解决的问题。

三、成果的学术创新、应用价值以及社会影响和效益

本成果首次对商代青铜器铭文进行了全面的整理，资料收集详备，剔除了部分著录书中误定为商代的西周青铜器铭文，是商代青铜器铭文的集成性成果。

对2 483件有器形图像的商代有铭文青铜器进行断代分期研究，将其细分为四个时期，为商代青铜器铭文的研究提供了更加细致准确的时间框架，有利于商史研究的深入。此项研究成果已经被一些博士学位论文全面引用。

对铭文字体的分期考察与特点总结，增加了青铜器与铭文断代研究的参照标准。

对商王武丁以前青铜器铭文的甄别，为研究商代前期历史及中国文字起

源提供了突破口。已有学者著文引用此成果。

开创性地进行了商代青铜器铭文语法研究，填补了汉语史在这方面研究的空白。

对商代的职官、商史中的人物研究，促进了这方面相关问题研究的深入。

通过族氏铭文的研究，构建了商代地理与政治格局的基础框架。对复合族氏的分析研究，推动了学界对此问题研究的深入。此成果已被多篇论文引用并引起较多的讨论。

《吐蕃统治时期敦煌石窟研究》概要

沙武田*

一、研究的目的、意义及所使用的研究方法

中唐吐蕃统治时期洞窟在整个敦煌石窟研究中具有重要的意义，因为在这一历史阶段，河西敦煌地区处在吐蕃统治之下。历史大背景的巨变，使得洞窟营建在建筑形制、壁画内容、艺术风格、结构布局、洞窟思想功能、供养人画像等各方面均发生了较前十分明显的变化，出现了一系列全新的图像内容和艺术造像特点。而目前学术界对这一阶段石窟的研究仍停留在对单一问题的探讨，诸多问题还没有展开，缺乏全面综合的研究，因此很有必要对此期洞窟作一专题研究。

另外，可以看到这一期洞窟在继承前期洞窟一些内容与特点的基础上多有创新，表现出较为明确的时代特性，同时又很明显地影响了其后晚唐五代宋归义军时期洞窟营建的各个方面。因此，研究中唐吐蕃期洞窟在整个敦煌石窟历史中的地位关系，承前启后，具有极其重要的意义。

作为吐蕃统治时期的佛教艺术宝库，敦煌石窟中保存了大量而丰富的吐蕃艺术作品，较之西藏本土留存下来的吐蕃期作品，可以说是现存最丰富最完整的吐蕃艺术内容，因此敦煌石窟是研究吐蕃藏传佛教艺术最为珍贵的宝库。通过对敦煌吐蕃期石窟的研究，可以从宏观与微观两个方面全面地了解吐蕃佛教及其艺术的基本概况，对认识藏地本土同期艺术有重要的借鉴意

---

* 沙武田，敦煌研究院研究员，硕士生导师。

义，也可为前弘期藏传佛教艺术提供重要的研究资料。同时，对敦煌吐蕃艺术的研究，对认识古代汉藏艺术交流与互动有重要的参考价值，也为今天处理汉藏文化及汉藏关系起到积极的启示作用。

在研究方法上，我们试图以西方艺术史和图像学领域所特别关注的视角，即探讨艺术与历史、艺术与社会的关系问题，结合近年流行的"图像证史"观念与方法，集中探讨和解决敦煌吐蕃期洞窟所展现的诸多历史与艺术史课题。

二、成果的主要内容和重要观点

本成果分上、中、下三篇对中唐吐蕃统治时期的敦煌石窟作一全面综合的专题性研究。

上篇属"综合研究"，以对中唐吐蕃期洞窟"原创性"（original）图像、新现象、新因素的考察为基本线索，就吐蕃统治时期洞窟"重构"（reconfiguration）现象进行分析研究。

艺术是历史的一面镜子，探讨艺术与历史、艺术与社会的关系问题，始终是佛教石窟研究的主题之一。因此，历史环境的巨变，必然导致作为此大历史构成要素中佛教石窟小历史的变化。在我们看来，吐蕃期敦煌石窟的确发生了巨变，从某种意义上可以认为是对敦煌石窟的"重构"。在此，"重构"可理解为石窟造像之间的重新组合，也可理解为敦煌石窟全新意义上的革新与变化，以诸多"原创性"图像或新现象、新因素的出现为基本前提。

本部分包括的内容比较丰富，涉及洞窟方方面面的现象与问题，可见的或不可见的，诸如洞窟形制、洞窟内容、洞窟窟主施主、艺术家、赞助环境、时代信仰、艺术风格、洞窟的功能意义、对前期洞窟的继承与对后期洞窟的影响，等等。简言之，是对一个特定时代石窟艺术史的全面考察。

上篇主要包括对以下 7 个问题的研究：

（1）分别从经变画对应关系与屏风画的使用两个方面，分析了中唐时期敦煌石窟壁画布局关系的变化与创新，探讨了这一时期洞窟壁画布局法则的"重构"现象。

（2）主要就经变画的新题材、瑞像图与佛教史迹画的出现、一类独特的毗沙门天王造像等几个方面，客观地交代了吐蕃期"原创性"图像在洞窟中的出现及其"规范化"意义。

（3）以洞窟供养人画像为主要资料和主要研究对象，结合具体图像的阐释，分析了吐蕃期敦煌石窟供养人画像所发生的变化及其原因。

（4）在与前期洞窟思想和功能比较的基础上，分别阐述了吐蕃统治时期洞窟报恩思想、末法思想、中印密法与唯识思想等思想的出现与流行，让我们看到了中唐时期敦煌石窟思想与功能的变化。

（5）通过对诸如瑞像图、佛教史迹画、吐蕃赞普礼佛图、吐蕃装供养人画像、文殊菩萨五台山图、普贤菩萨峨眉山图、藏传佛教库藏神（黄财神）、大虫皮天王像、八大菩萨曼陀罗、吐蕃样式毗沙门天王像等新画样传入的分析，以及对如《金光明最胜王经变》所代表的新画稿创作的论述，结合对波罗风格画样的说明，深入分析了吐蕃期新画样画稿的传入与创作。

（6）分别从吐蕃战争与民族统治对人们信仰的重构、佛教和寺院经济的发展及其影响、敦煌世俗佛教的影响、于阗因素的影响、吐蕃艺术的传入及其影响等方面分析了吐蕃统治时期敦煌石窟"重构"现象的原因。

（7）分别从归义军时期敦煌石窟经变画布局对前期中唐吐蕃期洞窟的继承，榆林窟中唐第 25 窟窟形对归义军时期洞窟的影响，中唐洞窟基本造像题材在归义军时期洞窟的延续，藏传绘画与波罗艺术风格在归义军时期的延续与发展等方面深入分析了吐蕃期洞窟对后期晚唐五代宋归义军时期洞窟营建之影响。

中篇是对吐蕃期敦煌石窟营建的集中考察，内容涉及洞窟营建、洞窟功德主、粟特人及其美术、吐蕃人与敦煌石窟营建等问题。

中篇主要包括对以下 7 个涉及洞窟营建问题的研究：

（1）在敦煌莫高窟有大约 20 所洞窟创建于盛唐时期，但当时并未完全完成洞窟壁画的绘制，而是到了中唐吐蕃统治敦煌时期才又陆续完成。本部分通过详细考察这些洞窟中两个时代的绘画内容和题材、在洞窟中的表现形式，结合吐蕃占领河西，特别是对沙州的攻战，以及吐蕃的民族统治等历史背景，以莫高窟盛唐未完工、中唐补绘洞窟为考察与研究的主题，对特殊历史背景下莫高窟洞窟营建作了钩沉。指出这种特殊的现象应当是敦煌人在盛唐晚期和中唐初期，经历了与吐蕃将近 20 年的战争所造成的，集中体现了敦煌这段特殊的社会历史。

（2）莫高窟第 158 窟是中唐代表洞窟，通过对莫高窟中唐第 158 窟内诸多现象，包括各国王子举哀图的民族属性、波斯萨珊风格的联珠雁衔珠纹、两件粟特纳骨瓮的文化意义、洞窟建筑形制与入华粟特人的丧葬习俗、涅槃经变图像的再解读、《金光明最胜王经变》图像的选择意义、洞窟营建的历史背景及吐蕃统治时期敦煌的粟特人、供养人画像，与邻窟张议潮功德窟的历史关联，敦煌粟特安氏的佛教信仰等问题的详细分析，发现其很有可能属中古时期活跃在敦煌的中亚粟特（sogdiana）九姓胡人安氏家族营建的功德窟。

（3）对敦煌石窟中集中保存吐蕃装供养像的洞窟即莫高窟第 359 窟的供养人画像作了全面的考察研究，在对新发现供养人题记释读的基础上，讨论了洞窟供养人的粟特胡人身份关系、服饰变化的新现象、洞窟功德主、九姓胡人对吐蕃统治的态度等问题。

（4）在前人研究的基础上，对敦煌藏经洞写本 P. 2991《报恩吉祥之窟记》作了进一步的考察。对于 P. 2991《报恩吉祥之窟记》记载的僧镇国所建功德窟"报恩吉祥窟"，结合写本所记洞窟的基本信息，如洞窟的"报恩"思想、主尊彩塑一铺"卢舍那佛并八大菩萨像"、彩塑所在洞窟空间建筑"富（当）阳"考辨，最终确认莫高窟第 234 窟极有可能即是此"报恩吉祥窟"。

（5）以洞窟个案研究的形式，通过研究莫高窟第 161 窟中心佛坛吐蕃装人物彩塑造像、窟内壁画与吐蕃译经的关系，并结合对法成译经、洞窟所在崖面位置与相关洞的关系等的全面考察，发现该洞窟很有可能即是吐蕃译经三藏法师法成（vgos chos grub）在莫高窟的功德窟，其营建时代应为中唐吐蕃统治晚期。

（6）莫高窟第 93 窟为吐蕃统治敦煌早期洞窟，是个小型窟，位于吐蕃大窟第 231、237 窟下层，属吐蕃期洞窟分布集中区，但保存得不好，残破严重，前室与甬道全毁，主室唯西壁及龛、窟顶保存较好，原塑像不存。因为保存状况较差，以前多被研究者所忽略，未受重视。近来，我们在调查洞窟时发现第 93 窟龛内保存有浓厚吐蕃特色的图像内容，主要有同时书写藏文与汉文的"T"、"┐"、"┌"形榜题框、吐蕃装人物，另外窟顶西坡千佛中的主佛坐佛为吐蕃艺术风格，洞窟形制也较特别，西壁龛形有吐蕃佛塔的元素，综合考察，我们认为该洞窟功德主很有可能为吐蕃人。

（7）作为榆林窟与"原创性"洞窟的代表窟，学术界对榆林窟第25窟的具体时代有争议。以敦煌研究院专家为代表，断代该洞窟为中唐吐蕃统治时期，但具体的分期不明。本研究就榆林窟第25窟的营建时代问题，在前人研究的基础上，结合洞窟壁画的题材、画风、结构等关系，通过和莫高窟盛唐、中唐洞窟相关现象的比较，发现第25窟更接近于莫高窟盛唐洞窟特征，而和莫高窟中唐洞窟有较大的区别。再结合榆林窟所在地瓜州陷蕃的时间，及吐蕃时期瓜州榆林寺的佛教活动状况，我们认为榆林窟第25窟营建于776—786年之间，即瓜州陷蕃（776年）后、沙州陷蕃（786年）前，因此断代该洞窟为"盛唐吐蕃期洞窟"。

下篇则是以个案研究为线索，分别以一个个需要解决的问题独立成章，以期单向突破，因为这些问题与现象构成了吐蕃统治时期洞窟研究的基本课题。内容涉及部分经变画出现的背景意义、代表性彩塑艺术的研究、洞窟个案研究，以及对这一时期部分洞窟中出现的"原创性"或具有时代代表性的图像进行"图像学"（iconology）研究。

下篇主要包括对以下6个问题的研究：

（1）对于个案类"原创性"图像的研究，分析了《金光明最胜王经变》首次出现于敦煌吐蕃期洞窟的社会历史与宗教思想原因。《金光明最胜王经变》最早出现于敦煌吐蕃统治时期的洞窟壁画中，综观金光明最胜王经义，主要表现的是护世护法的思想主旨，这种思想恰与吐蕃统治时期敦煌人在经过了和吐蕃近20年的长期战争后所体受到的混乱、贫困、痛苦相呼应，表达了当时人们在经过长年战争后渴望和平的心愿。经过多年的动荡不安和杀戮，人们希望有像四天王一样的神王来护佑沙州一隅，因此《金光明最胜王经变》便被绘在了当时的洞窟壁画中。

（2）对于独特历史时期洞窟图像的历史性选择，试图解释劳度叉斗圣变在中唐洞窟壁画中没有出现的原因。学术界的传统意见认为，敦煌中唐吐蕃之后洞窟中大量出现的整壁巨幅画面劳度叉斗圣变，主要意在表现当时人们对推翻吐蕃统治的喜悦心情，属洞窟中的反蕃历史题材。但我们并不同意这一传统观点，而是从艺术与形式的关系入手，经过对劳度叉斗圣变绘画特点的综合分析，认为劳度叉斗圣变之所以在经过北周初唐的表现后在中唐吐蕃期洞窟突然中断，又在晚唐五代宋洞窟中大量出现，主要是受该类经变画表现形式的限制，其思想仍在阐释主尊造像的性格，并非是用来表现反吐蕃的洞窟绘画历史题材。

（3）作为对洞窟彩塑代表的尝试性研究，阐述了对莫高窟第 159 窟龛内彩塑的几点新认识。莫高窟中唐吐蕃期洞窟第 159 窟彩塑一铺保存较为完好，属敦煌石窟中唐彩塑艺术的代表作。该铺造像较之敦煌同时代或更早时期（初盛唐）的彩塑造像更加富有个性化的艺术特征，人物服饰变化也比较大，艺术风格与表现形式均发生了一定的变化。艺术反映历史，通过对该铺造像的分析，并结合敦煌当时的历史背景，认为该铺造像表现了吐蕃统治时期敦煌石窟彩塑艺术的新特征。另外，该铺造像内部的艺术特征区别与变化，则很有可能是唐代社会艺术家相互之间竞争的结果。

（4）莫高窟中唐吐蕃期洞窟第 154 窟主尊彩塑造像为一身倚坐姿的装饰佛，较为独特和少见。通过对中古时期佛教造像装饰佛的考察，表明该身造像与传统意义上表现"菩提伽耶金刚座真容像"的装饰佛有较大的不同。考虑到其倚坐的弥勒造像特征，再结合中国历史上和敦煌地区传统的弥勒佛王造像与思想，以及敦煌吐蕃统治时期独特的社会历史背景，认为莫高窟第 154 窟该身造像很有可能是中唐吐蕃统治时期敦煌当地的"弥勒佛王"造像，是吐蕃统治时期独特历史环境下敦煌人塑造的佛教理想王"转轮圣王"，以常见弥勒佛王形式出现，表现转轮王治世与治国的佛教治国意识形态。

（5）榆林窟第 25 窟主室正壁八大菩萨曼陀罗壁画现仅存多半，其中南侧四身菩萨不存。那么该铺壁画是在什么时间被破坏的？具体的原因是什么？我们在详细检索 20 世纪 40 年代罗寄梅拍摄敦煌洞窟照片的基础上，对榆林窟第 25 窟正壁八大菩萨曼陀罗造像作了缀合，复原了整铺壁画。在公布完整图像的同时，简单分析了诸如图像经典依据、艺术史风格特征等相关的问题，并简要交代了罗寄梅拍摄之后榆林窟第 25 窟壁画的损坏情况。

（6）对于吐蕃期洞窟而言，大量新的"原创性"元素和图像的出现，构成了这一时期敦煌石窟艺术的主要特色，最终"重构"了敦煌石窟的历史。在这些新的现象与元素中，大量密教图像系统表现得尤其明显，而其中又以藏传吐蕃密教艺术最富时代和民族气息，客观而形象地反映出独特的社会历史背景，即吐蕃统治下藏地吐蕃特色密教艺术传入瓜沙地区的历史事实，集中反映在瓜州榆林窟第15、25窟二窟壁画中库藏神、毗沙门天王像、八大菩萨曼陀罗造像中，但这些图像并没有被广泛流传，仅是昙花一现。以此为线索，可以探讨吐蕃密教艺术进入敦煌石窟的尝试，及敦煌本地人对此类全新艺术的心理接受程度，探讨瓜沙信众及石窟营建者在面对吐蕃密教艺术时的"文化认同"和"艺术选择"，透视吐蕃密教艺术在敦煌的命运，最终为理解吐蕃期敦煌密教艺术提供参考。

三、成果的学术创新

本成果的学术创新包括以下几个方面：

（1）对敦煌吐蕃期洞窟作了较为全面的考察和研究，属国内外首次对该领域全面综合的专题研究。

（2）本成果内容涉及较为广泛，既是专题研究（吐蕃期敦煌石窟），也是石窟考古、石窟艺术、美术史、敦煌学等多学科结合的对较为广泛领域的探索。

（3）首次尝试探究了导致吐蕃统治时期敦煌石窟发生很大变化，以至于"重构"了敦煌石窟历史的一些可能的深层次原因、因素，强调了艺术与历史的重要关系。

（4）阐述了瑞像图、史迹画、部分经变画、吐蕃世俗装彩塑造像、装饰佛彩塑造像、吐蕃样式毗沙门天王像等新图像、新现象的意义和产生的影响。充分注意新图像、新现象、新因素在洞窟中的进入及其意义。

（5）探讨了吐蕃藏地、于阗、粟特、汉地、敦煌本土等多元艺术题材与风格的传入及其影响意义，强调不同艺术题材与造像风格在敦煌的流传与表现。

（6）对部分"原创性"洞窟的首次集中考察，强调了对洞窟个案研究的重要性。

（7）从更加广阔的思想背景入手，强调这一时期北传佛教及敦煌本地佛教思想对洞窟营建的影响及其关系。

（8）本成果既有全面综合的研究，也有个案的考察。

（9）公布了诸多洞窟新发现的资料，如莫高窟第 359 窟的供养人题记和胡人画像，莫高窟第 93 窟新发现的吐蕃装供养人、藏汉结合题记框，以及吐蕃特征的造像等。

四、成果的学术价值和应用价值

本成果的学术价值体现在以下几个方面：

（1）本成果是目前为止敦煌学界第一本，也是唯一一本就中唐吐蕃期洞窟进行集中全面综合专题研究的专著。本成果作为敦煌吐蕃期石窟研究的第一本专著类作品，除对学界认识和研究敦煌各期石窟、敦煌美术史有重要的参考应用价值之外，必将对学界认识和研究吐蕃佛教及其艺术史有不可或缺的参考意义，也可为中国美术史提供重要的资料。

（2）全文既有整体的综合研究——上篇，又有对单一或一类图像、个别洞窟的个案考察——下篇，以及专题性的石窟营建研究——中篇，分别从宏观和微观两个视角，以不同的思路与方法，把整个吐蕃期敦煌石窟的研究推进到一个全新的高度。结合"导言"部分，展现出这一时期石窟各个方面的现象与问题，最终为读者全方位了解这一时期的石窟提供充足的资料。从这一角度出发，对学术界从事相关研究也是很有借鉴意义的。

（3）上篇"综合研究"，我们使用了"重构"这个现今颇为流行的术语，以高度概括的语言，把中唐吐蕃期洞窟"原创性"图像、新现象、新因素的出现及其所导致的敦煌石窟大变革的历史形象地表达出来，使得研究成果脉络清晰，便于读者理解中唐吐蕃历史的重要意义。

（4）中篇"石窟营建研究"以专题研究的形式，集中就吐蕃期敦煌洞窟营建史作了考察，涉及中唐人对盛唐未完窟的续建，对部分洞窟功德主的探讨，敦煌遗书所记个别洞窟的历史印证，吐蕃人、粟特人作为功德主的情况等问题。

（5）下篇"个案研究"从敦煌美术与粟特美术、"原创性"图像、一类经变画、代表彩塑、代表洞窟等角度，分别选择具有代表意义的洞窟或图像进行专题研究，几乎涉及洞窟研究的各个主要方面，体现了作者对此期洞窟的全面把握，也说明了该期洞窟研究的重要学术意义。

（6）在每一章节的研究中，均有独到的发现与创见，发前人未发之言。

上篇以吐蕃期洞窟对敦煌石窟的"重构"作为主要线索统摄各章节。中、下篇每一章节单独成文，各有新观点，如对莫高窟第158窟、第359窟与粟特人关系的考察，对第161窟造像时代与洞窟功德主法成的考定，对"报恩吉祥窟"的再考定，对第93窟新的吐蕃特征图像资料的公布及对窟主功德主的吐蕃人身份探讨，对《金光明最胜王经变》首次出现于中唐洞窟原因的考察，对劳度叉斗圣变未出现于中唐洞窟原因的考察，第154窟主尊彩塑的定名，第159窟彩塑的艺术史意义，榆林第25窟图像复原和洞窟时代问题，均提出了独到见解，且有理有据，论证科学合理。

（7）在本研究中，对于敦煌吐蕃期洞窟中一系列因受吐蕃统治而产生深刻影响的带有藏传特色的图像，研究者都一一进行了交代，从一个全新的视角对敦煌吐蕃期洞窟与图像进行了阐释，为藏传佛教艺术与藏学的研究开拓了一个新领域，因此有重要的学术意义。

（8）从研究方法与涉及的学科领域来看，研究者结合考古学（佛教石窟考古）、历史学、图像学、文献学（敦煌文献）、艺术学等多学科的方法与知识，全方位、多角度进行研究，体现了研究者较为广阔的学术视野。

（9）作为涉及吐蕃藏传佛教艺术专题研究的专著，本成果对今天认识和研究西藏历史、文化、艺术有重要的参考价值，对今天认识和处理藏汉文化、艺术的交流及民族关系有重要的现实启示意义。

总体来看，《吐蕃统治时期敦煌石窟研究》代表了敦煌中唐吐蕃石窟研究的较高水平，是敦煌石窟研究领域的新成果，必将对佛教石窟考古、石窟艺术、宗教图像、中国美术史等学科的研究有重要的意义。

《内蒙古区域游牧文化的变迁》概要

邢　莉[*]

文化变迁是人类学和民俗学主要研究的课题之一。本成果研究的是内蒙古区域游牧文化的变迁，学术界通常把创新、传播、进化、涵化、冲突、调适、融合等纳入这一动态的过程中予以分析和研究，本研究延续了这样的清晰思路。《内蒙古区域游牧文化的变迁》呈现的是内蒙古区域游牧文化变迁的整体框架，分为上、下两篇，上篇着重于自清代以来内蒙古区域蒙古族游牧文化变迁的演变历程，下篇通过个案研究蒙古族有代表性的文化符号在现代语境下的重构与转型，探讨蒙古族群传统的民俗文化符号在新的情境中的呈现。全书55万字，随文所述图表60余个，这是立足于人类学与民俗学、社会学与生态学、草业科学等交叉学科基础上的一项研究，学术界赞同跨学科的研究，因为跨学科研究可以促进文化的阐释和文化的发展。

内蒙古区域的游牧文化是生活在蒙古高原的蒙古族群承继历史上游牧族群的文化传统，而又不断创造的与干旱或者半干旱草原相适应、相互动的"游动"的生计方式和生活方式，以及与其相对应的物质文化和精神文化的总和。在历史的长河中，蒙古族的生计方式和生活方式也在不断变化，不过这种变化在没有外力推动的情况下，是渐进的、内在的、自然的，甚至可以说是迟缓的，被西方学者认为是"停滞"的文明。18世纪以来，内蒙古区域的游牧文化逐渐演变、逐渐衰微。内蒙古区域蒙古族游牧文化的变迁是伴随着自清代至民国长时期的大量汉族移民的开垦而发生的。此后内蒙古区域的

---

* 邢莉，中央民族大学教授，博士生导师。

游牧文化演变为四个文化圈，即牧业文化圈和农业文化圈、半农半牧文化圈和城镇文化圈。这是一个游牧文化圈逐渐缩小的过程，也是牧人的生活方式从游牧到半定居的过程。1947 年以后（内蒙古自治区是 1947 年 5 月 1 日成立的），随着国家的新建设，在原来演变的基础上，牧人的生产和生活方式继续迅速演变，由游牧演变为半定居或者定居，特别是改革开放以来，最后的游牧民完全实现了定居。大型的游牧生计方式已经衰微和转型，这是一个文化变迁的过程、一个历史渐替的过程，也是一个社会变迁的过程。

一、研究的目的、意义及所使用的研究方法

1. 研究的目的和意义

在中国大踏步地步入现代化和推进可持续发展及民族文化创新的语境中，面对 21 世纪内蒙古区域多元文化的可持续发展，本研究具有以下意义。

（1）在人类历史上，游牧文化是与农耕文化相区别的另一种文化类型，其产生、辉煌与衰微、转型都是一个历史过程，是一个文化变迁的过程。本研究对清代至今内蒙古区域的游牧文化变迁进行了全面的整体的研究，对其变迁机制、变迁动因、变迁结构、变迁形态进行了阐释，具有学术意义。文化变迁具有社会性与历史性。通过内蒙古区域游牧文化的变迁透视社会的巨大变迁，包括物质文化与精神文化诸方面的整体性的变迁，本研究对于文化人类学与民俗学、历史学、社会学等学科具有一定的参考价值。

（2）生态环境的恶化已引起了全世界的关注，1992 年联合国环境与发展大会通过了《21 世纪议程》，强调可持续发展与生态文明的关系。目前内蒙古区域正在大幅度地进行经济建设和文化建设，我们希望通过这项成果在区域建设中树立生态文明的理念，纠正人类长期以来在认识人与自然关系时的价值缺失状态，对草原存在的生态价值予以科学的评估，对已经衰微的游牧文化予以客观的历史评估。在草原游牧文化的转型期，我们希望人类认识草原文化存在的多维价值，树立保护草原、保护草原文化的先进理念，以推动现代化畜牧业的可持续发展。

（3）我们希望通过这项研究促进人们对中国境内游牧与农耕两种不同文化类型的了解。希望在情境化与反思性的历史与人类生态知识基础上，对两种文化模式以及两个族群在"多元一体"的语境中的互动过程有一种新的体

认，充分认识两个族群在"多元一体"的语境中的互动关系，使我们能够在对人类生态与长期历史的了解中反思蒙古族的游牧文化，进一步建立两个族群和谐共处的关系。

2. 所使用的研究方法

学科是人为的分类，而科学则是为人的。为了研究问题，在研究方法上我们努力打破自然科学和人文科学的界限，突破单一学科的拘囿，立足于多种学科的交叉点，特别是人类学与民俗学、社会学与生态学及草业科学的交叉点上阐释内蒙古区域游牧文化的变迁，因为要还原事情的本相就需要多学科知识的交叉。

（1）采用多种文献资料，其中包括正史资料、档案资料、民俗志资料、文人笔记及报刊资料等，并与田野调查的活形态的资料相结合。（2）运用实证的个案研究。改革开放以来，费孝通等学者提出并亲身实践的"小地方，大社会"的微型研究理论模式，再度掀起学术界从微观的、历时的、过程的视角讨论国家与民间社会的关系，仍具有生命力。作者带领研究生多次进行较为深入的田野调查，例如在锡林郭勒盟东乌珠穆沁旗牧业区域的调查、在海拉尔区鄂温克旗牧业旗的调查、在巴林右旗半农半牧旗的调查等。我们把个案研究与深入访谈结合在一起，历史学的基本学科规范是"无徵不立"，我们的田野调查记录了民众口述的真实，补充了历史记载的不足。（3）本成果的主要作者亲自参与了当前农业部规划的重大项目，包括对草原生态环境退化状况的考察、草原监测、规划设计治理工程等。所列的部分图表是作者主持项目的重要成果之一，具有科学性和学术价值。

二、成果的主要内容和重要观点

人类学、民俗学是关于在特定的生态环境下、特定区域内人类诸族群生计方式的多元化研究。在我国历史上，农业文化圈和游牧文化圈是由不同的动植物种群分布和人类不同的物质生活与精神生活方式造成的。蒙古高原的游牧文化是与农耕文化并举的传统文化。本成果在阐释"游牧"原形态的基础上，重点阐释其衰微、转型的历史过程。把内蒙古区域游牧文化的整体性变迁划分为四个历史时期，明代为游牧文化变迁的肇始期，清代为游牧文化变迁的转型期，民国时期为游牧文化变迁的确认期，1947 年（新中国建立内蒙古自治区）至今是游牧文化的衰微和转型期。以往的研究虽有论文和少量专著，但是往往或从历史学的角度就一个历史时期的一个问题进行研究，或从汉族移民的角度进行研究。前人的研究一方面为作者提供了借鉴，另一方面又存在不足。作者立足于人类学与民俗学的角度，把历史上的重大变革与游牧文化的变迁紧密联系在一起，梳理了历史阶段的重大变化对内蒙古区域游牧文化变迁的影响，研究了内蒙古区域游牧文化变迁的历时性。

以往对内蒙古区域游牧文化变迁的研究，其内容大多止于对清代至民国游牧地被开垦的史志档案资料的梳理，对当今内蒙古区域游牧生计方式的重大变迁少有涉猎。本成果在研究内蒙古区域历史纵向变迁的同时，特别阐释了当代游牧文化衰微与转型期的重大变迁。在调研的基础上，阐释了内蒙古区域草原畜牧业实施"草原公有承包、牲畜私有户养"的过程，这是在当今"世界经济一体化"和我国从计划经济向市场经济转型的宏大态势下内蒙古区域从游牧到定居的变迁过程，本研究从人口学、生态学、游牧文化的非自足性等角度分析了当前制度文化实施的背景，指出当前城镇文化的兴起与马文化的急速衰微和转型是游牧文化衰微和转型的重要标志。本成果既具有历时性又具有共时性，既具有历史性又具有现代性。

唯物史观认为，社会的本质乃是在一定物质生产活动基础上形成的相互联系的人类生活的共同体，是一个由经济生活、政治生活、精神文化生活等组成的极为丰富的、复杂的有机系统。人们始终对于文化是人类历史上凝结成的生存方式这一点存在共识。本成果的学术贡献之一是在前人研究的基础上，阐释了内蒙古区域传统的游牧文化结构整体改变与重构的过程，形成农业文化圈、半农半牧文化圈、牧业文化圈和城镇文化圈的过程及其结构形态。这一动态的过程是游牧民与农耕民近距离接触，游牧文化圈与农耕文化圈互相碰撞、长期互动的结果。本成果阐释了汉族移民到内蒙古区域后，从"游农"转变为定居农民的过程，同时也阐释了部分蒙古族从牧人演变为农民的过程。人类对自然环境和社会环境的适应是借助于文化而求得生存和发展的，当人们面对的客观环境发生改变时，文化毫无疑问也会随之改变，在此情况下，必然触动内蒙古区域游牧文化的整体裂变和调试，这里包括游牧文化的内部整体结构以及意识形态和价值观的转变。这是一场深刻的变迁，是从表层到深层的变迁，从文化模式到文化心理的变迁。

本成果阐释了内蒙古区域游牧文化变迁的动力机制。以往的研究往往单一地将其归结为汉族移民对内蒙古区域的冲击，而本成果的研究者阐释了汉族移民是触动内蒙古区域游牧文化变迁的重要原因，但与此同时，我们把内蒙古区域游牧文化的变迁置于时代与社会变迁的大背景中，阐释了上层制度文化的诱导，蒙古族内部的变革需求，农耕文化与游牧文化各自的优势与不足等诸种因素对其的共同影响。在游牧民与农耕民互动的关系中，在"大传统"与"小传统"的互动中，内蒙古区域的游牧文化发生了涵化。学术界在研究文化变迁的动力机制时，认为内部发展的变迁通常源自发现或发明，而外部发展或接触的变迁，一般源自借用或传播。笔者认为这样的分类未免有些简单化。我们认为，推动文化变迁的动力机制应该是内部与外部、自然生态环境与社会人文环境、"大传统"与"小传统"的错综复杂的交叉。这个过程中必定有很多因素参与，例如自然生态环境与人口的变迁（各民族人口比例的变化）、经济的变迁（地区经济的发展要求）、社会生活方式的变迁、科学技术的进步等。内蒙古区域游牧文化变迁的动力机制不是单线的、单向的，而是多种因素互动、纽结、碰撞的结果。汉族移民与开垦研究是内蒙古区域游牧文化变迁的一个重要视角，但不是唯一的视角。

长期以来由于游牧文化和农耕文化各自保持自己的地域性和独特性，虽然人造的长城并不能成为两种不同文化类型及两个族群的分界线，但是其交融的广度和深度毕竟是有限的。在内蒙古区域的游牧文化自清代以来的变迁过程中，在汉族移民及其后裔与原住民几百年的频繁交往、共生共存的生活中，早已打破了各自民俗文化结构上的封闭和文化上的单一，民俗文化的融合呈现出普遍性、持久性和深入性。民俗文化的融合显示了人类为适应社会环境和自然生态环境而进行的自身调试，人类是借助于文化而求得生存和发展的。民俗文化变迁的过程也是民俗文化融合的过程。民俗文化的变迁强调的是文化变迁的动力机制和变迁后的结果，而民俗文化的融合关注的是变迁双方的行为方式和心理状态。当人们面对的生态环境和文化环境改变时，就会出现文化融合，这一点在学术上已成为大多数人类学家和民俗学家的共识。内蒙古区域游牧文化变迁的过程就是传统的游牧文化圈与农耕文化圈互相碰撞、互相选择、互相调试、互相融合的过程，融合的结果并非是一种文化为另一种文化所代替，而是游牧文化发生了衰微和转型，内蒙古区域的草原文化在与世界接轨的"开展生态建设，改善环境，保护生态"理念下的可持续发展。

本成果对内蒙古区域游牧文化的各项标志性文化符号在当代的呈现进行了分析。阐释了蒙古族传统标志性民俗文化符号的变异，呈现了从传统到现代的不同形态。游牧文化圈与农耕文化圈的撞击不仅使游牧生计方式和生活模式发生了变迁，与其相关的民俗文化符号诸如语言、民间信仰、节日与祭祀以及衣食住行、婚丧娶嫁等诸方面也相应地发生了变迁，这是一个连锁式的嬗变历程。作者通过个案的方法，选择有代表性的蒙古族传统文化符号的变迁进行了阐释。《内蒙古区域游牧文化的变迁》的下篇力图呈现传统与现代的衔接关系，挖掘传统文化符号在当今的意义。在步入现代化的过程中，传统并非消失殆尽，而是被重新复制和建构。传统在新的语境中被传承和利用，传统的民俗文化符号显示出新的生机。目前学者对蒙古族传统文化研究得相对深入，出现了一批有影响的著作（包括蒙古语的著作），而对于民俗文化符号在当今所呈现的变异形态则研究得不够。文化变迁实际上是民俗文化机能的自身调适，民俗文化在变迁中传承和发展。在游牧文化衰微和转型的新时期，草原游牧文化符号成为历史的积淀，这些文化符号不仅被民众惯习地在现代化中使用，而且成为文化发展的源泉。

传统的农耕文化在历史上占有主流文化的地位，由于人类认识水平的拘囿，以往对于蒙古高原的游牧文化在保护人类生态环境中的重要贡献以及在中国历史上的重要影响缺乏认识，在游牧的历史即将结束的时候，本成果对与农耕文化并举的草原游牧文化的优势和不足给以客观的评价，肯定了游牧人在保护草原生态方面的历史贡献。

三、成果的学术创新、应用价值以及社会影响和效益

人类学家和民俗学家都认为文化的变迁是一切文化的永存现象，立足文化生态学角度对内蒙古区域游牧文化变迁的研究，可以帮助我们调整文化的价值观。自 1992 年联合国制定《21 世纪议程》以来，实现可持续发展已成为世界各国共同追求的目标。我国制定了《中国 21 世纪初可持续发展行动纲要》，明确了实施可持续发展战略。通过实证研究，作者认为可持续发展的核心理念就是经济社会与人口、资源和生态环境的协调。移民的开垦和对

草原的掠夺性使用破坏了草原的生态环境。我们希望在对历史的反思中树立保护草原、建构生态文明的新观念，维护生态平衡，改善人类生存环境。在内蒙古建设现代化可持续发展的过程中保护草原文化，力求推进具有文化特色的畜牧业的可持续发展，求得人与自然的和谐。

内蒙古草原是沙尘暴的起源地，是维护我国生态环境的重要屏障，关系到我国的生态安全和可持续发展。对处于脆弱的草原生态环境中的内蒙古区域，其 GDP 的增长不能与东部并论，在东部经济高度发展取得令世界瞩目的成就的同时，我们希望对生态脆弱的内蒙古草原建立补偿机制，希望加大对草原生态环境的治理力度，保护文化的多元化。面对人类生存环境恶化的危机和人类生存资源的危机，这既是对人类从工业文明向生态文明转型规律的历史性把握，也是对当今中国构建和谐社会的理论和实践的提升。

本成果为文化变迁理论的建构提供了实证的案例。国外关于文化变迁的理论比比皆是，这些理论给我们的研究以启迪和借鉴，而我们国内学者自己的发现则很不足，我国应该在文化人类学与民俗学的理论上作出自己的贡献。本成果通过对内蒙古区域游牧文化变迁的实证研究和理论探索，为中外学者研究文化变迁的理论提供了相应的资料。

人类存在两种基因，一是生物基因，一是文化基因。本成果对于社会和文化转型期间蒙古族代表性文化符号的传承研究说明在游牧文化衰微、转型的历史阶段，要保护草原游牧文化遗留的物质文化遗产和非物质文化遗产，这不仅有利于现代的物质文明建设和精神文明建设，而且可以为文化创新、文化发展提供智慧的源泉。

《中国三阶教史》概要

张　总[*]

本研究的目的是填补中国佛教学术方面的一项重要空白。三阶教史属于中国佛教史宗派方面的重要学术内容之一。三阶教是中国隋唐佛教重要宗派之一，但因曾遭隋唐朝廷数度禁止，所以宋代以后在历史上近于湮灭无闻。所幸敦煌藏经洞遗存的佛教文献中保存了一小批三阶教史料，也有部分三阶教资料传入日本。日本学者矢吹庆辉在 20 世纪初期访欧，最先获得敦煌遗书，充分利用最为宝贵的《大藏经》以外的佛教文献，集中了相关三阶教的写本，结合日本史料，以及中国史料中僧传记载及金石资料，写成《三阶教的研究》，成为世界名著，在国际学术界影响很大。该书 1927 年出版，约 1980 年代再版。1994 年又有日本学者西本照真著成《三阶教之研究》，充分发掘敦煌遗书中后来的刊布资料，并纠正以前的错失。日本学者在此领域已占尽先机。此外，美国一位留学日本的学者也有三阶教专题的英文专著。

国内学术界在近二三十年内其实也有相当不错的成果，但是相当零碎，没有从整体出发与把握的论著，还有部分学者撰文时不太了解日本学者的成果，造成国内研究落后的局面。本成果的写作，就是为了弥补国内研究的不足，并希望赶上甚至超过日本学者的书著成果。作者从事佛教美术研究，在研究石窟与刻经的过程中，发现陕西淳化金川湾的三阶教刻经窟具有重要的学术价值，由此引发对三阶教专题的关注。作者与陕西省考古所合作，对金

* 张总，中国社会科学院世界宗教研究所研究员。

川湾石窟进行了考古调查，在《文物》上发表了简报。作者认为，结合考古、美术、金石学的资料与成果，从佛教史的角度下功夫做文章，能够写出不亚于日本学者已往成果的专著。日本学者有其长处，但我们也有优势，后来居上，把握资料、深入思考，应该可以完成填补学术空白的重任。

本研究使用的方法是综合性的。主要以唯物史观为基础。在充分了解日本学者已有成果、国内学术领域近年三阶教相关研究的基础上，主要按历史阶段线索，根据材料的厚薄多寡展开论述。本研究的特色即将三阶教置入当时历史与宗教的环境背景中，对三阶教的教祖与主要人物、历史事件与情势等，都作出尽可能深入的分析与梳理。对三阶教人物的践行经历等细节，尽可能详细地析解与考辨，使其更真实地显现。综合佛教艺术、文物考古、金石拓铭、佛教文献学、佛教史论的成果，最大程度地还原三阶教的本来面貌。

本成果共分六章。第一章为研究史，第二章与第三章为本研究的主体，分述隋唐阶段三阶教产生、发展、演进、遭禁与复起的过程，第四章为三阶教教徒与百塔寺状况，第五章为三阶教教徒修行实践，第六章为三阶教的典籍与思想。

第一章收集日、美及中国大陆、台湾地区学者的各类论著，包括了三阶专题专著、相关专题论著以及各类论文，有宗教史、考古学、美术史、敦煌学、金石学及考订等方面的关涉之作，还有疑伪经论文集，均对其优劣之处进行了详细的解析和评判。在此基础上明确本研究的宗旨和方法。

第二、三章按历史顺序对三阶教产生与发展变化的种种情况进行论述。第二章限定在北朝至隋代，这是教主信行创立三阶教，并且得到隋朝重臣高颎荐举入朝，成功地开宗立派的阶段。着重分析了教主信行的生平及三阶教创教、隋代兴盛至禁断的情形。信行本人行状及创立三阶教的大体情况在僧传及学术著作中已有详细介绍。但信行本人从出家至舍戒、创教宣说的序次与过程等细节，仍多有模糊不清或史料矛盾之处。本研究尽可能详尽地探讨、列述了信行从童年到舍戒、宣教立宗的情形，展示了三阶教自草创到成立的状况。如隋代重臣高颎是三阶教史上极为重要的人物。信行因为得其推荐才入京宣教，三阶教主要寺庙也在其家中，而三阶教开皇二十年遭禁也多认为与其前一年去官有直接关联。高颎历来被认为是三阶教的大护法，日本学者指其为三阶教徒。但实际上详查其时情况，高颎对佛教信徒多有保护，对反对三阶教的僧人如道正也加以引荐，所以只能确定其为佛教的大护法，不能认其为三阶教护法。有关高颎建真寂寺并其身后的种种情形，也都有很多非三阶教的因素在内。隋末三阶教遭禁固有高颎失官之因，但也不宜推阐过分，佛教内部纷争与政治两方面的原因，才使对三阶的禁教得以实行。只有明了了这些细节，才能充分掌知当时的状况。

第三章为唐代三阶教屡禁屡起，激烈变化的情况，是本成果中篇幅最大的一章。初唐兴盛、无尽藏施积聚巨大财富、塔葬渐成、凿窟刻经、净土僧人驳难、武则天先移无尽藏后加禁抑、越王撰碑薛稷书写、玄宗敕禁、贞元复兴、会昌灭法、长安寺院壁绘、敦煌地区写经画迹、唐末衰落，以及三阶教传诸日本、韩国之种种状况，在第三章都有展示。一方面将重要事实置于历史框架之中，包括了原来未知的凿窟刻经等事；另一方面注重唐代敕禁的具体情况，譬如敕禁的次数、范围与程度、禁令与百塔葬事的关系、每次复起时的不同状况等，在整体上展示出三阶教在唐代的面貌。

三阶教受隋唐两代朝廷敕令禁停，殆无疑义。但究竟是三遭、四遭或五遭禁敕，各著表述不统一，有些论著与辞书说为两三次，有些或说为四五次。如《佛学大辞典》、《佛光大辞典》、《宗教辞典》及郭朋的著作均说三次；林子青《三阶教》、《中国大百科全书》与《中华佛教百科全书》则说四次；而日本矢吹的著作中已经五列其事，西本著作中亦同，即隋开皇一度，武周证圣、圣历两度，玄宗开元两度。本研究的分析证实，实际上武周证圣元年（695）时的敕定伪经并不存在。只是编《大周录》的明佺，逢迎圣上旨意，将三阶典籍划入伪经范围。武则天直接敕令三阶典籍归入伪符录很难成立。

唐朝对三阶教的敕禁，也是逐步实行。武则天移化度寺无尽藏至洛阳福先寺，是想加以利用，但没有成功。圣历时禁令，只是对三阶教教徒的行为有所限定，而且程度并不太重。玄宗开元九年没收无尽藏，确实抽三阶教之基础。开元十三年的禁令，是对三阶教最严重的敕令，但也不过是限制三阶教教徒的行止，拆除三阶院，促其回归到普通佛教徒中。

唐代三阶教命运的起伏变化，可以从一些不同的侧面体现出来。无尽藏施在初唐所积聚的巨大财富，影响及于全国大部，也引起朝廷很大的关注。

其中也有贪盗事件，不应忽略不计。长安五寺仍是三阶教的根基，从隋代继承延展，每个寺庙的情形不一。百塔寺，塔林的真正发展以及淳化金川湾石窟的凿窟刻经也在此时。三阶教的发展，因其独特鲜明的性格，在佛教界内部也引起了矛盾抵牾。净土宗僧人的批驳、怀感怀恽的义理诘辩、怀信的攻难、飞锡的调和之论，在第三章都进行了深入的介绍，包括了细致的材料。在武周到玄宗前的短暂复兴期间，越王李贞为信行撰文、薛稷为之书碑，很有代表性，但这些人物都带有政治悲剧色彩。玄宗最后的禁抑对三阶教起到真切的压制作用，但此后仍有贞元年间的复兴，典籍入藏，幢碑再立于百塔。唐武宗会昌灭佛，带来的灾难超过了诸帝王对三阶的禁抑。三阶教附在佛教上，虽然从会昌到唐末甚至宋初，仍有一些活动，但是毕竟失了元气，历次禁止三阶教，受影响最大的是典籍，经之不存，难以复原，三阶教终于走向了湮灭。

第四章是三阶教徒及塔葬状况。关于三阶教信徒的很多资料都来自百塔寺，百塔寺的情况在本成果的其他章节已有介绍，以体现其在隋唐不同阶段的状况。本章将百塔寺即信行墓塔周围附葬的僧俗信徒情况集中论述，并且对聚塔造寺的始末源流进行了梳理。

百塔寺相关文物问题复杂、牵涉极广。已有论著往往不能兼顾其教史和文物两个方面。如信行塔碑铭、化度寺邕禅师塔铭、海禅师墓志、梁师亮与梁师暕墓志、库狄氏与贺兰氏等都需要进行考证鉴定、辨别厘清，本研究对所有材料都先行研考，掌握情况。个案中库狄氏与贺兰氏的情况很有代表性。她们二者都嫁裴家，都是胡人，都是最重要的三阶教俗家信徒。她们的具体关系如何呢？有关论著从西本到刘淑芬等，都没有查清。周征松考论裴氏著作已提及张说的《裴行俭神道碑》，由张文可证其实二者是婆媳，而且婆婆反较媳妇晚逝，迟葬一年。库狄氏还是曾入武则天宫廷之人物，其附葬百塔，既有信仰因素，也有胡俗婚嫁的因素。综合对照还可知，宋人说库狄氏以后百塔才发达，应不准确。总之，这些金石材料均经考订后加以运用，在此基础上探求百塔寺的特色。

百塔寺以祖师僧塔为中心，聚集成塔林，之后先建塔院、再成寺院加以配合，成为寺塔皆备的塔林，这与一般塔林附于寺庙相反。因附葬者多用林葬，而后收骨起塔，所以百塔寺成了三阶教的精神象征，凡入百塔者，必为三阶教徒。这种认定虽然并不全错，但其实颇入误区。首先应该明确，林葬是否为三阶教的特定葬式？聚葬教祖塔旁，是否有制度规定？两者的答案都是否定的。首先，林葬并非三阶教的特定葬式，如果纵观佛教史，可知林葬在隋代确实较为普遍，诸寺各派高僧都有林葬者，林葬经典《要行舍身经》也与三阶无关。当时长安诸寺高僧多葬终南山，而终南寺僧反而选址别葬。其次，聚塔成林也并非信行意愿或规定，其身后塔林也很寂凋，至少在隋代是如此。起初只有信行并弟子数塔，依属于旁边至相寺，初唐时这种情况渐次改变，三阶塔林才成气候。但是仍有非三阶的智该葬于百塔范围。只有将百塔寺理解为绝非有教派性制度因素，后人才据情况称其为三阶祖庭，否则难以解释非三阶教僧徒僧人葬入此中的原委。唐代中后期续有塔院建造，百塔寺终成一处聚葬三阶僧俗的葬地。总之，本研究从材料到性质，深入把握百塔寺从产生形成到衰落的种种情况，贴近史实地展示了百塔寺的始末和其中三阶信徒的情况。

　　三阶教徒中首先探讨了信行及直传弟子的情况，前已提及。信行自叙中的并州①严净寺僧道进，其严净寺也可在山西武乡找到对应的古寺。三阶教的传播范围，从教祖信行的经历轨迹，到长安五寺以及百塔寺；由长安西北淳化三阶教刻经窟，联系昭陵澄心寺比丘尼优昙、法门寺大德惠恭等，可以展现长安西北百余里处三阶教的流行状况；在晋东南地区可通过敦煌文书P.2250号《当根破病药》中百梯山三阶禅师和《法华经传记》中"绛州西河僧"的讨论，以及敦煌石窟中由文书和壁画十轮经变引起的相应探讨推知。本研究对三阶教人与事所关涉的地域分别作出了相应的研考。

　　第五章是三阶教的修行实践。法藏敦煌文献中的《制法》是三阶教教徒修行实践的重要文献，尽管西本照真已校录，并作了研究。但其丰富的内容，仍然值得多作考述。本研究尤将其与《大乘无尽藏法》、《当根破病药》的百梯山某禅师的有关内容对应起来，取得日本学者未涉及的成果。具有多种文本的《乞食法》也在本研究中得到较为彻底的清理研讨。《七阶佛名》礼忏法，是三阶教宗教实践最重要内容，在石刻佛典与敦煌遗书中材料相当丰富。敦煌写本中相关主题者超过百件，且多有实为九阶佛名的写本。虽然

---

　　①　"并州"为国内学者对三阶教资料研究的新成果，原日本学者刊布为"相州"。

学者台湾汪娟、日本学者广川等都有专文著述，但其起源形成、演进变迁过程，历来没有理清，仍然含混不明。本研究综合佛经、石刻窟柱、敦煌文书中的关键线索，将此佛名阶次基本理清。现在可以明确六阶佛名在《药王药上菩萨经》已具，灵裕开凿的大住圣窟前已铭七阶佛名礼忏文。而敦煌文书P.2849号中信行所撰《受八戒法》内所礼"七阶有缘佛"是将宝集佛等25佛加入七阶佛名，提供了信行佛名系统的关键证据。此后又有增添，使佛名阶次可达八阶或九阶，而且多在类似或相关《七阶佛名》名义下流行。

第六章是三阶教典籍及思想。三阶典籍主要是保存下来的敦煌文献、日本古寺所存文献，以及陕西淳化金川湾石窟内的石刻典籍。本章适度参考利用了西本照真的成果，但在陈述典籍整体的分类、排比等方面，仍具独到的看法与创见。关于信行的论述、信徒的复著、注疏目录、撰造伪经，在本章中一一论述。篇内细析解构其论说经法，从普敬、认恶、普法三个方面来析解三阶思想的立足与核心。

本研究的学术价值，首先是填补了中国佛教宗派史上的一个重要空白。此前三阶教方面的专著成果全是国外学者作出。日本学者及美国学者的三部专著产生了极大的影响，尤其是日本学者之研究，材料翔实，观点明晰，广为人知。但本研究表明，三阶教的研究，完全可以达到一个更高、更深的层次。三阶教的方方面面，从人物到事件，特别是在历史阶段中的演进与变迁，以及三阶教的信徒状况、典籍、观念与实践修行，在很多方面都可以推进。综合起来，就能达到较多的创新。本研究完成了中国学者在中国佛教史、中国佛教宗派史上一项必应完成的任务，打破了日本等国学者在此领域的优势领先地位。

本研究的关注与价值主要体现于对三阶教源流状况的考察。由于三阶教是一个中国佛教史上湮灭的教派，所以，揭示其产生、发展、敕禁、复起、演变、湮灭的情形，有着重要的意义。本研究根据三阶教在历史上的状况，利用两章，从北朝晚期、隋朝唐代两个时期，研考、叙述其流变。涉及教祖信行在北朝时的入教舍戒活动，到其开宗创教，在隋唐两朝屡遭禁敕、屡次复起的起伏变化。三阶教的面目虽似曾于近百年之前被矢吹庆辉揭开，但也不尽完全。《高僧传》里本有信行等人的言行事迹，三阶教根本典籍《三阶佛法》在日本古寺亦有存留。在参据敦煌遗书及金石资料完成的矢吹庆辉的著作以后，三阶教的情况虽已大体论述清楚，但也有似是而非、不太清楚或细节失之偏颇的地方。在研究三阶教的开始阶段，学者会较为突出三阶教的特色，有些方面将其从佛教本身剥离过多了一点。即使就矢吹著作中最具价值的内容项——敦煌藏经洞所出三阶文书而言，因受时代局限，其中疏漏也有不少，这从数十年后西本照真所做的相关工作就可表明。另外，日本学者对汉文典籍的理解，偶然也有不确切之处。近百年来，相关的考古、金石等多方面陆续取得的成果仍有不少，联系起来该领域研究确有进展。

因而，本研究尽可能地搜罗资料，详加考定，从而在多个细节方面加以推进。在此基础上，展现了信行从出生幼年到创教开拓，即三阶教初创阶段惨淡经营、隋代得到荐举入京、立五寺为基从而繁盛，至信行逝后僧邕接班续命，唐代时屡禁屡起，由初唐兴盛、无尽藏施积聚财富巨大，至塔葬渐成、凿窟刻经、净土僧人驳难，武则天对无尽藏先加移用后施禁抑，到越王撰碑薛稷书写、玄宗敕禁、贞元复兴、会昌灭法，再至长安寺院壁绘、敦煌地区写经画迹、唐末衰落，以及传诸日本、韩国之种种状况。对于三阶信徒与百塔寺始末，三阶教的实践行事与典籍观念，也都设专题而专究考论。

本研究的学术价值还体现在对国内学术界的一些研考起到某种匡正、提升的作用。国内有些相关论文眼界不够，或观点有误。如西安碑林博物馆的馆刊数篇论文，考订百塔寺碑石，没有详察日本学者成果，没有超出其范围。有些论文的倾向与论据有误，譬如认为信行与灵裕为同师同门（全无根据）；认为三阶教影响了安阳一带佛教流变，如大住圣窟遗存，其聚塔影响了宝山塔林，是反果为因；台湾"中央研究院"刘淑芬将华严宗至相寺说成三阶教寺、将灵裕等并非三阶之僧说成三阶僧人，类似等等（本人已有书评指误，刊于《唐研究》第十五卷）。

本研究的学术价值还体现在方法论和具体成果方面。本研究的主持人原从事佛教艺术研究，本研究的缘起也直接源渊于石窟中的三阶教刻经。在方法论方面力求全面、跨学科，涉及考古学、艺术史、文献学及历史学、佛教学等领域。

《中国诗歌史通论》概要

赵敏俐[*]

一、研究的目的、意义及所使用的研究方法

中国是一个诗的国度，从上古歌谣、《诗经》、《楚辞》到唐诗、宋词、元曲，再到今天的新诗，诗的传统源远流长。诗歌是中国文学发展史中最有生命力、最有代表性的文学体裁，诗的数量浩如烟海。中华民族又是一个由多民族组成的文化系统，其他少数民族的诗歌传统与汉民族诗歌一样久远绵长，它们共同构成了中华民族诗歌总体，成为中国文化与中国文学的核心要素，渗透于中华民族历史与现实的方方面面，并对日本等亚洲国家的文化乃至欧美近现代文学思想与审美思潮产生了广泛而深刻的影响。中国诗歌有博大精深的内容、深厚的民族传统、鲜明的中国文化特色。深入开展中国诗歌研究，在弘扬民族文化、进行精神文明建设方面具有重大意义。

面对如此丰富而又重要的中国诗歌，我们理应早就有一部大型的中国诗歌通史，更需要从新时代的高度对中国诗歌发展变化的历史进程作出新的理性把握与系统总结。目前，有关中国各体文学史的研究撰写取得了较大进展，在戏曲、小说、散文方面都已经有了一部甚至几部通史性的著作，但唯独没有一部系统的大型的中国诗歌通史，更没有一部系统地阐述中国诗歌发展历程及其把握方式的理论著作，这与中国这一诗的国度极不相称。本成果正是在完成了我国第一部贯通古今，包括各少数民族诗歌在内的多卷本《中

* 赵敏俐，首都师范大学教授，博士生导师。

国诗歌通史》基础上的理论总结，具有重要的理论探索意义。

本成果最终定名为《中国诗歌史通论》，这既是我们对本成果内容的基本表达，也体现了我们的学术思想与研究方法。其核心在于一个"通"字。"通"有两个要义，第一要义是指打通古代诗歌与现当代诗歌的区隔，打通汉民族诗歌与少数民族诗歌的分界。中华民族由 56 个民族构成，本身就是一个多民族融合的复合体。正是这种多元一体的文化格局，才成就了中华民族的伟大，成就了中国诗歌的丰富多彩。而中国诗歌从古代走向现当代，乃是一个不曾间断的历史过程，不了解中国古代诗歌的发展，就不知道中国现当代诗歌何以发生。同样，不了解中国现当代诗歌的情况，就不能正确认识中国古代诗歌的现代意义。打通古今开拓了我们的诗歌史视野，使我们更加清楚地认识到"一代有一代之文学"的真谛。它不仅意味着每一个时代的诗歌都有着与前后代不同的主要文体形式，更重要的是每个时代的诗歌都有着不同的历史文化特征，反映了不同的时代思潮，形成了不同的审美典范。打通汉民族诗歌与少数民族诗歌的分界，使我们更加清晰地看到中国诗歌的多民族特点，认识到中华民族诗歌多元一体的文化格局。"通"的第二要义是立足 21 世纪世界文化格局的史家"通识"。绵长久远、丰富多彩的中国诗歌，不仅是中国人民的宝贵精神财富，也是世界文化的重要组成部分。生活于 21 世纪的中国人，无论生活方式、风俗习惯还是思想意识，都已经融入了整个世界。因而，在中国文化与世界文化的比较中重新认识中国诗歌，追寻中国诗歌发生的文化形态，对中国诗歌原典进行新的解读，发现中国诗歌的民族特点，是本成果所要坚持的另一重要指导思想。在具体的研究过程中，作者更强调全面占有资料的重要性，本成果名为《中国诗歌史通论》，表面上看它是对中国诗歌整体特征的宏观概括与理论阐述，事实上它是作者在完成了近 700 万字的多卷本大型著作《中国诗歌通史》的基础上，在经过了将近 8 年的诗歌史研究之后才写成的。

二、成果的主要内容和重要观点

本成果立足对中国诗歌史的整体把握，从结构上分成两大部分，第一部分为绪论，重点思考进入 21 世纪之后，在全球化视野下如何认识中国诗歌史的问题。站在 21 世纪的起点上撰写一部中国诗歌史，需要具有世界的眼光。当下的中国已经不再是一个自给自足的封闭国度，而是一个开放的现代国家，世界文化已经融入中国，中国已经成为世界的一部分。因而，从世界文化的角度认识和发现中国诗歌的民族特色，认识它在世界文学史上的独特价值，这是历史提出的新要求，更是中国学者的自觉意识。在绪论中，作者分别从六个方面对这一问题作了充分的讨论。我们认为，中华文明原本是独立于西方的一种文明形态，在这种形态下产生的中国诗歌，有着独特的发生之源，中国人对它也有着不同于西方的艺术体认。中国人认为诗起源于人心灵的"感物而动"，形成了以"言志"为核心的抒情诗传统。农业文明培养了中国人"天人合一"的宇宙观和人生观，确立了"以人为本"的生活态度，诗歌作为直面现实、抒写人生的艺术，在现实生活中承担着多种实用功能。中国人在诗歌中寄托了生活的理想，自古就追求着人与自然、人与社会的和谐，探求着"诗意的栖居"的生存方式。中国人将诗视为心灵的表达，强调诗品与人品的统一，诗歌因此成为人生修养的重要部分，闪耀着人性理想的光辉。中国诗歌有着独特的艺术形式，一字一音的汉语言文字天然地具有诗歌的节奏韵律之美，"感物而动"的创作模式与"天人合一"的思维方式，使中国诗歌富有形象鲜明、意境深远的美学风范。多元一体的文化格局造就了中国诗歌内容的博大兼容与体式的丰富多彩，生生不息的民族精神推动着中国诗歌在继承传统中不断创新。这一切，正是中国诗歌的民族特点，它彰显了东方文化的智慧和美学风范，是对世界文学的杰出贡献，也是中国文化参与当代世界文化建设的重要资源。作为一部导论性质的著作，从全球化视野的角度来认识中国诗歌至关重要，这是本成果的纲领，也是作者多年研究的心得。

　　第一章至第十一章是本成果的主体，是从历史的角度对中国诗歌发展脉络的具体把握。根据中国诗歌发展的实际状况，本成果将中国诗歌按历史时间分为10章，分别为先秦、两汉、魏晋南北朝、唐五代、宋、辽金元、明、清、现代、当代，各章均以汉民族诗歌为论述的主体，同时描述各历史时期民族文化融合的过程，从而说明汉民族诗歌本身就是多元一体文化格局的产物。此外专列一章论述具有鲜明特色的各少数民族诗歌，同时以时间为线索描述其发展的过程，说明它们各自在中华民族诗歌板块中的地位及其与汉民族诗歌之间互相影响的关系，从而使本成果成为名副其实的包括中华大家庭

56 个民族在内的连通古今的"诗歌通史导论"。

　　诗歌作为中华民族最先发展起来的文学艺术形式，其历史与民族的历史同样漫长久远，《中国诗歌史通论》的写作目的，即是在描述诗歌发展历史的基础上把握其民族与时代特征。诗歌作为一种意识形态，作为人类心灵的表达，必然要受到社会变迁的深刻影响，甚至连作为诗歌载体的语言，也同样在社会变迁的影响下改变。"一时代有一时代之文学"，它不仅意味着每一个时代的诗歌都有着与前后代不同的主要文体形式，更重要的是每个时代的诗歌都有着不同的历史文化特征，反映了不同的时代思潮，形成了不同的审美典范。这要求我们尽可能地回归中国诗歌发展的原生状态，回归到对诗歌文本与作为创作主体的诗人的民族文化解读。促使我们对诗歌史进行更加细致、深入的研究，发现每一个历史时段诗歌发展的不同特点与表现形式。这引发了我们对诗歌史更深一层的理解：中国诗歌的整体特征，正是通过每一个朝代、每一个民族和每一位诗人富有个性的诗歌创作才得以呈现的。本成果正文的 11 章，紧紧把握了中国诗歌发展的这一重要特点，并对其进行了全方位的论述。由于各个历史阶段的政治经济文化不同，各历史时期的诗歌体式、诗歌内容、作者群体、作品风格、审美追求等也大异其趣。先秦时代的中国诗歌具有明显的人类早期诗歌特点，以诗骚体为主，诗与乐紧密结合，多种文化属性并存，具有艺术原型的意义。汉代则出现了歌诗与诵诗的区分、作者群体的分流和诗歌功能的改变，文人作为中国诗歌创作的主体逐渐走向历史舞台。魏晋南北朝时代文人的地位突显，成为中国诗歌创作的主流群体，五言诗取代诗骚体成为主流的诗歌体式，乐府体与徒诗的表现形式与社会功能也有了更大的分化，在诗歌艺术形式的追求上更是达到了前所未有的高度。唐代则是一个诗的时代。以中下层士子为主流的诗歌创作群体，向上连接着朝廷政治，向下连接着百姓生活，这给他们的诗歌创作活动提供了无限广阔的天地，也使他们的诗歌形神兼备、文质俱佳且广泛流传。其突出标志则是盛唐诗歌，不仅出现了如李白、杜甫这样垂法百代的诗人，而且将诗歌的艺术追求提升到一个新的高度，引领了时代的发展潮流和审美风尚。两宋高度繁荣的社会文明和宋代诗人独特的文化气质，使宋人的诗歌创作出现了两大特点，第一是创造了与唐诗相媲美的另一诗歌审美类型——宋诗，第二是创造了堪称"一代之文学"的宋词。辽金元诗歌在民族文化交融中成长壮大，以汉民族的诗、词为主要的诗体形式，作品中却贯注了鲜明的各民族生活内容，形成了独特的诗体风格，元曲成为这一时期最有特色的诗歌体式。明代诗歌从元代诗歌发展而来，基本上由复古诗歌与性灵诗歌两条线索构成，这使明诗的发展往往具有流派论争、理论批评与创作实践密切结合的特征，同时呈现出明显的地域特征与不同地域相互之间的诗风影响，往往以群体的面目出现，各自形成了不同的审美品格。清代诗歌是中国古典诗歌的结穴与现代诗歌的开端。清初之际朝代的变更对清诗的影响巨大，乾嘉盛世诗风出现了转移，从总体上讲，清代诗人兼擅前朝各体，内容丰富、题材多样。晚清之际在域外文化的影响之下，新旧两大诗潮交会，渐启现代诗歌之新风。20世纪开始了现代中国的"新"诗运动，白话新诗的出现再一次显示了中国诗歌发展史上"一代有一代之文学"的鲜明特点。

　　在中华民族形成的过程中，虽然以汉语汉字为基础的中原文化在国家与民族的统一过程中发挥了巨大的作用，历史上有众多少数民族融入汉族大家庭，并逐渐采用汉语言文字进行诗歌创作，无论是在先秦、两汉还是魏晋南北朝，无论是唐宋辽金元还是明清，少数民族在中国诗歌的发展过程中都作出过巨大贡献，他们的诗歌创作也深深地融入汉语言诗歌创作之中，但与此同时，仍然有众多的少数民族保持着自己的语言文字，创作和流传下来大量的诗歌作品，它们与汉语诗歌交相辉映，共同构成中国诗歌发展的壮美华章。这些少数民族的诗歌，虽然因为其民族成长的时间不同，其文明程度的发展历程不同，因而显示出与汉语诗歌的差异。但是它们同处于中华民族的历史地理版图中，与汉语诗歌之间仍然存在着多种关联。根据中华民族文化版图的实际情况，我们可以把中国各少数民族按其所居住的地域分为中原旱地文化圈、北方森林草原狩猎游牧文化圈、西南高原农牧文化圈和江南稻作文化圈四大板块。生活在四大板块中的各少数民族内部在所使用的语言和诗歌形式方面往往有更多的共同性。通过历时性的考察，我们不但可以发现这些少数民族的诗歌发展历程，并对其作出大致的描述，而且可以更好地认识各文化圈之间政治一体、经济互补、文化互动和血缘互渗的关系，进而更全面地认识中华民族诗歌创作中多元一体的文化格局。

　　以上是本成果对中国各时代诗歌发展特点的基本概括。一方面说明了诗歌的发展与历史进程相一致，另一方面也说明了中国各历史阶段诗歌发展的丰富多彩。但是，作为一个历史悠久的文明古国，中国诗歌在漫长的历史发展过程中又共同体现了中华民族精神。中国是世界四大文明古国之一，数千年来，中华民族的历史上发生过无数次的朝代变迁，经受过多次的文化浩劫，最终还是以强大的生命力延续下来，文明不但没有中断，而且一步一步地向着更高的文明国度迈进，这在世界文明史上是独一无二的。诗歌作为中华民族最早发展起来的文学艺术形式，承载着连绵不断的中华文明，也充分体现了中华民族自强不息的民族精神。"文变染乎世情，兴废系乎时序。"它用艺术的方式，记录了历史的变迁，表达了人民的意愿，抒写了民族的心灵，寄托了人民的理想。

在这一历史发展过程中，有三次重大的历史文化变迁最值得重视，第一次是殷周之际的革命，第二次是秦汉封建帝国制度的建立，第三次是辛亥革命推翻了清王朝。王国维说，"中国政治与文化之变革，莫剧于殷周之际"，它不仅是一家一姓之兴衰，而是"旧制度废而新制度兴、旧文化废而新文化兴"。从中华文明史的角度来讲，周代是中华文明成熟之始，它将上古政治制度推向完善，建立了以家族血缘为核心的宗法制国家，制定了礼乐规范。从西周建国到战国时代周王朝的最终消亡，延续了将近 800 年。它对中国社会从上古时代所积累起来的文化进行了全面的总结，以《诗》、《书》、《易》、《礼》、《乐》、《春秋》为代表的"六经"完成于此时，以孔孟老庄为代表的诸子百家学说诞生于此时。放眼于世界文明，这是一段被后人称为"人类轴心"的历史时期，它是中华民族思想文化和文明的渊薮，其福泽广被于后世。同时，这一时期既是中国诗歌的发端期，也是中国诗歌传统的奠基期。代表这一时期诗歌艺术成就的首先是《诗经》，它是中国现存的第一部诗集，它以四言为主，杂有二言、三言、五言等诗句，无论从诗体的规范、句法的严整，还是从内容的丰富和写作手法的高超等方面来看，都已经达到了极高的水平。它是中国上古诗歌的总结与升华，代表了上古诗歌的最高成就，是中华民族诗歌从原始走向成熟的标志，也是中国后世诗歌的源头活水。从《诗经》时代经过近 300 年的发展而有屈原的出现，以《九歌》与《离骚》为代表的楚辞体是先秦诗歌的又一高峰，也标志着文人士大夫作为中国诗歌创作主体地位的突显。刘勰《文心雕龙·辨骚》曰："自《风》、《雅》寝声，莫或抽绪，奇文郁起，其《离骚》哉！固已轩翥诗人之后，奋飞辞家之前。

岂去圣之未远，而楚人之多才乎！"四言体与楚辞体之并立，共同成为中国诗歌流传最为久远的艺术形式。《诗经》与楚辞在中国诗歌史上的地位和对中国后世诗歌的影响，还在于沉积于其中的上古文化内容和传承于后世的艺术精神。它们共同继承了绵长久远的上古文化，开启了中国诗歌以"言志"为核心的抒情诗传统。它们立足丰富多彩的上古社会的世俗生活，因而才会有《国风》与《九歌》那样风姿绰约的作品。它们共同产生于世袭的贵族社会，体现了鲜明的贵族文化精神，《诗经》中的《雅》、《颂》与楚辞中的《离骚》因此而伟大。它们在艺术表现手法上前后继承，由《诗经》中的比兴传统到楚辞中的香草美人，共同强化了感物而动的中国人的诗性思维方式和艺术创作方法。这些都成为上古社会诗歌留给后世的一笔巨大的精神财富。

中国社会第二次重大的政治变革是秦汉帝国政治制度的建立。它经过战国时代 200 多年的社会激荡而形成，其核心是建立了一个从中央到地方的官僚政治制度，这一制度曾经是世界先进的政治制度，经过历朝历代的不断改革与完善，自秦皇、汉武、唐宗、宋祖、成吉思汗直到明清，延续了 2 000 多年。但是这一制度也有先天的缺陷，由于缺少对绝对皇权和各级官僚特权的制衡而呈现周期性的波动，从而造成一次次的历史浩劫与重建，这就是带有先天宿命式的朝代轮回，给中国人民带来无尽的灾难。但中华民族之所以历 2 000 年而不衰，进而凝结成一个疆域越来越广、民族越来越多的文化共同体，是因为绵长久远的中华文化给了它强有力的支持。而中国诗歌正是这一伟大文化的重要组成部分，它上承诗骚之精神，将关心民生疾苦、批判政治黑暗、追求社会和谐、抒写美好人生当作诗歌创作的主导方向，从而成为这个社会的良知、超越现实的希望，成为凝聚中华民族的重要精神力量。从诗歌体式来讲，它由上古时代的诗骚体变为以五七言古体与近体格律诗为主；从创作者来讲，以文人士大夫为主体的诗人成为这一时期诗歌创作的主要力量，产生了诸如陶渊明、李白、杜甫、苏轼等中华民族史上一大批杰出的诗人。在每一次的朝代轮回中，诗歌都显示出强大的力量，人民受苦国难当头的朝代变更之际，往往成为中国诗歌创作的繁荣时期。汉末建安、安史之乱、明清易代之际在中国诗歌史上各自留下了辉煌的一页。中国古典诗歌传统，在这 2 000 年内汇集而为一条奔腾不息的大河，无论在形式上还是内容上都达到了古典诗歌美的极致。每个时代都产生了许多不同的诗歌流派，都有新的诗歌审美典范形成，都展现出不同的时代特色。同时，中国的古典诗歌理论也在这一时期发展成熟，同样是流派纷呈，各臻其致。值得注意的是，这一历史时期也是各少数民族诗歌更多地融入汉民族诗歌的时期，南北朝时期的北朝各民族朝代，辽、金、元和清王朝分别是这一时期各民族诗歌融合的高潮。与此同时，各少数民族用本民族语言进行诗歌创作，在这一时期也得到了前所未有的大发展，中华民族诗歌语言的多样化与诗歌体式的多样化特征得到进一步的显现。这是中国诗歌发展史上的主要时段，也是我们的诗歌通史导论叙述的主要部分，是所有欣赏、认识和研究中国诗歌史的著述的主体部分。

以辛亥革命为标志的 20 世纪初期，是中国历史发展中第三个重大的变革时期。辛亥革命结束了中国 2 000 年的封建帝国统治，代之而起的是具有现代意义的新的中国。"周虽旧邦，其命维新"，这一翻天覆地的历史变革，也许比前两次历史变革的意义更为深远，因为从这时开始，中华民族不再是一个东亚大陆上的独立文明形态，它已经逐步融合于世界文化之中。虽然在漫长的封建帝国时期，我们也曾受到来自印度佛教文化的影响，自汉代而开通的丝绸之路，也曾将西方的文明种子带到中国，但总的来说影响不大，不足以改变中国文化独立自足的特点。而以辛亥革命为标志的中国近代变革，却是在西方文化的影响下发生的，古今文化的矛盾交会与斗争之激烈，远超历史上任何一个时期。从诗歌的角度来讲，它表现出几个鲜明的特征：第一是随着封建官僚社会的灭亡，与之相伴而生的文人士大夫阶层同时解体，中国诗歌创作主体发生了巨变，取而代之的是一个新的知识分子群体；第二是随着白话文的兴盛，数千年以来形成的古典诗歌体式在诗坛上不再占有主流地位，代之而兴的是用现代语言所写的白话体新诗；第三是随着中西方文化的交流，中国诗歌长期以来在封闭的文化环境里形成的诗歌美学传统衰落，西方化与现代化为中国诗坛建立新的审美风范提供了更为丰富的资源。这一阶段的中国诗歌，基本上是一个围绕着上述三点，从"诗体"与"诗质"两个方面进行变革与重建的过程。在这一过程中，中国现当代诗歌并没有与传统完全割裂，近百年来中国社会的巨大变革，促使现当代诗人仍然继承了中国古代士大夫文人关注社会的品质，他们的创作同样继承了古典诗歌中的

"言志"与"载道"的优秀传统，从辛亥革命、五四运动、抗日战争到20世纪50年代以后发生的一系列政治运动和新时期以来的改革开放，他们无不是积极的参与者。与此同时，强化汉语言诗歌节奏韵律鲜明的民族特征，充分利用汉语言文字的形象化特点，营造含蓄蕴藉的诗体意象，仍然是现当代诗人所努力追求的方向，并由此而产生了一些新的典范。值得注意的是，在中国诗歌现代化的进程中，随着科学技术的进步和传播媒介的发达，诗与乐的结合再次成为中国诗歌发展的一个重要方向，一些优秀的诗歌作品随着歌声的飘扬得到更广泛的传播，在社会中发挥着越来越大的作用，歌词由此而成为当代诗歌中新的一体，越来越受到人们的重视。另外，古典诗歌形式在近百年来并未断绝，仍然不乏一些优秀的诗人和优秀的作品，近20多年来甚至更有复兴的迹象。这一方面说明传统力量的强大，旧的诗体在承担现代使命方面仍然可以发挥作用；另一方面也说明一种新的诗歌典范的形成，必须要从旧有形式中吸取营养。对中国诗歌发展的这一新的历史阶段，我们充满了无限的期待。

《周易·系辞上》曰："日新之谓盛德。生生之谓易。"《周易正义》曰："圣人以能变通体化，合变其德，日日增新，是德之盛极，故谓之盛德也。""生生，不绝之辞。阴阳变转，后生次于前生，是万物恒生，谓之易也。""生生不息"并不是简单的重复，而是不断地有新的变化。数千年的中国诗歌之所以长盛不衰，正体现着中华文化这种生生不息的精神。它代代传承，不断更新，正所谓"文律运周，日新其业。变则其久，通则不乏"。（《文心雕龙·通变》）但是在这种生生不息的变化中，又有一种不变的东西在内，那就是中国诗歌直面现实、抒写心志、追求和谐之美的基本精神。中国诗歌将笔触直接深入现实生活，它所描写的是人人生活中所经历的往事，因而带有天然的亲切感。中国诗歌所抒写的是普通人的心声，因而能与当代读者的心灵发生强烈的共鸣。中国诗歌所追求的理想是和谐之美，包括人与人之间的和谐，人与自然之间的和谐。时代虽然可以变化，但是追求和谐乃是古今共同的理想。因而，这使中国诗歌具有穿越时空的力量，在当代社会仍然具有极大的社会认识价值、思想教育价值和艺术审美价值，是指导当代生活的高尚元素。曹操对战乱所造成的"白骨露于野，千里无鸡鸣"的社会惨状的描写，时刻向贪婪而野蛮的人类暴行发出警示；杜甫"朱门酒肉臭，路有冻死骨"的诗句，形象地揭示了社会分配的不公与封建官僚制度的腐朽，时时向我们展示着诗人"民胞物与"精神之伟大。而在现代工业社会所造成的人伦关系与天人关系不断被破坏的情况下，以和谐为美的中国诗歌传统在当代社会益发具有纠偏补弊的价值，意境优美的中国古典诗歌，每一首都在向我们展现着"诗意栖居"的境界。"江南可采莲，莲叶何田田，鱼戏莲叶间。鱼戏莲叶东，鱼戏莲叶西，鱼戏莲叶南，鱼戏莲叶北。"这岂不就是当代人梦寐以求、心驰神往的自由之境，遍寻世界而不得的心灵家园？"莫笑农家腊酒浑，丰年留客足鸡豚。山重水复疑无路，柳暗花明又一村。箫鼓追随春社近，衣冠简朴古风存。从今若许闲乘月，拄杖无时夜叩门。"这不就是今人所向往的丰衣足食、民风淳朴的和谐社会美景？屈原"好修为常"的高洁人格，陶渊明"心远地自偏"的心灵宁静，李太白"安能摧眉折腰事权贵"的独立个性，苏东坡"休将白发唱黄鸡"的达观，无一不是当代人所难以企及的人生境界。中国诗歌所抒写的这一切，代表了人类社会对美好生活理想的追求，具有永恒的价值。而这，也正是我们对中国诗歌的整体认识。

三、成果的学术创新

本成果的学术创新主要包括以下几个方面：（1）第一次将汉民族诗歌与少数民族诗歌合为一体进行全景式分析，真正把握了中华民族政治一体、经济互补、文化互动和血缘互渗的关系，进而更全面地认识了中华民族诗歌创作中多元一体的文化格局。（2）确立了"通古今之变"与"观中西之别"的诗歌史观。在"通古今之变"中把握中国各历史时期诗歌发展的基本脉络，在"观中西之别"中把握中国诗歌的民族特点，说明中国诗歌对世界文学所作的杰出贡献。（3）以中国诗歌通史的研究写作为依托，以理论的阐述为重点，对中国诗歌发展史上的一系列重大问题作了新的讨论，建立了一个新的诗歌史叙述模式。本成果属于基础理论研究，它的完成，将为中国诗歌研究提供新的理论参照，为今后深入研究中国诗歌史、弘扬优秀的中国传统文化作出应有的贡献。

《中国古代小说文体文法术语考释》概要

谭　帆[*]

一、研究的背景和目的

从 20 世纪初开始，"小说史"研究越来越受学界关注，小说史著述层出不穷，名目繁多，蔚为壮观。然就理论角度言之，一个不容忽视的现实是："小说史"之梳理大都以西方小说观念为参照，或折中东西方小说观念之差异而仍以西方小说观念为圭臬。一般认为，中国现代"小说"之观念是从日本逆输而来的，"小说"一词的现代变迁是将"小说"与"novel"对译的产物。"小说"在传统基础上被赋予新的内涵，即以西方"novel"概念来限定"小说"之内涵，小说成为"一种虚构性的叙事散文"。

"小说"观念的西化对 20 世纪中国小说研究史和小说创作史都有深远的影响。从研究史角度而言，经过梁启超等"小说界革命"的努力，小说地位有了明显的提升，"小说"作为一种"文体"的地位有了根本性的改变，成为"文学之最上乘"。在这一观念的推动下，近代以来的小说研究取得了新的进展，如王国维尝试运用西方美学思想分析中国传统小说，胡适以考据方法研究中国小说，鲁迅等的小说史研究更是以新的文学史观念和小说观念为其理论指导。从创作史角度来看，"小说"观念的西化也促成了中国小说创作质的变化，在这一过程中，如果说梁启超等倡导的"新小说"只是着重在小说表现内涵上的"新变"，其文体框架仍然是"传统"的，所谓"新小说"

---

[*]　谭帆，华东师范大学教授，博士生导师。

乃"旧瓶装新酒"；那么，以鲁迅为代表的新时期文人的小说创作则完成了中国小说真正意义上的"新旧"变迁，开启了全新的现代小说之格局。而小说新格局的产生在根本意义上是中国小说"西化"的结果，郁达夫在其《小说论》中即明确表示，"中国现代的小说，实际上是属于欧洲的文学系统的"，而现代小说也就是"中国小说的世界化"。

然而"小说"观念的西化对中国小说研究和创作带来了不少负面影响，尤其在小说研究和创作的本土化方面更为明显。这主要表现在如下两个方面：一是小说研究的古今差异所引起的研究格局之偏仄。从总体来看，中国小说研究的古今差异除了研究方法、理论观念等之外，最为明显的是对研究对象重视程度的差异：由"重文轻白"渐演为"重白轻文"，从"重笔记轻传奇"变为"重传奇轻笔记"。而观其变化之迹，一在于思想观念，如梁启超"小说界革命"看重小说之"通俗化民"；一在于研究观念，如鲁迅等"虚构之叙事散文"的小说观念与传奇小说、白话小说更为符契；而 20 世纪50 年代以后之"重白轻文"、"重传奇轻笔记"则是思想观念与研究观念合并影响之产物。二是小说内涵之更新所引起的传统小说文体之流失。随着小说观念的西化，人们在研究思路上由古今之比较演为中外之比较，并逐步确立了以西学为根基的小说创作理论。这种影响非独针对中国传统小说之批评，它对当时小说创作之影响更为强烈，尤其要命的是，这些小说理论的研究者往往又是小说的创作者，理论观念的改变无疑也会改变他们的创作路数，所谓现代小说的产生正是以这一背景为依托的。于是，在这一中外小说及小说观念的大冲撞中，传统小说文体被无限地边缘化，一方面，传统章回体小说"隐退"到小说主流之外，蛰伏于言情、武侠等小说领域，且在"雅俗"的大框架下充任着不入流品的"通俗小说"角色；另一方面，颇具中国特色的笔记体小说在中国现代小说史上难觅踪影，笔记体小说固然良莠不齐，但优秀的笔记体小说所体现出的创作精神、文体轨范、叙述方式、语言风格却是中国传统小说之菁华。

一个世纪以来对传统小说文体的抑制和在西学背景下现代小说的"一枝独秀"，已从根本上颠覆了中国古代小说之传统。中国现有的小说史实际上已成为西方小说视野下之小说史，而丧失了中国小说之本性。近年来，对中国小说研究之反思不绝于耳，出路何在？梳理中国小说之谱系或为有益之津梁，而术语正是中国小说谱系之外在呈现。所谓"术语"，是指历代指称小说这一文体或文类的名词称谓，这些名词称谓历史悠久，涵盖面广，对其作出综合研究，在某种程度上可以考知中国小说之特性，进而揭示中国小说之独特谱系，乃小说史研究的一种特殊理路。有鉴于此，本研究拟回归中国小说史发展的本土语境，以对小说文体术语的解读为切入点，尽可能地还原中国小说的独特谱系。研究过程中，在理论上采取原始要终、追本溯源的方式，力图完整呈现每个术语在演变过程中的原貌；在史料上尽可能丰富，既为术语的解读提供完备的佐证，也为后来者提供可参考的线索。

二、成果的主要内容和重要观点

本成果分"绪论"和"正文"两大部分。绪论部分以较大篇幅详细分析了中国古典小说文体术语和文法术语的基本情况和价值，包括"术语的解读：小说史研究的特殊理路"和"文法术语：小说叙事法则的独特呈现"两篇专论。正文部分由上、下两卷构成，考释了 27 个在古代小说史上影响深远的小说术语，包括"小说"、"志怪"、"寓言"、"稗官"、"笔记"、"传奇"、"话本"、"章回"、"说部"、"稗史"等 15 个小说文类、文体术语，"草蛇灰线"、"羯鼓解秽"、"狮子滚球"、"白描"、"章法"、"绝妙好辞（词）"等 12 个小说文法术语。每篇考释之体例大致相同，考镜源流、梳理内涵、抉发意旨、评判价值，数据与考释并重；大都提供相关阅读篇目，书末附有"中国古典小说文体术语研究论著总目"。现从三个方面阐述本成果的主要内容与基本观点。

1. 术语与中国小说特性

近代以来，"小说史"之著述大都取西人之小说观，以"虚构之叙事散文"来概言中国小说之特性，并以此追溯中国小说之源流，由此确认了中国小说"神话传说—志怪志人—传奇—话本—章回"之发展线索和内在谱系。此一线索和谱系确为近人之一大发明，清晰又便利地勾画出了符合西人小说观念的"中国小说史"及其内在构成。然则此一线索和谱系并不全然符合中国小说之实际，其绅绎之线索和限定之范围是依循西方观念之产物，与中国小说之传统其实颇多间隔，"虚构之叙事散文"只是部分地界定了中国小说之特性，而非中国小说之本质属性。

以"小说"和"说部"为例，我们即可明显地看出中国小说的丰富性和独特性。

第一，中国小说是一个整体，在其长期的发展过程中，无论文白，不拘雅俗，古人将其统归于"小说"（或"说部"）名下，即有其内在逻辑来维系，其丰富性远非"虚构之叙事散文"可以概言。

作为一个通名性质的术语，"小说"之名延续久远，其指称之对象颇为复杂。概而言之，主要有如下内涵：（1）"小说"是无关于政教的"小道"。此由《庄子·外物》发端，经班固《汉志》延伸，确立了"小说"的基本义界，即"小说"是无关乎大道的琐屑之言，"小说"是源于民间、道听途说的"街谈巷语"。此"小说"是一个范围非常宽泛的概念，大致相对于正经著作而言，大凡不能归入正经著作的皆可称之为"小说"。后世"子部小说家"即承此而来，成为中国小说之一大宗。（2）"小说"是指有别于正史的野史和传说。这一观念的确立标志是南朝梁《殷芸小说》的出现，而唐刘知几《史通·杂述》说得更为明晰："是知偏记小说，自成一家，而能与正史参行。""偏记小说"与"正史"已两两相对，以后，司马光撰《资治通鉴》，明言"偏阅旧史，旁采小说"（《进书表》），亦将小说与正史对举。可见"小说"与"史部"关系密切，源远流长。（3）"小说"是一种由民间发展起来的"说话"伎艺。这一名称较早见于南朝宋裴松之注《三国志》所引《魏略》中"诵俳优小说数千言讫"一语，"俳优小说"显然是指与后世颇为相近的说话伎艺。《唐会要》卷四言韦绥"好谐戏，兼通人间小说"，唐段成式《酉阳杂俎》续集卷四记当时之"市人小说"，均与此一脉相承。宋代说话艺术勃兴，"小说"一词遂专指说话艺术的一个门类。以"小说"指称说话伎艺，与后世作为文体的"小说"有别，但却是后世通俗小说的近源。（4）"小说"是虚构的叙事散文。此与现代小说观念最为接近，而这一观念已是明代以来通俗小说发展繁盛之产物。"说部"亦然，作为小说史上另一个具有"通名"性质的术语，"说部"之名亦源远流长，其指称之对象亦复与"小说"相类。一般认为，"说部"之体肇始于刘向《说苑》和刘义庆《世说新语》，而"说部"之名称则较早见于明王世贞《弇州山人四部稿》，所谓"四部"者，即《赋部》、《诗部》、《文部》和《说部》。明人邹迪光编《文府滑稽》，其中卷九至卷十二亦名为《说部》。至清宣统二年（1910），王文濡主编《古今说部丛书》十集六十册，乃蔚为大观。清人朱康寿《〈浇愁集〉叙》曾对"说部"指称之沿革作了历史清理，认为"说部"乃"史家别子"、"子部之余"。清人李光廷亦分"说部"为"子"、"史"两类。近代以来，"说部"专指"通俗小说"，王韬《海上尘天影叙》云："历来章回说部中，《石头记》以细腻胜，《水浒传》以粗豪胜，《镜花缘》以苛刻胜，《品花宝鉴》以含蓄胜，《野叟曝言》以夸大胜，《花月痕》以情致胜。是书兼而有之，可与以上说部家分争一席，其所以誉之者如此。"显然，"说部"指称之小说也远超我们对小说的认识范围。

由此可见，作为"通名"之"小说"、"说部"，均从学术分类入手，逐步延伸至通俗小说，由"子"而"史"再到"通俗小说"，乃"小说"、"说部"指称小说之共有脉络。其中最切合"虚构之叙事散文"这一观念的主要是通俗小说。故以"虚构"、"叙事"等标尺来追寻中国小说之源流其实并不合理，乃简单化之做法，这种简单化的做法使我们对中国小说性质的认识无限地狭隘化。中国小说"神话传说—志怪志人—传奇—话本—章回"之发展线索和内在谱系正是这种狭隘化认识的结果，"小说"之脉络固然清晰，但却舍去了中国小说的丰富性和独特性。

第二，中国小说由"子"而"史"再到"通俗小说"，在这一谱系中，"子"、"史"二部是中国小说之渊薮，也是中国小说之本源。

从班固《汉书·艺文志》始，历代史志如《隋书·经籍志》、新旧《唐书》及《四库全书总目》等大都隶"小说家"于"子部"，"子部"之书本为"言说"，"小说家"亦然，故《隋书·经籍志》著录之"小说家"大都为"讲说"之书（余者为"博识类"），《旧唐书·经籍志》因之。史志"子部小说家"之著录至《新唐书·艺文志》而一变，除承续《隋志》外，一些本隶于"史部·杂家"类之著述及少数唐代传奇集（唐人视为偏于"史"之"传记"）被纳入"子部小说家"。至此，"小说家"实际已糅合"子"、"史"，后世之公私目录著录之"小说家"大抵如此。而其中之转捩乃魏晋以来史部之发展及其分流，"杂史"、"杂传"之繁盛引发了史学界之反思，《文心雕龙·史传》、《隋书·经籍志》、《史通》等均对此予以挞伐，于是一部分本属"史部"之"杂史"、"杂传"类著述改隶"子部小说家"。宋元以来，中国小说之"通俗"一系更是讨源"正史"，旁采"小说"，所谓"正史之补"的"史余"观念在通俗小说发展中绵延不绝。故"子"、"史"二部实乃中国小说之大宗。而"子"、"史"二部与叙事之关系亦不可不辨，案"说"之本义有记事以明理之内涵，晋陆机《文赋》曰："奏平彻以闲雅，说炜晔而谲狂。"李善注曰："说以感动为先，故炜晔谲诳。"方廷珪注曰："说者，即一物而说明其故，忌鄙俗，故须炜晔。炜晔，明显也。动人之听，忌直致，故须谲诳。谲诳，恢谐也。"故中国小说有"因言记事"者，有"因事记言"者，有"通俗演义"者。"因言记事"重在明理，即"子之末流"之小说；"因事记言"重在记录，乃"史之流裔"；而"通俗演义"方为"演事"，为"正史之补"，后更推而广之，将一切历史和现实故事作通俗化叙述者统名之曰"演义"。

第三，中国小说糅合"子"、"史"，又衍为"通俗"一系，其中维系之逻辑不在虚构，也非全然在叙事，而在于中国小说贯穿始终的非正统性和非主流性。

无论是"子部小说家"、"史部"之"偏记小说"，还是后世之通俗小说，其非正统和非主流乃一以贯之。小说是"小道"，相对于"经国"之"大道"，是"子之末流"；小说是"野史"，与"正史"相对，是"史家别子"。此类言论不绝如缕。兹举清人二例申述之，纪昀于《四库全书总目提要》"子部小说家类二"有"案语"曰："纪录杂事之书，小说与杂史最易相淆，诸家著录，亦往往牵混。今以述朝政军国者入杂史，其参以里巷闲谈，词章细故者，则均隶此门。《世说新语》古俱著录于小说，其明例矣。""杂史"之属本在史部不入流品，而"小说"更等而下之。在《四库全书简明目录》"小说家"类的评论中，纪昀更是明辨了所谓"小说之体"："其书记唐代轶事，多琐屑猥杂，然古来小说之体，大抵如此。"（《朝野佥载》）"《唐志》列诸杂史中，然其中谐谑一门，殊为猥杂，其义例亦全为小说，非史体也。"（《大唐新语》）"其杂以诙嘲鄙事，盖小说之体。"（《菽园杂记》）其中对小说非主流、非正统之认识已然明晰。在中国古代，"小说"出入"子"、"史"，又别为通俗小说一系，虽文类庞杂，洋洋大观，但非正统、非主流依然如故。小说之功能在中国古代便在于它的辅助性，"正统"、"主流"著述之辅助乃小说之"正格"。故"资考证"、"示劝惩"、"补正史"、"广异闻"、"助谈笑"是中国小说最为普遍之价值功能，从"资"、"示"、"补"、"广"、

"助"等语词中我们不难看出小说的这种辅助作用。

综上，将中国小说之特性定位于"虚构之叙事散文"，并以此作为研究中国小说之逻辑起点实不足以概言中国小说之全体；以"神话传说—志怪志人—传奇—话本—章回"作为中国小说之谱系亦非中国小说之本然状态，脱离"子"、"史"二部来谈论中国小说之谱系实际失却了中国小说赖以生存的宏廓背景和复杂内涵；而非正统、非主流之特性更是显示了小说在中国古代的存在价值和生存状态。

2. 术语与中国小说文体

中国小说文体源远流长，概而言之，一是从语言和格调趣味等角度分小说为文白二体；二是在区分文白之基础上，再加细分，如按照篇幅、结构、语言、表达方式、流传方式等文体特征，分为笔记体、传奇体、话本体、章回体等四种文体。古人对"文白二体"在术语上各有表述，而四种文体在中国小说史上亦各有其"名实"，即均有相应之术语为之"冠名"，虽然其"冠名"或滞后，如"传奇"之确认在唐以后，"章回"之名实相应更为晚近；或混称，如"话本"、"词话"、"传奇"等均有混用之现象。然细加条列，仍可明其义例，分其畛域，故考索术语与中国小说文体之关系对理解中国小说之特性亦颇多裨益。兹仅就术语与中国小说文体关系紧密者，举两例作一讨论。

一是"演义"与中国小说文体之发展关系密切。在中国小说史上，白话小说（含章回与话本）之兴起乃中国小说发展之一大转捩，如何界定其文体性质是小说家们迫切关注的问题，"演义"这一术语的出现即顺应着小说发展之需要，实则是旨在强化白话小说在中国小说史上的"文体自觉"。

"演义"作为白话小说之专称始于《三国志通俗演义》，本指对史书的通俗化，渐演化为专指白话小说之一体。这一"文体自觉"主要表现在两个方面：首先是"明其特性"。"演义"一词非始于白话小说，章太炎序《洪秀全演义》谓："演义之萌芽，盖远起于战国，今观晚周诸子说上世故事，多根本经典，而以己意饰增，或言或事，率多数倍。"并将"演义"分成"演言"与"演事"两个系统，所谓"演言"是指对义理之阐释，而"演事"则是对史事的推演。明代以来，白话小说繁盛，"演义"便由《三国志通俗演义》等历史小说逐步演化为指称一切白话小说，而其特性即在于通俗。雉衡山人

《东西晋演义序》云："一代肇兴，必有一代之史，而有信史有野史。好事者蒐取而演之，以通俗谕人，名曰演义，盖自罗贯中《水浒传》、《三国传》始也。"故通俗是"演义"区别于其他小说的首要特性。其次是"辨其源流"，"演义"既以通俗为归，则其源流亦应有别。绿天馆主人《古今小说叙》谓："若通俗演义，不知何昉。按南宋供奉局，有说话人，如今说书之流。其文必通俗，其作者莫可考。泥马倦勤，以太上享天下之养。仁寿清暇，喜阅话本，命内珰日进一帙，当意，则以金钱厚酬。于是内珰辈广求先代奇迹及间里新闻，倩人敷演进御，以怡天颜。然一览辄置，卒多浮沉内庭，其传布民间者，什不一二耳。然如《玩江楼》、《双鱼坠记》等类，又皆鄙俚浅薄，齿牙弗馨焉。暨施、罗两公，鼓吹胡元，而《三国志》、《水浒》、《平妖》诸传，遂成巨观。"以通俗为特性，以说话为源头，以教化、娱乐为功能是"演义"的基本性质，这一"文体自觉"对白话小说的发展无疑是有积极作用的。可见，"文白二体"是中国小说最显明之文体划分，古人从特性、源流、功能角度辨别了"演义"（白话小说）之性质，其义例、畛域均十分清晰。

二是"笔记"为中国小说之一大体式，是文言小说之正脉，但"笔记"一体尚隐晦不彰，究明"笔记"之名实可以考知"笔记体小说"之源流义例。

"笔记"一体之隐晦乃事出有因，一者，"笔记"在传统目录学中并未作为一个部类名称加以使用，一般将此类著作归入"子部·杂家"、"子部·小说家"，或"史部·杂史"、"史部·杂传记"等，亦即"笔记"乃隐于"子"、"史"二部之中，其名实并不相应。二者，"笔记"之内涵古今凡"三变"，其实际指称亦复多变不定。"笔记"一词源出魏晋南北朝，梁王僧孺《太常敬子任府君传》云："辞赋极其清深，笔记尤尽典实。"梁刘勰《文心雕龙》亦云："今之常言，有文有笔，以为无韵者笔也，有韵者文也。"故笔记或泛指执笔记叙之"书记"，或泛指与韵文相对之散文，而非特指某种著述形式。至宋代，"笔记"始为书名而成为一种著述体例，宋祁《笔记》肇其端，宋以降蔚然成风，此类著作大都以随笔札记之形式，议论杂说、考据辨证、记述见闻、叙述杂事。相类之名称还有"随笔"、"笔谈"、"笔录"、"漫录"、"丛说"、"杂志""札记"等。宋以来，对"笔记"之界定亦时有之，洪迈《容斋随笔》卷一释"随笔"就涉及此类著述之体例："予老去习懒，读书不多，意之所之，随即纪录，因其后先，无复诠次，故目之曰随笔。"《四库全书总目提要》将"笔记"作为指称议论杂说、考据辨证类杂著的别称："杂说之源，出于《论衡》。其说或抒己意，或订俗讹，或述近闻，或综古义，后人沿波，笔记作焉。大抵随意录载，不限卷帙之多寡，不分次第之先后。兴之所至，即可成编。"20世纪初以来，"笔记小说"连用，成为一个相对固定的文类或文体概念。1912年，王文濡主编《笔记小说大观》，收书200多种，以"子部小说家"为主体，扩展到与之相近的"杂史"、"杂传"、"杂家"类著作。"笔记小说"由此被界定为一个庞杂的文类概念。1930年，郑振铎撰《中国小说的分类及其演化的趋势》一文，将"小说"划分为短篇小说（笔记、传奇、评话）、中篇小说、长篇小说，其中，"笔记小说"被界定为与"传奇小说"相对应的文言小说文体类型："第一类是所谓'笔记小说'。这个笔记小说的名称，系指《搜神记》（干宝）、《续齐谐记》（吴均）、《博异志》（谷神子）以至《阅微草堂笔记》（纪昀）一模拟较具有多量的琐杂的或神异的'故事'总集而言。"至此，"笔记小说"乃作为一个文体概念流行开来。

"笔记"从"泛称"到"著述形式"再到"文类文体概念"，其内涵和指称对象是多变的，而"笔记"在目录学中又非单独之"部类"，这一境况致使"笔记"一体隐晦不彰。然则"笔记"作为"小说"文体类别还是有迹可循的，其作为"小说"文体概念也有其理据。而其关捩或在于辨其"名实"，"名实"清则笔记一体之源流义例随之豁然。而笔记一体之"名实之辨"实为"体用之辨"，以"小说"为体（内容价值），以"笔记"为用（形式趣味）。

所谓以"小说"为体是指从内容价值角度可以为"笔记体小说"划分范围。这在唐代刘知几《史通》中就有明确表述，在《杂述》一篇中，刘知几划分"偏记小说"为十类，其中"逸事"、"琐言"、"杂记"三类即为"笔记体小说"。明代胡应麟《少室山房笔丛·九流绪论》将"小说家"分为六类，其中"志怪"相当于刘知几所言之"杂记"，"杂录"相当于刘知几所言之"逸事"、"琐言"，再加上"丛谈"中兼述杂事神怪的笔记杂著均可看作"笔记体小说"。《四库全书总目提要》"小说家序"谓："迹其流别，凡有三派，其一叙述杂事，其一记录异闻，其一缀辑琐语也。"三派都可归入"笔记体小说"。而笔记之价值亦有说焉，曾慥《类说序》："小道可观，圣人之训也。……可以资治体，助名教，供谈笑，广见闻，如嗜常珍，不废异馔，下筋之处，水陆具陈矣。"《四库全书总目提要》"小说家序"称："中间诬谩失真，妖妄荧听者，固为不少，然寓劝戒、广见闻、资考证者，亦错出其中。"所谓以"笔记"为体是指从形式趣味角度为"笔记体小说"界定其特性。《史通·杂述》谓："言皆琐碎，事必丛残。固难以接光尘于《五传》，并辉烈于《三史》。古人以比玉屑满篋，良有旨哉。"纪昀《姑妄听之自序》谓："陶渊明、刘敬叔、刘义庆，简淡数言，自然妙远。"均表达了笔记的形式旨趣。

概而言之，"笔记体小说"的主要特性可概括为：以记载鬼神怪异之事和历史人物轶闻琐事为主的题材类型，"寓劝戒、广见闻、资考证"的价值定位，"据见闻实录"的写作姿态，以及随笔杂记，简古雅瞻的篇章体制。

从术语角度观照中国小说文体，可以清晰地梳理出中国小说之文体构成和文体发展，且从价值层面言之，术语也显示了小说文体在中国古代的存在态势，那就是"重文轻白"、"重笔记轻传奇"，这一态势一直延续到晚清。

3. 术语与中国小说文法

在中国古典小说术语中还有大量独具特色的小说文法术语，如"草蛇灰线"、"羯鼓解秽"、"狮子滚球"、"章法"、"白描"等，这类文法术语既是中国古代小说评点家所总结的小说叙事技法，同时又是小说评点家评判古代小说的一套独特的批评话语，最能体现中国传统小说批评之特色。近代以来，随着小说评点在小说论坛上的逐渐消失和西方小说理论的大量涌入，文法术语渐渐脱离了小说批评者的视线，人们解读中国古代小说已习惯用西方引进的一套术语，如"性格"、"结构"、"典型"、"叙事视角"等，并以此分析中国古代小说，所谓"以西例律我国小说"，可以说，这一套术语及其思路通贯于百年中国小说研究史，对中国古代小说史之研究产生了重大的影响，而中国传统小说批评的文法术语倒逐渐成了一个"历史的遗存"。其实，文法术语作为中国古代小说叙事法则的独特呈现，它在中国古代小说史上曾产生过重要的作用，也是中国古代小说批评中最具小说本体特性的批评内涵，古代小说文法术语源远流长，内涵丰富，也是中国古代小说批评的主流话语，对中国古代小说的创作和传播均产生了重要的作用。作为一个"历史的遗存"，小说文法术语当然有其明显的弊病，如浓重的"八股"习气、陈陈相因的格套、内涵的不确定性等，这也引起了后人之诟病。但无论如何，作为一个曾经在中国小说史上产生过重要影响的批评话语和思想系统，值得我们加以重视，尤其在"以西例律我国小说"的大背景下，更需要探究中国古代小说批评的思想传统和话语系统。

三、成果的学术创新与影响

本成果是海内外学术界第一部全面、系统整理和研究小说文体术语的论著。本成果的出版将对中国小说文体研究、中国小说史研究和小说理论批评史研究产生一定的影响，也可为当今的文艺学研究提供有益的借鉴。同时，20 世纪以来的中国小说创作被笼罩在浓重的西学背景之下，我们也希望通过对传统小说文体之清理为中国小说创作的未来发展提供合理的鉴戒。

本研究的部分成果已在《中国社会科学》、《文学评论》、《文学遗产》等权威刊物发表，并被《新华文摘》、《中国社会科学文摘》、《中国古代、近代文学研究》（人大复印报刊资料）转载，还多次获得省部级优秀学术成果奖，在学术界产生了较大影响。

《中国近现代文学的发展与无政府主义思潮》概要

张全之[*]

一、研究的目的、意义、方法与创新性

1. 研究的目的和意义

本研究的目的在于从史实和学理两个层面上澄清中国无政府社会思潮（无政府主义思潮）与中国文学之间的复杂关系，为中国文学研究提供新的视角，拓展新的领域。本研究是系统研究"主义"话语与中国文学关系的一次重要尝试，对推动和深化中国文学研究具有重要意义。

2. 研究方法

在研究方法上，本成果采用了知识社会学、结构语言学和观念史的视角，结合了文献考据、关键词辨析以及文本细读等多种方法，有对稀有史料的发掘和解读，也有对文本的深度解析，这些研究方法和多元视角的运用，很好地深化了研究的论题。

3. 创新性

无政府社会思潮与中国文学之间存在着密切的关系，这是一个不争的事实。但长期以来，这一问题没有引起广泛的重视，到目前为止，仅有两本著作出版。这除了因为在一段时间内政治因素使研究者有意回避这一课题之

---

[*]　张全之，重庆师范大学教授，澳门大学兼职博士生导师。

外，还有更为重要的学术因素，如史料的匮乏和研究难度大等。无政府主义思潮作为一股社会政治思潮，对文学的影响具有明显的"间接性"特征，不易捕捉和把握。就像鲁迅一样，大家都意识到他深受施蒂纳、阿尔志跋绥夫等人的个人无政府主义思想的影响，但若想在其作品中寻找这种思想的影子，往往很困难。本研究则通过细密的考证和深入的文本细读，从小说中离析出无政府主义的因子，这对推动鲁迅研究具有重要意义。同样，本研究对"五四"文学以及其他作家的研究，也都体现了这一点。应该说，这一研究在本学科领域具有开拓性和创新性。除了对重要文学现象和著名作家进行研究外，本研究还发掘了长期以来被忽视的问题，如"虚无党"小说流行的根源及其基本特征，无政府主义者们的文学活动和文学主张等，过去都从未被深入研究过，有的甚至从未被注意过。本研究对这些问题的发现和研究，极大地拓展了中国近现代文学研究的视域，对重写文学史、重新认识社会政治思潮对文学的影响，均具有不可忽视的价值和意义。

二、成果的突出特色和主要建树

本成果的突出特色和主要建树主要表现在两个方面：

一是对史料的发掘和重新解读。本研究对《天义》报、《新世纪》杂志的重新解读，对这两份无政府主义者们创办的刊物与"五四"文学关系的重新论述，在研究界均属首次。《新世纪》和《天义》报过去有学者进行过研究，但都是从政治社会层面进行的，从文学史发展的角度重新解读这两份刊物，尤其是对其中有关文学问题的发现和论述，为文学史提供了新的史料和新的参照。所以本课题的前期成果《从〈新世纪〉到〈新青年〉：无政府主义与五四文学革命》一文在权威期刊发表时，编者在"编后记"中特别强调：该文"在史料的发掘和问题的论述方面均让人耳目一新"，充分肯定了这一研究的意义。

二是对学术界长期以来形成的看法给予了新的解释。如"五四"文学的基本形态，尤其是劳工文学的兴盛，过去一直被看作"个人主义"和"人道主义"带来的必然结果，本研究则从无政府主义的角度入手，认为这是无政府主义者对劳动问题的重视引起的文学现象。再如对丁玲作品中的性爱意识，过去一直认为是个性解放的产物，而本研究利用无政府主义理论，指出其性爱意识的核心是对"性爱乌托邦"的想象与建构。这些论述都很好地刷新了长期以来学界陈陈相因的看法，为现代文学研究提供了新的观点、新的思路和新的研究视域。

三、成果的价值和影响

本成果的学术价值，除上面谈及的创新性、开拓性之外，还表现在两个方面：第一，它是研究中国近现代文学与"主义话语"之关系的一次重要尝试，并为这类研究提供了一个可资借鉴的范例。根据刘小枫的界定，"主义"话语是带有价值论断的社会化思想言论，这些论述以某种知识学（科学）的论证来加强价值论断的正当性，以此促成不同程度的社会化行为，它与个体言说和意识形态有着重要区别，并发挥着不同的作用。在 20 世纪的中国，"主义"话语纷然杂陈，从无政府主义到马克思主义，从唯科学主义到唯意志主义，从金铁主义到共和主义，等等，都竞相在社会急剧变动中获得话语权。这些"主义"话语在运行过程中，对中国文学的影响是不容低估的，但因为种种原因，这类"主义"话语与中国文学之关系至今未得到系统论述，本研究算是一次重要尝试，可能会引起研究者对"主义"话语与文学发展之关系的重视。第二，本成果对重构或重写文学史，对重新认识中国近现代文学的内在构成具有重要的参考价值，也有利于对作家作品进行重新认识和评价。长期以来，中国近现代文学史上的一些现象没有得到深入阐释，尤其是对"五四"文学革命的研究，虽然成为现代文学研究的显学，但由于缺乏对无政府主义思潮的了解和关注，使学界对这一问题的认识出现了明显偏差。本研究就《新世纪》杂志与《新青年》杂志进行了比较分析，清晰地勾画出了文学革命的思想资源和理论背景，为重新评价"五四"文学革命提供了重要的史料和理论依据。

本研究的前期成果已先后在《文学评论》、《中国现代文学研究丛刊》、《鲁迅研究月刊》、《韩中言语文化研究》（韩国）等国内外学术期刊发表，引起较大关注，产生了一定的影响。已发表的近 20 篇论文中，有 4 篇被人大复印报刊资料全文转载，有 2 篇文章被《新华文摘》转摘，有 1 篇论文被《中国文学研究年鉴》收录，有 2 篇论文获省级哲学社会科学成果二等奖。本成果出版后，影响会进一步扩大。

四、成果的主要内容

本成果分为整体研究和个案研究两个部分。

整体研究部分系统考察了从晚清到"五四"时期中国无政府主义思潮与重要文学现象之间的复杂关系，目的是彰显在中国文学现代性生成的过程中无政府主义思潮发挥的重要作用。晚清文学一个重要的主题是民族国家的想象与建构，这也是中国文学现代性的开始。来自民族国家的焦虑和对一个独立的现代民族国家的渴望，一时成为文学中的流行主题，由此导致了以《新中国未来记》为代表的乌托邦小说的泛滥。而无政府主义恰恰是解构民族国家想象的有力武器，它成为抵制现代民族国家想象的重要制衡力量。但在晚清这样一个特殊时期，"制衡"不是对抗，而是合流，所以这类乌托邦小说都有着一个相似的结尾：中国强盛之后，引领世界走向大同。这其实反映了无政府主义进入中国之后，与中国现代性过程之间对抗与合流的复杂状态。

晚清文学另一个引人瞩目的现象是虚无党小说译介和创作的广泛流行，这一现象长期以来没有引起研究者的注意。事实上，这一现象是无政府主义思潮涌动的结果。无政府主义最初进入中国的时候，俄国"虚无党"被看作无政府主义反抗强权的典型，所以"虚无党"有时被翻译成"无政府党"，其实这是误读。在这里，我们看到无政府主义进入中国之后发生的变化：将无政府主义理论与"民意党"人的恐怖主义紧紧结合在了一起。无政府主义理论满足了落后国家小知识分子对未来的浪漫幻想，而"民意党"人的极端行动，契合了他们渴望革命速成的迫切愿望。因此，晚清文人对无政府主义的"误读"，倒是真实反映了"中国式"无政府主义的基本形态。

"五四"文学革命是中国现代文学研究的热点，但以往的研究者由于忽视了无政府主义思潮这一重要的支援性背景，导致了对这一重要文学现象认识上的偏差。在"五四"文学革命的研究中，"源流"问题始终备受关注，学者们提出了"晚明"说、"晚清"说、"辛亥革命"说等多种说法，但从未有人注意到早期无政府主义者创办的《新世纪》杂志对《新青年》的引领之功。《新世纪》杂志"废除汉字"、"孔丘革命"的极端主张，对"劳动"、"科学"、"互助与进化"的大力鼓吹，都使这份刊物成为《新青年》的前驱。《新青年》创刊之后，吴稚晖、黄凌霜等众多无政府主义者也厕身其中，成

为"五四"新文化运动和文学革命的重要盟友。在"五四"文学创作的基本
形态和精神质素中，我们也能看到无政府主义影响的痕迹。这充分说明，无
政府主义在新文学孕育、诞生、发展过程中，不只是作为一种思想背景而存
在，而是进入了主流思想的血脉，并由于它的介入，使新文学"天生"带上
了无政府主义的胎记。由此考察中国新文学，我们就会发现无政府主义给新
文学带来了诸多特征，无论是积极的，还是消极的，都成为新文学发展过程
中无法回避的事实。就总体而言，无政府主义给新文学的整体构架提供了理
论上的支持和情感上的动力，这需要从三个方面去理解：时间意识、空间结
构和个人主义。"新"的时间意识的诞生，使"五四"新文学获得了指向未
来远景的现代性视野；空间结构的改变使新文学视点下移，将国族问题置换
为"社会"和"个人"问题，使新文学深深植根于世俗生活的土壤之中；而
个人主义的极度张扬，使新文学摆脱了古代文学和晚清文学的场域，确立了
鲜明的自我"身份"。时间、空间、人，构成一个立体的空间结构，支撑起
了新文学的辉煌大厦。

通过对无政府主义与中国近现代文学主潮之间关系的研究，可以清楚地
看出二者之间的复杂关系。

无政府主义对中国近现代文学的影响还表现在具体作家的身上，所以本
成果的个案研究也具有重要的开拓性和创新性。

"五四"时期及 1920 年代后期的重要作家都受到无政府主义思潮的影
响，有些直接信仰了这一学说，如巴金；有的一度信仰这一学说，但很快就
转向了科学社会主义，如瞿秋白、蒋光慈、钱杏邨等；而更多的作家从未信
仰过这一学说，但却受到这一思潮的影响，如鲁迅、周作人、丁玲、茅盾
等。本成果重点研究了鲁迅、巴金、茅盾等多位作家与无政府主义思潮之
关系。

鲁迅从未信仰过无政府主义，也从未参与过无政府主义者组织的活动，
但从留日时期开始，他就对施蒂纳、尼采等个人无政府主义者情有独钟；
"五四"之后，他对俄国个人无政府主义作家阿尔志跋绥夫青睐有加，翻译
了他的大量作品。从将施蒂纳当作挑战群伦的旗帜，到借用阿尔志跋绥夫作
为抚慰心灵的丸药，鲁迅对"个人无治主义"的接受经历了一个重大转折。
但鲁迅不是被动地接受这些现成的思想，而是一个有着独创性的思想家，鲁

迅思想体系的独特性表现在：一是在政治上，他不像维新派和革命派那样，将现代资本主义国家作为中国未来的蓝本。在《文化偏至论》中，他将那些"竞言武事"者诋为"轻才小慧之徒"，对主张"金石黑铁"、"制造商估立宪国会"的政治人物提出了激烈批评，甚至以极不信任的眼光发现了他们从事政治运动时的"干禄"之心。二是在文化上，他不像吴稚晖等人将中国传统文化全盘否定，也不像刘师培、章太炎等人一样迷恋国粹。事实上，他当时既不是文化保守主义者，也不是文化激进主义者。相反，他对那些"言非同西方之理弗道，事非合西方之事弗为"的西化论者颇为不屑，提出了"取今复古，别立新宗"的文化战略。而这所有在政治、文化方面的独特性，最终都归结为两个基本点："立人"和"正信"。在鲁迅看来，中国问题的症结不在科技，不在制度，也不在清政府统治，关键在"人"："是故将生存两间，角逐列国是务，其首在立人，人立而后凡事举。"如何"立人"？在《文化偏至论》中，他提出"若其道术，乃必尊个性而张精神"。在一年后，他撰写《破恶声论》，沿着《文化偏至论》和《摩罗诗力说》的思路，继续对放言救国者们的浅陋进行声讨，"殆谓十余年来，受侮既甚，人士因之渐渐出梦寐，知云何为国，云何为人，急功好义之心萌，独立自存之志固，言议波涌，为作日多"，看似日新月异，蓬勃兴起，其实乃是一"扰攘"世界，"心声"、"内曜"从未出现。而在鲁迅看来，"内曜者，破黯暗者也；心声者，离伪诈者也"，都是救国的根本。鲁迅在弘文学院时，曾经痛感中国国民性中缺乏"诚"与"爱"，"内曜"、"心声"就是激发诚与爱的酵母。如果说"立人"的目的是先唤起少数"先觉善斗之士"，那么"正信"就是针对广大国民的精神药方。随着西方科技的输入和进化论的传播，涌现出一大批爱国志士，他们废除宗教，将庙宇改为学校，将民间的宗教礼祭活动统统斥为迷信，予以破坏，使广大民众失掉了仅有的精神活动，变为"轭下之牛马"，不堪重负。因此他谴责说，中国"患志士之多而患人之少"，"志士之祸，烈于暴主远矣"。颂扬佛教，显然是受了章太炎的影响，但其目的是使民众脱离"是有限之世界"，成为"向上之民"，以抵御那些"兽性的爱国"者。所以，"立人"与"正信"指向了两个不同的方向，前者的手段是"尊个性而张精神"，后者的方式是通过宗教信仰，以激发"内曜"和"心声"，二者是紧密相连的，从而构成了鲁迅完整的思想体系。在思想资源上，鲁迅有自己独立的思考。晚清爱国志士多追慕拿破仑、华盛顿、罗伯斯庇尔、丹东、卢梭、克鲁泡特金、巴枯宁、罗兰夫人等政治家或思想家，鲁迅则直接选择了施蒂纳、尼采、克尔凯郭尔等人的"个人无治主义"思想作为出发点，在理论上将"个人"从各种社会框范中解脱出来，以造就"独具我见"的精神界之战士。正是这一文化取向，使他获得了既批判封建主义，又批判资本主义的理论制高点。无政府共产主义也批判资本主义，但他们的乌托邦色彩瓦解了其理论的可信度。鲁迅与此相反，他执著于现在，坚决排斥构筑未来理想世界的乌托邦思路，这使其思想获得了丰厚的现实生命力。那么，为什么在晚清这样一个革命激情高昂的时代，鲁迅会独辟异途，摄取个人无政府主义作为解救中国苦难的药石呢？我认为，鲁迅选择"个人无治主义"作为思想革命的重要武器，是他在考量东西方社会演进史的基础上进行深入思考的结果。《人之历史》和《科学史教篇》系统梳理了人类进化的历史和科学演进史，有史有论，独成一家之言。《文化偏至论》以"轩辕氏之戡蚩尤而定居于华土"开篇，分析了中国文明由古代繁荣到当前沉落的原因，认为中国陷入困境自有其合"理"化的因果过程，"亦非甚背于理极者矣"，不足以引发文明危机。他列举"罗马之于东西戈尔"和"中国之于蒙古女真"为例，证明战争成败与文野之分没有必然联系，不能因为中国在政治上的屈辱而全盘否定传统文明。尤其让他不能忍受的是，许多号称"识时之彦"，"借新文明之名，以大遂其私欲"。随后他从耶稣纪元开始，考察了西方文明的发展历程：路德的宗教改革，瓦解了教会的权威，造就了皇权统治；皇权的残暴和扩张，引发了英、美和法国革命，"扫荡门第，平一尊卑，政治之权，主以百姓，平等自由之念，社会民主之思，弥漫人心"，与此伴随的是科学技术的发展和商业繁荣。晚清时期，很多中国人向往的就是这种现代民主自由制度和现代科技的发达、商业繁荣。但鲁迅凭其敏锐的目光，从这种现代制度和现代社会中发现了人的失落和变异：现代民主制度成为压制个人、泯灭个性的暴政，"托言众治，压制乃尤烈于暴君"，由此造成了"庶人的专制"；科技发展和商业的繁荣带来的是人们对物质世界的迷信和对精神价值的轻视，从而走向了它的反面——物质对人的个性造成了压抑。当"众数"与"物质"成为王权专制的代用品时，施蒂纳、尼采、克尔凯郭尔等思想家们高扬个性的大旗，以"唯一者"和"超人"为核心，建构起新的价值体系。正是在这里，鲁迅找到了精神知音。所以，鲁迅一下子站在了世界思想史的顶端，获得了反思人类全部文明史的新视点。当然，正如伊藤虎丸考证的那样，鲁迅对尼采等人的接受，也受到当时日本学界对尼采的介绍的影响，也就是说，鲁迅新的思想视界的获得，与当时日本的思想状况有着密不可分的关系。

与鲁迅不同，巴金在 20 世纪二三十年代是坚定的无政府主义的信仰者，这一信仰对其创作产生了重要影响。这主要表现在：巴金文学创作的动力来自他的信仰，他的情感基调和作品中无法摆脱的矛盾纠结，都与这一信仰有关。所以无政府主义信仰造就了巴金，同时也给他的创作带来了难以弥补的缺憾，如感情的浅露，近乎自恋的抒情，人物形象的雷同等，都与这一信仰有关。从观念上说，巴金经常表示对文学的轻蔑，也是他看重信仰的结果。其作品艺术手法上的单调，叙述技巧的单一，都与这一文学观有密切关系。

郭沫若和郁达夫作为创造社的两位代表人物，也一度倾心于施蒂纳的"唯我主义"，并对"国家"这一现代政权形式进行了激烈的批判。这一激进立场，直接影响了他们的创作。从《女神》和《沉沦》中就能清楚地看到这一点。《女神》中超绝时空、纵横宇宙、无限扩张的"天狗"与《沉沦》以自我欲望为中心的沉迷和挣扎，构成了唯我主义"扩张"和"内敛"的两极：一个指向外在的硕大无朋的宇宙空间，一个指向内在的深不见底的欲望深渊，显示着中国现代文学唯我主义的两种表现模式，而它们在本质上又是合一的，"自我"是这两部作品的基点。他们的早期作品也常常带有爱国主义的情感倾向，这看上去与无政府主义相矛盾，而本质上它们是统一的：对祖国富强的呼唤并非是为祖国着想，而是从自己的需要出发，希望富强的祖国能提高他在异国少女心中的地位，以便能够获得"情"和"性"的满足，所以个人欲望成为爱国的动因和归宿，"自我"而不是国家的命运是主人公最为关注的问题。这种"唯我"主义，与施蒂纳的"唯一者"在精神上自会有密切联系。所以，所谓爱国主义其实是"爱我主义"的一种特殊的表现形式。

蒋光慈曾一度是狂热的无政府主义信徒，到苏联留学以后，转向了马克思主义。但由于他个人的秉性和复杂的外部原因，他思想的转变是不彻底的。或者说，当他转向马克思主义之后，早期接受的无政府主义的某些观念和情绪并没有完全清除，再加之无政府主义与科学社会主义相比，具有明显的"文学性"（空想性），所以在他的创作中这种思想和情绪还时常会表现出来，使他的作品带上浪漫性和空想性。他笔下的汪中、王曼英、菊芬、邢翠英、丽莎、李杰等一大批人物形象身上，都承载着与中国无产阶级革命不协调的精神质素。他们或仅仅因为个人恋爱的受挫而走上革命道路，或为了一己之苦闷与仇恨，自愿飞蛾扑火以求速死，以毁灭自己的方式达到宣泄内心痛苦的目的，都是极端个人主义的集中体现。更为重要的是，这些作品中人物的行为常常不合性格发展的逻辑，人物成为作家思想和情绪的寄植体，不再具有自身的生命活力。

茅盾和鲁迅一样，从未信仰过无政府主义，但他翻译过有关无政府主义的著作，对无政府主义也抱有一定的好感，所以他也受到了这一思潮的影响。在他陷入矛盾之中不能自拔，最后转向小说创作的过程中，这种无政府主义的影响表现得更为突出。这主要表现在两个方面：第一，《蚀》三部曲、《虹》和早期的短篇小说表现出带有无政府主义倾向的极端个人主义；第二，早期作品对家庭、婚姻的态度带有无政府主义的印记。茅盾早期作品受阿尔志跋绥夫的影响很大，尤其体现在其中表现出的个人主义倾向，是一种极端为我的个人主义。慧女士因受过男性的欺侮，便向男性复仇，从不考虑任何的道德戒律和个人责任，与她相比，故作纯洁的抱素则有过之而无不及——他怀揣恋人的照片，追求静的爱情，转而投向慧的怀抱，被慧抛弃后装出一副受害者的样子，骗取了静的同情和处女的贞操。孙舞阳和章秋柳无论处在革命阵营内部，还是处在革命阵营的边缘，都不停地追求性的刺激，来填充生活的苦闷与空虚；自称"未来主义者"的强猛，走向战场只是为了寻求刺激；而史循像阿尔志跋绥夫笔下的奇日（《绝境》中主人公）一样，无法抗拒自杀的诱惑。茅盾的短篇小说《自杀》、《昙》和《诗与散文》，也带有这种倾向，肉体的刺激始终是主人公填补生活空虚的手段，其他一切人生要义都被弃置一边，享乐主义、唯我主义成为这些作品的主题。在婚恋观方面，茅盾小说中的人物充分反映了茅盾对现代家庭的批判与拒绝，他渴望一个有婚姻而没有现代家庭的社会，在那里，没有烦琐的家务，也没有养育儿女的辛苦，每个人都是自由的，都可以尽力为社会创造价值。他的早期小说，都是围绕着这一家庭观念展开的，这充分证明了无政府主义思想对其创作的影响。

丁玲虽然否认曾经参加过无政府主义组织，但她受无政府主义的影响很深，尤其通过女友杨没累与当时著名无政府主义者朱谦之有了密切交往，更加深了这一影响，在其早期作品中的集中体现就是对现代"性爱乌托邦"的想象与建构——她笔下的女主人公都带有"性爱乌托邦"的浪漫情调。梦珂、莎菲、阿毛姑娘和在庆云里卖淫的妓女，无论高贵还是卑贱，都不拒绝对性爱的享用和幻想。尤其是莎菲，在没有任何婚姻设计，在对世俗生活的警惕与拒绝中，渴望着惊心动魄的性爱体验。爱情不再需要海誓山盟的承诺，不再需要洞房花烛的映照，更不需要甜言蜜语的滋养，只是瞬间的销魂即可告慰一生。无政府主义性爱观的影响，也使丁玲与"五四"女作家划清了界限。"五四"时期的女作家，提倡新道德，反对旧道德，提倡爱情自由，反对包办婚姻。而对丁玲来说，道德无论新旧，都是束缚人的桎梏，无政府主义的理想是不要道德；而地久天长的婚姻形式，也不一定就是爱情的结果，恰恰相反，无政府主义是反对婚姻、废除家庭的，所以说，爱情或者性爱，就是男女交往的最终目的。他们不再如"五四"时期的娜拉们，渴望着飞出牢笼，获得自由，而是渴望着超跋于世俗生活之上的性爱经历，渴望着不顾一切的疯狂体验。

胡也频和丁玲一样，没有参加过无政府主义组织，但他也受到了这一思潮的影响。他的长篇小说《光明在我们的前面》是中国现代小说史上唯一一部描写无政府主义与马克思主义两种信仰相冲突的小说，也是唯一一部正面描写中国共产党人领导五卅群众运动的小说，因而在中国现代小说史上有着特别的意义。就艺术而言，这部作品存在着概念化、模式化和理性化的弊病，但从思想内容而言，它反映了20世纪20年代追求进步的知识分子在信仰问题上经历的困惑、彷徨，以及最终找到人生鹄的的过程，为我们留下了极为珍贵的历史记忆。小说的核心问题是无政府主义者是为何以及如何转变为马克思主义者的。这一问题之所以重要，就在于在20世纪20年代，这是很多知识分子经历的人生历程。正是一批无政府主义者向马克思主义的转变，决定了此后中国的命运。小说以"光明在我们的前面"为题，也暗示了这一转变的重要性。

无政府主义思潮在中国传播时间长，影响深远，曾一度成为思想界的主流话语。无政府主义近于洁癖的反强权、反国家的浪漫倾向和对极端个人自由的推崇，很投合浪漫文人的脾胃，所以获得了众多文人的倾心和诚服，从而影响了中国近现代文学的发展轨迹。因而对这一问题进行研究，对重新认识中国近现代文学有着重要意义。

《中国乡土小说的世纪转型研究》概要

丁　帆[*]

《中国乡土小说的世纪转型研究》是南京大学文学院丁帆教授主持、南京大学文学院李兴阳教授和苏州大学文学院黄轶教授参与研究撰写的国家"十一五"社科基金项目"新世纪中国乡土小说转型研究"（项目编号06BZW059）的最终成果，2009 年被鉴定为国家社科基金优秀结项项目，2012 年入选《国家哲学社会科学成果文库》。以下从研究目的和意义、研究成果的主要内容和重要观点及成果的学术价值、应用价值等方面对《中国乡土小说的世纪转型研究》作简要介绍。

一、研究的目的、意义及所使用的研究方法

本研究以 20 世纪 90 年代初至 21 世纪 10 年代前半期的中国乡土小说作为研究对象。这个时期，既是世纪的自然更迭交替时期，同时也是中国社会现代转型不断加速的历史时期，全球化与市场化以不同的速率进击中国的城市和乡村，前现代、现代和后现代文化随之奇异地并置在大致相同的历史时段中，相互冲突、缠绕和交融。在如此复杂的社会历史文化语境中，中国乡土小说创作不仅出人意料地从 20 世纪 80 年代末至 90 年代初的低迷中走了出来，形成一个新的高潮，而且从外形到内质，都发生了不同于以前的颇为显著的变化，生长出许多不容忽视的新质，亦即发生了新的转型。认识中国乡土小说在世纪之交的转型，分析转型发生的内外成因，梳理和审视其精神

＊　丁帆，南京大学教授，博士生导师。

向度、叙事形态和叙事类型在转型过程中的变异与走向，探究"乡土经验"与价值理念的恒定性亦即"变"中之"常"，从而实现中国乡土小说理论和史论的深化与创新，这正是本研究的主要目的。

本研究是一件具有拓荒意义的研究工作，其意义已经超越了纯粹的文学研究范畴，主要有三点：其一，中国乡土小说在世纪之交的创作成就是中国乡土小说发展史上的新生内容，需要得到及时系统的研究与理论总结，对新生创作成就的系统研究和理论总结，具有乡土文学研究的学术价值与重要的理论意义；其二，揭示了中国乡土小说在世纪之交的转型与中国农村现代转型之间的内在关系；其三，具有美学的与思想的双重认识意义，一方面透析乡土中国的表达者即乡土作家是如何看待和表现中国农村现代转型的，另一方面认识中国乡村在现代转型中的现实状况及其历史发展趋向，尤其是深入认识中国农民在现代转型中的心灵裂变与精神变迁。因此，在中国社会特别是乡村社会的现代转型日趋剧烈的今天，我们研究和撰写《中国乡土小说的世纪转型研究》就更显得十分必要。

在研究思路和研究方法上，《中国乡土小说的世纪转型研究》也进行了新的尝试。在研究思路上，首先是整体把握世纪之交乡土小说近 20 年的发展历史和中国农村近 20 年的现代转型历史；其次是将世纪之交乡土小说的叙事对象解析为四大题材领域与七大主要创作现象，分项深入研究，整体综合；再次是凸显创作主体在作品与社会之间的中介作用、认识作用和创造作用。在研究方法上，综合运用多种研究方法。主要有美学与历史学方法，对叙事学方法、文化批评理论和方法、心理学批评理论和方法、新历史主义理论和方法，以及文献学、社会学方法等，都适当予以参考和运用。

二、成果的主要内容和重要观点

20 世纪 90 年代初至 21 世纪 10 年代前半期的中国乡土小说，是百年中国乡土小说历史发展链条上的最新环节，在题材、价值取向和美学形态等方面都发生了新的变化。自 20 世纪 90 年代开始，消费文化大行其道，"五四"以来占据正统位置的、所谓纯文学的乡土文学被边缘化了。而处在中国文化总体结构边缘的乡土小说，并未走向衰落，反而表现出向未来展开的生生不息的顽强生命力。在世纪之交前现代、现代和后现代三种文明相互冲突、缠绕和交融的特殊而复杂的文化背景下，中国乡土小说直面思想的和审美选择的种种挑战，重新整合中国乡村社会中现代转型带来的陌生的新"乡土经验"，拓展乡土叙事疆域，叙写大变革时代历史与现实的种种矛盾，揭示和批判混乱无序的社会价值观念失范，为一个时代留下"最后的挽歌"、多彩的"写真集"和激荡的"心灵史"。乡土小说艺术形态方面的变化也十分显著，有的向乡土叙事传统回归，将乡土小说的基本美学形态"三画四彩"推向新境地；有的向消费文化的时尚靠近，将乡土小说变成"最后的乡土"、"回归自然"和"怀旧"的时尚包装；有的表现出较强的"技术主义"倾向，进行多种超常态的叙事实验，将乡土小说破碎变异为"词典体"、"闲聊体"、"史传体"等。围绕这些重要的变化，《中国乡土小说的世纪转型研究》以绪论与7章总共29节的篇幅，进行了全方位的审视和深入的研究，现将绪论与各章节的具体内容简介如下：

《中国乡土小说的世纪转型研究》的绪论由3节构成，对研究对象、当代中国文化语境、乡土创作的主要现象、价值观念失范和艺术形态变异等问题作了高屋建瓴的系统阐释。第一节分析了中国乡土小说的世纪转型与中国社会特别是乡村社会的现代转型的内在联系，乡土小说叙事视域的扩大与形态变异是在对中国社会现代转型所带来的陌生"乡土经验"重新整合与审美选择中发生的。第二节对转型期的乡土现实叙事、浪漫叙事、生态叙事等7种主要创作现象进行了简明的历时态描述与理论阐释，对其未来走向进行了理论预期。第三节对乡土小说中的价值观念失范与转型期中国社会价值观念失范之间的关系，国家和社会、知识界和思想界、社会各利益群体之间价值观念的分裂和冲突问题，与社会形态的转变、社会分化和城乡差别加大、生态环境破坏等问题有关的价值观念失范问题，都进行了深入的分析。在注意乡土作家价值观念之"变"的同时，特别强调了价值观念之"常"，即恒定的一面，主张"真正的乡土作家"应该是"真正的知识分子"。所有这些方面的描述与阐释，为《中国乡土小说的世纪转型研究》奠定了理论基础和学术思想旨归。

《中国乡土小说的世纪转型研究》的主体部分将20世纪90年代初至21世纪10年代前半期的中国乡土小说所叙写的题材概括为四大领域，即"农民进城"、"乡土日常生活"、"乡土生态"和"乡土历史"。与四大题材领域相关涉的主要有乡土现实叙事、乡土浪漫叙事、乡土现代主义叙事、乡土历史叙事、乡土生态叙事、宗教文化复兴和"技术主义"等七种近乎"乡土小说思潮"的新乡土叙事现象。《中国乡土小说的世纪转型研究》对四大题材领域的七大主要创作现象展开了具体的论述。

第一章"'城市异乡者'的梦想与现实"，对以"农民进城"为书写题材的转型期乡土小说进行了全面研究和系统分析。世纪之交的中国乡土小说将叙事视域与叙事空间向城市拓展，将"进城农民"及其流寓的城市作为重要的书写对象，从而颠覆了乡土文学既有的不延伸到城市空间的历史性阈定。首先，历时态地分析了近百年来与中国社会现代化历史进程相伴而生的"民工"现象及对其进行书写的现代文学现象。其次，对"农民进城"书写中的"进城农民"的身份认同、城市文化认同与现实生存困境等问题进行了分析，认为"进城农民"实现城市化、市民化的现代转型异常艰难，其身份认同过程的乡土记忆、城市体验等不同性质的文化心理之间的冲突、蜕变或交融，构成这一历史时期最重要的精神事件，而新世纪乡土小说及时发现并突出地书写了这一重要精神事件。再次，对"农民进城"书写中的"双重边缘人"问题进行了分析，"进城农民"从离开乡村走进城市的那一刻起，就成了"都市里的乡村人"和"乡村里的都市人"，并因此遭到城市与乡村的双重排拒，其心灵在前现代与现代两种不同文化之间漂泊。最后，对乡土叙事主体在"农民进城"书写中的价值取向与叙述选择问题进行了分析，肯定了乡土作家作为"代言人"的积极面，具体分析了由此带来的乡土小说艺术形态上的一些显著变化。

第二章"'去乡村化'与乡土现实叙事的时代新变"，对以传统乡村日常生活为书写题材的转型期乡土小说进行了全面研究和系统分析。首先，对作为乡土小说美学形态构成的"三画"，即风景画、风俗画和风情画描写的变化与中国乡村社会现代转型的关系进行了分析。中国乡村在现代转型中已迈上"去乡村化"之旅，"三画"所代表的乡村基本文化形态迅速蜕变，这些变化激起了乡土作家描写"三画"的热情，以期为正在消失的乡村留下文学的"活化石"。其次，对重构的新乡土形象进行了分析，认为世纪之交的乡土小说所发现与叙写的转型期中国乡村的衰退、虚空化和社会分化等特征，与此前的启蒙视野、左翼政治视野和审美现代性视野中的乡村形象有了质的变化，是一种新的乡土中国形象。再次，对乡土小说塑造的新农民形象进行了分析，认为"农民"也不再是传统意义上的农民，不论是"进城农民"，还是"在乡农民"，作为中国乡村历史被改写的参与者、感受者与承担主体，他们的文化人格在现代性的获得过程中发生了前所未有的裂变。最后，对乡村治理危机与乡镇权力批判问题进行了分析，认为变质变味的乡村权力，正是乡村苦难的直接根源。世纪之交的乡土小说通过对这些现实问题的集中书写和发露，表现出鲜明的反封建意识和现代性的思想取向，体现了强烈的社会责任感和对乡村权力建构之正当性的深切忧虑。

第三章"世纪之交乡土历史叙事的多副面相"，对以"乡土历史"为题材进行书写的转型期乡土小说进行了全面研究和系统分析。首先，对有关"文革记忆"书写的乡土历史小说进行了分析，认为这类小说把农民及其生活着的乡村作为主角，使"沉默的大多数"终于能在历史劫难的讲述中发出一些自己的声音或能代表自己的声音，有新的叙事取向和超越性。其次，对有关"抗战记忆"书写的乡土历史小说进行了分析，认为这类小说不再局限于传统抗战文学所持守的民族战争的党派性、国家性、集体性、善恶相报的因果正义性和历史必然性，重在对抗战历史的重新发现与还原、对战争与人性的反思和批判、对中国传统民族文化的反思与批判以及对时代焦虑的急切表达等，呈现出不同于此前所谓"权威历史叙述"的诸多新特点。再次，对有关"革命记忆"与家族秘史书写的乡土历史小说进行了分析，认为在对二者的双重书写中，重新审视了现代中国革命的风云变幻与传统血缘家族兴衰沉浮的相互关系，试图理性把握历史嬗变的轨迹，却常常陷入非理性的历史迷思。总体上看，世纪之交的乡土小说不论是采用现实主义与浪漫主义的历史叙述还是现代主义的历史叙述，其中的相当一部分作品都具有"新历史主义"倾向，从中折射出乡土作家对中国近百年历史和当下现实的新思考，并透露出他们内心积蓄着的时代焦虑。

第四章"荒诞的现实世界与怪异的叙述风格"，对转型期中国乡村社会现实及其历史书写中的"现代主义"现象进行了分析。这里的"现代主义"只是一种权宜的称谓，用以指认莫言、阎连科、刘震云、余华等作家创作于世纪之交的部分风格怪异的乡土小说。莫言、阎连科、刘震云等作家创作于世纪之交的部分作品，所叙述的内容颇为丰富复杂，历史与现实、阳世与阴间、活人与鬼魂不仅交错并置，而且相互间往往做着怪异的循环轮回。这些作品的叙事形态自由放诞，叙事精神指向含混多极，叙事方法奇诡多变，没有一定之规。与之不同，余华、张存学、红柯等作家创作于世纪之交的部分作品，从精神内质到外在形态都有很大的差异，但也有颇为相近的地方，它们所叙述的不论是苦难的人间世界还是神奇的西部边疆，都是非同寻常的变异生命图景。简言之，所有这些乡土小说，都内含现代主义精神气质而外显传统现实主义形相，呈现出多种美学元素杂糅的怪异特征。这种具有强烈本土气息的非理性的"现代主义"叙事风格的形成，既有来自域外现代主义和后现代主义文学思潮的影响，更与转型期中国社会出现的现实矛盾、精神危机和现代性焦虑等问题密切相关。

第五章"乡土浪漫叙事的演进与变异"，对转型期中国乡村社会现实及其历史的浪漫主义抒写中的"文化守成"问题、"现代焦虑"下的价值困惑与道德批判、伦理嬗变中乡村世俗社会的温情牧歌、"文化西部"的突围与边地文明最后的挽歌等，进行了全面研究和系统分析。乡土浪漫叙事的兴起，缘于当代乡土作家对转型期中国社会现实尤其是乡村社会现实的失望和不满，试图寻求解决现实矛盾的途径。乡土浪漫小说从文化传统中寻求抗争流俗、批判时弊的资源，作为传统文化避难所和民族文化保留地的乡村，就成为其现实的和想象的精神家园。这种创作倾向，虽然被学界称为乡土小说创作的"文化守成"现象，但并不都是文化保守主义的。其审美乌托邦式的"田园牧歌"抒写，虽然会有意无意地遮蔽庸俗丑恶的现实，但它对历史线性发展观的悲壮抗拒，对现代化未来的深深忧虑，对严峻现实的批判，都对现代文明的负面因素有着不言而喻的矫治功能。可以说，世纪之交的乡土浪漫小说既是中国社会现代性追求过程中孕育的产儿，又是现代性的叛逆者和批判者，也是农耕文明"最后的挽歌"，呈现出审美现代性的另一种形态。

第六章"人性与自然悖论下乡土生态小说的勃兴"，对转型期中国乡土小说的生态书写及其"生态主义"倾向进行了全面研究和系统分析。首先，对世纪之交乡土小说生态书写视域的开创进行了历时态的描述；其次，对"回归荒原"的生态视野与自然的"复魅"、生态伦理视野下乡土小说的"动物主流"、"社会发展观"批判与"人类中心论"等进行了具体分析。认为世纪之交乡土生态小说以生态主义为思想基础，以生态系统整体利益为最高价值，揭示造成生态危机的人性根源与社会文化根源，重新审视和表现人与自然的关系，倡导人与自然和谐共存，描述回归自然的浪漫。作为一种正在形成的知识领域，乡土生态小说虽然从文学和美学的立场去表现和阐释现实中的生态现象，发现地球及其孕育与滋养的全部生命的秘密和生存的意义，传达生态危机给人类造成的不安与思考，构建新的生态的情感空间与审美形态，但其叙事功能一开始即超越纯粹的审美领域，以"忧思者"与"守护者"姿态"介入"全球化的公共危机中，发挥通过其他途径难以起到的作用。

第七章"宗教文化的'返魅'与'神性乡土'的重构"，对"悲慧双解"的佛学启悟与乡土小说的"藏地风流"、伊斯兰文化的"宽纳神俗"与乡土小说的民间情怀、萨满教文化乡土小说的"生态"关切、基督教"神启"意义与转型期小说的"彼岸救赎"主题、乡土生态批评视域等，进行了全面研究和系统分析。宗教文化在世纪之交乡土小说中的"返魅"，可以看作审美创造领域进行价值重建的有益尝试，有三个突出的特点：一是多样性、广泛性、边地性和边缘性；二是宗教文化精神与地域文化色彩的交融；三是美学风格的巨大差异。以本土化、民族化为特征的宗教文化，不仅有助于在全球化语境下破除文化霸权，建构多元文化景观，而且也为乡土小说创作提供了新的思想维度，提升了乡土小说的精神品格，促进了新的乡土美学的生成。需要注意的是，救赎时代精神危机与信仰危机，宗教文化精神虽然是有效的，但绝不是万能良药。乡土小说对宗教文化精神的表现，不能成为宣扬宗教教义的布道场，更不能制造新的蒙昧，而应该从中发掘有益于价值重建的精神资源。

上述世纪之交乡土小说创作中的近乎"思潮"的几种创作现象，相互间并没有那么清晰的界限，而是互相渗透、互相影响的，呈现出你中有我、我中有你的混沌现象。如宗教文化精神，在不少现实主义、浪漫主义、现代主义、"新历史主义"和"生态主义"的乡土小说中都有所表现；再如乡土生态小说也有用现实主义、浪漫主义和现代主义等不同方法创作的美学风格迥异的作品。上述并非分类意义上的综合性整合，有利于我们准确把握当前正在进行并不断深化的乡土小说转型现象及其向未来发展的大趋势。

三、成果的学术创新与应用价值

《中国乡土小说的世纪转型研究》在国内乡土小说研究领域处于前沿位置，以新生的乡土小说创作成就为研究对象，激活了一度被研究界遗忘的城乡结合部的地理、心理与文化命题，及时描述阐明乡土小说内涵与外延所发生的巨大变化，具有乡土文学研究的学术价值，也对城乡互动中所产生的社会问题具有参照意义。

《中国乡土小说的世纪转型研究》的实际应用价值主要有四点：其一，对新世纪乡土文学的创作、鉴赏、批评乃至影视改编等，都有理论指导或参考作用；其二，对新生对象的追踪研究，能成为中国现当代文学研究的新的学术增长点，从而为推进中国现当代文学学科的新发展起到一定的作用；其三，在文学教育方面有实际的应用价值，将这项研究成果引入教学，既能让学生了解中国当代文学发展的新成就，又能帮助学生形成关注文学新思潮、新动向的良好习惯与能力；其四，对国家了解中国农村现实尤其是农民的生活现状与"心理现实"，从而制定出科学合理的农村发展战略具有重要的参考价值。

《宋金文学的交融与演进》概要

胡传志*

一、研究的目的、意义及所使用的研究方法

　　10—13 世纪是中国古代文学史上非常特殊、具有独特研究价值的一个时期，多个政权交替、对立造成了独特的文学生态。而学界关于这一时期的文学研究，习惯从某一王朝出发，侧重研究某一王朝的文学，如辽代文学、宋代文学、金代文学的研究基本上处于独立分离的状态。如果我们超越王朝政权的界限，将宋辽金作为一个整体来看，会有助于正确认识当时文学的全貌。各个政权之间的文学联系是构成全貌不可或缺的重要纽带。本成果的中心内容是在宋辽金元的大背景下，研究宋金文学的对立、交融及其演进的具体情形，进一步揭示民族融合、南北文化融合对于文学发展的意义。

二、成果的主要内容和重要观点

　　本成果由 16 章和附录组成。

　　第一章"宋辽金文学交融俯瞰"。宋辽金三代文学关系复杂，有继承和发展，有对立和交融。略而言之：其一，北宋文学通过外交使节和图书交流等媒介影响了辽文学。北宋与辽大约有 124 年有使节往来，使节人数在 1 600 人左右，其中包括欧阳修、王安石、苏辙等一流文人，使得外交活动具有文学交流的意义。北宋图书大量流向辽国。辽圣宗耶律隆绪喜好白居易

---

　*　胡传志，安徽师范大学教授，博士生导师。

诗歌，与宋初的白体诗风差不多同时，当受到北宋白体诗风的影响。作为辽皇后萧观音私通证据的《十香词》，反映出辽代文学受到北宋文学的直接影响。其二，辽文学与辽文化又反过来渗透到部分北宋文人的创作中。以歌舞为特征的辽代俗文化传入中原，并进入文人的视野，北宋使辽文人在辽境内创作部分应景诗歌，投辽主之好，将契丹文化质素融入诗歌之中。还有少数辽国文献传入中原，引起宋人的关注，也具有一定的文学意义。其三，辽为金所灭之后，不仅给金输送了第一代文学人才，还养育了众多第二代文学人才。辽国入金文献对金代文学创作也有一定的推动作用。其四，北宋灭亡后，大批文人流落入金，构成金初文坛的主力，他们继承与传播北宋文学，一直影响到金代中后期文学。其五，南宋与金政权对立，双方文学皆有独立追求，其间不乏联系和交流。诚斋诗、稼轩词等南宋文献传入北方，受到好评，北方的"吴蔡体"亦通过辛稼轩潜渡到南宋，融入南宋词的血脉之中，金亡后遗山诗词等北方文献亦进入宋末文人视野之中。

第二章"入金宋人与金初文学的走向"。靖康之难后，南北对立，文学也一分为二，不少宋朝文人进入金王朝。这些入金宋人大体可分为两类，一是抗节不仕者，二是屈节仕金者。入金宋人从不同角度构建金初诗坛，决定金初文学的走向，推动金初文学的演进。何宏中、滕茂实等人以其刚烈的言行及诗歌感动金人，司马朴以灵活的处世态度影响金初政要，长期滞留北方的朱弁、洪皓在南北诗坛都有积极的建设意义，高寿的姚孝锡更是引导金初诗歌向金代中期过渡。他们崇尚杜诗的艺术取向还开启了金代崇杜的一代诗风。屈节仕金者大多获得了比较高的政治地位，文学影响力较大，但感情上未能摆脱对故国故乡的思念，多有仕途烦恼和精神不宁。所以其创作由抗节不仕者的崇杜转向尊陶崇苏，借苏轼的达观来调剂出仕带来的心灵失衡。

第三章"由宋向金过渡的伪齐文人与创作"。无论是在时间还是空间维度上，伪齐都处于由宋向金过渡的中间地带，伪齐文学因为其政权的傀儡性质，文人品节不高、作品传世很少、成就有限而长期无人问津，但它毕竟是有着七八年历史的独立存在，毕竟聚集着一批文人，值得我们有所关注。其文人大概有四种：一是由宋朝的官僚文人蜕变为傀儡皇帝的刘豫，早期诗歌继承了传统文人诗的题材和风格，抒发士大夫的情性，后期的公文对南宋政权口诛笔伐，对金政权奴颜婢膝，对伪齐政权极力美化和粉饰，说明其政治图谋与野心窒塞了他的文学性灵。二是以孔彦舟、施宜生等人为代表，他们本是宋朝罪臣，进入伪齐，摇身变为伪齐骨干，有一定的文学才能，再通过伪齐这一跳板，进入金王朝，成为金人心腹。三是以张孝纯、张中孚等人为代表，他们本是抗金勇士，后变为失节贰臣，有进退尴尬的痛苦，其创作多少表现出遗憾悔恨以及对故国的怀念之情。四是以祝简、马定国、罗诱、朱之才等人为代表，祝简、马定国等人带着投机心理，为新政权摇旗呐喊，朱之才等人带着对新政权的幻想进入伪齐王朝，失望而去。伪齐政权是这些文人人格的试金石，其文学活动是文学由宋向金演进的一环。

第四章"宋金文学对立、交融与国朝文派的演进"。"国朝文派"见载于元好问所编金诗总集《中州集》，本是金代中后期文人萧贡总结出来的一个流派，它与其他传统的文学流派不同，没有统一的文学观念，没有自觉的文学派别意识，没有集体性的文学活动。萧贡总结出来的"国朝文派"，一方面与北宋文学、南宋文学相区别，另一方面其代表人物及作品又与宋代文学有千丝万缕的联系。当下学者一般将它理解为诗歌流派，或者笼统地理解为文学流派，这都不确切。国朝文派实际上应是与诗歌相对的文章流派，因出现在《中州集》中，故易被误解为诗歌流派。国朝文派又名中州文派、唐宋文派，名称不同，其指向也有所不同。"国朝文派"主要体现金王朝的国家属性，体现金代文学独立性的诉求，"中州文派"主要体现其入主中原的地域特征，"唐宋文派"主要体现其承唐继宋的正统意识。国朝文派大体由四代文人组成，以蔡珪、党怀英、赵秉文、元好问为代表。国朝文派的演进，展现了宋金文学对立、交融的大背景对文学发展的影响。

第五章"完颜亮诗词：借道南宋融入历史的轨迹"。在后人心目中，完颜亮是荒淫无道的暴君，曾发起大规模侵宋战争，但他在政治上很有作为，爱好汉语文学，个性突出，创作颇具艺术水准。他的继任者金世宗出于政治需要，竭力否定完颜亮其人其文，致使完颜亮的作品在北方基本销声匿迹，仅《归潜志》记载了只言片语。他的作品不传于金，反而借道敌国南宋进入历史。南宋洪迈、岳珂等人记载其多首作品，既反感又好奇，还兼有一些宽容，没有完全因人废文，其中关键因素是其艺术水准超过了对立政权的壁垒。元明清三代学者，渐渐摆脱了因人废文的惯习，淡化民族情绪，不再简单地贬斥完颜亮的文学作品，不再使用"桀骜"、"妄诞"、"凶威"之类贬义倾向鲜明的词语，取而代之的是更准确的"雄快"、"奇横"、"雄鸷"等词，沈德符、赵翼还公开表示喜欢完颜亮的词作，称赞其词"可喜"，给予完颜亮作品相对客观的好评。完颜亮诗词成功融入了中华文化之中。

第六章"稼轩词的南下、北归及其意义"。据《宋史·辛弃疾传》记载，辛弃疾投奔南宋之前，曾师从金初词人蔡松年，可是邓广铭《辛稼轩年谱》等书怀疑和否定这一记载，以致当代学术界普遍忽视辛稼轩早年的师承关系。经考证，邓广铭先生所举证据不足以动摇《宋史》的记载，相反，辛弃疾说出蔡松年被鸩杀的真相，南渡后仍多次化用影响有限的蔡松年词，元初人还知道蔡辛之间的师承关系，种种迹象表明，《宋史》的记载难以被否定。辛弃疾投奔南宋之前，于词学创作方面已经有所积累，受到以蔡松年为代表的金初词人的多方面影响。金初吴蔡体，继承了苏轼的旷放词风，用词来调剂进退失据的心灵。辛弃疾以蔡松年为桥梁，继承苏词传统。投奔南宋之后，他将北方苏词传统、金初词风、北方人的抗金斗志带到南方，与南宋词风、南宋人的爱国思潮相融合，从而大大推动了南宋词，特别是爱国壮词的发展。辛稼轩的北方背景，易为北方人所关注，而其抗敌复国的主题，则不为金源官方所认可，这种矛盾决定了其词在北方传播的命运。大约在金末，稼轩词即通过非公开途径回到北国，元好问曾化用其词句，金亡后元好问与刘祁先后公开谈论与征引稼轩词。稼轩词全本北传的最早记录是耶律铸1258年征蜀期间得于阆州的《稼轩乐府全集》。稼轩词北归后，受到元好问的高度称赞，视之为苏轼词之后的新标志。元好问多次化用辛词，侧重继承稼轩以诗为词，借词流连光景、感慨时事等取向，于稼轩抗金报国情怀不予置评，于稼轩豪放词风亦少有继承。此后，白朴得遗山衣钵，或感叹人生，或嗟叹历史，风格接近辛词。耶律铸喜欢辛词，侧重借鉴其咏物技巧，流连光景，感叹人生，词风疏放旷适。只有稍后的王恽能够大力表彰辛弃疾的忠义大节，抓住了稼轩的要质，至此，北方才有了完整意义上的稼轩词，稼轩词对元代词的影响更加全面。

第七章"宋金外交活动与文学创作"。频繁的外交往来是宋金对立时期的重要历史现象，由于众多文人的参与，外交活动直接促进了文学创作。南宋使节以范成大为代表，他的使金绝句72首广为人知。而作为一个数百人的特殊群体，文人使节的创作壮大了南宋爱国主义文学的声势，丰富了南宋爱国主义文学的内容。一批又一批文人，年复一年地出使金国，不时激发出他们的爱国感情，有效地推动了南宋爱国主义文学的持续发展。这些创作还具有与陆游等其他爱国文人创作不同的独特价值。首先，这些创作真切地反映了使金宋人直面故国的敏感心态，沿途的百姓、山川、风物都激发了他们的爱国之情。其次，这些创作第一次比较集中、近距离地关注了沦陷区遗民的生活及心态，并表现了使金宋人自己面对遗民时的复杂感情和态度。第三，使金创作表现了异族政权及文化，反映出使金宋人面对异族文化时屈辱而无奈、自卑又自尊的敏感心理。第四，艺术上，使金之作常常是纪行、写景、抒情、议论相结合，基本没有干枯生涩等现象，很少用典，很少驰骋才学，多采用灵活自如的七绝，直抒感触，丰富了宋诗艺术的多样性。与南宋使金文人相对的是金源使宋文人。使宋金人众多，现在可考的约有百人，其中以党怀英为代表。他们的文学活动，由于传世作品少、成就低，向来不受重视。有些当年脍炙人口的名作，如邢具瞻皇统元年（1141）金山寺题诗、宋楫大定十四年（1174）使宋途中所作的《猎虎诗》，名重一时，可惜都已失传。现存的纪行诗重点表现异样的南宋风光，如描写壮观的金山、如水般的苏州舞女、美丽的西湖、惊心动魄的钱塘潮等，既体现了他们独特的视角，又体现了他们或倨傲、或自豪的多样心态。有的使节如党怀英、施宜生等人别有怀抱，抒写在南宋境内的幽独和寂寞情怀。另外，金国使节的到来，还引发了南宋接伴使、送伴使的创作，抒发南宋文人的复杂情感，促进南北文学的交流。

第八章"陆游诗歌与失真的北方"。陆游平生非常关注北方，体现了特别强烈、特别宝贵的爱国情感。让他时时牵挂的北方，是他创作的重要源泉。他诗中屡屡言及的"虏乱"和遗民感情，有虚有实。赵翼《瓯北诗话》、钱仲联《剑南诗稿校注》对其不实之词已有所揭示。考之宋金双方文献，可以进一步揭示陆诗偏离历史真实的具体情景。"虏乱"的真实性可以分为三个层次：一是有一定历史依据，但也有夸张失实之处；二是所言"虏乱"比较宽泛，没有可以考知的具体事件，其中比较多的只是传闻异辞；三是捕风捉影，背离史实。所谓"虏乱"，真实成分较少，大多是传言不实之词，有的近乎荒谬。陆游大量描写的北方遗民感情也是虚大于实。少数描写出于他自己的亲身见闻或来自他人，更多的是他自己的想象，想象北方民众如何拥戴南宋，想象南宋部队如果北伐，将会如何所向无敌。陆游诗中的北方敌情和民心多出自传闻和想象，其原因除受客观条件限制之外，主要是主观上偏听偏信，导致其诗多有夸张失实之处。这虽然充分体现了陆游的抗敌救国之情，促进其创作，但多少削弱了他的诗歌艺术感染力。

第九章"杨万里接送金使途中的激情创作"。淳熙十六年（1189）十一月，杨万里受命赴淮河边界接送金国贺正旦使，在 80 天左右的行程中，写下了 352 首诗歌，形成了他一生中创作的最高峰。这些诗歌收录在他的《朝天续集》中，除了《初入淮河四绝句》之外，这些诗作为一个整体，很少为人所关注。杨万里本以诚斋体著称，而在这些接送金使诗中，出现了为数不多的爱国诗，抒写其愤懑、无奈、苦涩、羞愧、沉郁之情，体现出与陆游等人爱国诗的相似之处，但杨万里的爱国诗很少直接抒发杀敌报国之志，很少有陆游、辛弃疾般的雄心和理想，而是习惯了和议的政局。杨万里身在南宋境内，以主人的姿态接送金使，他的屈辱、惭愤情绪也不及范成大、曹勋等人强烈。艺术上，他将诚斋体的手法与抒写爱国情感结合起来，借山川风物将爱国情怀写得轻巧幽默。接送金使诗绝大部分还是其诚斋体诗歌。这一时期，杨万里的诚斋体创作进入了一个更加自如的境界，"老夫不是寻诗句，诗句自来寻老夫"，速度空前。其诗多写自然动态景观，进一步发挥活泼幽默之风，体现出诚斋体晚期的一些新变。

第十章"橘逾淮则枳：诚斋体在北方的滑落"。杨万里诗歌在南宋声名显赫，金末即传入北方，其后命运如何？赵秉文、李纯甫、元好问这三位不同年代的文人表现出不同的态度。赵秉文身为诗坛领袖，只字未提诚斋体，但以他的条件和地位，完全可能接触和效仿诚斋体，其诗歌中也有一些效仿诚斋体之作。他效仿诚斋体，却未予提倡，原因可能与杨万里为敌对政权诗人的身份有关。李纯甫是金末诗坛风云人物，喜欢新奇，所以他公开称赞诚斋体"活泼剌底，人难及也"。南宋人称赞诚斋体，偏重其"活法"为诗的技巧，仍然不脱江西诗派的窠臼，李纯甫则第一次使用"活泼"一词，准确地揭示出诚斋体的本质特征。但是，李纯甫喜欢诚斋体却没有模仿诚斋体，一是因为日益衰乱的时代、怀才不遇的经历，使得他很难有杨万里式的轻松自在和幽默，二是因为李纯甫豪迈不羁的个性，与亲切小巧的诚斋体有不相容之处，诚斋体显露出与金源时代、金源作家不相适应的地方。元好问没有正面评价杨万里的诗歌，却批评诚斋体的追随者徐似道、张镃，意在弹压诚斋体。如此一来，诚斋体的影响越来越小，说明诚斋体不适应金末动乱的时代，不符合北方人的个性，真所谓"橘逾淮则枳"。诚斋体在北方的滑落，折射出文学交融的复杂性，即并非所有的文学交融都能结出硕果。

第十一章"《滹南诗话》：基于南宋诗话的批评与提升"。诗话发展到南宋时期，种类增多，有关讨论的分歧也随之增多。王若虚《滹南诗话》是金朝最著名的诗话，具有鲜明的辩论性，其中近半篇幅直接针对南宋诗论而发。换言之，南宋诗论激发了《滹南诗话》的创作。《苕溪渔隐丛话》、《韵语阳秋》等诗文评材料，是王若虚的资料库，他入室操戈，引用南宋诗论，对其进行讨论、批评，重点批评南宋诗论中众多不切实际的高论深解。这说明金代诗话在南宋诗论的基础上有所提升，表现出不同于南宋的平实灵活的论诗特色。王若虚能够远离南宋诗话的中心，以近乎旁观者的姿态，对宋人诗话作出冷静而清醒的批评，较早地纠正了宋人诗话的偏颇，为后代诗话的健康发展作出了积极的贡献。

第十二章"《续夷坚志》：《夷坚志》的异域回响"。元好问之前，金代文言小说可考者仅有孙九鼎所著一种（已佚），该小说通过洪皓传到南宋，启发洪迈撰写《夷坚志》。在第一部《夷坚志》（后来称《夷坚甲志》）取得巨大成功之后，洪迈一发而不可收，夜以继日地续写《夷坚志》，共完成 32 编 420 卷。《夷坚志》问世后，远播金源，引起金人的关注。但《夷坚志》很少记载北方奇闻逸事，元好问《续夷坚志》因此应运而生。《续夷坚志》写作于金亡之后（最迟 1238 年已开始），完成于蒙古宪宗元年（1251）。前人普遍认为《续夷坚志》多记中原陆沉之事，有存史、感乱等寓意，实际上，中原陆沉期间的事件，只占全书半数，另一半是辽、北宋和金代承平时期的逸闻。其存史意图主要体现在《中州集》和《壬辰杂编》等书中。《续夷坚志》与《夷坚志》一样，以志怪娱乐为主。篇幅仅有 4 卷，说明元好问并不是太用心，他创作《续夷坚志》纠正了洪迈用力过度的倾向，回归到文人写作志怪小说的常态，从而避免了洪书贪多务得、粗制滥造的缺陷，保证了基本的质量，其中一些佳作甚至可以媲美《聊斋志异》。

第十三章"金末入宋文人的遭际与创作"。金末危亡之际，不少文人逃难入宋，有的文人随难民入宋，有的随军队投降南宋，比较有名的文人有房皡、白华、杨宏道等人，流寓的中心地带是襄阳地区。这些文人入宋之后境遇各异，少数文人受到礼遇，多数文人衣食无着，不得不干谒求人。蒙古攻陷襄阳之后，大多数文人重返北方，少数文人滞留南宋。他们的诗作多忧念时局，期盼和平，感慨身世，悲苦无奈。入宋经历对文人们的人生走向产生了不同的影响，有人将逃难转化为人生的机遇，如窦默；有人规避了入宋经历可能产生的负面影响，如李俊民；有人则始终没有逃脱入宋经历的阴影，如杨宏道、白华。入宋经历还影响了他们的文学创作，如房皡入宋后沾染理学习气更深，其诗写得类似邵雍。入宋文人与南宋官员、文人有一定的交往，客观上促进了南北文学的交流。除外交人员和入宋金人之外，还有一些文人的创作涉及南宋，如赵秉文曾参与泰和南征，元好问曾目睹被蒙古人俘虏的南宋女子。这些涉宋创作大体有官方文书、文人杂著、诗词创作三类，各具特色，数量不多，却弥足珍贵，从中可以看出金代文人对南宋的三种不同态度。一是对南宋进行讨伐诋毁，二是对南宋比较平和、中立，三是对南宋予以同情或者表示友好。上述态度恰好与南宋文人对金的态度形成对照。涉宋创作的风格受宋金对立的影响而独具特色，其作品随作者对宋态度的不同而呈现出不同的变化，或豪健粗放，或凄婉动人，或哀艳悲凉。

第十四章"南北文献交流考论"。文献是南北文学联系的重要纽带。清人赵翼《瓯北诗话》指出，南宋人著述罕入中原，当代学者钱锺书《谈艺录》、孔凡礼《南宋著述入金考》都论及南宋著述入金。经过进一步考证可以考知，入金著作有70余种，其中以理学著作居多，传入时间多集中在金末，对金代文学的影响有限。至于金源入宋文献，学界往往略而不提，其种类远多于宋人入金文献，其中以外交文书、各类诏令文书居多，主要收录在《三朝北盟会编》、《建炎以来系年要录》等历史著作中。也有少量文学文献传入南宋，主要是与南宋有关的文献，说明南宋文人着眼于两国政治关系，有选择性地搜集、收录北方文学作品。在金人入宋文献中，很少有北方理学、学术类的著作，固然北方这类著述本来就有限，但也说明南宋人不关注北方此类著述。

第十五章"双雄并进：陆游与元好问诗歌异同论"。宋金文学虽然有时交叉融合，但平行演进仍然是其常态。交融之外的平行比较研究是宋金文学研究大局中的应有之义，在研究文学交融的同时，亦应留意交融之外的对立。陆游与元好问是南北诗坛并峙的高峰，却各擅胜场。陆游与元好问创作年代略有先后，陆游诗歌可能传入北方，元好问或许见过其诗，但目前尚缺少足够的证据。无论元好问是否见过陆游诗歌，二人都值得比较。清人翁方纲多次比较二人诗歌，称之为"天放奇葩角两雄"。题材上，陆游大量创作抗敌救国爱国诗，高扬时代主旋律，鼓舞人心，但存在功名之心，有意为诗人；而元好问与金末其他文人几乎没有慷慨赴难的诗歌，其纪乱诗多关注民生灾难、国家不幸，显得沉挚悲凉。爱国诗之外，陆游晚年有着充足的闲暇，写下了许多表现日常生活的闲适诗，将日常生活美化，品味清闲和诗意；元好问晚年虽然不仕新朝，但忙于搜集、整理金源文献，始终没有清闲下来，少量闲适题材的诗歌，也是忙中偷闲。形式上，二人都长于七律，都渊源杜诗，陆诗多豪情壮概，元诗多苍郁悲怆，然二人七律皆多复句。总之，二人诗歌各有千秋，"陆固不能掩元，元亦不能掩陆也"，两雄并立，遥相呼应，构成了高峰迭现的南北诗坛。

第十六章"同形异趣：元好问、戴复古论诗绝句比较论"。元好问《论诗三十首》与戴复古《论诗十绝》是论诗史上的名作，郭绍虞先生认为二人论诗绝句都源自杜诗，各得一体，开启后世论诗绝句的两个派别。但学界对二诗存在一些误解。受思维定式的潜在制约，人们对其创作时间习而不察，习惯性以为戴作在前，元作在后。其实，通过考证不难得知二诗写作的准确时间，元诗早于戴诗 16 年。就创作动机而言，二者都是与当时其他诗人切磋诗艺的产物，皆具实用性。内容上，元好问当时年轻气盛，敢于褒贬前代名家，颇具卓见，意在自我警醒；戴复古则年近古稀，意在自述体会，教导他人，难免絮叨琐细，其终身成就、论诗手眼亦远不及元好问，所以，其创作经验当即被年轻的地方官王埜指为"无甚高论"。戴诗在后代无甚影响，元诗则影响巨大，除了元诗见解新颖之外，另一原因是元诗克服了论诗绝句自杜甫以来的体制局限，成功发掘论诗绝句的体制潜能，大量运用比喻、反问、对比等手法，以增强文学性，从而超越杜甫《戏为六绝句》，成了被后代广泛效仿的对象。

附录为读书札记。中华书局分别于 2011 年和 2012 年出版的狄宝心《元好问诗编年校注》和《元好问文编年校注》二书，是目前遗山诗文的最佳读本，在校勘、编年、注释方面作出了巨大贡献，特别是《元好问文编年校注》一无依傍，编年、校注难度更大，厥功甚伟。但此类工作原非一蹴而就，需要后代人不断累积。新的注本存在一些漏注、误注的现象，其中有的是前人已多次涉及，但长期没有得到解决的问题，如对元好问《杨叔能小亨集引》中"无为稠梗治禁词"一句，多家注本有不同解释，但都不得要领。经过考证，稠梗治是汉代张道陵的二十四治之一，在今四川。禁词，是道教宣传其教义、作法时的咒语。有的问题是整理者一时疏忽所致，像《如庵诗文序》将"镐、厉等二王"用顿号隔开，仿佛二王是镐王、厉王，其实在《元好问诗编年校注》中有《过威州镐厉王故居》一诗，注者有过正确的解释。附录中还有关于元好问词编年、房暤诗、《归潜志》等文献的读书札记。

三、学术创新、应用价值以及社会影响和效益

本研究突破了宋金文学各自独立的研究格局，克服了正统观的潜在影响，加强对宋金文学之间薄弱环节和空白地带的探讨，深化了对宋金重要作家和文学现象的研究，揭示了宋金文学对立、交融及演进的具体情形。如伪齐文学、使宋金人的创作、金末入宋文人的创作等是学术界过去从未涉及的话题，而对于学术界研究得较多的对象，如辛弃疾、陆游、范成大、杨万里、《滹南诗话》、完颜亮等作家、作品，则在前人研究的基础上另辟蹊径，推陈出新。

本成果可以供中国古代文学、中国古代史教学研究者参考，可以应用于汉语言文学专业本科生选修课、中国古代文学研究生教学参考用书，还可以供民族文学研究者、民族关系研究者参考。

本成果部分内容以单篇论文的形式先期在《文学评论》、《文学遗产》、《民族文学研究》、《中国韵文学刊》等刊物公开发表，有的被转载或被引用，其中有两篇文章发表后被译成日文，刊于日本《橄榄》辑刊。

《明代词学通论》概要

张仲谋*

　　《明代词学通论》是作者继《明词史》之后完成的又一部新作。《明词史》2002 年由人民文学出版社出版，2008 年获第四届"夏承焘词学奖"一等奖。2001 年至 2003 年，作者又主持完成了全国高校古委会的古籍整理项目"明代词学资料汇编"，在明代词籍序跋与散见词话搜集整理方面积累了大量资料。有了明代词学资料的搜集整理与撰写《明词史》的宏观思考，作者 2005 年申报的国家社科基金项目"明代词学研究"顺利获得立项。《明代词学通论》就是该课题的终期成果，2011 年经全国社科规划办鉴定为"优秀"等级，嗣后又根据专家意见作了适当修改。

一、研究的目的和意义

　　明代词学上承宋元，下启清代，是中国词学史上不可或缺的重要环节。明人在词谱编纂方面有创始之功，在词集的整理校刊方面作出了重要成绩，在词学理论与批评方面亦形成了新的话语方式与鲜明的时代特点。对明代词学进行全面系统深入的研究，无论是对明代词学自身还是对整个中国词学史，都是十分必要的。然而由于长期形成的学术偏见，清代以来三四百年间，词学界普遍鄙薄明代词学，以为无可研究而不去关注，结果使得明代词学成为千年词学史上的一个盲区。很多词学界以为是常识层面的道理，实际却是似是而非或以讹传讹，只要逼近考察，就会发现很多教科书或工具书上

---

　　* 张仲谋，徐州工程学院教授，苏州大学博士生导师。

所说的都靠不住。由于对明代词学缺乏研究，当词学界试图建构中国词学史或中国词学批评史时，明代词学就成了一个非常明显的薄弱环节，这个所谓的薄弱环节实际上不是因为明代词学之中衰，而是明代词学研究薄弱的必然表现。另外，明代词学研究的滞后，事实上也影响或制约着清代词学的研究。从词谱、词论、词选三个分支学科来看，清人词谱的成功是在明人长期探索基础上的集成与优化，而词论、词选则更多出于对明代思路做法的反拨（钱锺书先生《谈艺录》称之为"反向模仿"）。无论是继承还是反拨，都是以明代尤其是晚明词学为基础的。离开了这个发展的逻辑前提，就无法揭示清代词学复兴的来龙去脉。所以明代词学研究亟待加强，中国词学史缺少的环节亟待充实，清代词学研究也期待着一个坚实的基础，这就是明代词学研究的目的与意义之所在。

二、成果的主要内容和重要观点

《明代词学通论》为作者主持完成的国家社科基金项目"明代词学研究"（05BZW022）的终期成果，全书40余万字。根据词学的传统构成方式和明代词学的具体情况，本课题主要围绕词谱、词论、词选三个专题展开。全书也据此分为上、中、下三卷。

上卷《明代词谱研究》对明代词谱作了较为全面的清理与研究。过去提及明代词谱，一般只提到张綖《诗馀图谱》和程明善《啸馀谱》两种，而且以讹传讹之处甚多。本成果对明人编纂或改编的10种词谱作了具体考证研究。其顺序依次为：周瑛《词学筌蹄》，成书于弘治七年（1494）；张綖《诗馀图谱》，初刻于嘉靖十五年（1536）；徐师曾《文体明辨·词体明辨》，成书于隆庆四年（1570）；谢天瑞《新镌补遗诗馀图谱》，初刻于万历二十七年（1599）；游元泾《增正诗馀图谱》，初刻于万历二十九年（1601）；沈璟《古今词谱》，成书于万历年间（沈氏去世于万历三十八年）；金銮校订本《诗馀图谱》，具体刊刻时间不详；程明善《啸馀谱·诗馀谱》，刻于万历四十七年（1619）；王象晋重刻本《诗馀图谱》，刻于崇祯八年（1635）；万惟檀改编本《诗馀图谱》，刻于崇祯十一年（1638）。以上10种词谱，除了沈璟《古今词谱》二十卷入清之后散佚外，其余均有传本。

因为彻底理清了源流嬗变关系，所以得出一系列新的结论：

（1）现存最早的词谱，不像一般教科书或工具书所说的那样，是张綖编撰的《诗馀图谱》，而是周瑛的《词学筌蹄》。该书共收 177 调，例词 353 首，其谱以圆形表平声，以方形表仄声，有断句，有分片，可以说已基本具备了词谱的体例与功能。因为已知张綖《诗馀图谱》初刻于嘉靖十五年丙申（1536），那么从周瑛作《词学筌蹄》的弘治七年（1494）算起，《词学筌蹄》比《诗馀图谱》早了 40 余年。从《词学筌蹄》所选词人、词作、词调情况来看，周瑛编撰此书的取材范围，就是当时流行而易得的《草堂诗馀》，故其词调编排率意，同一词调下选词多少与体式无关，常用词调漏列甚多，而僻调如《春霁》、《秋霁》却往往入选，均带有据词选改编词谱的转换痕迹。

（2）词分小令、中调、长调，过去一直认为是始于嘉靖二十九年（1550）刊刻的顾从敬《类编草堂诗馀》，从清初的朱彝尊，到乾隆时期的四库馆臣，一直到现代词学大家吴梅与宛敏灏先生，300 余年来因众口一词而似约定俗成。研究者寻访多年，得见台湾"国立图书馆"收藏的嘉靖十五年（1536）刊行的张綖《诗馀图谱》，因此断定小令、中调、长调的三分之法实始于张綖而非顾从敬。《诗馀图谱》原刊本三卷，卷一收小令 65 调，卷二收中调 49 调，卷三收长调 36 调，全书共收 150 调，例词 223 首。因为明词选本多有以选代谱、谱选合一的功能定位，所以词选与词谱间的同步互动是很自然的。

（3）关于婉约与豪放二体正变之说，并非如有些学者所说仅见于游元泾校刊的《增正诗馀图谱》，而是首见于嘉靖十五年张綖在世时初刻本《诗馀图谱》。此后在万历二十七年谢天瑞《新镌补遗诗馀图谱》、金銮校订本《诗馀图谱》，乃至崇祯十一年万惟檀改编本《诗馀图谱》的卷首，也都有此《凡例》，只是文字有不同程度的改动而已。

（4）清人在词谱编制方面颇为自矜，对张綖《诗馀图谱》的成就往往估计过低。本成果对张綖《诗馀图谱》所选 223 首例词与《康熙词谱》作了比对分析，发现其中被《康熙词谱》用为正体例词者 57 首，用为"又一体"例词者 55 首，合计 112 首，占所选例词的 50％以上。由此可见张綖所选各个词调的例词，多半已成为后代词学家公认的词律"标本"。另外，《诗馀图谱》于某一词调下选录例词超过两首者，每首词即代表一种不同的体式。由此可见张綖对"同调异体"或"一调多体"已有充分的认识，而在分调基础上甄别异体，正是词谱编纂史上由粗放走向精细的重要标志。

（5）王象晋是清初大诗人王士禛的祖父，他于崇祯八年校刊重刻的《诗馀图谱》，因毛晋收入《词苑英华》而成为通行本。此本不仅删去了蒋芝原序和张綖的自序，而且删去了一般工具书不可或缺的《凡例》。此本唯一增做的工作是在某些调名下增加附注，然而由于编者于词学是门外汉，几乎一改动就出错。如《醉红妆》调下加注"一名双雁儿"，《杏花天》调下加注"一名于中好"，《粉蝶儿》调下加注"一名惜奴娇"。如此之类，皆似是而非。由于《诗馀图谱》的嘉靖本流传较少，自清初以至当代词学家往往把王象晋重刻本所犯错误算在张綖头上。如邹祗谟《远志斋词衷》即云："今人作诗馀，多据张南湖《诗馀图谱》及程明善《啸馀谱》二书。南湖谱平仄差核，而用黑白及半黑半白圈以分别之，不无鱼豕之讹。且载调太略，如《粉蝶儿》与《惜奴娇》，本系两体，但字数稍同及起句相似，遂讹为一体，恐亦未安。"邹祗谟生当明季，已是在郢书燕说，把王象晋"重刻本"当成张綖原著来批判了，他不知道这些"蛇足"式的附注仅见于王象晋"重刻本"，此前的"嘉靖本"乃至谢天瑞"补遗本"、游元泾"增正本"均无此注，故以此责《诗馀图谱》，南湖不受也。

（6）日本汉学家神田喜一郎在其所著《日本填词史话》中对日本古籍《宝历书籍目录》中著录的"诗馀图谱，关中金銮，三册"极表关注，并认为这是著名散曲家金銮编著的一部词谱，故对此书的失传深表遗憾。本书作者经过寻访，乃知标明"关中金銮校订"的《诗馀图谱》三册仍存于天壤之间（现藏于北京国家图书馆）。经过比勘考证，可知此书亦不过是张綖所著《诗馀图谱》的另一版本，而署名金銮则可能出于书坊之依托。

（7）晚明戏曲家沈璟不仅编著了在曲坛广有影响的《南九宫十三调曲谱》，还编著了颇具规模与特色的《古今词谱》二十卷，该书抄本入清后传于词学家徐釚之手，另一位词学家朱彝尊曾经借阅过（《曝书亭集》卷四十三有《书沈氏〈古今词谱〉后》一文）。《古今词谱》的成就与价值主要表现在两个方面：其一，该谱可能是词学史上唯一按宫调编排的词谱，沈璟把所收录的词调按黄钟宫、正宫、大石调、小石调等十九宫调分为十九卷，把宫调未详者270余调编为第二十卷。按宫调编排不仅是一种单纯的体例问题，更显示了沈璟良好的音乐素养以及他在恢复词的音乐属性方面的努力。其二，从该谱分卷的相关描述亦可以推断，《古今词谱》也可能是万树《词律》与康熙敕编《词谱》之前最具规模的一部词谱。

（8）在明末清初风行数十年的程明善《啸馀谱》，实际是一部剽掠汇编之书，其中《北曲谱》取自朱权《太和正音谱》，《南曲谱》取自沈璟《南九宫十三调曲谱》，《诗馀谱》则取自徐师曾《文体明辨》。《文体明辨》是一部大型的文体学著作，成书于隆庆四年（1570）。其中"诗馀"一体含词谱与例词长达9卷，共收录词调332调，据不同体式分为424体，按"歌行题"、"令字题"等分为25类。这实际可以看作一部相对独立的词谱著作，沈雄《古今词话》即径称为《词体明辨》。但沈雄一直认为是他的同乡前辈徐师曾抄袭《啸馀谱》，而事实上当万历四十七年《啸馀谱》刊行时，《文体明辨》成书已有近半个世纪了。

中卷"明代词论研究"对明代的词话及其他各类论词文字作了较为全面的梳理与阐述。明代词论主要有四种文献形态。其一为传统的词话著作，即唐圭璋先生《词话丛编》中所收明人词话四种；其二是从明人诗话、曲话、笔记、别集等文献中辑录出来的散见词话；其三为词集序跋；其四为词集评点。本卷除对以上内容作了系统论述之外，还对《全明词》、《全明词补编》中的词作序跋、附注中的词学资料以及论词之词作了考察阐释。其主要贡献表现在以下方面。

（1）对明代词学资料作了全面系统的搜集整理。过去人们论述明代词学，往往仅以《词话丛编》所收明词话四种为取资范围，事实上这只是明代词学资料中很小的一部分。作者于2001年至2003年主持完成了全国高校古委会的古籍整理项目"明代词学资料汇编"，在明代散见词话与词集序跋的辑录与考辨方面取得较大成绩。从明人各种著述中辑录出来的散见词话，经过删汰后犹存200余则。另辑录明代词集序跋250余篇，如从台北"国立图书馆"所藏嘉靖十五年刊本《诗馀图谱》中辑出的张綖《诗馀图谱自序》，从《增正诗馀图谱》卷首辑出的游元泾《诗馀图谱序引》，从卓人月《蟾台集》卷二辑出的《古今诗馀选序》和《徐卓晤歌序》，从贺裳《蜕疣集》（不分卷）中辑出的《词榷序》等，都是词学界过去未曾提到的重要文献。另外还有从《全明词》和《全明词补编》中辑出的词作序跋60余篇，亦具有重要的词学价值。

（2）在明代词学资料的考证辨伪方面取得重要突破。第一，杨慎《词品》六卷在明代词话中历来颇受推崇，实际书中存在严重的抄袭现象。《词品》中除直接说明引自其他著作中的文字近 50 则之外，又从胡仔《苕溪渔隐丛话》、周密《武林旧事》、吴师道《吴礼部诗话》、田汝成《西湖游览志余》等书中大量抄录而未注出处。如卷四关于稼轩词的那一段著名论述，历来被作为杨慎手眼超卓的证据，其实那一段 600 余字全出于南宋陈模的笔记《怀古录》卷中。又其抄袭他书或片段截取，或变换语序，或拼接文献，或取其观点而增演词例，总之有意泯去痕迹，讳所自来，这就不是谪居云南、手边乏书、记忆或误所可解释的了。一旦把那些有思想、有见解的文字著作全剥离，《词品》的学术价值就大打折扣了。第二，对俞彦《爱园词话》作了辑佚与辨伪工作。《倚声初集》卷首于《爱园词话》称"选十四则"，显非全本。《明代词学通论》所辑《爱园词话》佚文 5 则皆出于邹祗谟《远志斋词衷》，冯金伯《词苑萃编》引"俞少卿"语 8 则，其中有 6 则为误引《词衷》。综合判断，当初见到《爱园词话》全本者只有《倚声初集》编者邹祗谟。第三，《历代词话》中所收高棅《词评》，实际是在王世贞《弇州山人词评》基础上割裂拼凑的一部伪书。第四，关于明代词集序跋的文献问题，考证朱日藩《南湖诗馀序》实为《南湖诗集序》，《评点草堂诗馀》卷首的杨慎《草堂诗馀序》实出于伪托，费寀名下的《玉堂馀兴引》实为薛应旂代作，《古今词统》卷首所收王世贞《词评序》实为《弇州山人词评》首条而非序，茅一相《题词评曲藻后》非仅为《曲藻》跋，而是为《词评》、《曲藻》二书所写。

（3）在发掘明代词论中新的理论萌芽方面多有创获。明代谈词者多为一般文人而非词学专家，他们没有振兴词学的宏大志向，也没有自觉担承的"尊体"使命，偶尔谈词，往往带有即兴发挥或偶然插话的意味。缺点是没有太强的理论色彩，优点则是在畅所欲言时每有谈言微中之处。如李蓘《花草粹编序》由词之一体的兴替，推演各种艺术形式的代兴规律；顾梧芳《尊前集引》论词史发展，明确提出"其失在于宣和以还"，以重北轻南的基本态度成为后来南北两宋词优劣之争的嚆矢；茅一相《题〈词评〉〈曲藻〉后》和钱允治《类编笺释国朝诗馀序》，把"一代有一代之文学"的理论命题表述得更加充分，显见焦循《易馀籥录》和王国维《宋元戏曲史序》的类似说法乃因袭而非原创；许学夷《诗源辨体》通过对韩翃、李贺、李商隐、温庭筠、韩偓等人七古诗风的考察，系统描述了中晚唐七言古诗"诗馀之渐"的发展轨迹；张慎言《万子馨填词序》所谓"词之至佳者，入曲则甚韵，而入诗则伤格"，准确揭示出诗、词、曲三体的艺术个性与微妙关系；沈际飞《草堂诗馀四集序》谓词"以参差不齐之句，写郁勃难状之情，则尤至也"，率先揭示了长短句之词独特的文体功能，后来朱彝尊、查礼乃至王国维等虽各有妙语而总在其后。

（4）对明代的词集评点作了系统研究，注重突破其浅俗率易的表象，抉发明代词学批评特有的话语方式、审美追求与批评模式，初步揭示明代词学的价值与特色。明代评点词集共有 20 余种，其中较有价值的是沈际飞《古香岑草堂诗馀四集》和卓人月、徐士俊《古今词统》。从话语方式来看，如俊、韵、娇、媚等常用字眼，以及清言小品式的话语风格，既体现了晚明文化的特点，在探索"明体词"面目方面亦有索隐标志功能。晚明人常用的以曲释词或词曲互证方法，更是明代词学批评的一大创造。他们优游于词曲二体之间，或作溯源式批评，即探讨词与曲之间的递嬗之迹；或作印证式批评，即以曲中情境来阐释词之意蕴，既有利于把握原词幽隐深微的内涵，也有利于在词曲比较中开拓思维与欣赏的空间。

下卷"明代词选研究"对明代词选作了宏观考察与个案研究。主要开拓创新之处表现在以下几个方面。

（1）对明代词选作了全面梳理与系统研究。对《草堂诗馀》选本系列30 余种之外的 18 种明人词选作了系统清理，对明人曾经编集而后来散佚的词选如陈霆《草堂遗音》、杨仪《古今词钞》、刘凤《词选》、贺裳《词旆》、《词榷》等作了复原性考证，对近 20 种明人评点词集作了清理勾勒，对含词选、词谱在内的 70 余种明刊词集编制了刊刻年代简表，初步建构了明代选词学的知识谱系。

（2）从词选的功能入手揭示了明代词选的编排特点及其成因。龙榆生先生的《选词标准论》应是现代词选研究的经典之作，当下从事词选研究的人差不多都要提到它，尤其会引用其开宗明义的一段话："选词之目的有四：一曰便歌，二曰传人，三曰开宗，四曰尊体；前二者依他，后二者为我。操选政者，于斯四事，必有所居。"然而以此四事去考量明代词选，苦不相合。

盖“便歌”云云，只可施于词乐流行的唐宋时期。词至明代，早不可歌，所可歌者，唯南北曲及《劈破玉》、《打枣杆》等时调耳。“开宗”、“尊体”云云，又只可施于清人，如朱彝尊《词综》、张惠言《词选》等，在开宗立派、推尊词体方面都是典型的例子。明人词选的编选动机，既不同于唐宋时期的“便歌”与“传人”，更不同于清人的“开宗”与“尊体”，其主要功能是在词乐失传的背景下，为词学爱好者提供揣摩仿效的范本，所以在宋代或清代常见的分人编排体例废弃不用，而兼具词谱功能的选本则广为流传。

（3）在全面梳理的基础上，从不同切入点选取《花草粹编》、明人选明词二种（钱允治《国朝诗馀》、沈际飞《草堂诗馀新集》）、《古今词统》和《古今诗馀醉》进行重点研究。关于陈耀文《花草粹编》，重点分析其文献价值与选本功能的背离，证明一部搜奇辑佚、文献价值甚高的词集，未必是一部功能定位适当的词选。关于“明人选明词二种”，重点考察明人对当代词的自我体认。关于《古今词统》，重点分析其超越时代或风格之局限，试图建构词学统序的宏大构思。关于《古今诗馀醉》，则重点指出其在选词与评点方面因袭其他选本的缺失，同时亦指出其保存明季佚词的文献价值。

（4）通过对晚明时期几部重要词选的归纳分析，指出晚明词选的价值与特点在于集成与通识，具体来说表现在三个方面，即打通宋词与明词的阻隔，合古、今为一体；打通词选学与词谱学的畛域，合谱、选为一体；打通正宗与别调的界限，合婉约、豪放为一体。晚明词选不仅代表着明代词选的最高水平，对清代顺康时期几部大型词选的编纂亦有重要影响。

（5）因为始终注意把分析论述建立在扎实的文献基础上，所以在明代词选及相关问题的考证方面也有不少新的发现。第一，晚明时期书坊编刊的词选，往往以名人评点为招徕手段，而这其中所涉及的李攀龙、杨慎、唐顺之、李廷机、董其昌、陈继儒、钟惺、袁宏道等人，大都出于依托。第二，《草堂诗馀续集》编者“毗陵长湖外史”，自晚明以来屡见称引而不明其谁何，今可考知其为武进人徐常吉，字士彰，号徽弦，别署毗陵长湖外史。第三，沈际飞《古香岑草堂诗馀四集》的初刻时间旧无定说，今据相关资料考定当在崇祯元年（1628）前后。依据之一是卷首秦士奇序。秦士奇于天启五（1625）年至天启七年（1627）任昆山知县，其序末署“东鲁尼山樵秦士奇书于玉峰署中”，“玉峰”即为昆山之代称，可知秦士奇当时正在昆山知县任上。依据之二是沈际飞于《草堂诗馀新集》卷一顾仲从《望江南》词后评点语有"不胜人琴之感"语，而顾同应（字仲从）病逝于天启六年（1626），可知其书成于天启六年之后不久。根据这两点信息，可以基本判定《诗馀四集》初刻于崇祯元年（1628）前后。第四，明季重要词人顾同应的发现。潘游龙编选的《古今诗馀醉》，作为选本或不足观，但在保存明季佚词方面却有重要的文献价值。如其中收有王微（草衣道人）词共35首，其中23首为佚词。收张杞（迁公）词6首，其中2首见于《全明词》，另有4首为佚词。尤其是顾炎武的生父顾同应，因为中年病逝，别集无传，其词仅于明季以来词选中零星见之。《全明词》据诸家选本去其重复，共录其词7首。而目录及正文中其名写作"顾众"，书后"作者音序索引"又匪夷所思地误其名作"顾朏"，遂使得一般读者根本就不知道《全明词》中有顾同应其人。今检《古今诗馀醉》，共得顾同应词15首。其词清隽秀逸，在晚明词人中堪称名家。第五，贺裳《词筄》、《词榷》二书皆是词选而非词话，而且皆成书于明清易代之前。据明季鸯浆阁刊本《蜕疣集》辑出的《词榷序》，可以推知贺裳词选《词筄》、《词榷》与词话《词筌》三书皆成于入清之前。《词筄》、《词榷》二书未见流传，论者往往归入"清人词话"，其实二书既非词话，贺裳当时亦未由明入清。据《词榷序》可知，《词筄》为通代词选，是推本王世贞的词学主张，"删辑今古，汇为一编，谓之《词筄》，务求香弱"。然后又参用杨慎的主张，"虽尚秾纤，兼存骏爽"，"崇蒐一代之精英"，"别辑一编，谓之《词榷》"。对二书的词选性质介绍得很清楚。第六，董逢元《唐词纪》十六卷，共收录唐五代词人100家（不含其中阑入的隋炀帝），词作948首，按景色、吊古、感慨、宫掖等分类编排，每类各为一卷。此书过去一直被视作词选，所以有的研究者习惯性地采用选本的统计法，统计选词较多的前数家以觇编者的论词祈向。实际上该书不是"选本"，而是在清人所编《全唐诗》附词十二卷之前，最早尝试编集的"全唐五代词"。

三、成果的学术创新和社会影响

1. 学术创新

（1）关于明代词学资料的搜集整理，拓宽了明代词学研究的视野，充实了明代词学的内涵，改变了过去仅凭《词话丛编》所收四种词话来谈论明代词学的状况，形成了格局既定、从容拾补的局面。关于明代词学文献的系列考证，澄清了词学史上长期流传的误说或偏见，为进一步的研究提供了扎实的文献基础。

（2）通过对明代词谱、词话与词选三个分支课题的系统研究，获得了一系列新观点与新发现，使明代词学研究水平得到较大幅度的提升，明代词学的框架体系基本形成，初步扭转了词学史上明代词学研究特别薄弱的局面，基本确立了明代词学在词学史上不可或缺的历史地位。

（3）从研究的立场与方法来说，本研究力主一代有一代之词学，一代有一代之话语方式与表现形式，反对基于宋代或清代词学而形成的思维定式，从而不仅肯定了明人在词谱创设与词集编刊方面的成绩，亦使明代词论与词学批评的个性特色得到认可。这对于今后的明代词学研究亦具有方法论意义。

2. 社会影响

本成果为国家社科基金项目"明代词学研究"（05BZW022）的终期成果，在研究过程中先后在《文学遗产》、《文献》、《中华文史论丛》、《中国诗学》、《中国文化研究》、《国学研究》、《词学》、《江海学刊》、《古籍整理研究学刊》等国家权威或核心期刊发表论文 26 篇，其中《张綖〈诗馀图谱〉研究》获江苏省高校哲学社会科学优秀成果二等奖。据"中国知网"（CNKI）和"中文社会科学引文索引"（CSSCI）诸家数据库检索，其中为人大复印报刊资料《中国古代、近代文学研究》全文转载 6 篇。2011 年 7 月，《明代词学通论》在全国社科规划办组织的结题鉴定中获"优秀"等级（编号 20110713）；2012 年 9 月，《明代词学通论》经专家评审入选 2012 年《国家哲学社会科学成果文库》（批准号为 12KZW006）。中国词学研究会会长、著名词学家王兆鹏教授为本成果作序，称此书在辑佚、辨伪、正误、释疑、考源、指瑕等方面有所贡献，并把本书作者与前辈学者赵尊岳并称为 20 世纪以来明词研究的两位"拓荒探路者"。

《〈乌布西奔妈妈〉研究》概要

郭淑云*

一、研究的目的、意义及所使用的研究方法

1. 研究的目的和意义

随着 20 世纪西方文艺理论的传入，"史诗"（epic）一词传入我国，史诗研究也逐渐成为民族文学研究中的一个新兴学科，取得了丰硕的成果。我国是一个史诗蕴藏量极为丰富的国家，有各类史诗 300 余部，它们分布于我国的少数民族地区。

《乌布西奔①妈妈》是流传于满族先世东海女真人中的一部古老的英雄史诗，叙事形式为散韵结合，可诵可唱，全诗 6 000 余行，规模宏伟。金元以来，作品产生并世代流传于乌苏里江以东锡霍特山区（Sichote-Alin）的东海女真人及其后裔中，这里自古以来即是满族先世肃慎系先民生息繁衍的祖居地。东海女真人虽经数度王朝更迭和社会历史变迁，却始终保持着讲唱《乌布西奔妈妈》的传统。1860 年《中俄北京条约》签订后，随着包括锡霍特山区在内的乌苏里江以东大片国土被沙俄鲸吞，东海女真后裔陆续内迁至绥芬河、东宁、珲春等地，作品遂开始在内陆传播。史诗不仅曾经影响着其流传地区满族及其先民的精神世界，震撼和陶冶着他们的心灵，而且至今仍具有独特的艺术魅力，放射着璀璨的光芒。

本成果首次对《乌布西奔妈妈》进行系统研究，其研究目的和意义主要

＊　郭淑云，大连民族学院教授，博士生导师。

① 乌布西奔：满语意为"最聪明、最有本领的人"。

有以下几个方面：

（1）《乌布西奔妈妈》是满族一部典型的英雄史诗，具有重要的史诗学价值。在我国东起乌苏里江、北达黑龙江、西至天山、南抵青藏高原的广袤地域，英雄史诗特别发达，蕴藏量极为丰富，形成了一条包括我国东北、西北以及青藏高原在内的中国北方英雄史诗带。我国绝大多数英雄史诗，均分布于这一史诗带。然而长期以来，在这一史诗带中，满族及其先世的史诗作品始终处于空白状态，成为北方英雄史诗带的一个缺环。

本项研究不仅弥补了我国北方史诗的这一缺环，对于认识我国北方民族史诗生成、演变的轨迹和规律，具有重要的意义，而且研究《乌布西奔妈妈》传承、内容方面的古老性和鲜明的特色，对于丰富我国史诗学理论，揭示史诗与民族文化的关系，都具有深远的意义和独特的学术价值。同时，本研究提出并回答了诸如史诗与宗教、史诗与神话、史诗的神圣性等问题，对我国史诗学研究和史诗理论的建设提供了难得的资料，具有重要的借鉴意义。

（2）《乌布西奔妈妈》作为满族口头非物质文化遗产，积淀着满族先民东海女真人的伦理道德观念、价值观念、审美理想，以生动的形象、感人的情节记录了东海女真人在荒寒漠北开拓北疆、顽强生存、创造文明、不断发展的艰难历程，表现了他们独特的精神风貌。对其的抢救和传承还将有助于保存人类文化的多样性，从而对于保存人类非物质文化遗产的宝库，特别是对于满族先民文化史的挖掘、整理与建设作出独特而重要的贡献。

（3）《乌布西奔妈妈》的产生、传承和内容均具东北亚地缘特色。创作并传承史诗的东海女真人世居乌苏里江以东、日本海西海岸的滨海地带（今俄罗斯远东滨海边疆区）。史诗的洞穴遗址是俄罗斯境内中国东北古代先民的文化遗存之一，颇具史学、岩画学、民俗学、民间文学等多学科价值，故深受俄国和西方学术界的重视。《乌布西奔妈妈》文本的公布，必将有助于推动东北亚民族学、民间文学等学科国际交流与合作的深入开展。

此外，史诗中有关五次航海的记载及对沿海岛屿自然地理、物产、风土人情及与异民族交往的记述，反映了东海女真人对日本海海上航行的不断探索和对航海路线、海流的认识，以及环日本海诸民族海上交往的历史影迹，对于深入考察环日本海民族海上交往的历史和早期东北亚民族史也有一定的参考价值。同时，提出了一些具有国际区域合作意义的新课题。

（4）《乌布西奔妈妈》体现了东海女真先民的价值观念和精神心理，本项研究阐述了史诗在传承民族文化、弘扬民族精神、塑造民族精神心理方面的作用，这对于建设社会主义精神文明具有积极的理论意义和现实意义。

（5）《乌布西奔妈妈》具有多学科的研究价值。

①《乌布西奔妈妈》以特殊的形式展现了东海女真人的历史与社会生活，具有史学价值。作品宛若一部东海女真先民的历史长卷，展示了东海女真乌布逊①部落兴衰荣辱的历史和社会生活画卷，保留了诸多历史信息，具有独特的历史学价值。

②《乌布西奔妈妈》蕴含着丰富的萨满文化成分，具有宗教学价值。与其他民族的英雄史诗相比，《乌布西奔妈妈》保留的萨满文化更纯净、更古朴，也更具原生形态之特征。《乌布西奔妈妈》在传承的过程中，基本未受外来文化和外来宗教的影响，从而在相当程度上保持了历史原貌，形成宗教文化单一而非多元的特点。

③《乌布西奔妈妈》保留了古老的创世神话内容，具有神话学价值。与我国阿尔泰语系其他民族的英雄史诗相比，《乌布西奔妈妈》具有较为突出的神话色彩。在史诗的叙事中，穿插着绚丽生动的神话，其中创世神话尤为突出。诸如开天造地、东海的形成以及东海地域诸生物生成、诸部争雄局面的形成等创世神话和乌鸦神话、天落宝石神话等，在史诗中都有形象且符合逻辑的解说，生动感人，富有特色。

④《乌布西奔妈妈》广泛吸收了丰富多彩的民间艺术形式，如长调、诗歌、谚语、传说、舞蹈等。东海女真人古老的诵唱格律和形式，如头歌、长歌、尾歌，生动形象的比兴和绘声绘色的模拟音等艺术表现形式，在史诗中都得到绝妙的运用，使史诗表现形式鲜活、多样，富有动感，充满活力，充分体现了其悠久的历史文化渊源和顽强的生命力，具有独特的民间文艺学价值。

⑤《乌布西奔妈妈》最初是以符号和图画文字的形式记录的，文本中也包含一些符号内容。这种记录形式和符号本身为研究原始记事法、文字的起

---

①　乌布逊：《乌布西奔妈妈》中的主体部落名称，与"乌布林"为同一部落，因女真语音变化所致。

源、岩画的产生及原始思维提供了难得的资料，具有珍贵的符号学价值。

⑥《乌布西奔妈妈》犹如由一幅幅画卷构成的一组东海风俗画，再现了东海女真人的风土人情和生活习俗，表现出鲜明的地域特征。尤为难得的是，作品记述了东海女真不同部落的特殊习俗，如黄獐子部落的尚狗习俗、莲花岛尚舞习俗等，具有不可替代的民俗研究价值。

总之，《乌布西奔妈妈》堪称满族先世东海女真人民间文化的瑰宝。对《乌布西奔妈妈》的解读和研究，开拓了我国史诗学、萨满教学、民间文艺学、民俗学、东北亚民族关系史等学科的新领域。

2. 主要方法

本成果着力于对《乌布西奔妈妈》文本进行系统解读。鉴于《乌布西奔妈妈》具有多学科的价值，本研究试运用跨学科研究法，注重史诗学、历史学、文学、宗教学、民间文艺学等多学科交叉视野的关照，力求以多元视角透视研究对象，对《乌布西奔妈妈》作一全息解读。同时，综合运用文化人类学的研究方法，力图将《乌布西奔妈妈》置于满族先世东海女真人的历史文化语境中加以阐释，又据《乌布西奔妈妈》文本揭示东海女真人的历史与文化，历史文化与文本互为阐释、互为揭示，从而形成本项研究的特色。

二、成果的主要内容和重要观点

1. 主要内容

《〈乌布西奔妈妈〉研究》包括绪论和九章共十部分，计26万字。

绪论概括论述了《乌布西奔妈妈》的性质、文本形式、传承特点、作品体现的核心价值观和主要内容，揭示了作品所具有的史诗学、历史学、宗教学、神话学、艺术学、民俗学、符号学等多学科价值。

第一章"《乌布西奔妈妈》的史诗性及其特点"，系统地梳理了国内外学术界关于史诗界定的基本学术观点，考察了英雄史诗的基本要素。在此基础上，阐述了《乌布西奔妈妈》的史诗性，认为《乌布西奔妈妈》具备了史诗应有的基本特征，是产生、流传于满族先世的一支东海女真人的一部英雄史诗。在比较研究的视野下，指明了《乌布西奔妈妈》的六个特点及其在世界史诗园林中独树一帜的地位。

第二章"《乌布西奔妈妈》的传承、采录、整理与研究"，考察了《乌布西奔妈妈》的产生、传承及其演变轨迹，记录了该作品采录及文本化的过程，并对近年来的相关研究成果进行综述。

第三章"《乌布西奔妈妈》与东海女真人的历史文化渊源"，论述了史诗与历史的关系，《乌布西奔妈妈》与东海女真人的历史文化渊源，《乌布西奔妈妈》的族属、产生的社会历史背景及时代。

第四章"《乌布西奔妈妈》与部落社会"，在梳理《乌布西奔妈妈》中东海女真部落构成的基础上，阐明了文化多样性在东海诸部落政治、经济等方面的体现，揭示了东海地区部落社会构成的特点，阐述了从部落到部落联盟的发展轨迹，考察了九部联盟的性质，认为《乌布西奔妈妈》中的部落联盟模式，已突破了血缘的畛域，是一个以地缘和利益关系为纽带的部落联盟和军事联盟。这是随着经济的发展、各部落之间联系的加强，地缘关系逐渐增强的结果，也是适应部落纷争的历史条件而出现的。在此基础上，对《乌布西奔妈妈》中反映的部落战争和部落制度做了系统的研究，揭示了部落战争和部落制度的主要特点。

第五章"《乌布西奔妈妈》"和第六章"《乌布西奔妈妈》与萨满教"，从宗教学的视角审视《乌布西奔妈妈》，探讨了其中蕴含的丰富的萨满文化内涵，揭示了萨满文化与史诗的关系。《乌布西奔妈妈》作为一部古老的史诗和萨满传承的载体，具有突出的萨满文化色彩。可以说，萨满教的思想观念和萨满文化贯穿史诗的始终，这是《乌布西奔妈妈》区别于其他英雄史诗的突出特点。本成果通过对《乌布西奔妈妈》中反映的丰富的萨满文化内涵的考察，揭示了萨满文化对该史诗的全方位、深层次的影响和史诗中所体现的萨满文化特色及其成因。并在此基础上探讨了史诗与宗教文化的关系。《乌布西奔妈妈》作为一部古老的史诗，积淀了东海女真人诸多原始萨满教的内涵，包括萨满教古代祭祀仪式、天穹观、萨满教神话、萨满出神术及致幻药物的使用，为研究古老的萨满教观念和仪式提供了弥足珍贵的资料。同时，贯穿史诗的萨满教思想观念，也使史诗作品获得了灵魂。

第七章"《乌布西奔妈妈》与渔猎文化"，考察了史诗反映的生态环境，阐述了《乌布西奔妈妈》的渔猎文化特征。这种突出的渔猎文化特征，使其与阿尔泰语系的其他民族英雄史诗所体现的草原文化特色形成鲜明的对比，彰显出它的古老性和原始性。这种史诗风貌的形成是与特定的生态环境以及由此决定的生产生活方式和人文环境密切相关的。依山傍海的生态环境及渔猎经济文化是其赖以产生的土壤，也决定、影响了作品的内容，反过来，《乌布西奔妈妈》又反映了特定时期的经济文化形态。这方面的考察有助于我们对《乌布西奔妈妈》产生环境的认识。

第八章"《乌布西奔妈妈》与航海活动"。《乌布西奔妈妈》反映的东海女真人五次海上航行，开拓日本海海路的航海壮举，记录了满族先民航海活动的主要成就。本章考察了东海女真人的航海路线及主要成就，揭示了先世东海女真人航海的宗教动因。

第九章"《乌布西奔妈妈》的文学解读"，从史诗学和民间文艺学的视角解读《乌布西奔妈妈》，探讨了作品的人物形象，分析了它的文学特色，考察了史诗的结构特征，从而揭示了作品独特的艺术特色。

2. 重要观点

（1）《乌布西奔妈妈》以集部落酋长、大萨满、军事首领为一身的乌布西奔一生的经历为主线，展现了东海女真人的社会生活、宗教信仰、风土人情、原始文化等，堪称东海女真人的一部百科全书，具有多学科的研究价值。

（2）《乌布西奔妈妈》是流传于满族先世东海女真人中的一部古老的英雄史诗。作品记述了主人公乌布逊部女萨满乌布西奔一生的丰功伟绩及其统一东海女真各部、开拓东海海疆的伟大事业。史诗气势磅礴，内容雄浑，情节传奇而感人，语言形象生动，独具艺术特色。

《乌布西奔妈妈》是一部典型的萨满史诗。作品以萨满传承方式、主人公乌布西奔萨满兼酋长的特殊身份，以及作品反映的丰富的萨满文化内涵、体现的鲜明的萨满文化特色，诠释了"祭坛即文坛"，萨满巫师即人类原始文化的创造者和传承者的论断，彰显了古老英雄史诗的宗教性和独特的认识价值。

《乌布西奔妈妈》是一部特色鲜明的渔猎民族的优秀史诗。作品以东海女真人对其赖以生存的自然生态环境的深厚情感和独特认知，绘就了一幅生机盎然的渔猎生活画卷，表现了渔猎民族对自然的感悟与认识，以及敬畏自然、与自然和谐共生的理念。史诗与东海女真人的渔猎生活水乳交融，密不可分，散发着浓郁的渔猎文化气息。

（3）与其他英雄史诗相比，《乌布西奔妈妈》具有鲜明的特点：

《乌布西奔妈妈》保留了较多古老英雄史诗的特点，主要表现在主人公女萨满兼女酋长身份独特、创世神话绚丽多彩、原始文化内涵丰富，使其具有与典型英雄史诗不同的特质，成为英雄史诗中最具古老特质的史诗之一。

《乌布西奔妈妈》具有鲜明的渔猎文化特色。《乌布西奔妈妈》反映了典型的渔猎文化形态，具有鲜明的渔猎生态文化特色。整个作品宛如一幅画卷，描绘了古代东海区域的自然生态景观，生动形象地再现了渔猎民族生产生活的画面。这种纯然的渔猎风情在世界各民族英雄史诗中实不多见。它不仅使《乌布西奔妈妈》以一种独特的精神风貌呈现在世人面前，也使之成为满—通古斯民族英雄史诗的典型代表，体现了它们的共性特征。

《乌布西奔妈妈》的主人公及众女英雄的形象表现了集体英雄主义的精神品质，这是作品的核心价值观，赋予其深刻的思想内涵，也因此使作品具有了迥异于西方英雄史诗的特质。《乌布西奔妈妈》体现的集体英雄主义精神反映了满族及其先民的价值观念和精神追求，有着深厚的社会基础。渔猎民族的集体意识和集体主义精神是为了适应群体生存发展需要而形成的，与其生存环境和生产生活方式密切相关，与渔猎民族的坚韧性格、尚武精神相结合，构成了集体英雄主义的思想内涵，体现了满族及其先民的心理特质。萨满教作为氏族文化的精神内核，弘扬和体现的恰是这种氏族至上的集体主义精神和生生不息的顽强生存意识，以及以集体的力量抗衡大自然的精神实质，这对于满族先民心理素质、个性品格以及由此决定的民族性的陶冶与铸造具有重要的作用。正是这种独特的文化基质铸就了史诗作品的精髓，使之有别于其他英雄史诗而独具风韵。

《乌布西奔妈妈》体现了浓郁的女性崇拜意识。英雄史诗的主人公大多为男性，高扬男性的阳刚之美和英雄气概。《乌布西奔妈妈》独辟蹊径，不仅成功塑造了女主人公乌布西奔的英雄形象，展现了独特的英雄品质，而且创造了一大批勇敢、智慧、富有创造性和牺牲精神的女性形象群，包括女神群体、女酋长群体和女萨满群体，构建了一个庞大的女性王国。这种浓郁的女性崇拜色调与内涵，不仅使其在英雄史诗的百花园中绽放异彩，而且在世界各民族民间文学作品中，亦实属少见，反映了满族及其先世突出的女性崇拜意识和独特的文化价值。

《乌布西奔妈妈》的产生与传承具有独特的轨迹，并呈现出鲜明的传承特点，即图画符号本与口承文本相结合，萨满讲唱与文人参与整理、传承相接续。这种特殊的传承方式独具特色。

《乌布西奔妈妈》艺术表现形式别具特色。与我国其他少数民族英雄史诗一样，《乌布西奔妈妈》的叙事模式也是顺时结构，但作品在情节结构、故事结局、主人公乌布西奔及其弟子的人生命运等方面，与其他英雄史诗不尽相同，具有鲜明的特色，取得了特殊的艺术效果。

（4）史诗作为一种文学体裁，其表现形式与民族生态环境和历史文化密切相关，以生动优美的语言反映特定时期特定民族的历史发展轨迹。史诗与历史的关联度因作品而异，有的紧密些，有的疏离些，有的则关系不大。有的作品在流传过程中产生了"历史化"的倾向，附加一些历史信息，其实与历史事实无关。因此，史诗不是历史，不应在史诗与历史事实之间建立对应关系，史诗对历史的反映有其特有的方式。此外，史诗作品多非出自一人之手，是人民群众集体创作和传承的。在漫长的历史进程中，史诗文本凝聚着历代讲唱者的集体智慧和创作，打上了不同历史时期的印迹。从这个意义上说，史诗对历史的体现，具有较大的时间跨度。因此，应依据史诗作品的实际情况，进行具体的实事求是的分析。

（5）《乌布西奔妈妈》与萨满教有着密切的关系。《乌布西奔妈妈》是一部典型的萨满教文学，主要表现在《乌布西奔妈妈》系由萨满集体创作并传承下来的，史诗的主人公是一位神技超群的大萨满，史诗所体现的萨满教内涵十分丰富。

（6）《乌布西奔妈妈》虽不似《格萨尔》、《江格尔》和《玛纳斯》等英雄史诗那般对战争的描述着墨颇多、战争的场面波澜壮阔，但部落战争仍不失为《乌布西奔妈妈》的一条主线。由于作品以渔猎时代的东海女真人部落从分立走向统一的历史进程为背景，作品所表现的东海女真人部落战争具有鲜明的特色，即以德降敌、以智克敌、宗教征服，既反映出英雄史诗描写战争题材的一般性问题，又体现了东海女真人独特的地域文化和萨满文化特质。

（7）乌布西奔的形象特征是神性、人性相兼容，二者相互融合，相互映衬，形成主人公完美的性格特征。主人公半人半神的身份及其使命决定了她始终要与人类站在一起，甚至成为人类的一员。从主人公为人类所作的贡献不难看出，这种归属并非只表现于外在，即神与人相同的体貌特征，而是心灵与本质的统一。乌布西奔的形象虽兼具神性和人性的色彩，但就其形象的主导方面而言，则处处闪烁着人性的光辉，其神性远不如人性表现得鲜明、突出。乌布西奔为部族的发展耗尽一生精力，这正是满族人心中典型的英雄形象，也是神话英雄普遍具有的美德。

（8）史诗作品的产生，自有其赖以生成的特定土壤，离不开其所属民族特定的生存环境和社会历史条件。综观东海女真人社会历史发展进程，《乌布西奔妈妈》产生的社会历史背景主要有以下三方面：渔猎文化是《乌布西奔妈妈》产生的土壤，氏族部落社会组织形式为《乌布西奔妈妈》建构东海女真社会提供了模式，萨满教文化为《乌布西奔妈妈》注入了灵魂。同其他史诗作品一样，《乌布西奔妈妈》的产生、完善与定型，经历了漫长的历史过程，最初由萨满群体创作，形成了作品的雏形；在萨满长期的传承中不断完善；最后由满汉文人加工、润色，形成现有规模。

（9）《乌布西奔妈妈》的宇宙构想是萨满教宇宙观的一大发展，它使萨满教观念下的宇宙世界更加有序和细化，弥补了萨满教传统宇宙观中仅关注立体层次，忽视平面结构的不足，使之更加缜密，也更符合先民的逻辑思维。这种宇宙结构，既与满族固有的萨满教宇宙观一脉相承，又在其基础上有所创新和发展，反映了东海女真先民对天宇的观察。

三、成果的学术创新、应用价值以及社会影响和效益

《乌布西奔妈妈》作为一部古老的史诗，早期依仪式传承，后期则凭口耳传承，其与民间的宗教信仰、价值观念、民俗民风和审美意识紧密相联，具有强大的生命力，对于东海女真人的精神心理和精神文明建设具有深远的意义。

《〈乌布西奔妈妈〉研究》具有原创价值，前期研究成果产生了一系列社会影响。

（1）我国北方东起乌苏里江、北至黑龙江、西达天山、南抵青藏高原的广袤地域，居住着阿尔泰语系满—通古斯语族、蒙古语族、突厥语族和汉藏语系诸少数民族，世代传承着丰富多彩的英雄史诗，形成了一条包括我国东北、西北以及青藏高原在内的中国北方英雄史诗带。然而，在《乌布西奔妈妈》公之于世前，满族及其先世一直没有英雄史诗面世，特别是在赫哲族的

"伊玛堪"、鄂伦春族的"摩苏昆"以及日本阿伊努人的"尤卡拉"等东北亚渔猎民族的英雄史诗先后公之于世后，更引起了学者们的广泛关注，何以在东北亚史诗带中缺少满族及其先世这一重要环节，似乎成了一个颇令人疑惑的问题。本成果在对国内外史诗研究系统梳理的基础上，基于史诗的基本理论，对《乌布西奔妈妈》的史诗性进行了考察和界定，提出了自己的观点，揭示了《乌布西奔妈妈》的史诗性及其基本特征，填补了我国史诗研究的一项空白。

（2）本成果在整理《乌布西奔妈妈》史诗文本的基础上，首次对该史诗文本进行了综合考察和系统解读。阐述了《乌布西奔妈妈》的基本特点，考察了《乌布西奔妈妈》关于部落社会、萨满文化、渔猎文化、航海活动等方面的内容，揭示了史诗的艺术特色和文学价值，具有原创性。

（3）本成果依据《乌布西奔妈妈》文本，对满族先世东海女真人进行了较为系统的考察，揭示了东海女真人社会发展和历史文化特征，弥补了国内外学术界对东海女真人研究的一些薄弱环节。

（4）本成果不仅为史诗研究提供了全新的第一手资料，而且提出了一些有价值的问题，对于丰富史诗理论体系和史诗学乃至民族文学的学科建设，具有一定的借鉴意义。

本成果及其阶段性研究成果因具有原创价值，取得了良好的学术反响。申报成果作为国家社科基金项目结项成果，其简介入选全国社科规划办网站"成果选介"栏目，并入选《国家社科基金项目成果选介汇编》（第7辑），由社会科学文献出版社2011年出版。

阶段性研究成果《满族萨满英雄史诗〈乌布西奔妈妈〉初探》一文，对《乌布西奔妈妈》的一些基本问题作了初步的探讨，对作品的史诗性予以界定。该文发表后，引起了史诗界和民间文艺界的关注，《中国民间文艺学年鉴》2001年卷全文转载了该文。同卷刊登的华中师范大学文学院贾平先生的综述文章《2001年史诗研究概述》对该文作了简要评述："《满族萨满英雄史诗〈乌布西奔妈妈〉初探》首次对《乌布西奔妈妈》的传承、主要内容和人文学价值进行了阐述，从而揭示其所具有的多学科的研究价值。"《满族说部〈乌布西奔妈妈〉的文学性解读》一文，被人大复印报刊资料《中国古代、近代文学研究》2011年第6期全文转载。

《变革中的 20 世纪希伯来文学》概要

钟志清[*]

一、研究的目的、意义及所使用的研究方法

国内的现代希伯来文学研究（包括译介）委实处于起步阶段，多数成果发表于 1992 年中以建交之后，目前只有 80 多部希伯来文学作品、2 部希伯来文学史翻译成中文（一部是陆培勇先生翻译的《近代希伯来文学史》，另一部则是本人翻译的《现代希伯来小说史》）。20 世纪 90 年代，徐新、高秋福等前辈在译介希伯来文学之际，发表了相应的论文与介绍性文章，还有一些专门从事英语文学研究的学者撰写的译序也具有较高的学术价值。但如今，这些学者纷纷回归自己的本行，本来就不成态势的中国现代希伯来文学研究就显得更为门庭寥落了。而本人的《当代以色列作家研究》（人民文学出版社，2006 年）、吉林大学赵沛林教授主持的国家社科基金项目"以色列文学研究"（2004 年立项）中包含了以色列的少数民族文学研究，不能算严格意义上"纯种的"希伯来文学著述。

国家社科基金项目"变革中的 20 世纪希伯来文学"（2006 年立项）是一项基础研究，目的在于立足中国本土和中国学术界的需要，填补国内外国文学研究领域的一项空白。在此基础上，对国内中东政治、犹太文化与社会研究成果有所补充，在国内犹太学界尚无人问津的希伯来语复兴与犹太民族国家建立、犹太女性对犹太文明的贡献、犹太大流散文化与以色列文化交

---

* 钟志清，中国社会科学院外国文学研究所研究员。

锋等领域起到启蒙作用。

鉴于 20 世纪希伯来文学强烈地依附于近代犹太历史与犹太体验，深受政治、民族、宗教、社会、历史、文化传统（主要指犹太传统文化和西方现代文化）等外部因素的影响，本研究首先根据马克思主义反映论中社会存在决定社会意识的观点，采用社会历史批评方法，论证从 19 世纪末到 20 世纪末期影响犹太历史的重大事件，如 1881 年俄国对犹太人的集体屠杀、始于 1882 年的犹太人移居巴勒斯坦的几次浪潮、犹太复国主义和犹太民族主义的兴起、希伯来语复兴与犹太民族国家建立之关联、大屠杀、1948 年以色列建国、数次中东战争等对希伯来文学事业的冲击，通过历史、社会、文化与政治语境的分析，考察产生具有独创性和审美完整性的希伯来文学作品的条件，以及在这些外在因素影响下希伯来文学内部发生的变革。本研究试图在大量运用准确、翔实的第一手资料的基础上，剖析现代希伯来文学在欧洲的起源与发展、向西亚转移、在巴勒斯坦地区生根，并在以色列繁荣的全过程。同时探讨与 20 世纪希伯来文学变革进程密切相关的问题，如犹太文化、历史、社会、宗教、性别等。

文学是一项个体运思活动，文学作品乃是作家经历、情感、智慧与才华的结晶。本研究抓住 19 世纪末以来不同时期的最具有代表性的作家和作品、文学思想、文学现象与思潮，在阐述作家生平的同时，从主题、文类、文化原型批评、女权主义批评、读者反应批评等角度，细读并解析希伯来小说和诗歌，揭示文学本身的内在规律与变革。

二、成果的主要内容和重要观点

本成果共分引言、正文与结语三部分。引言论述了现代希伯来文学在欧洲的起源，国内外现代希伯来文学研究现状、本课题的研究目的与设想。正文共 6 章。第一章追述了 19 世纪与 20 世纪之交希伯来文学在敖德萨、柏林和华沙等地的概貌及其转移到巴勒斯坦的原因与过程。迁移本身与犹太人在居住国的政治经济环境及犹太社会精英的文化活动密不可分，因此本章的切入点便放在考察这些文化精英的经历、创作与对新文学发展的贡献上。敖德萨的门德勒是 20 世纪许多希伯来语大作家所信奉的现代希伯来文学鼻祖式的人物，他对现代希伯来文学的最大贡献在于革新希伯来文体，并创造出一种现代语言形式。比阿里克则是一位以创作艺术而立足于世的真正意义上的诗人、小说家、学者和政论文作者，有希伯来文学史上第一位民族诗人之称，在现代希伯来语诗人中最有影响力，无论他居住在敖德萨、德国，还是巴勒斯坦，那些地方都成了当时的希伯来文学中心，而比阿里克基本上一直是希伯来文学中心的旗手。车尔尼霍夫斯基也是在 20 世纪初期在敖德萨与柏林两个希伯来文化中心之间辗转、最终去往耶路撒冷的一位重要的希伯来语诗人。

在某个特定的历史时期，期刊不但是作家们发表见解进行交流的阵地，而且对作家和读者具有某种启蒙和导航作用，客观上会决定特定时期的文学进程乃至历史进程的发展。基于这种考虑，作者探讨了文化犹太复国主义者领袖阿哈德·哈阿姆创办早期希伯来语刊物《哈施洛阿赫》（*Hashiloah*）的编辑理念，如何在发表关于文化犹太复国主义的主张的同时带动了现代希伯来文学的发展，以及他与同仁们的合作与论争。曾和阿哈德·哈阿姆就文学教育与审美功能进行过激烈争论的别尔季切夫斯基是现代希伯来文学史上最为重要的浪漫主义作家，既是同时代一部分年轻人推崇的对象，也对后来一些希伯来文学大家，如阿摩司·奥兹等人的创作产生了深远的影响。

第二章探讨了希伯来语复兴与早期巴勒斯坦文学。巴勒斯坦地区最早使用希伯来语进行创作实践活动，始于 19 世纪末期。与文学生产活动关系更为密切的重要变革，莫过于希伯来语在巴勒斯坦变成一门鲜活的日常交流语言、文学创作语言和未来以色列国家的语言。希伯来语是犹太民族或以色列民族所使用的语言，已经有约三千年的历史。但自公元 2 世纪始，犹太人开始散居世界各地，希伯来语逐渐失去了作为日常交际语言的功能，只用于宗教圣殿与祈祷等神圣活动。希伯来语书面语的复兴发轫于 18 世纪中后期的犹太启蒙运动，而复兴希伯来语口语的理念则随着犹太民族主义与犹太复国主义思想的崛起而萌芽、成型，又在散居世界各地的犹太人移民巴勒斯坦、创建现代犹太民族国家——以色列国的历史进程中逐步得以实施。巴勒斯坦犹太人需要用希伯来语进行沟通不仅是交流的需要，而且也是创建犹太民族国家政治理念的需要。在即将建立于巴勒斯坦的犹太民族国家内使用并规范希伯来语，既可以保证对古代圣经时期犹太民族辉煌历史的延续，又可以淡化犹太人在大流散期间的耻辱过去，有助于新希伯来人塑造一种新的身份。

　　摩西·斯米兰斯基是第一位忠实地、几近逼真地描写早期犹太移民在巴勒斯坦定居的小说家，与当时或其后的许多希伯来语作家一样，斯米兰斯基细致入微地描绘了巴勒斯坦的乡村风光和居住在那里的人。既包括犹太移民的日常生活、饮食起居、宗教习俗、习练口语的过程，也包括犹太移民与逐渐对他们产生敌意的多年生活在那里的阿拉伯居民的关系，在希伯来文学史上赢得了一席之地。

　　布伦纳是 20 世纪初期巴勒斯坦地区希伯来文坛的中心人物，是最富有影响力的希伯来语作家、翻译家、编辑和文学批评家。他在同时代人中的影响，与门德勒和比阿里克在同代人中的影响一样巨大。布伦纳呼唤一种现实主义文学，强调文学应该像镜子一样反映现实生活，揭露社会矛盾，展现人的内在生活及其在特定时期和特定环境下的各种关系与特质中的本质，而不能将生活理想化。但是，另一方面布伦纳又强调，由于巴勒斯坦的环境处于变化之中，因而尚未形成一种固定的文学形式和人物形象，进而到目前为止尚未形成一种描绘巴勒斯坦生活的文学类型。

　　20 世纪 20 年代也是现代希伯来语诗歌的一个重要的变革阶段。格林伯格、史龙斯基等巴勒斯坦诗人的创作思想中均体现出借助诗歌革命来延续与复兴希伯来诗歌传统的特征。

　　第三章从希伯来文化史角度论述犹太女子自 19 世纪犹太启蒙运动下半叶开始跻身文学创作之列，无异于一场革命。这是因为，古代希伯来文化传统是以男性为主导、男性占中心地位的文化传统，犹太女子被排斥在接受知性教育的大门之外。希伯来语是男人们祈祷和学习宗教的语言，不具备学习犹太宗教圣典权利的犹太女性逐渐丧失了使用希伯来语的能力。但是到了犹太启蒙运动后期，犹太女子逐渐接受了世俗教育和外来文明，并借此对家庭成员产生影响，进而影响到整个犹太近代文明史的发展进程。本章重点分析的黛沃拉·巴伦便是在这种文化背景下接受了犹太传统教育和世俗教育，她精通多种语言，把契诃夫、杰克·伦敦和福楼拜的作品翻译成希伯来语，是希伯来文学史上第一位职业女作家，把情感、温柔带入古老、干巴巴的希伯来语中，使之更富有活力。希伯来女性主义文学在巴勒斯坦地区不仅涉猎小说创作，而且涉及诗歌创作领域。

　　第四章探讨阿格农及其创作实践。在 20 世纪希伯来文学形成与发展过程中，与布伦纳同样占据中心地位的另一位作家便是希伯来文学史上第一位、也是迄今唯一的诺贝尔文学奖得主阿格农，因此在学术界形成了布伦纳学派与阿格农学派之说，近年来也有学者开始关注这两个学派之间的论争。阿格农吸收了门德勒和别尔季切夫斯基传承下来且由布伦纳等人革新了的文学传统，并融合了犹太传统和欧洲传统的主题和结构，创造了新型的希伯来语小说，成功地反映了从 20 世纪初期到 20 世纪 70 年代犹太社会与文化变革的深广程度。他本人也被当作，至少是被象征性地当作 20 世纪希伯来语文学的杰出代表。

　　阿格农在巴勒斯坦发表的第一篇希伯来语短篇小说《阿古诺特》触及弃妇主题和上帝缺失的主题，并试图切近希伯来文学传统的范式，与后来的《迷途知返》一同奠定了阿格农在希伯来文学领域的重要地位。在接下来的 10 年德国生涯中，阿格农结识了一批颇具影响的犹太知识分子，其中包括犹太神秘主义学者格肖姆·肖勒姆、犹太哲学家马丁·布伯、犹太出版家萨尔曼·绍尔肯，他们之间的交流象征着东西方犹太文化之间的一种跨文化交流。短篇小说《她在盛年之际》从女性的视角来揣摩女性的感受，表达女性的心声，其目的显然不是单纯要描述主人公的个人遭际，而是在关注具有集体主义色彩的犹太世界的变革。阿格农第二次回到巴勒斯坦后，创作了反映东欧犹太社会巨变和巴勒斯坦犹太移民生活情形的长篇小说。

　　20 世纪 30 年代末，希伯来文学的作家成员发生了本质的变化，第一代希伯来语本土作家，学界通称本土作家，开始登上舞台，并成为 1948 年以色列建国前后的 20 世纪 40 年代和 50 年代文坛上的主力军。第五章讨论的便是本土以色列作家的创作。本土作家指出生在巴勒斯坦，或虽然出生在流散地，但自幼来到巴勒斯坦、在犹太复国主义教育体制下成长起来的作家。第一代希伯来语本土作家人生经历中的共同标志是大屠杀、1948 年以色列国家的建立和以色列"独立战争"[①]，即第一次中东战争。为把握本土作家的精神特质，本章针对对于这种特质产生决定性影响的犹太复国主义思想教育中的核心问题，如否定流亡、以弱对强、马萨达神话等进行了专门阐述。

————————————

　　① 以色列所说的"独立战争"即第一次中东战争。1948 年 5 月，阿拉伯联盟在以色列建国后的第二天对以宣战，战争历时 15 个月。阿拉伯联盟初战告捷，但以色列取得了最后的胜利并占领了巴勒斯坦地区的大部分领土，百万巴勒斯坦人流离失所，沦为难民。

伊兹哈尔是最重要的本土文学作家，正是他标志着希伯来文学从犹太文学到以色列文学的变革。他的短篇小说《爱弗雷姆回归苜蓿》标志着本土文学的起点。

由于犹太复国主义历史极其复杂，以色列"独立战争"文学在再现了犹太人英雄主义神话的同时，又在解构着那个神话。在证实本土以色列人作为战士的新身份的同时，又没有回避战士—英雄内心的孤寂、悲凉与冲突，揭示了其内在的矛盾。在很大程度上，怀疑并解构着正统的犹太复国主义叙事话语。这种文学，尽管在"独立战争"文学中显得边缘，但对日后以色列主流文学中的反犹太复国主义霸权与道德意识的形成，尤其是塑造新建以色列国家的集体记忆产生了深远的影响。伊兹哈尔发表于"独立战争"后的两部短篇小说《俘虏》和《赫伯特黑扎》便是这类文学作品中的经典之作。与伊兹哈尔一样，20 世纪 40 年代的另一位重要作家摩西·沙米尔也从自己的生活经历中撷取创作素材和人物形象特征，创作出希伯来文学史上"战斗着的本土以色列人"形象，这些身为拓荒者的世俗人，或说是追求自我实现的革命者，与格尼辛和布伦纳小说中出现的没有归属的犹太知识分子截然不同。

第五章还探讨了以色列建国之初的大屠杀和英雄主义，意在审视文学如何在重铸民族历史与民族创伤记忆的过程中发挥作用，能够促使国内学术界正确了解以色列在塑造民族记忆方式时表现出的意识形态多元化特征。本研究在国内首次运用了"武装反抗的英雄主义"与"争取生存的英雄主义"的概念。

在以色列刚刚建国之后的 20 世纪 50 年代，不同身份的以色列人对于大屠杀英雄主义有着不同的理解。对于那些生活在以色列土地（巴勒斯坦）地区，或自幼移居到以色列土地并在其教育体制下成长起来的本土以色列人来说，大屠杀英雄主义指的是大屠杀期间欧洲犹太人所发动的反对纳粹的武装反抗。但是，大屠杀幸存者则把自己在苦难与屈辱中生存下来当成争取生存的英雄主义行动，当成另一种形式的反抗。武装反抗的英雄主义在以色列建国初期塑造大屠杀集体意识的过程中占据着重要地位，成为国家推重的"官方记忆"的基础，而争取生存的英雄主义则处于被"官方记忆"有意忽略的边缘地带，可称之为"边缘记忆"。

由于国家记忆过于强调大屠杀期间的英雄主义反抗，本土以色列人因此非但未对大屠杀幸存者的不幸遭际予以足够同情，反而对数百万欧洲犹太人"像羔羊一样走向屠场"的软弱举动表示不理解，甚至怀疑大屠杀幸存者在战争期间的受难者身份，对幸存者如何活下来的经历表示怀疑。幸存者推重的争取生存的英雄主义，同主流的政治话语产生了距离，在公共场合没有立足之地。多数幸存者为了新的生存需要，不得不有意遗忘过去。

但 1961 年的"艾赫曼审判"[①]在很大程度上颠覆了以色列大屠杀"官方记忆"的形态基础。在审判中出庭的 100 多名证人，多数并不是隔都战士或游击队员，而是在日复一日地承受恐惧和屈辱中幸存下来的普通犹太人。审判揭示了集体屠杀的恐怖，促使以色列年青一代意识到，犹太人在大屠杀中并没有像以色列在"独立战争"中那样取得以少胜多的胜利，而是大量地被送进焚尸炉。审判不仅使以色列人更为深刻地意识到了历史创伤，同时也使他们重新思考建国期间以色列根据国家利益创造的英雄主义幻象，开始对大屠杀期间"所有形式的反抗均是英雄行为"的说法表示认同。

"边缘记忆"真正转化为"官方记忆"是在 1973 年的"赎罪日战争"[②]爆发之后，"赎罪日战争"的灾难对犹太世界和阿拉伯世界均产生了巨大的心理冲击，以色列人虽然在战争中转败为胜，但深刻的身份危机意识让他们开始认同犹太人在大屠杀年代无力反抗的遭际。以色列教育官员、大屠杀纪念馆负责人伊扎克·阿拉德对大屠杀中的英雄主义重新作出解释：英雄主义并不仅指在隔都和死亡营里的反抗，不仅指东欧和巴尔干山脉的犹太游击队员和整个欧洲犹太地下战士的反击，而且也包括普通犹太人，在隔都和死亡营的艰苦环境中，保持自己做人的形象，日复一日地争取生存，为整个犹太民族的生存而斗争。[③]这样一来，英雄主义的双重意义在民族意识构成中均

---

①　艾赫曼在二战期间是负责组织把犹太人送进集中营的中心人物之一，二战结束后逃到阿根廷，从此更名换姓，在布宜诺斯艾利斯郊外靠做工为生。1960 年，以色列特工人员将艾赫曼逮捕（亦称"绑架"）并悄悄押解到以色列。1961 年 2 月，以色列法院对艾赫曼进行公开审判，同年 12 月判处艾赫曼死刑。

②　"赎罪日战争"指第四次中东战争，1973 年 10 月 6 日，埃及、叙利亚等国家在犹太人斋戒日那天向以色列发动战争，试图收复在 1967 年"六日战争"中丧失的领土。埃及、叙利亚赢得了整个阿拉伯世界的支持，赢得了战争初期的胜利，但以色列最终在美国的支持下反败为胜。这场战争给阿以双方均带来惨重的损失。

③　参见 Yizhak Arad, "Dedication of the Pillar of Heroism on Harzikaron," *Yad Vashem News*, 1974（5）: 19。

具有了合法性。

希伯来文学作为犹太集体意识的载体，早在20世纪50年代便表现出了大屠杀英雄主义的双重含义。但这个时期的文学表现及其接受显然凸显出以色列国家在建国初年对大屠杀记忆的有意塑造。本土以色列作家并未亲历大屠杀，无法写出类似埃里·维塞尔的《夜》和普里默·列维的《生存在奥斯维辛》等那样经典的回忆录，他们的创作以及一些出自前隔都起义领袖或游击队抵抗者之手的作品，都在有意接近以色列的"官方记忆"与集体期待，讴歌武装反抗的英雄主义。然而少数在纳粹集中营或战后临时难民营中受尽煎熬的受难者虽然在作品中讴歌幸存者争取生存的卓绝努力，但因为国家推崇抵抗的英雄主义，他们不仅成为本土以色列人眼中的"异物"，其作品所表现出的悲伤、对残暴与非人道的描写也难以在幸存者之外找到广泛的社会支持，甚至遭到误读。两种英雄主义遭受了不同的命运。

此外，第五章还探讨了以色列诗歌的革新问题。

第六章探讨了新浪潮作家与新生代作家。在以色列，战争爆发时期，或执政党权力的交替时期，往往是意识形态转型的关键时期，无疑会给文学创作带来冲击，导致其发生质的变革。

1956年的第二次中东战争，即以色列人所说的"西奈战争"，其后的"艾赫曼审判"、拉翁事件、对本-古里安的反叛、"六日战争"、"赎罪日战争"、黎巴嫩战争、20世纪70年代末期的政治动乱等历史事件在不同年龄段的以色列人心目中引起不同寻常的反响，促使以色列人重新思考流亡、大屠杀、以色列建国等犹太历史体验，以及占领吞并阿拉伯领土、以色列政府政治体制、新老两代人的冲突等问题，导致从20世纪50年代末期到70年代末的希伯来文学创作也发生了相应的变革，从第一代以色列作家注重在战争、复国、重建家园等重大背景中烘托人物性格向探索人物内在的心灵世界和内在生活空间转移，出现了现代希伯来文学史上的"新浪潮"作家。

新生代作家是借用中国当代文学批评中的术语界定的第三代以色列作家，但在希伯来文学语境下，新生代作家的内涵与外延均不等同于它在中国文学评论中的意义，并非特指20世纪60年代以后出生，90年代走上文坛的一批作家。希伯来文学中的新生代作家虽然多出生于20世纪60年代，但部分人生于20世纪50年代，甚至40年代末期，在20世纪80年代即开始文学创作生涯，以色列评论界通常将其称作中青年作家。

新浪潮作家和新生代作家无论在文学主题还是在文学表现手法上均达到了前所未有的水平。第六章选取了新浪潮三杰奥兹、约书亚和阿佩费尔德，新生代作家格罗斯曼，世界级诗人耶胡达·阿米亥，最富有革新意识的女诗人瓦莱赫，论证其不同寻常的特殊身份、人文关怀意识和文学创作特征。

结语中重新强调 20 世纪希伯来文学的确是全球化语境下世界文学之林中的一个独特现象。它从欧洲一种没有固定栖居地、缺乏现代书写语言的流散文学，发展到亚洲巴勒斯坦地区的一种拥有固定的活动场域与成熟的现代语言表达方式的文学，从无法脱离以《圣经》为代表的犹太经典文献桎梏的文学，发展到极富现代意识的文学，在语言、人物、生活场景、文学理念等方面实现了全方位的革新，负载着犹太民族的近代体验，折射出自犹太启蒙运动以来犹太人的心路历程与历史变革，演绎出犹太民族共同体的共性与个性特征，同时也在某种程度上讲述着与犹太民族命运休戚相关的他者的故事。

三、成果的学术创新、应用价值以及社会影响和效益

（1）在资料占有上具有得天独厚的优势。作者在以色列大学的希伯来文学系攻读博士学位，在研究的同时，也在从事并指导中国的希伯来文学翻译工作，熟悉相关的中文资料，而且在执行项目期间三次到以色列、一次到英国搜集资料，并与以色列希伯来语作家拥有广泛的联系。在项目结项后，作者有幸被遴选为哈佛燕京学者，到哈佛大学做研究，利用那里丰富的图书资源，根据评审专家的意见对文稿加以修改，确保了项目使用资料的准确、翔实、新颖和前沿。

（2）作者对阿哈德·哈阿姆的关注有别于中国学界，未把他放到以赫茨尔为代表的政治犹太复国主义的对立面上，探讨其"文化复国主义"学说，而是把焦点置于他花费 6 年时间主持《哈施洛阿赫》（Hashiloah）的编辑工作，在发表关于文化复国主义主张的同时一并带动了现代希伯来文学的发展。

（3）国内出版物在考察希伯来语复兴过程时尚未关注希伯来语复兴与犹

太启蒙运动和犹太现代化进程的因果关系，也未涉猎希伯来语复兴在犹太民族国家建立过程中的关键作用。本项目中期成果《希伯来语复兴与犹太民族国家建立》把希伯来语复兴放到 18 世纪犹太启蒙运动与 19 世纪犹太民族主义兴起和犹太民族国家创建的过程中加以考察，探讨希伯来语书面语和口语的复兴过程，以期说明选择哪种语言作为民族语言不是一个单纯的文化现象，而是社会历史和思想家们政治动机的产物。

（4）国内以往对犹太民族复兴历史的研究偏重于犹太男性知识分子，而对犹太女性对于犹太民族复兴的贡献则少有提及。或许正是因为犹太女子一直被排斥在传统的宗教教育之外，处于犹太民族的政治、宗教和社会生活的边缘，她们才得以与非犹太教文化发生更多的接触，并将非犹太文化带入犹太人的生活，悄悄地改变着许多东西。本成果第三章借鉴了国际最新的犹太女性研究成果，涉及犹太女性文学创作以及犹太女性对犹太民族文化更新的意义，对国内犹太文化史研究将具有一定启示作用。

（5）在大屠杀研究领域，在国内首先提到了武装反抗的英雄主义和争取生存的英雄主义的概念。

（6）首次列专章探讨国内迄今尚关注不多的诺奖得主阿格农及其主要作品。

至于成果的学术价值与应用价值、社会效益与影响方面通过中期成果已经部分显现出来，其中发表于《外国文学评论》的《身份与记忆：论希伯来语大屠杀文学中的英雄主义》和发表于《四川师范大学学报》（哲学社会科学版）的《希伯来语大屠杀文学与幸存者作家》两篇论文被人大复印报刊资料《外国文学研究》全文转载，《中国社会科学文摘》登载了前者摘要；发表于《历史研究》的《希伯来语复兴与犹太民族国家建立》、发表于《外国文学评论》的《身份与记忆：论希伯来语大屠杀文学中的英雄主义》和发表于《中国图书评论》的《"艾赫曼审判"与以色列人对大屠杀的记忆》等几篇论文曾被大陆和台湾学者多次引用。

此外，几年来作者在国内相继应邀到山东大学、南京大学、上海社会科学院、云南大学和河南大学等地的犹太研究中心作讲座，宣读自己的中期成果，应邀到北京大学主办的东方文学研究会议上宣读女性文学方面的论文。2008 年 10 月，应邀在剑桥大学作关于大屠杀文学的讲座。2009 年 5 月，应邀到以色列本-古里安大学宣读关于奥兹译介与研究的论文。2010 年 10 月，应邀到以色列大屠杀纪念馆宣读关于大屠杀与英雄主义的论文。2011 年 11 月和 2012 年 4 月，应邀分别在美国哈佛燕京学社和哈佛大学举办的学术会议上宣读关于文学与记忆研究的论文。2012 年 2 月和 2012 年 3 月，应邀到卫斯廉大学和田纳西大学作同项目内容相关的学术讲座。

《圣愚之维：俄罗斯文学经典的
一种文化阐释》概要

王志耕*

一、研究的目的、意义及所使用的方法

本课题的研究对象是俄罗斯的圣愚文化与其文学经典的关系。圣愚作为俄罗斯文化史上的重要现象，对其民族性格、诸文化系统，尤其是文学形态的形成有着重大影响。但在苏联时期，因为官方意识形态的控制，相关宗教论题成为禁忌，所以长期以来该领域的研究处于停滞状态。俄罗斯文学作为世界文学的重要组成部分，始终在"一般文学经典"的范畴内被阐释，其基于民族文化的经典性特征却未能得以清晰呈现，它所蕴含的具有普世意义的建构价值未能得到充分发掘。

因此，本研究的目的就是：（1）从圣愚作为一种历史现象的文化建构意义入手，继而探讨其对俄罗斯文学经典文本的结构性影响，并揭示二者之间的互文机制；（2）在这一基础上，说明俄罗斯文学经典的诗学特质的生成机制与诗学效果；（3）通过上述研究，发掘俄罗斯文学经典对当代普世文化价值建构的积极意义，在物质文化背景下弘扬其所蕴含的精神文化品格。

本研究的意义在于：（1）揭示圣愚从生理性疯癫到社会性疯癫，再到基督教框架内的圣愚，最终发酵为以书面形式为主的精神文化的过程与圣愚文化的生成机制，从而厘清对这一文化现象的诸多模糊认识与偏见；（2）通过

---

* 王志耕，南开大学教授。

对圣愚文化与诗学表征间互文关系的研究，为从更宏观的角度理解俄罗斯文学经典提供一种本体论及方法论的例证；（3）弥补俄罗斯文学研究中圣愚文化之维的缺失，并由此发掘出建构当代文化的有益资源。

本成果采用了文化诗学研究方法，它的特点在于：不是在文学文本中寻找文化现象的某些表征，而是首先确定文学文本的诗学表现形态，将其视为一种"征候"，进而探寻这征候背后的文化渊源。确定了文化渊源后，首先对该渊源进行文化修辞层面的叙事分析，归纳出其功能项，从而建立一个结构模型；然后将这一模型与文学文本的诗学形态进行互文解读，以最终确定诗学形态的生成机制。

二、成果的主要内容和重要观点

（1）考察并阐释了圣愚文化的生成过程与生成机制。圣愚文化是俄罗斯宗教文化结构中的重要组成部分。它源于早期欧洲文化中的疯癫现象，后被教会利用，成为一种苦修行为。所谓疯癫，从现代医学的角度来看，是一种精神病症，其产生原因既有生理的，也有社会的。疯癫现象古已有之，但是在欧洲现代医学产生之前的很长一段历史时期内并不被完全视为病症。如福柯所说，尽管疯癫曾被视为一种罪恶，但与此同时，它也同获得快乐与知识的"奇异途径"相联系，在欧洲甚至直到 17 世纪疯癫者由流浪转为被监禁之前，它都获得了"特别友善的对待"。而在俄罗斯，由于其特殊的历史进程，缺失了类似"文艺复兴"这样的世俗转折，宗教文化始终是其民族文化的主导结构，因此疯癫现象也始终被视为一种通向神启的方式，即使在它被民众意识到是一种病态的时候仍然如此。鉴于这种大众心理，基督教会便根据基督教文献——主要是圣经中并不系统，甚至表意含糊的一些记述——将疯癫现象解释为基督教教义框架内的一种苦修行为，因为疯癫起码符合了基督教现世准则中的两个方面：自我贬抑与舍弃世俗，这两点也正是走向救赎的两个必要条件。因此，民间疯癫在教会的诠释下便成为"为了基督的疯癫"的圣愚。由疯癫转化为圣愚大概有三个步骤：一是因为异教习俗而导致的对疯癫现象的崇拜，二是教会从排斥到接受，三是教会顺势将这种崇拜行为赋予基督教的神圣特性。但是，圣愚现象长期存在，并在俄罗斯蔚成风气，最后进入民族文化的构成中，一般而言，这个过程通过两种形式完成：

一是民众的理解与模仿，二是书面文献的载入。由于教会的解释，民众便把对于疯癫现象的直觉态度转换为理性态度，即从最初将其简单地视为"通灵"状态或对其龌龊外表表示厌恶的态度，转化成将其理解为一种基督教框架内的神圣状态，甚至对其进行仪式化的崇拜。这些有序的民间行为在现实层面上将圣愚现象上升为基督教宗教活动的一部分，从而使圣愚成为一种文化。当然，更重要的是，随着俄罗斯书面文化的发展，圣愚被越来越多地记入相关历史文献及个人著述，在这些文字记述中，圣愚恶劣的一面被部分地遮蔽了，或者更多地被理解为"自我卑贱化"的神圣行为，而圣愚的虔敬及神奇行为则被过度夸大、演绎，甚至附会。进入19世纪之后，俄罗斯文学对民间圣愚的文学性描写更是成功地为圣愚作了完善的文化定位。在许多知名作家的作品中，都有对圣愚人物的描写。我们说，文化是被描绘的存在，是被阐释的存在。正因为如此，圣愚才从一种历史现象发酵成为一种具有共时意义的文化结构。

本成果阐述了俄罗斯圣愚从"现实行为"到"社会行为"，再到"文化行为"的文化演进过程，从而将圣愚区分为"作为历史现象的圣愚"和"作为文化精神的圣愚"两个重要范畴。从现象转化为文化的图式可描述为：疯癫→圣愚行为→圣愚现象→圣愚文化→圣愚文化精神。

即作为历史现象的疯癫是一种非观念的存在形态，其中包含生理、心理的异常表现；而到被教会接纳为苦修行为，便同时包含了历史习俗方面的内容，但此时，它尚未能成为影响文化理念建构的直接因素；作为文化精神的圣愚，则成为经过书面处理的文化现象，它既经过了教会的基督教化程序，也经过了知识分子的意识形态化程序，从而使圣愚现象一变而为一种观念形态，直接参与到整体民族文化的建构过程中。不管是基督教化，还是文人的意识形态化，都是对现实中的圣愚行为的一种文化"发酵"，一种价值过滤。此后，"圣愚现象"便上升为"圣愚文化"，这其中固然仍存在某种非普世性的因素，但却在基督教普世价值的制约下整体具有了提升人的精神品格的功能，而抛弃掉在圣愚现象中存在的无赖性、专横性、虚伪性等负面内容，也最终成为一种能够对俄罗斯经典文本产生结构性制约作用的本体文化系统。

俄罗斯文学与圣愚文化的关联机制主要表现为两种形式：一是通过对圣愚人物的记叙与文学性描写，既使文学文本自身进入到对圣愚文化的塑造过程中，同时也为作品文学世界的建构确立一种价值坐标，从而将圣愚文化的价值立场以直接的方式置于文本内部。当然，这是相对简单和直观的一种形式。第二种形式，也是圣愚文化与俄罗斯文学关联最主要的形式，是通过作家的主观世界的结构重塑，将圣愚文化植入文本存在的复杂过程中来实现的。

（2）将圣愚文化与俄罗斯文学经典的关系从认识论、方法论、价值论三个层面进行分析，以全方位考察其经典特质的具体生成方式。

在认识论层面，重点考察俄罗斯文学经典的世界观形态，即探讨它对世界存在、生活方式、人的现实行为、人际关系等人类文化现象的特殊认识方式，归纳出它对世俗伦理、理性知识、时间化历史、理性生存、世俗秩序等5个方面的超越品性，进而揭示俄罗斯文学经典在此意义上与西欧文学经典的根本差异。

所谓"超越世俗伦理"，是指圣愚对社会关系的超越性理解。圣愚作为没有家庭、没有亲情的一类社会成员，始终处于漂泊状态。但并不能因为这一点便认为他们仅仅是世俗伦常中的被放逐者，而必须认识到，在积极的文化意义上，他们是精神上的自愿放逐者。因为从圣愚文化的角度看，只有切断了世俗之根，放弃了人生的一切物质条件，才是救赎的终极途径。因此，这种对世俗伦理的超越也可概括为"无根性"。圣愚文化的这种无根性，成为俄罗斯文学塑造人物的一种基本模式。它在不同类型的人物形象身上表现为不同的形态，如多余性、破坏性、漂泊性等，这些形态虽然表现不同，但总体价值是如一的，即对精神自由的绝对追求。

所谓"超越理性"或"超越知识"，是指圣愚对人的理性认知能力的反省。在欧洲文化史上，理性的"知识"与上帝信仰的"启示"形成了永恒的对立，而疯癫作为对理性的否弃，具有重要意义。在俄罗斯的宗教文化框架中，理性主义被命名为"人神化"，而俄罗斯文学的一个基本命题是对"人神化"的否定。在俄罗斯思想中，基督作为"神—人"是拯救世界的希望。基督的肉身化，也即"虚己"，是在向世人展现获救的途径——自我贬抑、自我惩戒、自我牺牲、走向复活。但现实的世界之所以长期处于末世景象，正是因为人子的虚己并未引起世人的仿效，恰恰相反，世人反其道而行之，由肉身的人而自我成神，抛开上帝，以自我意志为中心，滥用上帝赋予人的

"智慧"之识和接续性创造的自由，致使恶欲横流。俄罗斯文学基于这一现实景象，将圣愚文化中否弃自我神圣化的内涵通过艺术载体继承下来，从而展示了一条新的救赎之路。

所谓"超越历史"，是指圣愚对理性主义历史观的否弃。从理性主义的角度来看，这个世界是在时间链条中存在的，并且这个时间是一个单向的矢量。在理性主义的框架内，由于存在一个世俗的美好目标，所以一切为了达到这个目标的手段都是合理的，因此，在这一所谓宏大目的论中，此在个体的意义在无形之中被消解了，从而为借理想之名而行的恶奠定了理论基础。但在圣愚的文化结构中，历史主义始终与神学目的论联系在一起，因此，它对历史进化性的理解是超验的，而非知识的、体验的，历史的目的是预设的，而非基于认识论的自然发展的必然结果。这一历史观具体体现为"此在性"和"空间性"。所谓此在性，即仅关注非逻辑化的某一个时间点，而非时间的连续性所产生的意义。这样，它消解了物质历史的连续性和单一矢量，这种消解的真正意义在于使作为主体的人摆脱了客观时间的桎梏，从而在精神上获得真正的自由。所谓空间性，是指这种思维的非逻辑化和超越性的自由度。文学是人类对时间的一种抗拒。在这一意义上，圣愚对物理性历史的消解正契合了文学的这一本质功能，从而给俄罗斯文学带来了一种特殊的精神品格：否定英雄创造历史的观点，肯定每一个人的历史介入功能；否定大历史观——所谓为了历史既定目标的实现可以牺牲部分个人利益与生命，肯定个体的此在性与绝对价值；否定历史巨变中的世俗事件——尤其是战争——的整体正义性，肯定作为绝对精神存在的个体意义。

所谓"超越理性生存"或曰"抗拒庸俗"，是指对物质依恋的否弃。面对现实社会中充斥的"理性庸人"，俄罗斯文学提出的解救之道是走向"疯癫"。圣愚的生命形式就是通过疯癫的形态颠覆世俗的日常秩序，它以超越世人理性认知空间的"异常"行为，向世界昭示一种特殊的追求，一种有深度的生活样态。圣愚的生活是双重性的，他身体处于相对世界，精神却处于绝对世界；身体处于现世法律之下，精神追求的却是上帝的律法；身体处于理性世界，精神却处于信仰的天国；身体处于庸俗的浊世，精神却处于清明的天空。因此，他是立足于此在，而致力于将其变为永恒的存在，或者说，圣愚的疯癫行为是以一种自我牺牲的方式来表达对这个世界的否定，并以自我的漫延，对已经死寂的世界加以更新和复活。

所谓"超越世俗秩序"或曰"抗拒暴政"，是指对世俗权力合法性的质疑与否定。圣愚的生命方式是对世俗伦理的全面超越，而世俗伦理的代表性标志便是世俗权力，它在俄罗斯历史上集中体现为专制暴政。圣愚的文化标志便是对现实秩序——尤其是世俗暴政——的超越与弃绝，这一精神对俄罗斯文学的影响便是俄罗斯作家作为知识分子群体的核心，在黑暗的现实中为被压迫的民众昭示出一道解放的曙光。而在经典的俄罗斯文学文本中，通过对世俗权力的否定、对人类怯懦本性的揭示和对信仰力量的肯定，揭示了历史发展的本质取向。

（3）在方法论层面上，重点考察了圣愚文化作为一种叙事结构，如何为俄罗斯文学经典提供了达到上述认识世界目标的修辞方式。

一般认为，一个文本的诗学形式取决于作家的创造能力。但是，一种民族文学的叙事形态所具有的文本共性，尤其是在这种文本共性中所体现出来的文化品格，却在很大程度上取决于其所处的文化结构。

俄罗斯文化中圣愚结构的基本特征是对立悖反，而它对文学表现的影响则体现在"张力"结构的制约。如"笑"的张力：圣愚以其夸张的生活态度和恣意妄为的行为举止展现了笑的两种倾向，一种是以独特的疯癫者的目光来嘲笑世俗世界，一种是以自身的低贱化、污秽化等自我嘲弄的方式实现与上帝的沟通。由此导致了俄罗斯文学经典中的"笑"有两种指向：在外延方面，圣愚超乎常规的"表演"构成了对世界的嘲笑，他们行为放荡，口无遮拦，但这种形式在教会教义的框架内却是被神圣化的，因此而使之获得了一种特殊的、与这个世界相对立的地位，并以此来对世俗世界的种种真正的恶行加以嘲弄与抨击。而在内涵方面，圣愚本身的可笑性构成了自指性嘲讽，也就是说，通过这种忏悔性自我植入的极端形式，在圣愚伦理的框架下，以自我贬低的方式，将自己内心深处的罪孽置于作品中被嘲讽的位置，从而达到精神的净化。

此外，俄罗斯文学叙事进程的迟缓也是其一大特色，但在这种情节延宕的表现形式中，却蕴含着圣愚式苦修对苦难的隐忍与"受虐"的快感，而其最终指向的戏剧性突变则象征着漫长苦难后得窥天堂的喜乐。圣愚表现的高级苦修行为是一种对痛苦的主动承受态度，或者说，苦难就是生活的常态，这使我们在许多俄罗斯文学经典作品中体会不到西欧作品那种传奇式的生活感受，比如跌宕起伏的人生经历、感天动地的生离死别、叱咤风云的英雄壮举等，我们看到的只有人民面对苦难时的痛苦、隐忍和精神完善，而这也正是俄罗斯文学形式中"高潮延宕"的根本原因。

所有这些张力的基础，是俄罗斯经典文本的基本叙事模式——外在微观叙事形态下的内在宏大叙事。圣愚作为一种文化具有双重性。美国学者汤普逊将其归纳为 5 组二律背反的概念：智慧——愚蠢、纯洁——污秽、传统——无根、温顺——强横、崇敬——嘲讽。虽然汤普逊认为这些对立概念的统一是人为的，但这也正说明了从历史现象上升为文化现象的特点，即任何历史现象都是经过人们的想象或归纳性认识而呈现在历史文本中的。因此，表面上我们看到俄罗斯文学的表现形态以及表现内容"愚蠢、污秽、无根、强横、嘲讽"，往往会由此得出结论：俄罗斯文学是以微观叙事为主导的。而当我们将这个问题置于圣愚"文化"的架构中来观照时，就会看到俄罗斯文学的"智慧、纯洁、传统、温顺、崇敬"，于是，我们也就会理解俄罗斯文学宏大叙事形态的本质内涵。即圣愚的外在痴愚与内在虔敬的张力统一，它以基督教启示的精神直面罪孽与苦难，甚至看上去以"存在主义"的眼光面对现实，但却总是将对话引向一个隐含的整体价值——上帝，从而完成了圣愚"卑贱"与"高贵"、"亵渎"与"虔诚"、"质询"与"皈依"的对立统一。

（4）在价值论层面上，探讨了俄罗斯文学经典如何在圣愚文化的框架中形成了它的生存理念与价值立场，比如虚无主义表象下的牺牲、精神放逐的生存、着眼于彼岸的"第二视力"，以及超越现实的疯癫式救赎。

虚无主义是 19 世纪俄国的主导性文化思潮之一，从伦理结构上看，它与圣愚文化形成对应。首先是彻底的否定精神：圣愚的疯癫标志着与现实世界的隔绝，他所发出的所有信息都是与这个此在世界相对立的，从而成为一种彻底的否定性力量，同时也是一种孤独的生命品格；其次是内在的自我否定：圣愚的疯癫本身意味着与自身肉体所依赖的世界相诀别，因而，这已不是简单的禁欲主义的问题，而是对自我的彻底否弃，而在"为基督"的层面上便是"牺牲"；最后是相对于俗世的封闭性生存：圣愚的生存是孤独的，同时也是对孤独的超越，因为他进入了上帝的空间，一切需要对话式争辩的现实悖谬在这个空间中已化为乌有，因而他独享着与个人精神混沌相处的永恒之乐。

圣愚的生存是一种放逐性生存，但圣愚不是"被逐者"，因为他不是因为某种原因而被遗弃、驱逐，他不需要外力的驱赶，他的放逐是一种内在行为。或者应当这样理解：圣愚本来是生活在非世俗空间之中的存在物，但却不幸生在尘俗世界，因此，他为了确证自己的存在，必须要回归自己的精神空间。这在现实行为上便是"逃离"，而在精神行为上却是"回归"。这也就是我们在俄罗斯文学中看到那么多的人物都在看不到成功可能性的旅途中漂泊存在的原因。

舍斯托夫认为人有两种视力之别，一种是"第一视力"，即天然的世俗眼光；一种是"第二视力"，即舍弃了物质牵累的灵魂的眼光。圣愚因其脱离于所有规约之外的身份和放弃肉体以追求终极真理的信念，所具有的正是这种看待世界的"第二视力"。巴赫金也认为疯癫给人提供了"另眼看世界"的权利。实际上，所谓两种视力的问题涉及欧洲文化史上理性与信仰两种基本立场的对立。对于人类生存而言，两种视力都是必要的，但人类的"第一视力"是自发的、不可抗拒的，而"第二视力"则需要培育，它涉及人对其本质中的精神属性的维护。在圣愚文化框架内的俄罗斯文学经典的品性便是：以对精神和谐的追求来确立对破裂现实的批判立场；揭示从世俗视角来看习以为常的生存悖谬；发现被现实浊流所遮蔽的人的内在神性；以对世俗意识形态的警惕保持独立的观察视角。

俄罗斯文学探讨了精神救赎的多种途径，其中当然也包括了圣愚的救赎之路。首先是否定性，即以疯癫式的揭露与质疑使真理得以呈现，因此，在圣愚精神中存在着"质询—皈依"的模式；其次是苦修性，苦修是对人的尘世肉身性的弃绝，自我否定，自我嘲讽，都成为俄罗斯思想中救赎的特定形态；最后，救赎是一种对质朴状态的回归，圣愚的疯癫行为看上去类似孩童的随性而为，所以，这符合基督精神中回转为"小孩子"的思想，回转为小孩子，便是对世俗理性的去蔽，回归纯真，消除罪孽产生的可能，从而最终走向救赎。

总之，本成果对俄罗斯文学经典从内容到形式，再到其文化建构意义等整体诗学特征，在圣愚文化的制约机制中进行了系统解读，并在总体上形成了一种俄罗斯诗学的本体论研究。

当然，任何研究都是一种"偏见"和"误读"，在这一意义上，本成果仍属一家之见，它甚至体现着研究者对研究对象的偏爱。或者说，这个研究也是一种"文化过滤"，它遮蔽了圣愚文化中的某些负面内容，如洛特曼提出的"恣意妄为"性等，但作为文学经典特质考察，这也成为本成果的一种写作策略。

三、成果的学术创新、应用价值以及社会影响和效益

本成果的学术创新性体现在：

（1）在欧洲整体文化及俄罗斯具体文化系统中考察了"圣愚文化"的形成历史，说明了它如何从作为一种生理现象的疯癫成为一种社会现象，又如何在基督教文化的框架内演变成一种文化现象，并进而形成独特的价值立场。这一论述弥补了以往研究对"疯癫"、"圣愚行为"、"圣愚现象"、"圣愚文化"、"圣愚文化精神"等概念含混不清、价值不明的不足，从而为进一步考察圣愚文化与文学的关系解决了一个"澄清文化渊源"的基础性问题。

（2）在对圣愚文化加以系统厘清的基础上，对俄罗斯作家与圣愚文化的关系作了事实考察，并进而说明了该文化系统如何制约着俄罗斯经典文本特质的生成，以及最终导致这些经典文本生成了何种诗学形态。这不仅提供了一种研究俄罗斯文学的新视角，也可以说是为俄罗斯文学研究开辟了一个新的空间，为全面理解俄罗斯文学经典的独特性提供了一种基础性思路。

（3）从圣愚文化角度介入，对俄罗斯文学经典的特性作了系统的评述与定位，在文化制约和与他者文学形态比较的基础上，从认识论、方法论、价值论三个层面对俄罗斯文学经典的精神品格、形式品格和生命品格作出整体性评价。而在这一过程中，对俄罗斯文学史上涉及的诸多现象，尤其是大家熟知，甚至已经形成定论的问题，重新加以剖析和定义，这将为俄罗斯文学研究以及我们自身的文学、文化建设提供新的参照对象。

本成果的应用价值及社会效益在于，一方面，它建立了一种文学经典的文化阐释模式，不仅可以为俄罗斯文学研究，而且可以为采用文化诗学

方法进行的所有文学研究提供一个模板；另一方面，这一研究既是"历史"的研究，也是"当下"的研究，它所发掘的不仅是某种文化的独特性所在，而且是对俄罗斯文学经典中所蕴含的永恒的文化价值的揭示。因此，期望这一研究在大众文化流行的后现代语境中能够起到重建隐喻、重建意义的作用。

《德语文学中的文化记忆与民族价值观》概要

冯亚琳*

一、研究的目的、意义及所使用的研究方法

"记忆是一个无可比拟的能够聚焦的主题。"[①] 这一论断似乎尤其适用于20世纪以降的人类社会。现今，无论是在西方还是东方，"记忆"都是一个名副其实的热门话题，甚至可以说，它已经成为我们这个时代的一个标志性现象。课题"德语文学中的文化记忆与民族价值观"从梳理哈布瓦赫的"集体记忆"、瓦尔堡的"社会记忆"、扬·阿斯曼的"文化记忆"的谱系关联着手，旨在从理论上厘清"文化记忆"和与之相关的概念，诸如"个体记忆"、"集体记忆"、"记忆场"、"记忆形象"、"交际记忆"、"存储记忆"等，为研究奠定理论基础。然后探讨了普遍意义上的"文化记忆"与文学的关系、二者的交会点以及文学演示"记忆"的可能与特性。在此基础上对德语文学中的文化记忆在两个层面上进行了研究和讨论，一是把作为知识体系的德语文学视为德意志民族的"文化记忆场"，着重讨论德语文学作为"存储记忆"的数个重要方面，涉及文学作为知识体系的形成之路、德国文学"特殊道路"中"教育"的意义、文学的经典化、文学主题以及素材中蕴含的文化记忆等；二是探讨个案中的"文学回忆"。通过重读德语文学经典作家和文本，考究德语文学在文化记忆方面扮演的角色和所起的作用，具体研究文学回忆

---

* 冯亚琳，四川外语学院教授，博士生导师。

① Astrid Erll, *Kollektives Gedächtnis und Erinnerungskulturen：Eine Einführung*（Stuttgart Metzler，2005），S. 1.

的"演示"特性与策略，考察"记忆媒介"，探讨"身体感知"与"文学形象"的记忆功能，追问虚构与回忆之间的关系以及回忆与同一性构建的关联。涉及的作家有 18 世纪魏玛古典时期的歌德和席勒，以及 19 世纪的海因里希·海涅，但更多是对 20 世纪作家诸如赫尔曼·黑塞、马克斯·弗利施、英格博格·巴赫曼、君特·格拉斯、伯恩哈特·施林克、克里斯托弗·梅克尔、乌韦·蒂姆、埃尔弗里德·耶利内克和尤列克·贝克尔等作品的研究和分析。

二、成果的主要内容和重要观点

对于一个民族来说，文化记忆所具有的集体同一性构建功能和批判、反思功能至关重要，甚至可以说，它对于一个民族之存亡兴衰具有决定性的意义。从文化记忆理论角度来讲，一个民族的文化记忆是该民族在与自然界的长期生存斗争中，特别是在与外来民族的交往过程中形成的，这种记忆逐渐深入民族成员的潜意识，最终成为他们赖以生存的思维方式和行为模式，并通过历史传承对后代的思维方式和生活态度产生影响。从民族文化学角度来看，一个民族的存在，同样是以民族文化记忆为标志的：一个民族的文化记忆把民族成员紧密联系在一起，使他们意识到彼此之间的血脉相连和休戚与共。民族文化记忆之链一旦断裂，就意味着作为一个整体的民族自我意识的丧失。由此可见，文化记忆与民族同一性是互为依存的，前者是后者的基础，后者为前者的表象。

文化记忆对于集体同一性的构建作用和反思批判功能源自记忆的选择性特征。人们发现，即使在以虚构为特征的文学作品中，回忆也往往是有意而为的。也就是说，在文学创作中，回忆是一种"有意识的"行为，它不仅用于自我回忆，更重要的是作用于他人的回忆。这即是回忆的意图性和目的性。

回忆的目的性决定了回忆的过程是以选择和重构为基本特性的。哈布瓦斯早就指出了集体记忆的选择性：回忆"在很大程度上是借助从当下借来的事件对过去进行构建，而且以早先业已进行的重构为基础"[①]。扬·阿斯曼

---

① Maurice Halbwachs: *Das Gedächtnis und seine sozialen Bedingungen*. (Frankfurt a. M.: Suhrkamp, 1985), S. 55.

发挥了哈布瓦斯有关重构的观点，他认为记忆的选择性源自它的现时关联性，这种现时关联性不仅与某一个群体或集团的现实需求相一致，而且前者以后者为出发点，也反过来作用于后者。结合阿莱达·阿斯曼所区分的储存记忆和功能记忆的论述可以认定，一个社会团体从它的现时需要出发，进行记忆的筛选的确不仅是必然的，而且是可能的。阿莱达·阿斯曼用仓库来比喻储存记忆，人们可以随时根据现时需求从中调动所需要的记忆内容，从而达到记忆的重构。文化记忆的这种重构特征使它与价值构建产生密切联系，也就是说，某一个团体的集体记忆与当前的关联导致了它对文化记忆的不同态度，从而产生多重意义上的社会群体对价值体系的构建。

在本研究中，我们把德语文学定位为德意志民族的文化记忆场，进而对反映在其中的文学与文化记忆的关系、文学存储记忆和功能记忆的双重功效、文学作为记忆媒介的演示方式进行了探究，考察了文学本身的记忆（文学作为记忆的对象）和文学回忆（文学作为回忆的媒介）与民族价值观之间的关联。如果说德语文学作为知识体系，自18世纪下半叶起，经过200多年的建构和发展，它本身就成为了德意志民族文化记忆巨大的储存场的话，那么积累和凝聚在文学史、文学经典、文学素材、文学主题以及文学体裁中的核心概念诸如家庭、义务、秩序、荣誉、劳动、断念等则获得了自18世纪以来以市民阶层世界观为主导的民族价值观的质量。然而更为重要的是，这些价值观念并非一成不变，恰恰相反，它们的形成与发展不仅充满了矛盾和变数，而且其重点和内涵也在不断地发生着变化。这一点与蕴藏在文学中的文化记忆对民族同一性所具有的建构和修正意义不无关联。纵观德意志民族200多年来的"特殊道路"——这一"特殊道路"首先与德国历史上旷日持久的国家分裂与民族国家长期缺席不无关联——文学不仅是德国市民阶层，尤其是"有教养的市民阶层"寻找自我和定义自我的地方，往往也是女性、犹太人和其他弱势群体，诸如工人尤其是客籍工人，寻求和表达诉求的地方。正因如此，我们可以说，德语文学关注的内容往往也是德国社会乃至德意志民族所关注的内容。

概括而言，18世纪的德语文学在建构自己本身的同时主要聚焦于人和人的"教育"，到了19世纪，与民族文学发展同步的是对文学经典的选择和构建，除了"教育"依然重要外，"民族"成了这一过程中的另一个最高指导价值。如果我们在本成果上编第三章中对德国式成长与发展小说，即"教育小说"及"历史小说"的梳理能够充分说明这一点的话，那么令人关注的是，德国式的教育之路为何没有成为一条通往民主的道路。它初始时的非政治性、艺术性和个体内向性特征中所蕴含的自由和文化意义以及对生活的专注和凝神最终却走向了反面，以至于使托马斯·曼得出这样的结论："德国人深入骨髓的非政治的、反极端的和反革命的本质与由他们建立的教育思想的统治地位相关。"① 而阿莱达·阿斯曼则更是认为，在德国，"通过教育而实现的内在的个人主义的修养"通向了"君主政体与专制"②。至于19世纪德国文学推崇的"民族"概念连同其内涵，更是与沙文主义和种族偏见脱不了干系。甚至可以说，德国法西斯对"血统与土地"的鼓吹从根本上讲并非他们的独创和新创，而是有着深刻的社会历史渊源。

　　与18、19世纪以构建为主不同，20世纪德语文学的主要功能在于反思和批判，这其中也包括德语文学对自身和包含在自身内部的价值观念的反思与批判，对"经典辩论"和经典书目的重新审视和选择即是这一自我反省的具体表现，而风起云涌的文学思潮也可以被视为文学本身发生在自我记忆过程中的对主流价值体系的反映与反思。

　　当然不能从中得出这样的误解：反映在文学中的德意志民族文化记忆在18世纪、19世纪走的是一条日益僵化的道路。事实上，德语文学自它的萌芽和滥觞之日起，就一直走着一条错综复杂的发展道路，在传承与创新、记忆与选择、模仿与审视的张力场中不断前行。只不过到了20世纪，它才真正呈现出更强的批判色彩：这主要表现为作家往往利用某些承载着文化记忆的"记忆信号"，在各具特色的文本演示的基础上，调动读者审视传统的价值观念和话语标准，最终达到或批判，或讥讽，或颠覆的目的。

　　文学的这种与民族价值观的有机关联，与其说是在文学作为知识和机构中能观察得到，不如说它更多体现在文学回忆的层面上。在这里，文学不再是记忆的对象，而是文化记忆的媒介。换句话说，与以机构化、系统化、经典化为基础的文学记忆有所不同，以虚构为特征的文学作品所演示的回忆形

---

① Aleida Assamann, *Arbeit am nationalem Gedächtnis*：*Eine kurze Geschichte der deutschen Bildungsidee* (Frankfurt a. M, New York，Campus，1993)，S. 105.

② Ebenda，S. 101.

式更加丰富、更具活力，从而也更具有选择性特征。参照阿斯特莉特·埃尔从叙述理论出发的对文学回忆的分类①，结合本成果下编中的个案分析，可以总结出以下几种文学回忆演示和反观的类型：

一是"经验性回忆"，此时文学文本演示的是属于交际记忆范畴内的晚近的（按照扬·阿斯曼的定义，即 80 到 100 年、三到四代不断迁移的时间视野之内）个体记忆或集体记忆，日常性、感性经验和真实性是这一类型回忆的突出特征。此类型多见于自传文学，但也包括以虚构特征为主导的自传体小说、家族小说等。本研究中个案分析涉及歌德的《诗与真》，君特·格拉斯的小说《铁皮鼓》、《狗年月》和《蟹行》，梅克尔的《追忆我的父亲》，蒂姆的《以我的哥哥为例》以及贝克尔的小说《说谎者雅克布》等均属此列，同时还部分包括歌德的《威廉·迈斯特的学习时代》、施林克的《朗读者》、黑塞的《荒原狼》以及弗利施的《能干的法贝尔》等。

二是"纪念性回忆"，此时文学文本所演示的是发生于绝对的过去，属于远久时代视野的民族文化记忆。此类型主要涉及神话、传说和群体特有的仪式。值得注意的是，纪念性回忆在 18 世纪以来的德语文学中不是单一的，而是往往与（虚构）人物经验性回忆交叉融合在一起——这也是作为文化记忆媒介的文学长于其他记忆媒介的地方。对于这一点，我们不仅能在歌德的戏剧《托夸多·塔索》中观察得到，更能在海涅的小说片段《巴哈拉赫的拉比》中所反映出的仪式与集体认同之间的关系中感悟到。更典型的当数格拉斯的《比目鱼》，小说演示了德意志民族乃至人类社会自新石器时期到 20 世纪 50 年代末的发展历程、文化史、男女关系史以及饮食文化史。由于作者运用了童话的叙述方式来消解日常理性逻辑，附加上第一人称叙述的经验性和日常性，使得回忆不仅更加具体和形象，而且还在另一个层面上丰富并修正了主流文化记忆的内涵，比如女性在历史进程中的作用和功劳等。对主流文化记忆内涵的修正在弗利施的《能干的法贝尔》中也有体现，小说虽然讲述的也是一个（类型的）人的经历与经验，但由于这些经历与经验被放在了与神话（俄狄浦斯等）的关联中，使其获得了文化记忆的广泛意义。

---

① 埃尔的分类有经验性、纪念性、历史化、对抗性和反思性 5 种。参见 Astrid Erll, *Kollektives Gedächtnis und Erinnerungskulturen：Eine Einführung* (Stutlgart：Metzler，2005)，S. 167-191.

　　三是文学中的"历史性回忆"①。属于此类的文学作品不仅有前文中不断提到的历史小说，也有展示史实、历史人物的剧作，比如个案分析中涉及的席勒的《华伦斯坦》。尤其值得一提的还有以第一次世界大战和第二次世界大战连同纳粹德国为背景的小说，如亨利希·伯尔和君特·格拉斯的一系列作品。梅克尔的《追忆我的父亲》、蒂姆的《以我的哥哥为例》以及贝克尔的小说《说谎者雅克布》亦可算入此列。如果说在《华伦斯坦》中，历史人物华伦斯坦的悲剧命运是"史实"的话，那么，这类作品中，作者通过对其他人物的塑造和人物命运的虚构（比如马克斯·皮柯洛米尼和华伦斯坦女儿的恋情等），尤其是通过对人物内心世界的描述（华伦斯坦抱怨"生活的双重意义"的内心独白）等一系列艺术表现手法强化这一回忆的当下关联和价值选择。二战后诸多以回忆为线索的作品又有所不同，格拉斯、梅克尔、蒂姆和贝克尔的文学回忆均或多或少有自传因素，文本演示的也是各具特色的与自我同一性相关的个体回忆。然而，由于二战和纳粹德国历史的既成性提供了一个固定的集体记忆框架，如此一来，在文学虚构中，任何个体记忆都必然发生在这一框架之内，但同时又不断从当下出发对集体记忆框架本身连同民族同一性进行观照和审视。

　　四是"对抗性回忆"，或言"文学回忆竞争"（Literarische Erinnerungskonkurrenz）②："文学不仅描述过去——作为交际记忆、文化记忆或者科学史的对象，文学也积极主动地干预现实回忆并争夺回忆的主导地位。"③ 意思是说，文学文本能够充分发挥自己与文本外主流集体记忆建立关联的潜能，在演示不同的回忆可能性的同时，勾画出针对主流集体记忆的"反记忆"（Gegenerinnerung）。这种对抗性"反记忆"的影响潜力要么产生于社会边缘群体的"另类"回忆，要么产生于有别于主流价值体系的选择性回

---

　　① 笔者在此没有采用埃尔的"历史化"（historisierend）的提法。参见 Astrid Erll, *Kollektives Gedächtnis und Erinnerungskulturen：Eine Einführung*（Stuttgart：Metzler，2005），S. 177。埃尔以此指的是"文化知识体系的组成部分"（Bestandteil des kulturellen Wissenssystems），她注重的是文学与历史学的关联，笔者则更希望突出历史题材的文学性和虚构性，强调建立在虚构基础上的对历史事件或人物的反思与审视，以及这一反思和审视的当下性。

　　② Astrid Erll：*Kollektives Gedächtnis und Erinnerungskulturen：Eine Einführung*（Stuttgart：Metzler，2005），S. 178.

　　③ Ebenda.

忆。这是因为，文学回忆所演示的回忆由于建立在特定的叙述策略上而更具多样性和流变性，同时也能把文学记忆媒介所内含的当下性和视角转换功能发挥到极致。本研究个案分析中涉及不同的由文学媒介演示的对抗性回忆，如果说格拉斯在他的一系列小说中以抵抗遗忘为目的的对罪责的追问也是一种对抗社会主流集体记忆的"反记忆"的话——用格拉斯的话说，他写的是"反传说"①，那么，犹太作家和女性作家从各自的立场和视角出发所演示的另类回忆的复杂性以及与身份构建的关联则更加引人注目。海涅在他的小说残片《巴哈拉赫的拉比》中通过对仪式的展示所演示的犹太人的集体记忆显然就包含了作者对自己民族同一性的思考。贝克尔的小说《说谎者雅克布》中的文学回忆则不仅关系到犹太民族的集体记忆，对于作者本人的身份构建和身份认同也至关重要，甚至可以说，回忆对于作者具有生存意义。相比之下，两位女性作家巴赫曼和耶利内克的文学"回忆"则展现出更加极端和毫不妥协的反（男性）主流记忆及其价值观的姿态。巴赫曼不仅通过"温蒂娜"的控诉质疑了男权社会中的日常性和人生规划的意义，而且也和耶利内克一样，通过对新的女性形象的塑造彻底颠覆了传统女性形象所内含的审美标准与人生价值。

　　五是"记忆反思"。按照埃尔的定义，记忆反思是指"对回忆文化的观察"②。也就是说，文学文本不仅能够演示不同的回忆形式，而且还能够运用各种叙述策略将记忆的作用方式与问题展示出来。比如在君特·格拉斯的小说《铁皮鼓》和《蟹行》中，作者分别塑造了两个不同的第一人称叙述者，一个是"护理与疗养院的居住者"奥斯卡，一个是原本只会报道却不会叙述的记者，他们的共同点在于他们作为第一叙述人的不可靠。正是这种有意而为之的对叙述不可靠性的揭露与"暴露"，使一种陌生化和具有间离效应的回忆成为可能。在奥斯卡虚虚实实、真真假假的关于罪责的叙述中，读者开始思考什么是真正的罪责，谁是德国历史的真正罪人。类似的有意展示

---

①　Heinz Ludwig Arnold, "Gespräch mit Günter Grass" in: *Text und Kritik*: *Zeitschrift für Literatur*, herausgegeben von Heinz Ludwig Arnold, 1/1a, Günter Grass, Fünfte Auflage（München: edition text＋kritik GmbH），1978，S. 31.

②　Astrid Erll: *Kollektives Gedächtnis und Erinnerungskulturen*: *Eine Einführung*（Stuttgart, Metzler, 2005），S. 184.

回忆虚构性和空白点的叙述方式还能在贝克尔的《说谎者雅克布》的元叙述中观察到。而在巴赫曼的《温蒂娜走了》和耶利内克的戏剧《白雪公主》与《睡美人》中，对文化记忆的反思则是通过互文性来实现的。

总而言之，分析和研究表明，文学回忆不仅能演示个体和集体记忆，而且能展示文化记忆问题，传达与记忆互为因果的社会文化形式的价值与标准。具体到德语文学中的文化记忆和民族价值观，我们可以说，文学的功能不仅在于建构，更在于反思与观照。这一点在 20 世纪的德语文学中似乎更加引人注目。这不仅是因为——像罗兰·巴特尔曾经说的那样——现代文学更多地行走于真实与幻想、消灭旧的与创造新的东西之间[①]，而且由于社会与历史的原因成就了 20 世纪德语文学从内容到形式的回忆特质。如果说 18、19 世纪建构了以"教育"、"民族"和一系列以市民价值观念为主导的德意志民族价值体系的话，那么，我们观察到，这些观念连同德国的历史在 20 世纪以来的德语文学中不断受到质疑、反思和批判。与此相关联，假如说 18、19 世纪德语文学所滋养的"教育"思想和"民族"价值没有通向社会的民主，而是如前文所言通向了"专制"，尤其是法西斯"专制"的话，那么，不能不看到 20 世纪文学对这些价值的反思性回忆为德国市民社会的进步所作的贡献。

本成果通过研究证明，文学与文化记忆的关系重重叠叠，发生在多个层面上：文学可以是文化记忆的媒介，但同时也可能是文化记忆的对象；文学必定受到文化记忆当下性的影响，但反过来也会对一个民族文化记忆和价值观的构建产生作用。

三、成果的学术创新、应用价值以及社会影响

本成果在研究内容方面的创新在于，既关注了文学作为知识体系形成的历时性，也着重讨论了反映在文学文本中的文化记忆的共时性，从文化记忆的产生机制深入探讨了文学文本与当时的社会文化生活总体的具体关联与相互作用。研究显示，文化记忆理论能够给文学研究提供一个新的、独特的视角。从文化记忆理论着眼，文学作品不再仅仅是文艺审美的对象，而且是特

[①]　Roland Barthes, *Am Nullpunkt der Literatur*, aus dem Französischen von Helmut Scheffel (Frankfurt a. M. ; Suhrkamp, 1982)，S. 101.

定民族文化记忆最重要的载体之一。在研究方法上，本研究注意全面深入把握文化记忆理论之精髓，用相当篇幅厘清了阿斯曼文化记忆理论的要旨，在此基础上，寻找记忆与文学的切合点，结合文学作品的产生原理，阐明文化记忆理论对文学研究的指导意义。本研究从过程到结论，都明显区别于国内的外国文学研究界常用的互文理论和对经典化过程的研究，既着眼于文学内部和文学文本的社会体制化过程，从而研究记忆与文学的历时关系，又通过对"文学演绎"的研究，考察文学与文学外的记忆话语的共时关系。本研究的突出特色和主要建树在于研究内容和方法上的前沿性和跨学科性，不仅首次大量运用第一手文献，在国内较系统地介绍了以阿斯曼为代表的文化记忆理论，而且首次在（包括德国在内的）德语文学研究界系统运用文化记忆理论解读了德语文学的发展史，首次通过解读德语文学的一系列经典作品，透视德意志民族的同一性和核心价值观。在个案分析中，把记忆问题与媒介、身体、身份建构、互文性等结合在一起，充分体现出跨学科特点。就社会影响而言，本研究通过解读作为德意志民族文化记忆之重要载体的德语文学，发掘德意志民族以往三个世纪里存储在其民族文学中的文化记忆，由此把握其民族核心价值观的演变历程。

　　国内学者燕海鸣曾在《中国图书评论》上撰文指出，二战期间日本人在南京制造的"大屠杀"之所以没有成为与德国法西斯对犹太人的"大屠杀"（Holocaust）同等重量级的全球性事件，是因为后者经历了一次文化记忆的"再造过程"。她引用美国学者扬（James Young）的观点，认为我们中国人缺乏这样的视野和认识，"没有一个宏观的文化关怀，只是将南京大屠杀当作自己民族的一种低层面的集体记忆"①。由此可见，在文化记忆视角下，命运多舛的德意志民族的文化记忆也可以为维护和弘扬中国传统文化提供可资借鉴的文化参照。

---

　　①　燕海鸣：《集体记忆与文化记忆》，《中国图书评论》，2009 年第 3 期。

《〈朱子语类〉词汇研究》概要

徐时仪[*]

一、研究的目的和意义

治学首要是辨章学术，考镜源流。就研究近代汉语词汇而言，最主要的是对文献语料的鉴别和选择。文献是从事近代汉语词汇研究的基础，同一文献在传承中总会有或多或少的衍误脱略，一些文献还有不同程度的增补修订。就《朱子语类》而言，从最初各家所记"语录"到汇编为"语类"，其中各本异文错综复杂，迄今未作全面校勘。现存早期传本虽有宋刻《晦庵先生朱文公语录》七卷、明抄宋刻《晦庵先生朱文公语录》十卷、宋刻《晦庵先生语录大纲领》十卷、朝鲜古写宝祐二年（1254 年）再校徽州本《朱子语类》和明成化九年（1473 年）重刻宋咸淳六年（1270 年）黎靖德编《朱子语类》。然学界已有研究多依据今通行明成化刊宋代黎靖德编《朱子语类》或清代张伯行《正谊堂全书》所辑八卷本《朱子语类辑略》，未注意比勘各本的异文，往往误把后时资料当作同时资料，甚至有用未经校勘的电子本为依据进行考证的。而宋刻《晦庵先生朱文公语录》和朝鲜古写徽州本《朱子语类》等存黎靖德汇编《朱子语类》前朱子门人所记语录的原貌，更能反映宋代语言的实况。

朱熹是宋代理学的集大成者，又是训诂大师，在传统语言文字研究中敢于创发新义，讲学时释疑答问，广征博引，涉及社会文化的各个方面。《朱

---

[*]　徐时仪，上海师范大学教授，博士生导师。

子语类》卷帙浩繁，讲学内容丰富，时间跨度大。全书 200 多万字，共记有 14 295 条语录，大多为问答式，举凡哲学、宗教、政治、历史、人生、文学、艺术，大多采用浅俗明白的口语加以论述剖析，讲学论道中也不乏相当地道的白话，既是朱熹与其门人讲学问答的实录，也是文人口语的实录；既有讲学时引经注的雅言旧词与朱熹解说所用白话口语的历时层次差异和历代记录修订的差异，也包含不同地域、不同阶层门生弟子各自习用方俗词语的差异，充满了各种性质和各种层次的言语成分，不仅反映了朱熹的思想演变脉络和当时的社会生活状况，而且反映了当时语言的使用状况和古今汉语文白演变的概貌。然学界已作考释的词语还不足千条。《朱子语类》不仅堪称研究朱熹思想和宋代语言的一块璞玉，也为汉语文白演变和近代汉语发展规律的研究提供了珍贵的语言实录，有待作进一步的深入探讨。

近代汉语的时间跨度大，词义变化繁复，词汇体系中各个单位在共时条件下语义上处于彼此制约、联系的平衡状态，新成分的出现或旧成分的消失都会打破原有的平衡机制，导致词义再分配并引起词义的发展演变。近代汉语词汇的演变发展不是单一的线性流程，也不是各断代系统简单对应的静态延续，而是处于既有不同时间上的纵向传承和垂直对照，又有同一时间平面上空间横向影响的纵横交错、相辅相成的立体状态。本成果对《朱子语类》各本异文所作的扎扎实实的文献比勘和考证，将有裨于精加工的汉语史研究语料库的建设，而从词汇史的角度探讨《朱子语类》中新词的产生和旧词的衰亡，考察言语与语言间意义生成、制约的互动机制和新旧质素的兴替原因及其演变过程，将不仅在中近古汉语词汇的研究、《近代汉语词典》的编纂、《汉语大词典》的修订和汉语史的研究方面具有重要的学术价值，而且对从哲学、思想史的角度读通读懂《朱子语类》，尤其是朱熹专著中未论及的一些言论，也具有重要的学术意义。

二、成果的主要内容

本成果采用文献学与语言学相结合的方法，突破语言学研究往往不重视文献校勘的局限，将语言学的研究建立在扎扎实实的文献学研究基础之上，在比勘《朱子语类》今存李道传编辑的宋刻残本《晦庵先生朱文公语录》，朝鲜古写宝祐二年再校徽州本，明成化九年陈炜重刻江西藩司复刊宋咸淳六年导江黎氏本，日本宫内厅书陵部藏朝鲜本，万历年间朱崇沐重刻本和刘潜补修本，清康熙年间吕留良刊刻宝诰堂本，同治十一年（1872 年）应元书院刻本，光绪二年（1876 年）贺瑞麟刊刻传经堂本，四库全书本，中华书局出版的理学丛书本和安徽教育出版社与上海古籍出版社出版的《朱熹全书》中所收《朱子语类》各本异同的文献学基础上，运用传统小学的经验和现代语言学的理论以及先进的数据库技术，考释了《朱子语类》中近万条词语，对《朱子语类》词汇从文字学、音韵学、词汇学、文化史等多角度进行了较为全面系统的动态分析描写。

首先是宏观与微观相结合，宏观上着眼于对汉语词汇特点和系统的考察，微观上着眼于对某些特殊词汇现象的描写，从比较分析各本异同和考证一个个具体词语的形音义着手，将词义放在词义系统和与其相关的词义关系中进行考察，点面结合，整体观照一组词或一类词，辨析词义的细微差异，描述《朱子语类》文白新旧质素杂糅共融的词汇系统，考探汉语词义系统古今的兴替和演变规律。

其次是共时与历时相结合，既注重对《朱子语类》词汇本身的共时研究，又注意和同时代及前后时代的文献进行纵横比较。共时上力图全面透视《朱子语类》词汇语义，包括词的书写形式、词汇构造、词义成分、语义构成、习语俗谚等的静态特征。历时上则通过对《朱子语类》词汇的源流探索，探讨《朱子语类》词汇的动态运动轨迹，涉及常用词的发展演变、新词新义的考察、构词法的变化、词的组合与聚合、言语意义和语言意义的演变过程等，尤其是探讨了一些常用词词义和汉语词汇古今文白演变的线索。以往的研究往往忽略了共时语料中历时层次差异的错综复杂，以及"言语意义←→语言意义"的动态演变，本成果着眼于语言演变发展的时空性，运用时间上的纵向探源和空间上的方言比较，注意横向和纵向的联系以及新旧成分兴替的动态比较分析，阐明在共时描写基础上的历时状貌，在共时和历时交叉的焦点对《朱子语类》中的词语进行纵中有横、横中有纵的全方位的综合考释，探索汉语词汇的古今发展和文白演变体现的价值取向。

本成果共 8 章：

绪论部分概述了《朱子语类》的具体内容、《朱子语类》词汇研究的相关成果，阐明了《朱子语类》词汇研究的宗旨与方法。

第一章论述了《朱子语类》的传本与语料，着重探讨了由语录到语类的形成过程，指出了今传存各本的价值，特别是宋刻本《晦庵先生朱文公语录》和朝鲜古写徽州本《朱子语类》的价值，指出《朱子语类》的语料通俗又不乏文言气息，讲求运用各种修辞技巧，具有口语鲜活的动态性和雅俗交融的多元性，阐明了《朱子语类》作为原生态口语的书面记录在朱子思想研究和汉语史研究中的重要价值。

第二章考察了《朱子语类》词汇的概貌，探讨了《朱子语类》词汇的来源，指出从语体风格看，既有书语词，也有口语词；从历史属性看，既有承古词，也有新创词；从社会属性看，即有理学词，也有日常生活用词。着重论述了《朱子语类》词汇文白并用雅俗交融、词语运用灵活多变、词语的联想和形象色彩、注重义理包容释道以及南方地域方言色彩的特点。

第三章论述了《朱子语类》词汇的构成，对《朱子语类》词汇的构成从各个角度进行静态描写，就《朱子语类》各本中的异形词、同素异序词、三音节词、四音节词和口语常用句式形成的非词语块作了考察，分析了三音节词、四音节词等的结构模式和口语句式中跨层短语的成词，探讨了汉语造词复音化的发展趋势。

第四章考察了《朱子语类》各本的同义词和反义词，着重探讨了其中的同义近义聚合；考释了《朱子语类》中的一些成语和习语俗谚，指出成语和习语俗谚既有形式结构上的相似性，又有深层结构的差异性，共同构成一组以现成话语为"原型"的具有各种不同程度相似性的词语，认为语言的发展存在一个从口语语词到书面语文辞的不断转化过程，这种转化体现了通俗的平民文化与典雅的精英文化相融合的价值取向；论述了《朱子语类》中的词汇单位语法化现象，探讨了"箇、个、個"和"不成"、"一味"由词汇成分演变为语法成分的语法化现象，以揭示汉语词汇发展的某些规律。

第五章以《池录》和朝鲜古写徽州本及成化本《朱子语类》各本异文为据，对《朱子语类》中方俗词语的产生、替代和演变进行了个案考察，着重考释了"办、差异、吵、吃紧、猜、揣、倒断、地步、地位、烦恼、犯手、放鹇、骨董、骨力、好看、合杀、哄、嚇、脱赚、后手、节揩、砍、斫、困、困善、困睡、睡困、快活、老草、潦草、落草、理会、拍盲、腔窠、窠槽、窝窟、窠窟、窠臼、科臼、拌、拚、圈套、腔当、搉、阁、局、扛、生受、索性、阘茸、阘飒、提撕警策、退听、物事、东西、无图之辈、无图之人、无图底人、下梢、絮、切怛、飐、一造、硬著脊梁骨、著起精神、周章、转、则样、则揩、走作、著落、落著"等方俗词语。

第六章论述了常用词的兴替演变，指出常用词是词汇的核心，起着保证语言的连续性和为创造新词提供基础的重要作用。《朱子语类》作为文人口语的实录，在某种程度上更能从词语新旧形态的状貌上体现常用词的兴替和文白此消彼长的演变规律，就"疾、迅、速/快"、"曝、晒"、"怕"和"忙"作了个案探析。

第七章从概念场和词义系统着眼，以表达相同的概念为依据，系联《朱子语类》中认知上属于放置、拘泥、愚昧、痴狂、招惹、放逸、恐惧、隐藏、欺骗、猜测、探究和知晓范畴的词及其义位，运用原型范畴理论考察同一时期覆盖在同一概念场上的词语表达形式的使用情况及其词义的演变过程，既探究表达这些概念的词语同概念场内其他成员在意义用法上相互联系、相互制约、相互区别的聚合关系，也探究这些词语同本场成员（场内组合）以及其他概念场成员（场外组合）的组合关系，探讨了《朱子语类》词义系统中表达这些概念的词语类聚及其词义演变的特点和规律。

第八章论述了《朱子语类》词汇研究的价值，探讨了《朱子语类》词汇研究在古籍整理与研究、语文辞书编纂与修订和思想文化方面的重要价值。

结语部分从语言学作为一门领先的学科正在于语言学研究的内容与人的活动密切相关着眼，认为汉语词汇的古今发展和文白演变在某种程度上正体现了不同阶层的人们使用同一种语言的必然发展趋向，即典雅的精英文化与通俗的平民文化相融合的价值取向。《朱子语类》客观上如实反映了白话渐取代文言的趋势，借《朱子语类》词汇的研究，既可探讨近代汉语词语的形音义变化和演变方向以及动因等，又可考察"言语意义←→语言意义"、"口语←→书面语"的动态演变和汉语文白转型由量变到质变此消彼长的过程，还可探索朱熹和门人弟子在课堂讨论中所用文言雅词与通俗白话相融合的价值取向，揭示汉语词汇系统古今演变的发展趋势以及精英文化和平民文化在社会交际中趋雅←→趋俗相融互补，由古典形态走向现代形态的新旧交替规律。最后论述了《朱子语类》词汇研究在汉语史研究上的学术价值。

三、成果的重要观点

研究语言演变主要依据口语或口语的记录，口语或口语记录的语言研究价值取向在于这些语料能够全面真实地反映当时语言的实际面貌。《朱子语类》为朱熹门人所记讲学问答的实录，尤其是朱熹不同时期不同场合的讲学内容由来自不同地区的不同门生记录，同一内容的表述用词不尽相同，门人弟子所记又各有侧重，或详或略，有同有异，而同一门人在不同时间不同场合记录同一内容，不同的门人在同一时间同一场合记录同一内容，不同的门人在不同时间不同场合记录同一内容，同一门人前后所记或有不同，来自同一地域的不同门人所记也或有不同，来自不同地域的门人更难免有同有异，且明清刊印的传本也多有异文，提供了前后相近的几个时间点上语言变或未变的珍贵线索，具有时间上的连续性。从这些无声的词语改动中也可"听"到编刻者所说的一些有"声"语言与宋代所说语言的不同，在某种程度上又反映了宋至明清的语言演变。各本所载这些详略不同的语录和异文的年代大致可考，形成互补，往往文白相间，雅俗共存，旧义的延续和新义的诞生共存于同一平面，形成了绝对动态演变、相对静态聚集，多源而一统、同处而异彩的语言渊薮，相当于一个立体的网络，叠置着从历史上各个时期传承下来的不同历史层次的词语和宋代产生的新词新义，客观上如实反映了当时宋以前汉语原有单音词和唐宋以来新产生的复音词并存的语言事实，以及上古汉语和近代汉语新旧质素交融的演变概貌。

本成果在比勘考覈《朱子语类》各本异文的基础上，理论和实证并举，时间上贯通古今，地域上贯通方言和通语，致力于探讨朱子与门生弟子讲学的文人口语词汇，探讨了《朱子语类》各本异文所反映的前后相近的几个时间点上一些词语或词义的演变过程，力图从言语意义和语言意义的转化以及文白、雅俗双向交融的价值取向出发，由讲学语录文体的剖析入手，对宋儒语录词汇构成和语义构成进行多角度的静态描写，考察了《朱子语类》所反映的当时文人口语词汇的概貌。在此基础上，用现代语义学的理论和方法深入词义内部，研究近代汉语的语义特点和演变，并从历时和共时相结合的角度分析探讨《朱子语类》中的词汇现象与特点，描绘演变的进程，探索汉语词汇发展的规律，考证了宋代产生的一些新词新义和方俗口语词。

　　汉语发展至中古，新词的产生由词的引申、转化、音变而让位给合成的方式，这是汉语词汇系统在历史发展中的一大变化。而具有亲属关系的词和词之间总有一个在音义上有关联的核心成分，词与词在这个核心音义成分的关联下，一个接一个地被类推、衍生出来。在词汇系统中，各个词汇成分都是以其共同的音义特征为纽带，类聚成一个按各自所在位置排列的同层面或不同层面的词汇群，同层面的为并列关系，不同层面的为上下位关系，每个层面的词汇成分在语音、语义、语法、词汇、文字这5个方面又同其他层面的词汇成分发生组合或聚合关系，类聚为更大的词汇群。词汇系统中的词义系统是由一个个聚合和组合的词义类聚建构起来的，每一种语言都是由千百个不同层次的概念词语类聚组成的词义网络系统。词义网络系统由词义及词与词间的各种关系相互连接而构成，其存在又反过来使具体的词义得以确立。这两者是相互依赖而互为前提的。从词汇系统中选取任意一个词汇成分作为辐射点，沿着其聚合关系辐射开去，就会形成无数个以该词汇成分为核心而聚合其他词汇成分的聚合网络。每个辐射点可以是一个词汇成分，也可以由多个词汇成分构成。构成辐射点的每一个词汇成分又可以作为一个新的辐射点形成一个新的辐射聚合。各个层面上所有词汇成分的辐射聚合相互联系、相互交织在一起就构成了词汇系统的动态聚合网络，每一个词汇成分在这个聚合网络中都有一个确切的位置。《朱子语类》叠置着历史上各个时期传承下来的不同历史层次的词语，新旧语言质素聚合在一个语义场内部，表达某一个具体的语义范畴。在《朱子语类》这一共时词汇系统中，每个词语类聚构成一个反映当时语言的词汇群。每个词语类聚中的成员来自不同的历时层面，反映了类聚中成员的历时变化，各成员间在类聚中形成互补关系，又有各自的场内组合和场外组合。如以《朱子语类》中知晓概念词语类聚中的晓、解、悟、识、知、会、通、达、悉、谙、见、瞭、了、党、委、转等及其场内外组合词语晓得、理会、晓会、晓了、晓悟、知晓、晓认、分晓、通晓、洞晓、谙晓、晓解、解悟、顿悟、开悟、省悟、醒悟、省觉、领略、识认、知识、知委、知悉、谙悉、体悉、通达、明瞭、明了等任意一个词作为辐射点，沿着其聚合关系辐射开去，就会形成以这些词汇成分为核心而聚合与其有同义、反义、上下位义、整体部分义等词汇成分的聚合网络。如与表示探究的觅、寻、寻求、寻索、寻究、寻讨、究索、极索、穷索、玩索、推索、摸索、寻摸、探摸、研磨、研摩、研穷、穷研、精研、研精、钻研、研钻、考究、推究、详究、穷究、研究、体究等词形成知晓和探究概念词语类聚相交合的聚合网络，与表示体会的体当、体察、体会、体究、体看、体认、体贴、体验等词形成知晓和体会概念词语类聚相交合的聚合网络，与表示猜测的猜、揣、抟（团）、度、料、量、测、忖、臆、意、搂、逆、摸、猜疑、猜抟、猜嫌、揣度、揣合、揣摩、揣摸、思量、抟（团）量、抟摸、描摸、推测、捉摸、测度、料想、料度、搂度、量度、逆度、忖度、推度、约度、讨度、臆度、臆说、臆见、意会、逆料等词形成知晓和猜测概念词语类聚相交合的聚合网络等。这些聚合网络中的每一个词都有自己的场内外组合，又与周边的相关词语类聚（如拘泥概念词语类聚、放逸概念词语类聚、附会概念词语类聚、差误概念词语类聚等）系联，这些聚合网络中的词与词相互联系、相互交织，每一个词都有自己确切的位置和场内外组合，再与周边的相关词语类聚（如放置概念词语类聚、遮盖概念词语类聚、招惹概念词语类聚、丢弃概念词语类聚等）系联，且随着社会的发展和新旧词的兴替，各词语类聚又不断调整，吸收新成员，淘汰旧成员，以满足社会交际的需要，从而形成了一个从古到今不断发展的、开放的、多层面立体交叉的词汇网络系统。

语言永远处于不断发展变化之中，要全面、深入、系统地了解语言，就必须探索语言发展中决定变与不变的主要因素和规律。研究语言变化的最佳切入点即是语言变异。如果说 20 世纪前语言学的研究主要是对语料的搜集和整理，借以研究语言的规则与特点的话，那么今天研究语言的共性和决定语言变与不变的机理则是当代语言学研究发展的趋势。汉语词汇在由古至今的发展中有变，有不变，有变化大的，有变化小的，而为什么变、怎样变、为什么这样变而不那样变则既有语言自身的发展规律，又有人们具体取舍的价值取向，在某种程度上也反映了精英文化与平民文化以及本土文化和外来文化的交融。

语言既是精英文化的载体，也是平民文化的载体。语言在演变发展过程中，一方面是口语成分被吸纳到书面语中，另一方面书面语成分有时也会被口语采用，在某种程度上反映了雅俗间的互相吸纳、互相渗透。语言的发展存在一个"言语意义←→语言意义"的动态演变和"口语语词←→书面语文辞"的不断转化的过程。词汇的发展过程，概括说来，就是新陈代谢的过程，也就是词汇新质要素不断产生和旧质要素不断衰亡的过程。词汇的发展变化不仅涉及词量、词音、词形、词义、词的用法和类属，而且涉及词和词之间的各种关系等诸多方面。这些变化对于整个汉语词汇来说是量变或局部质变，而积累到一定的阶段则可能是质变。词汇的演变在某种程度上可以说不仅反映了不同时代不同地域的语言演变，而且也折射出各个时代不同阶层人们的意识、情感和心灵状态。语言在反映客观外界的同时，也体现了使用者内在的主观思想。语言的演变在某种程度上体现了使用者自我意识的发展水平，尤其是汉语文白的演变可以说更真实更细腻地记录了人们的思想倾向和意识情感。近代汉语词汇的研究不能只局限于描写语言结构本身，还应注重传统文化雅俗互补的传承和中外异质文化的碰撞融合，从语言是一种文化现象和语言隐含的价值观念着眼，解释为什么是这样，要联系社会、物理、生理、心理，把语言现象置于空间和时间中去描写和解释，涉及社会的发展和人们思想观念的转变等各个方面。

四、成果的学术价值、应用价值以及社会影响和效益

古代汉语和现代汉语的区别表现在书面上就是文言与白话的区别，文白的转型反映了汉语古今发展的脉络，也深刻地影响了我们整个民族的思维和演说方式，成为中国文化由古典形态走向现代形态的起点。《朱子语类》可以说是一种文白混杂的半口语化的语言，既有文言成分又有白话成分，既具有文人口语半文半白的特征又体现了文白演变的趋势，反映了古代和近代汉语新旧质素并存共融的使用状况。本成果力图从文白此消彼长的角度着眼，通过对《朱子语类》相关词语和各本异文的考释，张皇幽眇，从共时语料中进行历时的语言演变分析，探讨白话文是怎样取代了文言文，辨析现代汉语的词语怎样由上古演变而来，揭示文白演变的内在规律和不同阶层雅俗文化相融合的价值取向。

本成果通过对《朱子语类》词汇的研究指出汉语词汇的古今演变在某种程度上反映了精英文化与平民文化的交融，指出语言构成了文化最为深刻的基础，语言体系的形成即文化类型的形成，语言的承传亦即文化的承传。汉语词汇的古今发展和文白演变不仅体现了"言语意义←→语言意义"和"口语←→书面语"整合融合的动态演变，反映了汉语词汇发展演变渊源有自的

传承性和吸纳口语的开拓性，而且也体现了不同文化和不同阶层的人们使用同一种语言的必然发展趋向，即典雅的精英文化与通俗的平民文化以及本土文化和外来文化相融合的价值取向。

本成果的内容涉及语言学、哲学、文献学和辞书学等多个学科，具体价值如下：

（1）为近代汉语数据库的建立和词汇系统的研究提供了可信的《朱子语类》语料和经过比勘考斠的各本异文。

（2）为厘清李道传所编《池录》、黄士毅所编《蜀类》和黎靖德所编《朱子语类》的传承脉络，订正中华书局理学丛书本《朱子语类》和上海古籍出版社、安徽教育出版社版《朱子全书》所收《朱子语类》的失校漏校等疏误，进而为向学术界提供高质量的《朱子语类》整理校注本奠定了扎实的基础。

（3）为近代汉语近义词辨析、异形词考辨、方俗口语词考释以及汉语词汇史的研究提供了大量鲜活的第一手材料，可供略窥近代汉语词汇的基本面貌。

（4）通过对《朱子语类》词汇的研究，探讨汉语词汇系统和词义系统，揭示了近代汉语词汇的特点以及汉语词汇古今发展的一些规律。

（5）为汉语史其他领域提供了宋儒语录的佐证用例。如宋刻本和徽州本中的俗字异体对研究宋代用字和探讨汉字形体流变以及俗字造字心理皆具有重要价值，又如《朱子语类》各本中的大量音注不仅可厘清语录至语类等各本的成书线索，而且在汉语音韵学研究上也将有所开拓。

（6）在辞书学特别是汉语语文辞书编纂方面具有实用价值，可据以补充改写现今汉语语文辞书中大量词条。主要为：①揭示词语的源头，提前《辞源》和《汉语大词典》等工具书中很多语词的起源时间至宋代。②完善和整理《辞源》和《汉语大词典》等语文辞书的义项及词义嬗变线索。③弥补相关词语变式条目（如同素反序词、异形词）的收录，以阐明某个语词产生和嬗变的脉络，全面反映汉语词汇的面貌。④增补收录一些口语词。⑤弥补《汉语大字典》等未收录的异体俗字。

此外，《朱子语类》不仅为汉语文白演变和雅俗文化的价值取向研究提供了珍贵的语言实录，而且堪称研究宋代语言和朱熹思想的一座宝库。本成果在《朱子语类》文本研究、朱熹思想研究、理学研究、宋史研究、朱子门人研究和朱子学研究的方方面面也都有重要的应用价值。

《汉语方言词汇比较研究》概要

董绍克*

传统的汉语词汇学是把共同语词汇作为研究对象，其理论基本是建立在对共同语词汇研究基础之上的。然而汉语方言词汇特别丰富而复杂，且与共同语词汇有较大差别，许多现象只靠传统词汇学理论难以解释清楚。这就要求我们必须加强对方言词汇的研究，借以丰富和发展传统词汇学的理论。

对汉语方言词汇的研究除了它的语言学价值外，还有重要的历史学和社会学价值。罗常培先生说过："一个时代的客观社会生活，决定了那个时代的语言内容；也可以说，语言的内容足以反映出某一时代社会生活的各面。社会的现象，由经济生活到全部社会意识都沉淀在语言里面。"我们从方言词汇的研究中同样能窥视到不同地区各时代的社会生活状况和社会意识，更能了解到当前不同地区的风土人情、社会习俗和生活状况。

正因为方言词汇的研究有如此重大的意义，所以一直受到学者们的重视。继汉代扬雄编纂《方言》之后，不少学者陆续编纂了许多方言词汇的工具书，取得了很大的成就。然而我们也看到，传统的对汉语方言词汇的研究在方法上还有进一步改进的必要。传统的研究方法主要是编纂方言汇集或方言词典，如果在此基础上对方言词汇的异同和特点作出比较，从理论上探讨其内部各种规律，将使方言词汇的研究向前推进一步。但是，目前从理论上对方言词汇进行研究的还很少见，文章不多，专著更是没有。本成果正是在这方面进行了开创性的探讨，填补了本领域研究的一项空白。

---

* 董绍克，山东师范大学教授。

　　本成果以考察十大方言词汇的差异为主，也兼顾考察各方言的共性特征。研究方法基本上采用对比研究，通过比较，考察各方言的词汇特征和发展演变规律。另外，根据各章研究内容的特点还分别采用了计量法、类型归纳法和考证法等。

　　本成果"综论"部分首先考察了汉语方言词汇比较研究的历史。从研究的内容和特点来看，可分为汉代的研究、清代的研究和现代的研究三个阶段。接着重点考察了方言词汇比较研究与语音学、文字学的关系。方言词汇的形成与语音有密切关系。从方言词汇的角度来观察，语音变化有的能形成方言词，有的不能形成方言词。前者我们称作"词汇性音变"，后者我们称作"一般性音变"。

　　"词汇性音变"有两类，一类为历史音变，包括分化性音变、不齐性音变（主要指滞后性音变），如"角落"由于历史音变分化出"旮旯"一词。南京方言还没分化，仍称"角落"，石家庄方言已经分化成"旮旯"。又如北京方言的"刚"乌鲁木齐方言说成"将"，显然"将"的音变速度快于"刚"。另一类为语流音变，包括语音同化、语音异化、语音换位、轻声，这些音变都能引起方言词的产生。如"蜘蛛"在天津方言说成"蛛蛛"属于同化；"风箱"在济南方言说成"风掀"属于异化；"膝盖"在山东莱阳方言说成"波拉盖（儿）"，而在山东菏泽方言则说成"胳拉拜儿"属于换位；山东青岛方言所说的"扎箍"（义为"修理"），山东威海方言说成"扎挂"，山东新泰方言说成"扎裹"，其"箍"、"挂"、"裹"的不同是该音节读作轻声造成的。

　　"一般性音变"如入声在某些方言中的消失，鼻音韵尾在某些方言的合并，"日"母在某些方言读成零声母等都没引起词汇的变化。这些现象都不属于本成果研究的范围。

　　方言词汇的形成与文字学也有密切关系。当前记录方言词用字有两种方法：一种是"音变字变"，即语音变化了，方言词形成了，记录方言词的字也跟着改变，如"角落"口语说成"旮旯"。另一种是"音变字仍"，即语音变化了，方言词形成了，仍用原来的字记录，如"棉花"唐山方言说成 [niaŋ²² · hua]，有的方言词典仍写成"棉花"，实际上唐山方言"棉"的单字音并不读 [niaŋ²²]。这种二法并行的现象给我们比较方言与普通话词汇或者方言与方言词汇的异同带来许多麻烦，是不可取的。本成果认为因音变引起词变，词变导致用字的改变，音变、词变、字变，三者是不可分的，也是符合汉语发展的实际的。

方言词汇在构词方面的特点主要表现在三个方面，一是语音，二是语素，三是构词类型。

语音方面主要指词语的音节数量不同。方言词是单音节的，普通话可能是双音节。如普通话的篮子、盘子、瓶子、稻子、麦子，苏州话说成"篮"、"盘"、"瓶"、"稻"、"麦"；普通话的杏、猪、驴、雷，苏州方言说成"杏子"、"猪猡"、"驴子"、"雷响"；还有的方言带上了双词尾，如苏州方言的"盼头子"、"嚼头子"、"零头子"。另外还有叠音与非叠音的不同，如普通话的杯子、碟子、坛子，贵阳方言说成"杯杯"、"碟碟"、"坛坛"。

语素方面主要指构词语素的不同，如济南方言的"锅"，厦门方言说"鼎"；济南方言的"看"，广州方言说"睇"；济南方言的"黑"，厦门方言说"乌"；又如普通话的"玉米"，山东阳谷方言说"棒子"，洛阳方言说"苞谷"，广州方言说"粟米"。语素数量各方言也不相同，如广州方言既说"蝙蝠"又说"飞鼠"，天津方言既说"碌碡"又说"石滚"，厦门方言既说"弥勒"又说"肥勒"。语素的顺序各方言也不一致，如厦门方言的"鸡母"（母鸡）、"猫母"（母猫）、机司（司机）、笔排（排笔），广州方言的"人客"（客人）、"水胶"（胶水）、"康健"（健康）、"闹热"（热闹）等也与北方话大不相同。

构词类型的不同主要列举了广州方言的"三音二叠式"和"语素分割式"。前者如"腊腊吟"、"阴阴笑"、"湿湿碎"、"口多多"、"心挂挂"、"白雪雪"，后者如"嘈喧巴闭"、"墟巴嘈闭"、"巴喳"、"嘈嘈闭"等。另外还列举了福州方言的"反切语"和灌阳方言的"二字语"以及柳州方言的"歇脚语"。

方言词汇的语义研究共分四部分。即方言义位的义值比较、方言义位的义域比较、方言义位的极化现象比较、方言对立词义范畴比较。

方言义位的义值比较又分表意义值和指物义值两种。表意义值指借以辨认对象物的诸特征之总和。普通话和方言之间，或方言与方言之间同一个词形的义值是有差别的。如普通话和多数方言中"走"和"跑"两个义位义值不同，分工明确，各有自己的位置和价值。娄底等南方方言中"走"的"行走"义由"行"来表达。由于"行"的存在，"走"不能再表达行走的意思，而仍表达"跑"的意思。又如"甜"，济南、洛阳、西安、西宁、万荣、太原、忻州等地还有"淡、不咸"的意思，在这些方言的味觉语义场，"甜"占据了"甜"和"淡"（不咸）两个义位的位置。而普通话和其他许多方言（如哈尔滨、南京、银川）都有一个专门表示盐少并与"咸"相对的"淡"。济南等方言"甜"既与"苦"相对，又与"咸"相对，"甜"占有了"淡"的义位。在这些方言的味觉义场里，"甜"的义值增大了。指物义值指一个词的指示义，指物义值和表意义值密切相关、相互依赖。如梅县的"甜酒"指"醋"，这是源于"酒"的指示义与众不同，在梅县"酒"、"醋"是不分的。长沙、娄底、南昌、萍乡等地方言"醋"被称作"小酒"和梅县方言有相似之处。方言同形义位指物义值的差异也与方言区特有的社会文化生活、风俗习惯、自然环境的差异有关。如"拆档"广州方言指合股生意散伙，苏州方言指"评弹"演出的合作者不再合作。金华的"点心"指馄饨、鸡蛋、糕点等少量而精致的食品。

义值的比较还研究了多义义场义位的义值比较和多义义场义位的关联分析。

义域的研究包括含元量比较、语用域比较和组合能力比较三部分。

含元量的大小指义位是指某一对象的整体或较大部分，还是指该对象的局部或较小部分。如东莞、海口话"脚"义为"下肢，特指膝盖以下的部分"，"手"指"整个上肢"，这与普通话及许多方言不同，这种差别就属于含元量大小的不同。又如成都方言"手指头儿"指手指肚，牟平、杭州、温州方言指手指头。

语用域指义位使用的范围和适用的对象。如"丑"普通话和许多方言用于形容人的相貌丑陋，而柳州方言却能形容人的脾气或物品质量不好。又如"吃"普通话只用于固体食物，而娄底方言可以说"吃茶"、"吃汤"、"吃烟"。又如"树"普通话只指树木，而湖南溆浦方言则能指所有类似树的植体，如"电杆树"、"棉花树"、"茄子树"。其他词类也存在语用域的类似区别。

语用域的组合能力着意观察义位自身的组配能力、适用对象的多寡。如"话"在吴、湘、赣、客方言中相当于普通话的"说"，如"话来话去"、"话出来"、"话下来"。"匹"在武汉方言里可以说"一匹牛"、"一匹羊"、"一匹猪"、"一匹狗"。

义位的极化现象指语言中肯定/否定的对立系统,即对立词含有正面或负面、积极或消极的含义。如"喜欢—讨厌"、"高—低"等。经过考察可以发现:(1)表示正极(积极评价)意义词语多于负极(消极评价)意义的词语。(2)正极词语的使用频率高于负极词语。(3)正极词语的构词能力强于负极词语。(4)由正负极语素(词)组成的词或短语往往是正极在前负极在后。(5)正极词语可以派生出负极词语意义。(6)中间义多引申出正极义,有的也能引申出负极义。(7)某些短语的意义向正极偏移。(8)正极词语有更多中立性的可能,弱倾向性问句中多用正极词语。

方言对立词义范畴比较主要考察了方言显性词义范畴比较、方言稳性词义范畴比较、词义范畴跨界使用比较三个方面显示出来的方言词汇的特点。

对于方言词汇成分的研究主要包括基本词汇的比较、古语词的比较两部分。

在进行方言词汇成分的比较时,首先列出了两个"千词表",一个是现代汉语的"千词表",一个是古代汉语的"千词表"。通过第一个"千词表"的比较,发现与普通话词汇差别最大的是厦门方言,约占总数的65%,其次是广州和梅县方言;差别最小的是济南和太原方言。从北向南差别逐渐增大。第二个"千词表"的词分作两个时段,一为上古时段,下限在两汉,称作"上段";二为中近古时段(包括魏晋),下限在元代,称作"下段"。两段分列,每段五百词,互不包含。通过比较,发现十大方言的古语词在这个表中的存留情况很有特点:(1)存留总数太原方言最少,广州方言最多,从北向南呈现递增趋势。(2)上段存留总数比下段多出1/4。上段存留数也是太原方言最少,广州方言最多。从北向南也呈现递增趋势。(3)下段存留数苏州方言最多,厦门方言次之,南宁、太原方言最少,在地域上没有表现出递增或递减的趋势。上段与下段在各方言的存留数如此不同是否与两汉以后北方移民大量南迁有关,很值得思考。

本章还比较了外来词在不同方言中的情况,发现各方言中民族语言的借词各有不同。有的借词较多,有的借词较少,有的干脆没有。这种差别与各方言所处的地理位置、经济发展状况、民族交往的历史等因素有密切关系。比如福建人民历史上与闽越人有过密切交往，出洋谋生也与南洋马来人有过密切交往，于是闽南语中就有较多的古闽越语与现代马来语的借词。广州与香港相距咫尺，而香港又长期被英国占领，所以广州方言中就有较多的英语借词。新疆是维吾尔族聚居的地方，汉人与他们和睦相处，交往密切，所以乌鲁木齐方言中就有较多的维吾尔语借词。而内地方言就很少或者没有外来词。

本成果依据现代汉语"千词表"的语料论述了十大方言的亲疏关系，首先介绍了当前学术界对方言区划分及不同方言区亲缘关系探讨的现状。从丁帮新"以汉语语音史为依据"说，到日本王育德从200基本词入手讨论五大方言之间的相似度及其分化年代，再到郑锦全、王士元、沈钟伟、游汝杰诸氏借助计算机用定量统计的方法来探讨方言之间的亲缘关系，都取得了很多的成果。但是我们也看到，对汉语方言词汇的定量分析，不同学者的处理方式和精度各有不同，因而得出的结果有的差距悬殊。这说明，现有的处理环节和方法还有需要进一步探讨的地方。本成果在处理对象的确定、相似度的计算、类聚的生成等方面都作出了新的探索。我们以普通话基本词汇中常用的1 000词作为处理对象，作为比较的依据。这些词分布在社会生活的各个领域，形式稳定、意义明确。在比较方法上，抛开对相关系数的计算没有什么影响的构词方式，只考虑词内语素的异同。根据词内所含语素不同数量分别给出相似度的计算公式，再分别计算出任意两个方言间的相似度，多个方言的相似度就形成相似度矩阵。然后利用聚类分析画出聚类图，从聚类图可以清楚地显示出十大方言之间的亲疏关系。这样得出的结论则更具科学性和可信性。

本成果还从方言词汇的分析考察了方言分区的问题。过去对方言的分区都是以语音的异同为依据进行的，分区的结果存在不少争议。而拿本成果对方言词汇的分析去观察，有些问题就会有比较清楚的答案。

方言词汇具有明显的历史特点，不同历史时期方言词汇的成分有不同的变化。有的词在历史上可能属于共同语，而现在却成了方言词。如"星宿"一词在汉代属于共同语（《汉书·刘向传》："夜观星宿"），而现在成了流行于河北张家口、石家庄、邯郸等地区的方言词。有的词在历史上是方言词，而现在则属于共同语，如"你"在秦汉时期是个方言词（《广韵》："你秦人呼旁人之称，乃里切"），而现在则属于共同语了。方言词汇的语义结构也随着历史的变化而变化，有的方言词语义变宽了，如"晒"在汉代还只指"暴五谷之类"(《方言·卷七》:"暴五谷之类,秦晋之间谓之晒"),而现在西安方言把阳光照射到所有物体上都叫"晒",如晒粮食、晒衣服、晒人。随着历史的发展,义位的变化也是明显的,主要表现在义位的增多,义位的减少和义位的更替几个方面。

方言词汇差异的形成原因十分复杂,有语言内部的因素,也有语言外部的因素。语言内部的因素包括语音变化的影响(指历史音变和语流音变),语言继承的影响(指各方言继承古汉语成分有所不同),语言接触的影响(指不同民族由于长期相互交往而在语言上相互借用、相互吸收),语言认知的影响(指人们对事物特点和属性的认知并不完全一致,对同一事物不同的人为之命名的根据会有不同)。语言外部因素包括历史的影响(指某地区的特殊历史背景会产生特殊的方言词),社会的影响(指社会风俗、观念、崇尚各地不同,会产生不同的方言词),文学艺术的影响(指好的文学作品中的人物、故事渗入方言词汇之中),地理的影响(指特定的地理环境和气候会产生特定的方言词)。

方言词汇是用汉字标示的。研究方言词汇首先遇到的就是方言词汇的用字。所以对方言词汇用字的研究可以看作方言词汇研究的前奏。鉴于历史上乃至现在不少学者常把方言字当作俗字看待,所以在"方言词汇用字"一章首先论述了方言字与俗字、本字、方言俗字、训读字之间的关系及差异。

方言字与俗字的不同,第一是两类字的产生不同。俗字的产生,不管是简化字还是繁化字,都是由于书写上的不一致造成的,而方言字是根据方言词汇表达的需要特地另造的一些字。第二是两类字的性质不同。历代的正字都是作为当时标准语的辅助性工具为用标准语进行交际的人们服务的,相对正字而言的俗字,不管字形如何变化都还是作为标准语辅助性工具为用标准语进行交际的人们服务的。而方言字是记录方言词的,是作为方言的辅助性工具为那些用方言进行交际的人们服务的。两者的服务对象和服务范围不同。第三是两类字与正字的关系不同。俗字的产生和存在是用来取代正字的,历史上的许多俗字现在都成了正字。而方言字与正字却不是取代关系,而是一种"补充"关系。有的方言字由于表达的需要即使成为正字也没有取代另外任何一个正字。

方言字与本字的不同表现在本字是指方言词最初的书写用字,本字中有的属于方言字,有的则属于通用字。方言字是个历史范畴,具有历史属性。

方言俗字指在方言区流行的、记录方言词的俗字。既具有方言字的特点，也具有俗字的特点。

训读字是使用范围最小、读音最具特点的一类方言用字。主要论述了训读字的名义、读音及训读字产生的根源。

方言词汇用字得失的判断标准与观察得失的角度有关。从词汇学角度观察，应该看其是否有利于表达方言词汇，是否有利于比较方言词汇的异同，有利于这种表达和比较的谓之"得"，否则谓之"失"。如果从文字学角度观察，应该看其是否有利于抑制汉字数量的继续膨胀，有利于这种抑制的谓之"得"，否则谓之"失"。

然而从这两种角度分别判定的"得"、"失"并不完全是吻合的，有时相互抵触，怎样决定取舍还得进行权衡。权衡各类字的取舍应该确立这样一个原则，即判定某类字的价值首先要看它表示词汇的功能如何。因为字是交际的辅助性工具，表示词汇的功能是它的主要功能，应成为人们考察某类汉字价值的主导方面，在这方面的得失应是决定对它进行取舍的主要根据。下面我们就根据这个原则对这四类字的取舍进行讨论。

方言字的使用既然"得"于词汇学，也就在主导方面具有价值。增加了汉字的字数虽然谓之"失"，但为了表达的需要我们不能因此而不再使用。应取。

方言俗字的使用对于词汇学毫无意义，在主导方面没有价值。而增加的汉字又都是些异体字，在文字学上也没什么意义。应舍。

训读字的使用对词汇学毫无意义，在主导方面没有价值。虽然没增汉字字数，也应舍。

方言本字的使用既"得"于词汇学，又不增加汉字字数。应取。

本成果正文之后还附有"训读字选释"和"方言字选释"两部分内容，以供查阅。

本成果对方言词汇诸多前沿问题的研究不但对语言学、历史学、社会学有较高的学术价值，对推广普通话和方言词汇、正确使用汉字也有较高的应用价值。

《阿汉对音与元代汉语语音 》概要

蒋冀骋*

一、研究的目的、意义及所使用的研究方法

本研究的目的和意义在于：通过对阿汉对音材料的研究，为元代汉语语音的音值研究提供确切可信的结论，为汉语语音史研究提供可信的支撑材料，解决前人在元代语音研究中聚讼纷纭的问题。为中国与阿拉伯国家的交流提供新的可能性。

本研究使用的方法有：考证、归纳、演绎和解释、历史比较。

二、成果的主要内容和重要观点

1. 研究了《回回药方》的全部阿汉对音材料，勾勒出元代汉语北方话的声韵系统。

2. 研究了《回回药方》阿汉对音材料所反映的元代汉语北方话的特点。

（1）入声消失。

学术界对以《中原音韵》为代表的元代汉语北方话有无入声存在着不同看法。主要有三种意见：

①《中原音韵》尚有入声。主此说者为陆志韦、杨耐思、李新魁诸先生。

陆先生说："《中原音韵》有入声……我不明白现在人何以敢肯定元朝的

＊ 蒋冀骋，湖南师范大学教授，博士生导师。

中州没有入声。""周德清……只是派入平声。就此把他们拟作长音，或是竟然当作平声，那就极不妥当。"

杨耐思遵从陆说，并从周德清本人的解释，同时期韵书《蒙古字韵》、《韵会》中的入声资料和现代北方话（河北赞皇、元氏）的入声调类三方面进行论证。认为《中原音韵》的入声"不带喉塞韵尾，也不是一个明显的短调，只保持一个独立的调位，跟平、上、去声区别开来"。

李新魁认为当时的实际语音中还有入声存在，"入派三声"是作词曲的方便法门。并从周德清的序言、《正语作词起例》的论述、《中原音韵》的撰写体例、当时其他韵书的入声情况四个方面进行论述。

②《中原音韵》入声已消失。主此说者有赵荫棠、王力、宁继福诸先生。

赵荫棠说："《中原音韵》之要点……第三是入声派入三声。原来所谓入声者，是与阳声相对……他们的系统极为分明，不知到何时这个系统凌乱了，-k、-p、-t消灭了。然而将此情况特别揭出的，则以《中原音韵》为始。"至于周氏的"平声派入平上去三声者，则以广其押韵，为作词而设耳。然呼吸言语之间，还有入声之别"，赵荫棠解释说："这不过躲避讥议之士，不足以代表当时语言之实况也。陶宗仪《辍耕录》有云'今中州之韵，入声似平声，又可作去声。'陶氏与周氏差不多是同时人，他的话当然可信。"

王力从赵说，他的著作中都采用入声消失说，未申明理由，但他在给杨耐思《中原音韵音系》的序言里曾涉及这个问题："我始终不肯采用陆说，如果像陆先生那样说，《中原音韵》时代实际上有七个声调（阴平、阳平、上声、去声和三种入声），这是不可能的。"

宁继福力主无入声说。他从《中原音韵》的内部找出了 8 个内证，以证其说。尤其是例证二、例证三、例证四、例证五，用周氏自己对个案的解释来证明《中原音韵》无入声，很有说服力。

③承认《中原音韵》无入声，但当时的读书音还有入声，主此说者为薛凤生和蒋冀骋。

薛凤生从"外在的证据"和"内在的证据"两方面证明《中原音韵》无入声；蒋冀骋同意薛凤生的说法，他举了 4 条理由同意"入声消失说"：第一，周德清明云"《音韵》无入声"。第二，周德清与诸贤对话抨击时人动辄引《广韵》是鸠舌，搬演南戏，可见周氏所宗之中原音，没有入声。第三，元曲所有唱词，皆平上去入通押，入声很少有独立押韵者。第四，对周氏"言语之间，还有入声之别"进行了解释。一是挡箭牌作用，二是其他方言区还有入声存在。将入声单列，附于各韵之末，是供人作曲时查找而已。所以他认为：中原之音口语中无入声，读书音还有入声。

本研究用大量的阿汉对音材料证明元代北方话入声已经消失，例证如下：

收-t 尾者：

八，对音 bɑ, bɑː　　　　　　不，对音 bu, bo, buː, bɑ, b

必，对音 bi, biː, b　　　　　　吉，对音 qu, dʒu, qi, qiː, q, k

别，对音 bː, bɑ, bu, be　　　　伐，对音 fɑː, fɑh

拔，对音 bɑː, pɑ, bɑːʔ　　　　达，对音 dɑ

葛，对音 ki, kɑ, dʒɑː　　　　李，对音 bw

刺，对音 rɑ, rɑː, lɑ, lɑː　　　列，对音 ri, rɑː

忽，对音 ħu, ɣu, xu, xuː, he, quː, qu

迭，对音 dɑ　　　　　　　　弗，对音 f

出，对音 dʒe　　　　　　　　乞，对音 ki, ku, kɑ, dʒɑ, k

失，对音 ʃi, ʃɑ, ʃiː, ʃ

撒，对音 sɑː, sɑ, sɑ, θɑː, si, zɑ, ʃɑ, sɑː, θu, si

兀，对音 u, ʕuː, ʕu, ɣu, w, wu　扎，对音 dʒɑː, zɑ, zɑ

收-k 尾者：

壁，对音 bi, biː, b, p　　　　伯，对音 bɑ, bu, be, pɑ

白，对音 bɑ　　　　　　　　博，对音 bɑw, boo

赤，对音 dʒi　　　　　　　　拆，对音 ʃi, ʃɑ, ʃɑy

的，对音 di, ði, diː, ðɑ, dɑ, tɑ, de, te, ti, ðu, d, ð, θ, t

得，对音 d　　　　　　　　　滴，对音 dɑ

厄，对音 ɣi, ɣɑ　　　　　　　额，对音 ɣɑː, ɣi, ɣ

福，对音 fɑ, f, fu, fuː, fe　　　谷，对音 dʒu, go, q

各，对音 dʒɑ, gɑ, kɑ, ge　　　极，对音 g, dʒ

黑，对音 hi, ħi, xi, qiː, qi, qu, qɑ, ɣɑ, dʒe, ħ, x, ɣ

德，对音 diː, du   迹，对音 zi

即，对音 zi, ze, ziː, zɑː, z, ð, dʒ, d

刻，对音 kɑ   力，对音 li, riː, l

历，对音 ri   禄，对音 luː, lu, lɑk

鹿，对音 lɑ   麦，对音 mɑ

木，对音 me, mu, muː, miː, mi, mɑ, mo, mɑw, m

拍，对音 pɑ, bɑ   速，对音 s̩u, su, s̩uː, θu, soo, ʃɑ,
si, sɑ, s

石，对音 ʃiː, siː, ʃ, s   属，对音 suː, ʃu, ʃɑ

束，对音 ʃu, ʃi, s   搋，对音 ʃuː

忒，对音 tiː, ti, tɑ, tu, t, t̩, d 秃，对音 tuː, t̩uː, too, to, tiː, w

夕，对音 si   昔，对音 sɑ, si, ʃe, ħi, s, θ

欲，对音 yuː   亦，对音 i, iː, yi, ʕuː, ʕi, u, y,
a，ya, ni, ʕɑi

玉，对音 yu, yuː   则，对音 zɑ, dʒɑ, z, s, d̩

竹，对音 dʒuː, dʒɑ

收-p 尾者：

答，对音 dɑ, dɑː, di, ti, dɑh, d 法，对音 fɑ, fɑː, fi, fu, f

合，对音 xod   纳，对音 nɑː, nɑ, nɑh, θɑː, lɑh,
rɑ, nɑdʒ, n

肭，对音 n   什，对音 ʃ

塔，对音 tɑ, t̩ɑ   帖，对音 tey

唖，对音 zɑ

以上所列，为《回回药方》阿汉对音材料中所见到的全部入声字。这些入声字绝大部分用于对音阿拉伯语的开音节，极少数用于对音纯辅音，个别用于对音闭音节。用于对音开音节者，是当时入声字韵尾已消失的绝好证明。用于对音纯辅音的，只取汉字的声母与阿拉伯文的辅音相对应，无关乎韵尾。这些材料只能证明声母，不能证明韵尾，与入声字的韵尾和声调无关，不能作为当时入声字有无韵尾的证明。

用于对音闭音节的，只有"禄"（lɑk）、"合"（xod）、"伐"（fɑh）、"纳"

（lah）四字。"禄"字出现在"禄其"一词中，用来对音 lakk（转写音，紫矿），阿拉伯原文是عرق，其实只有一个 k，国际音标应作 lak，其中"禄"对音 la，"其"对音 k。如此，则"禄"的对音应是 la。由于转写音有两个 k，故误以为"禄"对音 lak，而我们应以阿拉伯原文的语音为准，转写音有两个 k，可能是转写音的拼写规则。"合"对音 xod，出现在"那合"（Noxod，豌豆，波斯语词）一词中，但此词又被写作"那河"，"河"的韵母为开音节，则波斯语 Noxod 中的 d 可以不发音，故可用"河"对音。用"合"对音 xod，可能由于"合"毕竟是个古入声字，韵尾与 xod 的 d 比较接近，也就是说文人们知道"合"是个入声字，为了使对音更逼近 xod，故选用古入声字"合"来对音。"合"中古读 p 尾，并不读 t 尾，用"合"对音 xod，韵尾并不接近。还有一种可能，这条对音材料是唐宋时期的旧译，元时因袭旧语，未能更正，故"那合"、"那河"两存。纵使我们的解释不能成立，个别例证不能说明当时的入声字还有-p、-t、-k 韵尾。"纳"对音 nah 者，出现在"答洼兀西撒纳"（Daws's-sanah，整年用的药）一词中，"伐"对音 fah 者，出现在"法剌昔伐"一词中。"h"在阿拉伯语中是个清擦喉音，这个清擦喉音在语流中很容易丢失。故"纳"、"伐"的韵母可对音 ah，这种对音并不能证明"纳"、"伐"还有入声韵尾。同时"纳"多数情况下对音 na 和 naː，"伐"多数情况下对音 faː 和 fa，都是开音节。

本研究的结论建立在如此多的阿汉对音材料基础上，应该是可信的。可以说结束了这场入声存在与否的公案。

（2）"章知庄"三系的分合。

对于以《中原音韵》为代表的元代北方话中"章知庄"三系是否合一这个问题学术界也有不同意见，共有三说：

①三系合一说。罗常培主之。他认为三系已合一，他将照知床澄（去）合为钟，拟为 ʧ，将穿彻床澄禅（平）合为充，拟为 ʧʻ，将审禅（去）合为双，拟为 ʃ。赵荫棠从之，而拟音为 tʂ，tʂʻ，ʂ。董同龢、杨耐思、李新魁、宁继福、薛凤生的观点与罗赵相同，不同之处，董氏认为支思韵中读 tʂ-、tʂʻ-、tʂ，其他韵中读 tɕ-、tɕʻ-、ɕ-，这是吸取了陆志韦说法的结果。

②知二照二合并，知三照三合并。陆志韦主之。他说："中古的知彻澄三等，不论开合，在《中原音韵》好像都跟照、穿、禅（床）三等混合了，

都作 tɕ。知、彻、澄二等混入照、穿、床二等，ȶ 跟 ʧ 都变为 tʂ"。他还认为：《中原音韵》的照三"在支思韵作 tʂ 等"，在其他韵里，与知三一样，"作 tɕ 等"。王力持此说，但拟音有不同。王氏拟知三照三为 ʧ、ʧ'、ʃ，拟知二照二为 tʂ、tʂ'、ʂ。

③知照合流，庄系独立说。蒋冀骋在《近代汉语音韵研究》一书中曾力主此说。

本研究用大量的阿汉对音材料证明元代北方话中"章知庄"三系已经合一。

所用例证如下：

知母：

知	对音 dʒ、θ	竹	对音 dʒ
朝	对音 dʒ	哲	对音 dʒ
张	对音 dʒ		

彻母：

拆	对音 ʃ	彻	对音 dʒ（tʃ），ʃ

章母：

章	对音 dʒ	准	对音 dʒ
只	对音 dʒ	真	对音 dʒ
折	对音 dʒ，ʃ	占	对音 dʒ
者	对音 dʒ	诸	对音 dʒ，z
主	对音 dʒ	詹	对音 dʒ

昌母：

赤	对音 dʒ	阐	对音 dʒ
出	对音 dʒ	扯	对音 dʒ（tʃ）

船母：

实	对音 ʃ	述	对音 dʒ，ʃ（s），tʃ

书母：

舍	对音 ʃ	舍	对音 ʃ，s
失	对音 ʃ，s	束	对音 ʃ，s
升	对音 z	商伤	对音 ʃ

闪	对音 ʃ		少	对音 ʃ
烧	对音 ʃ, s		书	对音 ʃ
深	对音 ʃ			

常母：

淳	对音 ʃ		石	对音 ʃ
属	对音 ʃ			

庄母：

扎	对音 dʒ, z, ð,		渣	对音 z
咱	对音 z, ð, ð, t, s, d			

生母：

沙	对音 ʃ, s		山	对音 ʃ
所	对音 ʃ		搠	对音 ʃ

本研究基本上解决了元代北方话中"章知庄"三系是否合一的问题。

（3）元代北方话中疑母消失或保留的音理机制。

大多数学者赞同赵荫棠的疑母绝大部分变为零声母，少数入"泥娘"，部分独立的说法。然而是什么原因促使 ŋ 声母三分，变化的条件是什么？诸家大多没有讨论。薛凤生进行了探讨，但他的结论是建立在二处版本文字错讹的基础上，这就使其理论的可信度打了折扣。

陆志韦、薛凤生都认为 ŋ 母消失者为三等韵，即 ŋ 带 i 介音。但他们没有从音理上加以解释。本研究认为：ŋ 声母与 i 介音不相容，导致 ŋ 声母的失落。ŋ 是舌根音，当舌根音与 i 相拼时，声母的发音部位与 i 元音的发音部位不和谐，一个在舌根，一个在舌头，故导致舌根音失落。同时还解释了两个例外：一个是江阳韵上声、去声的"仰"字，有 i 介音却还保留了 ŋ 声母。另一个是车遮韵的"业邺额"等字有 i 介音还保留着 ŋ 声母。

此外，本研究提出了 ŋ 声母与 u 元音、u 介音不相容，故 u 元音音节、u 介音音节的 ŋ 声母容易失落的观点。u 发音时，不仅要求圆唇，同时两唇还要突出，两唇突出与舌根鼻音矛盾，故 ŋ 声母消失。

本研究提出了 ŋ→n 的演变发生在《中原音韵》成书之前的观点，并解释了 ŋ→n 演变的原因。研究者认为：《中原音韵》时代真正读 n 声母的只有"屑薛月"三韵的开口字。它们的声母之所以 ŋ→n，是因为这些字的韵母发音时发音部位要经过从舌头（介音 i）再到舌尖（韵尾 t）的往复过程，介音 i 和韵尾 t 共同作用使 ŋ 声母变成 n。而收 k 尾者没有发生这种演变，是因为 k 尾的发音部位不在舌尖前，不能产生产生 ŋ→n 演变的作用力。

《回回药方》阿汉对音材料疑母字的对音情况可以证明我们的观点。

对音元音或半元音者：

五	对音 w, u	吴	对音 wu
牙	对音 ɑ:, yɑ, yɑ:	玉	对音 yu, yu:
雅	对音 yɑ:	顽	对音 wan, wa:n
宜	对音 yi	兀	对音 u, wu
瓦	对音 wa		

对音舌根音或喉音者：

昂	对音 n:ɑʔ	额	对音 yɑɣ, yiɣ, ɣ
兀	对音 yu, k'u, ɣi, uʔ	瓦	对音 ɑʔ

本研究还解释了 ŋ 声母得以保留的原因。ŋ 声母与"后元音"＋舌根辅音的音节发音部位一致，故能相容，所以《中原音韵》中主要元音为 ɑ、韵尾为舌根辅音的"昂"、"鼇"二小韵的 ŋ 声母得以保留。

（4）-m 韵尾消失。

根据对音材料讨论了元代汉语北方话-m 韵尾消失的情况，并解释了-m 韵尾消失的原因。本研究认为，-m 韵尾消失的经过是，先侵韵字的唇音字，然后是主要元音为央/后元音的唇音字。唇音字变化了以后，再向其他声母的-m 韵尾字类推。其类推的过程是，先主要元音是高元音的唇音字，再向半高元音、央后元音推进。声母的次序是，先齿音、舌音（来母，不包括端透泥，端透泥没有三等字，只有一、四等字，故演变在后），再舌头、舌根音。舌根音与-m 韵尾在发音部位方面不矛盾，故演变得较晚，舌头音 t、t'的发音部位在舌尖前，与闭口音-m 的发音部位相近，应该会产生发音矛盾，会比其他的字较早地产生向-n 韵尾的演变，但是这种情况并未发生，原因是舌头音只跟一、四等拼，而一、四等中古时没有 i 介音，故其元音都有一定的开口度，声母与-m 韵尾之间有一个开口动作，其发音矛盾得到了缓解。直到最后，在强大的类推作用下，才和舌根音声母一道（或前后）发生演变。

（5）中古"影"、"云"、"以"三母在元代汉语北方话的读音情况。

"影"母所对音的音素共有三种情况：一是对音元音和半元音（v 是 w 的波斯语读音，故也看作半元音），表示这些字的声母读零声母。由于阿拉伯文没有专门的元音符号，其元音是通过辅音字母上下加动符来表示的，所谓对音元音，实际上是对音声门塞音 ʔ，只有ە字母例外，它代表 w，不需依附声门塞音。而这种声门塞音在阿语中是不发音的，故可看作零声母。二是对音上喉壁浊擦音 ʕ（国际音标叫咽头音）。这种对音可以有两种解释。①ʕ在阿语中不发音，故可用影母字对音。②ʕ 在阿语中发音。根据阿语的语音系统和转写音符号（ʕ，转写音用 ' 表示）的使用情况，ʕ 应该发音，如果不发音，则直接用元音表示即可，不必加 ' 号。故不发音的可能性不存在。如此，则当时的"影"母读作与 ʕ 相同或相近的音。三是对音舌根音 ɣ 和小舌音 q。

之所以出现这种情况，是因为"影"母中古读喉塞音，当喉塞音与介音 i 相拼时，舌位从最后到最前，声母与韵母介音之间舌位的距离太大，如果声母的舌位不前移，就会失落。前移则变为舌根音 h 或与舌根部位相近的音，失落则为零声母。"影"母在元代汉语北方话中大多读零声母，但也有读舌根音或喉音者。

"云"母所对音的音素为半元音 j 和 w。"云"母中古皆为合口字，合口字与"云"母的中古读音 ɣ 不相容，故 ɣ 声母脱落。

"以"母大多读零声母，个别读喉、小舌、舌根音，原因不明，可能是发音过程中产生的滋生音。

（6）"支思"韵读音。

用阿汉对音材料佐证了《中原音韵》的"支思"韵读 ɿ 韵母。绝大多数学者都认为"支思"韵读 ɿ 韵母，但也有人认为应读 ə 韵母。阿汉对音材料大多用"支思"韵字对音 i 韵母字和纯辅音，本书作者认为，这些材料说明了：第一，"支思"韵的主要元音是 i 或与 i 相近的音。由于"支微"韵的主要元音是 i（宋代的梵汉对音，元代的阿汉对音皆可证明），那么"支思"韵的主要元音就只能是 ɿ，只有 ɿ 与 i 的音色相近。阿拉伯语的元音比较简单，没有 ɿ 元音，要对音 ɿ，只能借用 i 音。第二，"支思"韵的主要元音不会是 ə。金有景据入声字塞涩在韵图中配"僧"、"莘"而认为"涩"、"塞"的韵

母应是 ə，然而周德清明言"塞音死"，"涩瑟音史"，如果要证明"涩"、"塞"的主要元音为 ə，首先要证明"死"、"史"的主要元音也要为 ə，否则论点难以成立。就我们所见到的对音材料来看，宋元以来，"死"、"史"的主要元音未有读 ə 者。

三、成果的学术创新

（1）第一次对《回回药方》阿汉对音材料进行研究，开国际国内阿汉对音研究之先河。

（2）通过对阿汉对音材料的研究，对《中原音韵》研究中一些长期争论的问题提出了新的观点，如入声消失，"章知庄"三系的分合，疑母的存在与否，-m 韵尾的消变等问题。

（3）探讨了某些语音演变的规律，研究了某些语音演变的条件和原因。如疑母消失的条件和原因，-m 韵尾消变的语音条件等，为汉语语音史的演变研究作出了自己的贡献。

（4）研究了《回回药方》的全部对音材料，编制了对音资料索引，为进一步研究打下了基础，提供了条件。

《阿尔泰语言元音和谐研究》概要

李 兵*

一、研究的目的、意义及所使用的研究方法

本成果名为《阿尔泰语言元音和谐研究》（*Vowel Harmony in Altaic Languages*），约 220 千字。

元音和谐是当代国际音系学领域研究的前沿热点和难点课题之一。元音和谐是一种比较常见的语音现象。已知的元音和谐系统，因其语音学类型的多样性，形式特点的复杂性以及应用范围的不同，对当代音系学理论和分析方法提出了诸多新的研究课题。特别是 20 世纪 80 年代以来，元音和谐研究极大地推动了非线性音系学理论的发展。与元音和谐有关的事实已经成为当代音系学理论来源的主要语言事实类型之一。

阿尔泰语系包括突厥语族、蒙古语族和满族通古斯语族，是我国境内的主要语系之一。阿尔泰语系语言最显著也是最重要的语音特点是元音和谐。阿尔泰语言具有类型不同、形式多样、严整程度不同和内部结构不同的元音和谐。以往国内外研究重在对具体语言元音和谐的描写，而且研究方法多显陈旧，缺少对元音和谐音系成因的探讨，其结果是，本应对音系学理论发展作出贡献的阿尔泰语言元音和谐事实没有得到充分的利用。

本研究的目的在于：（1）对阿尔泰语言元音和谐进行跨语言的语音类型学描写和分析，重点分析突厥语族的维吾尔语和柯尔克孜语，通古斯语族的鄂伦春语、鄂温克语、清代书面满语、现代满语口语（含锡伯语），以及蒙古语

---

* 李兵，南开大学教授，博士生导师。

的卫拉特方言。（2）采用生成音系学的理论和非线性方法，描写不同类型元音和谐系统，说明和谐过程的形式特点、音系成因、音系机制和作用域，并同时检验相关音系理论和方法的可行性和有效性。（3）勾画阿尔泰语言内部不同类型元音和谐系统之间的历时关系，就其历史演变过程给出合理的假设。

本研究的意义在于：（1）共时意义，细致地描写不同和谐系统的形式特点和类型学特点。（2）音系学理论意义，在说明和谐系统与和谐过程音系机制的同时，检验相关音系理论和方法的可行性与有效性。（3）历时意义，阿尔泰语言内部不同类型元音和谐之间的历时关系和历史演变过程要求必须重新审视传统的阿尔泰假说，并对其加以实质性的修改。

充分、详细、可靠的语言材料是本研究的基础。在仔细分析现有描写材料的基础上，本课题负责人对相关语言进行了语言田野调查。所调查的语言包括鄂伦春语白银纳方言（黑龙江省呼玛县）、逊克方言（黑龙江省逊克县），现代满语的大五家子方言（黑龙江省黑河市）、三家子方言（黑龙江省富裕县），锡伯语（新疆维吾尔自治区察布查尔锡伯自治县），蒙古语卫拉特方言（新疆维吾尔自治区和静县、和硕县）。通过语言田野调查，获得了比较充分、可靠和详细的第一手语言材料，为本研究的理论分析奠定了可靠的语言事实基础。

二、成果的主要内容和重要观点

作为课题研究成果，《阿尔泰语言元音和谐研究》共7章。其主要内容和主要观点如下。

第一章是"元音和谐概述"。本章是对国内外关于元音和谐的理论、分析方法和文献进行梳理和分析的结果。在内容上，本章分为两个部分。第一部分讨论"元音和谐"的术语和概念问题，介绍国内外关于元音和谐研究的主要文献以及对元音和谐现象本质的不同认识，评论了元音同化说、韵律特征说、词根标记说、元音配置限制说等主要观点。第二部分介绍已知（或有争议的）元音和谐的语音学类型、控制类型以及单一系统和复杂系统。目的在于说明现有的关于元音和谐本质的种种观点均不能概括和解释自然语言里多样复杂的元音和谐现象。

第二章是"生成音系学的理论、方法与元音和谐的描写参数"，介绍了生成音系学非线性理论关于元音和谐分析的理论和方法。在内容上，本章分为两个部分。第一部分介绍和评论生成音系学关于元音和谐的理论与方法。首先评述生成音系学线性理论的方法，指出其主要缺陷。随后重点讨论非线性理论在元音和谐分析中的应用。这些理论主要包括自主音段理论（autosegmental theory）、特征几何理论（feature geometry theory）、未充分赋值理论（underspecification theory）和音系表达形式以及对其的限制条件，重点讨论了强制性非等值原则（obligatory contour principle，OCP）。本章第二部分在他人研究和作者本人多年研究的基础上提出了一个比较详尽的元音和谐描写和分析参数系统。参数系统包括语音学类型参数（元音和谐的语音学基础和元音系统结构）、控制型参数（词干控制型和音段控制型）、形式类参数（方向性、中性元音的有无，中性元音的可透性和不可透性，元音和谐域，元音同现与元音交替，元音和谐与辅音的关系，元音的音系维向与和谐类型及过程的关系）、语素型参数（语素范畴、固有或外来语素、语素特有属性）、系统性参数（严整程度、和谐元音的数量与表现形式）以及单一型和复合型和谐系统等参数。这个参数系统为描写阿尔泰语言元音和谐提供了有效的观察方法和描写框架，为解释元音和谐的形式特点奠定了理论基础。

第三章是"突厥语言的元音和谐"。本章首先概要地介绍了突厥语言元音和谐研究的现状，指出存在的问题。本章有四项主要内容。第一项主要内容是突厥语言元音和谐的语音学类型、控制类型和基本的形式特点。讨论了突厥语言元音系统的内部结构，提出突厥语言元音系统仅区分两个音系高度的观点，提出突厥语言元音音段结构的假设，为具体的元音和谐系统，特别是为圆唇和谐系统形式特点的分析奠定了基础。主体突厥语言元音和谐的语音学类型属于腭和谐，和谐特征是［±后舌位］，突厥语言的腭和谐属于词干控制型。在突厥语言元音和谐系统里，本章重点分析比较复杂的维吾尔语元音和谐系统。从腭和谐的角度，维吾尔语的词干分为和谐词干、混合词干和中性词干。词干控制型和谐的特点是词干含有和谐特征，和谐特征不因元音的中性化而丧失。例如在中性词干里，和谐特征仍然是引发词缀前、后元音交替的音系成分。在词干控制型和谐过程中，词缀元音在底层音系表达里缺少和谐特征。音系机制是词干的和谐特征映射（mapping）至所有的靶元音。从音系表层看，和谐特征的映射是域内同一自然类元音同现和词缀元音交替的唯一成因，推导过程符合逻辑且简单。

本章第二项主要内容是界定元音和谐域（the domain of vowel harmony）。传统观点是，突厥语言元音和谐域是词汇词（lexical word）。研究者从元音和谐共时特点和历时作用的角度论证了突厥语言腭和谐域是韵律词（prosodic word），并非词汇词。共时方面的论证涉及词汇词、复合词、小品词与元音和谐的关系以及紧缩现象；历时方面的论证涉及音节合并、短元音补偿性变长、复合词内元音和谐的形成等。

本章第三项主要内容是腭和谐系统中的中性元音。本研究从中性元音的历史来源、共时特点（分布自由性、可透性、可变性与不可变性）以及在腭和谐与圆唇和谐过程中的不同表现详细深入分析维吾尔语的中性元音 i。得出的主要结论是，中性元音虽历史上源于与和谐对立项 ɨ 的合并，但词干内的和谐特征并不因元音的中性化而中性化；在共时上，和谐特征仍然保留在中性词干内，从而导致中性词干后词缀元音的交替。本章还详细分析了维吾尔语中性元音 i 在腭和谐过程与圆唇和谐过程中的不同表现。分析结果表明，中性元音的不同表现源于其底层的赋值不同：当充分赋值时，i 不与其他元音交替；当其在底层表达不充分赋值时，i 受圆唇和谐过程的作用，在表层呈i～y～u三相交替。

本章第四项主要内容是分析突厥语言圆唇和谐的形式特点和类型学特点。从形式方面看，突厥语言圆唇和谐属于音段控制型，呈现方向性、局域性和次生性、对靶元音的音系高度敏感和不对称性等特点。跨语言观察表明，诱发元音的音系高度低于靶元音或与靶元音的音系高度相同时，圆唇和谐趋于发生。从音系机制看，突厥语言圆唇和谐的机制是和谐特征［＋圆唇性］向靶元音的扩散（spreading）。从类型学角度看，突厥语言圆唇和谐具有非平行性，不同和谐模式之间存在蕴含关系。类型学的蕴含关系可用于定义圆唇和谐系统的严整程度。

第四章是"通古斯语言元音和谐的语音学基础与类型"，核心内容是确定通古斯语言元音和谐的语音学基础和语音学类型。本章首先评论通古斯语言元音和谐研究的简史，指出通古斯语言元音和谐语音学类型研究的误区和某些有影响的国外研究者的错误观点，并指出误区和错误观点的历史来源。对于阿尔泰语言来说，西方学者首先接触到的和最早作出元音和谐语音学类型分析的是突厥语言，但是，随后的研究者却不加分析和论证地认为，属于阿尔泰语系的通古斯语言也有着突厥式元音系统和突厥式腭和谐。

本研究认为，通古斯语言元音和谐的语音学类型是舌根后缩型（re-tracted tongue root，简称为 RTR 和谐）。依据本课题组和其他学者提供的鄂伦春语元音的发音生理机制和感知特点的描写，苏联学者提供的拉穆特语元音声道 X-射线照片和对瑞典学者提供的鄂温克语元音的实验语音学数据的分析，本研究认为，通古斯语言元音和谐的语音学基础是元音发音时舌根位置的变化导致咽腔体积的变化：舌根前伸导致咽腔体积变大，舌根后缩导致咽腔体积变小。从语音特征的音系功能分析，［±RTR］是元音和谐的音系特征（和谐特征），和谐域内同现的元音的自然类可以用特征［±RTR］定义。据此，通古斯语言元音系统是一个由舌位高低、舌位前后、舌根是否后缩和唇状展圆四个音系维向构成的系统。具体的通古斯语言在元音数量和音值方面的差别大都可从历时角度给予合理解释。通过对 20 种通古斯语言/方言的比较，本研究发现，通古斯语言元音系统演变的基本趋势是：第一，在舌位高低维向增大元音的语音空间；第二，后元音前化。

第五章是"通古斯元音和谐：基本事实与分析"。本章以通古斯语言元音和谐是 RTR 类型的假设为基础，描写和分析（除满语之外）的通古斯语言元音和谐的形式特点。重点分析了具有代表性的和谐系统：鄂伦春语白银纳方言。该系统是复杂系统，由 RTR 系统和圆唇和谐系统构成。RTR 系统属于词干控制型，圆唇和谐系统属于音段控制型。本章详细描写和分析了与元音和谐相关的事实，主要包括和谐词干、外来词干、复合词干、可变词缀、不变词缀在 RTR 和谐过程中的作用与表现。分析还表明，在鄂伦春语白银纳方言里，RTR 和谐域是韵律词；元音增音均为高元音，且受 RTR 和谐过程的作用；元音增音因是高元音，所以阻断圆唇和谐过程。据此，元音增音过程先于 RTR 和谐与圆唇和谐过程。

对圆唇和谐的分析发现，（1）短圆唇元音可以诱发圆唇和谐，长圆唇元音不能诱发圆唇和谐；（2）圆唇和谐过程的诱发音段和靶音段必须是低后元音，高元音阻断圆唇和谐过程；（3）依据上述事实，圆唇和谐可以分析为底层音系表达因违反强制性非等值原则（OCP）引发相邻的低舌位节点合并，从而导致［＋圆唇性］随低舌位节点的合并发生右向扩散。

本章还进一步描写和分析了鄂伦春语逊克方言的 RTR 和谐。与白银纳方言比较，逊克方言 RTR 和谐系统的重要特点是［－RTR］元音 i 为中性元音。

通过比较可以确定，中性元音 i 历史上源于与［＋RTR］元音 ɪ 的合并。在 RTR 和谐过程中，i 具有可透性；在圆唇和谐过程中，i 具有阻断效应。

本章还从元音系统结构、RTR 和谐、中性元音、圆唇和谐等方面比较和分析了鄂温克语、拉穆特语奥拉方言、那乃语标准方言及埃文基语标准方言。这些语言的元音系统、RTR 和谐与鄂伦春语相同。同源词比较说明，历史上首先产生的中性元音是 i，随后是 u。圆唇和谐在不同语言里具有相同的形式特征，其中最重要的差别在于长圆唇元音是否诱发圆唇和谐。从历史角度看，圆唇和谐在不同语言里的发展阶段有所不同。在拉穆特语中，圆唇和谐尚未发展，鄂温克语是圆唇和谐发展的最高阶段，埃文基语和鄂伦春语最接近，那乃语历史上存在圆唇和谐，但在现代语言时期解体。

第六章是"满语与锡伯语的元音和谐"。传统上，"满语"一直是一个含混的概念。对此，本研究首先区分并且定义了"清代书面满语"（简称书面满语）和"现代满语口语"（简称现代满语）两个概念，并认为锡伯语属于现代满语口语范畴，是现代满语的方言之一。

本章从元音系统结构、元音和谐的语音学类型、元音和谐形式特点以及元音和谐音系机制的角度分析书面满语、现代满语三家子方言和锡伯语。

书面满语元音系统与元音和谐类型是满语研究最具争议的问题。依据大多数通古斯语言具有四维向元音系统和 RTR 和谐的事实以及现代满语口语的语音事实，通过对大量中外研究文献和文本的分析，本研究提出书面满语元音系统是由舌位高低、舌位前后、唇状展圆和舌根后缩四维向构成的系统，其内部结构与其他现代通古斯语言相同，元音和谐的语音学类型属于 RTR 型的假设。在此假设基础上，详细分析了书面满语元音和谐的各种表现形式以及特殊现象，其中主要包括和谐词干、中性词干、混合词干、外来词干与可变后缀以及不变后缀之间的关系，规则的可变后缀与中性后缀、半交替后缀、惰性后缀，以及 u～ʊ～ɔ 交替的后缀。其中惰性后缀和 u～ʊ～ɔ 交替后缀是首次在通古斯语言里发现的。从音系底层表达的角度看，导致上述特殊元音交替现象的音系成因均在阿尔泰语言之外的语言里有所发现。研究表明，除了某些特殊词缀元音交替之外，书面满语元音和谐属于复杂型和谐，其基本类型是词干控制型的 RTR 和谐；圆唇和谐属于音段控制型，其形式特点和鄂伦春语、鄂温克语、埃文基语的圆唇和谐形式特点吻合，圆唇和谐的音系机制也是因音系表达违反 OCP 而引发的相邻低舌位节点合并，导致［＋圆唇性］右向扩散。

在书面满语元音系统是一个四维向系统、元音和谐语音学类型属于 RTR 型的假设基础之上，书面满语元音和谐的种种形式特点，包括表面上似乎"奇怪"或"例外"的现象，都得到了逻辑合理的解释。

现代满语三家子方言的元音和谐虽然保留着书面满语元音和谐残余现象，但已经不能从 RTR 和谐的角度给予描写和解释。与其他通古斯语言相比，三家子满语元音系统发生了较大的结构性变化。词干元音同现基本上无规律可言。词缀元音交替呈现两种模式，一是其他通古斯语言所具有的 a～ə 交替模式，二是其他通古斯语言所没有的 u～ɨ 交替模式。通过比较和分析发现，从历时的角度看，处于 u～ɨ 交替的 ɨ 源于元音书面满语的 ə，而且向高后元音 ɨ 演变。这一语音变化符合通古斯语言元音系统演变的趋势：在舌位高低维向上增大元音的语音空间。从共时角度看，两种交替模式均属音段控制型，这说明和谐特征［±RTR］在三家子满语里已经成为冗余特征，不具词干和谐特征的地位和作用。从元音和谐类型演变的角度看，三家子满语正处于从由 RTR 和谐与圆唇和谐构成的复杂和谐系统向仅含圆唇和谐的单一和谐系统过渡的中间阶段。

锡伯语元音和谐已经完全不同于书面满语和其他通古斯语言。在词干内部，除了残存的通古斯式圆唇和谐的 ɔ—ɔ 模式以及因 ɔ 前化而产生的 ø—ɔ 之外，锡伯语有着在其他通古斯语言里尚未发现的但与突厥语言圆唇和谐相似的以 y 为导向（含 y—y 和 ø—y 两种模式）和以 u 为导向（含 u—u 和 ɔ—u 两种模式）的圆唇和谐形式。在词干和词缀之间只有以 u 为导向的圆唇和谐，从而导致词缀元音产生 u～ɨ 交替。此外，元音增音受到以 u 为导向的圆唇和谐过程的作用。据此，以 u 为导向的圆唇和谐是锡伯语圆唇和谐的基本形式，具有较高程度的能产性。锡伯语圆唇和谐属于音段控制型，音系机制是［＋圆唇性］右向扩散。研究还发现，在以 y 为导向的圆唇和谐里，诱发音段和靶音段之间的辅音因发音部位的不同对圆唇和谐过程产生不同的作用：齿龈音和硬腭音传递圆唇和谐过程，而唇音（包括双唇音和唇齿音）、软腭音和小舌音阻断圆唇和谐过程。这一现象对了解元音和辅音的音段结构关系以及元音和谐系统的历史产生与发展具有非常重要的意义。

第七章是"通古斯语言元音和谐与阿尔泰语言元音和谐的演变"。本章主要内容有三项。第一项主要内容是在通古斯语言元音系统演变趋势的基础上进一步更加细致地勾画元音系统的演变过程和具体元音的演变途径。整个通古斯语族语言元音系统的演变趋势可概括为两条规律：（1）元音在舌位高低维向上的语音空间增大；（2）后元音前化。在此基础上，我们构拟原始（或早期）通古斯语言的（短）元音系统，如下表所示：

原始通古斯语言元音系统

	前 元 音		后 元 音			
	展　唇		展　唇		圆　唇	
	非舌根后缩	舌根后缩	非舌根后缩	舌根后缩	非舌根后缩	舌根后缩
高元音	i	I			u	U
低元音			ə	a	o	ɔ

书面满语、现代满语的元音系统演变符合通古斯语言元音系统演变的规律。[＋RTR] 特征成为冗余特征解释了现代满语在元音系统结构与元音和谐类型方面的演变。为了论证这一观点，本研究把现代满语大五家子方言、三家子方言以及锡伯语分别同书面满语进行比较。在此基础上，把三家子方言和大五家子方言、锡伯语和三家子方言分别比较。比较的结果说明，（1）元音系统在舌位高低维向上的语音空间增大；（2）后元音前化。随着 [＋RTR] 特征成为冗余特征，书面满语的 RTR 和谐在锡伯语里完全解体。作为对 RTR 和谐解体的补偿，锡伯语产生了以 u 为导向的圆唇和谐。从元音系统与元音和谐演变的角度看，锡伯语发展最快，代表着通古斯语言的发展方向。对于锡伯语的以 y 为导向和以 u 为导向的圆唇和谐所呈现的与突厥语言在这方面的相似性，本研究的基本观点是，以 y 为导向和以 u 为导向的圆唇和谐的产生和发展为通古斯语言发展规律所致，语言接触和类型学因素可能加快了这一发展过程。

本章第二项主要内容是关于蒙古语两类元音和谐的历时关系。蒙古语中—东部方言的元音和谐属于 RTR 类型，西部的卫拉特方言属于腭和谐。同一语言内部存在两种不同和谐类型的事实是对阿尔泰假说的挑战。根据阿尔泰假说，原始阿尔泰共同语的元音系统是突厥式的三维向系统。国外某些学者为了维持阿尔泰假说，提出了 RTR 和谐是由腭和谐演变而来的假设，并给出相关的音系分析。本研究对卫拉特方言元音系统结构的分析，特别是对其中性词干和后缀元音关系的分析表明，卫拉特方言的腭和谐不可能源于某个早期的腭和谐系统。现代卫拉特方言的事实不支持国外某些学者的假设与分析。相反，如果假设卫拉特方言祖先的元音系统是一个四维向系统的话，现代卫拉特方言的元音系统结构、元音和谐类型以及元音和谐的形式特点均可得到逻辑的解释，尤其是本研究提出的早期语言的和谐特征［＋RTR］在现代卫拉特方言冗余化的假设能够得到证实。

　　本章第三项主要内容是，基于通古斯语言、蒙古语和突厥语言的事实，本研究提出不同于传统观点的阿尔泰假说，同时提出阿尔泰语言元音系统与元音和谐语音学类型历史演变过程的假设。本研究的基本观点是，原始阿尔泰共同语元音系统与元音和谐基本类型应以现代通古斯语言和蒙古语中—东部方言为基础，而不应以突厥语言为基础，因此，原始阿尔泰语元音系统是一个四维向系统，元音和谐是 RTR 类型。阿尔泰语言元音系统演变的方向和过程是从四维向元音系统向三维向元音系统演变，元音和谐类型演变的方向和过程是从 RTR 型和谐向腭和谐演变。本研究的假设如图 1 所示。

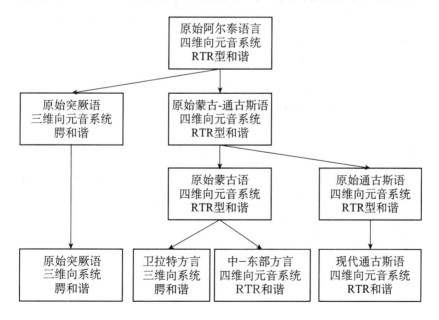

图1　元音和谐类型演变的方向和过程

三、成果的学术价值和应用价值

本成果的主要学术价值和应用价值概括如下：

（1）跨语言、全景式、系统、有重点和详细地描写和分析了阿尔泰语言不同类型的和谐系统，涉及语言/方言 40 种。主要发现包括：①部位和谐（含腭和谐和 RTR 和谐）属于词干控制型；②所有语言的圆唇和谐属于音段控制型；③和谐域是韵律词；④除现代满语之外，通古斯语言元音和谐的语音学基础是舌根位置变化导致的咽腔体积变化，语音学类型是 RTR 型；⑤元音和谐的解体首先始于词干内部，随后解体范围扩大至词缀。从类型学的角度看，如果一种语言具有内部和谐，那么这种语言也具有外部和谐；但其逆定理不能成立。作者希望，拙著报道的语言事实以及所采用的形式的和类型学的描写方法有助于推动阿尔泰语言元音和谐的研究。

（2）部分音系学假设得以证实，例如腭和谐和 RTR 和谐的音系机制是和谐特征的映射。在含有腭和谐的复杂和谐系统里，圆唇和谐的音系机制是和谐特征扩散，而在含有 RTR 和谐的复杂和谐系统里，圆唇和谐是 OCP 诱发的音系表达结构的变化，在这一过程中，低舌位节点合并导致和谐特征扩散，这是一种典型的寄生型和谐。不同和谐系统里多样和复杂的形式特点均可从底层表达的形式特点和未充分赋值的角度给予逻辑的解释。总体上讲，非线性音系理论是可行的和有效的，其描写作用和解释力优于传统的音位学方法。

但是，阿尔泰语言元音和谐中的某些事实是音系学理论所不能充分解释的。例如，突厥语言圆唇和谐的某些形式特点，特别是对诱发音段和靶音段在舌位高度方面的限制，难以从现有理论上充分解释。又如，锡伯语辅音的不同发音部位对圆唇和谐过程的不同作用是现有的音段结构理论（特别是偶值特征理论）难以充分解释的。这些语言事实无疑对检验和发展音系学理论具有重要的意义。

从理论和方法创新的角度看，采用当代国际语言学前沿主流理论来研究我国少数民族语言的做法是一种积极的、有意义的尝试，有助于推动我国少数民族语言研究的发展，有利于加深对语言现象的认识。

（3）基于通古斯语言的共时事实，本研究构拟了原始通古斯语言元音系统与元音和谐类型，提出了通古斯语言元音系统与元音和谐类型的历史演变假设。基于通古斯语言、蒙古语和突厥语言的共时事实，重新构拟了原始阿尔泰语言的元音系统与元音和谐类型，并提出了新的关于元音系统与元音和谐类型演变过程的假设，如 A 所示：

> A. 原始阿尔泰语　　　现代阿尔泰语言
>
> 　　四维向元音系统 → 三维向元音系统
>
> 　　RTR 型和谐　　　→ 腭和谐

　　本研究的假设不同于传统的阿尔泰假说（如 B 所示）。本研究的假设改变了阿尔泰语言演变过程的方向，为阿尔泰语言的历时研究提供了新的思路，为阿尔泰语言的辅音系统、形态系统、词汇和句法的历时研究提供了新的视角。

> B. 原始阿尔泰语　　　现代阿尔泰语言
>
> 　　三维向元音系统 → 四维向元音系统
>
> 　　腭和谐　　　　　→ RTR 型和谐

《信息资源共享系统绩效评估研究》概要

肖希明[*]

一、研究的目的、意义及所使用的研究方法

信息资源共享系统是指集信息资源采集协调合作、馆藏文献数字化与数据库建设、联机联合编目、数字资源合作开发、长期保存及馆际互借与电子文献传递等功能于一体的集成系统。自 20 世纪 60—70 年代 OCLC、OhioLINK、RLIN 开展了全球性或地区性的卓有成效的信息资源共享活动以来，世界各国特别是欧美发达国家都加大了对信息资源与服务保障体系的建设与投入，各种形式的信息资源共享系统无论在数量上还是功能上都得到了长足的发展。我国信息资源共享系统的建设也取得了实质性的进展。自 1998 年起，建设了中国高等教育文献保障系统（CALIS）、国家科学数字图书馆（CSDL）、国家科技图书文献中心（NSTL）等国家级的信息资源共享系统，一些区域性的信息资源共享系统也相继建立并得到发展。

随着国家和地区对信息资源共享系统的投入逐年加大，我国的信息资源共享系统的功能也在逐步完善。与此同时，各级信息资源共享系统运行的效果和效率、系统建设和维护的投入产出、系统提供的服务所产生的经济效益和社会效益、用户获取和利用文献资源的满意度等信息资源共享系统绩效评估问题也成为学界和业界关注的焦点。

近年来，国内外对信息资源共享系统绩效评价的理论研究取得了不少重

---

*　肖希明，武汉大学教授，博士生导师。

要成果，在实践方面也有许多项目取得实质性进展。理论研究的问题主要集中在：（1）对信息资源共享系统绩效评估要素的研究，国内外学者从不同的角度提出了评估信息资源共享系统绩效的关键要素；（2）对信息资源共享系统绩效评估方法的研究，分析了多指标综合评价方法、层次分析法、德尔菲法、抽样调查法、主成分法、因子分析法、DEA（数据包络分析）法等的适用性问题；（3）关于信息资源共享系统绩效评估指标体系的研究，国内外学者从不同的角度提出了若干评估指标体系，这些指标宏观上涉及与系统活动紧密关联的目标任务、管理模式、组织结构、资源配置、投资收益等内容；微观上包括系统各项功能和活动，如资源发展、虚拟参考咨询、人员培训、用户满意度等，均设立定性或定量的评价指标。在绩效评估实践方面，近年来各国和国际组织开展了一系列有关信息资源共享系统绩效评估的项目，召开了一些国际会议，制定了相关的标准和指南，如美国研究图书馆协会（ARL）的 E-METRICS 项目、英国联合信息系统委员会投资的 JUBILEE 项目等，Northumbria 绩效评估国际研讨会和 IFLA 馆际互借与文献传递（ILDS）国际会议等都十分关注信息资源共享系统的绩效评估问题。

国内外的研究从不同的角度对信息资源共享系统的绩效评估问题进行了有益的探讨，但仍存在一些薄弱环节。一是研究主要侧重在某一方面，而对信息资源共享系统绩效评估缺乏综合性的研究；二是没有提出一个既面向结果又面向过程、科学合理而又切实可行的信息资源共享系统绩效评估的指标体系。本研究正是试图从技术、经济、制度、人文等多角度，从微观、中观、宏观等多层次对我国信息资源共享系统的运行绩效评估问题进行探讨，构建一个既符合数字环境下信息资源建设与利用规律，又符合我国信息资源共享系统运行情况的绩效评估指标体系，并通过对指标体系的实证性研究，为我国信息资源共享系统绩效评估提供某些具有实用价值的参考。

本研究对促进我国信息资源共享系统的健康、协调发展，避免信息资源共享系统的重复建设和盲目投入，构建科学合理的信息资源配置机制，建立以用户需求和服务为导向的信息资源保障体系，提高信息服务质量和效率，进而推动国家信息化发展战略目标的实现，具有重要的现实意义。本研究的理论意义在于，它将系统科学的理论与方法、管理科学中绩效评估理论与方法应用于文献资源共享研究，体现了图书馆学研究的开放性和理论联系实际的研究方向，拓宽了图书馆学研究领域，丰富了图书馆学理论体系。

本研究运用的方法包括：（1）调查研究方法，以问卷调查、实地考察等方式，获取关于信息资源共享系统各要素的数据和第一手资料；（2）系统分析方法，通过分析信息资源共享系统各要素及其关系，构建系统评估模型；（3）典型案例法，选取典型案例对评估指标体系进行验证性分析。

二、成果的主要内容和重要观点

本研究力图运用科学的绩效评估理论和方法，结合我国信息资源共享系统建设的实践，构建信息资源共享系统绩效评估模型，提出适应我国国情的提高信息资源共享系统绩效策略，以促进信息资源共享系统的可持续发展。具体而言，本研究试图解决以下三个问题：

第一，深入分析绩效评估对信息资源共享系统战略发展的重要意义，探讨信息资源共享系统相关理论和实践发展规律，选择适合信息资源共享系统的绩效评估方法。

第二，针对目前信息资源共享系统绩效评估实践的不足，运用优选的绩效评估方法构建面向结果和面向过程的信息资源共享系统绩效评估理论框架，并从构成要素、标准体系和流程方法上着手设计信息资源共享系统绩效评估模型。

第三，运用信息资源共享系统绩效评估模型进行实证分析，发现我国信息资源共享系统建设和发展中存在的绩效问题，深入剖析提高信息资源共享系统绩效的障碍因素，实现提高信息资源共享系统绩效的管理机制创新与优化。

本成果的主要内容有以下几个方面：

1. 信息资源共享系统绩效评估的理论支撑与方法选择

信息资源共享系统绩效评估是一项实践性很强的社会系统工程，然而它也需要理论的指导。本研究认为，可以为信息资源共享系统绩效评估提供支撑的理论有系统理论、资源保障理论、资源配置理论、拥有与存取理论、文献老化理论、共享粒度理论，以及经济管理的相关理论。研究成果分析了这些理论与信息资源共享系统绩效评估的契合性，认为这些理论的引入，不仅将为信息资源共享系统绩效评估提供理论依据，而且将大大丰富信息资源共享系统绩效评估的理论内涵。

关于信息资源共享系统绩效评估方法，研究认为，目前较多采用的是面向结果的信息资源共享系统综合评估方法。这些方法无疑具有很多优点，但由于只关注结果，在指标量化的过程中，忽略了很多不可量化却很重要的绩效指标。同时，面向结果的定量统计虽然能准确反映某个时间点上信息资源共享系统的绩效状态，但却难以揭示系统的绩效从哪里来，如何在变化的信息市场中发挥效益，绩效反映了系统运行的哪些问题，如何解决以提高系统的绩效等诸多问题。因此，评估方法需要的应是既面向结果又面向过程的绩效评估。

本研究分析了几种常用的绩效评估方法的适用性问题，如 CIPP 方法、标杆分析法、平衡计分卡方法等，认为由美国政府管理暨预算办公室（OMB）于 2003 年推出的绩效参考模型法（performance reference model，PRM）是一个新兴的绩效评估标准框架。该方法以价值链为核心，注重分析绩效的产生缘由、过程和表现形式，因而是一种通过价值跟踪进行系统全流程绩效评估的方法。

基于此，本研究首先以平衡计分卡模型为参照，构建了信息资源共享系统的平衡计分卡修正模型。该模型以信息资源共享系统的战略和使命为核心，以学习与创新、内部流程与管理、成员发展以及系统成果效益四个角度作为衡量信息资源共享系统绩效的平衡计分卡维度。信息资源共享系统绩效评估是就系统整体而言的，由于集合了成员的优势资源，系统在运行中产生的效应便能优于个体效应的总和，从而产生信息资源共享系统的绩效。这是一个从市场结构（structure）到市场行为（conduct）再到市场绩效（performance）的过程，所以研究认为，利用 SCP 范式分析信息资源共享系统绩效是适合和必要的。

平衡计分卡方法、PRM 方法和 SCP 范式是利用绩效评估模型和方法分别从信息资源共享系统战略执行、价值提升和自主经营三个视角出发而设计的信息资源共享系统绩效评估模型。这三种评估方法都不单是对某一阶段或某一时间点的信息资源共享系统绩效进行评价，而是面向整个信息资源共享系统的流程及结果。既涉及定量数据又包括方案和规划，评估的范围则包括了信息资源共享系统的投入评估、过程评估与效果评估。因此，三种评估方法既能对信息资源共享系统实施全面的绩效评估，又能兼顾系统内外的发展变化，将系统绩效变化与信息市场变化相关联，并以发挥系统整体效益、提升系统价值为重点，从而有效控制信息资源共享系统的实施，促进绩效评估的发展。

2. 信息资源共享系统绩效评估的要素

本研究认为，信息资源共享系统绩效评估要素可以从不同视角进行考察和分析。系统观围绕着整个系统的功能、运行和管理来确立信息资源共享系统绩效评估要素，是确立绩效评估要素最常用的角度。资源观将信息资源共享系统中资源的可知晓性、可获取性和获取便利性作为评价信息资源共享系统绩效水平的关键。功能观则是基于信息资源共享系统的功能确定评估要素。功能观确定的要素能有效反映系统具体共享活动的绩效，但又在某种程度上分割了系统整体的功能。由于各个信息资源共享系统在实际功能划分中的差别，使得功能观的绩效评估要素的确立难以建立统一的、可比较和参照的横向指标。

信息资源共享系统绩效评估要素确定的方法包括：

（1）利用统计标准确定信息资源共享系统绩效评估要素，即从现有国际通用的图书馆评估相关标准中抽取出与信息资源共享系统直接相关的指标，进行合并以确定信息资源共享系统绩效评估的要素。成果以列表的方式介绍了有代表性的国际评估标准和图书馆学相关协会提供给信息资源共享系统各要素的统计指标。

（2）利用模型确定信息资源共享系统绩效评估要素，即利用绩效评估相关理论和方法选择和设计信息资源共享系统绩效评估模型，然后将模型中所界定的影响因素作为评估要素，这在对信息资源共享系统进行绩效评估的研究和实践中已有先例。

本研究通过确定信息资源共享系统绩效评估综合模型，并对不同视角下的评估模块中所涉及的要素进行合并和去重，归纳出信息资源共享系统的绩效评估要素。通过要素内容的重组，确定了信息资源共享系统绩效评估的6个基本要素：资源、成员、服务和利用、投入和支出、管理和流程、整体效益。这6个基本要素囊括了评价内容的各个方面并基本表达了信息资源共享系统的构成和运作的关键领域，构成了信息资源共享系统绩效评估模型的基本框架。

3. 信息资源共享系统绩效评估指标体系的构建

信息资源共享系统绩效评估指标体系的构建应遵从一定的原则，这些原则可概括为科学性原则、可行性原则、系统优化原则、动态性与开放性原则、通用性与经济性原则。而在确立信息资源共享系统评价指标体系时，具体要求主要有三点：指标体系的全面性、指标间避免重叠和冗余、指标的易采集性。

依照上述指标体系构建的原则和方法，本研究所采用的信息资源共享系统绩效评估指标体系构建方法主要是通过信息资源共享系统绩效评估模型推导相应的关键指标和要素，在对要素进行解析的基础上，参考现有的统计指标，进行系统化的汇总和梳理，构建了一个由一级指标和二级指标构成的相对完善的信息资源共享系统绩效评估标准体系。在每个二级指标下设立了关键测评标准，即在实际的信息资源共享系统绩效评估中，可根据实际情况着重测评关键标准，以此考察二级指标涉及的绩效状况。这样做可提高信息资源共享系统绩效评估标准的可操作性，降低绩效的复杂度，增强指标体系的适应性。

研究在对指标体系的内涵进行逐项分析的基础上，应用层次分析法对一级指标和二级指标进行赋值以确立其权重，将决策者的经验判断进行量化，实现了定性和定量相结合的指标体系设计。

从计算的结果看，权重居于前五位的二级指标从高到低依次是满意度、经费来源、资源的可获取性、成员参与度与使用度，以及服务效益与利用效果。这些都是影响信息资源共享系统绩效最为关键的要素。

4. 信息资源共享系统绩效评估的实施

信息资源共享系统绩效评估的实施是一项复杂的工程，在实施过程中不仅需要评估主体进行前期研究和精心的组织与准备，而且需得到各种外部条件的支持，这些条件包括政策条件、技术条件、组织条件和人员条件等。

与其他评估活动一样，信息资源共享系统的绩效评估包括以下 4 个环节：第一，确定评估主体、评估目标，选择评估对象；第二，建立评估的参照系统，确定评估指标体系和评估方法；第三，收集与整理相关绩效信息；第四，形成价值判断，撰写评估报告，创建评估档案。

在某一个信息资源共享系统中实施绩效评估可能包含着对系统某一方面变革的管理。这意味着除了在定义和实施绩效评估过程中所固有的技术性较强的问题之外，管理上的挑战也很可能在实施绩效评估时凸显。本成果认为，信息资源共享系统绩效评估的管理主要包括：

（1）信息资源共享系统绩效评估的过程管理。有效的过程管理就是对系统绩效评估进行合理的规划，以最小的成本、最有效的资源配置保证其顺利实施并监督其实施进程，包括过程管理计划、过程管理执行、过程监控和过程的持续改进。

（2）信息资源共享系统绩效评估的监督管理。监督管理的目标在于对评估进程实施监控和预警，保证绩效评估的顺利进行；保证共享系统评估工作遵守相关的政策和标准，使之更加高效化与规范化。监督管理既有系统评估组织内部的自我监督，也有外部监督。监督手段包括行政监督与法律监督。监督管理的主要内容则包括进度监控、成本费用监控、质量监控和风险管理。

5. 信息资源共享系统绩效评估实证研究

本成果运用所构建的信息资源共享系统绩效评估指标体系，对我国两个有代表性的信息资源共享系统——中国高等教育文献保障系统（CALIS）和珠江三角洲数字图书馆联盟的运行绩效评估进行了实证研究。

CALIS绩效评估的实施过程包括：首先与CALIS地区中心和成员馆的共建共享负责人多次沟通并采用访谈的方式进行了实地调研，然后对CALIS管理中心进行了实地走访和调研，最后走访了图书馆学专业信息资源建设和服务领域的相关学者和信息资源共享实践者。通过与CALIS管理中心相关人员的交流和沟通，再根据CALIS当前实际，包括能获取的评估数据和事实以及CALIS的绩效评估需求，修订了CALIS绩效评估调查项目。然后根据调查结果并参考CALIS管理人员的自评分值对CALIS绩效评估各项二级指标进行打分，最后计算出CALIS绩效评估分值结果。CALIS绩效评估结果验证了信息资源共享系统绩效评估模型的可用性、实用性。与此同时，作者在应用信息资源共享系统绩效评估模型对CALIS进行实证研究的过程中，对模型的普遍适用性也进行了进一步的分析。

对珠江三角洲数字图书馆联盟的绩效评估所依据的指标体系和评估的实

施过程与对 CALIS 的评估大致相同。课题组对珠江三角洲数字图书馆联盟成员馆进行了实地调研。在通过调查获取大量资料、数据以后，课题组邀请了 5 位专家，依据"评分标准"给评估体系中的各项目打分。然后确定信息资源共享系统绩效评估二级指标加权值计算公式，得到各二级指标的加权值，最后计算出珠江三角洲数字图书馆联盟绩效评估结果。

根据实证研究的结论，成果讨论了评估指标体系的可行性和适应性改造问题。由于本成果所设计的指标体系是在对各类信息资源共享系统本质予以抽象和总结的基础上所构建的，所以对于不同级别和不同性质的信息资源共享系统的绩效评估均具有可行性。但在绩效评估实践中还需要对指标体系做出适当改造，以提高其对系统的适应性。这些改造包括如何实现定性与定量指标更加灵活的相互转化，以及对某些关键测评标准的适应性改造问题。

6. 信息资源共享系统的运行机制及其绩效评估

对信息资源共享系统绩效的探讨离不开其运行机制的建设和绩效评估。本成果对信息资源共享系统的运行机制及其绩效评估的研究，首先是对我国图书馆信息资源共享机制的现状进行了调查分析，课题组选择了 150 位来自全国 43 所大中型公共图书馆、高校图书馆、科研专业图书馆的馆长、副馆长及部分研究馆员进行调查。调查设计的问题包括：图书馆信息资源共享的动力机制、图书馆信息资源共享的决策机制、图书馆信息资源共享的信息传递与交流机制、图书馆信息资源共享的市场参与机制、图书馆信息资源共享的监督机制、图书馆信息资源共享的政策保障机制、图书馆信息资源共享的服务机制等。

调查得出的结论是，目前我国图书馆信息资源共享机制建设的优势主要体现在：（1）使图书馆及信息资源共享组织的主观能动性得到发挥；（2）使图书馆信息资源共享的可持续发展性增强。不足之处在于：（1）图书馆信息资源共享的开放性不足；（2）图书馆信息资源共享的保障措施薄弱。

基于调查结论，本研究提出我国图书馆信息资源共享机制创新的战略方向是：（1）构建完备的图书馆信息资源共享机制体系；（2）改革现有机制建设中的不足，建立与环境相适应、实践性强的共享机制。机制创新的具体内容则包括：动力机制创新、决策机制创新、信息传递与交流机制创新、市场机制创新、服务机制创新、监督机制创新、政策保障机制创新。

本研究对这些机制运行的绩效评估从机制体系的完备性、机制体系的适应性和机制体系的有效性三个维度进行了探讨。最后，提出了提高信息资源共享系统绩效的策略，包括：完善信息资源共享的体制建设、完善信息资源共享的制度环境建设和构建数字环境下的信息资源共享文化。

三、成果的学术创新、应用价值以及社会影响和效益

本成果的学术创新主要体现在：

（1）针对目前信息资源共享系统绩效评估注重结果而忽略过程的局限，本成果在较为全面系统地分析和比较国内外相关研究的基础上，试图弥合中外研究在方法上、研究视角上的差异，开展信息资源共享系统绩效评估综合研究。从信息资源共享系统发展战略出发，设计面向过程同时又面向结果的信息资源共享系统绩效评估理论框架和模型。

（2）针对我国信息资源共享系统绩效评估研究重理论探讨而不注重联系实际的问题，本成果利用信息资源共享系统绩效模型对 CALIS 和珠江三角洲数字图书馆联盟进行绩效评估，以验证信息资源共享系统模型与指标体系的合理性和有效性，推进信息资源共享系统绩效评估的规范化和常态化。

（3）结合我国信息资源共享系统的实际，从管理机制创新的角度提出提高我国信息资源共享系统绩效的策略。

本成果的应用价值在于，它为不同类型的信息资源共享系统的绩效评估提供了一个较为科学合理而又切实可行的评估模型和具有可操作性的评估指标体系。通过评估可以较为客观和准确地衡量信息资源共享系统的效益，发现和解决信息资源共享实践中存在的问题，对信息资源共享系统正常运行实施有效管理和控制，从而促进信息资源共享系统的可持续发展。

本成果的理论意义在于，它将系统科学的理论与方法、管理科学的绩效评估理论与方法应用于信息资源共享系统绩效评估研究，丰富了信息资源建设与共享理论的内涵，体现了图书馆学研究的开放性和理论联系实际的研究方向，拓宽了图书馆学研究领域。

本成果是对研究者近三年研究的集成。围绕本课题的研究，研究者已在专业核心期刊发表了 15 篇论文。其中《中国图书馆学报》2 篇，《图书情报工作》6 篇（其中一组为专题论文 4 篇），《国家图书馆学刊》4 篇（一组），

其余的发表于《情报资料工作》、《图书馆杂志》、《情报科学》等核心期刊。本成果中对 CALIS 和珠江三角洲数字图书馆联盟的绩效评估结果已反馈给两个联盟的管理机构，两个联盟负责人都认为这些评估结果将对改进联盟工作发挥重要的作用。今后联盟将应用这次评估的指标体系对联盟的绩效定期展开评估。

《创新型国家的信息服务与保障研究》概要

胡昌平*

一、研究的目的、意义及所使用的研究方法

1. 研究目的

创新型国家的信息服务与保障研究，一是研究信息服务体制变革，二是研究基于新的服务体制的面向自主创新的信息保障体系构建与社会化信息保障的实现，其目的在于从国家创新需求出发，在现代信息环境和技术条件下，研究信息服务的转型发展机制，构建与国际相融的、适应我国社会发展的信息服务行业体制和面向自主创新的信息保障体系。在国家自主创新战略的推进中，我国不断深化的体制改革，科技、经济、社会的发展以及信息网络化与资源共享程度的提高，为围绕自主创新的国家建设提供了新的条件，为创新型国家的信息服务体制确立和信息保障体系的完善提供了可能。本研究的目的在于，探索现代信息服务的规律，寻求科学的发展战略，构建面向自主创新的国家信息服务体制与信息保障体系，通过案例分析和实证研究，推进成果的应用。

2. 研究意义

本研究旨在解决我国创新发展和创新型国家建设中的信息支撑与服务保障问题。同时，在创新型国家制度下的信息服务转型中进行信息服务的发展理论研究，不仅关系到创新型国家建设和科技、经济与社会发展，而且对信

---

* 胡昌平，武汉大学教授，博士生导师。

息管理与服务理论具有创新意义。

在我国建设创新型国家的社会转型中，经济增长方式的转变、产业结构的调整，离不开信息化环境和信息服务的支撑。本研究针对信息服务体制变革与信息保障体系构建，从战略管理、系统建设和业务推进层面研究基本规律，寻求实际问题的解决方案，通过实证，推进成果的应用。因此，本研究涉及的问题是提高国家自主创新能力、建设创新型国家的关键问题，直接关系到我国建设创新型国家的实践发展和信息服务机构的社会化改革。在提升自主创新能力、建设创新型国家和推进信息服务社会化发展中具有重要作用。

在信息化环境和数字网络条件下，信息服务与信息保障不仅是一个现实问题，而且是学术界关注的理论问题。创新型国家的信息服务与保障研究，在理论上把科学研究与发展创新和面向创新主体的信息保障作为一个整体，揭示创新发展的信息机制，从知识创新、技术创新与管理和制度创新出发，寻求基于国家自主创新发展的信息管理与服务理论。这是一种有别于传统的理论研究取向，因而是对面向用户的信息管理与服务理论的深化和发展，其理论成果在图书馆、情报与文献学的学科建设上具有重要意义。

3. 研究方法

本研究涉及面广，注重对社会调查、案例分析、数理方法和系统科学方法的应用，因而研究方法具有针对性、科学性和解决实际问题的可行性。

对于我国建设创新型国家的自主创新主体信息需求分析，采用统计分析方法研究自主创新主体结构，通过抽样调查方法收集信息服务需求。这些方法综合应用的目的在于从定性—定量角度揭示国家创新发展中的信息需求结构及其变化规律，研究现有体制与体系变革的用户动因。

对于面向自主创新的信息服务转型与社会机制的研究，一是采用比较分析方法进行国内外对比分析，在多因素分层比较基础上，寻求一般规律；二是利用相关分析法研究创新型国家建设与信息服务体制的关系，从制度创新角度研究信息服务与保障的社会化机制。

对于创新型国家建设中的信息资源配置，采用系统科学方法研究我国现有资源系统之间的关系，利用系统动力学优化法则进行社会化资源保障系统的构建，在信息资源的跨系统配置中进行协同模型构建。

对于创新型国家的信息保障业务系统构建，利用目标控制方法，从信息服务和知识服务角度建立保障业务系统模型，构建有效的控制系统。利用协调管理方法，进行业务系统动态管理研究。

从管理科学、社会学、法学和发展经济学等跨学科角度研究创新型国家信息服务与保障政策、法律框架，立足信息服务转型和机构改革中的现实问题，通过案例分析研究信息保障社会化的实现。

二、成果的主要内容和重要观点

1. 主要内容

创新型国家建设不仅需要进行面向国家创新发展的制度变革，构建与创新型国家制度相适应的科技创新和经济发展体制，而且需要进行信息服务体制变革，确立基于社会化服务体制的信息保障体系。从信息服务组织上看，不仅需要进行信息服务技术变革，拓展信息保障业务，更重要的是要推进信息服务的社会化转型。

创新型国家建设的实质在于寻求基于自主创新的国家发展机制，实现经济发展方式的转变，构建以科学技术为第一生产力的产业经济体系，促进社会文化与知识创新的融合。这就要求在创新型国家制度建设的基础上进行经济和社会发展转型，促进基于创新的经济社会发展。科学技术与产业发展创新，不仅需要制度保证，而且需要在自主创新中构建完备的社会化信息保障体系。从信息服务组织上看，自主创新主体的创新活动在开放环境下进行，知识创新的网络化实现需要完备的信息作保障，需要面向用户知识创新的服务集成。

在创新型国家建设过程中，信息保障的全面性、完整性和及时性取决于信息服务的发展，由国家创新发展体制下的信息服务结构所决定。从信息保障实现方式上看，既有面向行业、部门和系统用户的信息保障，又需要从创新发展组织和实现过程出发进行面向社会运行和职业活动环节的信息保障，而且随着社会信息化水平的提高和信息活动与职业活动的融合，面向用户与面向过程的信息保障已融为一体。这种整体化保障体系的构建，不仅依赖于信息环境、技术环境，而且由信息保障实现中的信息服务组织体制所决定。由此可见，在创新国际化和经济全球化背景下，信息服务体制变革与发展应以信息保障的社会目标为导向，进行基于创新型国家制度的服务转型。与此同时，信息保障体系构建应以信息服务体系重组为前提。

本研究围绕信息服务体制变革与信息保障体系构建问题，从战略管理、系统建设和业务层面研究其基本规律，寻求实际问题的解决方案，通过实证推进成果的应用。本研究涉及的问题是建设创新型国家的重要问题，对其的研究直接关系到我国建设创新型国家的实践发展和信息服务的社会化变革，因而在建设创新型国家和推进信息服务的社会化发展中具有重要作用。创新型国家的信息服务与保障研究，在理论上将科学研究与发展创新和面向创新主体的信息保障作为一个整体，以揭示国家创新发展的信息机制；从知识创新、技术创新和管理与制度创新出发，以政府、研究机构、高等学校、企业和服务机构的创新信息需求为导向，寻求基于国家自主创新发展的信息管理与服务理论。

《创新型国家的信息服务与保障研究》从国家制度创新、环境演化、信息机制和服务形态出发，揭示其中的规律，在信息管理与管理科学的结合中，提出发展导向的信息组织理论，将理论研究和面向现实问题的实证相结合，将服务管理研究与技术实现相结合，由此形成了完整的研究成果。本成果分为9章，围绕以下问题展开。

（1）信息化中的国家创新发展与创新型国家建设。通过社会信息化与国家创新中的经济发展和知识创新机制分析，从国家创新制度安排与创新型国家战略层面研究信息流与信息资源保障的作用机理，进行创新型国家建设中信息服务与信息保障的战略发展定位。

（2）国家自主创新主体及其信息需求分析。根据国家创新发展要求与创新需求结构变化，在科技与产业创新、社会制度创新和创新成果转化中信息需求调整的基础上，分析信息服务需求的变革动因，通过对自主创新主体需求引动机制的研究，构建需求驱动的信息服务与信息保障演化模型。

（3）创新型国家制度下的信息服务转型与体制变革。社会经济发展方式的转变和发展制度变迁决定了创新型国家制度下的信息服务体制。在信息服务跨系统组织和分类改制的基础上，根据服务行业的转型发展规律，研究信息服务行业体制确立与双轨制管理的实现机制，进行信息服务与信息保障转型中的机构改革实证。

（4）基于服务转型的社会化信息保障体系构建。立足现实基础，在经济全球化和创新国家化环境中，从"信息保障社会化"体系构建出发，进行基于知识网络的信息服务共享与信息保障社会化实施研究。在社会化信息保障体系构建中强调服务基础建设和资源与服务的融合。

（5）基于国家创新网络的信息资源配置。国家信息资源配置不仅需要资源系统的互动，而且需要在网络协同中实现信息资源的分布配置和结构优化，基于系统动力学模型，在面向创新发展的信息资源配置中进行整体化协同资源配置体系构建与结构优化研究。

（6）国家创新体制下的跨系统信息平台建设。根据社会化信息保障中的系统整合与服务集成需求，从信息资源平台建设出发，进行跨系统信息平台的协作规划、体系构建和技术实施研究，通过全国性专门信息保障和区域信息保障实证，进行整体结构和流程的优化。

（7）面向产业发展的行业信息服务重组。在产业创新发展中，根据传统产业和战略性新兴产业的发展需要，按面向产业的信息服务重构理论进行行业协会制度下的信息服务行业重组研究，针对普遍存在的问题，提出相应的重组战略和实施方案。在研究中，着重面向知识创新产业链和创新联盟的行业保障服务网络建设。

（8）知识创新信息保障中面向用户的服务拓展。在信息保障业务体系重构中，进行面向创新价值链的服务拓展研究，根据信息提供服务向知识保障服务转变的客观规律，重点研究融汇服务、科学研究中的嵌入服务、开发存取和集成服务的实施。同时，以服务创新为基点研究面向用户的知识服务和云计算服务的组织机制。

（9）国家创新发展的信息政策与信息法律建设。创新型国家信息服务与信息保障的社会化实现，需要国家信息政策和法律保证，以此出发研究信息政策和法律构架，根据国家创新开放化和协同化需要，确立国家创新中的信息政策与法律建设战略。同时，在知识创新产业链的国家化延伸中进行国际合作研究。

2. 重要观点

我国建设创新型国家的信息服务体制是一种新的体制，不仅体现在信息服务机构的社会化转型上，更重要的是，在信息化环境和国际经济一体化背景下，建立面向国家自主创新发展的信息服务制度。在这一制度下，需要将以分散服务为基础的信息保障上升到全面信息保障的水平，以适应我国提升自主创新能力和建设创新型国家的需要。从政策、法律构架和业务规范层面展开研究，旨在改变我国长期以来的部门、系统封闭局面，推动国家集中控制、多元主体投入的行业保障发展。

我国面向系统、部门的信息服务在工业化发展中与我国计划经济体制下的需求相适应，在系统构建中，具有各自的定位和分工。然而，随着信息环境的变化、国际经济整体化发展和市场经济中企业体制的变革，这种"系统、部门"发展战略受到了来自各方面的挑战，从而提出了转型问题。

随着科技体制、经济体制与行政体制改革的深入，以系统、部门为主体的创新向开放化、协调化方向发展。在知识创新推进中，部门、系统的界限逐渐被打破，国家科学研究与发展和企业研究与发展相结合，开始重构国家知识创新大系统。这意味着，知识创新已从部门组织向社会化组织发展。在这一背景下，条块分割的信息服务发展模式必须改变，以开放服务为特征的社会化信息服务体制必须确立，基于新的服务体制的信息保障体系必须完善。

基于信息服务与保障社会化发展理论，本研究围绕建设创新型国家中的信息服务社会化组织体制、服务转型和面向国家创新网络的信息保障平台建设与服务拓展等问题，向全国科技与经济信息服务部门、地区和行业组织提出了改革发展建议和平台化服务实施对策。

在"建设创新型国家的信息服务体制改革与信息保障体系构建"中，提出了创新型国家建设中的信息服务转型战略构建与实施、信息服务行业体系重构与体制改革，以及社会化信息服务保障体系构建与服务组织对策。

在"我国建设创新国家的行业信息服务体制变革与发展对策"中，立足国家创新发展中的机构改革，进行了行业化信息服务体制构建研究，通过对化工行业的案例分析，提出了行业信息服务体系重构与服务集成对策。

在"湖北省创新发展中的信息集成服务对策"中，立足湖北省创新发展现实和创新主体的跨系统信息需求，提出了五网联通的资源整合平台建设和跨系统协同服务实施对策。

在"行业信息服务重组与平台建设"中，进行了区域性农业信息服务平台构建模型研究，通过实际应用，进行了模型优化，所研发的农业信息集成服务平台在湖北省农业系统推广应用。

在"面向知识创新工程的中国科学院文献情报机构改革与服务重组"中，进行了基于实证的研究成果提炼，提出了知识创新中的面向用户服务构架和服务业务拓展对策。

在"广东省佛山市基于工业与信息化融合平台的创新发展对策"中，进行了创新发展需求调研，形成了平台化的服务融合方案，提出了"十二五"规划建议。

在"基于多网联通的区域性信息共享服务平台建设与发展对策"中，针对武汉城市圈的发展需要，提出了知识信息服务的网络协同和面向产业链的集成服务组织建议。

三、成果的学术创新、应用价值以及社会影响和效益

1. 学术创新

本成果的创新包括信息服务社会化组织的提出和全方位跨系统信息保障体系构建的实施。信息保障是指根据用户的职业活动需要，为其提供全程化、系统化的信息服务。创新型国家的信息保障体制构建是以相应的信息服务体制变革为前提的，保障体系的构建与国家自主创新发展相适应。信息服务与保障以创新发展需求为导向，以面向国家自主创新为原则，其基点是立足国家信息化建设与创新发展，实现信息服务与保障的全程化和高效化。因此，创新型国家的信息服务体制与保障体系研究对于改进我国创新发展的信息支持与服务保障具有创新意义。

在创新型国家建设中，研究创新型国家发展的信息机制，提出创新型国家信息服务转型理论，建立面向国家创新发展的社会化信息保障体系，构建国家知识信息保障平台，根据协同管理和集中控制原理，提出我国建设创新型国家的信息服务机构改革和社会化信息保障实现方案。在研究中，对重点问题采用了实证研究与理论探索相结合的方式。所提出的创新需求导向下的信息服务与信息保障理论，是一种有别于传统的理论取向，因而是对面向用户的信息管理与服务理论的发展，其理论成果在图书馆学、情报与文献学等学科发展上具有重要价值。

2. 应用价值

在国内外比较分析的基础上，从我国信息服务的社会转型出发，研究创新型国家建设中的信息需求机制，揭示体制变革规律，在经济全球化和创新国际化发展背景中提出了我国信息服务业转型发展战略。通过公益制信息服务与产业制信息服务的协调，构建了社会化信息保障体系，从规范管理角度提出了社会化行业管理的实现对策。

在创新型国家的信息服务与保障研究中，突出了机制问题、体制问题和业务系统构建问题；在面向实际问题的应用研究中，从组织机构变革、信息技术发展、信息资源开发、服务平台建设和实施保证角度展开研究，强调信息化环境和全球经济一体化中自主创新的需求导向，将创新型国家的信息服务与保障置于信息基础设施建设与网络发展的背景下进行方案设计和实施研究。

在研究中突出了创新型国家的信息制度问题，在信息化和创新国际化环境中构建了面向自主创新的信息保障体系。立足我国建设创新型国家的现实问题，进行了组织结构研究、信息保障技术发展研究、数字化信息资源配置与管理研究、面向自主创新的知识信息保障平台研究，确立了面向国家自主创新发展的社会化信息保障结构优化方案。面向现实问题的发展研究和创新型国家的信息服务行业重组对策，对于信息服务业的协同发展具有现实的应用价值。

3. 社会影响和效益

本成果在面向创新的信息服务组织和平台化信息保障体系建设等领域得到了多方面应用。例如：针对广东省佛山市"十二五"规划的基于工业与信息化融合平台的创新发展对策，已被广东省佛山市政府采纳，用于"十二五"规划中的两化融合信息服务平台建设方案制定；湖北省创新发展中的信息集成平台建设和面向用户的服务组织，对于提升湖北省科技创新力、完善信息保障体系产生了积极作用，其成果于2010年获湖北省科技进步二等奖；面向知识创新的公益性学位论文服务体系构建对策被中国科学技术信息研究所采纳，对推动我国学位论文资源共享起到了积极作用；作为项目承担单位之一的中国科学院文献情报中心，在机构改革中进行了面向知识创新的服务业务重组，起到了示范作用；对于行业信息服务重组，提出的重组方案和平台服务模型，已用于部分行业系统整合与服务集成。

《中国人口：结构与规模的博弈》概要

莫　龙[*]

一、研究的背景、意义及所使用的研究方法

屹立在世界东方的中华民族正阔步走在民族伟大复兴的道路上。著名经济史学家麦迪森先生复原的数据显示，中国经济在 1820 年占全球的 28.7％。200 年后，到 2020 年，按照购买力平价的换算结果，中国经济有可能回到 25％以上的全球占比。中国的目标是在 2020 年全面建成小康社会，在 21 世纪中叶成为中等发达国家。

然而，前进的道路上布满荆棘，未来 40 年中国面临的最大挑战之一是人口迅速老龄化。据联合国 2011 年预测，中国人口中 60 岁及以上人口的比重将从 2010 年的 12.3％迅速上升至 2050 年的 33.9％，届时平均每 3 人中就有 1 名老年人。60 岁及以上人口比重从 12％倍增至 24％所需的时间，发达国家平均为 64 年，其中最早出现老龄化的法国需要 141 年（1872—2013 年），迄今老龄化速度最快的日本需要 25 年（1977—2002 年），而中国将只需要 20 年（2010—2030 年）。

要科学地应对老龄化挑战，首先必须科学地认识老龄化对人口、经济和社会可能产生的影响。长期以来，我国学术界和决策部门已经认知中国将面临严峻的老龄化挑战，对老龄化的经济社会影响做了大量研究。然而，关于人口老龄化对中国人口发展战略的制约和影响这一重大课题却一直缺乏研究。针对这一空白，本课题于 2006 年经由国家社科基金立项，力图系

---

* 莫龙，中共广西区委党校教授。

统深入地研究人口老龄化对中国人口发展战略（集中讨论人口数量控制）的制约和影响，并在此基础上探讨应对之策。

本研究具有重要意义。人口发展战略是国民经济和社会发展的基础性战略，人口数量控制是人口发展战略的核心内容。人口数量控制和人口老龄化存在着密不可分、相互制约和相互矛盾的关系。本世纪上半叶中国将同时面临"人口太多"和"人口太老"两大突出人口问题，如何妥善解决两者之间的矛盾，在两者之间实现战略平衡，将对本世纪上半叶中国的人口、经济和社会发展产生重要而深刻的影响。人口迅速老龄化对未来经济社会发展将产生的巨大压力，加大了解决"人口太多"和"人口太老"两难问题的难度，使中国的人口发展战略再一次走到关键的十字路口，面临是否和如何通过调整人口发展战略（体现为调整生育政策）应对老龄化挑战，实现人口规模压力和老龄化压力战略平衡的重大选择。在这样的背景下，系统深入地研究人口老龄化对中国人口发展战略的制约和影响及对策，对于科学地制定和完善人口发展战略、科学地应对人口老龄化挑战，都具有十分重大的意义。

本研究不仅有必要性，而且有紧迫性。许多关心中国发展的重要国际组织、研究机构和学者近年来都不约而同地在其研究中指出："人口老龄化将对 21 世纪中国的崛起构成重大挑战"，"中国如何应对老龄化挑战，将决定它能否变成一个繁荣和稳定的发达国家"。我们最近的研究也表明：中国的人口老龄化经济压力将在 2020 年代中期开始剧增，直至 2040 年前后达到高峰。压力剧增前不仅是加快发展经济以厚植应对老龄化压力高峰的经济实力的"机会之窗"，也是稳妥调整人口发展战略以平稳度过老龄化压力高峰的"机会之窗"。同时，2010 年全国第六次人口普查（以下简称"六普"）结果表明，过去 10 年我国的人口数量控制好于预期，而人口老龄化快于预期，人口老龄化与人口数量控制的矛盾已经开始凸显。我们的最新研究表明，这一矛盾在未来 40 年将更加尖锐和突出，其影响广泛而深刻。综合上述，现在到了必须对这一问题进行系统深入研究并及时决策、科学应对的时候了。

和以往的研究不同，本研究的核心研究方法（也是创新之处）在于，通过评估和比较不同人口发展战略下中国将面临的人口老龄化经济压力（而不仅仅看老龄化的程度和速度），揭示老龄化对中国人口发展战略的制约和影响，探寻实现人口规模压力和老龄化压力战略平衡的平衡点。这一技术路线的关键也是难点在于定量评估人口老龄化经济压力。为此，本研究采用了研究者在 2009 年提出的 AECI 指数法。

AECI 指数法的核心是 AECI 指数，即人口老龄化与经济发展协调指数（ageing and economics coordination index）。该指数通过测度人口老龄化与经济发展的协调性，反映人口老龄化的宏观经济压力。AECI 的值越高，表明老龄化超前于经济发展的程度越高，老龄化的宏观经济压力也就越大。

AECI 指数法是人口学方法论的一个创新。传统的人口统计指标无法准确地度量人口老龄化经济压力。例如，老龄化的程度高低不能反映老龄化的经济压力大小。如果老龄化程度高的同时经济发展水平也高，由于社会拥有较充裕的经济资源应对老龄化，老龄化带来的经济压力相对就不大。例如，2010 年美国人口中 65 岁及以上人口比重为 13.1%，老龄化程度高于中国（8.2%），但不能因此就断言美国的老龄化经济压力比中国大。还必须看到，同年美国的人均 GDP 按购买力平价计算为 42 551 美元，经济发展水平远高于中国（人均 GDP 为 6 810 美元）。AECI 指数克服了现有指标的这个局限。该指数在度量老龄化经济压力时，既考虑了老龄化程度，也考虑了经济发展水平，因而能够更准确客观地度量老龄化带来的经济压力。据计算，2010 年中国的 AECI 指数远高于美国，表明同年中国的老龄化经济压力远比美国大。

AECI 指数的提出，实现了人口老龄化经济压力的"可量化"和"可比较"，提供了一个科学认识和评估人口老龄化经济影响的有利工具。方法论上的这一突破，使本研究的上述关键技术路线成为可行。

本研究的另一个基本方法是人口模拟。通过人口模拟，结合运用 AECI 指数法，考察不同人口发展战略、不同人口政策之下未来中国的人口老龄化经济压力，进而定量评估人口老龄化对中国人口发展战略（人口控制）的制约和影响，并在此基础上提出因应之策。

二、成果的基本内容、主要发现、重要观点和政策建议

本成果名为《中国人口：结构与规模的博弈》。主要发现和重要观点是：21 世纪上半叶中国将面临巨大的人口老龄化经济压力，压力增大最快的时期可能出现在 2025—2040 年，压力高峰很可能出现在 2040 年前后，高峰时

的压力将可能达到 2010 年压力的 3～4 倍，压力之大将有可能达到届时世所罕见的水平。巨大的人口老龄化经济压力使放宽现行经济政策势在必行。现行的国家人口发展战略亟待调整，制定新的人口发展战略必须考虑人口老龄化压力的可承受性。在坚持计划生育基本国策前提下，通过适时适当逐步放宽生育政策（本研究就此提出了政策建议），既可有效地缓解未来中国的人口老龄化经济压力，又可同时将中国人口规模压力控制在可承受范围内，实现人口规模压力和老龄化压力的战略平衡。

全书由 6 篇研究论文和 4 篇决策咨询研究报告以及 3 个附录组成，分为 3 个篇章，旨在从 3 个维度循序渐进、系统深入地研究人口老龄化对中国人口发展战略（集中讨论人口数量控制）的制约与影响，并在此基础上提出对策。

上篇的篇名为"中国的人口老龄化经济压力及其调控"，包括 4 篇文章。

研究人口老龄化对人口发展战略的制约的重要途径之一是考察人口老龄化经济社会压力的作用，其中经济压力是基础的、关键的因素。本研究的特色之一是通过创新方法，定量研究中国的人口老龄化经济压力，进而定量评估人口老龄化对人口发展战略的制约和影响。

为此，本成果开篇第一篇文章《1980—2050 年中国人口老龄化与经济发展协调性定量研究》通过创新性、开拓性研究，首次提出了定量评估人口老龄化经济压力的 AECI 指数。该指数的提出，为整个课题的研究奠定了方法论基础。在此基础上，该文对 1980—2050 年中国人口老龄化与经济发展协调性进行了系统的定量研究。结果表明，1980—2050 年中国人口老龄化一直显著超前于经济发展，反映超前强度的 AECI 指数有可能在 2040 年前后达到峰值。中国人口老龄化超前于经济发展的强度长期居世界较高水平，而在和中国经济发展水平相近或更低的发展中国家中则是最高的之一。这种不协调性在中国某些局部地区（包括半数以上的西部地区）甚至更为突出。文章还定量分析了通过调整生育政策缓解未来中国人口老龄化经济压力的必要性和可能性。

第二篇文章是《中国的人口老龄化经济压力及其调控》。运用作者提出的 AECI 指数法并借助人口模拟以及联合国关于中国 2010 年分性别年龄别的人口估计，文章对 1980—2050 年中国人口老龄化经济压力的强度、趋势和调控进行了系统的定量分析和国际比较。发现本世纪上半叶中国将面临巨大的人口老龄化经济压力，按该研究的中方案预测，21 世纪 20 年代中到 30 年代末将是压力增大最快的时期，压力高峰将出现在 2040 年前后，高峰时的压力将可能达到 2010 年压力的 4 倍；巨大的人口老龄化经济压力将有可能显著地削弱中国崛起的后劲；缓解未来人口老龄化经济压力必须以经济手段为主，人口手段为辅。该文还进一步探讨了调控中国人口老龄化经济压力的路径问题。

第三篇文章是决策咨询研究报告《我国人口老龄化带来的经济压力与对策》。该报告通过定量分析和国际比较揭示了：尽管经济长期较快增长，但人口超常规高速老龄化仍将使我国在本世纪上半叶面临巨大的人口老龄化经济压力，从而有可能显著地削弱中国崛起的后劲。报告认为，缓解未来人口老龄化经济压力必须未雨绸缪，应当以经济手段为主。同时，应当在坚持计划生育基本国策前提下，适时适当逐步地放宽和完善现行生育政策。

第四篇文章是《以"六普"数据再论中国的人口老龄化经济压力及其调控》。"六普"的分性别年龄别人口数据和联合国估计的中国 2010 年分性别年龄别人口数据都有可能不同程度地反映真实情况（其中"六普"的数据可能相对更接近真实），因此采用两者测算和探讨中国的人口老龄化经济压力及其调控问题都具有重要的参考价值。第二篇文章《中国的人口老龄化经济压力及其调控》已经运用联合国估计数据进行了系统全面的探讨，在此基础上，该文进一步运用"六普"数据系统全面地探讨了中国的人口老龄化经济压力及其调控问题。发现：按"六普"数据测算的中国人口老龄化经济压力显著大于按联合国估计测算的压力；按"六普"数据测算，未来当中国人口老龄化经济压力达到高峰时，压力之大有可能达到世所罕见的水平；按两种数据测算，老龄化经济压力的高峰都是在 2040 年前后出现，老龄化经济压力增大最快的时期都是在 2025—2040 年，老龄化经济压力最大的时期都是在 2035—2045 年；按"六普"数据测算，需要更大强度放宽生育政策才能实现中国人口规模压力和老龄化压力的战略平衡；从 2013 年起，中等偏大幅度逐步放宽生育政策（文章提出了具体的政策建议）既可有效地缓解未来中国的人口老龄化经济压力，又可同时将中国人口规模压力控制在可承受的范围内。该文的研究使我们对中国人口老龄化经济压力及其调控问题的认识更加全面、准确和翔实。

中篇的篇名为"中国人口老龄化与生育政策的关系"，包括 3 篇文章。

剖析人口老龄化与生育政策的关系是认识人口老龄化对中国人口发展战略的制约和影响的另一个途径。从对策的角度看，只有运用生育政策杠杆，才能实现中国人口规模压力和老龄化压力的战略平衡。所以本成果专设该篇，在这方面进行深入的探讨。

在上个世纪的最后 30 年里，中国以计划生育政策、加拿大以移民政策，成为世界上两大人口学社会实验室。文章《中国的生育政策和加拿大的移民政策对人口老龄化的影响比较研究》通过人口模拟定量地比较了这两个大规模人口政策实践对 1970—2000 年两国人口老龄化 6 个主要指标变动的影响。为了检验人口政策在未来应对老龄化方面可能发挥的作用，该文还通过引入更替性移民和更替性出生两个概念，定量评估和比较了 2000—2050 年中国通过增加出生人口、加拿大通过增加移民调节人口老龄化的有效性和可行性。

本成果的第六篇文章是《生育政策对干预人口老龄化的作用：以中国为例》。通过回顾、分析和展望中国的情况，该文探讨了以下重要问题：以控制人口规模为目标的生育政策实践对中国人口老龄化过程产生了怎样的影响？未来数十年中国能否通过调整生育政策减缓人口老龄化压力？调整生育政策的时机和力度对政策调整的效果有何影响？

第七篇文章是一份决策咨询研究报告，题为《我国将面临巨大的人口老龄化经济压力 现行生育政策亟待调整》。该报告揭示了尽管经济长期快速增长，但由于人口将超常高速老龄化，中国将面临巨大的人口老龄化经济压力。如果应对不当，人口老龄化有可能拖延中国的现代化进程。适时适当放宽现行生育政策是缓解未来老龄化巨大压力的迫切需要，势在必行。报告建议及时适当放宽现行生育政策并对此进行了论证。

下篇的篇名为"人口老龄化对中国人口发展战略的制约及对策"，包括 3 篇文章。

以前两篇的研究为基础，本篇集中深入地探讨了本研究的主题，即人口老龄化对中国人口发展战略的制约及对策。

决策咨询研究报告《科学认识和应对我国面临的人口老龄化挑战》运用

作者的最新研究成果，量化揭示了我国将面临的人口老龄化经济压力。报告提出：尽管将面临巨大压力，但只要未雨绸缪，科学应对，中华民族完全有条件战胜人口老龄化挑战。报告具体分析了我国应对人口老龄化挑战的 6 个有利条件。在此基础上，报告就我国应对人口老龄化发展战略提出了建议。

决策咨询研究报告《实现中国人口规模压力和老龄化压力战略平衡的政策建议》指出，未来 40 年中国面临的最大人口挑战在于，将前所未有地同时面临巨大的人口规模压力和人口老龄化压力。报告认为，实现这两种人口压力的战略平衡具有重大意义，在坚持计划生育基本国策前提下逐步适当放宽生育政策是实现两种人口压力战略平衡的必然选择。报告提出了从 2013 年起中等幅度逐步放宽生育政策的具体政策建议。该政策建议建立在联合国关于 2010 年中国分性别年龄别人口估计的基础上，可供政府决策时参考。

第十篇文章是本成果的最后一篇文章，题为《人口老龄化对中国人口发展战略的制约及对策》。该文是本研究的核心和主旨论文，讨论本研究的主题。该文的特点是首次运用最新发布的"六普"初步结果进行分析。运用研究者提出的 AECI 指数法、人口模拟和"六普"数据等，该文首次选取老龄化经济压力这一新颖视角，系统地、定量地评估了人口老龄化对中国人口发展战略（集中讨论人口数量控制）的制约和影响及相应的对策。研究发现：未来中国的人口老龄化经济压力有可能比以往预测得要大；老龄化的巨大压力使中国人口总量在本世纪上半叶无法控制在比目前少的理想水平；巨大的人口老龄化经济压力使放宽现行生育政策势在必行；由于缺乏可行性，现行的国家人口发展战略亟待调整；制定新的人口发展战略必须考虑人口老龄化压力的可承受性；新的人口发展战略应当在坚持计划生育基本国策的前提下，通过适当逐步放宽生育政策，实现人口规模压力和老龄化压力的战略平衡。文章为此提出并论证了生育政策调整的"路线图"和政策方案。该政策方案建立在"六普"分性别年龄别人口数据的基础上，可供政府决策时参考。

围绕主题，本成果收入两个数据附录供读者参考，分别为《联合国关于中国人口总量和老龄化的统计与预测（1950—2100）》和《历次人口普查关于中国人口总量和老龄化的主要数据（1953—2010）》。另有三个附录，分别是全书图表目录、英文版的全书目录和英文版的全书各文章内容提要。

三、关于数据的说明

本成果中有多篇文章根据研究的需要进行了一系列的人口模拟，人口模拟的基年人口采用何种数据对研究结论有显著的影响。《人口老龄化对中国人口发展战略的制约及对策》（以下简称《制约》）是本课题后期完成的文章。完成于 2012 年 11 月的这篇文章采用当时最新发布的 2010 年第六次全国人口普查分性别年龄别人口数据作为 2010—2050 年人口模拟的基年人口。在这之前完成的其他文章没能采用"六普"数据（因为进行这些研究时"六普"尚未进行或有关结果尚未公布），而是采用联合国估计的 2010 年中国分性别年龄别人口数据（包括 2009 年和 2011 年的估计）作为 2010—2050 年人口模拟的基年人口。《中国的人口老龄化经济压力及其调控》（以下简称《压力》）是后一类文章的代表。

数据上的这一差异导致两类文章的判断、结论和政策建议有两个重要的不同：首先是未来（2010—2050 年）的人口老龄化经济压力不同。《制约》等文章揭示的压力显著大于《压力》等文章揭示的压力。其次是实现人口规模压力和老龄化压力战略平衡的生育政策调整方案不同。《制约》等文章建议的生育政策放宽力度显著大于《压力》等文章建议的力度。

作者认为，"六普"数据有可能比上述联合国人口估计更接近 2010 年中国人口的真实情况，因而《制约》等文章的分析和结论有可能比《压力》等文章的分析和结论更准确。"六普"数据在《制约》等文中的应用，增加了本课题研究的全面性、准确性和可信度。尽管如此，作者同时也认为，《压力》等文章的分析和结论以及政策建议也具有重要参考价值。因为，一方面，联合国的人口估计是国际上权威的、严谨的数据，一般来说其质量是高的；另一方面，不能排除"六普"数据存在出生人口和低龄人口漏报瞒报的可能性，而联合国的人口估计对此进行了修正，因此，以联合国人口估计为基础对所研究的问题进行全面分析十分必要。

鉴于以上分析，作者在课题研究的最后阶段，专门增加了一篇研究论文，题为《以"六普"数据再论中国的人口老龄化经济压力及其调控》。在本研究其他报告和论文已经运用联合国估计数据对问题进行系统全面探讨的基础上，该论文进一步运用"六普"数据系统全面地探讨了中国的人口老龄化经济压力及其调控问题。增加的这篇论文（包括论文的分析、判断和提出的政策建议）使我们对中国的人口老龄化经济压力及其调控问题的认识更加全面、系统、准确和翔实。

总之，尽管"六普"数据及其分析可能更接近真实情况，但也应当看到"六普"数据和联合国人口估计各有优劣利弊，可以看作从不同侧面和不同途径接近中国 2010 年真实的人口状况，因此本成果各篇文章分别以两者为基础做出的分析和结论以及政策建议都具有重要的参考价值（有如人口预测的不同方案都各有其价值一样），两者互为补充、相得益彰。有鉴于此，在解读和使用本书各篇文章的判断和结论以及政策建议时务必保持必要的谨慎，应明辨它们是基于哪类数据得出的以及这类数据的可靠性。

四、成果的学术创新和社会影响

本课题围绕所研究的重大理论问题和重大现实问题进行了一系列的创新性、开拓性研究，获得了一系列新的重要发现。本课题在推动理论研究和服务科学决策方面主要取得了以下创新成果。

（1）首创了用一个统计指数定量评估人口老龄化宏观经济压力的 AECI 指数法。完全原创地提出 AECI 指数法，并把它成功地运用到整个课题的研究中，是本课题的一个突出特色。AECI 指数法的提出是人口学方法论上的一个重要创新，突破了长期以来人口学方法论上的一个难点。该指数的提出，实现了人口老龄化经济压力的"可量化"和"可比较"，提供了一个全新的科学认识和评估人口老龄化经济影响的统计指标，不仅为本研究，而且为今后本领域更深入的研究提供了一个方法论上的有利工具。

（2）借助 AECI 指数法，首次系统地、定量地研究了 1980—2050 年中国人口老龄化与经济发展的协调性。这项研究在理论上有助于厘清中国人口老龄化与经济发展的关系这一重大理论问题，在实践上有助于推动人口老龄化与经济发展的良性互动与和谐发展。

（3）学术界对我国是否"未富先老"以及程度如何存在激烈争论。本研究首次在系统的定量研究和完整的国际比较的基础上，"用数字说话"，确定我国人口老龄化属于"未富先老"类型，并定量地揭示了其程度和时间分布以及地区差异。

（4）借助 AECI 指数法，首次对 1980—2050 年中国人口老龄化经济压力的强度、趋势和调控进行了系统的定量分析和国际比较，为此，不仅基于联合国的人口估计对该重大问题进行了全面系统的研究，而且基于全国第六次人口普查数据进行了全面系统的研究，从而使我们对中国人口老龄化经济压力及其调控问题的认识更加全面、系统、准确和翔实。这方面的创新性、开拓性研究深化了对中国人口老龄化这一重大现实问题的科学认识，为国家和社会应对人口老龄化挑战提供了重要的科学依据。

（5）借助 AECI 指数法，首次系统地、定量地评估了人口老龄化对中国人口发展战略（集中讨论人口数量控制）的制约和影响及相应的对策，为科学地调整完善国家人口发展战略，科学地应对人口老龄化挑战提供了重要的科学依据。

（6）生育政策调整问题是关系我国经济社会发展大局的重大战略问题，学术界和决策部门对是否及如何通过放宽生育政策应对老龄化挑战存在激烈争论。尽管缓解老龄化压力是放宽生育政策的主要动因之一，但长期以来，对老龄化压力（包括其中关键的经济压力）及其与生育政策的关系一直缺乏量化的科学认识。本研究对中国的人口老龄化经济压力和通过生育政策对其进行调控问题进行了创新性的、系统深入的定量研究，填补了这一空白。更进一步，本课题以定量研究为基础，首次提出在坚持计划生育基本国策前提下，通过适当逐步放宽生育政策，可以实现人口规模压力和老龄化压力的战略平衡，并就此提出了有说服力和可操作的政策建议，为国家在这一重大问题上的科学决策提供了可资借鉴的政策方案和严谨翔实的科学依据。

从已发表的阶段性成果的社会反响看，本课题的研究得到了同行专家的好评，取得了良好的社会效益。

收入本成果的论文《1980—2050 年中国人口老龄化与经济发展协调性定量研究》发表于《人口研究》2009 年第 3 期，同年被人大复印报刊资料《人口学》第 5 期作为当期第一篇论文全文转载。该文 2010 年获国家人口和计划生育委员会与中国人口学会联合评选的"第五届中国人口科学优秀科研成果奖"（部级）一等奖（最高奖），以及"广西第十一次社会科学优秀成果奖"（省级）二等奖。论文译成英文后入选 2009 年 9—10 月在摩洛哥举行的"第 26 届世界人口大会"海报论文。2009 年 2 月，作者应邀到"世界百强大学"之一的加拿大蒙特利尔大学作学术报告，报告该论文的主要研究方法和结果。

研究报告《实现中国人口规模压力和老龄化压力战略平衡的政策建议》经改编后，于2011年8月由全国社科规划办《成果要报》编发，上报中央政治局委员，书记处书记，国务院总理、副总理和国务委员等，获中央领导同志批示。为此，全国社科规划办给作者所在单位发来通报表扬函，称"文中提出的重要观点和对策建议受到中央领导同志的重视"。该研究报告于2012年12月获得"全国党校系统第九届科研优秀成果奖"（部级）二等奖。

另外，研究报告《我国将面临巨大的人口老龄化经济压力 现行生育政策亟待调整》经改编，以《适当调整计划生育政策势在必行》为题，于2010年3月在中央党校《思想理论内参》刊发，上报中央政治局、书记处和国务院。论文《中国的人口老龄化经济压力及其调控》发表在《人口研究》2011年第6期，该论文于2012年11月获"广西第十二次社会科学优秀成果奖"（省级）二等奖。论文《人口老龄化对中国人口发展战略的制约及对策》发表在《人口与发展》2013年第1期。论文《生育政策对干预人口老龄化的作用：以中国为例》译成英文后入选"第26届世界人口大会"海报论文。论文《中国的生育政策和加拿大的移民政策对人口老龄化的影响比较研究》发表在《人口与发展》2008年增刊。2011年9月《人民日报》的《内部参阅》经改编刊发了研究报告《我国人口老龄化带来的经济压力与对策》。

本成果是国家社科基金项目"人口老龄化对中国人口发展战略的制约与影响"（项目批准号：06BRK007；结项证书号：20120817）的最终研究成果。该项目于2012年5月经全国社科规划办鉴定，以优秀等级结项。

《世界经济统计研究新动向及对中国的启示》概要

张迎春*

一、研究的目的、意义及所使用的研究方法

1. 研究目的

针对中国在世界经济统计领域研究较为薄弱的现状，本研究致力于探讨世界经济统计领域的前沿问题及其对中国的启示。

2. 研究意义

本研究是针对中国的薄弱环节，在国际标准下进行的研究，借鉴吸收了国际前沿动态，具有一定的先进性和前瞻性。可为同行提供参考，也可为相关政府部门的统计工作提供借鉴。

（1）针对中国世界经济统计领域的薄弱环节展开研究。

近年，世界经济统计工作进展迅速，更新了若干统计标准，比如国际标准产业分类版本演变的年份为 1948、1958、1968、1989、2002、2008，产品总分类版本演变的年份为 1989、1997、2007，国际贸易标准分类的版本年份为 2002、2009，国际标准职业分类的版本年份为 1988、2008，诸如此类。但中国并未对这些修订做出及时反应。与此类似，中国在工业生产指数、医疗卫生产出核算、国民财富核算等领域的研究都存在不同程度的落后，但国际上相关研究开展得如火如荼。比如 Atkinson Review（2005）、Schreyogg

---

* 张迎春，东北财经大学副教授。

（2006）、卫生账户体系 2.0（SHA2.0）等对医疗卫生领域的研究；Pezzey（2004）、Hamilton & Hartwick（2005）、Hamilton & Withagen（2007）、世界银行（2010）对国民财富的测度研究等。有鉴于此，本成果重点研究了主要的国际标准分类、国际专项统计的国际研究动态及其对中国的启示。

（2）依据国际统计标准展开研究。

国际统计标准是世界经济统计领域的基本参照，是各国制定本国标准的基本依据。为了增强实用性，本研究以国际统计标准为基础。无论是标准分类研究，还是世界专项统计研究，都依照国际标准进行，比如标准分类研究涉及的"国际标准产业分类"、"产品总分类"、"国际标准职业分类"等；再比如专项统计涉及的"卫生保健资源分类法"、"临床统计分类法"等。本研究的每个部分都充分参考、参照国际标准进行基本分析，再结合研究前沿，针对中国的实际状况给出适当的建议。

（3）可为中国相关统计工作的改进提供借鉴。

研究国际前沿的目的是指导中国实践。具体来看，本研究①有助于推动中国标准分类的修订与改革，为统计数据质量提升打下良好基础；②有助于中国工业发展速度指标的纠偏，使之具备国际可比性；③有助于推动中国开展国民财富研究，为中国可持续发展及测度提供参考。

3. 研究方法

（1）基本思路。

本研究的基本思路是：分析国际研究新动向—寻找中国差距—探讨对中国的启示。在这一基本思路的指导下，具体做法是：首先，确定世界经济统计领域需要研究的重点问题，主要考虑各主题的国际研究前沿及其在中国的现状，选择那些拥有国际研究新动向，但在中国发展不完善的主题；其次，重点探讨入选主题的国际研究新动向，侧重展现最新资料的内容及对其的评价；再次，重点探讨入选主题在中国的现状，侧重反映其实践工作、研究工作的开展情况，并清楚识别其在中国面临的问题；最后，将入选主题的国内国际状况进行对比分析，尤其侧重提出中国实践与研究工作的改进策略与具体做法。

（2）具体方法。

①基于国际统计标准的分析方法。世界经济统计领域的研究要求各国统

计口径必须一致，国际统计标准解决了这一问题。因此，考虑到权威性、可借鉴性、国际可比性，本研究各部分的研究均立足于相关国际标准准则，有利于追踪相关领域的研究前沿，也有利于为本国相关准则的修订提供参考。

②历史分析法、比较分析法和逻辑分析法有机结合。本研究亦从历史沿革的角度考察中国相关的统计研究工作、政府统计工作等的基本演进历程，明晰各主题演变的来龙去脉及其历史与现实原因。在此基础上，将中国相关领域的研究、实际工作等与国际统计标准、国际研究新进展等进行对比分析，从尊重客观、逻辑的角度，针对中国国情，进行国际经验借鉴。

③实证分析方法。实证分析方法是较为常用的一种统计方法，本研究在世界专项统计部分侧重使用了该种方法。比如中国医疗卫生产出核算的分析、中国国民财富的估算、中国真实储蓄的测算等，分别利用中国全国的数据，或某省区的数据进行实证分析。

二、成果的主要内容和重要观点

1. 主要内容

在世界经济统计领域，中国在标准分类与专项统计方面的研究最为薄弱，针对此，本成果重点研究了两大部分内容，上篇：标准分类研究的国际新动向及对中国的启示；下篇：世界专项统计研究的国际新动向及对中国的启示。

（1）标准分类研究的国际新动向及对中国的启示。

在标准分类领域，国内外研究差距较大，国际标准分类多已更新，中国的标准分类有些未及时更新，甚至与国际标准相去甚远；有些已经更新过，但仍与国际标准差异较大。因此，本成果的主要内容之一即研究标准分类的国际进展及中国应做出的调整。

标准分类是统计数据国际可比的"基石"，直接影响政府统计（工作）的效果。本成果重点研究了三个有代表性的国际标准分类，分别对应了中国在标准分类研究上的三种状态。①中国已有更新但与国际标准仍存在较大差异的标准分类，重点研究了"国际标准产业分类"，涵盖两方面内容：一是国际新动向研究，即最新版国际标准产业分类的原则、分类方法、更新原则、更新内容等；二是中国化研究，研究了中国标准产业分类

（2011）的基本范畴、更新原则、更新内容等，将之与国际新动向进行对比，发现中国标准产业分类与国际新动向的差异仍然较大。②中国未及时更新的标准分类，重点研究了"产品总分类"，类似地，涵盖两方面内容：一是国际新动向研究，即最新版产品总分类的原则、分类方法、更新原则、更新内容等；二是中国化研究，研究了中国产品总分类的基本范畴与内容等，将之与国际新动向进行对比，发现中国该标准分类与国际新动向的差异很大，虽然中国也在进行产品总分类的更新工作，但尚未取得较为有效的成果。③与国际标准相去甚远的标准分类，重点研究了"国际标准职业分类"。在职业分类方面，中国和国际标准存在质的差异。研究发现，两者在分类视角上存在极大差异：中国职业分类服务于"行政管理"，国际标准职业分类则服务于"维护劳动者权益"。由此产生的分类上的差异十分巨大，中国需进行大的革新。

（2）世界专项统计研究的国际新动向及对中国的启示。

世界专项统计领域的研究国内外差距十分明显，有些专项统计工作在中国已有开展，本成果则致力于国际国内的差异研究；有些专项统计工作在中国处于研究阶段，尚未付诸实践，本成果则侧重统计工作实施中的难点与关键点研究；有些专项统计工作在中国处于空白状态，甚至研究工作都很少，本成果则致力于国际新动向研究，并明确中国需努力的方向。

根据中国相关专项统计工作实施与否、实施程度和实际状况，本成果重点研究了三个方面的内容。①实践工作已有开展、侧重国际国内差异研究的专项统计，重点分析了"国际工业生产指数研究国际新动向及对中国的启示"。中国工业发展速度指标拥有"十分令人满意"的数据来源与计算公式，看似较为理想，但研究发现，我国工业发展速度指标在数据分类标准、权重结构两个方面与国际工业生产指数存在十分明显的差异。②实践工作未开展、研究工作有所开展、侧重实施难点关键点研究的专项统计，重点分析了"医疗卫生行业产出核算研究国际新动向及对中国的启示"。对于医疗卫生行业，中国政府统计工作中仍然使用"投入代替产出"的做法，但学术界已开展了从产出角度进行的核算研究，本成果指出应完善中国医疗卫生行业的分类体系，建立中国的全口径医疗卫生行业分类体系，扩展中国医疗卫生总费用的核算体系。③实践工作未开展、研究工作基本未开展、侧重国际新动向研究的专项统计，重点分析了"国民财富核算研究的国际新动向及对中国的启示"。生产的终极目标是改善居民福利，提高一国国民财富，本成果研究了两种国际上的新方法：国民财富核算与真实储蓄测度，二者的关注对象都是一国的财富，以及这种财富所代表的可持续发展的机会基础。二者具有相同的理论基础，但是存量核算的复杂性决定了现阶段国民财富核算并不具有较强的可行性，相比较而言，真实储蓄测度具有较好的适用性与科学性，但它也并不完美。

2. 重要观点

（1）中国职业分类的视角必须改变。

中国职业分类与国际标准职业分类相去甚远，存在质的差异。最为根本的是分类视角上的差异，分类角度的不同决定了后续分类细节上的巨大差异，也决定了该分类服务于相关工作时可能会遇到的问题。

中国职业分类服务于"行政管理"，国际标准职业分类服务于"维护劳动者权益"。中国职业分类过于依赖行业分类，忽略了大的行业领域中的技术分工问题。应该学习新版国际标准职业分类，即按照各类工作的"技能水平"和"技能的专业程度"分类，主要反映生产部门和劳动者的要求与利益。在社会主义市场经济体制建立、经济全球化的背景下，我国职业分类的视角需要做出改变。

（2）中国工业发展速度指标的编制仍需改善。

中国工业发展速度指标拥有"十分令人满意"的数据来源与计算公式，看似较为理想，但研究发现，我国工业发展速度指标在数据分类标准、权重结构两个方面与国际工业生产指数存在十分明显的差异。这是中国在工业生产方面参与国际比较时的很大的障碍，做出修订是必须的。

中国工业发展速度指标与国际工业生产指数依据的行业分类标准不同，后者依据的是国际上通用的《所有经济活动的国际标准行业分类》（ISIC Rev. 4），工业发展速度指标依据的是中国使用的《国民经济行业分类》（GB/T 4754－2002），这是二者本质的差别。首先，从门类角度分析，二者的覆盖范围有一定的对应性。只从门类的覆盖范围上比较，ISIC Rev. 4 中的 B 类、C 类、D 类和 E 类与 GB/T 4754－2002 中的 B 类、C 类和 D 类整体上相同。其次，从大类分类标准分析，二者的覆盖范围存在差别。比如，煤矿开采业，GB/T 4754－2002 的大类分得更细致，这与 ISIC Rev. 4 中制造业分类对煤矿开采相关产业的描述存在不可忽视的差异性。

中国工业发展速度指标与工业生产指数（IIP）的权重结构不同。前者的编制过程涉及固定权数和环比权数。固定权数是工业发展速度指标和 IIP 均采用的权数形式。对于环比权数，其定义中暗含着顺次改变权数基期，推进时间序列的含义，因此环比权数是可变权数的一种形式，是一种基期变化方式更明确的权数类型。直接权数法和分层分摊法是中国计算工业发展速度时对不同层面的权数数据采用的处理方法。在权数数据的权数处理方面，中国对产品、小类、中类和大类产业层面的数据作赋权处理；国际上编制工业生产指数时，在产品、产品组、ISIC－组、ISIC－大组、ISIC－类和 ISIC－门类的层面上对数据作加权处理。

（3）中国应积极开展国民财富测算研究与实践。

国民财富核算与真实储蓄测度，是分别针对财富的流量与存量进行评估，进而对一国可持续发展能力进行判断。它提供了一个可行的思路——从财富的流量与存量两个方面来对可持续发展进行测度。虽然目前的测度技术还不够系统、成熟，但是相对原有的仅仅偏重可持续发展某一方面的指标来说，还是有一定的优越性。中国亦应积极开展国民财富测算的研究及实践工作。

三、成果的学术创新、应用价值以及社会影响和效益

1. 学术创新

（1）中国职业分类应由"服务于行政管理"转为"维护劳动者权益"。

中国的职业分类应由"服务于行政管理"转为"维护劳动者权益"。本研究对该问题的发现和观点在国内具有较强的创新性。《中华人民共和国职业分类大典》的职业标准源于计划经济体制，制定之初曾受到苏联高度中央集权体系的影响。尽管之后经过了三次较大的调整和修订，标准等级管理结构上有了不小的改进，但尚未能摆脱旧的标准体系的制约。我国职业分类按照社会工作性质同一性的基本原则，主要服务于计划管理部门；国际标准职业分类最新版对职业分类的依据是各类工作的"技能水平"和"技能的专业程度"，主要反映生产部门和劳动者的要求与利益。因此，为了劳动者权益，也为了国际可

比，中国的职业分类应由"服务于行政管理"转为"维护劳动者权益"。

（2）中国工业发展速度指标与国际工业生产指数的核心差异是"权数"。

学术界曾有观点认为，中国工业发展速度指标与国际工业生产指数具有相同的内涵，国际可比且更优。本研究发现事实并非如此，二者的核心差异是"权数"，包括权数计算方法和权数数据权重处理两个方面。中国计算工业发展速度时，权数的计算方法包括直接权数法和分层分摊权数法，国际工业生产指数的编制过程中，涉及固定权数和环比权数。在权数数据权重处理方面，中国对产品、小类、中类和大类产业层面的数据作赋权处理，国际工业生产指数则依照国际标准产业分类的层次进行数据加权处理。

2. 应用价值

本成果是基于国际标准进行的分析，借鉴吸收了国际研究的前沿动态，具有一定的先进性和前瞻性。可为同行提供参考，也可为相关政府部门的统计工作提供借鉴。

（1）有助于推动中国标准分类的修订与改革，为统计数据质量提升打下良好基础。

标准分类是统计工作的基石，也是数据国际可比的基础。中国在该领域的研究与实践都较为薄弱，本研究引入重要标准分类的国际新进展，对中国相关标准分类产生了较强的冲击，希望可借此推动中国标准分类的更新，使之更加科学、更加国际可比。这可为统计数据质量的提升打下良好的基础。

（2）有助于中国工业发展速度指标的纠偏，使之国际可比。

中国工业发展速度指标是一个概念上几乎超越国际工业生产指数的"漂亮指标"，但它却不具有国际可比性。它在基础数据分类、权重两个方面与国际工业生产指数存在重大差异。本研究对这两方面作了重点分析，对增强中国工业发展速度指标的国际可比性具有重要作用。

（3）有助于推动中国开展国民财富研究，为中国可持续发展及测度提供参考。

中国缺乏对国民财富的研究，这是令人惋惜的。本研究对此作了探索性分析，希望能激发一些研究者的热忱，积极开展中国国民财富测度研究，这亦可为中国可持续发展及测度提供参考。

3. 社会影响和效益

（1）本课题已产生的社会影响和效益。

①在国家级期刊发表论文。

《国际标准职业分类的更新及其对中国的启示》发表于国家级期刊《中国行政管理》（2009.1），该文自发表至 2012 年 6 月，在 CNKI 中国知网下载频次为 487，被引频次为 7。

②获奖核心期刊论文。

《构建贫困购买力平价的两个关键点》发表于《统计与信息论坛》（2007.3），2008 年 5 月获辽宁省统计局第六届统计科研优秀成果三等奖。

③被全文转载的论文。

《世界银行的购买力平价体系研究》发表于《统计教育》（2008.7），被人大复印报刊资料转载于《世界经济导刊》（2008.10），为期刊首篇。

④其他 CSSCI 来源期刊论文（可在 CNKI 中国知网查阅）。

《中国提升 ICP2011 数据质量的途径分析》发表于《调研世界》（2010.8），《卫生服务供方国际分类体系的比较及启示》发表于《调研世界》（2010.11），《卫生服务产出核算方法的新思路》发表于《卫生经济研究》（2010.12），《可持续范式与可持续发展测度》发表于《江西财经大学学报》（2012.1），《国民财富核算方法与评价》发表于《中国管理信息化》（2012.5），《"真实储蓄"真实吗》发表于《调研世界》（2012.1）。

（2）本课题具备产生长远社会影响和效益的基础。

可以清楚预见：无论是国际标准的借鉴吸收，还是统计制度或方法的改革，都是需要较多时日的，本研究即为此服务。本研究具有两大特点：①前沿性，强调在国际标准新进展下的研究；②实用性，强调统计制度与方法的研究视角。可见，本课题具备产生长远社会影响和效益的基础，可为同行提供参考，也可为相关政府部门的统计工作提供借鉴。

《社会组织论纲》概要

王　名*

《社会组织论纲》的成书基础是本人主持的一项国家社科基金重大项目。2005 年 10 月，我们启动了题为"非政府组织在构建和谐社会中的作用研究：健全监管法规、建设协调机制、促进良性互动"（项目号：05&ZD046）的课题研究。《社会组织论纲》虽然由本人执笔，但作为该课题的最终成果，这本书是课题组多年来围绕上述命题开展大量实证调研、理论研究和政策分析的主要结果。

一、中心思想

近年来，各种形式的社会组织活跃在我国经济社会生活的方方面面，在构建社会主义和谐社会中发挥着越来越重要的作用。本成果基于实证调研、理论研究和政策分析，沿着"公域"和"公益"的主线，在较为全面和客观地把握我国社会组织发展及其主要功能的基础上，分别以行业协会、社区社会组织、基金会、社会企业和国际 NGO 等主要形式的社会组织为对象，系统研究了社会组织的主要作用及其制度建设问题。在对各种主要类别的社会组织的研究中，重点分析了它们对于构建和谐社会所发挥的作用，揭示其内在规律和机制。同时从体制和制度层面研究了我国社会组织的管理体制，相关立法、政策和监管手段等的特征、效能及存在的问题，总结并评析了国内外关于社会组织的主要理论观点，揭示了社会组织的本质特征，提出社会组

* 王名，清华大学教授，博士生导师，第十、十一、十二届全国政协委员。

织是社会转型与政府改革的"内生变量"及社会重建的"基本构件"的观点，以及强调认识社会组织在人类社会发展进步中的重要地位和作用的新的历史观，在此基础上提出转变观念、完善立法、改革体制、加强监管的系统的制度建设框架和具体的政策建议。

《社会组织论纲》一书并非课题研究的全部成果，而只是基于大量实证调研形成的以本人为主线和代表的关于社会组织主要观点的辑汇。

二、基本思路与结构

社会组织，又称"非政府组织"、"非营利组织"或"民间组织"，是区别于政府组织、企业组织的具有非政府性、非营利性等特征的新的组织形态。

20 世纪 80 年代以来，各种形式的社会组织在世界范围内蓬勃发展，在小至社区，大至国家、国际和全球的各种社会事务中发挥日益重要的作用。这个被称为"全球社团革命"的社会组织在世界范围内蓬勃兴起的历史进程，恰好与我国改革开放的进程大抵吻合，使得我国社会组织的发展与改革开放的进程几乎同步。这意味着，那些推动改革开放的力量，同时也促进了社会组织的发展；而社会组织几乎每一步的发展及作用的发挥，也植根于改革开放的土壤和进程之中。经济转轨、政府改革、社会转型这三个平行演进、相互渗透、相互制约的过程，构成了我国改革开放的主体进程，而它们相互之间错综复杂的内在矛盾和冲突则演绎出改革开放实践中大量的社会问题。从改革开放初期开始，我国城乡各地就出现了大量的社会组织。这些社会组织不同于党政机构，也不同于企业，它们更多地面向各种社会问题，利用在经济转轨、政府改革与社会转型过程中各种可能的资源、空间和机会，在谋求自身发展的同时解决各种社会问题，逐渐成为改革开放实践中具有公共组织性质的"公域"或"公益"的主体。这些社会组织，就是本研究的主要研究对象。

本成果第一章为绪论，简要介绍研究背景、对象和主题等。

与改革开放同行的社会组织发展，本身构成了一个历史，系统研究和梳理这一历史过程，回答"从哪里来"的问题，构成了本成果第二章的主题。

社会组织最大的特点在于其功能，深入探析社会组织的功能问题，回答

"有什么用"的问题，构成了本成果第三章的主题。

第四章至第八章，选取了五类社会组织进行深入研究和论述。

行业协会是第一类。改革开放以来，我国社会中涌现出了形形色色的行业协会、商会、合作社、促进会、联合会等经济类社会组织，统称为"行业协会"。这些行业协会的产生、发展、职能、服务、公域及其治理转型等，构成了本成果第四章的主题。

社区社会组织是第二类。随着单位体制的瓦解和生人社会的形成，出现了形形色色的社区社会组织。这些社区社会组织的产生、活动、功能、作用、促进及发展体制等，构成了本成果第五章的主题。

基金会是第三类。以基金会为主力的公益慈善一直是推进社会公正不可忽视的重要力量。基金会的资源汇集、运作管理、公益实践，以及基金会在社会转型中的角色作用等，是本成果第六章的主题。

社会企业是第四类。社会企业是探索通过市场机制解决社会问题的特殊类型的社会组织。对社会企业该如何认识？它在制度层面包含哪些内在矛盾？有哪些特色？该如何支持和监管？这些问题，是本成果第七章的主题。

国际 NGO 是第五类。国际 NGO 从改革开放之初就来到中国并一直发挥着重要作用。对国际 NGO 该如何认识？它有哪些作用？如何本土化？如何有效监管？我国的社会组织如何与之合作？这些问题，是本成果第八章的主题。

社会组织管理体制是我国改革开放后建构起来的国家与社会关系的制度形式，规定了社会组织的合法性、基本权益及双重管理的分权模式。管理体制何以形成？如何发展演变？有哪些弊端？这些问题，是本成果第九章的主题。

本成果在第十章集中探讨了"到哪里去"的问题，使用"公民社会"的概念，从结社生活、美好社会和公共领域三个向度系统梳理了改革开放以来我国出现的公民社会诸因素，分析其中的制约因素，探析公民社会发展的趋势。

最后，在本成果的第十一章，对国内外围绕社会组织的既有研究的主要观点进行了系统梳理和评述，在此基础上归纳整理并明确概括了本研究的主要观点和结论。

三、主题视域：市场、社会与公益

1978 年以后的中国，最深刻的改变在于走上了市场经济发展的道路。改革开放以前，中国实行的是计划经济。以联产承包责任制为核心的农村改革，使商品经济首先在广大农村和农产品的生产流通领域发展起来，并通过市场的作用迅速蔓延到整个社会。随后，城市经济体制改革开始启动，国有企业分步改革，民营企业逐步发展，市场经济的各要素、各领域逐渐得到解放和发展。市场经济的发展不可避免地带来利益格局的分化，发展并推动了各个不同社会阶层的形成。一个掌握生产资料和资本并拥有财富的企业家阶层登上了历史舞台。同时，各种不同的职业群体如会计师、审计师、律师、教师、医生等也逐渐形成。"打工者"、"农民工"等词汇所表示的一个巨大的底层劳动者阶层也浮出了水面。作为市场经济发展过程中不可缺少的具有中介性质的社会组织，如各种行业协会、商会、职业团体、联合会、促进会，包括各种打工者、农民工的维权或互助组织等纷纷登场，它们同时扮演着市场经济中不同利益集团的利益表达和维权主体的角色。与此同时，政府改革的步伐也在加快，在以经济建设为中心的思想指导下，政府逐步退出直接管理经济的各个领域，转向以宏观管理为主的经济调节和市场监管，并越来越重视社会管理与公共服务。原来由政府承担的许多经济职能和社会职能，越来越多地转移给具有中介性质的行业协会等社会组织。市场经济的发展及其对于社会和谐的外部性，带动了各种形式社会组织的蓬勃发展。这一宏大的历史过程，正是本研究所关注的重要的问题视域之一。

与市场经济的发展几乎同步，中国开始了艰难的社会转型。1978 年以前的中国社会是一种高度政治化的单位社会。随着市场经济的发展和政府体制的改革，原有的单位体制（包括农村的人民公社体制）趋于瓦解，曾经作为人们社会生活载体的单位，以及在单位基础上形成的各种社会关系、伦理道德、价值体系和行为规范等，逐渐失去了功能和存在的意义，出现了一个被称为"碎片化"的社会瓦解的过程。另一方面，政府改革的开展，使得国家权力退出了广阔的社会空间，无论在城市社区还是乡村社会，新的社会统合模式都未能建立起来，在国家和社会之间出现了巨大的真空地带。伴随市场经济发展的社会重建就是在既有社会的瓦解和国家权力退出这样一种局面中展开的。在广大的城市社区和乡村社会，基层社会在自组织的意义上涌现出了大量具有"草根"性质的社会组织。它们往往由公民自发成立，着眼于社会基层的需要和价值，在一定程度上取代了旧的社会网络，发展出新的共同利益和公共空间。同时，它们努力协调来自市场经济的利益驱动，来自各级政府社区建设的行政推动，来自居民自治的春潮涌动，和各种社会服务的需求拉动，形成在基层社会重建中多元的利益格局和丰富多彩的互动模式。社会转型导致的社会重建，特别是以城市社区和乡村社会为中心的基层社会的重建，带动了各种形式的社会组织的蓬勃发展。这一历史过程是本研究所关注的第二个重要的问题视域。

在市场经济发展和社会重建的过程中，由于原有的计划经济体制逐渐失去效能，新的社会建构尚需时日，政府机构也在改革中探索前行，加上市场经济本身存在的缺陷，放大了社会转型过程中的制度缺失，使得环境问题、贫困问题、教育问题、公共卫生问题等社会问题日益突出，贫富两极分化越来越严重，社会矛盾趋于激化。面对各种尖锐的社会问题和矛盾，许多公民自发组织起来，开展环境保护、扶贫济困、助学助教、艾滋病防治等公益活动。同时，市场经济造就了一部分先富起来的富人阶层，以富人和企业家为主体的非公募基金会等新型公益组织开始活跃起来。与中国在经济上逐渐摆脱贫困和财富不断积累的过程相适应，中国的社会公益事业经历了一个从全民动员的"大众慈善"走向精英主导的"富人慈善"的历史过程。在这一过程中，中国的基金会逐渐成长起来。这一以基金会为主线的中国公益事业发展的景象，是本研究所关注的第三个重要的问题视域。

因此，市场经济发展、基层社会重建和社会公益活动，作为改革开放以来中国社会发展进程最重要的三个方面，成为我们研究社会组织发展的基本背景。中国的社会组织生于斯、长于斯，艰难与成就都注定与这三大背景休戚与共、息息相关，其主要的功能与作用也必然紧紧系于这三个方面。它们因此而成为我们研究社会组织最基本的主题视域。

四、研究对象：社会组织

在市场经济发展、基层社会重建和社会公益活动三个不同的主题视域中，本研究的研究对象是其中的社会组织。社会组织又称非政府组织，特指那些具有一定社会公共属性、承担一定社会公共职能、代表一定社会群体共同利益或公共利益的社会组织，其中不包括企业等营利性组织。在国际上，社会组织主要是上世纪 80 年代以来蓬勃发展起来的。各种形式的社会组织致力于解决所在社会的各种社会问题，发挥资源动员、社会服务、社会治理和政策倡导等功能，成为推动所在社会繁荣进步的重要力量。在国际社会，社会组织越来越多地参与到各种全球性问题的解决中，成为全球治理和区域治理越来越重要的一支力量。我国的社会组织主要是在改革开放历史浪潮中发育和成长起来的。30 多年来，我国社会组织的发展大致走过了两个阶段：第一阶段从改革开放初到 1992 年，我国社会组织的发展经历了一个从无到有、从点到面的原始生长期。改革开放释放出的巨大能量加上缺乏相应的制度约束，使得这一时期我国社会组织在数量上呈现为爆炸式的急剧增长。其中各种学会和研究会所占比重很大，各类协会也稳步增长，基金会则从无到有。这一阶段我们称为"社会组织兴起阶段"。第二阶段从 1993 年至今，我们称为"社会组织的规范管理和新的发展高潮阶段"。这期间，我国社会组织经历了两个不同的过程，一是党和政府对于社会组织的规范管理及因之形成的社会组织缓慢发展的过程，二是在市场经济发育成熟、改革开放逐步深入和社会转型全面展开进程中社会组织逐步走向新的高潮的过程。在这一阶段的前期，在多次"清理整顿"的基础上逐渐建构起以双重管理为特征的社会组织规范管理体制，社会组织的数量有较大幅度的减少。但随着社会转型的展开，在这一阶段的后期，不仅登记注册的社会团体、基金会和民办非企业单位发展迅速，而且在社会生活的各个领域和层面都涌现出一大批未经登记注册或采取工商登记注册的形形色色的社会组织，其中较为活跃的领域如环境保护、扶贫开发、妇女儿童权益保护、教育支持、公共卫生、社会福利、行业治理，等等。在城乡社区乃至互联网等虚拟空间，也日益涌现出越来越多的社会组织，它们开始在社会生活的方方面面发挥重要的作用。另据我们调研估计，目前在全国城乡实际开展活动的各类社会组织大约在 300 万家，其中包括大量未经登记注册而开展活动的社会组织。这表明，我国的社会组织发展已经步入了一个新的历史时期。随着市场经济的发育成熟、改革开放的逐步深入和社会转型的全面展开，随着各种社会问题和社会矛盾的凸显，我国社会组织逐渐从曲折发展走向一个新的高潮，并表现出若干具有趋势性的重要特征。

本研究着眼于市场经济发展、基层社会重建和社会公益活动，对伴随改革开放生长并发展起来的社会组织进行深入的实证调研，努力探寻社会组织在解决市场经济发展、基层社会重建和社会转型中出现的各种社会问题方面的基本功能和作用机制，从而总结和概括社会组织在构建社会主义和谐社会方面发挥的主要作用。围绕这个核心目的，本研究一方面努力将社会组织作为一个总体从宏观上把握其发展及主要功能，另一方面选择主要社会组织进行深入研究，重点关注五类社会组织：一是伴随市场经济和政府转型发展起来的各类行业协会，二是在社会重建中逐渐发育的社区社会组织，三是在公益事业中发挥核心作用的各类基金会，四是探索运用市场手段解决社会问题的社会企业，五是从外部切入并主要致力于公益项目的国际 NGO。基于对这五类在中国社会转型时期具有典型意义的社会组织的研究，发掘对于构建社会主义和谐社会具有规律性的若干本质特征。在这个意义上可以说，本研究尝试将关于社会组织的总体性研究与有着明确指向和聚焦的专题性研究融为一体，探索基于实证的关于中国社会组织的论纲性研究框架。

五、研究目的：构建和谐社会

本成果通过对社会组织的研究，探索其在构建社会主义和谐社会中的作用，最终目的是探寻促进和谐社会建设的具有"公域"特征和具有"公益"属性的社会机制及组织制度创新形式。

和谐社会指的是社会结构各个组成部分之间能够彼此协调，社会成员及各个群体之间能够良性互动，社会公正得以实现，社会正义得以彰显，整个社会能够安全而健康地运行和发展的状态。现代意义上的社会和谐，旨在协调整体利益和个人利益的关系，充分激发社会活力，使社会财富的源泉得到充分涌现，使社会各个群体和社会成员各尽所能、各得其所。现代社会的和谐建立在社会公正之上，使社会各个阶层的利益能够得到充分保证，因此可以实现有效的社会合作和可持续发展。和谐社会和对社会和谐机制的探求在今天的中国具有重要的现实意义。改革开放以来，市场经济的发展使得我国经济得到了极大的增长，人民生活水平和社会面貌发生了根本的改善，我国人均 GDP 在 2003 年突破 1 000 美元，2008 年和 2009 年先后突破 2 000 美元和 3 000 美元。在经济迅速增长的同时，我国以极快的步伐迈进了高风险社会。近年来，各种形式的社会矛盾集中出现，社会安全运行出现了不少问题。社会权力结构失衡、利益结构失重、社会治理失调、社会秩序失范，层出不穷的社会灾难对社会心理损伤严重，社会治安形势严峻，弱势群体规模扩大，社会阶层分化加速。面对市场经济发展和社会转型带来的种种社会问题，党中央审时度势，在继续坚持改革开放不动摇和坚持以经济建设为中心的指导思想的同时，明确提出构建社会主义和谐社会的战略目标，即建设民主法治、公平正义、诚信友爱、充满活力、安定有序、人与自然关系和谐的小康社会。

社会组织在协调社会关系、化解社会矛盾、降低社会风险、促进社会和谐方面具有积极的作用，这些作用集中表现为社会组织是一种具有"公域"特征和"公益"属性的社会机制及组织制度创新形式。对社会组织所具有的"公域"特征和"公益"属性的社会背景、财产基础、运作机制、治理结构、功能作用等的深入研究，构成了本研究的重要内容之一。这种研究深刻揭示了社会组织对于推动整个社会实现民主法治、公平正义、诚信友爱、充满活力、安定有序、人与自然关系和谐，具有不可替代的积极作用。

六、研究主线：公域与公益

"公域"和"公益"是本研究用以观察和研究社会组织并揭示其作用机制的核心线索。

公域即"公共领域"的略称，又称"公共空间"，英文为 public sphere。这一概念因当代著名思想家哈贝马斯的使用而备受关注。哈贝马斯在对17—18 世纪欧洲的沙龙、咖啡馆、宴会和各种社团所形成的"文学公共领域"的考察分析中，找到了资产阶级公共领域的源头，揭示了在作为公共权力领域的国家机器与作为私人领域的公民社会之间，存在一个基于平等参与、讨论互动、公众批判，并以公民为主体的政治公共领域。这种公共领域的存在不仅深刻影响着社会结构、社会规范、道德伦理和意识形态，而且影响着公共权力结构和政治过程。建制化的公共领域通过合法化成为民主国家中的议会，非建制化的公共领域的核心是由非国家和非经济组织在自愿基础上组成的公民社会。公共领域在系统整合和社会整合的过程中实现结构转型，其中最重要的影响力量是大众传媒。哈贝马斯强调具有组织、社团与运动三种形式的公民社会是公共领域的载体。在他的论述中，公民社会具有三元结构，一是作为上层建筑的组成部分，与政治社会相并称；二是作为功能性存在的社会共同体，独立于国家与经济共同体，三是作为生活世界，与政治系统、经济系统相区别。生活世界是哈贝马斯用来解释公民社会的另一个概念，指的是人们以日常语言为媒介进行沟通的环境（场所或空间）。在其中，人们可以互相提出要求，使他们的言辞与现实世界相协调，并且他们能够批判或者确认这些有效性主张，求同存异，从而达成理解。生活世界有三个核心要素，一是文化，是人们在沟通中随时动用的知识储备，体现于物质、工艺、格言理论、书籍文献以及人的言辞行动中；二是社会，是人们在沟通中得以维持团结、调整成员的那些组织、建制与规范，体现于社会秩序、法律或其他规范调整的实践活动中；三是人格，作为沟通主体的资格与能力，是一种个性与共性的结合体，体现于作为有机体的人之中。公民社会是生活世界中具有公共性、私人性、多元性、法定性、开放性和共识性的部分，具体地表现为形形色色的社团，各种特定的组织形态，以及具有特定目标的各种社会运动。哈贝马斯说："公民社会的核心机制是由非国家和非经济组织在自愿基础上组成的。这样的组织包括教会、文化团体和学会，还包括了独立的传媒、运动和娱乐协会、辩论俱乐部、市民论坛和市民协会，此外还包括职业团体、政治党派、工会和其他组织等。"①

从哈贝马斯的论述中可以清楚地看到，社会组织的发展及其作用的发挥带来社会生活中形形色色的"公域"，发挥着公民彼此之间相互沟通、相互交流、平等参与、彼此互动等作用，由此形成人们之间基于社会交往而达成的普遍信任及网络关系。由公域而至公民社会，由公民社会而至普遍的社会和谐。因此可以说，公域乃是社会组织在社会和谐中发挥作用的核心要件。探究社会组织在发展中所形成的公域特征，就能从本质上揭示社会组织在构建和谐社会中发挥作用的核心机制。

公益的概念在英文中有两个不同的表述，一是经济学上的 commonwealth，二是社会学上的 philanthropy，前者又称"公共福利"，后者又称

---

① ［德］哈贝马斯：《公共领域的结构转型》，学林出版社 1999 年版，第 29 页。

"公益慈善"。经济学上的"公益"强调受益者的不特定多数性，社会学上的"公益"强调行动者的博爱仁慈和利他主义，两者结合到一起，体现的是一方面区别于市场经济唯利是图本性的非营利性，另一方面是有别于政府自上而下公共服务的民间公益和社会责任。尽管并非所有的社会组织都具有强烈的公益属性（一部分社会组织是以成员互益或共益为宗旨的），但强调非营利性，突出民间公益的特质和更加注重社会责任，无疑是社会组织区别于企业和政府的本质特征之一。公益的概念凸显了社会组织强烈的外部性，也因此使得社会组织在扶助弱势群体、缓解贫富差距、化解社会矛盾、协调社会关系等方面具有企业、政府所不可比拟的优势，并发挥着不可替代的作用。社会组织的公益属性较为集中地体现在社会公益活动与社会服务中。探究社会组织的公益属性，能够从另一个侧面揭示社会组织在构建和谐社会中发挥的作用。

七、研究方法：基于案例的实证研究

课题组成员基于多年来围绕社会组织问题开展实证调研积累的丰富经验和扎实的理论基础，主要运用实证调研、理论研究、历史考察、政策分析相结合的方法，综合研究改革开放以来我国社会组织的发展和功能特征，重点关注在市场经济发育和发展过程中涌现出的各种行业协会、社区社会组织、基金会、社会企业，以及伴随改革开放进入中国并逐渐实现本土化的各类国际 NGO。从对这些在中国社会转型时期具有典型特征的社会组织的观察和研究中，发掘出对于构建社会主义和谐社会具有规律性的若干本质特征。

在研究方法上，本研究采用基于案例的实证研究方法。多年来，课题组成员共同开展了有关我国社会组织的大量案例研究，通过问卷调查、人物访谈、典型个案分析、实证观察等方法，对我国各个主要领域、主要类型的社会组织进行了较为深入的实证研究，并基于社会学、政治学基本理论，开发和实际应用了一个用于案例研究和实证分析的"社会组织指数"。在本课题的研究中，综合运用了基于案例的实证研究方法，以社会组织在构建和谐社会中的作用为中心主题，密切关注在市场经济发展、基层社会重建和社会公益活动中各类社会组织对于构建和谐社会所发挥的主要作用，努力发现并揭示其内在规律和机制。在各种不同类别的社会组织中，本研究根据主题，选择行业协会、社区社会组织、基金会、社会企业和国际 NGO 作为深入观察和研究的对象，深入探寻这些社会组织的本质特征、治理结构及其作用机制。同时从制度层面分析我国社会组织管理体制形成、发展和制度变迁的过程，揭示社会组织管理体制存在的问题，进而从战略层面研究其改革创新的发展趋势，提出推动我国社会组织发展、积极发挥作用及改善制度环境的积极的基本政策构想。

八、主要观点和结论

概要言之，本成果的主要观点和结论可概括为如下四点。

第一，社会组织是我国改革发展的内生变量。研究发现，在社会组织蓬勃发展的背后，并不存在来自中国社会之外的强大推手。相反，中国社会自身的改革、发展和转型，是推动社会组织发展壮大的最大动因和背景。社会组织在改革开放后的兴起既是政府有意为之，也是政府非意图性后果。社会组织究竟如何内生于改革、发展与转型？我们发现，作为社会组织产生发展之社会基础的公域和公益，乃是其生于斯、长于斯、作用于斯、扎根于斯的最为本质的内在机制。公域与公益，不仅是社会组织得以存续的社会基础，更是其发挥积极的社会功能、影响和推进我国改革发展的内在机制。社会组织的蓬勃发展，带动了公共领域的不断拓展、丰富和日益多元化，在社会生活的各个层面实现了更加广泛、更加充实和更有价值的社会公益，使得改革开放和社会转型更加深入、持续发展。而改革开放和社会转型的深入持续发展，反过来又通过公域和公益进一步推动社会组织的发展壮大，进而拓展、丰富、创新着中国特色的公共领域和社会公益的伟大实践，推动着中国社会以日新月异的变化和进步，走向以社会组织的公域实践和公益实现为宏大舞台的中国特色的公民社会。因此，通过改革、发展和转型而不断拓展公共领域，实现组织所倡导的社会公益，进而推动政府的改革与职能转型，参与公共服务和社会管理，社会组织自身也在这个过程中不断发展和成熟。社会组织因此成为中国改革发展的内生变量，这是本研究得出的第一个具有共识意义的基本结论。

第二，社会组织是社会建设的必要构件。研究者在调研中发现，无论在城市还是农村，各种形式的社会组织，特别是基于自下而上的逻辑形成的社会自组织，是社会重建中一个极其重要和非常基本的构成要素。有了社会的自组织，就有了超越个体的集体或共同体；有了集体或共同体，人们之间就能对话与交流，就能建立彼此间的信任并形成社会联系和网络；有了社会信任的网络和组织，社会互动、社会动员、社会参与、集体行动等种种的社会行动，才有了可实现的基础和条件。改革开放以来我国社会组织发生、发展和走向成熟的过程，归根到底不外乎是社会资本逻辑在社会重建中不断实践、不断检验并得到反复验证的过程。成功的地方，社会重建依托社会组织不断发育社会资本而欣欣向荣，和谐发展。不成功的地方，因为没有社会组织，缺乏社会资本，社会重建或者在尔虞我诈的利益驱动下陷于碎片化、离散化、原子化等无组织状态，或者回到党政统合、自上而下的被组织状态，大量的社会问题和社会矛盾不断积压，公民的需要得不到满足，诉求得不到表达，不满情绪日积月累，党和政府"维稳"的压力则不断增大。因此，基于社会资本的培育、增值和建构，社会组织成为我国社会建设的基本构件。这是本研究得出的第二个具有共识意义的基本结论。

第三，社会组织是人类历史上一种组织制度创新。我们在研究中深深体会到：对于社会组织的认识，首先应当站在中国改革发展的客观进程和社会建设的现实需要的立场上，进行客观的、合乎实际的实证分析和把握。其次，也应将社会组织置于人类社会发展的宏大历史进程中，深刻领会和认识社会组织的历史必然性。比之政府和企业，社会组织显然是一种新生事物。20世纪80年代以来，在全球范围内迅猛发展起来的各种非营利、非政府的社会组织，从根本上说是对私有制的一种否定，是人类走向公共利益生长、公共领域形成、民族国家消亡、人类共同进步的历史进程中的一种重要的组织制度创新。社会组织的发展以至社会公共部门的形成，作为人类社会的一种重要的组织制度创新，带来并将继续带来人类社会生活的一系列重大的改变。主要有三：其一，社会组织以非政府、非营利、志愿性、共益性、公益性等种种新的面貌出现，拓展了人们社会生活的境界，满足了人们更丰富、更多元、更有深度和广度的需要，为人们在社会生活中实现包括精神、物质、文化等多层面价值及自我发展提供了一个新的组织制度平台。其二，社会组织的大量涌现形成了丰富、多元的社会生态，回应了现代社会高度分化的要求。各种形式的社会组织因其价值、主张、宗旨、资源、影响、结构等种种不同而形成丰富、多元、相互依存又彼此不同的社会组织生态系统，相当程度上回应了现代社会高度分化的要求。其三，社会组织的大量涌现在国家与社会之间建构起巨大的缓冲带，这将改变传统的国家直面社会的治理模式，不仅减小和化解可能的社会冲突，减少社会治理的成本，而且大大提高了国家的治理能力，进而从根本上改变国家和社会的关系格局。

第四，社会组织在改变国家和社会关系的同时，也改变了人际关系格局，在更深刻的意义上推进了人类平等社会关系的实现。社会组织为人们提供了按自己的内心意愿/真意来选择行为方式和决定权利义务关系的可能性，在普遍的契约关系之外，发展出更加广泛和更具自主性的志愿服务关系。在多元的社会组织平台上，人们有更多的可能性来选择、决定自己生存、发展的机会，进而可按照自己的意愿来塑造社会关系和社会联系；平等—互惠模式往往成为社会组织人际关系的典型模式；社会联系也由同心圆模式向网状格局转变；被动人格实现了向主动人格的转换，等等。这一切，都源于社会组织自由结社的本性。其结果，将从根本上打破人际关系和社会联系中的身份、地域等限制，为每个人的全面发展提供更加广阔的可能性。

以上观点，是本研究得出的四个具有共识意义的基本结论。

《从行政推动到内源发展：
中国农业农村的再出发》概要

郁建兴*

一、研究的目的、意义及所使用的研究方法

进入新世纪以来，新农村建设日益上升为国家战略。新农村建设坚持"多予少取放活"，支农财政的大幅增加改善了农业农村的生产生活状态，但在确立农民主体地位、拓展农民参与现代化建设能力、激发农业农村内在发展潜力和实现城乡经济社会协调发展方面却表现不足。当前，我国正经历从"转型中国家"向"城市化国家"的转变，传统"三农"问题初步得到解决，新"三农"问题凸显。加强和改善国家对农业农村发展的调控和引导，就不能仅仅是向原有战略的回归，不仅仅是对原有农业农村发展政策的延续，而是要适应现代化建设的新变化，适应农业农村发展的新变化，在农业农村发展的重要领域和关键环节上实现新的突破。

基于上述认识，本研究旨在辨识当前我国农业农村发展中的主要问题、重要挑战和关键任务，提出新形势下加强和改善国家对农业农村发展调控和引导的总体战略，系统设计促进农业农村发展的公共政策体系，以及确保相关政策得以落实的政府管理体制。由此，本研究构建了一个包括战略、制度、政策等在内的系统框架，其中既有对农业农村发展中一些关键问题，如城乡关系，政府与市场、社会关系的理论讨论，也有对农业生产、农民转移

---

* 郁建兴，浙江大学公共管理学院副院长，教授。

和农村治理等领域的具体政策分析；既形成了中国农业农村发展的愿景，也立足当下现实提出了具有操作性的政策建议。与已有研究成果相比，本研究特别关注制度化的议题，强调当前我国农业农村政策执行中存在的问题，不仅来自政策本身，更来自政府行政管理体制、财政体制，本研究基于实证分析系统设计了确保农业农村发展政策得以落实的体制机制。这些研究成果对于解决当前我国"三农"问题具有重要的实践价值。

　　进一步说，上述研究成果尽管以"三农"为研究对象而得到，但其价值并不局限于农业农村领域。任何国家的发展战略、政府体制以及公共政策体系，都是相互影响、彼此关联的整体，农业农村发展作为中国经济社会发展的重要组成部分，像任何一个细胞对于整个身体一样具有全息性。也正因此，本成果不仅是对破解"三农"困局、推进城乡统筹和一体化发展问题的回答，它对当前我国经济社会发展乃至整个现代化进程亦具有启示意义。

　　本研究采用定性研究与定量研究相结合、探索性研究与验证性研究相结合的方法。为了满足不同阶段研究的需要，我们从多种渠道搜集了不同类型的研究数据，包括国际比较数据、国内统计数据、国内外农业农村发展政策、调研和访谈数据以及问卷调查数据等。针对所获得数据的不同类型，研究主要采用文献法对国内外农业农村政策进行梳理，总结出国内外农业农村发展的一般规律及政府调控和引导农业农村发展的基本模式；通过个案研究特别是参与式观察法等，对地方政府参与农业农村发展的主要政策及其行为特征进行分析；通过比较研究法和统计分析等对研究过程中的一些假设进行验证。总体来看，本研究在尽可能获得研究资讯的前提下，因地制宜、因时制宜地选取研究方法，以确保研究结论的信度和效度。

二、成果的主要内容和重要观点

　　中国农业农村需要再出发。中国农业农村的再出发，需要从战略、制度和政策三个层面同时着力，加强国家对农业农村发展的调控和引导。战略明确农业农村的发展方向，解决中国农业农村"往何处去"的问题。政策是政府的行动工具，是政府用于激发农业农村发展活力，改善农业农村生产生活现状的重要载体，它解决政府"做什么"和"怎么做"的问题。制度决定了政府自身的行为方式，是政策有效性的重要影响因素，它解决政府在职能履行中"如何分工，如何协调"的问题。

1. 战略转型：从"行政推动"到"内源发展"

1978 年以后，改革开放不仅带来了经济快速增长，也推动了经济社会结构的全面转型，其中最显著的变化之一就是农业产值占经济总量比重的降低。这并非中国独有的现象，世界各国的普遍经验表明，一国发展多始于农业，又以第一产业产值比重的降低为现代化的重要标志，这被视为"发展的铁律"。但是，这并不意味着农业地位的边缘化，历史经验显示，一个经济体若在农业农村发展问题上处理失当，将导致自身经济发展陷入困境，无法实现从"转型中国家"向"城市化国家"的转变。可以看到，在我国从"转型中国家"向"城市化国家"转型的过程中，农业农村问题既是一个重要的基础性问题，也是一个贯穿全局的长期性问题。

农业农村发展问题的长期性，要求我们用一种长远的眼光看待当前农业农村发展遇到的挑战，特别在我国粮食生产连年稳定增收、农民收入持续较快增长、农村面貌加快改善的总体形势下，我们必须重新思考农业农村发展战略，并把战略转型视作当前加强和改善国家对农业农村发展的调控和引导的首要任务，超越应急性、回应式、短期的和局部的政策制定模式。

在现有农业农村发展战略中，"行政推动"构成了新农村建设的核心特征。针对弱质的农业、弱势的农民和落后的农村，新农村建设明确将"多予"置于政策中心，突出了政府在农业农村发展中的主导作用，要求加大国家财政支农的投入力度，加快农村社会事业发展和改善民生，并以各类工程项目为载体，积极推进农业农村发展，由此形成了新农村建设的政策体系。这一策略对维持粮食安全、减贫和改善农村居民基本生活条件都发挥了重要作用，但尚未真正激发农村的内在发展活力，在改善农业农村生产生活状况方面具有较大的局限性。而且，以行政推动为战略导向的新农村建设在提升农民参与现代化建设的能力方面也显得不足，突出表现为较为忽视农民在农业生产、农村治理中的主体地位：行政力量有时取代农民成为乡村治理主体，农民对土地等生产要素的支配地位有时遭到剥夺，成为产业工人常常是农民就业转移的唯一选择，等等。

当前我国正处于"转型中国家"向"城市化国家"的转变进程中，在这一时期，政府既要向城市化借力以提高农村居民收入、倒逼农业部门提升生产回报率，也要避免城市化将农业农村的生产要素吸收殆尽。因此，提高农业生产率、增加农民收入、促进非农化和缩小城乡差距，是当前农业农村发展的关键任务。其中，确认农民在现代化发展中的主体地位，拓展农民参与现代化建设的能力，从而激发农业农村发展的创新潜力，实现城乡经济社会的协调发展，是农业农村发展的根本目标。农民主体地位的确立及其能力的提升，既是农业农村发展的首要目标，更是促进"三农"问题得到根本解决的重要手段。

如何实现上述目标？在农业生产率总体不高、农村人口特别是农村贫困人口比重依旧较高的背景下，农业农村不可能通过以政府再分配职能为核心的"行政推动"战略实现全面、协调、可持续的发展目标。"内源发展"应该成为新时期农业农村发展的新战略。与原有以"多予"为政策重点，以"财政转移支付和积极行政干预"为施政途径的战略不同，内源发展将"放活"置于政策的优先地位，把"解制"和"赋能"作为新的施政重点，由此确立并巩固农民在农业农村发展中的主体地位，激发"三农"活力。"内源发展"战略表明，农业的弱质、农民的弱势和农村的落后并非天然和不可改变的，农业农村具备强大的发展潜力，农业农村不仅可以，而且应该成为减贫和促进经济增长的推动力量。新战略将确立农民主体地位、提升农民参与现代化发展的能力作为国家调控和引导农业农村发展的可欲目标。

2. 治理转型：突出政府职能的"兜底性"

政府需要在农业农村发展中发挥重要作用，这是世界各国农业农村发展中的普遍共识。以农业为主的第一产业具有分散性特征，难以通过空间集聚来实现劳动分工网络的深化，提高专业化程度，它在市场竞争中往往处于相对弱势的地位，这就要求政府给予一定的保护和支持；在乡村治理中，工业文明难以避免地侵蚀传统农耕文化，这就要求政府积极介入从而避免市场力量对乡村社会产生过度侵蚀；在农业劳动力向非农产业转移、农村人口向城镇转移的过程中，政府需要提升他们参与市场竞争的能力，从而适应城市生活。在这些领域，市场、社会都不可能完全自发地解决全部问题，政府合乎逻辑地成为解决上述发展困境的重要参与者。

市场失灵、社会失灵为政府介入提供了合法性，却不能保证政府免于失灵。国家的存在既是经济增长的关键，又是经济衰退的根源。也正因此，政府不仅要明确自身在农业农村发展中的应有责任，更应该明确这种责任的边界，以便最大限度地发挥市场、社会的作用。

政府行为边界的划分，与选择农业农村发展战略密切相关。在"行政推动"的新农村建设战略下，国家确立了政府在农业农村发展中的主导地位，也较为显著地改善了农业农村的发展状况。不过，在已有国家调控和引导农业农村发展的政策体系中，还存在着许多尚未解决的问题，其中包括：以国家干预为主要特征的农业农村发展政策未能充分调动市场、社会共同参与农业农村发展，导致农业市场化程度显著低于经济总体市场化水平，从而限制了政策的成效；现有统筹城乡发展政策未能从根本上突破城乡二元结构，使农业农村发展难以适应工业化、城市化的总体要求；农村金融体系发育严重滞后，缺乏对农民创业的有效扶持措施，外出农民工中自营人员比重显著低于受雇人员比重，资金等要素流动的总体趋势依旧是农村流向城市；基本公共服务供给不均等现象没有得到彻底改变，政府对农村的科技、教育、文化和卫生等社会事业的投入仍显不足，在就业、收入分配制度、社会保障、住房和公共安全等民生领域还存在着显著的城乡差异；农村社会管理存在"行政侵蚀"的问题，导致政府对农村社会的干预不仅未能帮助农村社会抵御市场力量的侵蚀，还致使农村社会治理出现"空心化"，等等。

总体说来，以政府行政推动为主要特征的新农村建设在显著改善农业农村生产生活面貌的同时，其作用力度、方式和方法面临着许多困境，国家调控和引导农业农村发展的已有政策体系已不能适应农业农村发展的要求。在我国全面进入以工促农、以城带乡的发展阶段，进入加快改造传统农业、走中国特色农业现代化道路的关键时刻，在进入着力破除城乡二元结构、形成城乡经济社会发展一体化新格局的重要时期，重新认识农业农村发展中的政府角色，恰当界分政府与市场、社会的行为边界，对于加强和改善国家对农业农村发展的调控和引导至关重要。

有鉴于此，本研究提出了农业农村发展中政府与市场、社会的新分析框架，在其中，市场、社会分别是促进经济发展、协调公平发展的首要路径，政府则需要承担农业农村发展中的"兜底"职能；在市场、社会能够发挥作用的领域，政府应避免多此一举的干预，但它仍然需要在提供市场/社会运行制度、匡正市场/社会失灵以及培育市场/社会主体中发挥作用；政府能力建设是政府落实以上职能的基础保障。基于此，政府是农业农村发展中市场和社会力量的最终补充，它强调了政府职能的兜底性，通过将市场/社会置于优先地位，突出了政府不同职能的逻辑次序：构建市场/社会运行制度环境是政府的首要职能，匡正和补充市场/社会失灵需要以不破坏市场和社会机制为前提进行，而培育市场/社会主体则是政府阶段性的工作职能，需要随着市场/社会能力的提升而调整、弱化。

3. 政策体系重构：推进农业农村全面发展

无论是农业农村发展新战略，还是政府治理转型，都需要落实到具体政策。战略转型为农业农村发展指明了方向，但若缺乏政策支持，美好愿景难免只是海市蜃楼。这里的问题在于，农业农村发展是一项庞大的系统工程，涵盖农业农村生产生活的方方面面，如何设计政策体系，才能最大限度地发挥有限资源的功用呢？

本研究在政策议题和政策设计两个层面上回答上述问题。基于资源的有限性，我们认为政府应将资源优先运用于那些在农业农村发展中处于关键环节，并且亟须政府支持的领域中。从这一认识出发，我们围绕现代农业发展、农民市民化和农村社会管理等当前农业农村发展中的关键问题开展了研究。首先，农业发展不仅关系到农民务农收入提高，也是影响国家粮食安全的重大战略问题，如何提高农业生产效率，保证农产品稳定增收，是农业农村发展中头等重要的问题。其次，农民市民化是本研究选取的第二项重大政策议题。"汝果欲学诗，功夫在诗外。"农业发展早已不等于农村发展，农业增收也不再是农民增收的全部。在当前和今后较长时期内，我国将处于快速城市化进程之中，农业劳动力向非农产业转移、农村居民向城镇转移是农业农村发展中的重要现象。不过，城乡、区域间的大规模人口流动虽已持续了近 20 年，户籍制度的藩篱却始终未能真正破除。如何突破城乡分群、区域分群，进而为流动人口提供适应其真正需求，也适应中国现代化发展需要的社会政策，是新时期农业农村发展政策必须回答的问题。最后，工业化、城市化对农业农村的影响不仅表现在人口由乡村向城镇的转移，也表现为工业文明对传统农耕文化的侵蚀，表现为传统乡村治理模式的衰落。无疑，政府是避免市场力量侵害乡村社会、推动乡村治理模式转型的重要力量。改善政府的农村社会管理绩效成为本研究第三大政策议题。

本研究不以设计农业农村发展中的所有政策为目标。与已有研究相比，本成果未对农村公共服务作专章讨论。这并不意味着我们不重视农村公共服务议题。事实上，本成果多个章节论及农村公共服务的供给现状及问题。之所以没有将其专章论述，主要是因为在统筹城乡发展的新时代，我们不应再作"城市公共服务"与"农村公共服务"的二元分割。随着新农村建设的全面推进，我国政府已经加大了农村基本公共服务供给。下一阶段农村公共服务供给的主要挑战在于制度化，以及消除城乡二元结构。本成果将前一个问题放在"制度篇"中讨论，而将后一个问题纳入农民市民化议题。

基于上述思考，本研究以"内源发展"为战略，以政府职能的"兜底性"为基本原则，展开了现代农业发展、农民市民化和农村社会管理等领域的公共政策分析，设计了包括农业农村发展中资源要素培育和激活政策，农业农村市场化、组织化政策，农民市民化政策以及农村社会管理体制创新等在内的政策体系。主要包括：

第一，向城市化借力，建立以城乡要素平等交换为核心的资源要素激活及培育政策。人力资源、资金和土地等要素面临的困境和约束，是导致农民无法充分发挥自身的主动性和创造性，农业农村的生产潜力难以激发的重要原因。当前，应确立以城乡要素平等交换为核心的资源激活政策，建立政府主导、市场竞争的农村人才培育政策体系，建立产权明晰、市场化流转机制完善的土地激活政策体系，建立以财政补贴和奖励扶持为主的农业农村金融扶持政策体系等。

第二，以土地承包经营权为核心促进农业市场化，以农民专业合作社为重点促进农业组织化。除了资源要素的培育和激活，市场化和组织化也是农业现代化的重要构成要素和发展路径，它们对于提高农业生产要素的有效配置、促进农业发展、提高农民的市场参与能力和生产效率具有重要推动作用。当前，促进农业生产要素的市场化进程应当成为农业市场化的政策基础，其中，应以土地承包经营权流转为纽带带动并突破农业生产要素的市场化进程，以专业农户为基础，以专业合作社为主干，以专业加工企业为导向，促进农业组织化进程。

第三，以公民权利为基础，重新设置农民市民化议程。我国城乡、区域间的人口流动已持续近 20 年，但户籍制度的藩篱却始终未能真正破除。当前，农民工政策需要基于公民权利，改变原有基于市场逻辑、物物交换的市民化政策逻辑。同时，需要超越原有生存型的基本框架，把促进转移农民就业、创业和社会参与作为核心目标，把建立健全农民就业促进体系、提升转移农民在城镇生活的政治参与度等纳入市民化政策的范畴。

第四，以吸纳多元利益与互动增效为导向，积极培育社会自治能力，创新农村社会管理体制。在乡村社会从传统到现代的转型过程中，政府是避免市场力量对乡村社会产生过度侵蚀的重要力量。但是，政府的介入并不总能改善农村的社会管理格局，相反，当政府行政力量替代农民成为社会管理中的唯一主体时，它甚至还会对农村社会造成进一步的侵蚀。从"内源发展"战略出发，创新农村社会管理体制，需要明确行政主导的目的并非替代社会参与治理，而是以促进社会力量共同参与为根本目标发挥行政力量。因此，应在吸纳多元利益与互动增效的导向下，积极培育社会自治能力，推动农村社会管理体制的可持续发展。

第五，创新政策工具，提高公共政策履行绩效。农业农村发展不仅需要厘清政府与市场、社会的关系，制定相应的公共政策体系，还需要恰当地选择政策工具，落实公共政策。根据强制性程度和生效机制，农业农村发展的政策工具可以分为规范性政策工具、激励性政策工具、指导性政策工具、信息性政策工具和服务性政策工具等。上述政策工具的选取和优化，是提高农业农村发展政策绩效的重要途径。

4. 政府再造：增加农业农村发展的制度供给

当前掣肘中国农业农村发展的诸多因素，除了政策本身，还有政府行政管理体制等体制机制。实际上，我国政府治理有效性不足已经对农业农村的可持续发展产生了负面影响。当前，中央政府施政纲领的转变未能有效推动地方政府行为模式转型，地方政府在推动农业农村发展中的具体行为也受到诸多体制机制约束，突出表现为，以人事权为核心的干部考核评价指标体系未能对地方政府行为形成有效约束，财政收益最大化成为主导地方政府行为的关键因素，导致地方政府始终未能真正超越发展型政府的行为逻辑；市管县体制具有突出的"城乡分治"特征，使得地方政府始终未能在城乡间实现资源的平衡配置，省管县体制尽管在推动城乡一体化方面产生了积极效应，但它的实施推广还面临着许多问题；农业税费改革后，乡镇政府职能持续弱化，县乡政府缺乏明确职责分工，影响了新农村建设的持续推进；财政支农力度不断加大，但由于政府对农业农村的投入渠道较多，不同渠道的投资在使用方向、项目安排等方面有相当程度的重复和交叉，多头管理导致力量分散，不能形成合力，等等。

总体来说，由于缺乏体制机制保障，新农村建设多以"工程"、"项目"为载体推进，尚未建立起城乡统筹发展的长效机制；作为政策主要执行者的地方政府缺乏促进农业农村发展的内在激励，导致许多农业农村政策缺乏可持续性。因此，加强和改善国家对农业农村发展的调控和引导，必须增加农业农村发展战略转型、政策体系重构的制度供给，主要包括：

第一，改革以干部人事考核指标体系为核心的纵向问责机制，强化地方人民代表大会和司法体系等横向问责机制，促进地方政府职能的全面履行。当前，中央政府施政纲领的转变并不总是地方政府开展社会政策创新的根源，促进经济增长和增加财政收益才是地方政府的优先目标。造成这一现象的原因，并不在于分权的财政体制，而在于纵向问责机制存在显著的局限性，以及横向问责机制的不健全。因此，为了确保农业农村发展的政策得到全面、有效履行，中央政府除了应进一步调整干部考核评价指标体系的指标设计及权重之外，还应把横向问责机制和纵向问责机制的完善作为重中之重，强化司法体系、地方人大的作用。

第二，明确愿景，培育共识，分类推进省管县体制改革，促进省、市、县协调发展，实现一体化城乡合治。当前，市管县体制下的城乡关系是一种"板块式的行政合治"，不仅没有实现经济社会发展的有机融合，而且形成了政治经济体制上的二元结构，出现户籍、土地、就业、财税和社保等多种"逆向"制度安排。而省管县体制具有"一体化的城乡合治"特征，可以通过上移公共服务统筹权，实现城乡基本公共服务的均等化，通过下放公共资源配置权，增加县域经济社会发展的活力。基于省管县体制改革的条件分析以及对全国26个省区的聚类研究，省管县体制改革的总体思路是：明确改革愿景，大力培育改革共识；采用渐进方法，推进分类改革；改革行政区划，合理调整省县规模；转变政府职能，实现市县协调发展；实行市县分等，推进干部人事制度改革；完善法律法规，搞好制度配套。

第三，以职能分工为重点调整县乡关系，充分发挥县、乡镇政府在农业农村发展中的积极性。乡镇政府是直接面向农业、农村和农民的基层政府，在乡镇政府改革后，县乡关系在农业农村发展中发挥着重要作用。当前，乡镇政府在社会管理和公共服务中的主动性和自主空间并没有得到根本提升，而多作为县级政府的附属机关形象出现。县乡两级政府应以职能分工为重点，开展行政体制、机构设置和财政体制等的配套改革。

第四，以发挥政府与社会资源的联动效应为核心，以构建财政支农的法律机制为保障，提升政府支农资金的效率与效益。完善财政体制，不仅需要解决财政转移支付的分配问题，更需要重视支农资金使用的效率提升。整合财政支农资金、提高支农支出效益，以及强化政府资金的引导和撬动作用、实现政府资源与社会资源的联动效应，是提高财政支农效率的关键途径，而建立确保财政支持农业农村建设资金供给的法律机制，则是确保政府有稳定可靠支农资金用于实现城乡统筹的重要保障。

三、成果的学术创新和应用价值

本研究致力于探究国家在促进经济社会全面发展中的应有职能及其实施方式。在研究中，我们着眼于农业农村发展，但又不限于就"三农"论"三农"，将农业农村发展视作一个国家制度、政府职能与公共管理体制的问题，立足中国经验，为国家角色和职能理论作出了新贡献。具体而言，本成果的主要学术创新和应用价值有：

第一，提出"内源发展"新战略，为国家加强和改善农业农村政策提供了新思路。本研究发现，建立在"行政推动"基础上的发展模式缺乏可持续性，不仅无法实现改善弱势群体生活水平的目标，长期看来还会由于缺乏内生发展的动力而淤积停滞，产生更大的问题。中国农业农村需要再出发，即确立"内源发展"的新战略，发展并不只是社会和经济水平的提升，它更应体现为新生产组织方式的变化，以及个体参与现代化建设能力的提升。"内源发展"新战略的提出，刷新了关于农业农村发展阶段和趋势的认识，为加强和改善国家对农业农村的调控和引导提供了新思路。

第二，界定政府与市场、社会的关系，提出了政府职能的"兜底性"特征，明确政府职能的内容及其优先次序，发展了关于国家角色和政府职能的理论。本研究提出，政府是农业农村发展中的重要主体，但不是唯一主体，它需要在与市场、社会的互动中解决农业农村发展问题。进一步说，政府需要界分它与市场、社会之间的行为边界，在充分尊重市场配置资源的基础性作用、尊重农村社会自主管理的基础上，体现政府职能的"兜底性"特征，即构建市场、社会运行制度环境是政府的首要职能，匡正和补充市场、社会失灵需要以不破坏市场和社会机制为前提进行，而培育市场/社会主体则是政府阶段性的工作职能，需要随着市场、社会能力的提升而调整、弱化。通过引入市场、社会的"能力"概念，研究成果超越了以往关于政府最优职能边界的静态讨论，强调了政府职能的"兜底性"，通过将市场、社会置于优先地位，突出了政府不同职能的逻辑次序。

第三，分层次系统考察央地、省市县与县乡政府的关系，推进政府管理理论。当前，我国的公共政策研究领域存在一个显著特征，即重视界定"好"的制度、政策，较少关注形成这种优质公共政策的体制机制基础。治标之外，更要治本。本研究指出，政府管理体制至关重要，它不仅是确保良好公共政策得以执行的保障，也是可持续地提升政府治理有效性的良药。本研究从多维度对地方政府行为进行了考察，其中既有以干部人事体制、财政体制为核心的激励机制分析，也有省管县体制、县乡分权等职能分工理论的考察，推进了政府管理理论。其中，本研究提出了"社会政策为经济发展服务"的地方发展型政府新形态概念，刷新了国内外对中国地方政府行为模式的认识，并通过案例研究确认了财政体制在塑造地方政府行为方面的主导作用，澄清了已有理论中关于纵向问责机制和财政体制对地方政府行为影响主次关系的争论。

四、成果的社会影响及效益

第一，本项研究形成了一系列政策研究报告，得到了时任国务院总理温家宝等领导的批示，对公共政策制定产生了积极影响。课题组通过国家行政学院《送阅件》、浙江大学《公共政策内参》等途径向高层级政府及其部门提交研究报告和政策建议，其中一些政策建议得到高层领导批示，如《东部地区推行"新农保"的主要难点和政策建议——对上海、浙江、江苏三省的调查》得到了时任国务院总理温家宝、副总理张德江的批示，《消除"逆市民化"根源，快速推进城镇化》等3份文件得到时任浙江省委书记赵洪祝、省长夏宝龙等领导的批示等。

第二，部分阶段性研究成果发表后，被国内重要报刊、网站广泛转载，并获得了高水平学术奖励，显示了课题研究成果的学术影响力。课题组的系列学术论文在《中国社会科学》、《中国行政管理》等国内重要期刊发表，并被人大复印报刊资料、《高等学校文科学术文摘》等转载。

第三，本项研究的重要阶段性研究成果《农业农村发展中的政府与市场、社会：一个新的分析框架》，获浙江省第十六届哲学社会科学优秀成果奖一等奖，体现出本项研究的高学术水准和社会影响力。

《美、英、日、印四国学前教育体制的
比较研究》概要

霍力岩[*]

一、研究的目的和意义

学前教育对于个体发展、家庭和睦、社会和谐和国家进步有着重大、综合和持续的影响。学前教育的重要价值与多重功能正在受到并越来越多地受到世界各国政府的高度重视，各国政府纷纷出台相应的法律法规和实际举措，在全国范围内大力推进以学前教育事业为龙头的社会公共事业的发展。胡锦涛总书记在十七大报告中明确提出"重视学前教育"，且在《国家中长期教育改革和发展规划纲要（2010—2020)》（以下简称《教育规划纲要》）提出了到2020年"基本普及学前教育"的发展任务。在此背景下，对世界其他国家学前教育体制进行比较研究，并在研究的基础上揭示国际学前教育发展的主要模式和未来趋势，对我国在新的历史时期改革与发展学前教育具有重要的实践参考意义。

本研究的直接目的是通过对各个国家大量资料的分析、提炼，概括出美国、英国、日本和印度四个国家学前教育体制的主要模式，四国学前教育发展中各不相同、特色鲜明的主要道路，即别国的学前教育各自走的是什么道路。本研究的最终目的是通过了解别国在学前教育事业上走的是什么道路，对我国形成关于学前教育事业的总体思考有所启迪，以便我国在新的历史时

　＊　霍力岩，北京师范大学教授，博士生导师。

期解决好我们的学前教育事业、整个教育事业和社会公共事业应该走什么道路的问题。

二、研究方法

考虑到需要兼顾经济发展程度——发达国家和发展中国家，地域差异——美洲、欧洲、亚洲等地区，不同国家学前教育管理体制的不同类型——主要是指中央政府和地方政府的管理权限与管理方式，本研究选取美国、英国、日本和印度这四个国家作为对象国进行研究。

本研究综合运用文献法、比较法等研究方法，对以上四个国家学前教育体制的概况进行较为系统的梳理和较为深入的分析，从学前教育性质、地位与功能，学前教育办学体制与机构类型，学前教育管理体制，学前教育财政投入，学前教育师资建设等五个方面，对美国、英国、日本和印度学前教育体制的主要模式进行概括。

三、成果的主要内容

对美、英、日、印四国学前教育体制主要内容与特点的深入分析和专题研究是本研究的主体，即这些国家对学前教育发展的哪些方面作了规定并付诸实践，其具体实施过程与效果中体现出哪些特点等构成了本研究的核心内容。通过对已有研究成果的分析和对学前教育政策体系及学前教育指标体系的认识和思考发现，学前教育的性质、地位与功能，办学体制与机构类型，管理体制模式，财政投入模式，师资建设是对学前教育体制进行比较研究的五个最核心、最重要的方面，并构成了四国学前教育体制比较分析的基本框架与主要内容。在对四国学前教育的产生背景和体制现状进行较为系统、深入探讨的基础上，本研究对美、英、日、印这四个国家学前教育体制的主要模式进行比较分析和综合讨论。

1. 四国学前教育性质、地位、价值与功能的主要模式分析

从学前教育的性质看，本研究聚焦的主要国家可以划分为两种主要模式：其一，学前教育具有准公共产品性质并实行一定形式的免费措施，如美国、英国和印度；其二，学前教育具有准公共产品性质，政府补助与家长交费相结合，但不直接实行学前教育免费，如日本。与此同时，无论实行哪种

模式的国家，均普遍强调且越来越重视学前教育事业的公益性和教育性，学前教育作为国家的公共产品或准公共产品受到诸多国家法律法规的有力保障，如美国、英国和日本。

从学前教育的地位看，本研究聚焦的主要国家呈现出两种主要模式：其一，学前教育已经被纳入国家学制系统并作为义务教育的组成部分与奠基阶段，如美国和英国；其二，学前教育在一定程度上被纳入国家学制体系但独立于义务教育系统来推行，如日本和印度。发达国家在把学前教育正式纳入或部分纳入国家学制系统并作为或基本作为义务教育组成部分的同时，均普遍重视且越来越重视学前教育的规模与质量问题，出台多种相关法律法规和实际举措保障学前教育的公平与效率，如美国、英国；发展中国家正在寻求通过国家主导的大型学前教育项目覆盖尽可能多的弱势群体，从而提高社会的现实生产力并为未来储备高质量的劳动力，如印度。

从学前教育的功能看，本研究聚焦的主要国家对此均有较为一致的认识和表述。多数国家均把促进儿童全面发展、做好入学准备和帮助妇女就业作为其共同的基本功能。与此同时，一些国家有着自己关于学前教育功能的新认识和新做法，如学前教育被认为是辅助弱势群体、建立教育公平的重要手段，如美国、英国和印度；学前教育被认为是反对社会排斥、建立全纳型社会的有效途径，如英国。越来越多的国家由于认识到学前教育具有可以同时满足个体发展和社会发展的重要价值，倾向于从学前教育之对于个人、家庭、社会、国家乃至世界的多重作用来认识学前教育的功能，并在相应的法律法规和政府文件中明确规定和阐释。

2. 四国学前教育办学体制与机构类型的主要模式分析

从学前教育的办学体制和机构类型看，本研究聚焦的主要国家呈现出三种主要模式：其一，办学主体身份多元、机构类型多种多样，如美国和英国；其二，政府举办与扶助私立结合，机构类型双轨并行，如日本；其三，办学与项目密切结合，机构设置灵活便民，如印度。与此同时，无论实行哪种模式的国家，均普遍重视且越来越重视中央政府对学前教育事业的控制和影响，出台诸多法律法规和实际举措规定和引导多种办学主体的办学方向、规范程度和社会效果，如美国、英国和日本。美国和英国的学前教育办学体制与机构类型虽同属办学主体身份多元、机构类型多种多样的模式，但在具体做法上呈现出不同特点。美国的特点是：各州自主办学，公立机构和私立机构相辅相成，多种机构类型，满足各种实际需求。英国的特点是：保教融合，多种举办主体并行，机构种类多样，3～4岁儿童免费教育。美、英的不同模式说明多样化和差异性是当今世界学前教育办学体制与机构类型的一个重要特征，但同时也说明，国家在办学主体资质、学前教育质量标准、弱势群体救助等方面的引导作用明显，如美、英近年均有出台相关法律法规和实际举措。

3. 四国学前教育管理体制的主要模式分析

从中央政府与地方政府在学前教育管理权限的分配上看，本研究聚焦的主要国家呈现出三种主要模式：其一，中央主导的管理模式，以印度为代表；其二，地方自主的管理模式，以美国为代表；其三，中央与地方均权的管理模式，以英国和日本为代表。而总体来说，无论哪种模式的国家，都在通过各种方式越来越多地加强中央政府对于学前教育的管理力度或影响力度，并且这种管理力度或影响力度的效果已明显显现。如学前教育由各州自主管理的美国，其政府主导的全国性大型学前教育项目"提前开端计划"，不仅对美国全国范围内的学前教育事业影响巨大，而且为世界上不少国家如英国和印度所仿效。

从学前教育主管部门与相关部门职权划分上看，本研究聚焦的主要国家呈现出两种主要模式：其一，单一部门主管、多个部门合作，以英国和印度为代表。其中英国近年来在这方面采取的主要措施是缩小主管部门职责口径，依法推进部门合作；印度则以项目为导向实施合作管理机制。其二，两个部门主管，以日本和美国为代表。其中日本采取双轨并行模式，由文部科学省和厚生劳动省分别负责教育和保育事务；美国采取单轨衔接模式。总体来讲，明确学前教育管理主体，协调学前教育各相关部门的分工与合作，并加强教育与保育的融合，已经成为越来越多国家的选择。

4. 四国学前教育财政投入的主要模式分析

在学前教育财政体制上，从中央与地方政府学前教育财政投入分担模式看，本研究所聚焦的主要国家呈现出以下几种主要模式：其一，中央为主，地方配合模式，以印度为代表；其二，中央与地方联合模式，以美国为代表；其三，地方为主、中央扶持模式，以日本为代表。从学前教育中央财政投入的主要方式来看，公立学前教育中央财政拨付主要分为两种，一种是中央政府通过直接拨付承担国家举办的大型项目的经费，另外一种是中央政府通过地方政府对公立学前教育机构进行二次拨付。从非公立学前教育的财政资助方式来看，一种是国家直接对非公立学前教育机构提供资助，一种是国家通过"教育券"等方式补助私立学前教育机构，还有一种是国家通过金融手段补助弱势群体和私立学前教育机构。

从学前教育经费来源看，本研究聚焦的主要国家呈现出三种主要模式：其一，以政府财政投入为主要来源的模式，如英国和印度；其二，通过财政投入、家长缴费和捐赠补助多方筹集学前教育经费的模式，如日本；其三，政府、家庭与社会投入并重，渠道多样化的模式，如美国。而总体来说，无论哪种模式的国家，中央财政投入越来越多地成为学前教育经费的重要来源，并通过经费投入的倾斜度和力度影响本国学前教育。著名的美国"提前开端计划"、英国"确保开端计划"以及全球最大的早期儿童发展项目——印度"儿童综合发展服务计划"都是由政府投入经费的国家大型学前教育项目。

从学前教育财政预算看，本研究聚焦的主要国家已经建立了完整规范的财政投入预算制度，在年度财政预算中设有关于学前教育特别是针对学前教育项目的专项财政预算，并通过相关法律法规的规范程序对学前教育的财政投入进行预算编制和公布，如英国、美国和印度的中央政府每个财政年度均有关于学前教育项目的专项财政预算。从学前教育财政投入的变化趋势看，本研究聚焦的主要国家近年来均纷纷加大对学前教育事业的投入力度，学前教育财政投入的预算总额与实际额度均呈现持续递增态势，而且投入重点越来越多地向国家主导的大型学前教育项目倾斜。从某种意义上说，国家主导的大型学前教育项目经费的显著增加直接导致了国家在学前教育财政投入上的明显增长。

从学前教育财政投入总量的变化趋势来看，多数国家都有倾向性、有针对性地加大了对学前教育的财政投入，不论是总量还是针对个别项目，财政投入量都有所攀升。从财政投入总量来说，英美两国的学前教育财政投入不断攀升，一直保持领先的势头；印度对儿童及儿童教育的财政预算比例也逐年加大；日本政府的幼儿园经费投入呈递增态势。而美、英、印三国对本国

"提前开端计划"、"确保开端计划"和"儿童综合发展服务计划"的拨款亦逐年递增。总之，充足的财政投入量保障了学前教育优质、健康、可持续的发展。

5. 四国学前教育师资建设的主要模式分析

从幼儿教师的身份定位看，本研究聚焦的主要国家可以分为三种模式：其一，明确将幼儿教师纳入公务员序列或享有公务员同等地位与待遇，如日本；其二，幼儿教师依据法律法规具有公务雇员的身份，即公务员兼雇员身份，如英国和美国；其三，幼儿教师以项目工作人员的身份参与学前教育项目的工作，如印度。而总体来说，无论是纳入公务员序列的人员，还是具有公务雇员身份的人员，还是大型项目的工作人员，都与中央政府或地方政府签有工作合同，政府能够在工作合同的范围内保障他们的工资待遇和社会地位。

从幼儿教师的工资待遇和社会地位来看，本研究聚焦的主要国家呈现出一个共同特点，即公立学前教育机构幼儿教师的工资水平和社会地位普遍高于私立学前教育机构的幼儿教师。同时，一些国家幼儿教师享受同中小学教师一样的工资待遇，社会地位普遍较高，如日本；一些国家公立学前教育系统的幼儿教师工作环境、收入水平和福利待遇相对较高，如美国、日本；一些国家幼儿教师的工作条件和最低工资问题正在受到国家政策和法规的重视，如印度第十一个五年计划提出解决幼儿教师的工作条件和最低工资问题，英国近几年不断提升对儿童学前教育保育事业的重视程度，学前工作者的工资水平相应有了明显的提高。

从幼儿教师培养和资格制度来看，本研究聚焦的主要国家在教师培养和资格制度方面的做法和要求呈现出各自的特点。在教师培养方面，主要有两种模式，第一种是多种类型师资培养机构共同承担的开放型培养模式，以日本为代表；第二种是以项目为导向的培养与培训一体化模式，以印度为代表。在幼儿教师资格制度方面总体上可以分为两类，一类是国家依照法律法规将幼儿教师纳入国家统一的教师资格制度系列，发达国家如日本、美国属于此类；另一类是国家没有将幼儿教师纳入国家统一的教师资格制度系列，不同类型的学前教育机构对幼儿教师的具体资格要求不尽相同，如英国。而无论属于哪种类型的国家都在近年纷纷出台相应政策或实际举措提高教师资质水平。

从幼儿教师的在职培训看，本研究所聚焦的主要国家形成了各具特色的在职培训模式，较有代表性的有四类，第一类是以法律保障教师在职进修权利，形式灵活多样的在职进修模式，如日本；第二类是重视幼儿教师专业发展，提供多套培训方案的在职培训模式，如美国；第三类是满足学前教育需要与教师自身发展并重，开放多样的在职进修模式，如英国；第四类是以项目为核心，循序渐进的在职培训模式，如印度。但总体来讲，重视幼儿教师在职培训，并且将在职培训与职前教育和教师任用等相融合，以促进教师专业发展已经成为世界多数国家学前教育发展的重要趋势。

6. 四国学前教育发展的主要特点和趋势

在对美、英、日、印四国学前教育体制的主要模式进行比较分析之后，本研究对国际学前教育发展的主要特点和趋势进行了研究、分析与概括。第一，高度重视学前教育的独特功能与综合价值，通过各种法律法规明确学前教育的公共性、公益性和教育性，并通过各种实际举措保障与提升学前教育的地位；第二，政府通过承担实际职责以有效手段引导和影响学前教育的健康发展，并使之服务于国计民生；第三，明确学前教育主管部门的职责并加强学前教育主管部门对于学前教育工作的领导，促进学前教育各相关责任部门在学前教育工作中的通力合作；第四，越来越多的国家都在不断加大对学前教育事业的财政投入，尤其是通过制定和颁布相应的法律法规保障和逐步增加国家对学前教育的财政投入，从而使财政投入成为学前教育的主要经费来源；第五，明确幼儿教师的教师身份、提高幼儿教师的工资待遇和社会地位，通过职前高质量的培养和在职可持续的培训不断提高幼儿教师的质量；第六，国家举办大型的、长期的国家学前教育项目推进学前教育事业的进步。这些特点为加快我国学前教育事业的发展，积极应对我国学前教育事业发展中的问题和挑战，更好地保障和推动我国学前教育事业的改革与发展提供了依据和参考。

7. "基本普及"下我国学前教育事业发展的政策建议

在概括出四国学前教育体制的主要模式和未来国际学前教育发展的一些共同趋势后，本研究提出了五条在新的历史时期我国发展学前教育的政策建议：

第一，明确学前教育的性质和地位，阐释学前教育的价值与功能。学前教育的性质、地位、价值与功能是关系学前教育事业发展的前置性与源头性问题，是关系到学前教育事业属性、定位和发展宗旨、方针的根本性问题。当前，我国学前教育事业正在迅速发展，但不可否认的是仍然存在一系列突出矛盾和问题亟待解决，而导致这些问题出现，且其中一些问题长期得不到有效解决的重要原因之一，就在于我国对学前教育功能价值的认识不到位，对学前教育性质、地位的理解和认识甚至存在错误观念，更缺乏相关法律的明确规定与保障。因此，有必要明确学前教育的基本性质、重要地位、独特价值与功能，进而为我国学前教育事业的基本定位、发展方向、目标和方针的明确提供重要依据和基础。

第二，建立政府主导、公办为主、多种机构参与实施的发展模式。强化政府职责特别是中央政府的主导性职责、由多种机构共同承担学前教育发展是决定一国学前教育积极走向与健康发展的关键。对我国来说，确立我国学前教育事业发展政府主导的原则与模式，加强政府在"基本普及学前教育"中的主导作用，对于扩大学前教育覆盖范围、提升学前教育质量有着重要作用。面对我国现存的民办园占据半壁江山，却由于缺乏政府督导而出现了许多不规范问题的现状，既需要国家加大政府办园比例，同时在相当长一段时期内也需要私立和非政府机构园所的分担和支持，这就需要政府对这些园所提供资金支持，并严格规范机构办学，使其在数量和质量上有较大改观。

第三，明确政府主管部门职责并有效协调各相关部门参与管理。政府的宏观管理、政策导向是影响学前教育发展的最重要因素，其管理水平直接影响学前教育的质量。明确政府职责及保障职责履行、规范相关政府部门协作机制是世界部分国家学前教育得以健康发展的重要保证之一。而当前我国中央及地方各级政府的学前教育职责不明确、不到位，学前教育主管部门及相关部门职责权限不明晰、缺乏必要协作。因此，在我国基本普及学前教育的过程中，应尽快确立政府主导的发展模式，进一步明确中央政府作为学前教育主管部门的职责划分并有效协调各相关部门参与管理。政府职责具体体现为政府管、政府办、政府出资，政府职责的重点在于扶助弱势群体。

第四，确立政府的学前教育财政投入责任并规范投入方式。政府在学前教育事业发展中的职责最集中最重要的体现之一即学前教育财政投入。设立学前教育专项拨款，将其纳入国家财年预算并单项列支，以及建立学前教育经费分担机制等，是部分国家持续增加学前教育财政经费投入的宝贵经验。而缺乏基本的经费保障、政府财政投入不到位、财政投入体制不顺等是当前制约我国学前教育事业发展的关键因素，基于上述经验并结合我国学前教育发展的现实情况，本研究认为，明确各级政府学前教育财政投入的职责，完善并创新学前教育财政投入体制是我国基本普及学前教育过程中应该重点落实的工作。

第五，明确幼儿教师的身份并保障幼儿教师教育的质量。高质量的教育，除了需要制度、经费等方面的保障以外，最根本的还是需要高素质的教师队伍。幼儿教师作为学前教育和保育的直接提供者，其专业素质和能力素养是保证优质教育与服务的关键因素。因此，必须立法规定并提升幼儿教师的身份和地位，保障他们的工资、待遇等基本权益，加强教师队伍建设，提高教师的素质与能力，将提高师资质量作为发展学前教育的关键环节，在促进学前教育普及的同时保证学前教育的质量。

四、成果的学术创新、应用价值以及社会影响和效益

1. 学术创新

本研究的创新之处主要体现在三个方面。

第一，研究问题的选择具有创新性。本研究以美、英、日、印四个国家的学前教育体制为研究对象进行系统的比较研究，研究问题的选择具有创新之处。世界其他国家学前教育体制状况应该是当前比较教育、学前教育研究的重要内容，但目前我国对这一问题缺乏系统、深入的研究，导致相关政策话语和理论话语的观点片面和证据缺失。本研究选择四个有代表性的国家的学前教育体制进行系统的比较研究，并将四国学前教育体制的重要经验与我国学前教育的现实结合起来，对我国学前教育事业的发展提出政策建议，具有开拓性和创新性，具有较高的理论价值。

第二，比较分析框架的建构和运用具有创新性。本研究认为比较分析框架的建设是对四国学前教育体制进行比较研究的基础和前提。基于对国内外特别是国际权威教育政策体系和学前教育指标体系的分析比较，本研究建构了一个包括性质、地位、价值与功能，办学体制与机构类型，管理体制模

式，财政投入模式，师资建设模式 5 个方面，相对完整又可以操作的包括三级指标的学前教育体制比较分析框架，并在研究中自觉地运用这一比较分析框架展开系统研究，得出了关于各国学前教育体制的有价值的结论，更得出了四国学前教育体制比较研究后的有价值的结论。本研究比较分析框架的建构和运用使得研究结果能够抓住学前教育体制的核心要素并形成清晰的研究逻辑，也为后续相关研究奠定了基本逻辑框架、主要研究维度和可操作的指标体系的基础，具有开拓性和创新性，具有较高的理论价值和政策研究价值。

第三，比较研究方法的形成和运用具有创新性。本研究是以比较法为主要研究方法进行的四国学前教育体制比较研究。国内在形成自己独有的比较研究方法并运用之系统研究学前教育体制方面尚无先例。本研究在借鉴经典比较教育研究方法的基础上，对它们进行了重组、确认、变通、改造和创新，建设了比较研究的 9 步法——由问题、指标、个案、描述、解释、并列、比较、结论和建议 9 个环节组成的循序渐进的研究方法系统和研究路线图，并在对各个环节分别进行可操作定义的基础上，运用该研究方法系统或研究路线图进行四国学前教育体制的比较研究。比较研究方法的形成和运用为后续相关研究奠定了方法论和具体方法的基础，具有开拓性和创新性，具有较高的方法论价值。

第四，主要研究结论具有创新性。在对四国各自学前教育体制进行系统的描述和解释的基础上，本研究对四国学前教育体制的具体类目进行并置、比较和分析，着重从学前教育的性质、学前教育的地位、学前教育的功能，学前教育的办学体制和机构类型、多元主体办学的具体特点，中央政府与地方政府在学前教育管理中权限的分配、学前教育主管部门与相关部门职权的划分，中央与地方政府学前教育财政投入分担模式、学前教育经费来源、学前教育财政预算、学前教育财政投入总量的变化趋势，幼儿教师的身份定位、幼儿教师的工资待遇和社会地位、幼儿教师培养和资格制度、幼儿教师的在职培训等方面得出关于四国学前教育体制不同模式及各自特点的研究结论。本研究的研究结论为研究世界学前教育体制问题的特点和发展趋势奠定了基础，也为提出我国学前教育事业发展的政策建议提供了研究证据，具有较高的政策价值。

2. 应用价值

一方面，本研究通过搜集、整理国外学前教育历史和现状的大量有价值的资料，对世界部分国家学前教育发展的主要内容和特点进行系统、深入的分析，可以为学前教育研究者、政策制定者全面了解国外学前教育状况提供支持，可以为学前教育政策研究提供重要的参考资料；另一方面，本研究通过结合我国学前教育的现实需求与主要挑战，概括并提出四国学前教育体制的主要经验及对我国学前教育发展的启示，可以为我国落实《教育规划纲要》的要求，加快我国学前教育事业的发展，积极应对我国学前教育事业发展中的问题和挑战，更好地保障和推动我国学前教育事业的改革与发展提供依据和参考。

3. 社会影响和效益

学前教育研究是开展学前教育工作的重要组成部分，它对学前教育事业发展，特别是学前教育质量提升具有重要影响。一方面，本研究可以成为国内外学前教育政策研究的基础，促进学术领域更进一步深入开展相关研究；另一方面，学前教育研究的最终目的是要应用到教育实践中去，这也是学前教育科研成果的最好归宿及其价值的最大体现，本研究可以为国家和政府层面的学前教育决策服务、为学前教育改革服务。

《宋代古琴音乐研究》概要

章华英 *

一、研究目的和意义

古琴是中国历史悠久、最具民族精神和审美情趣的传统乐器。宋代是中国古琴艺术发展史上的一个鼎盛时期，这与宋代的社会环境及文化背景密切相关。宋代社会的基础是文官政治，这使宋代文化弥漫着浓郁的书卷气息，其价值取向塑造着一代世风。宋代社会的崇文风气，宋代文人的社会责任感，宋代艺术浓厚的人文意味、思辨气质及忧患意识，都可以从中寻觅到踪迹。因此可以说，以国势气魄论，宋代显然不及汉唐，但若以整体文化实力而论，宋代文化超越前贤，且为后世所不及。故陈寅恪曾称："华夏民族之文化，历数千载之演进，造极于赵宋之世。"①

与唐代宫廷古琴备受冷落迥然不同，自北宋太宗始，两宋时期的各代帝王均十分好琴，宫廷中设有琴待诏。在他们的倡导与影响下，朝野上下，无不以能琴为荣，古琴在当时的文人士大夫中极为盛行，范仲淹、韩琦、欧阳修、苏轼、朱熹、真德秀等名公巨卿，俱以弹琴知名于世。同时，古琴在当时的隐士、僧侣中间，亦有着广泛的流传。他们不仅弹琴、听琴、赏琴、鉴琴，而且为后人留下了丰厚的琴学著述及不可胜数的琴诗、琴文、琴词及各种琴学记载，对于研究中国古琴的历史和宋代的文化发展，均具有重要的

---

* 章华英，中央音乐学院副研究员。

① 陈寅恪：《邓广铭宋史职官志考证序》，见《陈寅恪集：金明馆丛稿二编》，生活·读书·新知三联书店 2011 年版，第 277 页。

价值。

两宋时期，京师开封及南方的两浙、江西等地经济发达，文化繁荣，故出现了江西、京师、浙等不同的古琴流派。尤其是到了南宋，由于宋室南渡，从而使文人云集的都城临安（今杭州），成为当时全国的政治与文化中心，而中国音乐史上第一个形成系统的古琴流派——浙派也在此孕育成熟。该派以南宋时期杰出的琴家郭沔为代表，追随他的著名琴家有刘志方、杨缵、毛敏仲、徐天民等，在古琴艺术史上有着至为深远的影响。虞山琴派的产生，也与其有着直接的渊源关系。浙派琴家还创作了《潇湘水云》、《泛沧浪》、《山居吟》、《樵歌》等众多古琴名曲，深受中国历代琴家的喜爱。

然而，尽管两宋时期古琴艺术在中国音乐史和中国文化史上均具有非常重要的地位，两宋时期古琴音乐在当时的宫廷、文人、民间，均有着广泛的基础，在琴学著述、琴曲创作、琴派及琴乐美学等方面也多有发展，其琴学文献史料散见于浩瀚的古代典籍，内容丰富而驳杂。然而，迄今为止，音乐学界和琴界尚未对两宋时期的古琴艺术进行比较深入的研究与整理。目前对于两宋时期古琴音乐的研究，大多停留在零散的文献查证和对局部流派、琴人、琴曲的梳理上，缺少深入且成体系的研究，有关两宋时期古琴艺术发展的脉络亦尚未理清。对于散见于宋代经、史、子、集及后世琴谱中的丰富宋代琴学资料，至今尚未进行全面的整理。而近几十年间，琴家对于两宋时期琴曲的打谱研究，则为研究宋代琴曲与琴乐历史提供了十分重要的曲谱依据。

有鉴于此，本研究重在对两宋时期古琴艺术的历史发展、相关乐曲、琴谱、流派、琴家、艺术特点、风格流变及对后世古琴音乐发展之影响等问题，进行系统的梳理与深入的探讨。其意义有以下几个方面：

（1）两宋时期的古琴音乐，涉及朱长文、郭沔、毛敏仲、姜夔等众多琴家，以及《潇湘水云》、《泛沧浪》、《樵歌》、《泽畔吟》、《古怨》等诸多琴曲。对这些琴曲的年代鉴别、流变考察，对两宋时期琴派、琴人的研究，将修正或补充音乐史学研究中的许多论题，对于研究中国古代音乐史和中国传统音乐具有一定的学术价值。

（2）宋代琴乐作为中国古琴音乐历史上的一个高峰时期，在宫廷、民间及文人中均有广泛的基础。本研究对驳杂纷乱的宋代古琴音乐的历史发展脉络进行的研究与梳理，不仅将丰富宋代宫廷音乐、民间音乐和文人音乐的内容，同时对于展现两宋时期的社会文化现象和音乐生活也有重要作用。

（3）存见的宋代古琴资料，散见于浩瀚的古代典籍之中，内容丰富而零乱。宋代的琴论琴书也不似明清时期琴论那样完整，有不少尚需从其他文献中进行辑佚、校注。因此，对丰富而庞杂的两宋时期的古琴史料进行全面系统的搜集、整理与校释，是进行两宋时期古琴艺术研究的基础和前提。

（4）随着古琴艺术被列入第二批"人类口头和非物质遗产代表作"（Masterpiece of Oral and Intangible Heritage of Humanity），抢救和保护"人类口头与非物质文化遗产"的工作已成为国际社会普遍关注的问题。因此，对两宋时期古琴音乐之研究，对于当下古琴艺术遗产的研究与传承，也具有十分重要的现实意义。

二、成果的主要内容

本成果研究的对象是两宋时期古琴音乐的历史状况，不涉及辽、金部分。研究的基本思路是在对浩瀚而散乱的宋代古琴文献史料进行搜集、整理、辑佚的基础上，以遗存的两宋时期琴曲为主要材料来源，力图以历史真实为前提，在确凿史料的基础上，结合遗存的音乐形式和具体的音乐形态，对宋代宫廷古琴的历史状况，宋代古琴与士大夫、隐士、僧人等阶层的关系，宋代的琴曲、琴歌、琴派、琴学著述、记谱法的流变，宋代的古琴美学思想等问题进行探索和分析。

本成果主要从以下五个方面展开研究：

第一部分是宋代宫廷古琴音乐的研究。

本部分以宋太宗、宋徽宗、宋高宗为例，考察了宋代帝王与琴的关系，分析了古琴音乐在宋代宫廷礼乐中的地位和功能。并对宋代宫廷"阁谱"的来源、使用及琴谱种类，两宋时期宫廷琴待诏制度的设置、官职、官品及宫廷琴家在琴学方面的成就进行了探讨，从而基本理清了古琴音乐在宋代宫廷中的历史状况。

本研究认为，宋代宫廷音乐的复古风气，使得作为八音之中"丝部"乐器的主要代表的古琴音乐，在雅乐中占有十分重要的地位。宋代宫廷中还创制了多种琴类乐器，是宋代复古主义思潮在宫廷礼乐中的体现。而宋代阁谱与北宋"京师"琴派的兴起及其艺术风格有着直接的联系，同时对南宋时期浙派古琴艺术的琴谱传承也有着一定影响。另外，宋承唐制，琴待诏依旧设于翰林院中，且由于宋代帝王及朝中士大夫对古琴都极为喜爱和推崇，故当时基本上每代均有琴待诏，著名的有朱文济、蔡裔、黄震、汪元量等等。从朱文济与北宋琴僧系统的渊源关系、汪元量与宋末浙派琴家与遗民琴人的深厚交往中，可见宋代的琴待诏对于宋代琴乐的发展有着十分重要的贡献。

第二部分是宋代文人与琴的关系及其审美思想研究。

本部分分别探讨了宋代士大夫、隐士、江湖文人三个不同阶层的文人与琴的关系。

在"宋代士大夫与琴的关系及其琴学著述"部分，主要择取崔遵度、朱长文、范仲淹、韩琦、朱熹、欧阳修、苏轼、赵抃、楼钥、真德秀等文人，分析了古琴音乐在他们人生中的重要地位以及他们的琴学著述和琴乐审美思想。其中，涉及对崔遵度的《琴笺》、朱长文的《琴史》、朱熹的《琴律说》、徐理的《琴统》等琴学著述的研究和分析。

宋代是中国历史上一个隐逸之风颇为盛行的时代。在宋代隐士中，擅琴的人很多。故而在"宋代隐士与琴"部分，以魏野、林逋、唐异为例，分析了宋代隐士与琴的关系。古琴音乐简约、恬淡、清虚的风格与渊默宁静的精神气质，与隐士幽深清远的林下之趣以及返璞归真、顺应自然、隐逸超世的精神追求，可谓不谋而合。透过宁静、淡泊的山水田园，我们感受到其琴中的"禅趣"与"玄思"。

江湖文人是南宋中后期以后形成的以布衣游士、风尘小吏和前朝遗民为主体的士人群体。在"江湖文人与琴"这部分，分析了南宋江湖琴士产生的社会文化背景、南宋江湖琴士的身份及其生存状态，并以南宋江湖琴士的代表人物姜夔和宋末遗民汪元量的古琴活动为例进行了探讨。赵宋王朝重视科举，文化昌盛，但仍有大量落魄士子被抛入江湖。尤其是南宋中后期以来，畸才之士多在江湖。他们携艺以游，曳裾于达官显贵或赋闲缙绅之间，其中不乏擅琴的文人或琴士。他们或见谒权贵，或客食豪门，或飘零天涯，以不同的方式挟琴游走于江湖之间。

第三部分是宋代琴僧现象的探讨。

这部分的前期工作，是对地方志、《全宋诗》、《全宋文》、佛教典籍、文人笔记等文献记载中的琴僧史料作了整理，共有70余位宋僧的古琴史料。在此基础上，对宋代琴僧的形成背景、宋代琴僧的地域分布、宋代僧人与琴的关系、宋代文人与琴僧的交游、宋代琴僧的琴学著述等展开分析，以探讨古琴音乐在宋代僧院中的历史状况。

　　两宋时期，佛学兴盛，尤其是禅宗得到了长足的发展。古琴作为一种文人音乐，在当时文人化程度很高的宋代僧侣中间广为流传，并由此而产生了一批诗文、古琴、佛学皆造高妙的琴僧。他们不仅精于琴，其中有不少同时也为诗僧、儒僧，甚至是在佛学史上有相当造诣的一代高僧。弹琴听琴，就如参禅悟道、吟咏作画、徜徉林泉一样，是他们生活中的重要内容之一。古琴，可以说是宋代琴僧隐于禅、隐于琴的方式之一，也是他们走向超逸生活的途径……宋代党争频繁，在宦海沉浮的文人与琴僧交游，使他们更看淡了世间的荣辱，从而以一种任运随缘的态度来对待一切，在寂静幽深的古寺僧院里弹琴、听琴，自有一种恬淡旷远的禅味。它使士大夫有了一种忘却世事、洗涤身心的感觉，在忧乐人生之外找到了逍遥自在和清净解脱的意味……而这些琴僧的佛老思想逐渐渗透到宋代文人思想意识的深处，是形成中国古琴儒道释并存的源流之一，也对其后古琴音乐的审美方式和审美境界产生了至为深远的影响。在对日常生活的参禅悟道之中，获得了对人生、艺术更为深刻、隽永的感悟，从中也更理解了琴的精神和意义！

　　第四部分是宋代古琴的流派与师承体系探微。

　　本部分分析了两宋时期古琴流派的地域分布以及宋代京师、江西、浙派的谱系传承。其中，重点对南宋浙派古琴形成的社会文化背景、风格特征、传谱及师承体系，南宋浙派古琴的历史地位及其对明代"浙操徐门"、虞山琴派及清代广陵琴派的影响进行了梳理与探讨。并依据遗存的文献史料对南宋浙派琴家郭沔、张岩、刘志方、杨缵、毛敏仲、徐天民等人物的琴学活动进行了梳理，从而理清了宋代江西、京师及浙派古琴的历史发展。

　　第五部分为宋代琴曲的研究。

　　此为本成果的重点。本部分共分"宋代琴曲的演变及其体裁形式"、"宋代琴曲的谱式特征及其演变"、"宋代浙派琴家创作琴曲考"、"宋代琴歌述考"四节。

　　在"宋代琴曲的演变及其体裁形式"一节中，主要根据存见的宋代琴书，分析了宋代著见琴书中的古琴曲目及其历史演变，以及调子、操弄等体裁形式。

在"宋代琴曲的谱式特征及其演变"一节中，根据遗存的宋代古琴曲谱及相关的指法资料，分析了宋代琴曲的谱式特征以及两宋时期减字谱的历史流变。两宋时期正是古琴记谱法由初期减字谱走向成熟的时期。本研究将其分为三个阶段，以明初《神奇秘谱》上卷《太古神品》中所保存的宋代琴曲的指法材料及南宋姜夔《白石道人歌曲集·古怨》和宋末《事林广记·黄莺吟》为依据，分析了宋代各个不同时期古琴减字谱的谱式特征及指法形式，阐述了宋代指法与唐代文字谱及明清时期通行指法之间的不同之处。

在"宋代浙派琴家创作琴曲考"一节中，本研究以南宋浙派琴家创作的琴曲为重点，以明代《神奇秘谱》、《梧冈琴谱》、《杏庄太音补遗》、《西麓堂琴统》、《风宣玄品》、《大还阁琴谱》等传世琴谱为基础，择取了在琴曲创作方面卓有成就的郭沔、毛敏仲等宋代浙派琴家，对其创作的《潇湘水云》、《泛沧浪》、《秋鸿》、《樵歌》等琴曲的版本体系、谱字流变、调式调性进行了分析和探讨。本研究认为，存见明清琴谱中的南宋浙派琴家创作琴曲，是以一定的琴谱系统传承的，在传承中又发生了一定程度的演变。对同一派系的琴谱指法进行分析，可以看出其内部具有前后的传承关系。由于风格和传承的关系，显示出其体系上的一致性。同时，由于减字谱本身也有一个不断发展、变化的过程，故而同一派系的琴谱由于时代的关系，在指法上又会表现出不同的特点。宋代浙派琴家创作的琴曲在明代"浙派徐门"、倡导琴歌的声乐派、晚明虞山琴派乃至清代广陵派各派传谱中，均可体现出其传承关系和深远影响。

关于郭沔创作的琴曲，本研究依据文献史料及故宫所藏明初《〈秋鸿〉图谱册》，可以确定琴曲《秋鸿》的作者系郭沔，而非朱权。通过对《潇湘水云》等郭沔创作琴曲的分析，可以看出在明代琴谱中，基本上是按照以《神奇秘谱》、《西麓堂琴统》、《梧冈琴谱》为主的三个不同的谱系进行传承演变。至晚明虞山琴派传谱之后，琴曲在指法、结构及音乐形态方面均发生了较大的改变，至清代《五知斋》则出现了更大的变化。各个谱本从局部细节来看，确有许多的差异，然而从整体来看，又显示出不少共性。从不同谱本间似而不似，不似而似之中，可以看出古代琴家往往以古本（或师授）为范本，在传承的基础上加以艺术发挥和艺术创造，这也是古琴音乐几千年来得以生生不息之缘由所在。通过对《泛沧浪》的打谱，可以看出古代琴曲在变化音的运用、调性转换等方面均有着丰富的音乐实践。

关于毛敏仲创作的琴曲，本研究依据文献史料，并通过对存见琴谱中遗存琴曲的分析认为：《列子御风》、《山居吟》、《禹会涂山》、《樵歌》、《庄周梦蝶》五曲，系传谱清晰的毛敏仲创作琴曲。琴曲《凌虚吟》、《列子御风》、《佩兰》、《渔歌》亦系毛敏仲作品。但《慨古》、《隐德》为毛敏仲创作的依据不足。《平沙落雁》系明代作品，非毛敏仲作品。在毛氏创作琴曲中，变化音运用十分丰富，调性转换也比较频繁，但在清代琴谱中，大量的变化音已被改成五声音阶中的音高，和明代琴谱有较多差异。另外，毛敏仲生活于宋亡之际，对于他晚年创作琴曲《禹会涂山》，后世琴人颇多非议。本研究认为此曲乃"应制"之作，并非一首为元世祖歌功颂德的乐曲。曲中多有变声，且出乎意料，用音也极其复杂，从中可见毛敏仲当时心中的乱世之哀和亡国之痛。

在"宋代琴歌述考"一节中，现存《白石道人歌曲集》中遗存的琴曲《古怨》和《事林广记》中的琴曲《黄莺吟》，是现存最早的用减字谱记谱的琴曲实例，本研究通过对这两个琴曲的相关版本、指法、定弦及打谱等形态方面的研究，阐述了南宋时期古琴音乐在记谱法、琴曲结构等方面的发展情况，并对当下古琴曲打谱中的谱字校勘、改动等问题提出了看法。本研究认为，今人对姜白石的《古怨》作了很多探索和研究，已有不少研究成果。但从译谱及打谱来看，仍存在一些问题。如杨荫浏译谱的琴曲《古怨》共计有7处涉及对原谱徽位和音高的改动，从而致使原曲的侧商调特征变得不太明显。查阜西打谱的《古怨》谱，对原谱中的谱误作了一定程度的纠正，缺笔的谱字按上下文也作了改正。遗漏的不少谱字也按他本进行了补齐补正。对于两徽之间的音高，一般按清以后通行的弹法。但值得注意的是，在查谱中，也有多处谱字的改动，原曲均无谱误，但由于查阜西在打谱中的改动，致使乐曲的一些变音、偏音被改。

由于两宋时期存见琴论琴书十分丰富，另有大量琴乐史料散见于历代的经史子集等文献之中，故而本书在写作之前，对存见宋代琴论、琴书作了整理与点校。包括朱长文《琴史》，崔遵度《琴笺》，刘籍《琴议》，成王碅

《论琴》，释则全《节奏》、《指法》，碧落子《斫琴法》，苏轼《杂书琴事》，朱熹《琴律说》，释居月《琴曲谱录》、《琴书类集》、《琴制》、《造弦法》，虞汝明《古琴疏》，徐理《琴统内篇·外篇》，《斫匠秘诀》（佚名）等十余种宋代琴学著述。此外还对文献记载中的宋代琴学资料作了整理。此部分内容十分庞杂，主要从《宋史》、《资治通鉴》、《续资治通鉴》、《通志》、《全宋文》、《全宋诗》、《全宋词》及存见两百多种宋人笔记中，整理出与古琴艺术相关的文献史料，并对其中的原始古籍文献进行了点校。以上总计约150万字，为本课题的前期研究成果《宋代古琴文献史料汇编》。这部分的内容是本研究的基础和前提，因限于篇幅，将留待今后另行出版。

三、研究思路与研究方法

本研究所采用的研究方法如下：

1. 文献学方法

传统文献学的研究方法是实现对古文献理解、传播和利用的有效途径。几千年来，中国的文献学担负了承绪华夏正统、提供政治鉴戒的使命，成为经学色彩、史学色彩很强的学科。

本研究的前期成果《宋代古琴文献史料汇编》即采用了传统文献学的目录、校勘、版本、传注等方法。在本书的研究过程中，对见存的宋代古琴著述的考证和分析，亦均采用版本学的研究方法。另外，由于传世宋代琴曲多见于明代的琴谱之中，同一琴曲、琴歌可有数种至数十种谱本流传，而不同谱本在乐曲风格、演奏指法、学术价值及编纂者水准等方面均有一定差异，并且琴谱在刊印流传的过程中，难免会存在版误、谱误、笔误等。因此，在对琴曲研究的过程中，本研究采用了文献学的研究方法，尤其是在版本选择、谱字校勘方面，文献学的研究方法将为琴乐研究中的文献与谱字处理提供可遵循的法度和原则。

2. 历史学方法

史学的研究固然需要理性思考和理论提升，但翔实、精确、可靠的史料与史实，是理论与思辨的基础。从传统历史学研究来看，从汉代司马迁到清代的乾嘉学派，均十分重视对史料的搜集、考异、分析及真伪之辨别，注重原始材料及其真实性。本研究属于古琴断代史的研究范畴。因此，在研究过程中，对史实、史料的来龙去脉进行认真的搜寻考证是十分必要的。陈垣在《通鉴胡注表微》中指出："考证为史学方法之一，欲实事求是，非考证不可。彼毕生从事考证，以为尽史学之能事者固非；薄视考证以为不足道者，亦未必是也。"① 他认为："非逐一根寻其出处，不易知其用功之密，亦无由知其致误之原。"②

宋代文献史料浩如烟海，其中所包含的琴学史料也极为丰富，但由于时代变迁，以及记录人见闻、认识所限等各种复杂原因，文献中的记述也有不少矛盾、谬误之处。故而在研究过程中，要注重将史料的考证与文献学的版本、校勘、辨伪等方面的工作相结合，并注重追寻史源，分析、辨别其讹误。如本研究中对宋代古琴音乐历史状况的诸多分析，都有赖于对史料的分析和辨别。

3. 实证分析与研究

从宋代的古琴音乐来看，尽管历史上宋代古琴谱集均已亡佚，但在明代的《神奇秘谱》、《梧冈琴谱》等传世琴谱中，仍保留了大量的宋代琴家创作的琴曲，本研究通过对这些乐曲的实证分析和对相关琴谱的纵横比对，阐述了宋代琴乐的风格特点及渊源流变。此外，现存《白石道人歌曲集》中遗存的琴曲《古怨》和《事林广记》中的琴曲《黄莺吟》，是现存最早的用减字谱记谱的琴曲实例，本研究通过对这两个琴曲的相关版本、指法、定弦等形态方面的研究，阐述了南宋时期古琴音乐在记谱法、琴曲结构等方面的发展情况。

4. 曲调考证

曲调考证③，即运用历史考证的方法对留存下来的音乐作品本身作历史的考察。黄翔鹏提出，存见的各地传统乐种、戏曲音乐、古琴音乐是有活的音响、有活的音乐实践，且有乐谱可据的三大音乐宝库。他认为，应当开展"曲调考古"的研究工作，把历史研究、民族音乐遗产研究具体化到音乐形态诸种研究工作的各个方面，如乐律、语言音乐学、曲式及音乐风格的流传

---

① 陈垣：《通鉴胡注表微》，中华书局 1962 年版，第 98 页。
② 同上书，第 109 页。
③ 1983 年，黄翔鹏在参加"第二届华夏之声音乐会座谈会"的发言中正式提到了"曲调考证"的研究，当时称之为"曲调考古学"。

递变，等等。

在琴学研究中运用曲调考证的目的，在于考释相关琴曲的作者、创作年代，并探究琴曲的历史与流变情况。本成果在研究过程中，试图把实证分析与曲调考证研究建立在系统的文献整理的基础上，将历史文献资料与活的音乐遗存互相结合，并对此进行考证与研究。

5. 跨学科的综合研究方法

古琴作为一种文人音乐，与中国古代不同历史时期的社会文化背景、文人风尚、哲学、文学等均有着密不可分的联系。对宋代琴乐作系统深入的研究，必然会涉及音乐史学、文献学、哲学、文学、历史学、社会学及乐曲考证、音乐形态分析等诸方面的问题。因此，本研究采用了跨学科的综合研究方法，重视各学科之间的交叉与综合，从多角度来研究传统音乐，就比狭隘的、孤立的考据更科学，也更接近中国古代音乐的历史实际。

四、成果的学术创新与研究难点

本课题的研究难点及创新之处，主要体现在以下几个方面：

1. 对丰富而庞杂的两宋时期的古琴史料进行搜集与整理

本研究建立在扎实的资料收集与系统的文献整理的基础上。存见的宋代古琴资料，散见于浩瀚的古代典籍之中，内容丰富而零乱。宋代的琴论琴书也不似明清时期的琴论那样完整，有不少尚需从其他文献中进行辑佚、校注。因此，对两宋时期琴乐史料进行全面系统的搜集、整理，不仅是进行宋代古琴艺术研究的基础和前提，也是本研究的难点之一。

2. 对遗存宋代琴曲的年代鉴别与流变考察

本研究将历史文献资料与活的音乐遗存互相结合，并对此进行深入的考证与研究。由于历史上的宋代古琴谱集至今均已亡佚，但在明代的《神奇秘谱》、《梧冈琴谱》、《杏庄太音补遗》、《杏庄太音续谱》、《西麓堂琴统》、《风宣玄品》、《文会堂琴谱》等传世琴谱中，仍保留了大量的南宋时期琴家如郭沔、毛敏仲、徐天民等人创作的琴曲。因此，对这些琴曲进行年代鉴别、流变考察，对中国古代音乐史研究具有重要的学术价值。

3. 对驳杂纷乱的宋代古琴音乐的历史发展脉络进行全面的研究与梳理

作为中国古琴音乐历史上的一个高峰时期，宋代琴乐在宫廷、民间及文人之中均有广泛的基础，两宋时期在琴曲创作、琴派、琴乐美学等方面也多有发展。而对宋代琴乐作系统深入的研究，必然涉及社会学、历史学、文献学、音乐史学、民俗学、考据学、文学、哲学等其他相关学科，因此，本研究把实证分析与曲调考证建立在丰富的文献资料基础之上，并综合社会学、历史学、考据学、文学、哲学等相关学科，重视各学科之间的交叉与综合，进行音乐与文学、历史与现状的综合研究，此为本研究的创新之一。

《海军外交论》概要

张启良[*]

作为国际军种，海军是国家开展外交活动、进行外交斗争的战略资源和有力手段。作为国际军事互动，海军外交兼具军事和外交性质，是军事战略学的宏大课题。观察和思考海军外交问题是海军战略理论建设的基本任务。实践告诉我们，理论是系统的理性认识，是有目的行动的先导。海军外交理论是研究海军外交的本质和规律并用于指导海军外交实践的科学体系。研究海军外交的目的，就是要从理论上概括其本质特征、考察其关联侧面、探讨其类别区分、发现其作用领域、揭示其作用规律，为谋划、实施和指导我国海军外交提供强大的理论支持，从而丰富和发展我军现阶段的海军战略理论，为构建具有中国特色的海军外交理论体系奠定坚实的认识论和方法论基础，为国家在战略上运用海军外交达成对外政策目标的实践活动拓展理论边界。

通过研究海军外交基本问题、评析中外海军外交重要案例和揭示海军外交的本质特征和作用规律，观察、认识和总结海军外交这一形式多样、意义多重的军事社会实践，一是有助于我们以客观、唯物的态度借鉴和汲取古今中外海军外交实践中的经验和教训，加深对这种具有军事和外交双重性质的国际互动行为的理性认识；二是有助于我们以务实、灵活的原则根据国际形势和国家战略需要，规划、设计和指导服务国家外交的海军外交活动和行动；三是有助于我们以科学、合理的方法构建作为海军战略学组成部分的海

---

* 张启良，中国人民解放军防空兵学院教授，译审。

军外交理论体系；四是有助于我国和平时期海军非战争运用的理论体系的丰富和扩展。

海军外交研究方法本质上属于海军战略思维范畴，是探寻海军外交发展规律、运用规律和指导规律的思维方法。本研究以中外海军历史为参考，以海军外交实践为基础，以丰富和充实军事外交理论为牵引，采用以下方法：第一，比较研究法。比较研究的形式是多种多样的，海军外交比较研究的形式主要是定性比较。海军外交比较研究的目的在于对纷繁的海军外交案例从性质、目的和作用等方面进行分析比较，为对海军外交表现形式进行科学合理的分类打下基础。第二，因果分析法。海军外交因果分析的目的就是通过由表及里的原因分析，揭示海军外交行为的动因，探寻其服务国家外交的作用规律。第三，案例考察法。解剖海军外交的实践案例，可以从历史上海军外交行为指导的得失中借鉴必要的经验和汲取深刻的教训。海军外交案例研究是海军外交理论工作者的一项基本功，是客观、科学地认识海军外交行为的重要途径。

现阶段，我国继续奉行独立自主的和平外交政策，实践和平发展观和以互信、互利、平等、协作为核心的新安全观，倡导"睦邻、富邻、安邻"的周边外交理念。海军在加强全面建设、提升近海防御和远海防卫作战能力的同时，综合利用现有资源和本军种优势，积极、稳妥、有效地开展海军外交无疑会直接服务于这一目标。

构建具有中国特色的海军外交理论，既不能盲目地人云亦云，也不能不加分析地实行"拿来主义"，而必须坚持兼蓄并取、为我所用的原则，综合分析、合理借鉴、科学利用现有的观察结论和研究成果。对于西方资产阶级的海军外交理论，一方面要批判其鼓吹海军外交强制、逼迫、恫吓功能的观点，另一方面还应客观地研究与借鉴其合理的"内核"，正视海军外交的军事暴力属性，为构建和发展适合我国国情、军情的海军外交理论服务。对于我国现有的海军外交理论，一方面要充分肯定其倡导友好、合作以及信任的方面，另一方面也应从军事力量运用于外交斗争的角度正确认识和把握海军威慑外交的作用，以便在形势需要、环境许可、条件成熟的情况下，意志坚定、手段稳妥地发挥海军外交的威慑功能。

本成果分十一章。第一章为绪论，综述了国内外海军外交研究的现状，分析了海军外交理论著名研究者的主要观点，认为国内与国外学者虽都认同海军外交是国家外交的特殊领域，但侧重点有所不同。国外学者的研究偏重观察海军外交的劝导和强制作用，而国内学者的研究则偏重讨论海军外交的影响和促和功能。

第二章为全书的逻辑起点和立论基础，一是探讨了海军外交的实质和定义，认为海军外交的实质是海军资源在国际互动中的非战争运用，海军外交的定义则是主权国家海军在平时或战时为达成国家一定的对外政策目标而对有限海军资源的非战争运用；二是概括了海军外交的基本要素，认为海军外交作为具有军事特征的国际互动行为，包括目标要素、资源要素和手段要素；三是根据海军外交多样化形式的不同目的，结合海军外交涉及的双边或多边的国家政治关系现状，讨论了海军外交形式的类别区分。此外，为更准确地把握"海军外交"的含义，本部分简要讨论了"外交"和"军事外交"等概念的关联，以及海军外交与军事外交的纵向层属关系。

第三章梳理和概括了海军外交的特点、功能和原则。一是认为海军外交作为具有军事、外交双重属性的海军战略运用具有决策的高层性、目的的明确性、行为的政治性、行动的显示性、形式的灵活性和范围的广泛性特征。二是认为海军外交的功能包括树立国家威信，维护国际地位；推进对外政策，拓展海外利益；及时反应危机，影响国际事态；捍卫国家主权，维护国家安全。三是指出海军外交的指导原则为合理限制目标、恰当选择时机、灵活选择方式、适度动用资源等。

第四章列举评析了海军外交的影响和制约因素，指出海军外交的影响和制约因素是开放性的，会随着海军外交的实践发展而有所增减或消长，现阶段主要包括国内外政治因素、科技经济因素、海军战略因素、海军力量因素以及海洋地理因素。

第五、六、七、八章探讨了海军外交的四个基本类别，即海军友好外交、海军合作外交、海军信任外交和海军威慑外交。之所以选用"友好"、"合作"、"信任"和"威慑"四个中文语词命名海军外交的四个类别，主要出于以下几种考虑。一是因为其概念意义具有相对突出的概括性和综合性，既能反映各类海军外交性质的区分，又能体现各类海军外交手段的不同，更重要的是能够分类说明海军外交各有其战略性目的和作用。二是其同为关系概念，均指明了海军外交行为主体和客体必然的内在关联。欧美学者"暴力的"和"非暴力的"、"强制性的"和"非强制性的"、"影响政治"和"实力政治"等类别二分法，侧重的是强调海军外交形式的功能，但区分则显得过于宽泛和抽象，而且这样表述使得海军外交与国家外交之间缺乏事实上存在的层次过渡的内涵。凯布尔的类别四分法，即"规定性的"、"诱导性的"、"催化性的"和"宣示性的"，更多强调的是海军外交手段的强制性或威慑性功能，特别是这些强制性或威慑性功能在政治外交策略上的短期效果。三是作为国际军事互动，海军外交类别形式的选择脱离不了国际政治关系现状所构成的宏观环境，换句话说，海军外交类别受国际政治关系层次的制约。国际政治关系有深浅、远近、亲疏之分，因此，国际政治关系就成了制约军事外交活动的宏观环境。开展海军外交，必须充分认识这种宏观环境的制约性，从而用具体的海军外交形式应对当时的双边或多边国家关系。

第五章探讨"海军友好外交"，认为作为以培育国家友谊为愿望的国际海军互动，海军友好外交是主权国家海军为发展和促进海军间友好互动，进而巩固和增强国家间友好关系而对海军外交资源进行的非战争运用，其表现形式分为援助类、舰访类、庆典类、交流类和外训类。

海军友好外交的目的是以友好方式，最大限度地对目标国家产生短期的乃至中长期的政治影响，其形式从手段和领域等方面大体上可以区分为5类。第一，从行为主体上看，海军友好外交是在处于友好、结盟或正常关系的国家之间开展的。第二，从行为时机上看，海军友好外交不受平时、危机时和战时的限制。第三，从表现形式上看，海军友好外交现有的形式丰富多彩，随着海军友好互动的需要必然还会产生新的类别和形式。第四，从行为目的上看，海军友好外交旨在建立和促进海军友好互动，巩固和发展海军间业已存在的传统友好关系，进而为国家之间更广领域的互动创造有利条件。第五，从作用特征上看，海军友好外交的效果是基础性的、长效性的。海军外交的形式目的和实际作用往往不是单一的。因此，各类形式的作用和目的可能是多重的，效果也可能是间接的和不确定的，但均具有友好性质，建立和加深友好关系的意图是第一位的，因为采取这些形式的前提是本国与目标国家的关系是友好的，其形式表现是善意的。

第六章探讨"海军合作外交"，认为作为以达成共同利益为目标的国际海军互动，海军合作外交是主权国家海军为开展和扩大海军间军事合作，进而实现和维护国家间的涉海共同利益而对有限海军资源进行的非战争运用，其表现形式分为传统安全类、非传统安全类和综合安全类。

在当前的国际军事外交中，海军合作外交已经呈现出全面、务实、有效的发展前景。第一，从手段性质上看，海军合作外交是政治性和军事性的。第二，从作用特征上看，海军合作外交的效果具有很强的渗透性和交融性。第三，从合作主体上看，海军合作外交既有双边的，也有多边的。第四，从作用效果上看，海军合作外交尽管是海军外交的重要类别，在国际海军互动中已经并正在发挥独特作用，但也和其他类别的海军外交一样存在着一定的不利因素。其一是海军合作外交尽管是基于国家利益力求在合作中实现双赢或多赢，但对合作方的真实企图以及合作有可能对国际长远利益带来的伤害，往往不可能在决定合作前做到完全正确、客观的评估；其二是合作往往涉及国家安全和海军建设的有关内容，合作过程中，在侦察和调研对方的同时也有可能被对方侦察和调研；其三是合作主导权的掌握在合作过程中会受到多种因素的挑战，一旦合作主导权得不到保障，海军合作项目反而会变成国家的外交负担，国家将被迫付出代价；其四是与对方的合作必须充分考虑到与本国有重大战略利益关联的国家或国家集团和目标国家即合作对象当前的政治关系，但对这种政治关系的考虑往往会失之偏颇，因为国际关系尽管是相对稳定的，但毕竟会在不同条件下在不同程度上受内部的、外部的、历史的、现实的种种因素左右，特别是因本国利益关切领域和关切程度的变化而呈现出较大的不确定性。

第七章探讨"海军信任外交"，认为作为以消解相互疑忌为动因的国际海军互动，海军信任外交是主权国家海军为建立和保持海军间军事互信，进而促进和加强国家间涉海安全互信而对有限海军资源进行的非战争运用，其表现形式分为措施类、机制类和交流类。

第一，从行为主体上看，海军信任外交不再仅仅是在敌对国家或对立的国家集团之间展开。第二，从表现形式上看，以限制为主要特征的海上信任建立措施不再是海军信任外交的唯一表现形式。第三，从行为目的上看，海军信任外交不再单纯地限制双方在传统安全领域内的海军行动，以避免或降低冲突和战争的可能性为目的，而是在这些措施类形式的基础上，通过机制类和交流类的形式，加深彼此了解，拓展相互的理解与合作，深化对对方利益关切的认识，为应对共同的非传统安全威胁和相关领域的合作而建立必要的信任基础。第四，从作用特征上看，海军信任外交的效果是释疑性的、突破性的。信任建立是过程，也是程序。建立信任的过程就有可能释解彼此的猜疑，理解并认同对方的关切；过程中的程序有助于深化和固化这种理解和认同，从而使对立性的国家关系有突破性的改善。

第八章探讨"海军威慑外交"，认为作为以表达国家意志为需要的军政压力手段，海军威慑外交是主权国家海军为威胁和慑止目标国家，进而达成国家利益目标并使国家利益最大化而对有限海军资源进行的非战争运用，主要是指利用海军实力优势或有利的国际政治形势，迫使目标国家服从己方意愿的行为，其表现形式分为宣示类、诱导类、逼迫类和挟持类。

海军威慑外交是海军外交的重要类别，最能体现海军外交的军事属性，在国家外交中所起的作用是不可替代的。海军威慑外交和其他类别的外交一样，其目的在于对目标国家建立和发挥影响力。从影响力建立和发挥的角度看，海军威慑外交的制约因素包括：用于海军威慑外交行动的海军装备质量、数量和适用性，执行海军威慑外交的官兵素质、品位和综合运用外交策略的技巧，目标国家对选定的海军威慑外交形式的解读程度，对本国海军外交构成竞争的国家对同一目标国家已有影响力的有效程度。

从手段性质上看，海军威慑外交依赖物质力量和精神力量，亦即有形资源和无形资源。一是有形资源，主要是海军的兵力兵器；二是无形资源，指的是决策者的智慧和战斗员的素质。有形资源毫无疑问是海军威慑外交的基础，而无形资源则是取得海军威慑外交成功的前提。在海军威慑外交行动中，无形资源不能脱离有形资源而单独存在，只有通过有形资源的载体才能发挥作用。同样，有形资源离不开无形资源，如果没有无形资源的支持，有形资源也不能发挥其应有的威力。

从运用时机上看，海军威慑外交既可在平时，也可在危机时或战争时实施。平时，根据国家外交的需要在己方利益海区建立海军存在，宣示对特定海区目标的利益主张和重要海上通道自由航行安全的关注；危机时期通过兵力机动和实兵演习或武器试验宣示己方的立场、意志和决心；战争期间，可在非交战阶段通过增加兵力规模、调整部署给对方造成巨大的心理压力，影响和最终动摇对方继续对峙或对抗的意志。

从作用特征上看，海军威慑外交的效果是劝导性的、催化性的。首先，海军威慑外交是以强大的海军实力和有利的国际环境为基础，对目标国家进行的海军示威行动所传达的政治信息、所形成的军事压力十分明确，目标国家多半能准确领会并做出相应的反应。其次，运用的时机一般都是在目标国家对自身的综合力量信心不足，或患得患失，或权衡利弊、举棋不定的时候。在这种情况下，通过不同的方式传达威慑信息，最后有效迫使目标国家认同和接受己方的利益主张。

从威慑资源上看，海军威慑外交的资源不仅包括海军的有形资源，即海军武器装备、海军兵力数量和海军各种设施等看得见的硬实力，特别是优势的硬实力，还包括国家意志、正确的战略指导和民心士气以及有利的国际政治形势、国际舆论优势等无形资源。这些无形资源一旦运用得当，也会成为巨大的海军威慑外交资源，发挥与有形资源同样的威力。因此，海军外交资源，无论是有形资源还是无形资源，只要战略运筹灵活、战略指导正确，客观上对目标国家必然会产生巨大的政治外交影响力。

从威慑主体上看，海军强国、大国是海军威慑外交的主要运用者，但在现代条件下，海军弱国、小国同样有可能对强国、大国实施海军威慑外交。强大的海军力量或雄厚的海军资源固然可轻易达成海军威慑外交的目的，但是一支弱小的海军通过决策者的卓越智慧和战斗员的良好素质，加之坚定的国家意志和广泛的国际支持，也有可能赢得海军威慑外交的成功。从威慑的客体上看，海军威慑外交的对象既可能是单一的目标国家，也可能包括国家集团。

从威慑效果上看，海军威慑外交可以产生多种影响，既能向对手施加军事政治压力，也能向盟友提供行动支援和道义支持，或迫使态度暧昧的国家在重大问题上明确表态。海军威慑外交形式多样，每一种形式都有其特点和目标，因此达成的效果是不同的。平时一般性的舰艇编队巡访盟友，显示的是国威军力和对盟友的声援与支持，可给对手造成一定的政治军事压力。针对性的海上实兵演习和海军兵力部署，则会直接给对手造成军事压力。另外，同一种海军威慑外交形式在不同背景下运用也会产生不同的威慑效果，例行的海上演习和在敏感时期热点海区进行针对性演习，达成的威慑效果显然是不同的。

第九章主要探讨海军外交的决策评估和效果评估，以及海军外交的内在局限性，提出了决策评估和效果评估的依据，明确了评估的制约因素以及克服评估制约因素的途径；指出了海军外交因其预期目的有限、动用资源有限、行为结果不定而具有不可克服的内在局限性。本章的目的在于说明，我们在高度认同海军外交的特殊地位、充分肯定海军外交特有作用的同时，有必要根据唯物的观点、运用辩证的方法，从另外一个角度客观和理性地观察、看待海军外交这一军事社会实践的有限作用。

第十章是对新世纪新阶段中国海军外交历史和现实的考察，同时也是对中国海军参与国家外交活动、支持国家外交斗争的应用性思考。该部分在回顾了中国海军外交迄今的历程、列举了现存的问题之后，一是指出了我国海军外交面临的一系列严峻挑战；二是认为要有效地应对挑战，必须首先正确认识海军外交的战略地位，正确把握海军外交作为落实国家外交战略的重要手段、保障国家经济安全的重要工具、维护国家领土主权的重要途径、提高国家国际地位的重要支撑的特殊作用；三是指出新世纪新阶段我国海军外交应以务实进取作为实践指导思想，遵循服务大局、维护国家利益，积极参与、力求合作主导，合法行动、遵照国际法规等原则，切实履行"为维护世界和平与促进共同发展发挥重要作用"的使命。

在此基础上，就海军友好、合作、信任和威慑外交以及开展海军外交理论与实践研究、建立海军外交领导机制、启动海军外交条令建设提出了对策性建议：一是充实内容与创新形式，发挥好海军友好外交的基础性和长效性作用；二是拓展领域和参与合作，发挥好海军合作外交的渗透性和交融性作用；三是创建机制与对话交流，发挥好海军信任外交的释疑性和突破性作用；四是建立存在与宣示意志，发挥好海军威慑外交的劝导性和催化性作用；五是开展理论与实践研究，系统构建有中国特色的海军外交理论体系；六是加强机制和条令建设，为海军外交的规范化奠定组织和制度基础。

第十一章为结束语，重点总结了本研究取得的理论成绩，并指出了本研究有待深化的方面和未来海军外交理论建设有必要关注的诸多问题。

综观世界不同国家的海军外交，从资源和手段到目的和作用，都存在着较大的差异。这种差异的存在，受到不同国家的外交政策和国防政策、军事战略、海洋安全环境、海军战略、海军力量等诸多因素的综合影响，不会完全彻底地消失。理论工作者的一个经常性任务就是在差异中发现规律。作为海军外交理论研究的引玉之作，作者以为本研究取得了以下几个方面的成绩：

第一，本研究在对国内外海军外交研究代表性成果进行考察和梳理的基础上，比较完整地构建了海军外交从实质定义、特性功能、类别形式到决策评估和效果评估的海军外交理论基本体系，为海军外交实践的理性认识和海军外交理论的均衡发展奠定了框架性基础，从海军外交作为海军的非战争战略运用的角度充实了海军战略理论。

第二，关于海军外交的实质和定义。在考察和梳理现有研究成果的基础上，指出了海军外交的实质是海军资源的非战争运用，给出了概括范围更加广泛、涉及要素更为齐全的海军外交定义，即"主权国家海军在不同时机为影响目标国家或目标国家集团决策者的思想和行为而对有限海军资源的非战争运用"，从而丰富和发展了海军外交基础理论，为进一步开展海军外交理论研究奠定了基础，提供了新的视角和思路。

第三，关于海军外交的基本内容。提出了海军外交目标、资源和手段三大要素的概念，为进一步探索和发现海军外交这一特殊军事社会实践的本质特征和作用规律提供了相对稳定的认识依据；观察了海军外交的主要特征、探讨了海军外交的主要功能、提出了海军外交的一般原则，为从不同侧面认识和把握海军外交各要素的内在关系和外在表现提供了相对稳定的参考依据。

第四，关于海军外交的主客观条件。指出了现阶段影响和制约海军外交的因素，包括国内政治、国际政治、科技经济、海军战略、海军力量和海洋地理，并说明这些因素是开放性的，这些因素会随着社会历史条件的变化而形成或消失，其促进和限制海军外交的作用也会随着社会历史条件的变化而增强或削弱。全面观察和客观分析这些因素，可为谋划和指导海军外交提供不可或缺的参考依据。

第五，关于海军外交手段的类别区分。根据海军外交形式的目的及其作用特征，结合海军外交的宏观环境——国际政治关系现状，提出了海军外交形式分为友好、合作、信任和威慑四个基本类别的主张，为分门别类地考察和发现海军外交的预期功能和实际作用提供了新的理论视角。特别是指出了海军威慑外交不仅是强势海军国家对弱势海军国家运用，弱势海军国家同样可以在特定条件下，利用有利的国际关系态势和国际舆论，对强势海军国家实施海军威慑外交。此外，对每类海军外交，均从手段性质、运用层次、作用特征和行为主体等方面作了评述。

第六，关于海军外交的科学决策指导。提出了海军外交决策和效果定性评估的基本思路，以及克服评估制约因素的参考依据。认为海军外交因为行为的目的有限、投入的资源有限和行为结果的不定而存在若干局限性。提出海军外交的局限性问题，目的在于说明我们在肯定海军外交的特殊地位、承认海军外交的特有作用的同时，也应该运用唯物的观点、辩证的方法，客观看待这一军事社会现象。

第七，关于中国的海军外交进程。对中国海军外交实践追根溯源，并进行了比较全面和系统的回顾，梳理了中国海军外交的历史脉络，对重要的中国海军外交实践个案进行了客观的分析和总结，特别是对人民海军成立以来的中国海军外交实践个案进行了分析和总结，不仅为了解我国海军外交的历史过程、认识我国海军外交的现状提供了珍贵的参考史料，更对史料提出了可资借鉴的观点。

第八，关于新世纪新阶段的中国海军外交。在对海军外交进行一般理论探讨的基础上，提出新世纪新阶段中国海军外交应以务实进取为指导思想，根据国家利益关切，参考与目标国家的政治关系现状，合理、灵活、坚定地选择海军外交形式，切实有效地"为维护世界和平与促进共同发展发挥重要作用"。最后，结合我国防御性的国防政策与和平外交政策，就人民海军开展四类海军外交、开展海军外交理论与实践研究以及加强海军外交机制和条令建设提出了对策性建议。

策划编辑：王宏霞

责任编辑：彭理文　刘广宇

装帧设计：肖　辉　彭莉莉

图书在版编目（CIP）数据

国家哲学社会科学成果文库概要 . 2012/全国哲学社会科学规划办公室编 .
　－北京：中国人民大学出版社，2013.3

ISBN 978-7-300-17089-3

Ⅰ.①国… Ⅱ.①全… Ⅲ.①哲学－科学研究－成果－介绍－中国－2012
②社会科学－科学研究－成果－介绍－中国－2012　Ⅳ.①C12

中国版本图书馆 CIP 数据核字（2013）第 037030 号

国家哲学社会科学成果文库概要（2012）
GUOJIA ZHEXUESHEHUIKEXUE CHENGGUOWENKU GAIYAO
全国哲学社会科学规划办公室　编
中国人民大学出版社　出版发行
（100080　北京中关村大街 31 号）

涿州市星河印刷有限公司印刷　新华书店经销
2013 年 3 月第 1 版　2013 年 3 月第 1 次印刷
开本：710 毫米×1000 毫米 1/16　印张：41.25
字数：647 千字　印数：0,001－2,000 册
ISBN 978-7-300-17089-3　定价：198.00 元

邮购地址 100080　北京中关村大街 31 号
中国人民大学出版社读者服务部　电话（010）62515195　82501766